Heidegger

Rüdiger Safranski

Heidegger
Um mestre da Alemanha entre o bem e o mal

TRADUÇÃO DE
Lya Luft

APRESENTAÇÃO DE
Ernildo Stein

GERAÇÃO

Título original:
Heidegger, ein Meister aus Deutschland

Copyright © by Rüdiger Safransky
Copyright da tradução © Geração Editorial

3ª edição - Junho de 2019

Grafia atualizada segundo o Acordo Ortográfico da Língua Portuguesa
de 1990, que entrou em vigor no Brasil em 2009

Editor e Publisher
Luiz Fernando Emediato

Diretora Editorial
Fernanda Emediato

Capa, Projeto Gráfico e Diagramação
Alan Maia

Foto da capa
Dignez Marcowicz

Revisão
Rinaldo Milesi

Revisão da terminologia filosófica
Ernildo Stein

DADOS INTERNACIONAIS DE CATALOGAÇÃO NA PUBLICAÇÃO (CIP)
(Câmara Brasileira do Livro, SP, Brasil)

Safransky, Rüdiger,
Heidegger, um filósofo da Alemanha entre o bem e o mal /
Rüdiger Safransky ; [tradução Lya Lett Luft].
-- São Paulo : Geração Editorial, 2013.

Título original: Heidegger, ein Meister aus Deutschland.
ISBN 978-85-8130-415-1

1. Filósofos - Alemanha - Biografia
2. Heidegger, Martin, 1889-1976 I. Título

00-1688
CDD: 193

Índices para catálogo sistemático

1. Filósofos alemães : Biografia e obra   193

GERAÇÃO EDITORIAL

Rua João Pereira, 81 – Lapa
CEP: 05074-070 – São Paulo – SP
Telefone: +55 11 3256-4444
E-mail: geracaoeditorial@geracaoeditorial.com.br
www.geracaoeditorial.com.br

Impresso no Brasil
Printed in Brazil

PARA GISELA MARIA NICKLAUS

*Agradeço aos amigos que me ajudaram com seu
interesse, curiosidade e com suas próprias pesquisas:
Ulrich Boehm, Hans-Peter Hempel, Helmut Lethen,
Cees Nooteboom, Peter Sloterdijk, Ulrich Wanner.*

SUMÁRIO

Prefácio à edição brasileira
Ernildo Stein
13

Um mestre da Alemanha
17

Cronologia
19

Abreviaturas
23

CAPÍTULO I

Infância e educação
27

CAPÍTULO II

Deus está no detalhe
43

CAPÍTULO III

A intuição leva ao coração do mundo
69

CAPÍTULO IV

A hora da verdade. Filosofar apesar da história
85

CAPÍTULO V

A realidade exterior
103

CAPÍTULO VI

A postura primordial do vivenciar
123

CAPÍTULO VII

Mundanidade: um conceito de Deus
143

CAPÍTULO VIII

Hannah Arendt, a grande paixão
163

CAPÍTULO IX

Ser e tempo. *Que ser? Que sentido?*
185

CAPÍTULO X

Filosofia dos acontecimentos
213

CAPÍTULO XI

O coração da metafísica
233

CAPÍTULO XII

Abóbodas que desabam
247

CAPÍTULO XIII

O sacerdote sem mensagem
273

Capítulo XIV

Heidegger: antissemita?
297

Capítulo XV

A pureza do movimento
315

Capítulo XVI

A saída da maquinação política
329

Capítulo XVII

Crítica do pensamento do poder
345

Capítulo XVIII

Diário filosófico e silêncio eloquente
363

Capítulo XIX

O planeta em chamas
375

Capítulo XX

Desnazificação. Leitura de Sartre
391

Capítulo XXI

O que fazemos quando pensamos?
413

Capítulo XXII

Heidegger, Hannah Arendt e Karl Jaspers no pós-guerra
433

Capítulo XXIII

Demonização da técnica e técnica da demonização
455

Capítulo XXIV

O verdadeiro jargão dos anos sessenta
473

Capítulo XXV

Cantos de despedida
493

Bibliografia
501

Heidegger em português
507

Índice remissivo
509

"A tempestade que perpassa o pensamento de Heidegger — como aquela que milênios depois ainda nos chega da obra de Platão — não nasce neste século. Vem das eras primordiais, e o que nos deixa é perfeito, e como tudo que é perfeito volta ao primordial."

HANNAH ARENDT

"Uma verdade tem de poder abençoar o temporal, como se dizia antigamente; ou permanece fora deste mundo. O mundo ficou tão ressequido porque tantos pensamentos fabricados vagam por ele, sem paradeiro nem forma."

ERHART KÄSTNER

"Sem seres humanos o *Ser* seria mudo: estaria *aí*, mas não seria o *Verdadeiro*."

ALEXANDER KOJÈVE

Prefácio à edição brasileira

Ernildo Stein

O fato de termos, no Brasil, uma primorosa tradução da obra-prima de Safranski sobre Heidegger marcará época neste fim dos tempos.

Não estamos diante de uma simples biografia. Trata-se da terceira que o autor escreveu. A primeira foi a de E. T. Hoffmann, a segunda a de A. Schopenhauer e a eles veio juntar-se a biografia de Nietzsche. Ao escrever a terceira biografia, o autor estava diante do maior filósofo do século, pensador da mais vasta obra filosófica (102 volumes) e o autor do livro mais importante do século — *Ser e tempo* (1927) — e da personalidade mais controvertida da filosofia contemporânea, sendo ao mesmo tempo a mais seguida em muitas de suas ideias.

Safranski conseguiu com seu primoroso ensaio sobre Martin Heidegger o aplauso unânime de um círculo muito vasto e complexo de leitores. É a biografia do século XX sobre um pensador que, durante cinquenta anos, interveio, com a obra que estava escrevendo, nos destinos de sua época. Trata-se de um livro que reconstrói toda uma etapa histórica, realiza uma reflexão precisa e ampla sobre o pensamento, a vida e os descaminhos políticos de um pensador que cedo foi colocado ao lado de Platão, Aristóteles, Kant e Hegel.

A biografia de Heidegger que Safranski escreveu atingiu tal envergadura e completude que todos os outros ensaios biográficos sobre o filósofo terminam parecendo parciais ou fragmentários. Ou porque analisam alguns aspectos da sua vida e do seu pensamento, ou apenas registram situações polêmicas, ou ainda constituem-se em defesas ou ataques inconsequentes, ou, enfim, apenas tomam forma de memórias muito pessoais de seus autores.

Diante de todas as informações que temos, da vida e do pensamento de Heidegger, faltava este trabalho histórico em que o material abundante da vida, do pensamento e dos conflitos do filósofo fosse colocado numa moldura adequada, no panorama da cultura alemã desse século.

Mas Safranski não apenas se revelou soberano no registro e na análise dos grandes e decisivos momentos da trajetória heideggeriana. Já o título do livro nos sugere mais que isso: *Um mestre da Alemanha entre o bem e o mal*. O ensaísta sabia que estava diante da vida de um filófoso cuja obra e escolhas, no contexto do seu tempo, o situa entre as duas grandes guerras, no embate dos totalitarismos, de um lado, e no painel de ideias determinantes para o século XX, conferindo-lhe a ambiguidade dos grandes mestres que surgem em períodos de crise.

Heidegger era mestre por muitas razões. O primeiro modo de ser mestre foi testemunhado por Hans-Georg Gadamer: "O primeiro encontro com seu olhar mostrava quem era e quem é: um visionário. Um pensador que vê. Parece-me ser essa a grande qualidade que sustenta a originalidade de Heidegger em meio a todos os professores de filosofia de nosso tempo. (...) Quando ele expunha em sua cátedra seus pensamentos, preparados minuciosamente e vivamente apresentados até o detalhe, no instante da exposição, ele via o que pensava e fazia com que os ouvintes também o vissem. Husserl tinha razão quando, nos primeiros anos após a Primeira Guerra Mundial, perguntado sobre a fenomenologia, respondia: 'A fenomenologia — somos eu e Heidegger'."

Em segundo lugar, o filósofo era mestre pelo modo como sabia preservar a atmosfera de transcendência na apresentação dos centrais conteúdos de seu pensamento. Conseguia manter essa magia e caráter numinoso que o aproximava daquele que nisso era seu mestre: mestre Eckhart que estudava e era evocado em momentos em que o pensamento se ocupava com as dimensões místicas da condição humana.

Um terceiro modo no qual o mestre transparecia era revelado na radicalidade com que expunha seu pensamento, apresentando um grande número de questões novas na filosofia, desafiando o indivíduo humano e sua condição histórica para o confronto com as últimas. Heidegger então era o mestre que problematizava o conhecimento humano, redimindo-o dos lugares comuns da tradição e argumentando com preposições que tinham a surpresa da absoluta novidade.

PREFÁCIO À EDIÇÃO BRASILEIRA– 15

E, por fim, Safranski esconde no título do livro uma alusão ao verso de Paul Celan: "A morte é um mestre da Alemanha". Quem conhece Heidegger compreende as direções em que o biógrafo aponta. Heidegger era aquele que analisa o *ser-para-a-morte* como última possibilidade da existência. Mas também sabia da tragédia a que Celan se referia, apontando com o verso para os campos de extermínio.

Toda a ambiguidade do filósofo alemão diante da questão política de seu tempo nos subjuga com essa alusão.

Safranski escreve sobre esse mestre profundo, múltiplo e contraditório, mas preserva sempre a grandeza diante do enigma. A documentação histórica com que trabalha, o manuseio da obra publicada do filósofo, as informações de tantas testemunhas afastam-no de imprecisões e conjeturas. Somente a distância e a experiência conquistada em seus ensaios biográficos anteriores lhe permitem silenciar onde outros apenas reforçariam boatos, criticar onde tantos apenas iriam denunciar, ironizar onde muitos difamariam.

A leitura atenta dos herdeiros de Heidegger, de seus estudiosos e seguidores levou a correções nesta terceira edição em que se baseia a tradução.

Mas essas lacunas eram representadas apenas por datas, nome de pessoas, lugares e informações de detalhes que tinham sido passados por alto. Essas correções feitas por testemunhas vivas e os documentos altamente pessoais e inéditos foram incorporados pelo autor e pela editora, resultando, dessa maneira, uma obra exaustiva e modelar para nosso tempo.

A linguagem de Safranski desenvolveu o tom exato para situar os grandes temas do pensamento do filósofo. Soube acompanhar a profundidade que sustenta as obras básicas, sem cair numa reprodução obscura ou inadequadamente solene. Mesmo leitores bem informados e estudiosos de longa data de Heidegger irão encontrar as ideias postas no seu lugar, sempre bem documentadas e de acordo com os originais.

Uma biografia, entretanto, não consiste apenas numa justaposição do pensamento e do vivido da personagem central. Safranski soube apresentar, de maneira articulada, a tessitura das relações do filósofo com os professores e estudiosos da época, tanto no meio universitário como em outros ambientes. Não deixou de descrever momentos em que aparecia o lado polêmico do filósofo, dando, no entanto, a ressonância correta aos grandes debates em que se engajou seja com colegas, com superiores e com a própria burocracia universitária cujo fim queria que estivesse próximo, para ser substituído por "sua universidade".

Além disso, examinou as relações que o filósofo registrou em sua vastíssima correspondência com pensadores de seu tempo e com pessoas as quais sustentou uma intimidade continuada pela troca de ideias por escrito, durante mais de 50 anos.

O livro traz, por fim, também as análises corretas, objetivas e críticas de seu passageiro engajamento na universidade do começo do movimento nacional-socialista, que revelou tantos equívocos e teve consequências, quer como tragédia pessoal, quer como material a ser explorado por seus detratores.

Para um filósofo que um dia confidenciara que as palavras sintéticas que dissera de Aristóteles: nasceu, trabalhou e morreu, fossem aplicadas a sua vida, Safranski soube trazer à tona uma riqueza de vida e de pensamento de Heidegger mais que surpreendente.

A atividade intensa de escrever sua gigantesca obra de filosofia foi acompanhada pela interpretação e pelo diálogo com seu tempo, pela cuidadosa administração de sua obra, pela vigilância sobre suas ideias e pela responsabilidade de quem sabia que tinha um lugar entre os grandes da metafísica ocidental.

Tudo isso nos é apresentado com contenção e entusiasmo, com participação e distância, com admiração e crítica.

Safranski teve a coragem de enfrentar Heidegger e seu século. A seu empreendimento em momento algum faltaram a grandeza dos horizontes e a seriedade diante de um pensamento que mudou a história da filosofia.

Porto Alegre, abril de 2000.

Um mestre da Alemanha

É longa a história de Heidegger, sua vida, sua filosofia. Nela estão as paixões e catástrofes de todo esse século.

Filosoficamente, Heidegger vem de longe. Tratou Heráclito, Platão, Kant como se fossem seus contemporâneos. Chegou tão perto deles que escutou o que não chegaram a dizer e colocar isso em linguagem. Em Heidegger existe ainda toda a maravilhosa metafísica, embora no momento em declínio silente — ou, posto de outra forma, também se pode dizer: no momento em que ela se abre para outra coisa.

Indagar, não responder, era a paixão de Heidegger. A isso sobre que indagava e por que procurava, ele chamou-o ser. Durante toda sua vida filosófica sempre indagou pelo ser. O sentido dessa indagação é apenas devolver à vida o mistério que ameaça desaparecer na modernidade.

Heidegger começou como filósofo católico. Aceitou o desafio da modernidade. Desenvolveu a filosofia do *dasein*[1] (*ser-aí*) que existe sob um céu vazio e sob a força de um tempo que tudo devora, e que é dotado do talento de esboçar a sua própria vida. Uma filosofia que interpela o indivíduo em sua liberdade e responsabilidade, e leva a morte a sério. A questão do ser no sentido heideggeriano significa levantar o dasein como se levanta âncora para partir, aliviado, em direção ao mar aberto. É uma triste ironia da história das influências que a questão do ser em Heidegger tenha em geral perdido esse impulso libertador e "aliviador", deixando o pensar intimidado e, pelo contrário, crispado. Será preciso desfazer essa crispação. Então talvez também fiquemos suficientemente livres para

---

1   *Ser-aí*. Sempre que não for necessário, manterei o termo "dasein", por ser bastante conhecido. Algumas vezes, quando ele se desdobra ou é usado em jogos específicos, empregarei o *ser-aí*. (N. da T.)

permitir que o riso da criada trácia responda a muita meditação frustrada desse gênio filosófico.

Crispação é o que o envolvimento político de Heidegger ainda provoca. Por razões filosóficas ele se tornou temporariamente um revolucionário nacional-socialista, mas sua filosofia também o ajudou a se libertar da intriga política. O que ele tinha feito lhe serviu de ensinamento. A partir dali seu pensamento também abrangeu o problema da sedução do espírito pelo desejo de poder. O caminho filosófico de Heidegger passa da determinação, na metafísica, ao grande momento histórico e, finalmente, para a serenidade e a ideia de lidar mais brandamente com o mundo.

Martin Heidegger — um mestre da Alemanha.

Ele foi realmente um "mestre" da escola do místico Meister Eckhart. Manteve aberto, mais do que ninguém, o horizonte para experiência religiosa numa época não religiosa. Encontrou um pensar que permanece próximo das coisas, mas preserva-o da queda na banalidade.

Ele foi realmente muito "alemão", tão alemão quanto Adrian Leverkühn, de Thomas Mann. A história da vida e do pensamento de Heidegger repete a história do Fausto. Nela aparece o amável, o fascinante e o insondável de uma singular trajetória alemã na filosofia, que se tornaria um acontecimento europeu. E por fim: com sua intriga política ele também tem algo daquele "Mestre da Alemanha" do qual se fala no poema de Paul Celan.

Assim, o nome Martin Heidegger é um dos capítulos mais excitantes da história do gênio alemão nesse século. É preciso falar dele no bem e no mal, e além do bem e do mal.

CRONOLOGIA

1889   26 de setembro: nascimento de Martin Heidegger, filho de Friedrich Heidegger (7 de agosto de 1852 — 2 de maio de 1924), zelador de objetos sacros e sacristão em Messkirch; e de Johanna Heidegger, nascida Kempf (21 de março de 1858 — 3 de maio de 1927).

1903-1906   Ginásio em Constance, como bolsista. Alojamento no pensionato católico Konradihaus. Preparação para a carreira sacerdotal.

1909   Heidegger entra no noviciado com os jesuítas em Tisis, perto de Feldkirch (Vorarlberg, na Áustria). Desligado em 13 de outubro devido a problemas cardíacos.

1909-1911   Estudos de teologia e filosofia em Freiburg. Artigos contra o modernismo em revistas católicas.

1911-1913   Encerra os estudos para o sacerdócio. Estudos de filosofia, humanidades e ciências naturais em Freiburg. Bolsa para o estudo de filosofia católica. Amizade com Ernst Laslowski. Estudos de Edmund Husserl. Lógica como um valor transcendental da vida.

1913   Doutorado com tese sobre *A doutrina do juízo no psicologismo*.

1915   Livre docência (título de *Dozent*) com uma dissertação sobre *A doutrina de Duns Scotus das categorias e do significado*.

1915-1918   Alistamento para o serviço militar; habilitação física limitada: censura postal e serviço meteorológico.

1917   Casa-se com Elfride Petri.

1919   Nascimento de seu filho Jörg.

1919   Rompe com o *sistema do catolicismo*.

1920   Nascimento de seu filho Hermann.

20 – Heidegger - um mestre da Alemanha entre o bem e o mal

1918-1923	*Privatdozent* e assistente de Husserl em Freiburg. Amizade com Elisabeth Blochmann.
1920	Início da amizade com Karl Jaspers.
1922	A interpretação que Heidegger faz de Aristóteles desperta muita atenção em Marburg.
1923	Suas conferências sobre *Ontologia* estabelecem sua reputação como "o rei secreto da filosofia".
1923	Nomeação para Marburg. Muda para o seu chalé em Todtnauberg. Amizade com Rudolf Bultmann.
1924	Começo de um caso amoroso com Hannah Arendt.
1925	Arendt sai de Marburg.
1927	Publicação de *Ser e tempo*.
1928	Nomeação para Freiburg como o sucessor de Husserl.
1929	Conferência inaugural, *O que é a metafísica?*; em março, conferências no curso da universidade de Davos. Debate com Ernst Cassirer.
1929-30	Preleções sobre *Os conceitos fundamentais da metafísica*.
1930	Recusa o primeiro convite para ir a Berlim.
1931-32	Véspera de ano-novo no chalé: Heidegger apoia o nacional-socialismo.
1933	Eleição para a reitoria. Em 1º de maio filia-se ao Partido Nazista. 27 de maio: primeiro discurso como reitor. Organização das bolsas. Aparições em Leipzig, Heidelberg e Tübingen para fazer propaganda partidária. Coopera com a reforma da universidade de Baden (introdução do Princípio do Führer). Outubro: recusa do segundo convite de ir a Berlim. Verão: última visita a Karl Jaspers.
1934	Desentendimentos na faculdade e divergências com autoridades governamentais e partidárias resultam em sua demissão da reitoria em abril. Verão: preparação dos planos para uma *Dozentakademie* em Berlim.
1936	Fim da correspondência com Jaspers. Conferência em Zurique sobre *A origem da obra de arte*. Conferência em Roma sobre *Hölderlin e a essência da poesia*. Encontro com Karl Löwith, seu doutorando nos anos 20.
1936-1940	Em diversas conferências sobre Nietzsche, Heidegger discute criticamente o pensamento do nacional-socialismo sobre o poder. Fica sob vigilância da Gestapo.
1936-1938	Escreve a sua *Contribuições à filosofia* (Sobre o Acontecimento-apropriação), que tenciona publicar posteriormente.

CRONOLOGIA – 21

1937 Heidegger recusa-se a participar do congresso internacional de filosofia em Paris.

1944 Convocado pela Volkssturm (milícia popular)

1945 Janeiro-fevereiro: em Messkirch, organiza seus manuscritos e os coloca em lugar seguro. Junho-abril: a faculdade de filosofia é transferida para o castelo de Wildenstein (perto de Beuron, no vale do Danúbio). Julho: Heidegger comparece diante do comitê de desnazificação. Oficiais franceses de ocupação interessados em filosofia fazem contato com ele. O planejado encontro com Jean-Paul Sartre não chega a se realizar. Correspondência com Sartre. Início da amizade com Jean Beaufret.

1946 A opinião especializada de Jaspers a respeito de Heidegger é apresentada ao comitê de desnazificação. Heidegger é proibido de ensinar (até 1949). Início da amizade com Medard Boss. Carta a Beaufret *Sobre o Humanismo*.

1949 Dezembro: quatro conferências no clube de Bremen (*A coisa*, *O dispositivo*, *O perigo*, *A virada*).

1950 Conferências seguidas no balneário de Bühlerhöle e na Academia Bávara de Belas-Artes. Fevereiro: Arendt visita Heidegger. São retomadas a amizade e a correspondência. Retoma também a correspondência com Jaspers.

1951-52 Heidegger reinicia suas aulas na universidade.

1952 Segunda visita de Arendt.

1953 Aula na Academia Bávara de Belas-Artes, em Munique, sobre *A questão da técnica*. Começo da carreira de pós-guerra de Heidegger. Amizade com Eberhard Kästner.

1955 *Gelassenheit* (Serenidade), discurso pronunciado na homenagem a Conradin Kreutzer, em Messkirch. 21 de março: aula em Cérisy-la-Salle.

1957 Aula em Aix-en-Provence. Fica conhecendo René Char.

1959 Começo dos seminários de Zollikon, com Medard Boss.

1959 Nomeado cidadão honorário de Messkirch em 27 de setembro.

1962 Primeira viagem à Grécia.

1964 É publicado *O jargão da autenticidade*, texto de Theodor Adorno contra Heidegger.

22 – Heidegger - um mestre da Alemanha entre o bem e o mal

1966 Primeiro seminário em Le Thor, tendo sequência em 1968, 1969 e 1973 em Zähringen. Entrevista à revista *Der Spiegel* (publicada depois da morte de Heidegger).

1967 Arendt volta a visitar Heidegger. A partir daí, ela o visita todos os anos.

1975 É publicado o primeiro volume de suas *Obras reunidas*.

1976 Heidegger morre em 26 de maio e é enterrado em Messkirch (28-5).

ABREVIATURAS

A seguir estão as obras de Heidegger citadas no texto. As abreviaturas mostradas aqui foram usadas para citações das obras em alemão e das coleções de correspondência já publicadas. Seguem as abreviaturas usadas pelo autor na edição alemã. A tradução dos títulos alemães é indicada entre parêntesis; onde foi citada a tradução inglesa correspondente, a informação bibliográfica também é dada.

GA 1 ff   *Gesamtausgabe: Ausgabe letzter Hand* (*Obras reunidas: revisão final do autor*), série ed. Hermann Heidegger, Frankfurt.

OBRAS INDIVIDUAIS DE MARTIN HEIDEGGER

A   *Aufenthalte* (*Estadias*), Zurique, 1989.

BZ   *Der Begriff der Zeit* (*O conceito do tempo*), Tübingen, 1989. (*The Concept of Time*, trad. William McNeill, Cambridge, Mass., 1992.)

D   *Denkerfahrungen* (*Experiências de pensamento*), Frankfurt, 1983.

DJ   *Phänomenologische Interpretationen zu Aristoteles: Anzeige der hermeneutisches Situation* (*Interpretações fenomenológicas de aristóteles: indicação da situação hermenêutica*). No *Dilthey-Jahrbuch für Philosophie und Geschichte der Giesteswissenschaft*, vol. 6, Göttingen, 1989.

EH   *Erläuterungen zu Hölderlins Dichtung* (*Elucidações da poesia de Hölderlin*), Frankfurt, 1981.

EM   *Einführung in die Metaphysik* (*Introdução à metafísica*), Tübingen, 1987 (*An Introduction to Metaphysics*, trad. R. Mannheim, New Haven, Conn., 1987).

FS   *Frühe Schriften* (*Escritos de juventude*), Frankfurt, 1972.

24 – Heidegger - um mestre da Alemanha entre o bem e o mal

G   *Gelassenheit (Serenidade)*, Pfullingen, 1985 (*Discourse on Thinking: a Translation of Gelassenheit*, trad. John M. Anderson e E. Hans Freund, Nova Yorque, 1969).

H   *Holzwege (Caminhos do bosque)*, Frankfurt, 1950.

HK   "Die Herkunft der Kunst und die Bestimmung des Denkes" ("A origem da arte e a missão do pensamento"). Em Petra Jaeger e Rudolf Lüthe, eds., *Distanz und Nähe: Reflexionen und Analysen zur Kunst der Gegenwart (Distância e proximidade: reflexões e análise da arte atual)*, Würzburg, 1983.

K   *Kant und das Problem der Metaphysik (Kant e o problema da metafísica)*, Frankfurt, 1991 (*Kant and the Problem of Metaphysics*, trad. Richard Taft, Bloomington, Ind., 1990).

L   *Logik (Lógica)*. Aulas do semestre de verão de 1934, notas anônimas. Ed. Victor Farías, Madri, 1931.

NI, NII   *Nietzsche*, 2 vols., Pfullingen, 1961 (*Nietzsche*, trad. Joan Satmbaugh, David Farrell Krell e Frank A. Capuzzi, São Francisco, 1987).

R   *Die Selbsthauptung der deutschen Universität: das Rektorat (A Autoafirmação da universidade alemã: a reitoria)* Frankfurt, 1983 ("The Self-Assertion of the German University", *in* Richard Wolin, ed., *The Heidegger Controversy: a Critical Reader*, Nova Yorque, 1991).

SuZ   *Sein und Zeit (Ser e tempo)* Tübingen, 1963 (*Being and Time*, trad. John Macquarrie e Edward Robinson, São Francisco, 1962).

TK   *Die Technik und die Kehre (A técnica e a virada)*, Pfullingen, 1962 ("The Question Concerning Technology", *in* David Farrell Krell, ed., *Martin Heidegger: Basic Writings*, ed. rev., São Francisco, 1993).

ÜH   *Über den Humanismus (Sobre o humanismo)*, Frankfurt, 1981 ("Letter on Humanism", em David Farrell Krell, ed., *Martin Heidegger: Basic Writings*, ed. rev., São Francisco, 1993).

VA   *Vorträge und Aufsätze (Conferências e ensaios)*, Pfullingen, 1985.

VS   *Vier Seminare (Quatro seminários)*, Frankfurt, 1977.

WM   *Wegmarken (Marcas no caminho)*, Frankfurt, 1978.

WHD   *Was heisst Denken? (Que significa pensar?)*, Tübingen, 1984 (*What is Called Thinking?*, trad. Fred D. Neick e J. Glenn Gray, Nova Yorque, 1968).

WM   *Was ist Metaphysik? (O que é metafísica?)*, Frankfurt, 1986 ("What is Metaphysics?", em David Farrel Krell, ed., *Martin Heidegger: Basic Writings*, ed. rev., São Francisco, 1993).

ABREVIATURAS – 25

WW   *Vom Wesen der Warheit* (*Sobre a essência da verdade*), Frankfurt, 1986
        ("On the Essence of Truth", David Krell Farrell, ed., *Martin
        Heidegger: Basic Writings*, ed. rev., São Francisco, 1993).

Z   *Zur Sache des Denkens* (*Sobre a questão do pensamento*), Tübingen,
        1984 (*On Time and Being*, trad. Joan Stambaugh, Nova Yorque, 1972).

ZS   *Zollikoner Seminare* (*Os seminários de Zollikon*), Frankfurt, 1987.

Correspondência e outros documentos de Heidegger

BwHB   Correspondência entre Martin Heidegger e Elisabeth Blochmann,
        Briefwechsel. Ed. Joachim W. Storck, Marbach, 1989.

BwHJ   Correspondência entre Martin Heidegger e Karl Jaspers, *Briefwechsel*.
        Ed. Walter Biemel e Hans Saner, Frankfurt e Munique, 1990.

BwHK   Correspondência entre Martin Heidegger e Erhard Kästner,
        Briefwechsel. Ed. Heinrich Wiegand Petzet, Frankfurt, 1986.

S   Guido Schneeberger, *Nachlese zu Heidegger: Dokumente zu seinem
        Leben und Denken* (*Respingando materiais sobre Heidegger: documentos
        sobre sua vida e pensamento*), Berna, 1962.

Outras Correspondências

BwAJ   Hannah Arendt e Karl Jaspers, *Briefwechsel* (Correspondência). Ed.
        Lotte Köhler e Hans Saner, Munique, 1985.

Capítulo I

Infância e educação

Em 1928 o agora já famoso Martin Heidegger escreve ao ex-prefeito do internato religioso de Constança, onde passou alguns anos como aluno: *Talvez a filosofia mostre mais insistente e duradouramente como o ser humano é principiante. Filosofar em última análise não é senão ser um principiante.*

O elogio do principiar, de Heidegger, é ambíguo. Ele quer ser um mestre do princípio. Nos princípios da filosofia na Grécia ele procurou o futuro passado, e no presente queria descobrir o ponto em que, no meio da vida, a filosofia sempre renasce. Isso acontece na *disposição*. Ele critica a filosofia que finge começar com pensamentos. Na realidade, diz Heidegger, ela começa com uma *disposição*, com o espanto, o medo, a preocupação, a curiosidade, o júbilo.

Para Heidegger a *disposição* liga a vida com o pensamento, e não deixa de haver ironia no fato de ele rejeitar de tal modo em seu próprio caso a investigação da relação entre vida e pensamento. Certa vez começou uma conferência sobre Aristóteles com a frase lapidar: *Ele nasceu, trabalhou e morreu.* Assim Heidegger queria que também se falasse dele, pois esse era certamente seu grande sonho: viver para a filosofia e talvez até desaparecer na própria filosofia. Também isso tem a ver com a sua *disposição* que talvez descubra depressa demais o importuno no existente, e por isso busca o velado. A própria vida pode ser importuna. A *disposição* de Heidegger o faz dizer: o *dasein* é *lançado* e o ser *evidenciou-se como peso,* pois: *acaso jamais um dasein decidiu livremente como ele-mesmo, e jamais poderá decidir se quer entrar no dasein ou não?* (SuZ, 228).

28 – Heidegger - um mestre da Alemanha entre o bem e o mal

Heidegger apreciava os gestos grandiosos, por isso nunca se sabe exatamente se está falando do Ocidente ou de si mesmo, se é o ser em geral ou o seu ser que está em debate. Mas se vale o princípio de que a filosofia não nasce do pensamento mas da disposição, então não podemos localizar os pensamentos apenas no embate com outros pensamentos, portanto no cume da tradição intelectual. Naturalmente Heidegger ligava--se em tradições, mas por motivos que se referem à sua vida. Obviamente elas não lhe permitem viver o seu próprio *vir-ao-mundo* como um presente ou como uma chegada promissora. Há de ter sido uma queda, assim quer a sua disposição.

Mas o mundo em que ele se sente *lançado* não é o de Messkirch no fim do século passado, onde nasceu a 26 de setembro de 1889, onde passou sua infância e para onde sempre gostou de voltar. Ele só se sentiu *lançado* quando foi lançado fora dessa terra natal que o protegia das solicitações da modernidade. Não devemos esquecer que com o nascimento ainda não se resolve o *vir-ao-mundo*. Em uma vida humana são precisos vários nascimentos e pode acontecer que nunca se chegue inteiramente ao mundo. Mas por enquanto fiquemos com seu primeiro nascimento.

O pai, Friedrich Heidegger, é zelador dos objetos sacros e sacristão na igreja de S. Martin em Messkirch. Morre em 1924. Terá de ver seu filho romper com o catolicismo, mas não verá mais a sua afirmação como filósofo. A mãe morre em 1927. Martin Heidegger deposita em seu leito de morte um exemplar da edição do *Ser e tempo* que acaba de ser publicada.

A mãe vem da aldeia vizinha de Göggingen. Quando os ventos frios descem dos planaltos dos Alpes suevos, diz-se em Messkirch: "Vem de Göggingen...". Os antepassados maternos dele viveram lá há gerações em uma propriedade imponente, o Lochbauernhof. Um antepassado, Jakob Kempf, recebera a propriedade em 1662 como arrendamento do mosteiro cisterciense em Pfullendorf. O avô de Heidegger pôde comprá-lo em 1838 por 3.800 gulden. Mas espiritualmente continuavam sob a tutela da igreja.

Os antepassados paternos eram pequenos camponeses e artesãos. Tinham vindo da Áustria para a região, no século XVIII. Pesquisadores de genealogia em Messkirch descobriram que há vastos parentescos com os Mägerles e os Kreutzers. De uma das famílias vem o mais famoso orador religioso do século XVII, Abraham a Sancta Clara, da outra,

Konradin Kreutzer, o compositor. Os Heidegger também eram de longe aparentados com Conrad Gröber, mentor espiritual de Martin no seminário de Constança, mais tarde arcebispo de Freiburg. Messkirch é uma cidadezinha entre Bodensee, nos Alpes suevos, e o Danúbio superior. Uma região árida, antes pobre, na fronteira entre o alemão e suevo. O alemão é mais moroso, melancólico e pensativo. O suevo é mais alegre, mais aberto e também mais sonhador. Uns tendem ao sarcasmo, outros ao emocionalismo. Martin Heidegger tinha algo de ambos, e escolhe como protetores Johann Peter Hebel, um alemão, e Friedrich Hölderlin, um suevo. Para ele, os dois são marcados pela região e mesmo assim destacam-se no grande mundo. Assim ele também via a si mesmo: *abrir-se à amplidão do céu e ao mesmo tempo enraizar-se no escuro da terra* (D, 38).

Em uma conferência de 1942 Heidegger interpreta o hino ao Danúbio de Hölderlin: "O Íster". Fez uma anotação no manuscrito da conferência, que não aparece no texto impresso: *Talvez Hölderlin, o poeta, tenha de se tornar um destino determinante... para alguém que pensa, cujo avô nasceu na mesma época em que surgia o "Hino de Íster"... no curral de ovelhas de uma granja abaixo das rochas no vale superior do Danúbio, perto da margem do rio.*

Automitificação? Em todo caso, tentativa de dar-se uma origem que todos gostariam de ter. O brilho de Hölderlin em Donauhaus, ao pé de Burg Wildenstein, abaixo de Messkirch. Lá viveram os Heidegger no século XVIII. A casa ainda existe e seus moradores relatam que o professor seguidamente os visitava com seu gorro basco.

Perto de Donauhaus e Burg Wildenstein fica Beuron com seu mosteiro dos beneditinos, outrora fundação para os cavalheiros do coro dos agostinianos. Esse mundo de silêncio monacal com sua grande biblioteca, currais e galpões atraiu Martin Heidegger mesmo quando ele já se apartara da igreja. Nos anos vinte durante as férias semestrais várias vezes ele passou algumas semanas na cela do mosteiro. Entre 1945 e 1949, tempo em que esteve proibido de ensinar, o mosteiro de Beuron foi o único lugar em que aparecia publicamente.

No fim do século XIX, Messkirch tinha dois mil moradores. A maioria agricultores e artesãos. Havia também alguma indústria no lugar, uma cervejaria, uma fábrica de bobinas, um laticínio. Messkirch era a sede da prefeitura, havia escolas técnicas, um telégrafo, uma estação de trem, um posto dos correios de segunda categoria, um tribunal, centrais de cooperativas, administração das terras e do castelo. Messkirch pertencia a Baden, o que era importante para a atmosfera espiritual da cidadezinha.

Em Baden havia desde o começo do século XIX uma forte tradição liberal. Em 1815 foi eleita uma comissão de representantes, em 1831 revogada a censura de imprensa. Em abril daquele ano Hecker e Struve convocaram Costança, que ficava perto, para um motim armado. Os contingentes revolucionários reuniram-se em Donaueschingen; foram derrotados, um ano depois conquistaram poder por pouco tempo, o grão--duque fugiu para a Alsácia; só com ajuda das tropas prussianas pôde-se reconstituir a situação antiga. Em Baden não se cultivavam pensamentos amistosos em relação à Prússia e, depois de 1871, tudo que fosse alemão do Reich sempre manteve um desagradável sabor prussiano. O liberalismo de Baden finalmente se adaptou no Reich, até porque encontrara outro adversário: a igreja católica.

Desde 1848 a igreja usava para seus próprios interesses o espírito do liberalismo, que habitualmente combatia com veemência; estimulava a igreja livre num Estado livre, eliminação da tutela do Estado sobre escolas e universidades, livre uso dos bens da igreja, livre administração da fortuna da igreja. Devia-se obedecer mais a Deus do que aos homens. O conflito acentuou-se quando o governo do Estado mandou prender o arcebispo de Freiburg em 1854. Por fim o governo interveio, pois obviamente a igreja tinha raízes fortes demais nos hábitos, pensamento e vida da população, especialmente no campo e nas cidades pequenas. Esse populismo católico no sudoeste era devoto mas não apreciava o Estado, era hierárquico mas buscava autonomia em relação à coisa pública. Era antiprussiano, antes regionalista do que nacionalista, anticapitalista, agrário, antissemita, ligado às coisas da pátria, e tinha raízes profundas, especialmente nas camadas sociais inferiores.

Os conflitos entre Estado e igreja voltaram a se aguçar quando, em 1870, o Concílio de Roma decidiu pelo dogma da infalibilidade do papa. Se no período do nacionalismo não era possível reinstaurar o domínio universal da igreja, pelo menos o mundo católico deveria ser eficazmente protegido do Estado e da sociedade secularizada.

INFÂNCIA E EDUCAÇÃO – 31

Contra isso formou-se uma oposição, o chamado movimento "católico antigo" (altkatolisch), que tinha suas raízes sobretudo na burguesia culta católica social-liberal do sul da Alemanha. Não queriam se tornar "romanos" demais, nem ligar o católico com o nacional. Muitos "católicos antigos" buscavam além disso uma modernização geral da igreja: revogação do celibato, limitação da veneração aos santos, autodeterminação das comunidades, eleição dos sacerdotes.

O movimento criou uma organização eclesial própria, elegeu seu bispo, mas permaneceu de tamanho reduzido; em nenhum momento teve mais de cem mil membros, embora encontrasse apoio nos governos, especialmente em Baden, onde o movimento católico antigo era forte. Messkirch foi um de seus bastiões nos anos setenta e oitenta. Em certas épocas quase a metade da população era católica antiga.

Conrad Gröber, um representante engajado no catolicismo romano, descreve uma imagem sombria do "tempo de luta cultural" de Messkirch, que chegou até a infância de Martin: "Sabemos por nossa própria amarga experiência quanta felicidade juvenil foi destruída naqueles anos duros, quando os filhos dos católicos antigos mais ricos humilhavam as crianças católicas mais pobres e seus padres dando-lhes nomes pejorativos, batendo-lhes e mergulhando-os em tinas para os rebatizar. Infelizmente sabemos também por experiência própria que mesmo os professores católicos antigos distinguiam ovelhas de bodes, dando aos alunos católicos o apelido de 'peste negra', e os faziam sentir concretamente que não se trilhavam impunemente os caminhos romanos. Todos, exceto um, cederam e tiveram de ligar-se aos católicos antigos, se quisessem uma posição definitiva em Messkirch. Muito mais tarde ainda se viu que só trocando de religião se conseguia um carguinho em Ablachstadt".

Entre os que resistiam estava o pai de Heidegger. Ele permaneceu com os "romanos", embora no começo com isso só tivesse desvantagens.

O governo prometera aos católicos antigos de Messkirch um direito de partilhar dos lucros da igreja municipal de S. Martin. Para os "romanos" isso significava uma dessacralização da casa de Deus e por isso saíram de lá. Com ajuda dos monges de Beuron transformaram um galpão de frutas em uma "igreja provisória" perto da igreja oficial, em 1875. Lá ficava também a oficina do zelador dos objetos sacros e sacristão Friedrich Heidegger e lá foi batizado Martin Heidegger.

O contraste entre os católicos "romanos" e os "antigos" dividiu a cidade em dois campos. Os católicos antigos eram os "círculos melhores", os "liberais", os "modernos". Do ponto de vista deles, os "romanos" eram um obstáculo para o progresso, gente pequena, atrasada, limitada, que se agarrava a costumes eclesiásticos superados. Quando na bênção do ano-novo e do outono os "romanos" saíam para os campos, os católicos antigos permaneciam em casa e suas crianças jogavam pedras nos manifestantes.

Nesses conflitos o pequeno Martin viveu pela primeira vez o contraste entre tradição e modernidade. Percebeu o que havia de ofensivo nessa modernidade. Os católicos antigos eram "os lá de cima" e os "romanos", embora maioria, sentiam-se inferiores. Tanto mais por isso sua comunidade se uniu e se fechou.

Quando, lá pelo fim do século, o número de católicos antigos, também em Messkirch, se reduziu drasticamente e o clima de luta cultural ficou menos tenso, os "romanos" receberam de volta a igreja municipal junto com a fortuna e as propriedades. Os Heidegger puderam mudar-se outra vez para a casa do sacristão na praça da igreja. Em 1º de dezembro de 1895 uma missa festiva selou essa vitória sobre os "desviantes". O pequeno Martin sem querer teve nisso um papel-chave: o sacristão católico "antigo" achou penoso devolver ao sucessor a chave da igreja, de modo que simplesmente a entregou ao pequeno filho do sacristão que, por acaso, brincava ali na praça.

O mundo da infância é a casinha baixa de sacristão na praça da igreja, do outro lado da imponente igreja de S. Martin. A praça abre-se em direção ao castelo Fürstenberg, construído no século XVI. As crianças podiam passar pelo portal até o pátio interno e o parque do castelo, e até o portão do jardim na outra extremidade, onde começava a paisagem aberta com a trilha do campo: *Ela leva do portão do jardim até Ehnried. As velhas tílias do jardim do castelo seguem-na com o olhar por cima dos muros, quando na páscoa ela corre luminosa entre as colheitas que brotam e as campinas que despertam, ou quando no natal desaparece sob a nevasca atrás da colina mais próxima* (D, 37).

Os "meninos do sacristão", Martin e seu irmão mais novo, Fritz, tinham de ajudar no serviço a igreja. Eram coroinhas, apanhavam flores para enfeitar a igreja, serviam de mensageiros para o padre e tinham de tocar os sinos. Havia sete sinos na torre, recorda Heidegger em *O segredo da torre dos sinos*, cada um com um nome, um som próprio e um momento próprio. O "Quatro" tocava às quatro da tarde, o chamado toque do susto, que acordava os dorminhocos da cidadezinha; o "Três" era também o sino dos mortos. A "Criança" tocava chamando para aula de catecismo e reza do rosário; o "Doze" encerrava a aula da manhã na escola; a "Pequena" era sino no qual tocava o martelo das horas; e aquele com som mais bonito era o "Grande"; com ele anunciavam-se os dias festivos mais importantes, tanto na véspera, como pela manhã cedo. Entre quinta-feira santa e sábado de aleluia os sinos se calavam, e aí se tocavam as catracas. Uma manivela movimentava uma série de martelinhos que batiam em madeira dura. Nos quatro cantos da torre havia uma catraca, que os meninos-sineiros tinham de girar alternadamente para que o ruído áspero se espalhasse pelos quatro cantos do céu. Mas os mais bonitos eram os dias de natal. Pelas quatro da manhã os meninos-sineiros iam à casa do sacristão onde a mãe preparara a mesa com bolo e café com leite. Depois dessa refeição acendiam-se as lanternas no vestíbulo da casa e andavam pela neve, na noite invernosa até a igreja, subindo para a escura torre dos sinos, as cordas congeladas e os badalos cobertos de gelo. *A misteriosa fuga*, escreve Martin Heidegger, *em que se encadeavam as festas da igreja, os dias de vigília e as épocas do ano e as horas matinais, vespertinas e noturnas de cada dia, inundando com um toque de sino aqueles jovens corações, os sonhos, orações e brinquedos — certamente é ela que a torre esconde com um dos mais mágicos, sagrados e permanentes segredos...* (D, 65/66).

Era uma vida sob a tutela da igreja em uma cidadezinha provinciana no começo do século. No *Caminho do campo* Heidegger recorda os brinquedos com o barquinho feito por ele próprio, na fonte da escola: *O romântico nessas viagens residia num brilho quase invisível naquele tempo, mas que jazia sobre todas as coisas. Seu reino podia ser abrangido pelo olhar e pela mão da mãe... Aquelas viagens de brinquedo nada sabiam das andanças em que deixamos para trás todas as margens...* (D, 38).

Esse brilho *quase invisível naquele tempo* paira sobre todas as recordações de Heidegger daquela infância em Messkirch, e não se trata apenas de uma transfiguração no brinquedo, pois também seu irmão Fritz viveu de maneira semelhante aqueles anos. "Assim a maioria de nós saboreou em todas aquelas brincadeiras de meninos o benefício de uma constante despreocupação que nunca mais experimentamos depois." O irmão Fritz permaneceu a vida toda no povoado, ali trabalhou como funcionário do banco de crédito local e ali morreu.

Para os moradores de Messkirch, Fritz Heidegger era um "original". Era tão popular que mesmo mais tarde o filósofo mundialmente famoso ali sempre era apenas "o irmão do Fritz". Fritz Heidegger era gago, mas só quando ficava "sério", contam em Messkirch, "aí ele não conseguia dizer o que queria"[2], aí o "dasein" heideggeriano se expressava como "*da-da-dasein*". Falava sem problemas quando queria fazer brincadeiras; por exemplo, em seus famosos discursos de terça-feira de carnaval. Nessa ocasião não era nada tímido, e nos tempos de Hitler brincava até com relação aos nazistas conhecidos no local, pois sua popularidade o protegia. Fritz não frequentara a universidade. Por vezes o bancário se intitulava "um farol" (Scheinwerfer). Datilografou para seu irmão trinta mil páginas manuscritas, e nos anos da guerra os guardou num cofre do banco. Dizia que só no século XXI seriam compreendidas, "quando há muito os norte-americanos terão instalado um supermercado na lua". Conta que colaborou na revisão e correção dos textos. Não tolerava duas ideias numa mesma frase. Você tem de separar essas duas, teria dito ao irmão. Por uma porta estreita só podiam passar uma depois da outra. Nesse caso Fritz preferia situações óbvias, mas de resto preferia ser extremamente discreto. Um de seus jogos de palavras era: As pessoas podem não me enxergar, mas que não me julguem visível demais![3] Na filosofia, apreciava seus aspectos adoidados e lamentava quando filósofos se levavam demasiadamente a sério. Costumava dizer que quem preservava seu senso de doidice se dá bastante bem nesse *da-da-dasein*. "Em nós, no cantinho mais íntimo do coração, vive algo que supera todas

---

2   Não reproduzo a linguagem dialetal dessa frase e eventualmente outras, por julgar que os dialetos alemães são irreproduzíveis em português no seu valor original; usei da língua padrão. (N. da T.)

3   Jogo difícil de reproduzir em português, com *übersehen* (ignorar, literalmente olhar por cima de) e *übersichtlich* (compreensível, evidente, possível de se ignorar com o olhar). (N. da T.)

as aflições: a alegria, último resquício daquela doideira original da qual nós todos hoje mal temos uma noção." Fritz Heidegger possuía aquela autoironia que faltava a seu irmão Martin. Comentou assim o próprio nascimento, pois nasceu cinco anos depois de Martin: "A dor da vida começa hoje para uma pessoa, amanhã para outra. Para o vermezinho de Schlosstrasse começou na quarta-feira de cinzas: vômito, surra, grave aberração. Como costuma ser numa tarde de quarta-feira de cinzas".

Por agradecimento, Martin Heidegger dedicará um livro a seu irmão. *Ao meu irmão único*, diz ele com belo duplo sentido.

Os pais eram crentes mas sem fanatismo nem confessionalismo rígido, relata Fritz Heidegger. A vida católica estava de tal maneira inserida em sua carne e sangue que nem precisavam defender sua fé ou impô-la diante de outros. Tanto mais perplexos ficaram quando seu filho Martin se afastou do "caminho certo" que para eles era simplesmente mais óbvio.

A mãe era uma mulher alegre. "Muitas vezes", relata Fritz Heidegger, "ela dizia que a vida era tão bem organizada que sempre havia algum motivo para a gente se alegrar".

Era resoluta, por vezes altiva, não escondia que tinha consciência de sua origem de bons camponeses. Passava por ser trabalhadeira, quase só a viam de avental e "pano na cabeça". O pai era um homem fechado, que podia ficar calado dias a fio, discreto, trabalhador, justo. Um homem sobre o qual mais tarde os filhos não teriam muito o que dizer.

A vida dos Heidegger não era abundante mas também não era pobre. Dois mil marcos de propriedades e 960 marcos de renda (em 1903) significavam classe média baixa. Uma família podia viver com isso, mas não bastava para mandar as crianças para a escola mais adiantada, que era cara. E aí a igreja interveio. Era costume que a igreja estimulasse os mais talentosos e ao mesmo tempo recrutasse futuros padres, sobretudo em regiões do interior.

O pároco da cidade, Camillo Brandhuber, sugeriu aos pais que, depois da escola primária de Messkirch (não havia ginásio na aldeia), o seu talentoso filho fosse para o seminário católico de Constança, um internato para futuros padres. Brandhuber dera aulas de latim de graça ao seu protegido e com isso possibilitara sua entrada num ginásio. Brandhuber

36 – Heidegger - um mestre da Alemanha entre o bem e o mal

e Gröber tinham conseguido para Martin uma bolsa de uma fundação local. Os pais ficaram orgulhosos porque a igreja tomava seu filho sob sua tutela. Mas para Martin começava um período de dependência financeira da igreja. Agora, ele tinha de ser agradecido.

Essa dependência financeira duraria treze anos, até 1916. Depois da bolsa Weiss para o seminário em Constança (1903-1906), Martin recebeu para os últimos anos de liceu e os primeiros quatro semestres de teologia em Freiburg, até 1911, a bolsa Eliner, para a formação de sacerdotes. Os anos de estudo entre 1913 e 1916 foram financiados pela Fundação Schätzeler, que determinou esse estipêndio para preservação da filosofia e teologia de Santo Tomás de Aquino. Heidegger continuou dependente do mundo católico bem depois do momento em que internamente já começava a se afastar da igreja. Era forçado a fazer concessões, e isso o envergonhava — ofensa que nunca pôde perdoar ao sistema do catolicismo, como dizia. Ele tem tamanho desgosto por esse sistema institucional, com sua política de interesses na coisa pública, que mais tarde simpatiza com o movimento nazista também porque este aparece como anticlerical.

Em 1903 Heidegger ingressa no internato e no liceu de Constança.

Messkirch ainda era um mundo católico, mesmo que os conflitos com os católicos antigos ainda tivessem seus efeitos. Em Constança, distante cinquenta quilômetros dali, porém, já se sentem os tempos modernos.

A ex-cidade do Reich era confessionalmente mista. A grande história da cidade continuava vivendo nos monumentos arquitetônicos. Havia o velho armazém onde se realizara o concílio do século XV e a casa onde Hus aguardou o seu processo. O convento dos dominicanos, onde o "herege" foi prisioneiro, agora fora remodelado como hotel, o chamado "Inselhotel", e com suas salas de reuniões tornou-se um centro da vida intelectual da cidade. Aqui aconteceram concertos e conferências que os alunos do liceu gostavam de frequentar. Aqui venera-se o "espírito moderno". Falava-se de Nietzsche, Ibsen, do ateísmo, sobre a "filosofia do inconsciente" de Hartmann, sobre a "filosofia do *como-se*" de Vaihinger, até sobre psicanálise e interpretação dos sonhos. Em Constança soprava um espírito progressista, a cidade permenecera, desde os dias de Hecker, em 1848, um bastião do liberalismo de Baden. Günther Dehn, que no tempo de Heidegger frequentou o liceu de Constança, em suas memórias fala do arrepio prazeroso que ele e seus colegas de classe sentiram quando ouviram dizer que o zelador dos banhos na seção masculina era um velho de quarenta e oito anos que lutara nas trincheiras. O jornal mais esclarecido do lugar, o *Abendzeitung*, era democrático, anticlerical e também cautelosamente antiprussiano, embora ou exatamente porque havia na cidade um regimento de infantaria de Baden, e oficiais de todo o Reich gostavam de passar suas férias naquela cidade no Bodensee.

O internato, Instituto de Estudos St. Konrad, ou também apenas Konradihaus, fora fechado nos anos da luta cultural e só em 1888 voltara a reabrir. O liceu, um antigo colégio de jesuítas, era controlado pelo Estado. Os internos frequentavam, portanto, uma escola "mundana", dominada por um humanismo comedidamente liberal e anticonfessional. Havia o professor de línguas novas, Pacius, um democrata, livre-pensador e pacifista, muito estimado pelos alunos porque fazia afirmações muito fortes. Incomodava aos internos, que, como futuros teólogos, deviam ter Aristóteles em alto conceito, afirmando: "Aristóteles, quem era ele comparado a Platão, esse espírito gigantesco". Mas também não poupava os protestantes: "Astrologia", costumava dizer, "segundo minhas pesquisas essa superstição vem de Melanchton". Para o professor de alemão e grego, Otto Kimmig, *Nathan, o sábio de Lessing* era o único texto sagrado que aceitava. A influência desses professores, que também lecionaram para Martin Heidegger, deve ter sido considerável: "Só mais tarde dei-me conta de como esses dois professores, para quem o mundo cristão nem existia, me conduziram para fora dele, por assim dizer sem querer", recorda Günther Dehn.

Os internos do Konradihaus eram imunizados contra o espírito livre da escola, até onde era possível. Recebiam um lustro apologético, eram preparados para lidar com os "mundanos". Tinham de preparar, por turnos, conferências em que precisavam mostrar-se bem armados. Tratava-se, por exemplo, da questão de o ser humano poder ou não realmente chegar a ser humano por suas próprias forças e onde ficavam as fronteiras da tolerância; falava-se em liberdade e pecado original, se a Ifigênia de Goethe era uma personagem pagã-cristã ou cristã-alemã ou apenas pagã.

---

4   Beato, santarrão, carola. (N. da T.)

Podiam descansar desses debates estudando geografia, história do mosteiro Reichenau, usos e costumes de Hegau, os primitivos moradores de palafitas do Bodensee. E por vezes os internos também viviam como jovens: em dias ensolarados saíam para o campo cantando e tocando guitarra, iam ao Mainau, ao Grafengarten em Bodman e aos vinhedos do Untersee. Ensaiavam peças em dialeto, tocavam música, e quando os colegas mundanos falavam de suas visitas às atrizes, os internos podiam falar de seu mais recente auto de natal. Seja como for, os internos não eram "Mucker"[4]: como não podia deixar de ser em Baden, eles elegiam um comitê representativo que tinha voz na direção da casa e editavam um jornal que a intervalos regulares lembrava que Baden fora o primeiro Estado alemão a revogar a censura de imprensa.

Os internos viviam sob vigilância cuidadosa, mas obviamente não intolerante. Martin Heidegger pelo menos recordava sem mágoa seus anos em Constança. Escreve em 1928 ao ex-prefeito das classes dos menores, Matthäus Lang: *Penso com prazer e gratidão no começo de meus estudos na Konradihaus e sinto sempre mais claramente como todas as minhas tentativas se ligam com o chão de minha terra natal. Recordo nitidamente a confiança que lhe devotei como nosso novo prefeito, confiança que permaneceu e que tornou minha estada naquela casa uma alegria.*

Menos alegre para os internos era conviver com os seus colegas "livres" no liceu, especialmente se estes vinham de classes mais abastadas. Esses filhos de advogados, funcionários públicos e comerciantes, sentiam-se superiores aos "castrados", como diziam. Em geral os internos vinham do interior e, como Martin Heidegger, eram de famílias modestas ou até pobres. Günther Dehn, filho de um diretor dos correios, recorda: "Sempre tratávamos os 'castrados' com certa arrogância. Vestiam-se mal e, pensávamos, também não se lavavam muito bem. Nós nos imaginávamos melhores do que eles. Mas isso não nos impedia de os explorarmos bastante. Nós os obrigávamos a fazer com extremo cuidado seus temas de casa. E assim no recreio tinham de passar tudo para nós, o que sempre faziam de bom grado".

Os internos ficavam um pouco afastados dos demais, assim podiam-se afirmar melhor como comunidade que os outros ridicularizavam um pouquinho. Ficavam excluídos de muitos divertimentos dos seus colegas "mundanos", faltava-lhes dinheiro ou havia proibições diretas. Eram meros observadores quando o carnaval durava três dias nas ruelas sinuosas e nos bares da cidade, e os estudantes formavam seu próprio bloco de foliões; quando no verão os veranistas chegavam à cidade, e barcos coloridos e enfeitados partiam para Meersburg, à noite trazendo de volta uma multidão cambaleante que passava pelas ruas da cidade antiga cantando e jubilando, os do liceu estavam sempre junto, com seus gorros coloridos. No outro dia vinha a fanfarronice, nos intervalos das aulas falava-se de experiências e conquistas que deixavam as orelhas dos internos reboando. No tempo da colheita das uvas havia por toda parte leve embriaguez. Em certos bares os rapazes do liceu podiam ficar até dez horas da noite. Lá encontravam seus professores tomando um caneco de vinho, boa oportunidade para confraternizar, para ter mais intimidade e mais liberdade, coisas proibidas para os internos.

Eles eram de um outro mundo, e faziam-nos sentir isso. Tinham de combater uma sensação de inferioridade. E, para isso, ajudava-os a birra: os excluídos também podiam se sentir os escolhidos.

Da relação tensa entre internato e a animada vida da cidade lá fora, entre mundo católico e ambiente burguês liberal, já o estudante Martin Heidegger podia ter uma ideia daqueles dois mundos: aqui o severo, pesado, tenaz mundo vagaroso, e ali o de vida rápida, superficial, entregue aos encantos do momento. Aqui o esforço, ali a mera diversão. Aqui se criam raízes, ali se vive solto; uns têm vida difícil, outros procuram o caminho mais cômodo; uns são pensativos, outros levianos. Uns permanecem fiéis a si mesmos, outros se perdem nessas distrações.

Esse esquema fará carreira mais tarde na filosofia de Heidegger sob os conceitos de *propriedade* (Eigentlichkeit) e *impropriedade* (Unigentlichkeit).

No outono de 1906 Martin Heidegger trocou o Konradihaus de Constança pelo internato do ginásio de St. Georg em Freiburg, onde frequentou o ginásio Bertold. A bolsa da fundação de Messkirch já não cobria os custos de internato Constança. Os ativos mentores do filho de sacristão, Conrad Gröber e Camillo Brandhuber, tinham descoberto outra fonte financeira: a bolsa Eliner. Esta fora fundada no século XVI por Christoph Eliner, teólogo de Messkirch. Ela deveria estimular candidatos a teólogo do lugar e prescrevia-se frequentar o liceu e a universidade de Freiburg.

A troca de Constança por Freiburg foi como uma distinção. Martin afastou-se de Constança sem mágoas e sempre teve dela uma boa lembrança. Mesmo em anos futuros ainda comparecia aos encontros dos ex-colegas de aula. Não teve esses sentimentos afetuosos pelo internato de Freiburg. Como passará quase toda a sua vida nessa cidade, tem de criar distanciamentos. Aqui vai se afastar do catolicismo que lança sombras muito poderosas em Freiburg: a catedral, terminada no período gótico, domina a cidade. Jaz como um navio imenso ao pé das montanhas da Floresta Negra, como se estivesse na iminência de partir para a baía do Breisgau.

Até a Segunda Guerra Mundial a cidade antiga, agrupada bem junto da catedral, estava quase intacta. Ainda havia as incontáveis ruelas correndo em forma de estrela para a praça da catedral, muitas delas beiradas por pequenos canais. Na vizinhança da residência clerical moravam os internos.

Quando o jovem Martin Heidegger foi a Freiburg, essa cidade ainda oferecia a visão que um século antes Sulpiz Boisserée descrevera em uma carta a Goethe: "Eu poderia te escrever um livro inteiro sobre Freiburg, é o lugar de todos os lugares, todas as coisas antigas tão amorosamente preservadas, um lugar magnífico, em cada ruela um riacho de cristal, em cada uma um velho chafariz (...) ao redor os vinhedos; todas as muralhas da antiga fortaleza cobertas de videiras".

Martin foi um aluno esforçado do ginásio Bertold. Sua ambição intelectual ainda procurava o campo de atividade eclesiástico: depois da formatura queria entrar na ordem dos jesuítas. Seus professores apoiavam essa pretensão. O reitor do internato escreve no boletim de conclusão de curso em 1909: "Seu talento bem como sua aplicação e sua postura ética são boas. Seu caráter já tinha certa maturidade, e também nos estudos ele era independente, até trabalhava um pouco de literatura alemã em excesso, por vezes às custas de outras disciplinas, e mostra ser muito lido. — Certo de sua vocação teológica e inclinado à vida religiosa, provavelmente pedirá para ser aceito na Sociedade de Jesus".

Diferente de muitos de seus colegas, o jovem Martin Heidegger não era atraído pelas tendências intelectuais "modernas" de seu tempo. Os jovens autores do naturalismo, simbolismo ou da arte nova (Jugendstil)

INFÂNCIA E EDUCAÇÃO – 41

ainda não aparecem no cânone de sua leitura pessoal. Seus exercícios espirituais são mais severos. Sobre os estímulos que recebia na escola, Heidegger escreve em seu *Currículo*, composto para seu concurso de professor universitário em 1915: *Quando no fim do sétimo ano e no liceu as aulas de matemática passaram da mera consecução de tarefas para os caminhos teóricos, minha simples predileção por essa disciplina tornou-se um verdadeiro interesse objetivo, que também se estendeu para a física. Além disso havia estímulos das aulas de religião, que me ofereceram uma vasta leitura sobre a doutrina biológica evolucionista. Na começo do segundo grau foram sobretudo as aulas sobre Platão... que me introduziram mais conscientemente, embora ainda não com rigor teórico, nos problemas filosóficos.*

Exatamente as aulas de religião despertavam seu interesse pela doutrina evolucionista, naquele tempo muito hostil à religião. Obviamente o seduzem territórios intelectualmente mais perigosos, onde a fé de Messkirch dificilmente prevaleceria. Não teme a aventura intelectual, pois ainda sente chão firme debaixo dos pés, o chão da fé. E assim, a 30 de setembro de 1909, entra no noviciado da Sociedade de Jesus, em Tisis, Feldkirch (Vorarlberg). Duas semanas depois, após o tempo, probatório, já é dispensado. Evidentemente, relata Hugo Ott, Heidegger queixara-se de problemas cardíacos e por isso fora mandado para casa, por motivos de saúde. Dois anos depois essas queixas se repetirão, provocando a interrupção da formação como sacerdote. Talvez naquela ocasião o coração se rebelasse contra os planos da cabeça.

Capítulo II

Deus está no detalhe

Por enquanto Martin Heidegger ainda está seguro do que quer: rejeitado pelos jesuítas, luta para ser aceito entre os candidatos do seminário teológico de Freiburg. Isso também pode ter tido razões econômicas. Os pais não podem pagar seus estudos e a bolsa Eliner, que usa desde seus tempos de segundo grau em Freiburg, está ligada a uma formação teológica.

No semestre de inverno de 1909 ele começa os estudos de teologia. No *Currículo* de 1915 escreve: *as preleções então prescritas me satisfaziam pouco, de modo que apelei para o estudo pessoal de livros de doutrina escolástica. Eles me proporcionaram uma certa formação lógica formal, mas no aspecto filosófico não me deram o que eu procurava.*

Ele destaca apenas um teólogo de Freiburg, e mais tarde também o chamará de seu mestre: Carl Braig. Como aluno do último ano de liceu ele já lera o seu livro: *Do ser. Compêndio de ontologia* (1896) e ali se familiarizara com alguns conceitos fundamentais da tradição ontológica. Através dele foi estimulado pela primeira vez a discordar de Hegel e Schelling; em passeios durante os quais podia acompanhá-lo, aprendeu a conhecer a maneira penetrante de Braig (Z, 82) de pensar. Braig sabia transformar pensamentos em presenças vivas, relata Heidegger cinquenta anos mais tarde.

Carl Braig era um teólogo do antimodernismo.

Desde a encíclica *Pascendi dominici gregis*, de 1907, que declarara guerra ao "modernismo" — *De falsis doctrinis modernistarum* — , "modernismo" e "antimodernismo" haviam-se tornado estandartes de uma batalha intelectual, e não apenas no catolicismo. Os antimodernistas não queriam simplesmente defender os dogmas eclesiásticos (p. ex., a Imaculada Conceição) e os princípios da hierarquia clerical (p. ex., a infalibilidade do papa). Era isso que seus adversários gostavam de pensar, e por isso viam no antimodernismo somente uma conjuração perigosa ou até ridícula de obscurantistas contra o espírito científico do tempo, contra o iluminismo, o humanismo e ideias progressistas de toda sorte.

Mas o exemplo de Carl Braig mostra que se pode ser antimodernista sem ter de ser obscurantista — era uma mente perspicaz, descobrindo os pressupostos da fé nos diversos jogos da cientificidade moderna; queria despertar de seu "sono dogmático", o que lhe parecia não ter fé nem pressupostos. Dizia que os chamados agnósticos também têm uma crença, embora singularmente primitiva e doméstica: a fé no progresso, na ciência, na evolução biológica, aparentemente tão bem intencionada, fé em leis econômicas e históricas... Braig dizia que o modernismo era "cego para tudo que não é o eu ou não serve ao seu eu", a autonomia do sujeito tornara-se uma prisão autoconstruída. Braig critica na civilização moderna a falta de respeito pelo mistério inesgotável de uma realidade da qual somos parte e que nos rodeia. Se o ser humano se coloca arrogantemente no centro, só no final lhe resta uma relação pragmática com a verdade: "verdadeiro" é que nos é útil e nos dá sucesso prático. Em contrairrupção, diz Braig: "A verdade histórica, como toda a verdade — e a mais vitoriosa aqui é a verdade matemática, forma mais rigorosa da verdade eterna — está à frente do eu subjetivo, e sem ele... Assim como o eu da razão vê a racionalidade das coisas em geral, elas não estão na verdade... e nem mesmo Kant... mudará a lei que ordena ao homem que se oriente segundo as coisas. Com efeito, Braig quer voltar para aquém de Kant, mas com Hegel, que objetara ao excessivamente cauteloso Kant, dizendo que o medo de errar é em si mesmo o erro. Braig anima a ir além das fronteiras transcendentais: acaso foi combinado que só nós descobrimos o mundo, por que não seria o mundo que nos descobre? Não reconhecemos talvez apenas porque somos reconhecidos? Podemos pensar Deus, por que então não podemos ser os pensamentos de Deus? Braig desmantela, por vezes rudemente, o quarto de espelhos em que julga que o homem moderno está aprisionado. Braig batalha abertamente por um realismo que dê a impressão de pré-moderno, espiritual e empírico. Fundamenta-o dizendo que sabendo das fronteiras já as ultrapassamos. Reconhecendo o reconhecer e percebendo a perceção, já nos movemos no espaço do absolutamente real. Braig diz que precisamos nos livrar do absolutismo do sujeito para sermos livres para a realidade do absoluto.

Nesse campo de batalha da briga do modernismo, o jovem Martin Heidegger teve sua primeira aparição pública. Agora é membro da Liga do Gral, grupo estritamente antimodernista do movimento da juventude católica, cujo líder intelectual foi o vienense Richard von Kralik, que lutava pela restauração da fé católica pura, e do velho Reich mundial católico-romano alemão. Habsburgo, não a Prússia, deveria ser o seu centro. Tratava-se portanto também de uma concepção política centro-europeia. Nesses meios sonhava-se com a Idade Média romântica de um Novalis, confiando na "lei branda" da origem fielmente preservada. Mas nesses meios também se estava disposto a defender essa origem com extraordinária robustez contra as seduções e impertinências modernas. O jovem Martin Heidegger teve uma oportunidade para isso nas festividades de inauguração do memorial para Abraham a Sancta Clara, em agosto de 1910, em Kreenhainstetten, pequena comunidade vizinha de Messkirch.

O patriotismo local dos moradores de Messkirch sempre cultivara a memória do famoso pregador da corte, Abraham a Sancta Clara, nascido em Kreenhainstetten, em 1644, e falecido em Viena, em 1709, muitíssimo respeitado, homenageando-o com artigos na imprensa local e pequenas comemorações nas datas redondas de seu aniversário. Desde o começo do século porém essa tradição afetuosa e ligada à terra natal assumira um forte traço ideológico e polêmico. Os antimodernistas do sul da Alemanha tinham escolhido Abraham a Sancta Clara como figura de proa. Em suas polêmicas contra a corrente liberal do catolicismo, referiam-se a ele. Naquele famoso monge agostiniano encontravam-se palavras fortes contra a vida depravada e apegada aos prazeres da cidade, contra a arrogância intelectual que já não se curva diante das doutrinas reveladas da igreja, contra o desperdício dos ricos, mas também contra a chamada avidez dos "judeus dos juros". Esse pregador tomara partido dos pequenos e dos pobres, e orgulhava-se de sua origem inferior. Nem todos os que nasceram debaixo de um teto de palha têm palha dentro da cabeça, dizia uma de suas frases muito citadas. Abraham a Sancta Clara era cristão--social, popular, rude, devoto mas não beato, ligado à terra natal e também antissemita — exatamente a mistura certa para os antimodernistas.

A inauguração do monumento nesse 16 de agosto de 1910 foi uma grande festa popular. Martin Heidegger viera de Messkirch para assistir. A aldeia enfeitara-se de flores, faixas com dizeres do pregador estavam penduradas nas janelas ou estendidas sobre a rua da aldeia. Um cortejo festivo começou a se mover; na frente, batedores com trajes históricos dos tempos de Abraham a Sancta Clara; os monges de Beuron, dignitários religiosos e leigos, os meninos de escola com bandeirinhas coloridas, as meninas enfeitadas com flores, os camponeses em suas roupas típicas; uma banda de música tocava, fizeram-se discursos, alunos da escola de Messkirch declamaram poemas e citações de Abraham.

Disso fala o artigo que Martin Heidegger escreveu para a revista semanal católica conservadora de Munique, a *Allgemeine Rundschau*, texto que Hermann Heidegger achou digno de ser inserido na edição das *Obras completas*.

O tom natural, saudável, por vezes um pouco tosco desse acontecimento, confere-lhe sua marca específica. Essa despretensiosa aldeia de Kreenhainstetten com seus habitantes resistentes, seguros de si, originais, cochila em um vale profundo. Até a torre da igreja é singular. Não encara abertamente a paisagem como suas irmãs, mas na sua melancolia fica meio enterrada entre os telhados vermelhos e negros... Tão simples, clara e verdadeira é a solenidade da inauguração (D, I).

Não devemos esquecer: quando escreve essas frases, Martin Heidegger já farejou o ar citadino em Constança e desde 1906 em Freiburg. Sabe o que o distingue daqueles que podem se mover seguros e hábeis no ambiente burguês, com a roupa da moda, versados nas questões da mais nova literatura, arte e filosofia. Heidegger pensa na diferença entre o seu próprio mundo, o de Messkirch e Kreenhainstetten, e o mundo lá de fora — onde já se anuncia a difrença entre propriedade e impropriedade. Desta maneira pode se ver também nas frases sobre a inauguração do monumento uma espécie de autorretrato do autor. A torre da igreja é *singular,* mas ele também é. As outras *encaram o campo abertamente,* mas a ele o jeito pesadão esmaga sobre a terra da qual saiu, *duro, seguro de si, original* como os que nela habitam. Gostaria de ser como aquelas outras pessoas, mas também como Abraham a Sancta Clara. Ele tinha algo da *saúde do povo em corpo e alma*, era impressionante a sua *força católica primitiva, fidelidade à fé e amor a Deus*, mas também era versado na mais refinada cultura intelectual de seu tempo, dominava-a sem ser por ela dominado. Por isso — diz Heidegger — ele podia se permitir também o *ataque destemido a qualquer concepção que supervalorizasse o aqui e agora*. Abraham a Sancta Clara sabia do que ele estava falando. Não era alguém que latia para as uvas apenas por estarem altas demais.

O jovem Heidegger argumenta contra a *decadência* de seu tempo. De que o acusa? *O bafo sufocante*, era um tempo de *cultura externa*, do *viver apressado*, da *fúria de renovação iconoclasta, dos* encantos momentâneos, *nele predominava o salto enlouquecido por cima do conteúdo espiritual mais profundo da vida e da arte* (D, 3).

Isso é crítica cultural conservadora corrente; não apenas na Liga do Gral se fala e se pensa assim, também em Langbehn e Lagarde encontramos uma polêmica semelhante contra a superficialidade, o efeito fácil, a vida apressada e a fúria de renovação. Mas chama atenção que não existe no jovem Heidegger o antissemitismo notório nesse contexto. Isso é mais notável porque o prefeito vienense Karl Lueger, famoso por seu antissemitismo, foi quem conseguiu o financiamento do monumento de Kreenhainstetten. Também é notável a segurança com que Heidegger aqui ainda fala do valor transcendental da vida, que julga ser traído em todos esses fenômenos do tempo. E explica o que se compreende por isso nos outros artigos (encontrados por Victor Farías) que Heidegger escreve entre 1910 e 1912 para a revista *Der Akademiker*, edição mensal da união acadêmica católica gralista.

No número de março de 1910 ele apresenta o relato da vida do escritor e ensaísta dinamarquês Johannes Jörgensen. *Mentira e verdade da vida* é o título do livro. Ele descreve a evolução intelectual do darwinismo ao catolicismo, apresentado como caminho do desespero para o abrigo, do orgulho para a humildade, do desenfreado para a liberdade viva. Para o jovem Martin Heidegger um caminho modelar, e por isso instrutivo, porque atravessa todas as loucuras e seduções da modernidade para no fim entrar na paz e salvação da fé da igreja, portanto, no valor transcendental da vida. Ali alguém livrou-se da grande ilusão da modernidade que pretende *desenvolver incansavelmente o eu*, ali alguém finalmente demonstra em seu próprio corpo e vida que a sua causa não leva a nada se só leva a si próprio. *Em nossos dias fala-se muito de "personalidade"... A pessoa do artista aparece em primeiro plano. Portanto ouvimos falar muito de pessoas interessantes. Oscar Wilde, o dândi, Paul Verlaine, o "beberrão genial", M. Górki, o grande vagabundo, o super-homem Nietzsche — pessoas interessantes. E quando na hora da graça alguém se conscientiza da grande mentira de sua vida de cigano destrói os altares dos falsos deuses e se torna cristão, chamam isso de "insípido e repulsivo".*

Em 1930, em sua famosa conferência *Da essência da verdade*, Martin Heidegger dirá: *A liberdade nos fará verdadeiros*. Nesses textos da juventude vale exatamente o contrário: A verdade nos libertará. E essa verdade não é algo que o homem possa referir a si mesmo e possa desenvolver a partir de si, mas ele a recebe na comunidade viva da fé e suas tradições. Só aqui existe a *elevada felicidade da posse da verdade,* que nem um de nós pode alcançar por si. O jovem Heidegger defende aquele realismo crente de seu professor Carl Braig. A devoção protestante-pietista, baseada nos sentimentos, ainda é subjetiva demais para ele. Em uma recensão do *Autoridade e liberdade. Comentários sobre o problema cultural da igreja,* de F. W. Foerster, ele polemiza contra o regalar-se em *experiências* enamorado de si mesmo, contra o impressionismo das concepções de mundo em que só se expressam *disposições pessoais,* nenhum conteúdo objetivo. O argumento básico de Heidegger em suas polêmicas contra as *concepções de mundo*: que elas se orientam segundo as necessidades da vida. Mas quem deseja a verdade faz o contrário, força a vida a obedecer ao comando de suas ideias. Para o jovem Heidegger obviamente é um critério decisivo da verdade que ela não seja fácil, que só seja conseguida na *arte do autocontrole e da renúncia a si mesmo*. Reconhece-se a verdade porque ela resiste a nós, nos desafia e nos transforma. Só quem pode esquecer-se de si mesmo, quem também alcança *a liberdade espiritual em relação ao mundo dos instintos,* encontrará a verdade. *Ela é uma exigência do espírito da ilimitada autonomia.* Ela ilumina mas não é espontaneamente iluminadora. A presunção tem de se curvar à autoridade moral-religiosa. Já o fato quase esmagador

DEUS ESTÁ NO DETALHE – 49

de que a maioria das pessoas, voltadas para si mesmas, não encontram a verdade, não a querem conquistar mas muito antes a crucificam, retira qualquer fundamento das possibilidades de uma ética individualista.

Devemos tomar nota dessa argumentação pois Heidegger se aferrará a ela: a exigência e o incômodo são critérios da verdade; mas mais tarde exatamente a posse da verdade sob tutela da fé passará por ser o caminho confortável, portanto traição da verdade. E o pesado e o duro, que devemos exigir de nós mesmos, passam a ser a liberdade, antes objeto de desconfiança, que aguenta o seu desamparo metafísico e não quer se esconder atrás das sentenças verdadeiras fixas de um realismo crédulo.

As invectivas de Heidegger contra o *culto da personalidade* não estão livres de ressentimento, pois ele não consegue ocultar que lhe falta todo aquele detestado burilamento pessoal. Esse candidato a teólogo sustentado pela igreja parece bastante desajeitado no meio burguês do liceu e da universidade. Sempre será inseguro quando atuar em território não filosófico. O "cheiro de gente pequena" gruda-se nele. E será sempre assim. Ainda nos anos vinte em Marburg, já secretamente rei da filosofia na Alemanha, muitos colegas e universitários que não o conhecem o confundem com o técnico da calefação ou o zelador da casa. Por vezes lhe falta esse *interessante* contra o qual ele polemiza. Por ainda não ter encontrado o papel que, representado, terá bom efeito, teme aquele palco social onde é preciso obter efeito rápido. Denomina desdenhosamente *de entusiasmo à Cesare Borgia* a autoencenação impressionante dos jovens nitzscheanos sentados pelos cafés da cidade. Para ele o que nasce facilmente, o espontâneo despreocupado é suspeito de superficialidade. Essa é a ideia de quem ainda não encontrou ambiente adequado à sua espontaneidade, e a quem por isso o "próprio" se torna uma carga comprometedora lá fora entre os outros. Se ele rodeia a "verdade" com a aura de algo pesado, duro e renitente, isso é um reflexo daquela resistência que sente lá fora entre os "mundanos", contra os quais tem de se afirmar. Mas em casa essa verdade da fé perde tudo o que tem de pesado e oneroso. Por isso também sua resenha de Jörgensen termina com um louvor lírico do abrigo na pátria católica: *Ele* (Jörgensen, R. S.) *vê nas velhas cidades os recantos sombreados, as familiares imagens de Madonas nos cantos das casas, ouve os riachos rumorejando sonolentos, escuta as melancólicas canções populares. Isso paira sobre seus amados livros como um anoitecer de junho na Alemanha, que se diluiu num silêncio sonhador. A busca de Deus e a concretizada saudade de casa de um convertido podem ser o fermento poderoso da sua arte.*

Nesse mundo a verdade católica ainda está em casa. É um mundo absolutamente parecido com Messkirch. Aqui a fé ainda faz parte da ordem da vida e a gente a sente sem ter de se obrigar a ter *autocontrole e autorrenúncia* Mas quem entra com sua fé no estrangeiro precisa da ajuda da disciplina e da lógica. Diante de toda a fé abre-se um abismo. Como atravessar? O jovem Heidegger aposta em tradição e disciplina. Mais tarde é a determinação, a decisão. Mais tarde ainda, ele confia na serenidade.

Por volta de 1910 ainda vale para Heidegger: *o tesouro da verdade* da igreja é um presente e não um bem que tenhamos economizado e do qual podemos dispor livremente. A fé nesse tesouro da verdade também não é um mero sentimento. A religião puramente emotiva, à maneira de Schleiermacher, é para Braig e seu discípulo, Martin Heidegger, uma concessão ao moderno subjetivismo. A fé não é um conforto sentimental mas um desafio duro. Não admira que o mundo esclarecido a considere uma exigência, pois na verdade a fé é uma exigência. Ele exige por exemplo que se dispense o piscologismo da experiência em favor da "verdade". O jovem Heidegger: *E se quiseres viver espiritualmente e conquistar a tua bem-aventurança, então morre, mata o inferior em ti, age com a graça sobrenatural e ressuscitarás.*

Esse voltar-se para Deus não tem nenhuma suavidade familiar. Ele quer tornar a vida difícil, não quer moleza do tipo da emoção de Schleiermacher, nem quer se tornar asilo de mera interioridade. O espírito de Deus na terra, de momento Heidegger quer procurar isso noutra parte. A frase de Braig — "a mais vitoriosa a luzir aqui é a verdade matemática, mais rigorosa forma da verdade eterna" — indicara-lhe a direção e assim Heidegger escreve no *Akademiker*: *Uma lógica severa e gélida horroriza a sensível alma moderna. O "pensar" não pode mais ser forçado nos limites eternos e inarredáveis dos fundamentos lógicos. É isso. Para o pensamento lógico rigoroso que se fecha hermeticamente a cada influência afetiva do coração, a cada trabalho científico realmente incondicional, é preciso certo fundo de força ética, a arte do autocontrole e da autorrenúncia.*

Para ele essa é a mesma força necessária para a autossuperação na fé. O autoritarismo da fé e a objetividade da lógica rigorosa são uma coisa só para ele. São diferentes maneiras de participar do eterno. Mas também se trata de sentimentos, até muito nobres. Só na severa disciplina da fé e da lógica realiza-se a nostalgia de *respostas definitivas e abrangentes às questões últimas do ser, que por vezes lampejam tão súbitas e depois, em muitos dias, jazem irresolvidas como um peso de chumbo sobre a alma torturada, sem caminho, nem objetivo.*

Quando em 1915 em seu *Currículo* Heidegger menciona a sua instrução lógico-formal como se se tratasse de propedêutica, está-se desvalorizando. Pois naquele tempo para ele a lógica formal e matemática era na verdade uma espécie de serviço religioso, pela lógica ele entra na disciplina do eterno, aqui encontra apoio no vacilante chão da vida.

Em 1907 Conrad Gröber presenteou o discípulo com a dissertação de Franz Brentano *Do significado múltiplo do ente segundo Aristóteles.* Ali ele encontra o que chama de lógica *severa, gélida e fria*, algo para espíritos fortes que não querem viver apenas de suas opiniões e emoções.

É notável que Gröber, um homem da igreja de observância rigorosa, escolha exatamente esse texto. Pois Franz Brentano, sobrinho do romântico Clemens Brentano, nascido em 1838, era um filósofo que, como padre católico, no começo submetia o filosofar à fé, mas depois do Concílio da Infalibilidade de 1870 entrou em conflito com seus superiores. Finalmente saiu da igreja, casou-se e por isso teve de deixar sua cátedra em Viena. Até 1895 ainda dava aulas como livre-docente e depois, quase cego, recolheu-se em Veneza.

Brentano era professor de Husserl, e com isso um dos fundadores da fenomenologia. A questão que Brentano perseguia eram os modos de ser (Seinsweise) de Deus. Se existe Deus — o que significa esse *existe*? Ele será um conceito em nossa cabeça? Estará lá fora no mundo como sua essência, como seu ser supremo? Em análises sutis, Brentano descobre que há um terceiro entre as noções subjetivas e o *em-si* das coisas: os "objetos intencionais". Os conceitos, diz Brentano, não são algo puramente interno mas são sempre conceitos "de algo". São a consciência de algo. Ente que existe, ou mais precisamente: que se oferece e se expõe para mim. Esses objetos internos, "intencionais", são algo, isto é: eles não se deixam dissolver nos atos subjetivos com os quais nos relacionamos com eles. Assim Brentano prepara um mundo do ente totalmente à parte, que assume uma posição intermediária no costumeiro esquema sujeito-objeto.

Nesse mundo dos "objetos intencionais", Brentano localiza também a nossa relação com Deus. Aqui "existe" Deus. A consciência de Deus não se pode verificar em objetos reais da nossa experiência, mas também não se apoia em conceitos gerais abstratos, como por exemplo o "bem supremo", o "o ente supremo", etc. Brentano analisa os conceitos de ser em Aristóteles para acrescentar que o Deus acreditado não é aquele Deus que queremos conquistar da plenitude do ente no caminho da abstração. Com Aristóteles, Brentano mostra que a rigor esse todo nem existe. Existem apenas coisas isoladas. Não existe expansão em si, mas apenas coisas expandidas. Não existe o amor, mas apenas os muitos acontecimentos isolados do amor. Brentano previne de que não se atribua falsamente uma substância aos objetos conceituais (Begriffsdingen). A substância não está nos conceitos gerais mas nos objetos concretos isolados. São de uma infinitude intensa porque estão em infinitamente muitas relações entre si, e por isso podem ser determinados em infinitamente muitos aspectos. Inesgotável é o mundo que se oferece apenas em detalhes e na múltipla graduação dos modos de ser (Seinsarten). Para o pensamento de Franz Brentano, Deus está no detalhe.

Seguindo Aristóteles, a investigação trilha o terreno do pensável, e com isso a fé, que para Brentano permanece obrigatória, é preservada de uma logicização enganosa. Ela repousa sobre outro fundamento que o da fundamentação, mas, alude a tese de Brentano, alguma vez seria possível conseguir descrever com precisão o que realmente ocorre no ato da fé, na diferença em relação ao juízo, à representação ou à percepção. São esses os contornos do programa fenomenológico dos próximos anos.

A leitura de Brentano foi um exercício difícil para Martin Heidegger. Ele conta como se atormentou com isso nas férias do semestre em Messkirch. *Quando os enigmas se acumulavam e não aparecia saída, o caminho do campo ajudava.* Lá, sentando num banco, as coisas se tornavam outra vez simples para ele. *A amplidão de todas as coisas que crescem, e que perduram à beira do caminho do campo, nos dá o mundo. No impronunciado de sua linguagem é que... Deus é Deus* (D, 39).

Através de Franz Brentano, Heidegger chega a Edmund Husserl. Seu *Investigações lógicas*, publicado exatamente na volta do século, tornou-se um livro de culto pessoal para Heidegger.

DEUS ESTÁ NO DETALHE – 53

Fica com ele em seu quarto durante dois anos, emprestado pela biblioteca da universidade, onde nesse tempo ninguém o solicita, o que lhe desperta uma paixão solitária e ao mesmo tempo marcante. Cinquenta anos mais tarde ainda devaneia quando pensa nesse livro: (Eu) *fui tão marcado pela obra de Husserl que nos anos seguintes sempre voltava a ela... O fascínio que emanava dessa obra estendia-se para a página de rosto e o frontispício...* (Z, 81). Heidegger encontra em Husserl uma defesa enérgica das exigências de validade (Geltung) da lógica contra a relativização psicológica. Em um texto de 1912 ele define do que se trata: *Fundamental para o conhecimento do contrassenso e esterilidade teórica do psicologismo é a distinção entre ato psíquico e conteúdo lógico, do processo de pensar transcorrido no tempo real e o sentido idêntico ideal extratemporal, em suma a distinção do que "é" daquilo que "vale"* (GA I, 22).

Com essa distinção entre ato psíquico e conteúdo lógico Husserl desfizera no começo do século o nó górdio da disputa do psicologismo, mas de maneira muito sutil, motivo pelo qual poucas pessoas, entre elas o jovem Heidegger, perceberam o que acontecera. Aparentemente tratava-se de um problema especializado de filosofia, mas nessas controvérsias resolviam-se as tendências e tensões contrárias da época.

Por volta de 1900 a filosofia está gravemente afligida. As ciências naturais, ligadas ao positivismo, empirismo e sensualismo, roubam-lhe o ar que ela respira.

A sensação de triunfo das ciências apoia-se no conhecimento exato da natureza e no domínio técnico da natureza. Experiência regulada, experimentação, formação de hipóteses, procedimento indutivo — eram os componentes da lógica de pesquisa científica. Estavam desabituados à venerável questão filosófica de *O que é algo*. Ela levava sabidamente ao ilimitado, e como não compreendessem mais de infinitudes, também queriam livrar-se do ilimitado. Para aqueles cientistas modernos que começavam a se ver como funcionários de um processo de pesquisa, a questão *Como algo funciona* era muito mais promissora. Dali podia-se obter algo sólido, com possibilidade de poder fazer funcionar coisas e talvez também pessoas segundo conceitos próprios.

Mas a razão com a qual pomos em andamento todo esse processo é ela mesma parte da natureza. Portanto, diz essa intenção ambiciosa, teríamos de poder investigá-la com o mesmo método que usamos na natureza "exterior". E por isso pelo fim do século aparece, ligada com as ciências da fisiologia e da química do cérebro, uma espécie de "ciência natural" do psíquico: a psicologia experimental.

É princípio desse começo de pesquisa fazer-se de tolo e fingir que nada sabe sobre o psíquico, como se devesse e pudesse observá-lo de fora, positivista e empiricamente Quer-se explicar, não compreender, buscam-se regularidades, não o significado. Pois compreender nos torna cúmplices de nosso objeto de estudo. Mas isso impede que o tenhamos diante de nós, apartado de nós. Na psicologia, como em geral, o impulso científico experimental precisa do objeto asséptico, no qual não se deve analisar o "significado" mas o "mecanismo" do psíquico: as leis da transformação de excitações fisiológicas em imagens de representação, dos dispositivos de associação regulares nos complexos de representação e, finalmente, as próprias leis do pensar, portanto a "lógica".

Dessa perspectiva, a "lógica" aparece como um acontecimento natural na psique. E exatamente este é "problema do psicologismo". Pois os naturalistas do psíquico fazem da "lógica", esse regulador do pensamento, uma *lei natural* do pensar, e com isso ignoram que a lógica não descreve empiricamente *como pensamos* mas como *devemos* pensar, pressupondo que desejemos chegar a juízos que se reivindicam verdade, coisa que a ciência reivindica. Na medida em que a ciência analisa o pensar como fato natural psíquico, enreda-se em uma espinhosa contradição: ela examina o pensar como um acontecimento que transcorre segundo regras, mas, se prestasse atenção em si mesma, teria de notar que seu pensar não é um processo que se realiza segundo leis. Pensar não é determinado por leis mas prende-se a regras determinadas.

No vasto campo do pensável, a lógica não aparece como lei natural mas como algo que vale se o deixamos valer.

O conceito de lei tem sabidamente um duplo sentido: ele designa o que acontece regular e necessariamente assim como acontece; e designa um mecanismo de regras que quer prescrever determinado curso para o acontecer. No primeiro caso são leis do *ser*, no segundo caso leis do *dever-ser* (Sollen); uma vez elas descrevem o que é, na outra vez prescrevem.

As investigações de Husserl buscam libertar a lógica do naturalismo e trazer novamente à luz o seu caráter *normativo*, isto é, espiritual. Naturalmente o trabalho lógico acontece no psíquico, mas é um produto normativo do psíquico e não lei natural de um processo psíquico.

Mas nesse esclarecimento anexa-se imediatamente o problema seguinte: o da relação entre o ato psíquico e seu produto, entre *gênese* do pensar e *validade* do conteúdo do pensar.

O cálculo "duas vezes dois são quatro" é um ato psíquico, mas o "duas vezes dois são quatro" vale mesmo quando esse ato psíquico não é realizado. O resultado da conta reivindica validade independente do fato de uma ou outra cabeça estar executando esse cálculo. Quem calcula ou efetua quaisquer outras operações lógicas, chega — isso já soa muito platônico — a partilhar de um reino trans-subjetivo do espírito. As esferas de significação e validade ali reunidas são atualizadas e referidas quando se realizam os atos de pensar que podem ser descritos como acontecimento psíquico.

Mas a formulação de que a lógica não é a lei natural do pensar, mas pertence a uma esfera ideal do valer, é passível de um mal-entendido, porque implica a suposição de que realmente se trata de uma coincidência pragmática. Entretanto, não combinamos, por exemplo, entre nós a lógica dos modos de dedução silogística nem declaramos que é correta — *ela é* correta. Todos os homens são mortais — Sócrates é um homem — logo Sócrates é mortal: essa conclusão evidentemente é correta; ela vale. Com isso não se decidiu em absoluto se os juízos assim formados são empiricamente certos; isso depende das premissas ("Todos os homens são mortais...") estarem corretas. Podemos com um modo de dedução correto fazer uma porção de juízos falsos (se todos os homens fossem funcionários públicos, então Sócrates também seria...). Por isso também não se pode dizer que nos habituamos aos modos de dedução lógicos porque nos ajudaram a obter conhecimentos. Eles nem precisam nos ajudar a obter conhecimentos no sentido empírico, muito mais frequentemente até nos induzem em erro. Essas conclusões, portanto, não são providas pela experiência mas, como toda operação lógica, são apenas simplesmente evidentes em si.

Quanto mais nos aprofundamos nessa evidência da lógica, tanto mais enigmática ela se torna. De uma simples análise do silogismo chegamos subitamente ao reino encantado de um espírito que triunfa sobre todas as tentativas de o reduzir pragmática, biológica, naturalística e sociologicamente.

Mas é exatamente essa época, desde meados do século XIX, que, sob a impressão dos resultados práticos das ciências empíricas, desenvolve uma verdadeira paixão por reduzir, por expulsar o espírito do campo do saber.

Nietzsche diagnosticou que este século é "sincero", "honesto" mas de maneira popularesca. Ele seria "mais submisso, mais verdadeiro diante de qualquer tipo de realidade". Apartou-se da "dominação dos ideais" e por toda parte procurou instintivamente teorias adequadas a justificar "uma submissão ao factual". Nietzsche tem diante dos olhos o aspecto burguês mas também o pusilânime desse realismo. Mas na verdade desde meados do século XIX triunfava um realismo que só se submetia ao factual para o dominar mais perfeitamente e poder modificá-lo em seu sentido. A "vontade de poder" que Nietzsche atribuíra ao "espírito livre" não triunfa no ápice dos "super-homens", mas na atividade de formigas de uma civilização que "cientificiza" sua razão prática. Isso vale para o mundo burguês mas também para o movimento operário cuja solução imediata era: "saber é poder". A educação deveria trazer ascensão social e proteger de enganos de toda sorte: quem sabe algo não pode mais ser tão facilmente enganado. O impressionante no saber é que não precisamos mais nos deixar impressionar. Promete-se soberania e corresponde-se à necessidade de puxar as coisas para baixo e acomodá-las em nosso próprio formato, possivelmente precário.

É espantoso que desde meados do século XIX, depois dos altos voos idealistas do espírito absoluto, de repente surja por toda parte a vontade de "diminuir" o ser humano. Naquela ocasião começava vida da seguinte figura de pensamento: O homem não é senão... Para o romantismo, o mundo começava a cantar quando se pronunciava a palavra mágica. A poesia e a filosofia da primeira metade do século tinham o projeto arrebatador de encontrar e inventar sempre mais palavras mágicas. O tempo pedia significados exaltados.

Os heróis nesse pacto encantado do espírito eram atletas da reflexão, mas no momento em que os realistas se postavam na porta com seu senso dos fatos e armados com a fórmula do "não é senão", portavam-se como crianças que correram pelo quarto deixando tudo numa confusão. Mas agora é preciso botar tudo em ordem, agora começa a vida séria, os realistas hão de cuidar disso. Esse realismo da segunda metade do século XIX conseguirá o malabarismo de pensar pequeno sobre o ser humano, mas fazer com ele grandes coisas, se quisermos chamar de "grande" a civilização moderna e cientificizada da qual todos lucramos.

O projeto da modernidade começa com a disposição de rejeitar tudo que é excessivo e fantasioso. Mas mesmo a fantasia mais excessiva não teria podido imaginar, naquele tempo, as coisas incríveis que o espírito da sobriedade positivista ainda produziria.

O desmascaramento do idealismo alemão produzira na metade do século um materialismo robusto. De repente, breviários de sobriedade tornaram-se best-sellers. Havia Karl Vogt com suas *Physiologischen Briefen* (1845) e seu texto polêmico *Köhlerglaube und Wissenschaft* (1854), o *Kreislauf des Lebens*, de Jakob Moleschott (1852), o *Kraft und Stoff*, de Ludwig Büchner (1855) e o *Neue Darstellung des Sensualismus*, de Heinrich Czolbe (1855). Czolbe caracterizara com as seguintes palavras o *etos* desse materialismo de força e substância e função glandular: "É uma prova de... arrogância e vaidade, querer melhorar o mundo cognoscível inventando um mundo suprassensorial, e querer transformar o homem em um ser nobre que está acima da natureza, acrescentando-lhe uma parte suprassensorial. Sim, certamente — a insatisfação com o mundo das aparências, mais profundo motivo da concepção suprassensorial, é... uma fraqueza moral". Czolbe encerra com a convocação: "Contenta-te com o mundo dado". Mas quanta coisa era "dada" a essa espécie de mentalidade! O mundo do devir e do ser — nada diferente do que o turbilhão de moléculas e a transformação de energias. Valia o mundo do atomista Demócrito. Não precisamos mais do "nous" de Anaxágoras, nem das ideias de Platão, não precisamos do Deus dos cristãos, nem da substância de Spinoza, nem do "cogito" de Descartes, nem do "eu" de Fichte nem do "espírito" de Hegel. O espírito em que o homem vive não é senão uma função do cérebro. Os pensamentos se ligam ao cérebro como a bílis com o fígado e a urina com os rins. Esses pensamentos são "um tanto não filtrados" comentava certa vez Hermann Lotze, um dos poucos sobreviventes da geração antes forte dos metafísicos. Também foi Lotze quem — sem sucesso — alertou os materialistas quanto ao seu *salto mortal* para a burrice. Ele recordou Leibnitz, que já liquidara com toda a questão do materialismo, especialmente a relação de consciência e corpo, nas disputas com Hobbes: se algo depende de algo, isso não quer dizer que sejam idênticos, pois se fosse assim, não seriam distintos. Mas, se não fossem distintos, um não poderia depender do outro. A vida do ser humano, diz Leibnitz, depende da respiração, mas nem por isso é apenas ar.

O cortejo vitorioso do materialismo não se deteve com objeções inteligentes, sobretudo porque nele se misturava um elemento metafísico especial: a crença no progresso. Se analisarmos as coisas e a vida descendo até suas partes mais elementares, ensina essa crença, descobriremos o segredo do funcionamento da natureza. Se descobrirmos como tudo é feito, seremos capazes de o fazer também.

Aqui age uma consciência que quer compreender tudo, também a natureza, que – na experiência — temos de surpreender no ato, e da qual se soubermos como ocorre, saberemos como segue seu caminho.

Essa postura intelectual também estimula o marxismo na segunda metade do século XIX. Num laborioso pequeno trabalho Marx abrira o corpo social e dissecara a sua alma: o capital. No fim já não estava mais muito claro se a missão messiânica do proletariado — colaboração de Marx para o idealismo alemão de 1850 — ainda teria uma chance contra a férrea regularidade do capital — colaboração de Marx para o espírito determinista depois de 1850. Também Marx quer descobrir as artimanhas de tudo, e a crítica ideológica possibilita isso. Para os críticos ideológicos os pensamentos não emanam do cérebro, como para o grande bando dos fisiólogos e zoólogos filosofantes, mas da sociedade. Também cientistas sociais que exercem crítica ideológica querem desencantar a singular singularidade do espírito. As campanhas do materialismo se voltam para o valor.

Em 1866 apareceu uma crítica convincente dessas posturas intelectuais, a obra clássica de F. A. Lange, *História do materialismo*. Não se pode dizer que ela não tenha tido efeito. Nietzsche foi fortemente influenciado por ela, e embora sua filosofia mais tarde detonasse como "filosofia de vida" explodindo várias partes mais grosseiras do materialismo, foi afinal Lange quem farejou o rastro. Também o neokantismo, do qual ainda falaremos, porque o jovem Heidegger se move em seu ambiente, foi parido por Lange.

O pensamento fundamental de Lange é a reconstituição daquela nítida distinção kantiana entre um mundo aparente, que podemos analisar segundo leis, mundo ao qual pertencemos com parte de nossa natureza — como coisa entre coisas — e um mundo que também chega até nosso interior, antigamente chamado "espírito" e que em Kant se chama "liberdade" em relação ao homem interior e *coisa-em-si* em relação ao mundo exterior. Lange recorda a definição da natureza de Kant: que ela não é aquela coisa em que vigem as leis que chamamos leis da natureza — mas ao contrário. Na medida em que encaramos algo sob o ponto de vista de tais "leis", nós o constituímos como "natureza" aparente, mas na medida em que o encaramos do ponto de vista da espontaneidade e liberdade, trata-se de "espírito". Os dois pontos de vista são possíveis e necessários, e, sobretudo, não são conversíveis. Podemos analisar a nós mesmos como coisa entre coisas, podemos, como fez Hobbes expressamente, encarar-nos como uma máquina, mas escolhemos essa perspectiva — somos pois livres para nos fazermos máquinas. Somos uma peça do mundo aparente, portanto natureza segundo a lei, coisa entre coisas, e ao mesmo tempo cada um sente em si a espontaneidade da liberdade. Liberdade é o mistério do mundo que se revela em nós, o verso do espelho das aparências. A *coisa-em-si* — isso somos nós mesmos em nossa liberdade, o coração de todas as determinaçoes é a dimensão na qual nós mesmos podemos nos determinar.

Essa dupla perspectiva kantiana — o homem é coisa entre coisas e liberdade — é que F. A. Lange volta a pôr em jogo. O materialismo como método de pesquisa das ciências naturais, diz ele, tem de ser confirmado. A experiência das ciências naturais deve ocorrer como se só existisse realidade material. Se em algum lugar ela não avança com suas explicações, não deve usar o "espírito" como sucedâneo. "Espírito" não é um elo numa cadeia causal, ele é, muito antes, o outro lado de toda a cadeia. Nas ciências naturais pode-se fazer fisiologia do psíquico, mas não se pode esquecer que com isso não se atinge o espiritual em si mas apenas seu equivalente material. Lange não critica os procedimentos das ciências naturais, mas apenas a falsa consciência e a má filosofia que os acompanham — isto é, a noção de que com a análise da *res extensa* se esgotou o humano. Se pensamos em categorias espaciais, é evidente a sugestão de que tudo o que é tem de ser comprovável em algum lugar no espaço, ou em um dispositivo que possa ser espacialmente descrito.

O grande mérito de F. A. Lange foi ter mostrado: assim como existe um ponto de fervura do idealismo onde todo o espírito evapora, também existe um ponto de congelamento do materialismo, onde nada mais se move, a não ser que o espírito seja contrabandeado incógnito ali para dentro, por exemplo, na forma da *força vital* da qual ninguém sabe exatamente o que é. Contra a evaporação idealista e o congelamento materialista, Lange faz a apologia do "tanto... como" (Sowohl-Als--auch) de espírito e matéria.

Lange defende uma metafísica a preço baixo. Ela lhe vale como literatura do conceito, uma mistura enobrecedora de poesia e saber. O mesmo acontece com a religião. Quando ela afirma possuir um saber de Deus, alma e imortalidade, então se expõe à critica científica e não pode mais se sustentar. É preciso uma retificação do *front*. O "ponto de vista do ideal" não pode fundamentar seu orgulho no fato de reconhecer a *verdade*, mas de formar *valores* e com isso reformar a realidade. Para o empirismo existe verdade, para o espírito existem valores. Nitzsche porá então um fim a essa coexistência pacífica entre verdade e valor, concebida por Lange, dando simplesmente um passo adiante e colocando o valor à disposição da verdade. Lange queria salvar os valores do ataque das verdades, em Nietzsche contrariamente as verdades são engolidas pelo vitalismo das valorações. Então a verdade será apenas a ilusão na qual nos sentimos bem e que nos serve. Outros ao contrário definirão os valores como meras circunstâncias que acontecem nas culturas: em Rickert chamam-se "relações de valor" (Wertverhalte). Podemos descrevê-las da perspectiva da ciência da cultura e falar delas na perspectiva histórica. O valor só vale quando se tornou fato. Só vale o que valeu. E esse será o cerne do historicismo.

F. A. Lange procura o equilíbrio — o materialismo deve dividir seu poder com o mundo do espírito: "Quem quereria refutar uma missa de Palestrina ou apontar um erro na Madonna de Rafael? O *Gloria in*

Excelsis permanece uma força da história universal e ecoará através dos séculos, enquanto os nervos de uma pessoa ainda possam estremecer no calafrio do sublime. E aqueles pensamentos fundamentais simples da salvação do ser humano isolado pela entrega da própria vontade à vontade que dirige o todo, aquelas imagens de morte e ressurreição que expressam o mais comovente e elevado que perpassa o peito humano... aquelas doutrinas enfim que nos ordenam que partilhemos o pão com quem tem fome e anunciemos aos pobres as boas novas... não desaparecerão para sempre dando lugar a uma sociedade que atingiu seu objetivo, se ela deve à sua razão uma polícia melhor, e à sua perspicácia a satisfação de necessidades sempre novas com sempre novos inventos".

Esse idealismo deve trazer equilíbrio para a civilização impulsionada pela ciência e pela técnica. É um idealismo do *como-se*; pois os valores recomendados perderam sua velha dignidade e *potência-de-ser* (Seinsmächtigkeit), pois reconheceu-se neles o feito por si mesmo. Na verdade o ideal é apenas um ídolo, reluz no brilho artificial do ouro falso. Os idealistas obviamente só podem se agarrar ao bom e ao belo numa disposição de frivolidade involuntária. Apresentam suas doutrinas com o sorriso dos áugures que fazem crer e não acreditam. Um best-seller filosófico no fim do século que expressa bem essa frivolidade da cultura burguesa é *A filosofia do como-se*, de Hans Vaihinger. Aqui os valores são apresentados como ficções úteis. Trata-se de meras invenções, mas se elas ajudam na execução teórica e prática das nossas tarefas de vida, adquirem um significado que habitualmente chamamos de "objetivo".

Esse *como-se* perpassou toda a época do guilhermismo. Grassava o prazer pelo falso. Impressionava tudo o que tinha aparência. Todo o material empregado queria aparentar mais do que era. Era a época do logro material: mármore era madeira pintada, alabastro cintilante era gesso; o novo tinha de parecer velho, colunas gregas no portal da bolsa, a fábrica parecendo um castelo medieval, a ruína parecendo uma construção recente. Cultivava-se a associação histórica, tribunais recordavam palácios de doges, a sala burguesa guardava cadeiras e estilo luterano, cálices de estanho e bíblias de Gutenberg, que na verdade eram caixinhas de costura. Nem o imperador Guilherme era bem legítimo, seu desejo de poder era mais desejo que poder. O *como-se* pede a encenação, vive dela. Ninguém sabia disso tão bem quanto Richard Wagner, que manejava todos os registros do encantamento do teatro para salvar seu tempo, a salvação a prazo fixo, a salvação *como-se*. Tudo isso convivia com uma disposição ativamente realista. Exatamente porque esse sentido era tão eficiente, tinha de ser um pouco embelezado, enfeitado, vestido, cinzelado e assim por diante, para que o todo parecesse alguma coisa e valesse algo. Afinal a política alemã oficial também apostava no valor: valor mundial para a Alemanha. Pois, quem vale alguma coisa, não precisa ser alguma coisa.

Essa mistura de eficiência realista e disposição *como-se* abriu caminho para o pragmatismo anglo-saxão de um William James e Charles Peirce para a Alemanha. O pragmatismo sabidamente faz apologia de um desarmamento nos assuntos da verdade. Verdade é arrancada do reino das ideias e rebaixada a um princípio social de autorregulação comercial. O critério da verdade reside no sucesso prático, e isso também vale para os assim chamados valores. Sua realidade não se preserva na ominosa concordância, nunca suficientemente comprovada, com um *ser ideal*, mas preserva-se na eficácia. O espírito é aquilo que produz. O pragmatismo substitui a teoria de correspondência da verdade pela teoria da eficiência. Não precisamos mais ter medo do erro, pois, primeiro, removido o critério objetivo de verdade, o erro perde sua pecaminosidade ontológica: agora podemos definir "verdade" como um erro útil; e, segundo, os erros fazem parte da experimentação. Quando o cachorro quer passar por uma porta, tendo na boca um pedaço de pau comprido demais, gira a cabeça até finalmente conseguir. Esse é método de *trial and error*; como o cachorro passa pela porta, o ser humano passa pelo portal da verdade, que, porém, então já não é o que foi: ela perdeu seu *patos* venerável. Trata-se de interesses práticos, não do desejo de certeza, sabidamente uma postura do espírito em que persiste, incógnito, muito de religioso. O pragmatismo substitui o rigoroso exame da metafísica por uma praticidade do aqui e agora. Ele afrouxa a tensão teutônica que sempre quer o todo e ajuda a obter serenidade em relação ao seu princípio moral: errando a gente sobe! "Nossos erros", diz William James, "afinal não são coisas tão terrivelmente importantes. Em um mundo onde apesar de toda a cautela não os podemos evitar, um pouco de despreocupação leviana é mais saudável do que o exagerado medo nervoso".

Outra poderosa tendência daquele tempo apoia essa despreocupação: a biologia evolutiva fundamentada nas descobertas de Darwin. Ela ensina que não apenas nós mas a própria natureza age segundo o método de *trial and error*. Mutações são transmissão falsa de informações herdadas. Acontecem desvios dessa cadeia, uma variante por acaso. O resultado da adaptação seleciona. Permanece quem consegue se preservar. Dessa maneira — por mutações casuais mais seleção na luta pela sobrevivência — a natureza acerta mesmo sem mirar. Portanto, também a natureza sabe errando. Com a lei de mutação e seleção parecia também resolvido o problema kantiano da teleologia natural sem *telos*. O acaso cego produz uma natureza cujos resultados fazem parecer que ela persegue um objetivo. Deus não joga dados — pode ser, mas pensamos surpreender a natureza jogando dados. Naquele tempo a biologia evolucionista agia como grandiosa sanção do método de chegar pela anarquia à ordem, pelo erro ao sucesso e conferia uma evidência quase insuperável ao princípio de que a verdade nada é senão exatamente esse sucesso prático.

Pelo fim do século Werner von Siemens apresenta um impressionante desfile do espírito dessa "era das ciências naturais", como ele diz, no circo Renz, maior sala de reuniões de Berlim, um espetáculo de gala para os pesquisadores da natureza solenemente reunidos que querem saudar o novo século: "E assim, meus senhores, não nos enganemos acreditando que nossa atividade de pesquisadores e inventores conduz a humanidade a degraus culturais mais altos, enobrecendo-a e tornando-a mais aberta a esforços ideais, e que a era das ciências naturais que está chegando há de reduzir suas aflições e enfermidades e aumentar seu prazer de viver, que a tornará melhor, mais feliz e mais contente com seu destino. E mesmo que nem sempre possamos reconhecer claramente o caminho que conduz a essas condições melhores, queremos firmar nossa convicção de que a luz da verdade, que pesquisamos, não levará por desvios, e que a plenitude de poder que traz para a humanidade não a pode rebaixar, mas tem de elevá-la a um degrau mais alto da existência". Fazem parte dos pressupostos do sucesso a temperança intelectual e a curiosidade pelas evidências, pelo que é invisível não no além mas neste mundo — pela micrologia das células e a macrologia das ondas eletromagnéticas. Nas duas vezes a pesquisa penetra no invisível e produz resultados visíveis, por exemplo, na luta contra os micróbios causadores de enfermidades ou na telegrafia sem fio que abrange o mundo inteiro. Muitos sonhos da metafísica — maior controle do corpo, superação de tempo e espaço — tornaram-se realidades técnicas.

Quando a física aprender a voar, despencarão os que pensam estar acima de tudo, na metafísica, e a partir de então terão de se desenvolver na terra plana. O que ali podem fazer é, como ensina o exemplo dos neokantianos, bastante modesto. Um deles, Paul Natorp, em 1909, definiu assim a tarefa da filosofia: que ela nada é senão o esforço metódico da ciência de se conscientizar de seus próprios princípios, procedimentos e orientação de valores. A isso Natorp chama de "indicação de caminhos da ciência... não de fora mas pelo esclarecimento sobre a lei interna da rota que a ciência sempre descreveu e continua a descrever incansavelmente". Isso obriga a filosofia a perseguir uma meta que é a exata inversão de seu começo: "Primeiro a filosofia escondia em seu regaço as sementes de todas as ciências. Mas depois de tê-las parido e cuidado maternalmente de sua infância, e de terem crescido e amadurecido sob a sua proteção, é com prazer que ela as vê saírem para o vasto mundo e conquistá-lo. Ela ainda a segue algum tempo com olhar de fiel preocupação, de vez em quando manda-lhes, baixinho, uma palavra de aviso que não pretende nem pode deter a independência que conseguiram; mas finalmente ela se recolhe, silenciosa, à sua posição de velha, para um dia, quase despercebida e pouco lembrada, desaparecer deste mundo".

Esse grupo, Windelband, Natorp, Rickert, Cohen, chamava-se de "neokantianos" porque recomendavam às modernas ciências naturais a reflexão metódica de Kant, e também se referiam a Kant na questão da fundação de normas éticas. Nessa corrente filosófica, ainda poderosa até a Primeira Guerra Mundial, havia muita perspicácia e agressividade, mas em geral estavam na defensiva em relação à superioridade do espírito científico dos tempos. Era uma filosofia que esperava sobreviver depois do fim da filosofia em seus "filhos", portanto nas ciências. Mas, objeta Natorp, as coisas ainda não estão muito "esperançosas" para a "filosofia nas ciências". Com efeito, ainda havia muito peso morto de concepção de mundo irrefletida e contrabando especulativo, na bagagem dos cientistas empíricos e exatos, que exigiam prestígio de cientificidade para sua crença infantil e pueril. O zoólogo Ernst Haeckel, por exemplo, era um desses cientistas. Destilou da biologia evolucionista de Darwin uma doutrina monista de mundo e do cosmo, que dizia ter resolvido todo o "enigma do mundo", e esse foi o título do best-seller de Haeckel, de 1899.

Os neokantianos queriam ser a consciência da ciência no duplo sentido: como consciência metódica e como consciência ética, pois essa era a sua segunda especialidade — o problema do valor. Como, indagavam, pode-se analisar cientificamente aquele acontecimento no qual não ocorre — como nas ciências naturais que *alguma coisa se torna alguma coisa*, mas no qual *alguma coisa vale como alguma coisa*. Para os neokantianos, cultura era a essência da esfera dos valores. A substância material de uma escultura, por exemplo, pode ser analisada fisicamente, quimicamente, etc., mas ainda não teremos compreendido o que é essa escultura, pois ela é aquilo que significa. Esse significado vale e é percebido por todos os que não encararem essa escultura como um monte de pedras mas como arte. Em todos os fatos culturais, diz Rickert, "corporifica-se algum valor reconhecido pelo homem". Natureza e cultura não seriam esferas separadas, mas a natureza se tornaria um objeto cultural na medida em que se ligasse a valores. A sexualidade, por exemplo, é um acontecimento biológico desligado de valor, mas dentro de uma cultura torna-se um fato de alto valor: o amor. A realidade humana está repassada de fatos formadores de valor. Não há nada misterioso nisso, o mundo dos valores não flutua sobre nossas cabeças, mas tudo aquilo com que o homem lida recebe por isso mesmo uma carga de valor. Uma circunstância torna-se pois ao mesmo tempo "relação de valores". Circunstâncias nós podemos explicar, mas relações de valor só podemos compreender. A sociedade humana parece-se com o rei Midas: o que ela toca, o que atrai para seu círculo de atração, não se torna ouro mas assume *valor*.

A filosofia do valor era uma obsessão do neokantismo. Aprofundados nos mistérios do valores (Gelten), esses filósofos acadêmicos não tinham visto o que vale mais que tudo: o dinheiro (Geld). Dessa forma, foi alguém de fora, Georg Simmel, quem no começo do século apresentou a obra-prima genial de toda a filosofia do valor a *Filosofia do dinheiro*.

Simmel descreve a transição do roubo para a troca como sendo simplesmente o acontecimento decisivo da civilização. Por isso chama o homem civilizado de "animal que troca". A troca absorve a violência e o dinheiro universaliza a troca. O dinheiro, originalmente uma coisa material, torna-se o símbolo real de todos os bens pelos quais ele pode ser dado na troca. Se existe o dinheiro, então tudo o que ele toca fica enfeitiçado: agora tudo deixa-se avaliar segundo o valor dele, seja um colar de pérolas, uma oração funebre ou o uso mútuo dos órgãos sexuais. O dinheiro é a categoria transcendental realmente existente da socialização. As relações de equivalência, que o dinheiro funda, garantem a coesão interna da sociedade moderna. O dinheiro é aquele meio mágico que transforma o mundo todo em um "bem", que é taxado segundo o valores (Wert) dele, e por isso também pode ser aproveitado (verwertet).

Mas como é que alguma coisa se transforma em dinheiro? Resposta simples mas imprevisível em suas consequências: tornando-se algo que vale. Esse dinheiro, que vale, pode então ser usado para repor[5] junto daquele de quem queremos algo, o valor daquilo que queremos obter dele. O padrão de troca é sempre precisamente calculável, mas permanece obscuro de onde afinal nasce essa medida. Uns dizem: do trabalho; outros: do mercado; outros ainda: do desejo; e ainda outros: da carência. Em todo caso, porém, o valor do dinheiro não se prende à sua natureza material, ele é antes espírito social que se tornou força material. O poder de circulação do dinheiro superou o espírito de quem um dia se disse que sopra onde quer...

Mas o espírito de Simmel, assim como o dinheiro, entra nos mais remotos cantos da vida social. Simmel consegue ligar tudo com tudo. Se o dinheiro cria uma expressão de valor comum para coisas tão disparatadas quanto uma bíblia e uma garrafa de aguardente, Simmel descobre nisso uma ligação com o conceito de Deus de Nikolaus von Kues, para quem Deus significa a *coincidentia oppositorum*, ponto de união de todos os contrastes. "Na medida em que o dinheiro se torna cada vez mais a

---

5   Novamente um jogo de palavras de difícil tradução. Usar o dinheiro (Geld) que vale (gilt) para entgeltent (recompensar) quem o vende a nós, isto é, repor o seu valor. (N. da T.)

expressão absolutamente suficiente, e o equivalente de todos os valores, ergue-se a altura abstrata acima de toda a vasta multiplicidade dos objetos, torna-se centro no qual as coisas mais opostas, estranhas e distantes encontram seu ponto comum e se tocam; assim, com efeito, também o dinheiro confere essa elevação acima do individual, essa confiança em sua onipotência como em um elevadíssimo princípio."

A análise do poder do valor também no caso do dinheiro, conforme mostra o exemplo de Simmel, obviamente não deixa de retroagir sobre o conceito metafísico.

Na época hostil à metafísica de 1914, a esfera do valor, ainda que a do valor do dinheiro, era asilo para os resíduos metafísicos. E assim — voltando ao ponto irrupção — também acontece em Husserl, que defende contra as toupeiras da psicologia naturalista o valor não psicológico da lógica como um reino de ideias platônico.

Em uma postura defensiva semelhante está o jovem Martin Heidegger. Também ele encontra seus resíduos metafísicos, com Husserl (e Emil Lask) no mistério do valor, na esfera da pura logicidade, que resiste a todas as tentativas de relativização através da biologia ou da psicologia. Naquela esfera está preservado para ele o *valor transcendental da vida*. Mas permanece obscura a ligação entre lógica e vida espiritual. Em seu texto *Novas investigações sobre lógica*, de 1912, Heidegger chama o psíquico de *base operacional* para o lógico, mas no geral permanecem ali *problemas singulares que talvez nunca sejam esclarecidos.*

Com a lógica, Heidegger pensa poder apanhar uma ponta de valor supraindividual, e para ele isso significa muito, pois quer acreditar na realidade objetiva do espírito. O espírito não deve ser apenas um produto da nossa cabeça. Mas ele também quer admitir que o mundo exterior tem realidade autônoma. Não pode-se evaporar tornando-se quimera do espírito subjetivo. Essa seria pois a versão em teoria do conhecimento, *do ilimitado autonomismo* do eu que ele critica. Heidegger quer evitar as duas coisas: a queda no materialismo e a falsa subida aos céus do idealismo subjetivo. Suas primeiras tentativas filosóficas orientam-se por um *realismo crítico* para o qual vale: *só quem crê na determinidade de uma natureza real empenhará suas forças no conhecimento dela* (GA I, 15). E ele se orienta segundo a possibilidade de um espírito objetivo.

Encontra esse espírito no *tesouro de verdades* reveladas da igreja, mas isso não pode bastar ao filósofo, por isso a segunda descoberta: a lógica e seu valor objetivo.

Podemos observar Martin Heidegger em seus primeiros anos de estudo em busca de uma filosofia com a qual ele se possa afirmar na arena da modernidade, e que ao mesmo tempo lhe permita permanecer de alguma maneira sob o céu de Messkirch.

CAPÍTULO III

A intuição leva ao coração do mundo

Nos primeiros textos filosóficos de Heidegger, *O problema da realidade na filosofia moderna* e *Novas investigações sobre lógica*, não se percebe que foram escritos em um tempo de crise e mudança radical para ele. Ele argumenta em favor do princípio de uma realidade, que se pode conhecer confiavelmente, e da durabilidade metafísica da lógica, em um momento em que seu projeto de vida pessoal começa a vacilar. É o ano de 1911.

Depois de três semestres de vida no internato e de estudo da teologia, manifestam-se novamente problemas cardíacos. Talvez ele tenha *trabalhado demais*, como escreve no seu *Currículo*, de 1915, mas é possível que o corpo se rebele contra um trabalho falso. Por sugestão do médico do internato, Martin é enviado para Messkirch em fevereiro de 1911, para ter algumas semanas de *absoluto repouso*. Seus superiores têm a impressão de que a condição física do talentoso estudante de teologia não é suficientemente estável para seu futuro emprego no serviço da igreja.

Heidegger passa o verão todo com seus pais em Messkirch. Não sabe que caminho seguir. Sua disposição é sombria, procura alívio em tentativas poéticas. As dúvidas quanto à profissão aumentam pateticamente e tornam-se *Horas de calvário*, título de um poema que Heidegger publica em abril de 1911 no *Allgemeine Rundschau: Horas de calvário em minha vida: /em claridade sombria /de desalento e desânimo; / muitas vezes me vistes. /Chorando chamei, e nunca em vão. / Meu jovem ser/ cansado de queixar--se; só confiou no anjo chamado Graça.*

Hugo Ott encontrou esse poema e também as cartas de Ernst Laslowski, estudante de história na cátedra católica de Heinrich Finke, em Freiburg. Em Laslowski, que vinha da alta Silésia e estudou alguns semestres em Freiburg, Martin Heidegger encontrara um amigo devotado, que desde cedo o admirava. Ele escreve: "Se teu pai pudesse te amparar pelo menos nesses 4-5 ou 3-4 semestres de que precisas para o doutorado e preparar o concurso de professor universitário, já haveria meios". Mas o pai não pode pagar. O filho de gente modesta permanecerá sob tutela e com bolsas da igreja, ou terá de abrir caminho laboriosamente de outra maneira.

Na correspondência com Laslowski analisam-se as alternativas. Martin deveria continuar na teologia, portanto, na profissão de sacerdote: Laslowski aconselha isso. Martin estaria cuidado, bastaria superar as dúvidas dos superiores que não confiam muito na sua saúde. Ele poderia fazer seu doutorado e concurso de cátedra sem problemas. Entrementes quem sabe um interlúdio em uma paróquia do interior para "amadurecer". Certamente depois disso ele faria uma carreira brilhante como teólogo.

Essas visões são lisonjeiras, mas Heidegger sabe que o que o prende na teologia não é o teológico e sim o filosófico. A segunda possibilidade: concentrar-se inteiramente na filosofia, mas permanecer no meio católico. O "tesouro de verdades" da igreja tem de permanecer intocado. Até se poderia empregar a filosofia para o proteger. A fé não precisa ser filosoficamente fundamentada, é verdade, mas podem-se rejeitar filosoficamente as presunçõess antimetafísicas de uma cientificidade mal compreendida. Pois geralmente os cientistas não sabem o quanto emprestam da metafísica quando atribuem valor de verdade a suas proposições. Se se pode comprovar que já na lógica pura está o "valor transcendental da vida", a igreja com seu "tesouro de verdades" estará mais garantida. Se ele quisesse se dedicar à filosofia e à apologética católicas assim compreendidas, talvez conseguisse o apoio de instituições e editoras do mundo católico como a Liga Albertus Magnus ou a Sociedade Görres para Cultivo da Ciência. Laslowski aconselha que mantenha comunicação com o filósofo católico e professor Clemens Baeumker. Baeumker é presidente da Sociedade Görres e editor do *Anuário filosófico*, e dedica-se especialmente à pesquisa da nova geração católica na filosofia. As perspectivas para os filósofos católicos não são favoráveis. Não são levados muito a sério pelo restante do mundo filosófico e as cátedras disponíveis são raras.

A INTUIÇÃO LEVA AO CORAÇÃO DO MUNDO – 71

Resta a terceira possibilidade, mais modesta: estudar uma disciplina escolar, fazer exames oficiais, tornar-se professor. Heidegger pondera isso seriamente, pois uma perspectiva profissional segura é atraente. Como matéria de estudos pensaria também nas ciências naturais.

Depois desse difícil verão em Messkirch chega a decisão. Heidegger interrompe os estudos de teologia. Matricula-se para o semestre de inverno de 1911/12 na faculdade de ciências naturais de Freiburg, nas cadeiras de matemática, física e química, mas prossegue com o mesmo zelo seus estudos filosóficos. Estabelece contatos com Clemens Baeumker que, em 1912, publica o texto de Heidegger sobre o "Problema da realidade na filosofia moderna", no *Anuário filosófico* da Sociedade Görres, e com Josef Sauer, professor de história da arte e arqueologia cristã na universidade de Freiburg, e editor da *Literarischen Rundschau* católica. Lá aparecem no mesmo ano várias continuações das *Novas investigações sobre lógica,* de Heidegger.

Em uma carta a Sauer, de 17 de maço de 1912, Heidegger apresenta seu programa de pesquisas. Sauer, com fortes ligações clericais, não há de ter se espantado pouco vendo com que intenções esse estudante promete colaborar *na evolução cultural-religiosa de nossa igreja: para que tudo não se torne uma reclamação estéril mas um desvendamento escolástico de contradições, o problema de espaço e tempo precisa pelo menos ser aproximado de uma solução provisória sob orientação da física matemática.* Não deve ter ficado muito claro a Josef Sauer, pouco versado em filosofia, como se poderia auxiliar a igreja segundo o problema do tempo na física moderna; apesar disso ele ficou satisfeito com Heidegger, pois os textos sobre lógica provocaram considerável admiração nos meios católicos. O próprio Heidegger soube disso por Laslowski, que, a 20 de janeiro de 1913, lhe escreve: "Meu querido, tenho a sensação de que vais estar à altura dos bem grandes e as universidades vão te disputar entre si. E não deverás ficar abaixo disso". Mas diz que "o catolicismo nem cabe dentro de todo o sistema filosófico moderno". Heidegger não deve ficar metido na gaveta do catolicismo. E também deve publicar em órgãos não confessionais

As dificuldades desse equilíbrio — manter os favores do meio católico mas não ter odor de filósofo confessional — são amplamente discutidas na correspondência desses amigos. Laslowski: "Provavelmente terás de começar como católico. Mas, que diabos, essa é realmente uma questão emaranhada". Melhor seria por enquanto permanecer protegido. Além disso, haveria um efeito secundário positivo: "Ficarás rodeado por mais tempo por uma escuridão um tanto mistériosa e deixarás 'as pessoas' curiosas. E aí as coisas serão mais fáceis para ti".

O afetuoso Laslowski, que provavelmente também está um pouquinho enamorado de Heidegger, procura cargos vagos de professor de filosofia católica. Faz propaganda do amigo em uma visita ao Campo Santo Teutônico, onde encontra o livre-docente Engelbert Krebs, padre e teólogo em Freiburg. Krebs, oito anos mais velho do que Heidegger, no começo pouco pode fazer por ele, pois ele próprio ainda precisa se tornar alguém. Heidegger logo entra em contato com ele quando, em 1914, Krebs retorna de Roma para Freiburg. É uma amizade de alguns anos, que termina quando Heidegger rompe com o *sistema do catolicismo*.

Laslowski também ajuda Martin a conseguir dinheiro. Por sua ligação com estudantes católicos em Breslau, encontra um senhor idoso de quem obtém um empréstimo particular protestando que Heidegger é a grande esperança filosófica para os católicos alemães. Com esse dinheiro e uma pequena bolsa da universidade de Freiburg, Heidegger vive um ano após o término do estudo de teologia. No verão de 1913 obtém título de doutor em filosofia com tema: *A doutrina do juízo no psicologismo*.

Nesse trabalho Heidegger mostra ser o discípulo mais aplicado e estudioso de Husserl, cujas *Investigações lógicas* têm enorme influência nele. Com Husserl ele briga contra os representantes do psicologismo, portanto contra a tentativa de esclarecer o lógico com o psíquico. São filósofos muito reconhecidos como Theodor Lipps e Wilhelm Wundt, esses que o presunçoso doutorando critica. As disputas com o psicologismo o forçam pela primeira vez a refletir sobre o grande problema de sua futura obra principal: o tempo.

O pensar como ato psíquico acontece no tempo, exige tempo. Mas o conteúdo lógico do pensar, diz Heidegger junto com Husserl, vale independentemente do tempo. O lógico *é um fenômeno* "estático", *que está para além de qualquer desenvolvimento e modificação, que portanto não se torna nem surge, mas vale; algo que pode ser* "apreendido" *pelo sujeito que julga, mas nunca se altera por esse apreender* (FS, 120). Portanto ainda não chegou para Heidegger — como poucos anos depois — o tempo daquele poder do ser (Seinsmacht) que atrai tudo para dentro de sua motilidade; ainda existe um *para-além* disso (Jenseits). Mas qual é o sentido desse lógico, indaga Heidegger, e comenta: *talvez aqui estejamos diante de um último, irredutível, acima do qual não há mais esclarecimento, e qualquer outra indagação necessariamente fica paralisada* (FS, 112).

A lógica estática tem de entrar numa relação de tensão com uma realidade temporalmente dinâmica, em transformação. Heidegger persegue isso no exemplo de um problema importante para sua filosofia futura: trata-se da questão do *nada* (Nichts). Ele examina a negação no ato de juízo (Urteilsakt). Podemos dizer "a rosa não é amarela" ou "o professor não está aqui". Esse "não", portanto, significa simplesmente que um determinado algo que esperamos ou a que nos referimos não está presente. Ele falta — o amarelo da rosa ou a presença do professor. Desse faltar, portanto desse "não", pode-se então abstrair um "nada" — mas como mero objeto de pensamento. Portanto esse "nada" só existe no ato de juízo, não na realidade. Lá vale: *se algo* não existe, *não posso dizer: existe* (FS, 125).

Na conferência *O que é metafísica?*, de 1929, Heidegger colocará a origem de toda a metafísica, também a sua própria, na experiência do nada: *o nada é mais original do que o não e a negação,* nasce do *profundo tédio, nos abismos do dasein* (WM, 29). Ele descreverá esse *nada* como um *algo* que coloca todo mundo do *ente* em um estado misterioso discutível e também assustador.

O jovem Heidegger certamente também conhece essa disposição, mas ainda não o assume em sua filosofia, ainda é o acadêmico que quer ser alguma coisa, e por isso permanece acadêmico. Ainda vale para ele, pois, o princípio de que o *nada* só é atingido no juízo mas não na realidade. Com isso ele emprega argumentos que mais tarde colocarão em campo contra ele e sua *filosofia do nada*, como o positivista lógico Rudolf Carnap.

Mas como, diferente de Carnap, o jovem Heidegger é um lógico por motivos metafísicos, a descoberta de que o *nada* só é atingido em nossos juízos, portanto só em nosso espírito, não poderá impedir a carreira ontológica do *nada*. Pois o que existe em nosso espírito é por isso também um aspecto do grande *ser*. Através de nós chega ao mundo a negação, o *nada*. Assim, de uma modesta semântica da *negação* surge a imponente ontologia do *ser* e do *nada*. Mas esse *nada* também já não é o "não" esfriado do juízo, e sim um "nada" da angústia. Mas, como já comentamos, essa linha ainda não se expressa nas tentativas filosóficas de Heidegger de 1912. Ele ainda lida de maneira bastante descuidada com os aspectos inquietantes da realidade, por exemplo ao mencionar o *juízo impessoal* que está embutido nas frases sem sujeito. *Relampeja*, dizemos. Quem relampeja? *Quero atribuir a um* isso (Es) *misterioso uma qualidade, um estado momentâneo, ou esse juízo tem um sentido bem diferente?* (FS, 126). O quê ou quem é esse *isso* (Es) que relampeja? Em vez de ficar melancólico, como futuramente em ocasiões como essa, ele escolhe o exemplo do *está estourando* (es kracht), e escreve: *Quando, por exemplo, durante as manobras corro com meu amigo à frente das baterias já em posição de atirar, e no momento em que escutamos trovejarem as armas digo* corre, já está estourando — *é bem determinado o que está estourando; o significado do juízo reside no estouro, no agora (já) acontecer* (FS, 127).

Heidegger examina o *juízo impessoal* porque quer demonstrar que em certas cicunstâncias nem *as análises psicológicas nem a determinação unívoca e o esclarecimento dos significados verbais* trazem à luz o conteúdo de um juízo, mas que para isso é preciso conhecer e compreender o contexto da situação. Poucos anos depois Heidegger tornará exatamente essa pragmática da vida cotidiana palco de sua questão do *ser*. Mais uma vez ele depara com ela — num estouro. Estamos na véspera da guerra.

Com o exemplo das manobras por um breve instante o chamado *mundo da vida* (Lebenswelt) incide nas análises rigorosamente herméticas.

A 26 de julho de 1913, Heidegger realiza seu exame de doutorado diante dos professores de filosofia, com um *summa cum laude* unânime. O presidente é o catedrático de filosofia católica. Arthur Schneider, que nesse verão aceita a convocação para a universidade do Reich, de Strasburgo. No conselheiro professor Heinrich Finke, historiador católico renomado e influente entre os professores, Heidegger encontra um estimulador que dá ao rapaz de vinte e quatro anos a esperança de obter a cátedra agora vaga de Schneider. De momento o livre-docente Engelbert Krebs ocupa provisoriamente essa cátedra, e também conta com suas chances. Krebs e

A INTUIÇÃO LEVA AO CORAÇÃO DO MUNDO – 75

Heidegger, que mantêm relações amigáveis, tornam-se concorrentes. A 14 de novembro de 1913, Krebs escreve em seu diário: "Esta tarde entre 5 e 6 ele (Heidegger, R.S.) veio me procurar e contou que Finke o estimulou a concorrer com um trabalho de história da filosofia, e que Finke lhe falou de um modo que deixava entrever claramente que, com a cátedra vaga, Heidegger devia ficar disponível para eventualmente trabalhar como livre-docente. Assim talvez minha atual situação de provisório seja apenas para manter a cadeira aquecida para Heidegger".

No começo essa concorrência não reduz a amizade. Depois da primeira visita de Heidegger, Krebs anota: "arguto, modesto, mas de aparência segura". Fica tão impressionado com a conversa que está pronto a aceitar, sem inveja, Heidegger como mais digno sucessor da cátedra de Schneider. "Pena", escreve no diário em fim de 1913, "que ele já não tenha chegado a esse posto há dois anos. Agora precisaríamos dele".

Krebs e Heidegger auxiliam-se mutuamente em seus trabalhos científicos. Krebs tem de fazer conferências sobre lógica, que sabe pouco. Heidegger prepara as aulas com ele. "Ele me ajuda mais do que talvez perceba", anota Krebs, que por sua vez ajuda Heidegger com seus conhecimentos de história da escolástica.

Heidegger escolhera nesse território seu tema de concurso de cátedra. Originalmente queria prosseguir suas pesquisas em lógica e trabalhar com a *natureza do conceito de número*, mas como agora tem em vista uma cátedra católica também se volta para a escolásica. Além disso a bolsa que pediu em 1913, e que lhe foi concedida, exige que trabalhe com esse tema. Trata-se de uma boa bolsa da Fundação em Honra de Santo Tomás de Aquino, constituída em 1901 pela família de industriais Schätzler, de Augsburg.

Heidegger solicitara essa bolsa a 2 de agosto de 1913 junto ao cabido da Catedral de Freiburg com as seguintes palavras: *O submissamente abaixo-assinado permite-se apresentar (...) ao reverendíssimo cabido da Catedral (...) o mais humilde pedido de que lhe seja concedida uma bolsa (...). O submisso abaixo-assinado deseja dedicar-se ao estudo da filosofia cristã e ingressar na carreira acadêmica. Como o mesmo se encontra em situação financeira muito modesta, ficaria profundamente agradecido ao reverendíssimo cabido da Catedral (...).* E assim por diante. Cartas tão humilhantes deixam um espinho em quem as escreveu ou teve de escrever. Dificilmente se perdoa àqueles a quem se teve de mendigar. Embora, ou exatamente porque os reverendos o auxiliaram, mais tarde ele não os apreciará. Outra coisa lhe significa a igreja das pessoas simples de Messkirch. Aquilo era a sua terra natal, ali ele sempre se sentiu em casa, a vida toda. Quando estava em Messkirch, até bem velho frequentou as missas na igreja de S. Martin, e sentava-se lá na cadeira do coro onde se sentara quando menino-sineiro.

Como naquele tempo Heidegger ainda passasse por filósofo católico muito promissor, o cabido da Catedral concedeu-lhe uma bolsa de mil marcos por semestre, quantia com a qual um universitário podia viver sem preocupações. No texto em que concedia a bolsa, o bispo, Justus Knecht, lembrou expressamente a finalidade da fundação: "Na confiança de que o senhor permanecerá fiel ao espírito da filosofia tomista, concedemos...".

Durante três anos, até o verão de 1916, Heidegger é assim beneficiado; por três anos está amarrado ao tomismo e à escolástica, de uma maneira que não permite distinguir sempre muito bem entre dever e inclinação — nem a ele próprio. Quando Heidegger pede a bolsa pela terceira vez, em dezembro de 1915, escreve: *O submisso abaixo-assinado pensa poder agradecer sempre ao reverendíssimo cabido da Catedral pela sua valiosa confiança, pelo menos dedicando o trabalho científico de sua vida tornar fluido[6] o pensamento depositado na escolástica pela batalha espiritual do futuro em torno do ideal de vida católico-cristã.*

As ambições de Heidegger ainda são singularmente modestas. No *Currículo*, de 1915, ele designa a interpretação dos pensadores medievais como o futuro *trabalho de sua vida*. Com efeito, ele pretende aproveitar aquele tesouro de pensamento para discussões atuais, para a batalha pelo ideal de vida *católico-cristã*. Apesar disso em seus trabalhos filosóficos não se percebe que entrementes começou a guerra mundial e que centenas e milhares já tombaram no campo de batalha, enquanto a filosofia da vida triunfa.

Depois do materialismo e mecanicismo do fim do século XIX, contra os quais se dirigia a filosofia de Husserl, portanto, também o começo da

---

6   *Flüssigmachung*, tornar fluido, mas também pode ser, ao menos nesse contexto, tornar mais inteligível, tornar mais claro, divulgar mais. O termo "fluido" será depois usado por Heidegger filosoficamente como algo em processo, contra os rigores do materialismo e mecanicismo. (N. da T.)

filosofia da lógica heideggeriana, a filosofia da vida em suas diversas variantes deveria ser o grande desafio para ele. Mas só a expressão *tornar fluido* indica que entrementes Heidegger começara a perceber os temas da filosofia da vida. Pois "tornar fluido" era uma das obsessões da filosofia da vida nesse tempo.

Poucos anos antes para o jovem Martin Heidegger filosofia da vida ainda era algo para *delicadas almas modernas*, portanto nada para ele. Num texto para o *Akademiker*, ele escrevera em 1911: *A filosofia, na verdade espelho do eterno, reflete hoje em grande parte apenas opiniões subjetivas, disposições e desejos pessoais. O anti-intelectualismo também faz da filosofia uma* experiência; *nós nos gerimos como impressionistas... Hoje a concepção de mundo é feita segundo a* vida *em vez de ser o contrário...*

Essa reserva rigorosa contra a filosofia da vida em Heidegger não era determinada apenas pelo seu *valor transcendental* católico da vida mas nascia também da escola do neokantiano Heinrich Rickert, com quem Heidegger queria fazer o concurso de cátedra. E Rickert, com quem Heidegger se orientou também nesse assunto, mais tarde deu sua sentença sobre a filosofa da vida dizendo: "Como pesquisadores devemos dominar a vida conceitualmente e firmá-la, e por isso também temos de sair dessa mera agitação viva da vida para uma ordenação sistemática do mundo".

Filosofia da vida, contra a qual aquela vez reagia a filosofia acadêmica e com ela o jovem Heidegger, tornara-se entrementes uma corrente intelectual dominante fora da universidade. *Vida* tornara-se um conceito central como antes haviam sido *ser, natureza, Deus* ou *eu*, e também um conceito combativo dirigido contra dois *fronts*. De um lado contra o novo idealismo do *como-se*, cultivado pelos neokantianos nas cátedras alemãs, mas também contra as convenções morais burguesas. *Vida* contrapunha-se aos valores eternos laboriosamente deduzidos ou apenas manipulados sem pensar. De outro lado, o lema *vida* se dirigia contra o materialismo sem alma, herança, pois, do século XIX, que chegava ao fim. O idealismo neokantiano já fora uma resposta a esse materialismo e positivismo, mas impotente, afirma a filosofia da vida. Separando dualisticamente o espírito da vida material, diz a filosofia da vida, prestamos um desserviço a esse espírito. Assim não o poderemos defender. Muito antes, é preciso introduzir o espírito na vida material.

Com os filósofos da vida o conceito *vida* se torna tão vasto e elástico que tudo cabe dentro dele: alma, espírito, natureza, ser, dinamicidade, criatividade. A filosofia da vida repete o protesto do Sturm und Drang contra o racionalismo do século XVIII. Naquela ocasião o grito de combate era *natureza*. Agora o conceito *vida* tem a mesma função. Vida é plenitude de formas, riqueza de invenções, um oceano de possibilidades, tão imprevisível e aventuresco quando nem precisamos mais do transcendente (Jenseits). No aquém (o Diesseits) temos transcendência bastante. Vida é partir para margens distantes e ao mesmo tempo o que está bem próximo, a própria vida que produz formas. *Vida* torna-se a senha do movimento da juventude, da arte nova (Jugendstil), do neo-romantismo, da pedagogia da reforma.

Antes de 1900 a juventude burguesa queria parecer velha. Juventude era desvantagem para a carreira. Os jornais recomendavam meios de fazer crescer a barba mais depressa e óculos eram símbolo de *status*. Imitavam-se os pais e usava-se colarinho duro, os púberes eram metidos em casacas e aprendiam a andar de modo comedido. Antes, julgava-se que a *vida* ajudava a moderar, para que a juventude gastasse nela os seus ímpetos. Agora, vida é o desenfreado e o explosivo, e com isso o juvenil. E assim juventude já não é uma nódoa que tem de ser escondida. Ao contrário: é a velhice que deve se justificar, está sob suspeita de estar morta e hirta. Toda uma cultura, a guilhermina, é convocada diante do "tribunal da vida" (Dilthey), e confrontada com a pergunta: esta vida ainda está viva?

A filosofia da vida compreende-se como uma filosofia da vida no sentido do genitivo subjetivo: ela não filosofa sobre a vida, mas é a própria vida que filosofa nela. Como filosofia, ela quer ser um órgão dessa vida; quer intensificá-la, abrir-lhe novas formas e figuras. Não quer apenas descobrir quais valores valem, mas é suficientemente imodesta para querer criar valores novos. Filosofia da vida é a variante vitalista do pragmatismo. Ela não indaga pela utilidade de um conhecimento, mas pela sua potência criadora. Para a filosofia da vida, a vida é mais rica do que qualquer teoria. Por isso ela repele o reducionismo biológico: lá o espírito é rebaixado ao nível da vida, mas na filosofia da vida o espírito deve ser alçado até a vida.

Os grandes protagonistas da filosofia da vida antes de 1914 foram Friedrich Nietzsche, Wilhelm Dilthey, Henri Bergson e Max Scheler. Nietzsche igualara "vida" com potência criativa e nesse sentido a chamara de "vontade de poder". A vida deseja a si mesma, quer se configurar. Consciência está numa relação ambivalente com esse princípio de autoformação do vivo. Pode atuar como fator de inibição ou intensificação. Consciência pode produzir medos, escrúpulos morais, resignação — na consciência pode-se pois romper o ímpeto vital. Mas a consciência também pode se colocar a serviço da vida: pode estabelecer valores que animem a vida a jogar livremene, a estimular refinamentos e sublimação. Mas seja como for que a consciência age, permanece um órgão desta vida, por isso os destinos que a consciência proporciona à vida são ao mesmo tempo destinos que a vida prepara para si mesma. Uma vez ela se intensifica — pela consciênca; outra vez ela se destrói — pela consciência. Se a consciência age numa direção ou noutra, isso não é decidido por um processo vital inconsciente mas pela vontade consciente, portanto pela liberdade da consciência diante da vida. A filosofia da vida de Nietzsche arranca a "vida" da camisa da força determinista do fim do século XIX e lhe devolve sua liberdade própria. É a liberdade do artista diante de sua obra. "Quero ser o autor[7] da minha vida", anuncia Nietzsche, e sabe-se que consequências isso teve para o conceito de verdade. Não existe verdade no sentido objetivo. Verdade é o modo de ilusão que serve à vida. Esse é o pragmatismo de Nietzsche, mas que se relaciona com um conceito dionisíaco de vida diferente do anglo-saxão. Nietzsche despreza o dogma darwinista da "adaptação" e "seleção" como lei de evolução da vida. Para ele isso são projeções de uma moral utilitarista. Assim o homem medíocre[8] imagina uma natureza na qual presumivelmente também a adaptação é recompensada com uma boa carreira. Para Nietzsche, "natureza" é o mundo-criança de Heráclito, que brinca. A natureza forma figuras e as quebra outra vez, num incessante processo criativo no qual triunfa o poderoso vital e não aquele que se adapta. Sobreviver não é um triunfo. A vida só triunfa no excesso, no esbanjamento, na vida vivida, até se esgotar.

---

7   *Der Dichter*, isto é, o escritor, o poeta, o autor. (N. da T.)

8   *Spiessbürger*: burguês de mentalidade estreita, medíocre. (N. da T.)

80 – Heidegger - um mestre da Alemanha entre o bem e o mal

A filosofia da vida de Nietzsche é ativista e possuída pela arte. O seu *Vontade de Poder* no começo não funcionou como visão política, mas estética. Ela devolveu à arte uma forte consciência de si mesma. Sob a pressão do ideal científico, ela perdera essa consciência de si, curvando-se ao dogma da imitação. Quem seguia Nietzsche podia dizer: se arte e realidade não coincidem, pior para a realidade!

As importantes correntes artísticas do começo do século — simbolismo, *art nouveau*, expressionismo — foram todas inspiradas em Nietzsche. A *Vontade de Poder* estética recebe vários nomes. Na Viena de Freud, onde o inconscinte ainda está em vigor, os neuróticos são os verdadeiramente vitais: "Só quando o neurótico for totalmente liberado e o ser humano, especialmente o artista, puder se entregar inteiramente aos seus nervos sem consideração com o sensato e o sensual, a alegria perdida volta à arte..." (Hermann Bahr, 1891). Os expressionistas exigem o "renascimento da sociedade da reunião de todos os meios e forças da arte" (Hugo Ball); também no círculo de Stefan George e entre os simbolistas acredita-se em um "renascer" público e social saído do espírito da arte soberana. Franz Werfel anuncia a "entronação do coração". As fantasias onipotentes da arte e dos artistas têm a sua grande hora. O espírito da filosofia da vida libertou novamente as artes do serviço do princípio da realidade. Atrevem-se outra vez a ter visões com as quais protestam contra a realidade, convencidos de que esta também haverá de mudar. "Vida, protesto, transformação" — é a trindade expressionista.

A filosofia da vida de Nietzsche foi responsável pelo "viver até o fim"[9] (Ausleben), a de Dilthey pelo "vivenciar" (Erleben). Dilthey não se interessava pela biologia, mas queria saber, pela história do espírito, o que afinal era o homem e apenas encontrou obras e figuras isoladas, uma abundância de perspectivas em que a vida do espírito mostra toda a sua riqueza. A vida de Dilthey era o universo dos livros, onde há sentenças que por vezes produzem um significado, mas que no total não coincidem em um significado abrangente. A vida do espírito produz uma quantidade de formas que pode assumir a aparência de um ossário se não soubermos fazer voltar à vida o espírito enrijecido nas obras objetivas da

---

9   *Ausleben*: viver a vida até o fim, esgotar a vida. (N. da T.)

cultura. Isso acontece pelo compreender (Verstehen). Compreender é a maneira pela qual o espírito experimenta a objetivação do espírito alheio, como "torna fluido" o que estava solidificado. Dilthey emprega essa expressão e Heidegger a assume dele, quando, como já se mencionou aqui, fala na "diluição" da escolástica para combater em favor do ideal de vida católico. O compreender recupera a vida passada. Compreender é repetir. A possibilidade da vivência repetidora é um triunfo sobre a transitoriedade do tempo. Mas as obras que nascem no tempo não permitem que se fixe objetiva e compromissadamente o seu conteúdo. Cada ato de compreender está ele próprio ligado ao seu momento no tempo. E assim somos constantemente envolvidos pelo tempo que corre, que produz sempre o novo e sempre o único — pontos de vista, perspectivas, visões, concepções de mundo numa sequência incessante. "Onde estão os meios para superar a anarquia das convicções que ameaça irromper?", perguntara Dilthey. Anarquia ainda era algo sinistro para aquele sensível erudito alemão do tempo dos fundadores. Por isso ele acreditava que a vida do espírito se insere em uma ordem secreta e não saberia dizer de que maneira — mas em todo caso queria ser jardineiro nesse jardim do humano. Vida tinha um som familiar em Dilthey, não democrático como em Nietzsche. "Vida é o fato básico, que tem de formar o ponto de irrupção da filosofia. É o conhecido de dentro, depois do qual não se pode mais voltar. Vida não pode ser posta diante do tribunal da razão."

Nietzsche queria fazer filosofia da sua vida, Dilthey quer fazer voltar à vida as obras do espírito. Um faz filosofia da vida como aventura existencial, outro como vivência cultural.

Nietzsche e Dilthey ainda vinham do século XIX. Mas o gênio da filosofia da vida no século XX foi Henri Bergson. Ele tentou configurar a filosofia da vida como sistema. Em 1912 apareceu em tradução alemã a sua obra principal, *Evolução criadora*. Teve imediatamente um sucesso sem igual, também com o público. Em sua *Tentativa de uma filosofia da vida*, de 1912, Max Scheler escreve: "O nome Bergson retumba tão alto atualmente no mundo da cultura, que os donos de ouvidos mais finos sem dúvida hão de indagar se deveriam ler um tal filósofo". Devemos lê-lo, diz Max Scheler, pois na filosofia de Bergson manifesta-se uma "postura do homem para com o mundo e a alma" inteiramente nova. "Essa filosofia tem para com o mundo o gesto da mão aberta que indica, e do olhar bem aberto, grande e livre. Não é o olhar crítico, que pisca, que um Descartes... lança sobre as coisas; não é o olhar de Kant, do qual cai sobre as coisas o raio do espírito tão estranho como se viesse de *outro* mundo, tão imperioso que as perfura. Muito antes rodeia-o até a sua raiz espiritual a torrente do ser, como um elemento benfazejo... como algo natural e já como a própria *torrente-do-ser.*"

Bergson, como Schopenhauer antes dele e de maneira semelhante, descobre duas fontes de conhecimento da vida. Uma é a *razão*, outra a intuição (em Schopenhauer: a experiência interior da vontade). Razão é aquela capacidade que Kant analisou com precisão. Bergson liga-se a ela. Espaço, tempo, causalidade, expansão — são categorias dessa razão. Mas Bergson agora modifica a perspectiva: essa razão é encarada do ponto de vista biológico evolucionista. Assim aparece como produto dessa evolução, como órgão para orientar a vida no mundo e dirigir as ações. Obviamente ele se afirmou, e é expressão de uma "adaptação cada vez mais maleável do ser vivo (Lebenswesen) às condições de vida existentes".

Portanto a razão é um sistema que filtra a plenitude e multiplicidade afluentes do *ser* e do *devir* sob pontos de vista da sobrevivência prática (analogamente, em Schopenhauer, a razão é um instrumento da vontade).

Até aqui Bergson é um biólogo pragmático. Mas agora o seu passo decisivo — com uma reflexão simples: já que podemos analisar a razão em seus limites, sempre estamos além dela, ou não poderíamos descobrir os seus limites. Tem de haver um "fora" do território dela. A questão de Bergson: esse "fora" é interior, é a intuição. Na intuição, a experiência interna, o *ser* não é um objeto que podemos pôr à distância mas nós nos experimentamos a nós mesmos diretamente como parte desse *ser*: "A matéria e a vida que enchem o mundo estão da mesma forma em nós. As forças que atuam em todas as coisas, nós as sentimos em nós". A razão serve à vida no sentido da sobrevivência, mas a intuição nos aproxima mais do mistério da vida. Vista na totalidade do mundo, a vida aparece como uma onda interminável que jorra livremente na consciência intuitiva: "Portanto, mergulhemos em nosso próprio interior: tocaremos um ponto muito mais profundo, e um empurrão muito mais forte nos devolverá à superfície...". O milagre da *Recherche* proustiana se deve a essa indicação de caminho para o próprio interior onde a vida se revela especialmente misteriosa, estimulando a fantasia na experiência interior do tempo. A razão voltada para fora constrói o tempo físico, mensurável e igual de Newton (*tempus quod aequaliter fluit*). A experiência interior, portanto a intuição, não conhece outro tempo. É a duração (*durée*). A vida "dura", quer dizer que nossa vida consiste de um fluir continuado com ritmos alternantes, adensamentos, paradas e redemoinhos. Nisso nada se perde, é um crescer constante, cada ponto é único porque em nenhum ponto o passado — sempre à nossa frente e nos impelindo em frente — é idêntico, porque o *agora* que passa se acrescenta ao passado e o modifica. O ser humano move-se no tempo como em um ambiente, mas também "temporaliza" o tempo[10] na medida em que conduz a sua vida — isto é, possui iniciativa e espontaneidade. Ele é um ser principiante. Na experiência de tempo mais interna, segundo Bergson, esconde-se a experiência da liberdade criadora. Uma liberdade que age em todo o *universo* como potência criadora. Na experiência da liberdade humana, a liberdade criadora do *cosmos* encontra sua consciência de si mesma. A intuição nos leva ao coração do mundo. "No absoluto estamos, giramos, vivemos."

É com essa sublimidade, encantada e encantando, alada e promissora, que a filosofia antes de 1914 entoa o tema vida. Mas o jovem Heidegger não se deixa carregar por essa onda. Ele conclui sua tese de 1913 com um olhar seco e rígido para uma *lógica pura*, com cuja ajuda podemos *nos aproximar dos problemas da teoria do conhecimento e articular todo o reino do* ser *em suas diversas modalidades de realidade* (FS, 128).

Com Heidegger ainda não se sente nada daquela sensação de irrupção que Max Scheler expressa em sua *Tentativa de uma filosofia da vida* escrita na mesma época. Uma "transformação da concepção de mundo", escreve Scheler, ocorre diante de nossos olhos: "Ela será como o primeiro passo de alguém que anos a fio esteve numa prisão escura, para um jardim florido. E essa prisão será o nosso ambiente humano com sua civilização, cercado pela razão meramente mecânica e mecanicizável. E aquele jardim há de ser o mundo colorido de Deus, que nós — mesmo que ainda de longe — vemos

---

10 Jogo difícil de reproduzir em português, pois "temporalizar" é neste caso *zeitigen*. *Zeitigt die Zeit*, no original alemão. (N. da T.)

abrir-se para nós e nos saudar, luminoso. E aquele prisioneiro será o homem europeu de hoje e ontem, que caminha gemendo e suspirando sob a carga de seus próprios mecanismos, e que, tendo na visão só a terra e peso no corpo, esqueceu o seu Deus e o seu mundo".

Que esta disposição da irrupção (Aufbruch)[11] da filosofia da vida ainda não tenha conquistado inteiramente o jovem Heidegger é tanto mais espantoso porque lá fora, no tumulto filosófico dos tempos, muitos de seus futuros temas e motivos já estão girando em turbilhão: outra experiência do tempo, tornar fluido o espírito enrijecido, a dissolução do sujeito abstrato do conhecimento, a arte como lugar da verdade.

Será preciso ainda que o mundo de ontem de Heidegger desmorone na guerra mundial. Heidegger ainda terá de entrar no desamparo metafísico antes de descobrir, à sua maneira, a vida que depois batizará de *facticidade* e *existência*.

---

11 *Aufbruchen*, partir, levantar-se com ímpeto para ir a algum lugar. (N. da T.)

Capítulo **IV**

A hora da verdade. Filosofar apesar da história

Em seu concurso de cátedra o recente doutor em filosofia aborda o tema: *A doutrina de Duns Scotus das categorias e dos sentidos*. A bolsa Schätzler, da qual por algum tempo pôde viver sem preocupações, obriga-o a defender filosoficamente o *tesouro de verdades da igreja* na figura do tomismo. Se se apressar ele terá chances de conseguir a cátedra de filosofia cristã, que ainda está desocupada. As coisas não estão malparadas. Mas aí começa a guerra.

O entusiasmo no início da guerra naturalmente também atinge a universidade de Freiburg, de onde os jovens soldados são despachados para o campo de batalha com corais festivos, enfeites de flores e discursos solenes. Heidegger é recrutado a 1 de outubro de 1914, mas seu problema cardíaco faz com que apenas seja registrado como parcialmente capaz e dispensado. Ele volta à sua mesa de trabalho, onde se aprofunda nos sutis debates do nominalismo da Idade Média.

Heidegger era sem dúvida um daqueles espécimes intelectuais raros que Ludwig Marcuse, naquele tempo também estudante de filosofia em Freiburg, descreveu assim em sua autobiografia: "No fim de julho encontrei meu mais respeitável colega de seminário, Helmuth Falkenfeld, na Goethestrasse. Ele disse desesperado: "Você ouviu falar no que aconteceu?" Eu disse, cheio de desdém e resignado: "Eu sei, foi Sarajevo". Ele disse: "Não, amanhã não teremos o seminário de Rickert". Comentei assutado: "Ele ficou doente?" Ele disse: "Não, é por causa da ameaça da guerra". Eu disse: "Mas o que tem o seminário a ver com a guerra?" Ele deu de ombros, doloridamente".

Esse amigo lamenta a irrupção da guerra pois lhe rouba a oportunidade de apresentar diante de Rickert sua bem fundamentada comunicação. Ele é convocado nos primeiros dias e enviado ao *front*. De lá, escreve: "Comigo tudo bem, embora a batalha da qual participei a 30 de outubro quase me tenha deixado surdo com o trovão dos canhões de 24 baterias. Apesar disso... ainda penso que a antonomia kantiana é mais importante do que toda essa guerra mundial, e que a guerra se relaciona com a filosofia como a sensualidade com a razão. Simplesmente não creio que os acontecimentos deste mundo corpóreo possam atingir minimamente nossos elementos transcendentais, e não acreditarei nisso, mesmo que uma lasca de granada francesa entre em meu corpo empírico. Viva a filosofia transcendental".

Nos neokantianos mais estritos, obviamente, o ponto de vista da filosofia transcendental, rigorosamente mantido, era anestesiante. As paixões que a guerra revolvia e os destinos que proporcionava para os indivíduos eram atribuídos ao cruamente empírico. Elas não atingiam o *a priori* do conhecimento e da pessoa moral. O sentido e justificação da guerra não eram postos em dúvida com isso, mas significava que a filosofia, como filosofia rigorosa, não tinha nada a dizer de fundamentador e justificador sobre isso. As opiniões e juízos privados podiam transbordar de entusiasmo, mas a filosofia deveria manter a sua postura nobre. Devia seguir seu caminho soberano sem se deixar recrutar pelo espírito dos tempos, mesmo se no começo da guerra este agitasse um povo inteiro. Se os filósofos, mesmo os severos neokantianos, se deixassem arrebatar, não seria com base em sua filosofia, mas simplesmente porque com a irrupção da guerra de repente descobriam que podia haver coisas mais importantes do que essa filosofia. Emil Lask, por exemplo, o jovem gênio do neokantismo — Heidegger lhe dedicará seu trabalho de concurso de cátedra, pois Lask tombara no segundo ano de guerra, já antes dela comentara que os moinhos da razão moem muito melhor quanto menos matéria viva se mói, portanto que o pensamento filosófico só pode brilhar ali onde se mantém afastado da ambígua matéria da vida. Lask sentia isso como uma falta, por isso escreveu para sua mãe do campo de batalha poucos meses depois do começo da guerra:

"Realmente estava mais do que na hora de irmos embora. A impaciência já chegara ao máximo e, em mim, a sensação de inatividade, de total inutilidade das forças, em um tempo em que simplesmente *tudo* está em jogo, é intolerável não participar ao menos um pouquinho".

Heidegger parece não ter lamentado ficar fora da guerra de início. Não precisava arriscar sua vida, e podia continuar trabalhando para seu concurso, portanto no seu progresso pessoal, mas de resto deve ter partilhado do entusiasmo geral da guerra, pois ela também incendiou fortemente seu círculo católico mais estreito de amigos e vida. Seu benfeitor Heinrich Finke fundou em 1915 um comitê para defesa dos interesses alemães e católicos na guerra mundial. Lá organizavam-se eventos e editavam-se textos que davam à guerra um sentido religioso, e também se intervinha nos debates sobre os objetivos da guerra, com posições bastante moderadas. Nesse contexto o amigo de Heidegger, Engelbert Krebs, publicou inúmeros panfletos que editou como livro em 1916, sob o título *O mistério da nossa força. Pensamentos sobre a grande guerra.*

O começo da guerra teve como consequência um dilúvio de publicações. Um milhão e meio de poemas jorraram naquela época das canetas alemãs. Rilke estava em boa companhia com seu hino à guerra:

"Pela primeira vez vejo que te levantas/Deus da guerra de quem ouvi falar, remoto e inacreditável/(...)/finalmente um Deus. Como já não atingíamos bem o Deus pacífico,/agora nos atinge de repente o Deus das batalhas.../Salve eu, que vejo os que foram atingidos".

Também os professores da universidade se sentiram atingidos. O "Esclarecimento dos Professores Universitários do Terceiro Reich", de 16 de outubro de 1914, com 3.016 assinaturas, anunciava a "indignação porque os inimigos da Alemanha, tendo à frente a Inglaterra, supostamente em nosso favor querem estabelecer uma diferença entre o espírito da ciência alemã e aquilo que chamam militarismo prussiano".

Não queriam deixar-se apartar do "militarismo" nem reconhecer como *factum brutum* que eram a seu favor: queriam conferir-lhe significação. Uma febre de significação sem igual atingiu os atingidos: "São na verdade exatamente as forças mais profundas de nossa cultura, nosso espírito e nossa estória, que carregam e animam essa guerra" (Marcks, "Onde estamos?"). Thomas Mann, em suas *Considerações de um apolítico*, fala da guerra como um acontecimento no qual "a individualidade dos povos isolados, suas eternas fisionomias" aparecem poderosamente, e só podem ser compreendidas como uma psicologia de afresco". Fazem-se anúncios extraordinariamente fortes de identidade nacional. Não apenas em Thomas Mann se esboçam tipologias filosófico-culturais em grande estilo para fins combatentes. Há enfrentamentos aguerridos: cultura profunda contra civilização superficial; comunidade orgânica contra sociedade mecânica. Heróis contra comerciantes; emoção contra sentimentalismo; virtude contra calculismo.

Os filósofos reagem de várias maneiras. Alguns seguem imperturbáveis os seus sóbrios assuntos acadêmicos. Ludwig Marcuse faz uma caricatura disso. Outros — são exatamente os filósofos da vida, tão imensamente populares — querem uma colaboração filosófica específica com a guerra, transformando-a em uma batalha de espíritos. Para isso mobilizam suas reservas metafísicas. Com uma loquacidade torrencial, Max Scheler festeja o *Gênio da guerra*, título de seu grande ensaio de 1915. Scheler esboça toda uma antropologia *sub specie belli*. A guerra faz emergir o que existe dentro do homem. Scheler não perde sua nobreza: não condena as forças inimigas, concede-lhes direito de luta. Vê na guerra o mistério da autoafirmação das culturas, que, como os indivíduos, têm de se chocar quando encontraram sua configuração própria inconfundível. Então têm de entrar no fogo que endurecerá essa forma. A guerra confronta com a morte, por isso força o povo e o indivíduo a se compreenderem como um todo, mas um todo que pode ser quebrado. A guerra é o grande artista da separação: ela separa o legítimo do ilegítimo, ela revela a verdadeira substância. A guerra é o *examen rigorosum* do Estado, onde este tem de provar se apenas administra uma sociedade ou se realmente expressa uma vontade comum. A guerra é a hora da verdade: "A imagem do ser humano inteiro, grande, em toda a sua envergadura, do qual na paz só nos é dado ver uma pequena zona central grisalha... essa imagem agora aparece concreta diante de nós. Só a guerra mede a abrangência e diâmetro da natureza humana; o homem se torna consciente de toda a sua grandeza e toda a sua pequenez".

Que substância espiritual a guerra faz aparecer? Uns dizem: É uma vitória do idealismo. Por longo tempo ele esteve sufocado pelo materialismo e pelo pensamento utilitário, agora emerge e as pessoas estão outra vez dispostas a se sacrificar por valores imateriais, por povo, pátria, honra. Por isso

Ernst Troeltsch chama o entusiasmo pela guerra de retorno da "fé no espírito", que triunfa sobre o "endeusamento do dinheiro", o "ceticismo hesitante", a "ânsia de prazer", a "embotada submissão à regularidade da natureza".

Outros veem na guerra a liberação da força criativa que ameaçava ficar paralisada nos longos períodos de paz. Festejam a guerra como força da natureza; finalmente, dizem, a cultura volta a ter contato com o elementar. A guerra como "o mais poderoso de todos o destruidores da cultura, é ao mesmo tempo o mais potente provedor de cultura", comenta Otto von Gierke.

A guerra modifica tudo, e, espera Max Scheler, também mudará a própria filosofia. Não nos contentaremos mais com "minúcias meramente formais" e há de crescer "a fome por uma visão independente e original do mundo".

Mas na verdade durante a guerra a filosofia não assume nenhuma nova "visão original". Vive de seus bens metafísicos, que emprega para conferir ao catastrófico acontecimento da guerra "profundidade" e "significação". As cabeças que realmente pensam politicamente, de Max Weber a Carl Schmitt, sentem repulsa por isso. Max Weber fustiga "a falação e escrevinhação dos literatos" que confundem seus artifícios tendenciosos com pensamento político. E para Carl Schmitt a superação metafísica do político é puro "ocasionalismo", postura que toma o real apenas como motivo para produção de ideias enamoradas de si próprias.

Heidegger se mantém afastado de tudo isso. Seu furor filosófico não se manifesta no campo da política. Seu pensamento nesse momento tem a marca singular de um filosofar apesar da história.

Na verdade, como já foi dito, depois do concurso ele queria trabalhar com *a natureza do conceito de número*. Seu benfeitor Heinrich Finke recomenda-lhe tratar desse círculo de problemas no terreno da filosofia escolástica. Heidegger encontra um texto adequado onde pode comentar aquilo que mais o fascina no conceito de número: a realidade da irrealidade. O título do texto que ele pretende examinar é: *De Modis Significandi sive Grammatica Speculativa* (*Dos modos de significação ou gramática especulativa*). No tempo de Heidegger esse texto era atribuído a John Duns Scotus (1266-1308). Entrementes porém decidiu-se que seu autor é Thomas de Erfurt, filósofo da escola de Duns Scotus.

90 – HEIDEGGER - UM MESTRE DA ALEMANHA ENTRE O BEM E O MAL

Duns Scotus foi o filósofo medieval da crítica da razão. Com extraordinária perspicácia — por isso na Idade Média o chamavam *doctor subtilis* — ele procurou limitar a vastidão da razão natural às questões da metafísica. Ele ensina que não apreendemos a verdadeira natureza de Deus com nossa razão, e como o mundo é criação de Deus e por isso participa da impenetrabilidade racional de Deus, também as coisas ao nosso redor, por mais acertadamente que às vezes as possamos compreender, mantêm o seu enigma. Essa crítica sensata à razão em Duns Scotus está a serviço da fé. Nesse mestre da alta escolástica da Escócia ocorre o que mais tarde Kant diria de si mesmo: com a crítica sensata da razão ele quis criar lugar para a fé. Em Kant bem como em Duns Scotus essa crítica tem uma dupla direção. As presunções da razão bem como o falso uso da fé são rejeitados. A fé verdadeira *supera* o conhecimento, mas não o *substitui*. Ou em outras palavras: temos de conceder à fé e ao conhecimento aquilo que é devido a cada um. Não devemos querer substituir um pelo outro. Duns Scotus era um nominalista moderado para quem os conceitos no começo são apenas nomes (*nomen*) e não a essência da própria coisa. A coisa mesma naturalmente são, para o filósofo medieval, sobretudo Deus e o mundo. Os nominalistas partem pois de uma dualidade entre pensamento e ser. Mas mesmo assim procuram lançar uma ponte. Isso vale sobretudo para obra da escola de Duns Scotus, que Heidegger agora estuda.

Seu pensamento fundamental: o pensar move-se na linguagem. A linguagem é um sistema de sinais. Ela aponta para a coisa, assim como a placa da taverna indica o vinho que se pode beber lá dentro, diz o exemplo de Duns Scotus (ou Thomas de Erfurt), que obviamente apreciava as coisas boas da vida. Entre o pensar e o ente existe o abismo da diferença (*heterogeneidade*), mas também algo em comum (*homogeneidade*). A ponte entre ambos chama-se analogia. Entre o nosso pensar e o ente vige a mesma relação analógica que entre Deus e o mundo. Esse é o centro de todo o pensamento. Nesse ponto a abóbada da grande metafísica medieval volta a ter apoio. Todos os elementos do ser, até o mais alto ente, são analogicamente interrelacionados. A relação de analogia entre Deus e o mundo significa: Deus simplesmente não pode ser idêntico com o mundo pois então seria seu prisioneiro; mas também não pode ser algo inteiramene diferente, porque o mundo é criação sua. O mundo aponta para Deus como a placa da taverna aponta para o vinho, e é claro que não é a placa da taverna mas o vinho que vai aplacar a sede. A placa da taverna pode ser verdadeira, mas Deus ou o vinho são mais verdadeiros. Heidegger comenta esse pensamento dizendo que no pensar medieval há *graus de realidade* (FS, 202), graus de intensidade. E o pensamento especulativo ergue-se ainda mais alto com a questão: em que degrau de realidade está afinal o próprio pensar? Para Duns Scotus vale: o homem não se aproxima tanto de Deus com seu pensar quanto creem os realistas do conceito, que quase lhe atribuem a capacidade de poder pensar mais uma vez os pensamentos de Deus, dos quais nasceu a *criação*. Mas também não está tão distante dele como pensam os nominalistas radicais, que deixam o pensar de Deus mergulhar na noite da *ignorantia*.

O que busca e o que encontra Heidegger nessa catedral do pensar medieval?

Procura a modernidade oculta desse pensar, pois quer torná-lo fluido, e no começo encontra algumas sutilezas que antecipam o procedimento fenomenológico de Husserl. Por exemplo, em Duns Scotus já existe a distinção fenomenológica entre a *prima intentio*, e a *secunda intentio*. A *prima intentio* é a postura natural: estar orientado para os objetos da percepção e do pensar. A *secunda intentio* é aquele olhar peculiar pelo qual o pensar presta atenção em si mesmo e em seus próprios conteúdos. Essa é a distinção husserliana entre *noesis* (ato de intenção) e *noema* (conteúdo da intenção), da qual ainda se falará mais tarde.

Heidegger *torna fluido* esse filósofo medieval ao recrutá-lo para Husserl. Apresenta-nos um escolástico que, como Husserl, pesquisa o campo da consciência pura para depois tirar dali, como por mágica, o dispositivo do mundo todo. Pensar o pensar, esse pensar que se contempla enquanto trabalha, desenvolve um cosmos que não se pode remover do mundo constatando que ele não é deste mundo. Basta que ele signifique algo. Heidegger: *Duns Scotus ensina a liberdade existencial do reino dos significados* (F, 243).

Martin Heidegger queria filosofar sobre a natureza do número. E pode seguir essa obsessão nos rastros de Duns Scotus. Pois essa *gramática especulativa* dos scotistas extrai do *uno* (Einen) e do *um* (Eins) toda uma ontologia.

O texto e também a análise de Heidegger começam com as categorias fundamentais, nas quais é que o real existe para nós. Essas categorias fundamentais — Duns Scotus aliás não as transfere bem para baixo, no *fundo*, mas, de maneira tipicamente medieval, para o alto — são chamadas *transcendências*, como: *ens* (ente em si), *unum* (um), *verum* (o verdadeiro), *bonum* (o bom). Que exista um *ente*, portanto o *ens* com que tudo começa, é evidente. Menos evidente, mas iluminador depois de alguma reflexão, é que o ente sempre acontece apenas como um *ente*, como um algo determinado, portanto como um *uno*. Mas o *uno* só é o uno se distinto de algo diferente (*diversum*). *O uno e o outro*, diz Heidegger, *é a verdadeira origem do pensar com apoderamento do objeto* (FS, 160). Mas nessa origem já começa a tenuíssima fissura entre o pensar e o ente. Pois, podemos indagar, será propriedade desse próprio *uno, não* ser o outro? Não, cada ente é o que é, e nesse *não-ser-o-outro* não faz parte de suas propriedades. Esse *não* só é aproximado das coisas pelo pensar comparativo. As coisas são como que presas em si, não podem comparar-se mutuamente, e por isso também não são ativamente distintas umas das outras. Elas não se distinguem mas são distinguíveis — para o nosso pensar. Essa é uma descoberta de significado vasto. Na formulação de Heidegger, ela diz: o *que existe realmente é individual* (FS, 194). Duns Scotus chama o que é individual dessa maneira de *haecceitas*, o que, traduzido ao pé da letra, significa: "*esse-caráter-do-aqui--agora*" (Diese-jetzt-Hierheit) das coisas. O respectivo é algo único (Einmalig) em seu *ponto-tempo-espaço*.

Essa descoberta é ampla, porque evidencia em uma planície elementar o que nossa razão sabe de maneira razoável[12] abstrair de si mesma e distinguir entre aquilo que as coisas são por si e o que nosso pensar lhes atribui. O que são por si: meros detalhes entre os quais nossa razão se move de um lado para outro, comparando, ligando e ordenando. Heidegger expressa isso em relação a Duns Scotus da seguinte maneira: nós projetamos o ente, que consiste de diferentes indivíduos (heterogeneidades) em um *meio homogêneo*, onde comparamos o ente, onde o compreendemos e também o podemos calcular. O que importa nessa homogeneidade fica especialmente claro na

---

12 *Vernunft* (razão) e *vernünftig* (razoável, no sentido de sensato). (N. da T.)

série numérica. Se conto cinco maçãs, não é propriedade da terceira maçã na fila ser essa terceira, pois nessa maçã em si nada muda se eu a tiro da fila. Portanto, existem de um lado a multiplicidade heterogênea, e do outro lado, o meio homogêneo da enumerabilidade. No ente múltiplo não há números, mas — e isso é decisivo para a relação de analogia — o ente em sua multiplicidade é que permite o cálculo. Assim os dois territórios são ligados entre si. Entre a multiplicidade do indivíduo e sua ordenação na série numérica surge a relação de analogia.

O mistério da analogia, onde nos movemos já no mais simples contar, conduz por caminho direto ao mistério imponente: Deus. Ele tem com todo o ente a mesma relação que a interminável série de números tem com os enumeráveis, mas no sentido textual *inumeráveis*, indivíduos do ente. As coisas são o que são, e além disso são de tal modo que só de maneira analógica preenchem o conteúdo de significados ideal de nossos conceitos (nesse caso, conceitos numéricos). Mas isso quer dizer: elas são ainda infinitamente mais e mais diversas do que representam no meio homogêneo dos conceitos rigorosos. E daí Heidegger tira a conclusão imensamente importante para o prosseguimento de seu filosofar: a esse *dispositivo fundamental da realidade real, em que homogeneidade e heterogeneidade se engolem de uma maneira singular* (FS, 199), não pode corresponder suficientemente um tipo de ciência que se orienta pelo ideal do conceito (univocamente) empregado com o mesmo significado: antes, corresponderá a isso a *fala viva* na *singular motilidade de seu significado* (FS, 278). Essa dedução será determinante para Heidegger também em todas as futuras fases da evolução de seu pensamento. Pois também quando ele mais tarde não usar mais o conceito de analogia da escolástica, continuará convencido de que não é a lógica unívoca mas a fala falada, em sua historicidade, multiplicidade de significados e também em sua forma literária, o órgão correspondente da filosofia.

Na primavera de 1915 Heidegger conclui seu trabalho de concurso de cátedra entregando-o a Rickert. Esse homem tão solicitado, com sua cabeleira leonina, tinha naquele tempo em Freiburg o papel de grande catedrático rodeado de um bando de assistentes não pagos. Dava suas conferências na biblioteca, pois o grande auditório da universidade, que poderia lotar, lhe dava pânico. Seus seminários ocorriam em sua mansão e só se admitia um grupo muito seleto de catedráticos, notabilidades desejosas de se ilustrar, doutores, livres-docentes. Heidegger muitas vezes também participava. Rickert era diretor de escola e gostava de apresentar--se como tal. Como um chefe de estado-maior, buscava influenciar a política de ocupação dos cargos nas cátedras alemãs de filosofia. O campo ainda era bastante limitado. Quem se dava mal com ele podia prejudicar sua carreira. E ele não sentia grande simpatia pelo jovem Heidegger. Para ele, o lugar do rapaz era no canto dos católicos. Aceitou o trabalho de Heidegger, mas não quis dar-se o trabalho de ler. Pediu a Engelbert Krebs, de cuja amizade com Heidegger provavelmente nem sabia, que escrevesse um relatório. Krebs descreve em seu diário como isso aconteceu: "Mas lendo eu tinha o próprio Heidegger do meu lado, para comentar logo com ele todas as aporias do trabalho". Com um relatório feito com tamanha presteza, Rickert aceitou o trabalho. A 27 de julho de 1915 o concurso se encerra com a conferência sobre o tema "O conceito de tempo na ciência da história". Como lema Heidegger escolhe uma frase de mestre Eckhart: "Tempo é aquilo que se transforma e multiplica, a eternidade simplesmente se mantém".

A partir dali Heidegger é livre-docente e será isso por mais alguns anos. Divide com seu amigo Laslowski, como lema *para livres-docentes e quem o quiser ser,* uma frase de Rhode, amigo de Nietzsche: "Mas nenhum pântano é mais adequado para transformar até o mais ousado lúcio em um sapo inchado, acomodado e saudável, do que a altíssima presunção acadêmica".

Heidegger xinga o meio acadêmico porque naquela época suas próprias ambições sofrem uma decepção. Ele pesara ter chances de ocupar a vaga de filosofia católica. Finke tomara providências nesse sentido e cuidara de que a cadeira permanecesse vaga até o concurso de cátedra dele, apoiado por Rickert que por sua vez estava interessado em uma vaga para poder continuar no controle.

Krebs ocupava a cátedra interinamente desde o semestre de inverno de 1913/4 e depois de um ano e meio queria finalmente saber se tinha ainda alguma chance — também tendo em vista o exame iminente de seu amigo Heidegger. Assim em março de 1915 candidatou-se junto ao Ministério da Cultura de Baden, em Karlsruhe. Recomendou a si próprio e a outros candidatos, mas não a Martin Heidegger. Não se tratava de uma intriga, pois ele informou de sua atitude aos colegas de Freiburg. Mas Heidegger sentiu-se magoado e traído. Escreveu a Laslowski que com o tempo estava adquirindo um olhar duro e frio para toda a sorte de gente. Krebs logo saiu da competição pois lhe foi prometida uma cátedra de dogma na faculdade de teologia, que recebeu depois de algum tempo. Mas desde começos de 1916 as coisas tomam um rumo negativo para Heidegger. Pois a cátedra está tão claramente destinada para um historiador da filosofia da escolástica medieval, que Heidegger, que trabalhou com Duns Scotus antes de modo sistemático do que histórico, vê desaparecer suas chances. Nessa situação, Laslowski recomenda ao amigo que não exagere na modernização da escolástica. E escreve: "Eu não te faria essa sugestão de bom tio se tu mesmo em tua penúltima carta já não tivesses feito alusões a que os cavalheiros estão de orelhas em pé. E tu mesmo sabes que exatamente nos meios teológicos a sensibilidade é hipertrofiada, e igualmente o 'senso de responsabilidade', quando se armam maquinações contra um 'recruta incerto'. Tua crítica contra essa gente é oportuna".

Obviamente a essa altura, em cartas e conversas pessoais, Heidegger faz à filosofia católica uma crítica que, claro ainda não se atreve a manifestar.

Na primavera de 1916 Heidegger escreve um capítulo final para o seu trabalho sobre Duns Scotus que vai ser impresso. Não é um distanciamento crítico da escolástica, antes uma nova impaciência, intensidade, ênfase e, sobretudo, agora pela primeira vez, um acento bem inusitado — para a *vida*.

Recordemos que, no fim da parte principal do trabalho, Heidegger fala da *fala viva* na *peculiar motilidade de seu significado*. Nas poucas páginas do capítulo final fala vinte e três vezes em *vida, espírito vivo, ação viva*, etc. Olhando para trás, para a análise que fez, não consegue evitar uma sensação de *certo vazio mortal* e quer finalmente *deixar emergir a* inquietação *espiritual contida* (FS, 341).

Na impaciência de seu capítulo final, Heidegger é injusto consigo mesmo. Age como se já não tivesse iniciado o que agora quer com veemência, isso é, interpretar a lógica *de contextos translógicos*. O espírito da metafísica medieval formou esse contexto. No novo capítulo final porém esse espírito é fortemente submetido a uma corrente de filosofia da vida. Para o *espírito vivo a postura espiritual teórica* não é tudo, *um resumo que reúne a totalidade do que se pode saber* não é suficiente, pois trata-se da *irrupção na verdadeira realidade e na verdade real* (Fs, 348). Para onde irá a viagem, onde se encontra a verdadeira vida? Em todo caso, não na postura de vida *de conteúdo efêmero* e de *transcurso raso*, mas em uma intensificação que na Idade Média era possibilitada pela cobertura transcendental, e hoje — bem, através do que hoje se adquire essa intensificação?

A referência à *Ótica da metafísica* nesse contexto não surpreende, mas nova é a fundamentação dessa metafísica. Ela já não repousa apenas no *tesouro de verdades da igreja*, mas brota da *ação que tem significado e que realiza* (verwirklicht) *o significado*. Mas com isso a metafísica é baixada do céu à terra e à lógica interna da ação história. No capítulo final de seu trabalho sobre Duns Scotus, Heidegger está descobrindo o espírito histórico da vida. Em outras palavras: ele descobre Hegel, a quem atribui ter desenvolvido o *poderoso sistema de uma concepção de mundo histórica*, na qual ficariam revogados *todos os anteriores problemas filosóficos fundamentais* (FS, 353).

Essa visão do historicismo hegeliano no fim do trabalho sobre Duns Scotus encobre o fato de que já se embute nele uma opção bem diferente para suas reflexões futuras.

Heidegger compreendera bem como Duns Scotus supera no conceito de *analogia* no dualismo ameaçador entre espírito humano e realidade externa — edição menor da grande diferença entre Deus e mundo. Nesse conceito, diferença e unidade de espírito e realidade são pensados juntos, e além disso atribui-se ao espírito humano um grau mais alto de realidade, pois na série das realidades, analogicamente deduzidas de Deus, o espírito humano é o mais próximo de Deus. Por quê? Porque o espírito humano, análogo de Deus, domina até a arte de compreender a analogia, portanto é um pouco iniciado no mistério do funcionamento da criação. Segundo isso a consciência humana ainda repousa em Deus. No capítulo final Heidegger contempla essa mágica da relação vivida da transcendência como se olhasse para trás, para um mundo naufragado. Resta a lembrança histórica. E seria extraordinário se, com Hegel, pudéssemos acreditar no Deus na história. Heidegger tenta fazer isso no capítulo final. Mas, como já foi dito, essa não é a única perspectiva. A outra nasce da reflexão sobre a singular categoria da *haecceitas*. Heidegger permaneceu bastante tempo com esse conceito que os nominalistas tinham usado para o milagre da singularidade do real. Heidegger mostra estar fascinado por esse conceito: *O que existe realmente é um individual... Tudo o que realmente existe é um* "tal-agora-aqui" (Solches-Jetzt-Hier). *A forma da individualidade (haecceitas) é convocada a ceder à realidade real uma determinação original* (Urbestimmtheit) (FS, 195).

Heidegger apresenta esse pensamento minimalista como uma antiga tentativa de não situar o numinoso apenas no divino-transcendental, mas descobri-lo perto, na realidade concreta imediata. Cada ente é em si inesgotável. Não esgotamos a sua riqueza se o pensarmos como objeto. Pensar realmente esse "tal-agora-aqui" significaria superar o pensar objetualizador (vergegenständlich). Só então o ente pode aparecer em sua plenitude singular. Mais tarde Heidegger dirá do ente encontrado dessa maneira que ele é *presente* (anwesend). *Presença* rompe a estreiteza da *objetualidade*.

O pensar que dessa maneira aproxima a singularidade do real é uma alternativa para Hegel. Para Hegel a "singularidade" (Einzelheit) é um nada filosófico, que nada demanda ao pensar, é algo heterogêneo que só adquire significação quando é transferido para o meio homogêneo dos conceitos, portanto em contextos gerais e generalizáveis.

Heidegger quer a *motilidade livre* e despende-se da escolástica porque não conseguiu *com certo impulso espiritual colocar-se acima do próprio trabalho* (FS, 141). Mas a gente não se coloca *acima* do próprio movimento apenas inserindo-o no espírito histórico como Hegel, porém também superando todo o universalismo, mesmo o histórico, e ficando livre para a singularidade do real, portanto para a *haecceitas*. Isso acontece quando, depois da convocação de Husserl para Freiburg, em 1916, Heidegger procura uma ligação de trabalho intensa com o fundador e mestre da fenomenologia, e finalmente a encontra. Mas quando em 1915 escreve o capítulo final do seu trabalho de concurso para professor, para ele o *sistema de uma concepção de mundo histórica* de Hegel (FS, 353) ainda está em primeiro plano.

Na carta de despedida escrita no fim de 1918 para o amigo, padre e teólogo Krebs, Heidegger designará o espírito histórico vivo, que conheceu com Hegel e depois com Dilthey, como a força que lhe tornou *problemático e inaceitável o sistema do catolicismo*.

Mas é uma ideia da historicidade vista da maneira fenomenológica. O *valor transcendental* (Jenseitswert) *da vida* encontra seu ambiente nessa história. A vertical metafísica começa a desabar na horizontal histórico-fenomenológica.

Depois do concurso ele é mais uma vez chamado pelas autoridades militares. Mais uma vez manifestam-se sintomas de sua enfermidade cardíaca. No outono de 1915 é enviado por quatro semanas ao hospital militar de Müllheim/Baden, e depois transferido como membro da *landsturm*[13] para Freiburg no setor de censura dos correios. O cargo exigia que censurasse as cartas. Posto suspeito, abria-se especialmente a correspondência com o exterior inimigo ou neutro. Lá trabalhavam sobretudo mulheres, não os homens que podiam servir no exército. Heidegger não se apresentara como voluntário para essa tarefa, mas em situação de guerra ela não lhe podia ser repulsiva. Era um serviço cômodo, que exerceu até começos de 1918, e que lhe deixava bastante tempo para seu trabalho intelectual.

A 23 de junho de 1916 sai a decisão sobre a ocupação da cátedra de filosofia católica, vaga há dois anos. É decepcionante para o jovem Heidegger, que há dois anos se esforçava por ela. A comissão concorda em nomear o professor de Münster, Joseph Geyser, com uma fundamentação humilhante para Heidegger: "A falta de... candidatos leigos, únicos que podem ser levados em conta, é tamanha que depois de ampla ponderação a faculdade só pode recomendar um candidato". Heidegger nem aparece na lista, obvimente não é levado em conta nem como substituto caso Geyser não aceite a convocação. Mas por enquanto oferecem-lhe um cargo de simples professor.

O amigo Laslowski na distante Silésia consola: "Eles têm medo de ti. Tudo puramente por motivos pessoais. Essa gente nem consegue mais dar juízos objetivos". Heidegger fora apresentado e tratado como

---

13 Tropa formada pelos mais velhos reservistas convocados. (N. da T.)

"candidato de inclinações confessionais" nas reuniões da comissão, mas possivelmente a facção católica, que tinha uma opinião importante nesse assunto profissional, já o considerava um recruta incerto. Também a juventude de Heidegger pode ter-lhe sido desfavorável. Seu doutorado tinha apenas três anos. Além disso não se podia admitir que esse jovem fizesse carreira tão depressa em sua terra, quando os jovens da mesma idade combatiam no *front* e muitos já haviam morrido. Portanto apostaram no comprovado e na idade de quem já não se servia para pegar em armas. Geyser tinha vinte anos mais que Heidegger.

A esperança de Heidegger de conquistar sua cátedra na primeira tentativa é golpeada. Ele terá de esperar mais sete anos.

No outono de 1915 Heidegger conhece sua futura esposa Elfride Petri, estudante de economia nacional da universidade de Freiburg. Passou meio ano desde a dissolução de seu noivado com uma moça de Strasburgo, filha de um pequeno funcionário da aduana. A moça era gravemente doente dos pulmões. Não sabemos se essa foi a razão da separação. Mas para Laslowski, que queria ver em seu amigo um super-homem nietzscheano, essa separação tem um significado nobre: "Eu te vi crescer dia a dia, alçando-te tão gigantesco acima da esfera na qual o 'amor' e a 'felicidade' conseguem crescer; há muito eu sabia que para chegares perto de teus objetivos terias de seguir caminhos nos quais o 'amor' tem de congelar".

E agora, o novo amor.

Elfride é filha de um alto oficial saxônico do norte, protestante, emancipada — economia nacional era uma disciplina bastante inusitada para uma universitária daquele tempo. Ela era seguidora de Gertrud Bäumer, liberal defensora dos direitos da mulher, ligada ao movimento da juventude. Martin Heidegger e Elfride conheceram-se na universidade. Nas férias do semestre foram com amigos para a ilha de Reichenau, onde passaram alguns dias.

Uma reminiscência daquele verão é o poema *Passeio vespertino no Reichenau:*

Para o mar uma luz de prata/para escuras e distantes margens, /e nos jardins estivais úmidos cansados/cai a noite/como uma contida palavra de amor. E entre telhados brancos de luar/chega da velha torre/um último chamado de pássaro — /e o que me deu o leve dia de verão/repousa no peso de

100 – Heidegger - um mestre da Alemanha entre o bem e o mal

seus frutos/vinda de eternidades/carga insubstancial — /no deserto gris/de uma grande ingenuidade (D, 7).[14]

Quando esse poema é publicado em fins de 1916, Heidegger já está noivo de Elfride Petri, e um quarto de ano mais tarde, em março de 1917, os dois se casam.

O amigo Laslowski teria preferido que Heidegger não se decidisse tão depressa. Teria gostado de prender-se à imagem que fizera de Heidegger: aquele peregrino das alturas da filosofia alçando-se a uma esfera onde, como na peregrinação de Zarathustra, amor e felicidade têm de "congelar". Heidegger deve subir acima das planícies humanas onde as pessoas se casam e fundam família, e Laslowski, que na sua modéstia se sente um habitante das planuras, quer ser pelo menos testemunha dessas escaladas de altos picos. O sublime e seu espectador — mais ou menos assim Laslowski deve ter definido sua amizade com Heidegger. A 28 de janeiro de 1917 ele escreve a Heidegger: "Querido Martin, nestes dias eu poderia estar contigo. Não sei, mas não me alegra muito isso que a srta. Petri me escreveu. Seria bom se eu estivesse enganado. Mas peço que tenhas cautela! Espera até nos reunirmos outra vez. Realmente sofro por ti, exatamente nessa questão de imensa importância. Tu me compreendes e ao meu pedido de não te decidires depressa demais".

Martin Heidegger não se deixa enganar pelos escrúpulos do amigo. Supera outras dúvidas também. Para aqueles pais devotos de Messkirch deve ter sido um duro golpe que depois de interromper a carreira de padre e teólogo, Martin ainda por cima entre num casamento misto. Os Petri, parecem não ter desprezado aquele homem de situação modesta que podia ser talentoso mas ainda não encontrara um lugar na profissão. Mas poderia sustentar uma família, especialmente segundo o que se esperava nos mais altos círculos dos oficiais?

Não houve uma grande festa de casamento. O livre-docente Martin Heidegger e a universitária, estudante de economia nacional, Elfride

---

14   Original: *Seewärts fliesst ein silbern Leuchten/zu fernen dunkeln Ufern fort, /und in die sommermüden, abendfeuchten/Gärten sinkt wie ein verhalten Liebeswort/die Nacht. / Und zwischen mondenweissen Giebeln/verfängt sich noch ein letzter Vogelruf/vom alten Turmdach her —/und was der lichte Sommertag mir schuf/ruht früchteschwer —/aus Ewigkeiten/eine sinnentrückte Fracht —/mir in der grauen Wüste/einer grosser Einfalt.*

Petri casam-se discretamente na capela da universidade na catedral. Os pais não estão presentes. Por desejo de Heidegger, Engelbert Krebs realiza a cerimônia, e ele comenta no registro: "Casamento de tempos de guerra, sem órgão, vestido de noiva, tiara e véu, carruagem e cavalos, jantar festivo nem convidados, com a bênção dos pais de ambos, por carta, mas sem a sua presença".

Em conversas com Elfride, Krebs tivera a impressão de que ela pensava em converter-se à fé católica. Mas isso não aconteceu. Quando um ano e meio depois nasceu o primeiro filho, Elfride e Martin declaram que não poderão cumprir os compromissos assumidos no casamento de educar os filhos como católicos.

Naquela ocasião Husserl teve a impressão de que Heidegger se tornara protestante. Numa carta a Rudolf Otto em começos de 1919, Husserl escreve que não teve "a menor influência" na "passagem de Heidegger" para o terreno do protestantismo, embora como "cristão livre" e "protestante não dogmático" Heidegger só lhe possa ser "muito caro".

Assim Husserl caracteriza o jovem Martin Heidegger, a quem entrementes considera seu discípulo mais talentoso, e a quem trata quase de igual para igual como colaborador no grande projeto filosófico da fenomenologia.

Capítulo V

A realidade exterior

Quando Edmund Husserl foi a Freiburg em 1916, a fama da fenomenologia ainda não saíra do campo da filosofia especializada. Mas poucos anos depois, nos primeiros anos do pós-guerra, uma especialidade filosófica didática já é quase um portador de esperanças em nível de concepção de mundo. Hans-Georg Gadamer relata como no começo dos anos vinte, quando os "lemas de derrocada do Ocidente eram onipresentes", em uma "discussão entre pessoas que pretendiam consertar o mundo" se mencionou fenomenologia além de Max Weber, Karl Marx e Kierkegaard, entre as inúmeras sugestões de como salvar a Europa. Portanto em poucos anos a fenomenologia se transformara em um comentário muito promissor, que levou Gadamer como tantos outros a ir a Freiburg para lá escutar o mestre da fenomenologia e seu aprendiz de feiticeiro. A fenomenologia tinha a aura de um novo começo, o que a tornava popular em um tempo em que a consciência oscilava entre os extremos do espírito de derrocada e a euforia de um novo começo. Antes de 1916 os bastiões da fenomenologia eram Göttingen, onde Husserl ensinara entre 1901 e 1915, e Munique onde existia um segundo centro em torno de Max Scheler e Alexander Pfänder, independente "dos de Göttingen". Queriam ser mais que uma escola, por isso designavam-se "movimento". Não se tratava apenas de recuperar a cientificidade rigorosa na filosofia — era assim que os fenomenólogos se autodescreviam oficiosamente, mas também de reforma de vida sob o signo da honestidade intelectual: queriam superar o falso patos, o autoengano ideológico, a falta de disciplina em pensar e sentir. O espírito do círculo de fenomenólogos de Göttingen foi assim formulado por Hedwig Conrad-Martius, que pertencia a ele "era o etos da pureza e da honestidade objetivas... Naturalmente isso se refletia em disposição, caráter e modo de vida".

O que o grupo de Stefan George Kreis fora na arte, era, quanto ao estilo de grupo, o movimento fenomenológico na filosofia. Os dois círculos queriam rigor, disciplina e pureza.

"Vamos à questão!" — era a divisa dos fenomenólogos. Mas o que era *a questão?*

Era considerada oculta e perdida na floresta dos preconceitos, das grandes palavras e das elaborações da concepção de mundo. Era um impulso parecido com aquele que Hugo von Hofmannsthal expressara no começo do século na famosa carta:

"Perdi inteiramente", escreve o lord Chandos de Hofmannsthal, "a capacidade de pensar e falar coerentemente sobre qualquer coisa... as palavras abstratas das quais a língua naturalmente ainda tem de se servir para fazer qualquer juízo, desfaziam-se na minha boca como cogumelos embolorados".

O que lhe rouba a fala é a evidência muda, inesgotável, opressiva mas também fascinante das coisas que se oferecem como se fosse uma primeira vez. Elas abrem-se para a evidência — também os fenomenólogos queriam isso, ignorar tudo o que até ali fora pensado e dito sobre consciência e mundo, essa era a sua ambição. Procuravam uma nova maneira de deixar as coisas se aproximarem deles sem as recobrirem com o já sabido. É preciso dar ao real uma chance de poder se *mostrar*. O que aí se mostra e como se mostra a partir de si, era que os fenomenólogos chamavam: *o fenômeno.*

Os fenomenólogos partilhavam com Hofmannsthal a certeza de que antes de tudo era preciso reaprender o verdadeiro alfabeto da percepção. Era preciso antes de mais nada esquecer tudo o que até ali fora dito e reencontrar a linguagem da realidade. Para os primeiros fenomenólogos porém devia ser reconquistada antes de tudo a realidade da consciência e, só através dela, também a realidade externa.

Os fenomenólogos eram modestos de maneira imodesta, pois acusavam os filósofos em torno de construírem seus sistemas sem fundamento. A consciência não estava suficientemente reconhecida, era um continente não pesquisado. Começavam pesquisando o inconsciente, quando ainda nem estavam familiarizados com o consciente.

Husserl foi o iniciador do movimento. Exortava seus alunos a serem rigorosos: "Não devemos nos considerar bons demais para trabalhar nos fundamentos" costumava dizer. Os alunos deviam considerar uma honra serem operários "nas vinhas do Senhor", e não se definia que "Senhor" era aquele. Pensemos no espírito da humildade e da ascese, da honestidade e da pureza — que nos fenomenólogos por vezes também era chamada "castidade" e não pode mais ser considerado acaso que alguns dos fenomenólogos mais tarde se tornassem muito devotos. O mais destacado exemplo é Edith Stein, agora canonizada. Ela "serviu", era a expressão que usava — à fenomenologia nos primeiros anos de Göttingen, antes de 1914; entre 1916 e 1918 foi assistente de Husserl em Freiburg, nos anos vinte converteu-se à fé católica, por fim entrou no convento, de onde os nazistas a tiraram, matando-a em Auschwitz por ser judia.

A fenomenologia era um projeto, disse o discípulo de Husserl, Adolf Reinach, "que precisava do trabalho de séculos para ser executado". Quando Husserl morre em 1938, deixa um maço de quarenta mil páginas manuscritas inéditas. E comparação com isso sua obra publicada em vida parece modesta. Depois das *Investigações lógicas*, de 1901, dois livros fundamentaram sua fama e ajudaram sua filosofia a se impor: *Filosofia como ciência rigorosa*, de 1910, e o primeiro volume (único publicado em sua vida) das *Ideias sobre uma fenomenologia pura e filosofia fenomenológica*, de 1913.

Em seus audaciosos sonhos, confiados ao diário, Husserl imaginara que o futuro da filosofia pudesse continuar tecendo o que ele iniciara. Repetia sempre que era um "iniciador". E foi isso, também na lida com sua própria obra. Quando queria aprontar para publicação um manuscrito realizado há algum tempo, começava a reescrever todo o texto, para desespero de seus assistentes que tinham de ajudar nisso. E também sempre recomeçava com seu próprio pensar, portanto era-lhe difícil fazer valer o que escrevera. A consciência, especialmente a sua própria, era para ele um rio do qual sabidamente não se pode mergulhar duas vezes nas mesmas águas. Dessa postura desenvolveu-se nele uma verdadeira fobia de publicar. Outros filósofos, que não tinham esse problema, como por exemplo Max Scheler, para quem obviamente era uma ninharia preparar para publicação três livros ao mesmo tempo, pareciam-lhe suspeitos. As vezes falava de modo desrespeitoso de Max Scheler, apesar de reconhecer sua genialidade: "É preciso ter boas ideias; mas não as devemos tornar públicas", costumava dizer Husserl. Max Scheler, que tinha suas melhores ideias enquanto conversava e, se não tinha papel disponível, as anotava até nos punhos engomados, realmente não queria nem podia guardar nada para si. Diferente de Husserl, que meditava tanto em sua obra que ela cresceu naquele gigantesco maço de manuscritos que um padre franciscano salvará dos nazistas em uma ação aventuresca em 1938 contrabandeando-a para Louvain na Bélgica — onde ainda hoje estão preservados em um local de pesquisa especialmente instalado.

Husserl, nascido na Morávia em 1859, crescendo em condições judaico-burguesas sólidas na monarquia do Danúbio, marcado por um tempo em que a "sensação de segurança... era o bem mais desejável, o ideal de vida comum" (Stefan Zweig), estudara matemática porque essa ciência lhe parecia confiável e exata. Depois percebera que também a matemática precisava de ser fundamentada. O fundamental, o certo, o alicerce — essa era a sua paixão. E assim ele chegou à filosofia, mas não, como escreve em seu retrospecto de vida, para uma "filosofia tradicional" na qual ele descobre "por toda parte falta de clareza, audácia imatura, vaguidão, quando não até desonestidade intelectual, nada que se pudesse aceitar, deixar valer como peça, como começo de uma ciência séria".

Onde começar quando se quer pesquisar a consciência? Seu princípio do começar, com que Husserl sempre volta a insistir com seus discípulos: É preciso deixar de lado todas as teorias sobre a consciência, todos os preconceitos e explicações, para observar com a maior desinibição e espontaneidade o que ocorre na consciência, em minha consciência aqui e agora.

Vemos o sol nascer. Toda a ciência não conseguiu nos desabituar de falar em "o sol nasce". Pior ainda: realmente vemos o sol nascer mas sabemos que não é assim. Apenas, parece. A realidade é outra. Com esse esquema de aparência-realidade podemos explodir todo o nosso mundo familiar: nada é o que é; tudo apenas parece. O que é um belo

A REALIDADE EXTERIOR – 107

dia de agosto?, dizem em Viena no ano de 1913. Robert Musil, que também foi tocado pela fenomenologia, escreve com segundas intenções: "Sobre o Atlântico pairava uma pressão barométrica mínima; dirigia-se para leste, rumo à pressão máxima instalada sobre a Rússia... As isotermas e isóteras cumpriam o seu dever... ".

Um dia de agosto jamais se oferecerá à experiência assim como o descreve Musil, ironizando a ciência. Olhando para o espaço nunca vimos, nem veremos algo como isóteras. O que existe em lugar delas? Por exemplo o dia estival de nossas sensações líricas. Husserl diria que é um "fenômeno" de nosso mundo. E ele também existe se eu sei como acontece meteorologicamente. Tudo o que é dado à consciência é "fenômeno" e a pesquisa da consciência no sentido husserliano observa em rigorosa introspecção a ordem interna dos fenômenos da consciência. Ela não interpreta nem explica, mas tenta descrever o que são e o que mostram *de per si* os fenômenos. Essa atenção para os próprios processos da consciência faz desaparecer de um golpe o dualismo de *essência* e *aparência*, ou mais precisamente: descobrimos que simplesmente faz parte das operações dessa consciência realizar essa distinção. A consciência é singularmente consciente daquilo que lhe escapa na percepção. E como fenômeno é tudo o que entra na consciência, também a invisibilidade é um fenômeno da consciência. A essência não é algo que se esconde "atrás" da aparência mas é ela própria aparência, na medida em que eu a penso ou na medida em que penso que ela me escapa. Também a *coisa-em-si* kantiana, esse *não conceito* (Unbegriff) para o simplesmente não aparente, ainda, como algo pensado, uma aparência.

Husserl estava longe de querer reavivar as dúvidas artificiais e silipsistas em relação à realidade do mundo exterior. Ao contrário: ele quer mostrar que todo o mundo exterior já está em nós que não somos um vaso vazio no qual se despeja o mundo exterior, mas que somos "relacionados" sempre com algo. Consciência e sempre consciência de algo. Que a consciência não está "dentro" mas "fora", junto daquilo do que é consciência — isso se percebe quando finalmente começamos a conduzir a consciência à altura da consciência. A fenomenologia é isso.

Para essa autoexplicação Husserl desenvolveu uma certa técnica determinada: a *redução fenomenológica*.

A redução fenomenológica é uma maneira determinada de executar uma percepção ou simplesmente um procedimento consciente e, com isso, dirigir a atenção não para o percebido mas para o processo da percepção. Por razões metódicas saímos de uma percepção mas não inteiramente, só na medida em que conseguimos nós mesmos divisar essa execução. Vejo uma árvore. Quando percebo minha percepção da árvore, noto que confiro à árvore percebida o índice *real*. Mas se eu apenas imaginar uma determinada árvore ou me lembrar de uma — o que vejo então? Vejo recordações, vejo representações? Não, eu vejo árvores, mas aquelas que estão providas do índice *representação* ou *recordação*. Tantos modos de ser quantas forem as árvores. Árvores vistas aqui agora, árvores recordadas, árvores representadas. A mesma árvore que uma vez contemplei alegre porque me dava sombra, da outra vez, se examinada para ver se sua madeira vale a pena economicamente, não será a mesma nessas duas percepções. O seu ser se modificou, e quando o examino de uma maneira chamada *objetiva*, puramente pragmática, essa também é apenas uma das muitas maneiras pelas quais se permite que a árvore *seja*. A redução fenomenológica aborda pois a questão do que afinal é na *realidade* a árvore, e trata das diversas maneiras de como, e como, o que ela se oferece à consciência, ou melhor dito, como a consciência a aborda.

Com o exercício da redução fenomenológica colocamos entre parênteses a chamada percepção "natural", e botamos fora de parênteses a realidade externa, perde-se um mundo inteiro, mas apenas para, como diz Husserl em suas *Meditações cartesianas*, as "reconquistar em uma consciência de si universal".

A redução fenomenológica é o aspecto decisivo da fenomenologia. Trata-se de uma determinada atenção para com os processos da consciência, também chamados "visão fenomenológica". Uma atenção pela qual se descobre em que medida a vida consciente entra "em jogo" em relação à chamada realidade exterior. Mas não será um jogo vazio isso que resta quando a relação natural com a realidade é posta entre parênteses? Husserl escreve sobre isso:

"Essa invalidação universal de todas as posturas com relação ao mundo supostamente objetivo... portanto não nos defronta com um nada. O que muito antes e exatamente por isso se torna nosso, ou mais precisamente: o que com isso se torna meu, que sou quem medita, é a minha pura vida com todas as suas experiências e todas as suas puras unidades de representação, o universo dos fenômenos no sentido da fenomenologia. Pode-se também dizer que a *epoche* (invalidar a relação natural com a realidade) é o método radical e universal pelo qual eu me compreendo puramente como *eu*, e a própria vida consciente na qual e pela qual todo o mundo objetivo é para mim, e simplesmente assim como é para mim".

É preciso representar a "consciência pura" como consciência vazia: um espelho vazio ou um estômago vazio. Mas exatamente isso é apenas mera "opinião prévia" (Vormeinung) a respeito da consciência, que não consegue se afirmar diante da autoexperiência real da consciência. Descobrimos então que a consciência não é separada do *ser* por nem um momento. Não existe uma consciência vazia diante da qual há objetos com os quais ela vai preencher o seu vazio. Consciência é sempre consciência de alguma coisa. A consciência que é com metódica intenção "purificada" da realidade externa não pode cessar de imaginar uma realidade "exterior": o mundo exterior do mundo interior. A consciência não tem um "dentro"; ela é o "fora" de si própria. Quando mergulhamos suficientemente fundo na consciência, sem querer estamos outra vez junto das coisas fora, somos "lançados para fora", para junto delas, diz Jean-Paul Sartre, para quem a leitura de Husserl no começo dos anos trinta se torna uma verdadeira conversão. Ele se sente libertado da paralisante tradição da "filosofia digestiva", que trata a consciência como estômago do mundo.

Portanto para Husserl a consciência é "estar sempre orientado para algo". A esse dispositivo fundamental da consciência ele chama *intenção*.

Aos diversos tipos de processos conscientes correspondem diversos tipos de intenções. Querer apreender algo numa intenção cognoscente distanciada é apenas uma das formas possíveis da consciência intencional. Ao lado dessa intenção com a qual muitas vezes se identifica falsamente a totalidade do fenômeno da consciência, existem muitas outras formas de intenção. Formas, pois, de ser orientado para algo. E não é que primeiro um objeto seja simplesmente apreendido de maneira "neutra", para depois, através de um ato anexo, ser ainda "querido", "temido", "amado", "desejado", "valorizado". O querer, o valorizar, o amar, têm cada vez a sua relação objetual própria, o "objeto" é dado de maneira bem diferente em cada um desses atos. O mesmo "objeto" é outro para a consciência conforme for abordado com curiosidade, esperança, medo, numa intenção prática ou teórica. O amor, explica Husserl a respeito desse pensamento, vai "constituir"o seu "objeto" exatamente como um "não objeto".

É mérito da fenomenologia ter mostrado como nossa consciência efetivamente trabalha sutil e variadamente, e como são primitivas e grosseiras as concepções com que a consciência tenta trazer "à consciência" seu próprio trabalho. Via de regra é aquele esquema pelo qual um espaço interno subjetivo e um espaço exterior objetivo são confrontados, e nos perguntamos como pode ser novamente reunido o que foi artificialmente separado, como o mundo chega ao sujeito e como o sujeio chega ao mundo. A fenomenologia mostra que nosso perceber e nosso pensar transcorrem diferentemente do que de hábito pensamos; ela mostra que a consciência é um fenômeno do *entre*, como o chamou o fenomenólogo francês Maurice Merleau-Ponty: nem sujeito nem *objeto* no sentido tradicional. Pensar e perceber são antes de mais nada processos em uma torrente de consciência de atos esquecidos de si mesmos. Primeiro uma reflexão elementar, portanto consciência da consciência, separa e descobre: aqui um *eu*, um sujeito como dono de sua consciência, e ali os objetos. Também o podemos formular assim: no começo a consciência é aquilo de que é consciência, o querer desaparece no querido, o pensar no pensado, a percepção no percebido.

Husserl abriu uma cancela e diante dele abre-se um *campo* ilimitado: o mundo da consciência. Ele é tão múltiplo e espontâneo que uma descrição fenomenológica fiel tem de entrar em contradição com as intenções científicas de Husserl, orientadas segundo a sistemática e o conhecimento das leis. A gigantesca obra que Husserl deixou, inacabada e inacabável, dá a impressão de que contrariando sua intenção científico-sistematizante, se tornou ela mesma expressão daquela torrente de consciência que ali devia ser descrita. As ruínas da sistemática que flutuam nessa torrente recordam um episódio do romance de ficção científica de Stanislaw Lem, *Solaris*. Pesquisadores descobriram um planeta inteiramente feito de cérebro. Uma só massa de plasma, oceânica. Esse cérebro solitário que flutua no espaço obviamente trabalha. Em sua superfície ele forma figuras gigantescas,

A REALIDADE EXTERIOR – 111

ondas, chafarizes, cria redemoinhos, gargantas, uma plenitude de formas sem igual. Os pesquisadores tomam esses processos como sinais e tentam decifrá-los. Surgem imensas bibliotecas, sistematizações, inventam-se nomes e conceitos, até que finalmente os cientistas começam a perceber — ideia terrível para a mente ordenada — que em cada ponto desse oceano de cérebro os acontecimentos são irrepetíveis e incomparáveis, que não podem ser reunidos sob nenhum conceito, e que é insensato querer dar-lhes nomes porque não acontecerão outra vez da mesma forma, e que por isso não há chance de os poder identificar. Todas as imagens ordenadas do conhecimento são um desenho na areia, que a próxima onda já há de apagar.

Husserl era um homem do século XIX, um erudito do tipo conselheiro, paternal-professoral, que procurava os últimos fundamentos e certezas, até mesmo certeza a respeito de Deus. No começo de sua carreira filosófica ele disse que esperava "através de uma rigorosa ciência filosófica encontrar o caminho para Deus e para uma vida verdadeira".

As ciências empíricas porém não se interessaram especialmente por esses trabalhos de fundamentação do "relojoeiro maluco", como os universitários de Freiburg o chamavam, porque em seus insistentes monólogos muitas vezes ele metia o dedo médio da mão direita na mão esqueda semicerrada, girando-o de um lado para outro. Ficava tão abstraído em sua própria torrente de consciência que nem notava que os alunos se calavam e quando um deles, Hans-Georg Gadamer, uma vez fez uma objeção, Husserl disse depois a seu assistente Martin Heidegger: "Hoje tivemos realmente uma discussão excitante". Aquilo que amamos torna-se centro de um paraíso. Por isso Husserl não podia compreender que seus alunos vivessem em outros mundos além daquele, e estivessem enredados em outros assuntos. Para sua assistente pessoal Edith Stein ele disse, totalmente a sério, que devia ficar com ele até se casar. Devia escolher um marido entre os discípulos dele, que por sua vez também poderia se tornar assistente, e quem sabe os filhos deles também seriam fenomenólogos...

Não deixa de ser irônico que esse "especialista em fundamentos" como se dizia, tentando encontrar chão firme para o conhecimento, descobrisse filosoficamente logo a torrente de consciência e depois assumisse o esforço, na verdade cômico, de transformar esse elemento infinitamente vivo e móvel em fundamento, em pedestal da última certeza e segurança. Quer construir uma casa sobre uma duna migrante, e até mesmo imagina que dure por gerações. A pesquisa de consciência fenomenológica é projeto de um século. Ele pode dizer, eufórico: "Assim compreende-se que a fenomenologia seja simplesmente a nostalgia secreta de toda a filosofia dos novos tempos, mas também há momentos de contestação, quando duvida do sentido de toda essa sua empresa: acaso não somos sempre apenas principiantes no pior sentido, quando medimos o imenso campo da consciência? Não é como se quisessem tocar o horizonte que recua o tempo todo?"

Se a consciência não se deixa descrever e analisar inteiramente, pensa Husserl para sair da perplexidade, é preciso fechar o saco na outra ponta, portanto no começo. O nome para esse curto-circuito de pensamento é *ego transcendental*. É a essência de todas as realizações e operações da consciência, fonte de toda a torrente da consciência.

Quando, como ensina Husserl, se forma a consciência do eu, primeiro secundariamente na percepção da percepção, como conduzimos um ego transcendental ao começo de todo o processo da consciência? Bem, simplesmente declarando a postura fenomenológica com a qual observamos o processo consciente, lugar do ego transcendental. "Cada *cogito*, com toda as suas partes constitutivas, surge ou acaba no rio das experências. Mas o puro sujeito não surge nem acaba, embora à sua maneira *apareça* e *desapareça* outra vez. Ele entra em ação e sai de cena novamente. O que é isso e o que realiza em si, é o que percebemos, por exemplo na autopercepção, que é ela mesma uma de suas ações, que fundamenta a absoluta indubitabilidade da concepção do *ser*."

Desta maneira estava expresso: Husserl, que conseguiu a maestria de descrever o processo de consciência *antes* de sua divisão em *eu* e *mundo*, e com isso o descreveu como *sem-eu* (ichlos), volta a cair na planície transcendental naquela representação que pretendia superar, isto é, a do *eu* como dono de seus conteúdos conscientes. O eu recém-destruído torna-se de novo, como na tradição de Descartes, a mais alta instância da certeza. É essa mudança em direção do ego transcendental, anunciada em 1913, que Heidegger mais tarde convocará em sua crítica. Husserl concebe o ego transcendental como uma espécie de substância em que se

A REALIDADE EXTERIOR – 113

podem modificar os conteúdos sem que ela mesma em si se modifique. Esse ego transcendental também tem uma suspeita semelhança com espírito divino, que a tradição sempre imaginou como fundo imutável de todos os conteúdos do mundo. E assim, não surpreende que Husserl diga sobre a descoberta do ego transcendental: "Se eu faço isso por mim mesmo, então não sou um eu humano".

Assim Husserl volta a realizar outra vez finalmente a orientação para um eu do qual, como já acontecia com Fichte, brota todo um mundo e a consciência cessa de ser aquele algo mágico que ocorre no mundo, e para qual então um mundo todo pode ocorrer como mundo. Algo ôntico, cuja característica é ser ontológico — assim Heidegger definirá esse fenômeno enigmático lançando-o de volta no mundo do qual se esgueirara secretamente com Husserl. O ego transcendental de Husserl tem o mundo na cabeça, mas essa cabeça já não está direito no mundo.

Fica evidente que quando se quer prender o reino da vida consciente em um ponto fixo, mas querendo evitar a redução naturalista e psicologista, muito facilmente o pensar cai na tentação de assumir uma perspectiva semelhante a Deus.

Porém, uma consciência que sem o destruir quer tornar transparente o reino da vida consciente e apossar-se dele, não precisa necessariamente alçar-se ao Deus dos filósofos transcendentais, também pode tornar-se poeta. Esse é desde os tempos de Platão o pressentimento secreto ou estranho. Também Husserl a conhecia. "Filosofia e poesia", disse ele em conversa com um japonês, "são ligadas entre si em sua mais íntima origem e possuem um secreto parentesco na alma".

Esse "parentesco secreto" com a poesia em nenhuma filosofia está tão marcado quanto na fenomenologia. A descrição da vida como vida da consciência e com isso da experiência do mundo, a atenção para os fenômenos do espaço interior e exterior, do tempo interior e exterior — esse sempre foi tema dos escritores e especialmente de um deles, que se entregava a exercícios fenomelógicos na escola de Bergson e nos aposentos à prova de som no boulevard Haussmann: Marcel Proust. Se a fenomenologia devesse ser a "secreta nostalgia de toda a filosofia dos novos tempos" (Husserl), deveríamos designar Proust como a secreta nostalgia da filosofia fenomenológica.

Leia-se o começo da *Recherche*..., onde o narrador descreve seu despertar: uma descrição fenomenológica insuperável do renascimento do eu todas as manhãs, que cada vez tem de cumprir uma viagem através de espaço e tempo, antes de se reencontrar na encruzilhada do aqui e agora.

"Mas bastava que em minha própria cama meu sono fosse especialmente profundo e meu espírito se distensionasse inteiramente; então ele largaria o plano do lugar em que eu adormecera, e quando eu despertava no meio da noite não sabia onde estava, no primeiro instante não sabia nem quem eu era: eu tinha apenas na mais primitiva forma a mera sensação de ser que um animal pode sentir em seu interior: estava mais desamparado do que um homem das cavernas; mas depois voltava-me a recordação — ainda não do lugar em que eu estava, mas de alguns outros lugares onde havia morado e poderia estar — como se viesse auxílio do alto para me arrancar do nada do qual não teria conseguido sair sozinho; em um segundo eu percorria um século de civilização, e de vagas imagens de lâmpadas a petróleo e camisas com colarinhos abertos aos poucos o meu eu voltava a se compor em seus traços originais..."[15]

A atenção fenomelógica para o mundo dos processos conscientes precisa de uma postura que refute as exigências e tramas da vida cotidiana, pois lá prestamos atenção às coisas, às pessoas e a nós mesmos, e não em como tudo isso nos é *dado* em nossa consciência. Husserl sempre enfatizou a ruptura com a postura natural em relação ao mundo. E Proust também só pôde desenvolver o universo fenomenológico de seu trabalho de recordação no abrigo de seu quarto de dormir, que nos seus últimos doze anos de vida foi também seu quarto de trabalho. Para esse recolhimento na ausência de mundo (Weltlosgkeit), porém somos recompensados em Husserl, e muito mais em Proust, pela descoberta de toda uma ontologia interna múltipla: lá existe um reino infinitamente variado e matizado do ente. Os objetos da recordação, do medo, da saudade, da esperança, do pensar, são outras tantas *realidades* que inundam as nítidas separações sujeito-objeto.

Pelo menos para Martin Heidegger, cuja experiência de iniciação filosófica fora o livro de Brentano sobre a "múltipla significação do

---

15   Não utilizei uma tradução já feita de Proust, preferindo simplesmente traduzir do alemão tal como aparece no texto de Safranski. (N. da T.)

ente", a fenomenologia husserliana é uma filosofia que revela a multiplicidade do ente.

Na famosa conferência de Marburg, no verão de 1925, sobre o tema *História do conceito de tempo*, numa retrospectiva Heidegger mencionará os aspectos da fenomenologia husserliana que o conduziram ao seu próprio caminho e apontará aqueles limites que teve de superar para avançar.

Decisiva foi a postura fenomenológica de reaproximar-se das *coisas* de maneira inteiramente nova: *largar os preconceitos — ver com simplicidade e reter o visto, sem indagar curioso sobre o que fazer com isso*. Essa desinibida *objetividade* da fenomenologia era tão difícil, dizia ele, porque *o ser humano tem como elemento de sua existência o artificial, o mentiroso, sempre já excessivamente comentado por outros* (GA 20, 37).

Para Heidegger, faz parte do que foi artificializado dentro da filosofia, e que a fenomenologia superou, o dogma obstinado das duas esferas: *essência* e *aparência*. A fenomenologia, diz Heidegger, reabilitou os fenômenos, o mundo aparente; aguçou o sentido para aquilo que se mostra. A aparência, no entendimento fenomenológico, não é uma realidade menor, talvez até enganosa, atrás da qual se deve procurar *próprio* (Eigentliche), seja metafísica seja cientificamente. Também esse *próprio* é algo aparente, seja ele Deus ou o *objeto* da lógica ou as chamadas leis da natureza. Para Heidegger, fenomenologia não é especulação, não é construção de pensamento, mas trabalho de *desconstrução dos encobrimentos* e, com isso, de um *deixar-se ver revelador* (GA 20, 118). Revelava-se — e isso Heidegger chama de mais importante descoberta da fenomenologia — o dispositivo intencional da consciência. Para Heidegger assim se superou o dualismo sujeito/objeto da teoria do conhecimento tradicional de dois lados: do mundo que se revela e da consciência, desde sempre relacionada com o mundo.

Mas na conferência de 1925 Heidegger também comenta nitidamente os limites de Husserl. Diz que Husserl, salvando o fenômeno, voltou a aguçar o sentido para as diversas maneiras de encontro de entes, mas jamais questionou em que sentido então o homem, mais precisamente a consciência intencional, é ente. Husserl só avançou até a determinação negativa de que o homem era um *lance contra a natureza*. Ainda conheceremos a resposta de Heidegger a essa pergunta: o que e quem é o homem?

116 – Heidegger - um mestre da Alemanha entre o bem e o mal

Nos primeiros anos da intensa colaboração com Husserl, Heidegger de qualquer modo já está tirando as ideias husserlianas dos contextos imanentes da consciência, lançando-os no mundo.

Em primeiro lugar, ajuda-o nisso o estar-se ocupando com a filosofia da vida histórica de Dilthey. Da perspectiva de Dilthey, qualquer filosofia se torna suspeita se se enredar na ilusão de poder garantir para si um lugar seguro além da história. A construção de Husserl de um ego transcendental é esse tipo desamparado de *além*[16] da consciência. Em segundo lugar, o estudo de Kierkegaard ajuda-o contra a imanência da consciência de Husserl.

O ataque de Kierkegaard contra a ilusória autopotência (Selbstmächtigkeit) do espírito não parte, como em Dilthey, da vida histórica, mas da diferença inarredável entre pensar e existir. Nos emaranhados da vida sempre entramos em situações em que temos de decidir quem queremos ser. Deixamos o espaço do meramente pensável, temos de nos firmar, assumir responsabilidades, não podemos evitar de passar de um homem de possibilidades, que pode ponderar tudo, para um homem de realidades, que escolhe no pensável aquilo que o obriga no agir interno e externo. Para a crítica existencialista de Kierkegaard, a filosofia da consciência é só uma fuga diante dos riscos da vida vivida.

As condições históricas tratarão de que esse poder da vida histórica e da existencial não permaneça um mero pensamento em Heidegger.

Desde que Husserl estava em Freiburg, Heidegger procurara a proximidade do mestre que no começo se mostrara reservado. Para Husserl, Heidegger obviamente passava por um filósofo confessionalmente comprometido, o que reduzia o interesse de Husserl por ele. Essa corte mal-sucedida durou quase um ano, até que finalmente Heidegger conseguiu marcar um encontro pessoal com Husserl. Husserl a Heidegger a 24 de setembro de 1917: "Com prazer estimularei seus estudos da melhor maneira que puder".

---

16   *Bewusstseins-Jenseits* no original, também podendo se traduzir: transcendente, além da consciência. (N. da T.)

A REALIDADE EXTERIOR – 117

No inverno de 1917/18 finalmente Husserl "descobre" Heidegger. Pouco antes disso Edith Stein desistira de seu trabalho como assistente pessoal de Husserl. Para ela, tornara-se insuportável ter de preparar os manuscritos dele para publicação, e depois ver esse "principiante" entregar-lhe sempre mais e mais esboços e anotações que derrubavam inteiramente o que até ali fora elaborado. Além disso, Husserl exigira demasiadamente os serviços de Edith Stein, sem a auxiliar concretizar seu desejo de prestar o concurso de cátedra.

Como Husserl tivesse de procurar novo colaborador, estava mais favorável em relação ao desejo de Martin Heidegger.

Nas últimas semanas do ano de 1917 devem ter ocorrido intensas conversas filosóficas entre os dois, pois quando em janeiro de 1918 Martin Heidegger entra na caserna como membro do *landsturm* e depois é enviado para formação militar para o campo de manobras de Heuberg, perto da sua Messkirch natal, Husserl lamenta em uma carta a falta que lhe faz aquele filosofar a dois. Heidegger, que nesse momento tira sua autoconfiança mais do fato de suportar tão bem a dura formação militar do que da filosofia, responde contente e possivelmente lisonjeado. Também Husserl, homem de tendências nacionalistas, aprova esse zelo não filosófico. Talvez seja bom, escreve a 28 de março de 1918, que por algum tempo Heidegger deixe a filosofia de lado. Mais tarde — "espero que a guerra não dure mais muito tempo depois da magnífica vitória no oeste" —, ele certamente voltará com "maior interesse ainda" aos problemas filosóficos.

Por enquanto Heidegger permanece servindo na guerra. É convocado para trabalhar na meteorologia no *front* — como aliás vinte anos mais tarde acontecerá com Jean-Paul Sartre, no começo da Segunda Guerra — e em julho desse ano é mandado a Berlim para estudar meteorologia. A animada correspondência com Husserl prossegue, cada vez mais cordial e confiante. Na carta de 10 de setembro de 1918 Husserl louva a juventude íntegra de Heidegger, "a visão clara, a alma, o coração claro, a vontade de viver com tão clara orientação". A carta encerra com a declaração solene: "Ah, a sua juventude, como me alegra e consola o coração que me permita partilhar dela através de suas cartas".

Esse tom paternal e efusivo pode ligar-se ao fato de que naquele outono, depois de perder seu filho mais moço na guerra na primavera de 1916,

Husserl também temesse pelo seu segundo filho, que jazia num hospital militar com um tiro na cabeça. Husserl adota Martin Heidegger como um filho-substituto. Quando Husserl escreve essas cartas a Heidegger, Edith Stein está morando com os Husserl como enfermeira e filha da casa. Malwine e Edmund Husserl estão acamados com uma gripe séria, a criada se demitiu, a filha viajou, e chegam notícias ruins do hospital militar. Nas cartas a Roman Ingarden, Edith Stein descreve a situação deprimente naquela casa, na qual a ligação com Martin Heidegger obviamente significa conforto e estímulo para Edmund Husserl. A fé na vitória, que na primavera Husserl ainda expressou com tal eloquência, desapareceu. Em lugar disso na casa de Husserl há queixas sobre o "sistema" do Reich imperial. Malwine Husserl, relata Edith Stein, entrementes passou para "o campo dos 'independentes'" (significando o Partido Socialista Independente Alemão), para desgosto do marido. Aconteciam brigas conjugais terríveis.

No fim de agosto Heidegger foi enviado para o *front* do leste nas Ardennes, para o serviço na meteorologia. Esse serviço fora instalado ali para apoiar com prognósticos climáticos o emprego de gás venenoso na batalha do Marne-Champagne.

Pelas primeiras cartas de Martin Heidegger a Elisabeth Blochmann, podemos ter uma ideia de como ele vivia essa situação.

Elisabeth Lochmann era colega de estudos de Elfride. Nos anos de guerra por algum tempo em Strasburgo ela estudara filosofia com Simmel, além de germanística e pedagogia; durante a guerra trabalhou eventualmente no serviço social cuidando de doentes. Era fortemente marcada pelo espírito do movimento da juventude, tal como ele é expresso na formulação de Meissner em 1913: "A juventude livre alemã quer formar ela mesma a sua vida sob responsabilidade própria segundo determinação própria e com verdade interior".

Foi também em círculos do movimento da juventude que Martin Heidegger, Elisabeth Blochman e Elfride se encontraram pela primeira vez.

Nas primeiras cartas sente-se claramente o espírito do movimento da juventude que liga os dois. Fala-se muito em *verdade* e *responsabilidade*, os sentimentos amorosos apenas se adivinham. Os dois se exercitam na arte do indireto, do aludido. Elisabeth Blochmann, três anos

A REALIDADE EXTERIOR – 119

mais moça, admira Martin Heidegger, que se sente lisonjeado e obviamente lhe fala no tom de um mentor e orientador espiritual filosófico: *tem de ser nosso dever expressar para os que pensam como nós aquilo que sentimos, intenso e animado, com verdade interior* (2.10.1918, BwHB, 9). *A vida espiritual deve voltar a ser verdadeiramente real em nós — é preciso que adquira um ímpeto nascido do pessoal, que nos* derrube *e force a nos levantarmos de verdade — e esse ímpeto só se manifesta como legítimo na simplicidade, não no esnobe, decadente, no forçado... Vida espiritual só pode ser vivida e configurada de modo que os participantes sejam atingidos por ela diretamente em sua própria existência... Onde a fé no valor da própria determinação vive realmente, tudo que não tem valor num ambiente casual é superado de dentro para fora e para sempre* (15.6.1918, BwHB, 7).

Martin Heideggeer torna-se testemunha da última grande reação dos exércitos alemães do oeste contra os aliados que avançam vitoriosos e percebe com crua nitidez que aquele "espírito" que animou a cultura dos anos antes da guerra já não existe. A guerra queimou tudo — até o cerne nu, que Heidegger nomeia com vago patos de *ímpeto do pessoal* ou *crença na dignidade pessoal* (Selbswert) ou *pertença ao eu central*. Ele vivencia essa volta forçada para o cerne pessoal como uma grande oportunidade: agora pode-se superar o *indigno* (Unwertige) *de um ambiente eventual,* mas só se formos fortes, confiantes em nós mesmos e rejeitando imediatamente o falso valor do conforto da civilização. Então, diz Heidegger, haverá um renascimento do espírito, primeiro no pequeno círculo dos *verdadeiros,* mais tarde, irradiada dali, talvez haja uma renovação mais ampla e profunda no povo. A 7 de novembro de 1918, ainda no *front,* Heidegger escreve a Elisabeth Blochmann: *É incerto como a vida se configurará depois desse final que tinha de vir e que é a nossa única salvação. Certa é, e inabalável, a exigência aos homens realmente espirituais, para que logo agora não fraquejem mas tomem nas mãos uma liderança decidida e a educação do povo para a verdade e para a legítima valorização dos legítimos bens do existir. Na verdade tenho prazer em viver — ainda que venham muitas privações externas e muitas renúncias — só estetas interiormente pobres e homens* espirituais *que até agora apenas brincaram com o espírito como outros brincam com dinheiro e prazeres, agora haverão de desmoronar e desesperar, perplexos — e deles dificilmente se esperarão ajuda e diretivas valiosas* (BwHB, 12).

120 – Heidegger - um mestre da Alemanha entre o bem e o mal

É um prazer viver, escreve Heidegger. Estimula-o que um mundo que *apenas brincava com o espírito* agora desmorone. Suas visões políticas continuam vagas. As cartas do *front* pouco descrevem do que ali experimenta, *a viagem ao* front *foi maravilhosa* (2.10.1918, BwHB, 9), mas são inúmeras as expressões de antecipada alegria por um novo começo na filosofia. Deixa transparecer que primeiro terá de livrar-se do que é morto, inverídico, convencional, meramente artificial. Fala de *experiências primordiais* (Urelebnisse), também do tipo religioso, que são apenas encobertas pela filosofia e teologia que lhes conferem uma falsa continuidade e disponibilidade.

O soldado Martin Heidegger descobriu uma nova intensidade. Não é a própria guerra mas o que sobra quando a catástrofe queimou tudo ao redor. Não é o banho de aço da vitória mas o grande desânimo pela derrota. É essa a sua maneira de acreditar *no espírito e seu poder — quem vive nele e por ele, nunca luta em posições perdidas* (6.11.1918, BwAB, 10). E prossegue: *A nova vida que queremos ou que nos quer, desistiu de ser universal, isto é, ilegítima e fácil (superficial) — sua propriedade é a originalidade* (Ursprünglichkeit*) — não o artificial-construtivo, mas o evidente da intuição total* (1.5.1919, BwHB, 15).

Grandes palavras promissoras mas não meras frases, pois em novembro de 1918, de volta a Freiburg, o jovem livre-docente de filosofia, nas últimas semanas de guerra promovido a cabo, lança-se com toda a energia na tentativa de perseguir essa *intuição total* — compreender o que o atinge[17] e ajudar essa intuição, essa evidência de momentos, a assumir uma linguagem filosófica, mas, sobretudo, inseri-la na continuidade da vida. Com isso ele percebe a dinâmica do tempo: o tempo "temporaliza" (Zeitigt) a intuição e a evidência do momento, mas não a preserva, não a faz durar. Ela acontece, é um fato, não é algo feito, tudo depende do que fazemos com ela. Em uma detalhada carta a Elisabeth em 1 de maio de 1919, que talvez revele da forma mais enfática as obsessões filosóficas íntimas, não só do jovem Martin Heidegger, ele escreve: *É um desconhecimento racionalista da natureza da torrente pessoal da vida pensar e exigir que ela oscile nas mesmas imensas e sonoras amplidões que brotam nos momentos abençoados.*

---

17 Jogo de palavras com *begreifen/ergreifen*. (N. a T.)

Essas exigências nascem de uma falta de humildade interior diante do mistério e caráter de graça de toda a vida. Temos de saber esperar por intensidades extremamente tensas de uma vida plena de sentido — e temos de permanecer em continuidade com esses momentos não os saborear tanto — mas muito antes inseri-los na vida, levá-los conosco na continuação da vida e incluí-los no ritmo de toda a vida futura.

E em momentos em que sentimos diretamente a nós mesmos e à direção a que, vivendo, pertencemos, não devemos protocolar simplesmente como claramente compreendido o que se constatou como se ele apenas nos defrontasse feito um objeto mas o possuir-a-si-mesmo *(Sischselbsthaben) compreensivo só é legítimo se realmente vivido, isto é, se é ao mesmo tempo um ser.*

Portanto em 1919 Martin Heidegger está feliz por elaborar suas intuições, chama ao que acontece a seu redor de: *as condições insanas* (14.1.1919, BwHB, 12).

Capítulo VI

A postura primordial do vivenciar

No começo de 1919 Max Weber fez em Munique uma conferência sobre o tema "Da vocação interna para a ciência". Falou em um local que, como outras grandes cidades do Reich alemão, estava numa efervescência revolucionária. Poucas semanas depois em Munique há de irromper a guerra civil aberta, e será convocada uma República de Conselheiros, em que escritores bem intencionados como Toller e Mühsam, que querem estabelecer o "reino da luz, da beleza e da razão", dão o tom por um breve tempo. Para Max Weber tudo isso era política tendenciosa irresponsável, feita por aventureiros que não querem compreender que estaremos exigindo demais da política se pedirmos que realize significado e felicidade. Karl Löwith, sentado na sala de conferências naquela ocasião, descreve como Max Weber, um ano antes de sua morte, "caminha pálido e esgotado com movimentos rápidos pelo salão superlotado até o seu púlpito". Seu "rosto rodeado por uma barba hirsuta" lhe recordara o sombrio ardor dos profetas de Bamberg". A impressão fora "chocante". Karl Löwith diz que Max Weber rasga "todos os véus das coisas desejáveis e mesmo assim todos sentiam que o coração daquela razão clara era uma humanidade profundamente séria. Depois dos incontáveis discursos revolucionários dos ativistas literários, a palavra de Weber era um alívio".

Esse discurso, que logo foi publicado e desencadeou uma disputa pública intensa e ampla, contém um lúcido diagnóstico dos tempos. Em primeiro plano trata do eros das ciências, mas no fundo Max Weber tenta responder à pergunta sobre como desejo de uma vida com significado pode ser conectada na casa de aço da moderna civilização "racionalizada". Resposta dele: a ciência, que em seus efeitos técnicos mudou os alicerces do nosso cotidiano e provou na guerra quanta força de destruição nela reside — essa ciência tornou-se uma fatalidade, mas mesmo assim nos deixa sozinhos com as questões do significado: "Qual é... o significado da ciência como vocação, pois todas essas antigas ilusões, 'caminho para o verdadeiro ser', 'caminho para a verdadeira arte', 'caminho para a verdadeira natureza', 'caminho para o verdadeiro Deus', 'caminho para a verdadeira felicidade', naufragaram? Tolstói deu a resposta mais simples dizendo 'ela não tem sentido porque não responde à única pergunta realmente importante para nós: O que devemos fazer? Como devemos viver?' 'O fato de não existir essa resposta, o significado não pode ser negado'. A questão é apenas em que sentido ela *não* responde, e se em vez disso ela não poderia fazer algo por aquele que indaga corretamente".

Ela pode rever a adequação dos meios aos fins presumidos, fundados eles mesmos em juízos de valor. Ela também pode analisar com outros juízos de valor a contradição interna e a compatibilidade. Portanto ela pode colaborar para uma consciência de vida, mas não pode nos aliviar da decisão de como devemos viver. Essa liberação dos juízos de valor pessoais poderia ser sentida como libertação de qualquer tutela. Então, o fato de que as ciências não podem dar juízos de valor e de significado não seria um problema mas uma oportunidade. Mas as coisas não são assim. Pois nossa civilização, diz Max Weber, inseriu-se de modo tão fundamental e abrangentemente na racionalidade que soterra no indivíduo a confiança em sua própria competência para decidir. Queremos ter em nossos juízos de valor a mesma certeza e garantia a que estamos habituados no mundo tecnicizado. Quem anda de bonde não precisa saber como ele funciona, pode confiar em que tudo foi bem "calculado". Mas se estamos rodeados de mundo vital, que se deixa "calcular" em tão infinitamente muitos interesses, e estamos acostumados a não compreender tudo, mas sabemos que outros o compreendem — ou não teriam podido construir essas maravilhas técnicas —, então exigiremos essa certeza e garantia também ali, onde na verdade não as podemos exigir: no território dos juízos de valor e de sentido. Em vez de apreender a liberdade que reside nisso, queremos também aqui a objetividade da ciência. E assim chegamos à conjuntura das concepções de mundo que pretendem confiança vestindo-se com aparência científica. É essa a atividade dos que Max Weber chama "profetas de cátedra". Eles reagem à ausência de mistérios de um mundo desencantado pela racionalização, racionalizando falsamente a derradeira magia que restou — a personalidade e sua liberdade. Não querem suportar a relação de tensão entre racionalidade e personalidade, com a qual andamos tão confiantes como com o bonde. E em vez de deixar o mistério onde ele ainda persiste, na alma do indivíduo, os "profetas de cátedra" mergulham esse mundo desencantado na penumbra de um reencantamento intencional. Max Weber faz diante disso apologia de uma discriminação. De um lado o acesso e afastamento do mundo, de outro o respeito pelo mistério da pessoa, ainda que vez por outra ela goste de se livrar do peso da liberdade. Max Weber exige honestidade. É preciso olhar os fatos de frente, também os desagradáveis: em um mundo que penetramos racionalmente e podemos organizar tecnicamente, Deus desapareceu; se Ele ainda existe, então só na alma do indivíduo, que tem de estar preparado "por conta própria" para fazer "o sacrifício do intelecto" e acreditar Nele. Max Weber era tão fascinado pela fé viva que não é deste mundo quanto nós ficamos fascinados por um artista ou virtuose. Chama tais pessoas de "os virtuoses da religião". Mas chama de perigoso engano uma fé que se confunde com ciência ou procura ter com ela uma concorrência de ideais. Só uma fé, que não contrai empréstimos enganosos com a ciência, possui, aos olhos dele, dignidade e verdade no "reino místico da vida por trás do mundo, ou na fraternidade das relações diretas entre os indivíduos". Aqui pode soprar um *vento profético*, mas é preciso lembrar que não sopra na arena política.

Os avisos de Max Weber não erraram seu alvo. Os "profetas de cátedra" reagiram indignados. Um deles, que ainda precisava chegar à cátedra (e terá a ver com Martin Heidegger na revolução nacional-socialista), o professor de colégio Ernst Krieck, fez-se porta-voz da 'legítima' crítica a Max Weber. Atacou a "pose de objetividade" e a falta de valores. Era um fenômeno típico da decadência, "expressão do intelectualismo desenraizado". Também aparecia na ciência: a nação perdera a sua alma. Por isso Krieck exige "a revolução da ciência". Ela deve colaborar na formação de uma "religião nacional geral" que tem de conduzir o povo à "unidade moral" e erguer o Estado acima do nível de mera máquina utilitarista. Max Weber quase não conseguiu mais defender-se da crítica, dos ataques e difamações. Morreu em 1920. Mas não teria conseguido lidar com tudo o que surgia em matéria de profecias, visões, doutrinas de salvação e concepções de mundo. Pois nos primeiros anos da República de Weimar aparecera uma forte concorrência para os "profetas de cátedra", amaldiçoados por Max Weber. Foi o tempo dos santos da inflação, que queriam salvar a Alemanha ou o mundo, nas ruas, nas matas, nos mercados, nas barracas de circo ou enfumaçados quartinhos de fundos dos bares. *A Decadência do Ocidente*, de Oswald Spengler, vendendo seiscentos mil exemplares naqueles anos, era grande projeto teórico que se desfez em milhares de pequenas lascas, interpretações do mundo no espírito do juízo final e recomeço radical. Quase todas as cidades maiores tinham um ou até mais "salvadores". Em Karlsruhe havia um que se intitulava "turbilhão primordial" (Urwirbel) e prometia aos seguidores participação nas energias cósmicas; em Stuttgart um "Filho do Homem" fazia das suas, convidando para uma santa ceia vegetariana redentora; em Düsseldorf um novo Cristo pregava o fim do mundo iminente, convocando para a volta às montanhas Eifel. Em Berlim, o "monarca espiritual", Ludwig Haeusser, enchia enormes salões onde exigia a "ética de Jesus, mais coerente de todas" no sentido do comunismo original, propagava anarquia amorosa e se oferecia como "Führer" — "a única possibilidade de uma evolução mais elevada do povo, Reich e humanidade". Os inúmeros profetas e carismáticos daqueles anos têm quase todos uma tendência milenar e apocalíptica; são desviados das agitações revolucionárias do fim da guerra, ramificações da renovação do mundo, metafísicas enlouquecidas e comerciantes do mercado das ideologias e religiões-substitutas. Quem se levasse a sério ficava longe desse cenário pouco limpo, mas as transições eram muito fluidas. Isso também vale para o cenário político no sentido estrito, onde messianismo e doutrinas redentoras vicejavam à direita e à esquerda com a mesma abundância. Nos dias da República dos Conselheiros de Munique, um decreto de von Toller e Mühsam anunciava a transformação do mundo em "um prado cheio de flores", em que "cada um poderia colher a sua parte". Declaram-se revogados a exploração, qualquer hierarquia e pensamento jurídico e recomenda-se aos jornais publicar na primeira página poemas de Hölderlin ou Schiller ao lado dos mais recentes decretos revolucionários.

O espírito febril daqueles anos dedicava-se em todos os campos a dar sentido ao que não fazia sentido. Não estavam preparados nem na política nem na ciência para aceitar o desencantamento do mundo moderno. O espírito do realismo e da política realista (coalisão weimariana) depois de 1920 não era mais capaz de atingir a maioria, e entre as ciências do espírito e ciências sociais, a exigência de Max Weber, de renúncia quanto à concepção de mundo, era pouco ouvida. Eduard Spranger resumiu assim em 1912 o protesto contra a objetividade de Weber e sua renúncia metafísica: "Crente... a jovem geração aguarda um renascimento interior... O homem jovem respira e vive hoje mais do que em todos os tempos pela totalidade de seus órgãos espirituais...". Há um "instinto de totalidade" e "simultânea nostalgia religiosa: um tatear para fora de situações artificiais e mecânicas para a eterna fonte do metafísico".

A primeira conferência de Martin Heidegger depois da guerra, no semestre de emergência de começos de 1919, traz o título: "A ideia da filosofia e o problema da concepção de mundo". O jovem livre-docente quer se imiscuir na briga do seu tempo. Suas reflexões ligam-se a Max Weber. Ele enfatiza o caráter científico da filosofia, da qual *deve ficar excluída a posição pessoal do filósofo — como em toda a ciência* (GA 56/57, 10).

Mas Heidegger não quer parar na distinção weberiana entre conhecimento científico e juízo de valor, não quer apenas delimitar fronteiras mas transformar em problema o fato de que, e como, valorizamos e construímos concepções de mundo.

Diferente da maioria dos críticos de Max Weber, ele não quer reconciliar novamente ciência, valoração e concepção de mundo, juntando-as ao fim e ao cabo em qualquer síntese metafísica. Ele se propõe o objetivo ambicioso de descobrir um território que fique aquém dessa distinção. E indaga: como vivemos a realidade antes mesmo de a organizarmos em uma postura científica ou valorativa ou de concepção de mundo? A essa ciência da ciência ele não chama da teoria da ciência mas a *ideia da filosofia como ciência primordial*. Isso soa como se ele pretendesse prosseguir o projeto husserliano da fundamentação fenomenológica da ciência — portanto descrição dos dispositivos conscientes dos quais a ciência brota como a postura natural diante do mundo. Mas já nessa primeira conferência fica claro que Heidegger vai além de Husserl. Ele cita o princípio de Husserl: *Tudo o que se oferece originariamente na* intuição... *deve ser simplesmente aceito... como se apresenta* (GA 56/57, 109), para depois indicar que Husserl só descreveu os *modos de ser dado* (Gegebensein) apenas na consciência teoricamente orientada. Mas na realidade em nossa *vivência do mundo em torno* (Umwelterleben) só estamos teoricamente orientados por exceção. A *postura primordial do vivenciar* (GA 56/57, 110) é bem diferente, ainda nem está bem na mira da filosofia, anuncia muito seguro de si o jovem livre-docente que na época ainda passa por ser o mais promissor discípulo de Husserl.

O *vivenciar*, até a *postura primordial do vivenciar*, não será um título para segredos velados, a cartola da qual em última análise se retiram de novo por mágica os tesouros metafísicos? Os universitários daquele tempo, sabemos por Karl Löwith e Hans-Georg Gadamer, compreendiam isso mesmo. Mas quem esperava por isso, quem, carente de concepções de mundo e necessitado de metafísica, buscava novos e velhos sentidos no *vivenciar*, decepcionava-se com Heidegger e suas formulações frias, embora apaixonadas, lacônicas e mesmo assim complexas. Em lugar de aparecer como profeta de cátedra, ele pede aos estudantes que tomem bem consciência da *vivência* da cátedra na qual ele está e da qual fala. Toda a conferência gira em torno dessa vivência da cátedra, por isso citamos aqui uma passagem mais longa dessa impressionante descrição fenomenológica da situação.

Os senhores vêm como de hábito a esse auditório na hora habitual e se dirigem até seus lugares habituais. Os senhores retêm essa vivência de ver os seus lugares ou também podem perceber a minha própria postura: entrando no auditório eu vejo a cátedra. O que é que eu vejo? Superfícies castanhas que se cortam em ângulo reto? Não, eu vejo outra coisa: uma caixa, na verdade uma maior com outra menor por cima. De modo algum, eu vejo a cátedra sobre a qual devo falar. Os senhores veem a cátedra da qual se falará aos senhores, na qual eu mesmo já falei. Na pura vivência também não há — como se diz — nenhum contexto fundador como se eu visse primeiro superfícies

A POSTURA PRIMORDIAL DO VIVENCIAR – 129

castanhas que se cortam, que depois se me apresentam como caixa, depois como púlpito, depois como púlpito para discursos acadêmicos, como cátedra, de modo que eu cole o catedrático na caixa como um rótulo. Tudo isso é interpretação ruim e falsa, desvio do olhar puro para a vivência. Vejo a cátedra de um golpe; não a vejo apenas isolada, vejo o púlpito como sendo alto demais para mim. Vejo um livro sobre ele, diretamente como algo que me estorva... vejo a cátedra em determinada localização e iluminação, com um fundo... Na vivência de ver a cátedra algo do mundo em torno se apresenta a mim. Esse mundo-em-torno (Umweltliche)... *não são coisas com um caráter significativo determinado, objetos, ainda por cima concebidos como isso e significando isso, mas o significativo é primário, e se me apresenta diretamente, sem nenhum desvio de pensamento sobre o* apreender-a-coisa. *Vivendo em um mundo em torno, por toda parte e sempre ele me significa, tudo tem caráter de mundo* (welthaft), *munda* (es weltet) (GA 56/57, 71-72).

Munda (es weltet): essa é a primeira das criações vocabulares próprias de Heidegger, das quais haverá tantas mais tarde. Aqui pode se observar como se encontra a expressão para designar um acontecimento que a princípio parece evidente mas observando melhor revela uma complexidade para a qual ainda não há nome. Então ele o inventa para designar aquilo que comumente não reconhecemos porque está perto demais. Pois efetivamente é assim que, quando refletimos sobre ver uma cátedra, sem querer passamos para uma outra ordem, que não é mais a ordem do perceber. Pensamos então conforme o modelo: aí está um eu perceptor e esse eu encontra um algo, um objeto, e nesse objeto o eu então percebe pouco a pouco algumas características. Heidegger quer chamar a atenção para o fato de que as coisas na realidade não se apresentam assim a nós. Como as vemos na realidade, isso ele só deixa entrever por contraste, quando aqui e agora examinamos o exemplo, portanto por exemplo a vivência e uma cátedra ali no auditório 2 da universidade de Freiburg em um cinzento dia de fevereiro do ano de 1919. É preciso tentar não falar "sobre" os atos de perceber, não apelar substitutivamente para teorias correntes, mas é preciso realizar o ato e ao mesmo tempo acompanhá-lo com atenção. Portanto é preciso dirigir a atenção para a atenção. E assim ser repetível o que Heidegger pretende nesse contexto e em torno do qual ele está girando, de modo que podemos ter a impressão de que nem sai do lugar.

Repetível é o que primeiro percebemos um contexto difuso, mas significativo e chegamos a um objeto "neutro" somente pelo caminho da abstração do ato natural de percepção. Se consideramos o processo a partir de uma postura teórica comum, nós o viramos: fazemos com que comece na coisa aparentemente "neutra", à qual então atribuímos características e colocamos no recorte correspondente de um contexto de mundo.

O conceito sussurrado da *vivência primordial* assume um sentido bem marcante: ele designa a percepção assim como ela realmente se realiza — além das opiniões teóricas a respeito. A cátedra *munda* significa então: eu vivencio o significado da cátedra, sua função, sua localização no espaço, sua iluminação, as pequenas histórias que entram nela (uma hora antes outra pessoa esteve aqui parada; a lembrança do trajeto que cumpri para chegar aqui; meu desgosto porque estou sentado aqui diante da cátedra ouvindo essas coisas incompreensíveis, etc.). A cátedra *munda*, isto é, reúne todo um mundo, espacial e temporal. Pode-se muito bem tirar a prova disso. Se mais tarde nos lembrarmos de algo como essa vivência da cátedra, notaremos — e desde Proust notamos isso bastante bem — que com isso nos lembramos de toda uma situação de vida: destacamos a cátedra e todo um mundo vem com ela. Proust mergulhou a madeleine no chá e o universo de Combray de desenvolve. A madeleine *munda*.

Nem tudo para nós é tão intensamente *mundador*, mas alguma coisa *munda* em toda coisa. Heidegger imagina que um *negro* do Senegal, entrando naquele auditório, se notasse na frente aquela estranha coisa de madeira, não teria então de perceber algo incompreensível-neutro, uma coisa de certa forma nua? Nesse caso ainda podemos dizer que em primeira mão sempre se percebem significados? Também nesse caso, sim, pois o negro sempre vivenciará esse algo no significado: "Não sei o que fazer com isso".

No começo é o significado, no começo *munda*, de um modo ou de outro.

Mas para que todo esse aprofundamento na *vivência* e nesse *mundar*? Primeiro por isso: devemos nos conscientizar de como as coisas afinal acontecem quando nos encontramos no mundo, por exemplo diante de uma cátedra. Esse encontrar-se, que é sempre uma vivência, deve se tornar transparente para nós mesmos. Mas Heidegger quer mais: ele quer colocar na luz o que realmente acontece quando nos colocamos numa postura teórica, portanto comumente dita "científica" em relação ao mundo. Na

A POSTURA PRIMORDIAL DO VIVENCIAR – 131

chamada "postura científica objetivante" fazemos desaparecer a significação primária, o *mundo-em-torno* (Umweltliche), a vivenciabilidade, despimos o algo até sua objetualidade "nua", o que só e consegue extraindo também o eu que vivencia, e erigindo um artificial novo, secundário, que será batizado de "sujeito" e que então se defronta em correspondente neutralidade com o "oponente" agora chamado "objeto". E nesse momento fica claro aonde Heidegger gostaria de chegar: o que a filosofia dos tempos novos e, partindo dela, a ciência atual colocam como situação primordial (Ursituation), o começo sem pressupostos da reflexão e da última certeza, isto é, o defrontamento "sujeito-objeto", não é um começo sem pressupostos. Não é aí que começa. Começa muito antes quando, vivenciando da maneira *mundante* descrita, nos encontramos no mundo com suas cátedras, madeleines e negros do Senegal.

Se entrementes nos habituamos ao *ur-murmurante* de Heidegger e podemos repetir o seu sentido preciso (do respectivo iniciante situacional), também compreenderemos por que Heidegger fala da *intenção primordial* (Urintention) *da vida vivida* que é preciso desvendar abaixo da oposição artificial e pseudoiniciante sujeito-objeto. Ele afirma querer objetar a uma *absolutização injustificada do teórico* (de que também acusa Husserl). A *obstinação profundamente instalada no teórico é... um grande impedimento para ver inteiramente... o reino do domínio da vivência do* em-torno (GA 56/57, 88). Ele fala com um subtom agressivo do *processo da infecção teórico-destrutiva progressiva do* em-torno (GA 56/57, 89) e também para isso encontra um novo nome: *desvitalizar* (Entleben). A postura teórica, por mais útil que seja e embora também faça parte do repertório de nossas posturas naturais diante do mundo, é *desvitalizador* (Entlebend); mais tarde Heidegger empregará para isso o conceito assumido de Georg Lukács, de *coisificar* (Verdinglichen). Na conferência ele diz: *A coisificação* (Dinghafitgkeit) *abrange uma esfera bem original, que foi destilada do* em-torno. *Nela já se apagou de fato o* munda (es weltet). *A coisa existe apenas como tal, isto é, ela é real... O significativo é* des-significado (ent-deutet) *até esse resquício:* ser-real. *Vivenciar o em-torno é des-vivido até o resto: re- conhecer um real como tal. O eu histórico é des-historicizado até um resto de* eu-idade (Ich-heit) *específica como correlato da coisificação* (GA 56/57, 91).

Com esse tipo de postura teórica as pessoas começaram há muito tempo a modificar a vida, a própria e a da natureza, numa medida útil mas também perigosa. E isso só foi possível na medida em que ela era *desvitalizada*, diz Heidegger, ou "desencantada", segundo Max Weber.

Max Weber deixara como único "transcendental" para esse mundo desencantado da racionalidade o território privatizado dos "juízos de valor" pessoais e já não racionalizáveis. Desse asilo privado brotavam concepções de mundo contra as quais nada há a objetar enquanto não reivindicarem prestígio científico.

A crítica de Heidegger ao *irracional* é mais severa ainda. O que as ciências chamam de o "irracional" é na realidade, segundo Heidegger, o título do resto de vivência no ponto cego da postura teórica. *Teoricamente eu próprio provenho da vivência... com a qual não sabemos o que fazer e para a qual se inventou o título cômodo de o irracional* (GA 56/57, 117).

Esse irracional torna-se então um "objeto" com o qual, por ser tão "escuro", podemos fazer tudo o que queremos: um porão para os secretos fabricantes das concepções de mundo, um rochedo para os novos poetas, um objeto obscuro das ambições metafísicas, um refúgio para sonhadores que fabricam suas teorias indizíveis com vivência indizível. Esse psíquico irracional pode assumir, por exemplo, a aparência de uma máquina psico-hidráulica ou de uma boa casa burguesa com porão (id), térreo (eu) e sótão (super-ego) ou de uma paisagem marinha com amplidões oceânicas, diques, inundações, charcos, zonas secas, etc. Lidando com esse irracional também se pode agir como se quiséssemos montar no tigre.

Mas por outro lado podemos encarar esse irracional, como obviamente pensa Max Weber, como a origem dos juízos de valor. Mas será realmente assim, pergunta Heidegger em outra passagem, que temos diante de nós "objetos" — pessoas, circunstâncias, coisas — *que no começo estão aí como realidades nuas... mas no curso da experiência são revestidas de um caráter de valor para que não andem por aí assim despidas?* (GA 61, 91).

Heidegger despeja sarcasmo e ironia sobre a filosofia do valor de Rickert — sob cuja influência também está Max Weber —, sobre o autoritarismo da ciência presumidamente livre de valor. Mas fala com uma raiva fria sobre o tipo edificante e ideológico de uma metafísica que, em coexistência pacífica com nossos demais conhecimentos, pinta sobre nós um céu no qual os valores pendem como frutos numa árvore; portanto uma metafísica que compensa consoladoramente o sofrimento na desencantada cápsula de aço do mundo racional dizendo-se chamada para uma vivência "mais alta" ou "mais profunda". Assim Heidegger chama isso (em uma conferência feita dois anos depois)*: vocação para a obscuridade como refúgio, emanações nebulosas dos chamados* sentimentos do mundo *pouco limpos mas fanfarrões, que enganam a si próprios* (GA 61, 101).

Heidegger não diz nomes mas é preciso saber que a grande massa da literatura ideológica daqueles anos tinha uma tendência metafísica. Isso era natural. Pois o jeito mais fácil de fugir ao desconforto pela física da vida era fugir para um "metá" de qualquer grande interpretação especulativa. Martin Heidegger tem arrepios de repulsa — quase todas as suas conferências desses primeiros anos começam com um insulto à atividade cultural — e nunca se cansa de enfatizar que a filosofia finalmente tem de se desabituar de espreitar o céu assim de soslaio. Ele exige o *olhar frio,* todas as questões de concepção de mundo podiam tranquilamente ser *postas na geladeira* (GA 61, 45); quem não suportasse *ser empurrado para dentro da absoluta dubitariedade* (GA 61, 37) devia deixar a filosofia de lado.

Esses anátemas são ambíguos. Um filósofo profissional defende seu território contra os metafísicos franco-atiradores e colaboradores de cadernos de cultura que se metiam a filosofar. Isso tem algo daquele senso pequeno-burguês que ele combate. Mas de outro lado Heidegger se porta como um ogro de burgueses, provoca os protetores do *bom-belo- -verdadeiro.* É um ataque contra a cultura da sublimidade oca, a interioridade falsa, das grandes palavras e profundidades enganosas. Em uma palavra, é também uma encenação dadaísta na filosofia.

Os dadaístas, em Berlim, Zurique e outras partes, já durante a guerra zombavam da estética do círculo de Stefan George, do patos "Oh, o ser humano" dos expressionistas, do tradicionalismo dos filisteus da cultura, das descrições metafísicas do céu, porque todas essas ideias tinham fracassado vergonhosamente diante da realidade da guerra. Mas a provocação dos dadaístas consistia sobretudo em responderem sempre à pergunta: "Mas o que vocês querem opor a tudo isso?", dizendo: "Nada! Só queremos o que de qualquer modo já existe". O *Manifesto dadaísta* diz que o dadaísmo "rasga todos os lemas de ética, cultura e interioridade".

134 – Heidegger - um mestre da Alemanha entre o bem e o mal

Quer dizer: um bonde é um bonde, uma guerra é uma guerra, um professor universitário é um professor universitário, uma latrina é uma latrina. Quem fala, apenas prova com isso que foge da lacônica tautologia do ser para a tautologia loquaz da consciência. "Com o dadaísmo, uma nova realidade defende seus direitos" (*Manifesto dadaísta*). Essa nova realidade foi abandonada por todos os bons espíritos e o conforto da sua cultura está em ruínas. "A palavra *dada* simboliza a mais primitiva relação com a realidade *em-torno* (*manifesto*). Existe agora apenas isto e isto e isto.

Se quisermos sentir em todo o emprego de perspicácia e academismo filosófico da primeira conferência de Heidegger o impulso dadaísta, temos de lembrar mais uma vez que ele começou com uma pergunta que chega em altos coturnos, a pergunta pela *ciência primordial* (Urwissenschaft), a *intenção primordial da vida*, o *princípio dos princípios*, para depois introduzir os estudantes cheios de expectativa no obscuro mistério da vivência de uma cátedra. Isso é uma provocação — com efeito, bem ao gosto dadaísta. E vale também para a transformação do comum no incomum, que se seguiu. O cotidiano, com esse tipo de atenção, torna-se algo misterioso e aventuresco. Apesar ou exatamente por causa da tendência iconoclasta, os dadaístas, pelo menos alguns deles, continuavam, como Heidegger, procurando o miraculoso (Wunderbaren). Hugo Ball escreve depois de uma noite no clube Voltaire de Zurique, em seu diário metafísico, *A fuga do tempo*: "Possivelmente há outros caminhos para atingir o milagre, e também outros caminhos de contradição". Como Heidegger, à sua maneira, eles permaneceram metafísicos familiares e estranhos.

O "pequeno bruxo de Messkirch", como em breve o chamarão, conseguia filosofar sobre a vivência de uma cátedra de maneira tal que os estudantes, embora habituados aos fatos bem mais crus da guerra, ficavam de respiração suspensa. Ali se jogava fora o peso morto, ali via-se o gesto de empurrar de lado asperamente as velhas palavras grandiosas e os sistemas gastos, as sutilezas acadêmicas construídas no ar, e em lugar disso volta-se a questões bem elementares: o que afinal acontece aqui e agora, quando eu vivencio a cátedra? Esse olhar é aparentado com aquele que foi cultivado no período de Kahlschlag da literatura alemã, depois de 1945: "Dilacerai vossas canções/queimai vossos versos; dizei, nus,/o que

A POSTURA PRIMORDIAL DO VIVENCIAR – 135

precisais dizer" (Schnurre) ou "este é o meu gorro,/este é o meu manto,/ aqui está meu aparelho de barbear/na mochila de linho (Eich)".

A volta de Heidegger aos marginais é um ataque polêmico e provocador contra a inclinação, que grassava também da filosofia, para enganar crédulos e expor as mudanças de um futuro do qual ainda não se haviam apropriado em nada. A mensagem implícita do laconismo heideggeriano é: não há mais colinas onde se instalem os comandantes em chefe da filosofia, já temos suficiente trabalho tentando compreender adequadamente o imediato. Muitos anos mais tarde Heidegger descreverá essa mudança de maneira um pouco mais ungida como *a volta para aquele mais imediato que estamos sempre omitindo na pressa, e que sempre nos causa novo estranhamento quando o fitamos* (*A caminho da linguagem*, GA 12, 94).

Já é espantoso como Heidegger sabe nos prender nessa proximidade da vivência do *em-torno*. Deve ter acontecido com os universitários daquele tempo o mesmo que hoje a nós, que somos atraídos para dentro desse pensar; mas então vem o instante em que esfregamos os olhos, admirados, e indagamos: alguma coisa se passou aqui, mas o que me interessa essa vivência da cátedra? Karl Jaspers formulou de maneira marcante essa experiência com o filosofar heideggeriano em suas notas sobre Heidegger, que acumulou desde os anos vinte e na ocasião de sua morte estavam disponíveis sobre sua mesa de trabalho. Jaspers sobre Heidegger: "Entre os contemporâneos é o mais excitante pensador, imperioso, coercitivo, misterioso — mas depois nos larga vazios".

Com efeito, a vida do *em-torno*, assim como Heidegger a desenha nessa conferência, esconde um mistério vazio. Heidegger mostra como habitualmente não nos abrimos para a riqueza da vivência imediata. Mas quando se trata de determinar essa riqueza e descrevê-la, pouco resta, além de algumas trivialidades, segundo parece.

Porém Heidegger não quer sondar a natureza de uma cátedra, mas quer demonstrar com esse exemplo, de maneira que possa ser repetida, uma certa atenção, que afirma, primeiro, ser fundamental para o filosofar e, segundo, que geralmente nós (e toda a tradição filosófica) *a tratamos com excessiva pressa*.

Verdadeiro filosofar exige que a gente possa se transferir para essa postura, com essa atenção — não importa em que "objetos" e situações.

136 – Heidegger - um mestre da Alemanha entre o bem e o mal

Trata-se de um método, mas apenas um método paradoxal. Ele consiste em excluir os demais métodos da abordagem teórica, e compreender uma situação assim como ela é "dada", antes mesmo de a tornar tema da investigação ou reflexão. Também a expressão "dada" (gegeben) já contém demasiada teoria. Pois numa situação não digo a mim mesmo: esta situação me é "dada", mas estou na situação e quando estou bem dentro dela nem existe mais um "eu" que defronte essa situação. A *consciência-do-eu* já é uma refração. Percepção e vivência não começam com o "eu"; o "eu" só começa quando na vivência se abre uma brecha. Perco o contato imediato com a situação; algo se escancara. Ou para usar de outra imagem: vejo os objetos através de uma vidraça; só vejo a mim mesmo se essa vidraça não estiver mais bem transparente, mas emitir reflexos. Heidegger quer uma atenção que compreenda imediatamente o *ser-dado* de uma situação. Trata-se de algo intermediário entre a manifestação expressiva de uma situação vivenciada de um lado, e de outro lado de um falar distanciador, objetualizador, abstraente, a respeito disso. Trata-se de *uma autotransparência da vida em seus respetivos momentos.*

E por que essa autotransparência?

Bem, para tornar consciente o que perdemos na postura teórica. Até aqui a intenção de Heidegger é clara. Mas na penetrante intensidade do seu filosofar existe um singular excesso — e isso torna o seu pensar tão fascinante, já naqueles primeiros tempos. O excesso está na pergunta que ainda não é feita tão explicitamente, mas que mais tarde repetirá quase num ritual: a questão do ser. Heidegger aprofunda-se na vivência para encontrar o rastro no nosso *ser em situações*, e mesmo que esteja apenas procurando uma linguagem para esse ser, ele sabe que regularmente o perdemos no teorizar científico e nas pinturas em afresco das concepções de mundo.

Uma intenção excessiva dirige-se para o ser. Mas o que nela é excessivo?

Essa intenção é excessiva porque não visa apenas o conhecimento objetivo de uma situação de vivência mas um caráter de ser (Seinsgemässheit) que tem menos a ver com puro conhecimento do que com bem-sucedida. Heidegger busca a autotransparência de um momento vivenciado como se ali dentro houvesse uma promessa, quase uma promissão. Nele isso está colocado no indireto, no esfriado e também no acadêmico, mas emerge com bastante frequência em lampejos. Uma vez ele chama a autotransparência reconstituída de uma situação de vida simplesmente de *simpatia pela vida* (Lebenssympathie) (GA 56/57, 110), outra vez descreve da seguinte maneira o ponto em que temos de decidir se queremos teoria ou transparência: *estamos na encruzilhada metodológica que decide sobre vida ou morte da filosofia, um abismo: saltamos para nada, isto é, a objetividade absoluta, ou saltamos para um outro mundo, melhor dito: aí é que saltamos para mundo* (GA 56/57, 63).

"Largando-nos vazios", diz Jaspers. Com efeito, sobra um excesso não resolvido de intenção. Talvez se consiga o exercício de uma inusitada intensidade, uma lúcida presença de espírito — mas não nos prometemos mais que isso, e subliminarmente Heidegger não nos terá prometido mais que isso, e ele próprio não terá se prometido mais?

Recordo as frases que Heidegger escreve a Elisabeth Blochmann na época dessa conferência: a *nova vida que queremos ou que quer vir a nós renunciou a ser universal, isto é, ilegítima e superficial (super-ficial) — sua posse é originalidade (*Ursprünglichkeit) — *não o construtivo-artificial, mas o evidente da intuição total* (1.5.1919). Nessa carta também se fala do *caráter de mistério e graça de toda a vida* e de que *temos de poder esperar* por *altas intensidades de uma vida plena de significado.*

Nesse ano aparece uma obra que, numa surpreendente concordância com a intenção de Heidegger, também tenta encontrar o rastro do promissor ser na "treva do momento vivido". Trata-se de um grande livro de filosofia deste século: *Espírito da utopia*, de Ernst Bloch. Esse livro, de estilo expressionista e impelido por uma clara gnose, buscando imagens e apaixonado por elas, começa com as frases: "Perto demais... Enquanto vivemos, não enxergamos, fluímos. Portanto o que aconteceu aí, o que realmente fomos aí não coincide com isso que podemos vivenciar. Não é o que somos e muito menos o que pensamos. Bloch possui em excesso o que falta a Heidegger: a visão espiritual da "treva do momento vivido". Além disso o marginal da filosofia, Bloch, tem uma desinibição que falta a Heidegger, que apesar de sua aparência não convencional ainda está metido na disciplina de uma escola, a fenomenológica. Bloch diz isso sem cerimônia: iluminar a treva do momento vivido exige um "lirismo filosófico de fronteiras últimas".

Uma amostra. Bloch descreve a vivência de um jarro que está à sua frente e que ele coloca diante de nós:

"É difícil de imaginar como se parece o interior do amplo e escuro ventre desse jarro. Certamente gostaríamos de estar lá dentro. Retorna a curiosa constante indagação infantil. Pois o jarro é parente próximo do infantil... Quem contempla o velho jarro por tempo suficiente, carrega consigo sua cor e sua forma. Não fico cinzento a cada poça d'água e nem todo trilho me dobra, dobra na esquina. Mas posso assumir a forma de jarro, vejo-me como algo parecido a uma ânfora nórdica marrom, e ouso não apenas imitando-a ou simplesmente sentindo, mas de modo tal que me torno mais rico e mais presente, educando-me mais em mim mesmo nessa figura que faz parte de mim... Tudo que alguma vez foi tornado assim, amável e necessário, tem sua vida própria, ergue-se em um novo estranho território e volta configurado conosco, que vivendo não poderíamos ser assim, ornamentados com um certo, embora ainda débil, sinete do nosso si mesmo (Selbst). Também aqui sentimos que espreitamos por uma porta no final de um longo corredor iluminado pelo sol, como diante de uma obra de arte".

Por não se poderia comprovar na vivência de um jarro, o que há com nosso ser? Heidegger em um texto posterior também vai lidar com o jarro. Na vivência da cátedra de sua conferência porém ainda não vemos aquela plenitude do ser que, como o jovem Bloch, ele procura.

Mas Heidegger não se interessa apenas por essa plenitude e som, muito mais, pelo outro mistério: o espanto diante do *que*. Que exista algo.

A relação entre a vivência imediata e sua objetificação (Vergegenständlichung) Heidegger caracterizara como um processo de *desvitalizar* (Entleben): a unidade da situação se desfaz. A vivência torna-se a autopercepção de um sujeito de estar diante do objeto. Caímos fora do ser imediato e nos sentimos como alguém que tem "objetos" diante de si, entre outros também a si mesmo como um objeto chamado sujeito. Esses objetos e também o sujeito podem então ser examinados segundo seus outros sinais, relações, causas, etc; são analiticamente determinados e finalmente também avaliados. Nesse processo secundário os "objetos" neutralizados são novamente inseridos em um contexto de mundo, ou, como diz Heidegger, colocamos neles uma roupa para que não andem nus por aí.

Essa constituição teórica de mundo tem um ponto de fuga abstrato. O que se quer dizer aí, é o que Heidegger demonstra outra vez com sua vivência de *em-torno* da cátedra. Numa postura teórica eu posso analisar essa cátedra como segue: *ela é marrom; marrom é uma cor; cor é um dado de percepção legítimo; dado de perceção é resultado de processos físicos ou fisiológicos; os físicos são as causas primárias; essa causa, o objetivo, é uma quantidade determinada de vibrações do éter; os grãos de éter se desfazem em elementos simples, entre eles como elementos simples existem regularidades simples; os elementos são últimos; os elementos são algo em geral* (überhaupt) (GA 56/57, 113).

Por esse caminho chegamos a um *algo em geral* como uma espéce de cerne ou natureza das coisas. Esse presumível cerne do algo faz aparecer toda a sequência de passos como mera gradação de aparências (Erscheinungen). A cátedra marrom não é aquilo que parece. Não que ela seja nada, mas também não é aquele algo que parece. Essa concepção faz Heisenberg dizer que na imagem de mundo moderna, das ciências naturais, revive a filosofia da natureza da Antiguidade, segundo a qual os átomos e *até as partículas subatômicas são o ente própriamente dito* (eigentlich Seiende).

Heidegger mostra que nessa redução analítica que sequer algo exista, que foi o enigma microcosmicamente transferido para as relações subatômicas (da mesma forma poderia ser transferido macrocosmicamente para o todo do cosmo), mas que com isso omitimos como esse enigma do algo permanece em todas as fases da redução, pois a cor também já é um *algo* como dado da percepção ou vibração do éter ou os grãos, etc. Diferenciando-o daquele algo que a ciência preserva no final de suas reduções, Heidegger designa esse algo que evidencia sua espantosa presença em cada ponto da vivência, como algo *prémundano* (Vorweltlich) (GA 56/57, 102). Obviamente Heidegger escolheu essa expressão complementarmente à expressão de Nietzsche de "trasmundo" (Hinterwelt), que deveria caracterizar aquela curiosidade que repassa as *aparências* como presumivelmene insubstanciais, para chegar à *essência* (Wesen) que está atrás ou por baixo ou por cima. Esse *algo* espantoso a que Heidegger se refere que chama de *antemundo* é a conscientização do milagre de *que sequer exista algo*. O espanto diante de algo pode se ligar a qualquer vivência que se queira. A expressão *antemundo* para esse espanto foi bem escolhida por Heidegger porque nela soa aquele espanto de quem acaba de vir ao mundo e o encontra feito. Assim no final da conferência somos novamente lembrados do seu início. No começo Heidegger designara sua tentativa de trazer uma vivência à autotransparência fenomenológica *salto para um outro mundo, ou melhor dito: aí é que saltamos no mundo* (GA 56/57, 63).

Essa experiência original do espanto é exatamente oposta, para Heidegger, ao *desvivenciar* teórico. Ela não significa *absoluta interrupção do contexto da vida* (Lebensbezug), *uma distensão do desvivenciado, não é o enrijecer e engavetar de algo vivenciável,* mas é *o índice da mais alta potencialidade da vida.* É um *fenômeno fundamental* que acontece *exatamente em momentos de intensiva vivência* (GA 56/57, 115). Mas quando acontece, talvez raramente, é sempre ligado com a percepção de que vibra de forma latente mas permanece encoberto porque via de regra em nossos contextos de vida nós nos *instalamos vivendo* (festleben), sem distanciamento ou simplesmente com as distâncias *desvivenciáveis* da postura teórica. Não há dúvida: trata-se aqui da iluminação fenomenológica de uma experiência que em sua simplicidade é ao mesmo tempo mística, presumindo que se escolha como característica do místico a dúbia frase de Wilhelm Wundt: "Por toda parte é próprio da mística reverter o conceito na contemplação". Contemplando a cátedra posso perceber o milagre de que eu sou e de que existe todo um mundo que se dá a mim.

No espanto pelo enigmático *que sequer algo exista* vive uma problematicidade que não pode ser saciada por nenhuma resposta possível, pois toda resposta que explica o *que* com um *porque* entra no infinito regresso: em cada *porque* pode se ligar mais um *porquê*. Porque nenhuma resposta é possível, aquilo por que indagamos nem se deixa na verdade formular no enigma do *que*. Por isso Ernst Bloch, que também trabalha aqui no problema aparentado, chamou esse espanto de "forma da pergunta inconstrutível". E foi bastante inteligente para no momento decisivo, em que se trata de tornar esse mesmo espanto repetível e vivenciável, deixar a palavra aos poetas. Em *Rastros* (*Spuren*) ele cita uma maravilhosa passagem do *Pan*, de Knut Hamsun:

"'Imagine só. Às vezes eu vejo a mosca azul. Sim, tudo parece tão precário, eu não sei se você me compreende. Sim, sim, eu compreendo'.

A POSTURA PRIMORDIAL DO VIVENCIAR – 141

'Bem, bem. E às vezes olho o capim e o capim talvez me devolva o olhar; o que sabemos nós? Contemplo um único talo de capim, talvez ele trema um pouco e me parece que é algo; e fico pensando: aqui está esse talo de capim, e treme! E se for um pinheiro isso que estou contemplando, talvez tenha um ramo que também me dê um pouco que pensar. Mas por vezes também encontro pessoas aqui em cima, isso acontece... 'Sim, sim', disse ela e ergueu-se. Caíram as primeiras gotas de chuva. 'Está chovendo', eu disse. 'Sim, imagine, está chovendo', disse ela também, e já partia".

Capítulo VII

Mundanidade: um conceito de Deus

Na época dessa conferência sobre a "vivência da cátedra", ocorre o distanciamento de Heidegger do catolicismo. A 9 de janeiro de 1919 ele escreve ao amigo dos dias de comunhão no catolicismo, Engelbert Krebs, agora professor de dogma católico em Freiburg:

> *Os dois últimos anos, nos quais busquei uma clareza de princípios em minha postura filosófica... levaram-me a resultados para os quais, dentro de uma ligação extrafilosófica, eu não teria podido exercer a liberdade de convicção e da doutrina. Conhecimentos de teoria do conhecimento, passando para a teoria do conhecimento histórico, tornaram o sistema do catolicismo problemático e inaceitável para mim, mas não o cristianismo, nem a metafísica, porém esta em um novo sentido. Penso ter sentido... intensamente demais os valores da Idade Média católica. Minhas investigações religioso-fenomenológicas, que se referem fortemente à Idade Média, deverão... testemunhar que, mudando meus pontos de vista, eu não rejeito o juízo objetivo e nobre e a alta apreciação do mundo católico em troca de uma polêmica de apóstata desvairado e rancoroso... É difícil viver como filósofo — a veracidade interna em relação a si mesmo, e àqueles dos quais devemos ser professor, exige sacrifício e renúncias e lutas que sempre serão estranhas ao operário da ciência. Creio ter a vocação interna para a filosofia, e pela sua realização na pesquisa e ensino sobre a eterna destinação do homem interior — e só para isso devo empregar minhas forças e justificar até diante de Deus minha existência e minha atuação.*

Dois anos antes Engelbert Krebs realizara o casamento religioso de Martin e Elfride e recebera a promessa dos cônjuges de batizar seus filhos católicos. O motivo dessa carta era que Elfride estava esperando um filho e, entrementes, os cônjuges tinham combinado o não batizar-católico. Separar-se do *sistema do catolicismo* é para Heidegger também separar-se da instituição. Formalmente ele não saiu da igreja (o que nem é possível segundo o direito eclesiástico), mas no círculo de Husserl ele agora passa por "protestante não dogmático", conforme diz Husserl na já citada carta a Rudolf Otto, de 5 de março de1919.

Percebe-se que internamente ele já se afastara muito do universo católico, quando rejeita expressamente a tentação de ser um *apóstata desvairado*, como se isso ainda pudesse entrar em consideração para ele. Ter em alta conta os valores da Idade Média católica o impede de fazer isso, escreve. Pequeno consolo para Krebs, pois obviamente esse respeito não abrange os católicos contemporâneos. Heidegger diz que deve sua evolução intelectual à liberdade em relação a *laços extrafilosóficos*. Em retrospectiva também lhe parece um ganho ter rompido em tempo a carreira de sacerdote. Que convicções religiosas lhe restaram? Diz que se mantém fiel ao *cristianismo* e à *metafísica* — mas *em um novo sentido*, esclarece.

Não é mais aquela metafísica que no pensamento católico medieval junta Deus e o mundo em uma unidade. No começo Heidegger encontrara uma pátria espiritual nesse pensamento, depois com sensibilidade sutil descobrira nela finas rachaduras nas quais se iniciava o desmoronamento do todo.

A metafísica, na qual ele se agarra, é *posterior* ao desmoronamento da unidade anterior. O velho céu desabou, o mundo se afastou para a mundanidade (Weltlichkeit), e desse fato é preciso partir. A filosofia até ali ainda não ousara avançar o suficiente nessa mundanidade, afirma ele na conferência do semestre de emergência de guerra em 1919.

À primeira vista parece que a enfática convocação de Heidegger, de finalmente levar a sério o *mundar* (Welten) do mundo, repete um movimento que nasce no fim do século XIX: a descoberta da realidade real. Ali descobriu-se a economia por trás do espírito (Marx), a existência mortal por trás da especulação (Kierkegaard), a vontade por trás da razão (Schopenhauer), o impulso por trás da cultura (Nitzsche, Freud) e a biologia por trás da história (Darwin).

Heidegger é na verdade carregado por esse movimento da "descoberta" da realidade real, mais do que admite a si próprio. Mas ele, que há pouco tempo ainda pensara sob o céu católico, quer se possível superar

MUNDANIDADE: UM CONCEITO DE DEUS – 145

em radicalidade essas "descobertas". Para ele os avanços críticos ainda são tentativas de desenvolver concepções de mundo que forneçam abrigo; elas ainda não avançam até a *potencialidade da vida* — verdadeiro lugar de produção de todas as autointerpretações e imagens de mundo, de natureza científica ou menos científica. Na sua conferência do inverno de 1921/22 ele encontra um nome para essa realidade real: *a vida fáctica*.

Essa *vida fáctica* já não é sustentada por nenhuma instância metafísica, ela se precipita num vazio e se choca com o dasein. Não apenas o mundo, também a *vida fáctica* individual são — no sentido literal — o caso.

Antecipando: não encontraremos nessa *vida fáctica*, assim chamada por Heidegger, nada que justificasse uma fé religiosa nem a construção metafísica de qualquer valor de verdade. O princípio medieval da transição fluida entre o ser humano infinito e a verdade do infinito, essa relação que ultrapassa fronteiras, tornou-se ilusória para a *vida fáctica*. Ilusório é com isso também o Deus que é administrado pela igreja tradicional e institucionalmente sólida, como *tesouro de verdades* sempre disponível.

No começo dos anos vinte Heidegger fez conferências sobre a fenomenologia religiosa. Tratava-se de Paulo, Agostinho, Lutero e também Kierkegaard. Essas conferências em parte ainda estão inéditas. Mas Otto Pöggeler pôde olhar os textos e neles descobrir o "protestante" Heidegger.

Heidegger interpreta uma passagem da Primeira Carta de Paulo aos Tessalonicenses, onde se diz: "Mas dos tempos e das horas, caros irmãos, não preciso vos escrever; pois vós mesmos sabeis certamente que o dia do Senhor virá como um ladrão na noite". Deus é tão indisponível quanto o tempo. Em profundos pensadores religiosos, diz Heidegger, Deus torna-se um nome para o mistério do tempo. Heidegger também fala expressamente sobre uma passagem na Segunda Carta aos Coríntios, onde Paulo lembra para os que se louvam de especial ligação mística com Deus, a palavra de Cristo: "Contenta-te com a minha graça; pois a minha força é poderosa nos fracos". Basta — como o jovem Lutero e mais tarde Kierkegaard — voltar a entrar nessa religiosidade cristã primeva do momento imprevisível da graça, para que desabem as catedrais da metafísica e da teologia que querem tornar a fé resistente ao tempo.

As tentativas de transformar o Deus "temporal" indisponível em um bem, diz Heidegger com Agostinho, são realizadas pela "inquietação" do coração humano que quer encontrar repouso. Agostinho distinguira rigorosamente entre a quietude que nós mesmos conquistamos e a quietude que recebemos de Deus. Ela nos assalta e dela também vale o que Paulo diz sobre o Senhor: ela vem "como um ladrão na noite", ela remove toda a inquietação. Não poderemos ter paz se ela não nos for dada.

Quem quer que tenha lembrado na tradição cristã-ocidental o abismo entre Deus e o homem e o momento imprevisível da graça — portanto o mistério do tempo — é agora convocado por Heidegger, como cúmplice para seu próprio empreendimento, de provar que a *vida fáctica* é separada de Deus e que as construções metafísicas são quimeras.

Na introdução de 1922 ao texto *Interpretações Fenomenológicas de Aristóteles* — ainda falaremos nesse texto —, Heidegger escreve: *toda filosofia, que se compreende a si mesma naquilo que ela é, tem de saber o* como *fáctico da interpretação da vida, exatamente quando ainda tem um* pressentimento *de Deus, que do ponto de vista religioso esse voltar da vida sobre si mesma é levantar a mão contra Deus. Mas só assim ela se posta honestamente diante de Deus, isto é, conforme a possibilidade de que dispõe; ateisticamente isso significa: mantendo-se livre do cuidado* (Besorgnis) *sedutor simplesmente inspirado na religião* (DJ, 246).

Heidegger fala de Deus como Husserl da realidade fora da consciência. Husserl colocava a realidade entre parênteses, Heidegger faz isso com Deus. Husserl queria conquistar com seus parênteses o território da pura consciência e provar como este contém em si e por si toda a pluralidade do real. E Heidegger põe Deus entre parênteses para compreender a pura mundanidade do mundo, livre de toda a tendência de criar nela, para si, deuses sucedâneos. Husserl disse: "Primeiro é preciso... perder o mundo, para reconquistá-lo em uma autoconsciência universal". Heidegger aposta em uma inversão semelhante? Pretende perder Deus pela autotransparência da vida fáctica, para depois O reconquistar como acontecimento indisponível que irrompe na vida fáctica "como um ladrão na noite"?

Veremos.

De momento pelo menos em seu *ateísmo* filosófico Heidegger assume uma posição complementar à teologia dialética, que irrompia poderosamente em 1922 com a publicação da segunda edição da *Carta aos romanos,* de Karl Barth.

Também em Karl Barth há um "levantar a mão contra Deus". Barth chamou sua teologia de teologia da crise. É o Deus da cultura que entrou em crise, na guerra e pela guerra. Com esse Deus da cultura acontece para Barth o mesmo que para Heidegger com o *tesouro de verdades da igreja:* o simpesmente indisponível é falsamente transformado em um bem cultural. Também Barth quer, como Heidegger, "retomar a vida", cortar seus caminhos de fuga por metafísicas consoladoras. Não há transição fácil para Deus; Deus é a negação do mundo. Barth diz que é autoengano querer extrair da mundanidade um conceito de Deus. Essa também é a crítica de Heidegger à metafísica e à devoção da cultura. Heidegger sentia-se próximo dos grandes teólogos protestantes, por isso disse certa vez, no começo dos anos vinte, que nessa época só existia ainda vida espiritual com Karl Barth. Provavelmente o Deus "entre parênteses" de Heidegger é parecido com o Deus de Karl Barth: "Deus, a pura fronteira e o puro começo de tudo isso que somos, temos e fazemos, e infinita diferença qualitativa do ser humano e de todo o humano, nunca e jamais idêntico com aquilo que chamamos Deus; vivenciamos Deus, pressentimos e adoramos, com apoio incondicional! Diante de toda a inquietação humana e do necessário avançar! Diante de toda a paz humana, o sim em nosso não, e o não em nosso sim, o primeiro e o último e como tal o desconhecido, mas nunca e jamais uma grandeza entre outras no meio que conhecemos... isso é o Deus vivo".

Contra o confisco cultural de Deus, Barth escreve: "aqui não há nada para os românticos vivenciarem, nada para os rapsodos sonharem, nada para os psicólogos analisarem, nada para os narradores narrarem. Nada, nada existe aqui daquelas 'células nucleares' ou 'emanações' de Deus, nada daquela fonte fervilhante da vida em que pudesse ocorrer um contexto continuado entre o ser de Deus e o nosso".

Muita coisa nessa teologia era uma contraparte do sensacional livro de Spengler *O Declínio do ocidente.* A atmosfera de terremoto do juízo de Deus sobre nossa cultura, que Karl Barth invoca tão eloquentemente, corresponde bastante bem ao abalo do otimismo cultural que a obra de Spengler também exprime. Na teologia de Barth ainda se escuta o eco da catástrofe da guerra; por exemplo, quando ele diz que quando Deus irrompe na vida ficam as "crateras dos tiros".

O "retomar a vida" de um falso transcendental (Jenseits) — essa é para Heidegger e Barth a tarefa mais importante. Martin Heidegger separa a vida de Deus, Karl Barth separa Deus da vida.

Essa "vida" que temos de retomar para nós mesmos é que Heidegger aborda em sua conferência *Interpretações fenomenológicas de Aristóteles*, do semestre de inverno 1921/22. Os estudantes, que deviam estar aguardando uma introdução a Aristóteles, certamente ficaram surpresos. Heidegger começa com algumas reflexões sobre Aristóteles, portanto com história da filosofia, para dizer que via de regra fazer história da filosofia tem pouco a ver com filosofia. *O verdadeiro fundamento da filosofia é o apreender* (Ergreifen) *da existência radical e a temporalização* (Zeitigung) *da problematicidade* (Fraglichkeit); *questionar a si mesmo e à vida e às realizações* (Vollzüge) *decisivas é o conceito fundamental de toda e mais radical iluminação* (GA 61, 35).

Na conferência do semestre de emergência Heidegger demonstrara no exemplo da vivência da cátedra como lidamos mal com as mais simples vivências. Agora devemos levar em conta as *realizações decisivas* da vida.

Se para os estudantes ouvir falar da *vida fáctica* em lugar de Aristóteles foi a primeira surpresa, a segunda surpresa ocorreu imediatamente após, pois quem esperava que a *abordagem existencial radical* passaria para a existencial-pessoal ficou decepcionado. É verdade que Heidegger enfatiza constantemente que não se deve filosofar *sobre* a vida fáctica mas *a partir* dela; é verdade que ele fala frequentemente do *risco* que se poderia correr de *sucumbir* realizando esse pensar, que era preciso *coragem*, pois questionamento radical significava *pôr em jogo toda a sua existência interior e exterior*. Portanto, o prólogo é dramático, acalorado, mas então todo o assunto é estranhamente esfriado por um complicado aparato de conceitos que poderiam provir do arsenal do recente desejo de distanciamento. Fala-se de *ruinância* (Ruinanz), *prestrução* (Prästruktion), *destrução* (Destruktion), *larvância* (Larvanz), *reluzência* (Reluzenz). Heidegger, que nesses anos começa a aparecer em singulares trajes de camponês, não fala de maneira telúrica e primitiva mas objetivamente, quase tecnicamente, gelidamente. Uma postura de cintilante modernidade. Era assim que deviam senti-lo aquela vez. Nem sinal do jargão da propriedade (Eigentlichkeit). Nessa conferência ouve-se pela primeira vez o que será o típico tom de Heidegger

MUNDANIDADE: UM CONCEITO DE DEUS – 149

nos anos seguintes, essa singular tensão entre calor existencial e neutralidade distanciada, entre conceitualidade abstrata e concretude emocional,
entre insistência apelativa e distância descritiva.

Vamos vivendo, mas não nos conhecemos. Somos um ponto cego para
nós mesmos. Se quisermos nos tornar transparentes para nós mesmos,
esse esforço segundo Heidegger *rebate* (schlägt zurück) *sobre a vida*. A
filosofia da vida de Heidegger é uma filosofia contra a tendência espontânea da vida. Por isso ela pode ser de um frio gélido e ao mesmo tempo
existencialmente estar em movimento. A conferência de Heidegger sobe
Aristóteles começa pois com a explicação do pensamento de que quem
quiser compreender Aristóteles, quem quiser se relacionar com ele de
maneira intensa, deve primeiramente ter compreendido a si próprio; pelo
menos, tem de ter compreendido o que pretende compreender em e
através de Aristóteles. Quem quer compreender a si próprio, tem de esclarecer a situação em que se encontra. É uma situação de estar na universidade estudando filosofia no ano de 1921. Essa situação inclui todo
um mundo, indagação da indagação. Por que estudar filosofia logo agora?
Que papel a filosofia pode desempenhar na universidade como profissão
ou preparação para outra profissão nesses tempos? O que esperamos de
nossa vida escolhendo a filosofia? Heidegger levanta essas questões, ou
melhor, ele as encena. Pois quer produzir um turbilhão de obscuridades
e dúvidas, que deve tornar claro como, na verdade, a situação é pouco
clara e nebulosa quando a tentamos tornar transparente. Nesse contexto
podemos novamente observar Heidegger produzindo suas originais criações vocabulares conforme se elabora seu pensamento. Não podemos
contemplar de fora essa vida na qual estamos, diz Heidegger, estamos no
meio dela, rodeados pelos seus detalhes. Onde estamos só existe esse "isso"
e "isso" e "isso". Heidegger descreve esta vida com seus muitos "isso aí"
(dies da) e de repente surge a expressão certa: A característica da vida é
— *ser-isso-aí* (Diesigkeit) (GA 61, 88). Temos dificuldade em suportar o
ser-isso-aí. Via de regra a filosofia responde construindo valores, tradições,
sistemas, elaborações de pensamento em que encontramos abrigo para
não ficarmos parados tão *nus* e desprotegidos em nosso próprio tempo.
Nós nos entrincheiramos atrás de bens culturais e nos apoiamos na filosofia como num seguro de vida ou um financiamento de casa própria.

150 – Heidegger - um mestre da Alemanha entre o bem e o mal

Investimos trabalho e esforço e nos perguntamos que lucro isso nos dará, que de que isso me aproveita, o que posso fazer com isso. Mas com a filosofia, diz Heidegger, não se pode fazer nada, quando muito, filosofando podemos perceber o que "fazemos". Filosofia tem a ver com *principial* (Prinzipielle), mas o principial compreendido bem ao pé da letra: o inicial. Não se trata da questão de como o mundo principiou, nem de princípios no sentido de valores ou axiomas superiores. O principial é aquilo que me impele e sempre volta a me tornar principiante de minha vida.

Heidegger tenta, com esforço e paciência, descrever um movimento e aumenta a tensão. Finalmente queremos uma resposta à pergunta: o que é afinal esse princípio motor? A conferência está quase pela metade e ainda estamos no escuro com a frase: *na medida em que se compreende que a vida fáctica na verdade está sempre fugindo do principial, não é de admirar que a volta para ela não exista assim no mais* (GA 61, 72).

Orfeu não podia virar-se se quisesse conduzir Eurídice para fora do reino da morte, para a vida. Mas ele se virou e Eurídice voltou ao reino das sombras. Heidegger quer fazer a vida em movimento virar-se; ela deve *compreender-se pelas raízes*, o que significa: tomar consciência do fundo do qual emerge e do qual quer sair, *instalando-se* (festlebt) em seu mundo. Mas essa *volta* não será talvez tão difícil porque a vida adivinha que ali no seu coração não há *nada*, há um vazio, um horror *vacui*, que sai em busca do que o preencha? Não deveremos, por causa da eficiência de vida (Lebenstüchtigkeit), manter encoberto de nós mesmos o que nos impele para fora, para um mundo em que já temos sempre algo a providenciar? Heidegger anima a lançar um olhar sobre aquilo que diariamente levamos a sério, que não permite mais ao que está seriamente preocupado permanecer sério da mesma maneira. A palavra mágica pela qual de repente Heidegger faz o cotidiano e habitual aparecer como que transformado é: preocupação (Sorge). *Vida é preocupação, e na tendência de facilitar-se as coisas, de fugir* (GA 61, 109).

O conceito *preocupação* torna-se o centro de *Ser e tempo*, mas já nessa conferência assume um papel impressionante. *Preocupação* é a essência de posturas como: "nós nos preocupamos com algo", "nós nos importamos com algo", "foi providenciado", "pretende algo", "busca a justiça", "lida com alguma coisa", "quer descobrir alguma coisa". Compreendidos nesse sentido, *preocupar-se* (Sorgen) e *providenciar* (Besorgen) são quase idênticos com o próprio agir. Heidegger escolheu esse conceito para destacar o caráter temporal dessas atividades da vida (Lebenstätigkeiten). Na medida em que ajo providenciando, estou-me *antecipando* a mim mesmo. Tenho algo *diante de mim*, no sentido espacial e temporal, algo com que me importo, que quero tornar real; ou eu o tenho *atrás de mim*, e por isso o quero preservar ou livrar-me dele. O providenciar tem ao seu redor um horizonte espacial, mas sobretudo temporal. Todo agir tem cabeça de Jano. Um rosto fita o futuro, o outro o passado. Providenciamos o futuro para não perdermos nada do passado.

Toda essa análise poderia ser compreendida como a descrição de uma trivialidade enfeitada com vocabulário esquisito, isto é, descrição do fato de que as pessoas agem sempre de uma certa maneira. Mas se compreendermos Heidegger assim, nós o compreenderemos mal. Teremos perdido o ponto central. Ele consiste no seguinte pensamento: no providenciar não estamos apenas nos *antecipando* a nós mesmos, mas, diz Heidegger, no providenciar nós nos perdemos de nós mesmos. O mundo do providenciado me encobre. Estou oculto a mim mesmo, *vivendo* eu me *instalo* (festleben) no que tenho de providenciar. *Na preocupação a vida se fecha para si mesma e nesse fechamento não se livra de si mesma. E procura-se o tempo todo, sempre desviando de novo o olhar...* (GA 61, 107).

Para esse processo, de que a vida *sai de si mesma vivendo* e se *prende* no providenciado, e em tudo isso *escapa de si mesma*, Heidegger escolhe o termo *ruinância* (Ruinanz). A associação "ruína", "ruinoso" foi bem intencional em Heidegger. No sentido mais estrito, *ruinância* significa *queda* (Sturz).

A preocupação e o providenciar foram compreendidos por Heidegger como movimento para o futuro ou o passado, em todo caso porém "horizontal". Agora ele muda essa motilidade do horizontal para o vertical, e com isso naturalmente lhe confere uma velocidade intensa: queda, separação. Mas a *vida fáctica*, que vai vivendo assim, nem percebe que cai. Só a filosofia abre os olhos para uma condição que nem é uma condição mas uma queda.[18] Heidegger diz que a vida deve ser retomada sobre si mesma para então perceber que não pode encontrar apoio em si própria

---

18 Jogo entre *Fal*, queda, e *Fall*, caso. (N. da T.)

nem em nenhuma outra parte. Heidegger esforça-se muito para desfazer o mal-entendido que uma autotransparência da vida significasse a sua aquietação. Bem ao contrário: filosofia é inquietação intensificada. Ela é como que uma inquietação metodicamente exercida. Para a filosofia de Heidegger daqueles anos, vale a divisa dadaísta: "não vou perder a cabeça a ponto de, caindo, não poder estudar as leis da queda" (Hugo Ball).

Para onde caímos? Heidegger não pode evitar essa pergunta no fim da conferência. Sua resposta é um oráculo que deve ter feito não poucos estudantes caírem em perplexidade: *o para onde dessa queda não é estranho a ele, tem o caráter da vida fáctica e o nada da vida fáctica* (GA 61, 145).

O que é o *nada da vida fáctica*? A própria vida fáctica não pode ser exatamente um *nada*, porque ela acontece. A vida fáctica existe, ou melhor, ela é o caso (der Fall)[19]. Portanto o *nada da vida fáctica* tem de ser alguma coisa que pertence a essa vida sem a dissolver em nada. Será que com esse nada que faz parte da vida fáctica está-se falando na morte? Mas a conferência não fala da morte. Heidegger muito antes define assim esse *nada*: a *vida fáctica* se torna um nada na medida em que se perde no *dasein ruinante*. Heidegger diz: *não acontecer* (da vida fáctica) *no dasein ruinante* (GA 61, 148).

Entrementes Heidegger adivinha que está por trazer um novo rumo à filosofia, fazendo, com sua ideia do *não acontecer* da vida fáctica no *dasein ruinante*, uma variante da ideia do estranhamento que teve papel altamente histórico no século XIX com Hegel e depois com Marx. A ideia dizia: o ser humano produz o seu mundo de modo que não se possa reconhecer dentro dele. Sua autoconcretização é a sua autoatrofia.

Nessa conferência Heidegger ainda não consegue separar claramente suas próprias reflexões dessa tradição de pensamento. Mas nessa diferença reside tudo. Pois a filosofia do estranhamento presume uma imagem do "verdadeiro eu", uma "ideia" e do ser humano como ele é, como poderia e deveria ser. Mas exatamente atrás dessa ideia é que Heidegger bota seu grande ponto de interrogação. De onde temos esse suposto saber sobre a determinação (Bestimmung) própria do homem? Heidegger suspeita que haja por trás desse "saber" algum contrabando

---

19 Novamente jogo com *Fall* que pode ser caso e queda. (N. da T.)

MUNDANIDADE: UM CONCEITO DE DEUS – 153

teológico. Podemos nos agarrar a isso, diz ele, mas também temos de declarar corretas tais ideias, esclarecer que as assumimos com fidelidade e fé, e não as podemos fazer passar por essencialidades (Wesenheiten) filosoficamente comprováveis.

Vemos Heidegger rejeitando essa ideia de um verdadeiro eu, mas mesmo assim estando sob seu fascínio. Essa tensão permanece. Será elaborada expressamente e em grande estilo em *Ser e tempo* com a expressão de *propriedade* (Eigentlichkeit).

No começo dos anos vinte, quando Heidegger está no caminho de sua filosofia da autotransparência da vida, tateando, procurando, delimitando-se, nesse tempo começa a amizade com Karl Jaspers, que também está à procura de um novo começo da filosofia. Inicia-se a espinhosa amizade desses dois iniciantes.

Ambos se conhecem na primavera de 1920 numa festa na casa de Husserl. Depois de um ano e meio de se examinarem cautelosamente, no verão de 1922 sentem-se finalmente ligados, na *consciência de uma rara e independente comunhão na luta* (Heidegger a Jaspers, 27.6.1922). O primeiro encontro já estava sob o signo de um estabelecimento conjuto de *fronts* contra os rituais acadêmicos. Jaspers descreve em retrospectiva essa noite na casa de Husserl, em sua *Autobiografia filosófica*: "na primavera de 1920 minha esposa e eu passamos alguns dias em Freiburg... Festejava-se o aniversário de Husserl. Estávamos à mesa do café, num grande grupo. A senhora Husserl chamou Heidegger de "criança fenomenológica". Contei que uma aluna minha, Afra Geiger, personalidade de primeira linha, viera a Freiburg para estudar com Husserl. Segundo a ordem de inscrição em seu seminário, ela ficara de fora. Assim, pela rigidez acadêmica, ele e ela tinham perdido uma oportunidade, porque ele não conseguira ver a pessoa em si. Heidegger interveio vivamente, concordando comigo. Era como uma solidariedade dos dois mais jovens contra a autoridade de ordens abstratas... A atmosfera dessa tarde não foi boa. Parecia-me haver algo pequeno-burguês, sentia-se algo estreito, que não tinha... a ligação livre de pessoa a pessoa, a centelha espiritual... Só Heidegger me pareceu diferente. Eu o visitei, sentei-me sozinho com ele na sua clausura, vi-o estudando Lutero, vi a intensidade de seu trabalho, tive simpatia por aquela maneira enfática e lacônica de falar".

Karl Jaspers, seis anos mais velho que Heidegger, naquele tempo passava por marginal da corporação filosófica. Como médico ele vinha da psiquiatria, nela fizera nome em 1913 com a *Psicopatologia geral*, livro que em breve se tornaria obra clássica de sua disciplina. Mas Jaspers começava a separar-se da disciplina médica. Não por último lugar, viu claramente, nos casos-limite do enfermo, que o espiritual não pode ser suficientemente compreendido no quadro da psicologia baseada nas ciências naturais. Ainda no terreno dessa psicologia, ele fora estimulado pelo método de Dilthey da compreensão e prudência fenomenológicas na descrição dos fenômenos da consciência. Mas a passagem decisiva para a filosofia se dera graças a estímulos de Max Weber e Kierkegaard.

Impressionara-o a rigorosa separação de Max Weber entre pesquisa de fatos e juízos de valor. Como Max Weber, ele estava convencido de que pretensões científicas falsas tinham de ser rejeitadas, mas — e nisso superava o outro — sua ideia era: o reino dos juízos de valor, portanto a vida pessoal-responsável, precisa de, e é capaz de autoiluminação (Selbsterhellung), que pode não ser "científica", mas é mais do que mera questão de reflexão privada ou religião. Jaspers queria esclarecer as chamadas "forças da vida" que baseiam as decisões. Para esse filosofar, mais tarde chamado "iluminação existencial", Jaspers encontrou em Kierkegaard o grande modelo. Max Weber separara a filosofia do *corpus* das ciências rigorosas, e com isso a libertara para si mesma, e Kierkegaard lhe devolvera o patos existencial. Era assim que Karl Jaspers via isso.

Uma obra da transição da psicologia para a filosofia no sentido da "luminação existencial" foi a *Psicologia das concepções de mundo*, de Jaspers, de 1919, livro que teve influência bem além das fronteiras da ciência especializada. Com o método weberiano da construção dos tipos ideais, Jaspers examinou as "posturas e imagens de mundo" que nascem das experiências vitais humanas, especialmente de problemas fundamentais como liberdade, culpa, morte, e conferem o perfil singular dos respectivos projetos filosóficos. Descrevendo, também de certa forma "de fora", Jaspers elabora uma tipologia dessas imagens de mundo e posturas, mas não com intenção histórica ou sociológica. Também não tem em mira nada como uma "consciência em

MUNDANIDADE: UM CONCEITO DE DEUS – 155

si", que fundamentaria todos esses esboços — questionamento apreciado entre os neokantianos de então. Histórica, sociológica ou neokantianamente, essa obra foi compreendida assim, mas essa não fora assim a intenção. Jaspers interessava-se por saber em que formas o *ser-si* mesmo (Selbstsein) pode-se realizar, como pode falhar e por que pode fracassar. Aqui Jaspers persegue o movimento da liberdade, é também o medo da liberdade, da consequente possibilidade de se encerrar nas "cápsulas" de princípios e explicações presumidamente seguros. Interessava-se sobretudo pelos modos de comportamento e pensamento em "situações-limite" (morte, sofrimento, acaso, culpa, luta), em que se revela o caráter de audácia de uma vida assumida em autorresponsabilidade livre. Em sua *Autobiografia* Jaspers escreve: "Tudo foi concebido como num golpe rápido... A disposição do todo era mais abrangente do que aquilo que se conseguira dizer".

Com essa obra entrou um tom novo na filosofia. A ressonância pública foi tão grande que, embora não tendo doutorado em filosofia, Jaspers recebeu em 1921 o cargo de professor de filosofia em Heidelberg. Mas a sua posição era ambígua. Entre os cientistas mais rigorosos ele passava por desviante, alguém que se metera com o impreciso, isto é, a filosofia. E entre os filósofos consideravam-no um sociólogo com forte tendência a pregador. Jaspers não se abalava com isso. Sentia-se "saindo para o campo aberto".[20]

Nessa situação, pois, encontram-se Jaspers e Heidegger. E Jaspers compreende Heidegger muito bem, quando, caracterizando para ele o próprio trabalho filosófico, escreve-lhe a 5 de agosto: *se eu também encontrarei o rumo para o campo aberto, isso não sei; quero ao menos atingir e manter o ponto em que possa andar* (BwHJ, 25).

Desde 1919 Heidegger trabalha numa resenha do livro de Jaspers. Em junho de 1921 manda-a a Jaspers — um extenso ensaio que, por causa do tamanho, não apareceu como planejado no *Göttingischen Gelehrten Anzeiger* mas só foi publicado em 1973.

De início Heidegger elogia muito o livro, mas depois, ainda cauteloso, desenvolve a sua crítica: Jaspers não avançara o suficiente. Escrevera *sobre* a realização da existência, mas não colocara sua própria reflexão

---

20   *Weg ins Freie*, no original, jogo de palavras, pois *ins Freie* significa para o campo aberto, para espaço livre. (N. da T.)

156 – Heidegger - um mestre da Alemanha entre o bem e o mal

nessa realização da existência. Tentava preservar as cápsulas da concepção de mundo diante da liberdade e apontar para o cerne da existência pessoal, mas essas indicações se tornavam elas mesmas concepção de mundo se essa liberdade criativa no fundo do Selbstsei fosse descrita como algo existente, portanto, em última análise, um fato cientificamente comprovável. *Uma verdadeira autorreflexão*, escreve Heidegger no fim de sua recensão, *só pode ser liberada com sentido se existe, e só existe em um despertar rigoroso e só pode ser legitimamente despertada de modo que o outro seja impelido para dentro da reflexão de certa forma desconsideradamente... E só se pode impelir alguém para dentro da reflexão, chamar a sua atenção, se a gente mesmo estiver um trecho à frente no caminho* (W, 42). Mas só se pode ir à frente se assumirmos para nós mesmos a *causa* da filosofia. Porém a *causa* da filosofia é *o próprio filosofante e sua notória miserabilidade* (W, 42).

Japers não precisava ligar essa *miserabilidade* consigo mesmo pessoalmente, pois é muito claro, no contexto, que se falava numa espécie de miserabilidade antropológica e por isso Jaspers não se aborreceu com a resenha; mas ela o deixou perplexo. O que Heidegger quereria dizer exigindo que não se filosofasse *sobre* a realização da existência mas *partindo* dela? Ou Heidegger o compreendera mal, e não reconhecera que ele já estava no caminho que Heidegger recomendava, o caminho da filosofia como *autopreocupação* (Selbstbekümmerung) nas palavras de Heidegger; ou Heidegger estava imaginando algo bem diferente com esse caminho. Mas então as indicações de Heidegger estavam sendo insuficientes. De qualquer modo, Jaspers não compreendia como Heidegger pretendia prosseguir no seu caminho. Apesar disso permaneceu a vaga sensação de uma camaradagem. A 1 de agosto de 1921 Jaspers escreve a Heidegger: "M. E. é de todos os seus comentários que li aquele que mais fundo escava a raiz dos pensamentos. Por isso realmente me comoveu em meu interior. Mesmo assim sinto falta... do método positivo. Na leitura eu sentia sempre a capacidade de avançar, mas depois me decepcionava e achava que até ali eu também já tinha chegado" (BwHJ, 23).

Na sua resposta, Heidegger designa sua rescensão como uma *coisa de principiante, ridícula e precária*; de modo algum imaginava *ter chegado mais longe do que você, pois meti na cabeça fazer alguns desvios* (5.8.1921, BwHJ, 25). Por um ano a correspondência cessa. Então, no verão de 1922, Jaspers convida Heidegger para passar alguns dias em Heidelberg: "Seria bonito se pudéssemos filosofar um par de dias em horas adequadas, testando e firmando a 'comunhão na luta'. Imagino que possamos morar juntos — cada um num quarto pois minha mulher viajou, cada um fazendo o que quer, e que — exceto nas refeições poderemos nos encontrar e conversar como quisermos, especialmente à noite ou como for, sem nenhuma obrigação" (6. 9. 1922, BwHJ, 32).

Heidegger aceita o convite. E os dois nunca mais esquecerão esses dias em setembro. Vão-se nutrir disso, pois em breve essa amizade só viverá daquele futuro passado. A intensidade filosófica, a naturalidade amigável, a súbita sensação de irrupção e de um começo em comum — para Jaspers foi "arrebatador", como ele escreve em retrospectiva, Heidegger lhe estivera "próximo" de um modo inesquecível. E Heidegger escreve a Jaspers depois dessas conversas sagradas: *os oito dias com você estão constantemente comigo. O repentino desses dias, externamente sem nenhum acontecimento... o passo nada sentimental, áspero, com o qual veio até nós a amizade, a certeza crescente de uma comunhão na luta, segura de si, dos dois* lados — *tudo isso é estranho para mim no sentido em que o mundo e a vida são estranhos para o filósofo* (19.11.1922, BwHJ, 33).

Essa amizade foi tão forte no começo que Jaspers sugere fundarem uma revista na qual só os dois escreveriam, uma "tocha" da filosofia.[21] Era preciso finalmente erguer a voz nesse "ermo filosófico daqueles tempos" contra a filosofia dos catedráticos: "não vamos insultar ninguém, mas exortar sem piedade" (24.11.1922, BwHJ, 36). Mas depois o professor Jaspers recorda que Heidegger ainda não está em uma cátedra, portanto será preciso esperar com a questão da revista, até Heidegger adquirir fama. Preocupações professorais.

Outra coisa contraria o projeto da revista. Os dois ainda não estão tão seguros de suas próprias posições como deveria ser para iniciarem uma campanha. Jaspers: "Nós dois ainda não sabemos bem o que queremos; ambos somos levados por um saber ainda não explicitado" (24.11.1922, BwHJ, 36). E Heidegger responde que já terá conseguido *muito se ele próprio se tornar mais seguro na correta insegurança concreta* (14.7.1923, BwHJ, 41).

---

21   *Die Fackel*, revista nazista. (N. da T.)

Com efeito, entre o verão de 1922 e o verão de 1923 Heidegger dá passos importantes no sentido da autoiluminação. Divisa-se o início de *Ser e Tempo*. Os passos estão documentados no volume *Interpretações fenomenológicas de Aristóteles (Anúncios da situação hermenêutica)*, que envia a Marburg no fim de 1922 como elementos para a sua candidatura (que só foi redescoberto em 1989), e na conferência sobre *Ontologia*, de 1923, no último semestre em Freiburg antes de assumir o cargo de professor em Marburg.

As Interpretações fenomenológicas causam uma impressão poderosa em Marburg. Paul Natorp viu nelas um "projeto genial" e para Gadamer, que naquele tempo fazia seu doutorado com Natorp e pôde dar uma olhada no manuscrito, ele se tornou uma "verdadeira inspiração". Daquele texto brotava um raro "empurrão" que o levaria a Freiburg no semestre seguinte para ouvir Heidegger e depois segui-lo de volta a Marburg.

A conferência sobre *Ontologia*, do verão de 1923, deve ter causado uma impressão parecida. Não poucos daqueles que mais tarde teriam fama e posição na filosofia sentaram-se aquela vez aos pés do livre-docente Heidegger, que para muitos já era um secreto rei da filosofia, um rei em trajes suevos. Eram Gadamer, Horkheimer, Oskar Becker, Fritz Kaufmann, Herbert Marcuse, Hans Jonas.

No manuscrito do Aristóteles, Heidegger dá uma definição lapidar de sua intenção filosófica: *o objeto da indagação filosófica é o dasein humano como é interrogado por ela quanto ao seu* caráter-de-ser (DJ, 238).

Essa definição só é simples ao primeiro olhar. O que mais faria a pesquisa filosófica, e o que fez de diferente além de sondar o dasein humano?

Com efeito, a filosofia, em sua história, examinou outras coisas além do dasein humano. Só por isso se tornara necessário o protesto de Sócrates, que queria trazer a filosofia de volta para a preocupação do ser humano consigo mesmo. E essa tensão entre uma filosofia que quer sondar Deus e o mundo e uma filosofia que se concentra no *ser-aí* humano perdura na história da filosofia. Tales de Mileto, que olha o céu e por isso cai no poço, é talvez a primeira corporificação viva desse conflito. Na filosofia de Heidegger o dasein ainda está caindo.

À primeira vista parece não haver dificuldade no termo *caráter-de-ser* (Seinscharakter). O que mais poderíamos extrair da análise de um "objeto" do que seu *modo-de-ser*?

O *caráter-de-ser* de uma molécula — não são os elementos dos quais ela se constitui, os modos de reação química, a função do organismo, etc? O *caráter-de-ser* de um animal — não o descobrimos na anatomia, no seu comportamento, em seu lugar na evolução, etc?

Visto dessa maneira, o termo *caráter-de-ser* empalidece. Então ele abrange simplesmente tudo que se pode saber de um objeto. Nesse saber é inevitável que seja ao mesmo tempo um saber das diferenças: como uma molécula se distingue de outra, e como o animal se distingue de outros animais ou plantas, ou também do ser humano. O título sumário *caráter--de-ser* torna-se na pluralidade muitos *caracteres-de-ser*.

Nesse sentido temos de um lado a postura do *querer-saber*, que permanece igual em si mesma, e do outro lado os diversos objetos possíveis dos quais queremos saber algo, cujo *caráter-de-ser* queremos sondar, não importa com que intenção em cada caso.

Naturalmente quando muito desde Kant as ciências sabem com clareza que é preciso abordar os diversos *objetos* com métodos diversos. Isso vale sobretudo para os dois "mundos": o da natureza e o do homem — na medida em que o homem é mais do que natureza, isto é, um criador de cultura e por isso mesmo uma criatura que se produz a si própria. Exatamente os neokantianos tinham aguçado a consciência da diferença de métodos nas ciências culturais e naturais. Ciência natural tem em vista leis gerais, ciência cultural busca a compreensão do individual, ensina Windelband. Ou ciência natural examina fatos, ciência cultural examina juízos de valor, ensina Rickert. Mas para Heidegger, essa reflexão sobre os diversos *caracteres-de-ser* está longe de ser suficientemente radical. E formula onde ele próprio quer chegar, no manuscrito de Aristóteles, em um único parágrafo muito conciso e por isso difícil de compreender, que primeiro vou citar, e depois, incluindo para melhor esclarecimento a conferência sobre *Ontologia*, comentarei brevemente: *essa orientação fundamental do indagar filosófico não é imposta e aparafusada de fora no objeto indagado, pela via fáctica, mas deve ser compreendido como o apreender explícito de uma motilidade fundamental* (Grundbewegtheit) *da vida fáctica, que é de maneira tal que na produção concreta de seu ser ele se preocupe com o seu ser, e isso também ali onde se desvia de si mesmo* (DJ, 238).

160 – Heidegger - um mestre da Alemanha entre o bem e o mal

Não é *imposta de fora*: Heidegger quer aplicar ao exame do dasein como um todo o fundamento fenomenológico de que temos de dar, àquilo que vamos examinar, a oportunidade de *se mostrar*.

Por isso a conferência sobre *Ontologia* se ocupa muito detalhadamente com as reflexões prévias de como falar adequadamente sobre o ser humano, e finalmente notamos que com essas pré-reflexões já estamos no interior do problema.

Quando, diz Heidegger, nos aproximamos de um "objeto" para descobrir que ele é, quando queremos apreender o seu *sentido-de-ser* (Seinssinn), temos de penetrar no *sentido-de-realização* (Vollzugssinn) a partir do qual se consegue desvendar o *sentido-de-ser*. Quem vem de uma cultura estranha e entra em nossa vida econômica, e não consegue apreender o *sentido-de-realização* dela, jamais atingirá o *sentido-de-ser* do dinheiro, por mais que o apalpe e sopese na mão. Ou: música permanece um mero ruído se eu não estou no *sentido-de-realização* da música. Isso vale para os diversos territórios do ser: a arte, a literatura, a religião, calcular com números imaginários, jogar futebol. Essas reflexões aliás também evidenciam o aspecto obtuso dos procedimentos reducionistas. Quando eu digo: pensar é uma função da fisiologia do cérebro, ou, amar é uma função da secreção glandular, dou testemunho sobre o ser do pensar e do amar, sem levar em conta a sua realização. Seu *sentido-de-ser* porém só se revela na realização. Na postura estranha à realização, tudo isso nem existe: o jogo, a música, o quadro, a religião.

Isso são reflexões do tipo fenomenológico. Devem criar clareza sobre que postura é desejável para que os *fenômenos* possam se mostrar, *assim como são a partir de si próprios* (sich aus). O "jogo" não pode se revelar para uma postura estranha ao jogo. O amor só se mostra ao amor, Deus só se mostra para a fé. E como devo olhar, indaga Heidegger, para que possa se mostrar isso que o ser humano "é"?

A resposta só pode ser: se quiser compreender esse dasein, o pensar do dasein tem de colocar-se dentro do seu *sentido-de-realização*. É isso que Heidegger quer dizer com a citada formulação no manuscrito de Aristóteles: *o apreender explícito de uma motilidade fundamental do dasein fáctico*.

A essa *motilidade fundamental* Heidegger chama pela primeira vez com acento enfático: *existência* (Existenz).

MUNDANIDADE: UM CONCEITO DE DEUS – 161

Uma coisa "existe" — com isso em geral compreendemos: suspeitamos o *estar-presente* (Vorhandensein) de alguma coisa e se depois descobrimos que o suspeitado existe, dizemos: realmente existe. Baseado em cálculos, Galileu assumiu que deveria existir uma lua de Júpiter e depois com ajuda do telescópio descobriu que essa lua de Júpiter "existe". Mas exatamente esse significado do existir no sentido de "estar efetivamente presente" é o que Heidegger quer excluir. Ele utiliza o termo em seu sentido transitivo: existindo eu não estou simplesmente existente (vorhanden), mas preciso *me* existir; eu não apenas vivo, mas preciso "conduzir" (führen) a minha vida. Existência é um *modo-de-ser*, e é o ser *acessível para si mesmo* (DJ, 245). Existência é um ente numa relação consigo mesmo, diferente de pedras, plantas e animais. Ele não apenas "é", mas toma consciência de que é "aí" (da ist). E só porque existe essa autoconsciência, pode-se abrir todo o horizonte da preocupação e do tempo. Portanto, existir não é um *estar-presente* mas uma realização, um movimento. Uma carta de 1921 a Karl Löwith mostra o quanto essa noção movia o próprio Heidegger. Nela, ele diz: *eu faço pura e simplesmente o que tenho de fazer e que julgo necessário, e faço-o assim como posso — não enfeito meu trabalho filosófico com tarefas culturais para um hoje generalizado... Trabalho partindo do meu eu sou e minha origem espiritual, aliás fáctica. Com essa facticidade o existir se desencadeia.*

O *sentido-de-realização* do dasein é o recém-descrito existir no sentido transitivo, ou, o que significa a mesma coisa, vida fáctica como vida que se preocupa e se aflige, que se projeta no tempo. O dasein humano só é compreensível a partir do seu *sentido-de-realização*, mas não quando o coloco diante de mim como um objeto presente. A filosofia do dasein, assim como Heidegger a antevê e como a esboça já alguns anos antes do *Ser e tempo*, não paira "sobre" o dasein, contemplando-o, mas é uma expressão, um órgão desse dasein. Filosofia é vida preocupada agindo em presença de espírito.[22] Essa possibilidade extrema da filosofia, diz Heidegger na conferência sobre *Ontologia*, é o estar-alerta *do dasein para si mesmo* (GA 63, 15), o que significa, antes de tudo, surpreendê-lo *onde ele se retrai de si mesmo* (DJ, 238). Isso significa: tornar transparente a

---

22 *Geistesgegenwartig*, jogo com presença de espírito e tendo o espírito presente. (N. da T.)

tendência para a decaída (Verfallsgeneigtheit) da vida, fechar os caminhos de fuga para a presumida estabilidade, e ter coragem de entregar-se à inquietação da vida na consciência de que tudo o que se presumia ser sólido, estabelecido, obrigatório, não passa de algo ajeitado: uma máscara que o dasein coloca no rosto ou que lhe é imposta pela *interpretação pública*, portanto pelas opiniões, representações morais, atribuição de significados.

Ao estar-alerta *do dasein para si mesmo* Heidegger designa como a mais alta tarefa da filosofia. Mas porque essa verdade não nos faz descobrir um verdadeiro *eu-mesmo*, porém simplesmente nos lança de volta no coração da inquietação da qual queremos fugir — exatamente por isso também existe a *angústia da filosofia* (GA 63, 19). Para Heidegger naqueles anos a filosofia é inquietante. O medo da filosofia é o medo da liberdade. Em lugar de "liberdade" Heidegger ainda fala do *ser-possível* (Möglichsein) da vida fáctica.

Filosofia no sentido heideggeriano é também correalização do dasein preocupado e providenciante, mas também é motilidade e consciência livres na medida em que pertence à realidade do ser humano ter possibilidades. Com tudo isso pois a filosofia não é senão dasein alerta e por isso mesmo tão preocupada, tão problemática e tão mortal quanto ele.

O melhor que se pode dizer sobre a filosofia, também a heideggeriana, é que ela é um acontecimento que, como todo o dasein, tem o seu tempo.

Capítulo **VIII**

Hannah Arendt, a grande paixão

Em 1920 Heidegger já tivera esperanças de obter um cargo de professor em Marburg. Naquele tempo só conseguira ser notado: fora o terceiro na lista de convocações. Em Marburg pensava-se que o jovem livre-docente era muito promissor, mas ainda publicara pouco. Quando no verão de 1922 a questão de um possível chamado para Marburg voltou a se apresentar — há um cargo de professor extraordinário para ocupar — Heidegger ainda não publicara nada novo. Mas a sua fama, baseada na atividade docente, espalhava-se, e assim Paul Natorp, chefe da escola neokantiana de Marburg, escreve em 22 de setembro de 1922 a Husserl que em Marburg ultimamente "se prestava especial atenção em Heidegger", e não apenas porque obviamente Husserl dava tanto valor ao seu assistente, "mas também devido àquilo que me relatam... sobre seus recentes progressos". Natorp pergunta se Heidegger estava preparando alguma publicação que pudesse ser examinada. Husserl passa essa pergunta a Heidegger e este, como escreve a Jaspers, *senta-se durante três semanas* e tira excertos de seu trabalho de Aristóteles, bota um prefácio e envia o envelope de sessenta páginas a Marburg: trata-se do texto já comentado *Interpretações fenomenológicas de Aristóteles (Anúncios da situação hermenêutica)*.

Em Marburg também o trabalho deu certo, escreve Heidegger a Jaspers a 19 de novembro de 1922. Com efeito, Natorp relata a Husserl que ele e Nicolai Hartmann tinham "lido com o maior interesse o excerto de Heidegger", encontrando nele "uma orignalidade, profundeza e rigor incomuns". Natorp avalia como positivas as chances de Heidegger para Marburg.

164 – Heidegger - um mestre da Alemanha entre o bem e o mal

Ao mesmo tempo, Göttingen também se interessa por Heidegger. Georg Misch está elaborando ali um relatório muitíssimo elogioso. Diz que Heidegger traz "uma consciência totalmente original, nascida de sua própria evolução, da importância da historicidade da vida humana".

Em Göttingen o genro de Dilthey, Misch, não consegue impor seus louvores, apesar da ajuda de Husserl, que defende a covocação de Heidegger não apenas em Marburg mas também em seu antigo lugar de atuação. As possibilidades parecem melhores em Marburg. Mas Heidegger, que com seu parco salário de assistente e uma família de quatro pessoas (por isso Elfride tem de trabalhar como professora), continua cético. Escreve a Jaspers: *Ser puxado de um lado para outro, meias possibilidades, elogios e assim por diante, me deixa num estado terrível, mesmo se finjo não ligar* (19.11.1922, BwHJ, 34).

Mas Heidegger tem sucesso. A 18 de junho de 1923 recebe sua convocação para professor extraordinário em Marburg, *com posição e direitos de catedrático*, como anuncia a Jaspers orgulhoso no dia seguinte.

No ano anterior Jaspers e Heidegger tinham fortalecido sua intenção de serem uma comunidade na luta. Haviam desistido por enquanto do plano de uma revista que agisse *implacavelmente* contra o espírito filosófico dos tempos, tendo em vista que Heidegger ainda não tinha uma posição sólida. Agora isso mudara. Porém ambos retomarão o plano da revista. Mas os ataques de Heidegger agora saem mais implacáveis. E não podem deixar de ser escutados na carta de Heidegger a Jaspers de 14 de julho de 1923. Heidegger, recém-nomeado professor, ataca a corporação com uma raiva bem-humorada. Sobre seu concorrente Richard Kroner, que ficou só em terceiro lugar na lista dos convocados, ele escreve: *nunca antes vi uma criatura humana tão miserável — agora ele se lamenta como uma mulher velha — o único benefício que lhe poderiam fazer seria retirar-lhe ainda hoje a* venia legendi. Kroner até teria prometido a Nickolai Hartmann, influente em Marburg, que no caso de ser convocado frequentaria esse colega como discípulo. *Isso eu não farei*, escreve Heidegger, *mas — com a minha presença — vou lhe esquentar o fogo do inferno; comigo vem uma tropa de ataque... de 16 pessoas.*

Com o mesmo tom marcial, Heidegger volta a convocar a *comunidade na luta* com Jaspers, o momento da sua *concreção* chegara: *temos de exterminar muita idolatria — isto é, os diversos curandeiros da filosofia atual têm de ver exposto o seu ofício terrível e lamentável — em vida para que não pensem que hoje já lhes apareceu o reino dos céus.*

Enquanto publicamente Heidegger ainda chama Husserl de seu *mestre*, e também lucra com o fato de que Husserl intervém em seu favor, internamente já se afastou tanto dele que nessa carta a Jaspers o inclui entre os detestados *curandeiros*: *você bem sabe que Husserl tem fama em Berlim; porta-se pior do que um livre-docente, que confunde a cátedra com a beatitude eterna... Husserl está totalmente fora de rumo... se jamais esteve* dentro — *o que nos últimos tempos achei sempre mais duvidoso* — *oscila de um lado para outro e diz trivialidades que dão pena. Vive da missão de* fundador da fenomenologia, *ninguém sabe o que é isso* — *quem está aqui um semestre sabe o que acontece* — *e começa a adivinhar que as pessoas não o seguem mais... e esse homem quer salvar mundo em Berlim.*

De resto, Husserl não aceitou a honrosa convocação para a cátedra berlinense de Ernst Troeltsch. Sua necessidade de salvar o mundo de Berlim ainda não era tão forte quanto Heidegger suspeitava. Algumas coisas indicam que Heidegger projeta no ex-professor suas próprias ambições. Pois exatamente essa carta belicosa a Jaspers mostra que entrementes Heidegger obviamente aprecia o papel de Hércules que tem de limpar a sujeira das cavalariças de Áugias. Não será exatamente essa a atitude de redentor que atribui a Husserl? Seja como for, nessa carta a Jaspers Heidegger se entrega a fantasias de uma *transformação fundamental da filosofia* e de *subversão*. Nesse verão de 1923 Heidegger descobre que é Heidegger.

Na conferência da sobre *Ontologia* desse verão, último em Freiburg, ele está seguro de sua posição. E animado conta a Jaspers: *deixo ao mundo seus livros e sua afetação literária e pego os jovens* — pego *significa ser rigoroso com eles* — *de modo que ficam* sob pressão *a semana toda; alguns não aguentam* — *maneira mais simples de fazer uma seleção* — *alguns precisam de dois, três semestres até compreenderem por que não lhes perdoo nada, nenhuma preguiça, nenhuma superficialidade, nenhum engano e nenhuma frase pomposa* — *sobretudo nenhuma que seja* fenomenológica.... *Minha maior alegria é que aqui posso criar mudança por* demonstração, *e agora estou livre* (14.7.1923, BwHJ, 41).

Nas questões financeiras ele ainda não se sente tão seguro. Que salário poderá pedir? Tem direito a moradia e ajuda para a mudança? Jaspers abafa suas expectativas: "Você dificilmente poderá fazer exigências quanto a salário" (20.6.1923, BwHJ, 39).

Algum tempo antes da mudança, Heidegger compra uma pequena propriedade em Todtnauberg, na qual manda construir sua primeira pequena cabana, bem modesta. Ele próprio não mexe em nada. Elfride organiza e fiscaliza tudo. A partir dali Todtnauberg é domicílio de seu afastamento do mundo e ao mesmo tempo torre de seu filosofar. Dali todos os caminhos levam para baixo.

No verão de 1923 Heidegger vem para Marburg, no fim do verão de 1928 deixará outra vez a cidade para suceder Husserl em Freiburg. Esses cinco anos em Marburg foram diferentemente avaliados por Heidegger. A Jaspers escreve no fim de seu tempo em Marburg: *não posso lhe dizer uma só coisa em favor de Marburg. Não me senti bem uma única hora* (13.5.1928, BwHJ, 96).

Mas mais afastado no tempo, em conversas privadas Heidegger chamou esses anos de *o mais excitante, mais recolhido e ativo* período de sua vida e também o *mais feliz*.

O juízo negativo do tempo de Marburg na carta a Jaspers tinha também um significado tático. Naquele tempo Jaspers pensava em deixar Heidelberg e queria saber se Heidegger poderia lhe recomendar que fosse a Marburg. Mas Heidegger não podia, pois sabia que não era só a situação da universidade mas a oscilação entre Marburg e Todtnauberg que tornara esses anos tão produtivos para ele. Além disso acontecera outra coisa comentar com Jaspers. Disso falaremos logo a seguir.

Marburg é uma cidade pequena, marcadamente protestante, com uma universidade muito tradicional. Em 1927 esta festejava seu jubileu de 40 anos. Nessa ocasião, conta Hermann Mörchen, viram Heidegger com ar zangado ir num inusitado fraque à igreja católica que habitualmente evitava, enquanto o culto do jubileu acontecia na igreja reformada. A cidadezinha, dominada pela universidade, esvaziava-se no semestre de férias e cochilava, mas nessa época Heidegger estava na sua cabana em Todtnauberg. As condições eram sabidas de todos. Todos se conheciam. Bom lugar para maquinações, mexericos provincianos, grupinhos mesquinhos e narcisismo das menores diferenças. Um pequeno mundo que, sendo dominado pelos "cultos", se julgava grande. Heidegger a Jaspers: *universidade um tédio. Os estudantes pequeno-burgueses, sem interesses especiais. E como eu me ocupo muito com o problema da negatividade, tenho aqui a melhor oportunidade de estudar como se parece o nada* (2. 12. 1926, BwHJ, 69)

Não havia "vida social" em Marburg, e Heidegger não dava valor a isso. Na casa da esposa do conselheiro Hitzig, onde todos os recém-chegados eram solenemente "introduzidos" no mundo acadêmico, ele de vez em quando também aparecia. Dizia-se que essa mulher era aparentada com noventa e um catedráticos alemães vivos. Havia um círculo de veneradores de Stefan George agrupados em torno do historiador de economia Friedrich Wolters. Os de pensamento "moderno", inovador ou de esquerda, encontravam-se na casa do historiador da arte Richard Hamann. Rudolf Bultmann reunia em torno de si um círculo em que semanalmente, das oito às onze da noite, se liam textos gregos; a partir das onze passava-se para a parte mais leve, também rigorosamente dividida no tempo: uma hora de tagarelice acadêmica, depois, com vinho e charutos, podiam-se contar piadas. Bem à maneira dos eruditos, Bultmann anotava conscienciosamente as melhores piadas para usá-las depois. Alguém como Ernst Robert Curtius, habituado à vida da alta burguesia, sofria com essas condições e por vezes ia de trem até a vizinha Giessen para comer bem no restaurante da estação de lá.

Nesse estreito mundo universitário, pois, em breve Heidegger se tornou estrela muito observada. Dava suas conferências na primeira hora da manhã, o que pareceu não assustar demais, pois após dois semestres já havia 150 estudantes em sua aula. Gadamer, e até a chegada de Heidegger um discípulo de Nicolai Hartmann, relata que os de Hartmann corriam em bandos para o lado de Heidegger.

Hartmann, um barão do Báltico, era um homem da noite. Levantava-se ao meio-dia e só à meia-noite ficava realmente animado. Também juntara ao seu redor um bando animado. Discutia-se até o amanhecer. Gadamer: "Quando Heidegger veio a Marburg e começou suas conferências às sete da manhã, já por isso foi inevitável um conflito — no círculo de Hartmann depois da meia-noite não valíamos mais nada".

168 – Heidegger - um mestre da Alemanha entre o bem e o mal

Hartmann, que até a chegada de Heidegger fora o centro da filosofia e agora se via posto de lado, dois anos depois aceitou um chamado de Colônia, aliviado e libertado.

Antes disso, Gadamer, que recém fizera seu doutorado com Heidegger, ainda tentou reunir seu velho mestre e o novo: "Quando em 1924, no tempo de nossa maior pobreza depois da inflação, tive de fazer uma pequena mudança de estudantes em uma carrocinha, tive uma parelha nobre puxando o mesmo varal: Hartmann e Heidegger. E puxavam na mesma direção! Nessas horas Heidegger era de um encantador humor de menino. Quando na volta o veículo ficou vazio, de repente ele deixou Hartmann puxar sozinho... saltou na carrocinha e abriu o guarda-chuva". Também externamente Heidegger chamava atenção em Marburg. Nos dias de inverno podiam vê-lo sair da cidade com os esquis no ombro. Muitas vezes vinha dar a conferência em trajes de esquiador.

No verão, Heidegger usava seu famoso terno de pano cru e calças amarradas abaixo dos joelhos, seu amado traje de Wandervogel. Os estudantes chamavam essa roupa de "traje existencial". Fora desenhada pelo pintor Otto Ubblohde, e para Gadamer esse traje tinha algo "da pompa discreta de um camponês em trajes de domingo".

Heidegger logo se ligara com a União Acadêmica de Marburg, grupo relacionado à juventude aliada, que se voltava contra o corporativismo, rejeitava o espírito "pequeno-burguês dos velhos", combatia pelo princípio da autoeducação e responsabilidade da juventude no espírito da elevada fórmula de Meissner, e tentava concretizar o ideal de um estudo interdisciplinar. Característica desse círculo era uma mistura de rigor de Stefan George Strenge e romantismo do movimento Wandervogel. Do ponto de vista político-social eram antes de esquerda, mas em todo caso antiburgueses. Opunham "legitimidade" a lemas da cultura burguesa. Quando certa vez um universitário declarou que queria formar-se para "ser uma personalidade", Heidegger comentou, sarcástico, que era melhor esquecer isso. Ali dominava uma atmosfera intelectual mais ou menos como Thomas Mann a descreveu no *Doctor Faustus*, no episódio do movimento da juventude. Lá, faz Adrian Leverkühn realizar, nas caminhadas e pernoites em celeiros, os grandes debates sobre Deus e o mundo, com expressões que pertenciam a um "jargão erudito, de cuja afetação nem tinham consciência. Gostavam de apresentar a 'questão essencial', falavam de 'espaço sagrado' ou do 'espaço político' ou de 'espaço acadêmico'; de 'princípio estrutural', de 'relação de tensão dialética', de 'correspondências com *caráter--de-ser*' (Seinshaft), assim por diante. Quando os jovens se aprontavam para dormir no celeiro, as conversas chegavam à 'finitude nua'".

Heidegger deu algumas conferências para os membros da União Acadêmica. E conferiu uma ênfase especial ao rigor ali cultivado, declarando que exatamente os problemas existenciais deveriam ser tratados com a *gélida frieza do conceito*. Heidegger também convidava esses estudantes para a sua casa, uma vez até no feriado de natal. Cantaram-se canções, Elfride fizera bolos e apareceu um papai-noel. Hermann Mörchen, que relata isso, recebeu de presente a *Fenomenologia do espírito*, de Hegel. Também davam passeios juntos, violão e guitarra. Estudantes desse círculo podiam visitar Heidegger em sua cabana em Todtnauberg. Lá o secreto rei da filosofia mantinha a sua corte à maneira de uma corporação. No feriado de solstício fizeram o fogo rolar no vale, Heidegger lhes gritava palavras enérgicas. De vez em quando também se acendia uma fogueira no prado acima da cabana, e ele dava um discuso. Certa vez começou: *vigiar na fogueira da noite...*, e na frase seguinte já estava outra vez com seus amados gregos. Parmênides em Todtnauberg.

Arnold von Buggenhagen, que quando universitário foi reprovado por Heidegger, descreve no seminário da seguinte forma a figura deste: "Heidegger falava a meia-voz, sem utilizar anotações, e na torrente de sua fala fluía um raciocínio extraordinário, mas mais ainda uma força de vontade que determinava a direção de sua fala, especialmente quando o tema se tornava perigoso. No papel de um orador falando sobre coisas ontológicas ele dava menos a imagem de um catedrático do que de um capitão-comodoro na ponte de comando de um gigante dos oceanos, numa era em que icebergs flutuantes ainda podiam significar o naufrágio até mesmo de algum barco titânico".

Buggenhagen descreve como esse novo tom do filosofar, que só depois do aparecimento da obra principal de Jaspers, em 1932, foi batizado de *Filosofia exisencial*, era influente naquele tempo: como alívio das exigências de um *universalismo-da-razão* considerado insípido, e como estímulo para "de qualquer modo" colocar-se em jogo. O encanto estava exatamente na indeterminação desse "qualquer modo". Pois logo ficava evidente que o filosofar de Heidegger não se interessava por confissões pessoais, expressionismo ou benemerência sentimental. Heidegger rejeitara energicamente essas expectativas. Frequentemente citava Schelling em suas conferências: "O medo da vida impele o ser humano para fora do centro". O "centro" era para Heidegger aquele encontro consigo mesmo expresso na frase simples: *percebo que sou*. Buggenhagen conta como Heidegger encena magistralmente a inquietação que parte ou deveria partir desse *quê* (dass) *despido*. Quem aprendera com Kant que o fundamento jurídico do conhecimento está na razão, poderia achar, agora, que ele estava na existência inconfundível e irrepresentável do indivíduo. Portanto não no capaz de generalização, mas o individual. Era dele, como de algo fundamental, que sempre se falava tacitamente, e quase nunca assumia contornos nítidos. Buggenhagen relata como ele e muitos de seus colegas se indagavam, envergonhados, se acaso teriam suficiente "massa existencial" para poderem adivinhar o fundamento jurídico da razão generalizada.

Com Heidegger comprendia-se rapidamente que essa filosofia não podia ser simplesmente estudada como uma disciplina tradicional na universidade. As atividades docentes de Heidegger transbordavam uma intimidadora erudição, mas notava-se que não era isso que lhe interessava: ele praticamente esbanjava o seu abundante saber. Para os estudantes era um espetáculo assombroso ver esse filósofo em ação. Para um deles, ele parecia "uma águia pairando magnificamente nos ares", para outro "uma pessoa demente". Buggenhagen relata que naquela ocasião subitamente pensou "se esse filósofo não seria um Aristóteles enlouquecido, que causava espécie porque voltava à grandeza de sua potência de pensar contra o seu pensar, e no pensar afirmava que nem estava pensando, mas que era existência".

Mas essa *existência* heideggeriana continuava um enigma para muitos estudantes e o melhor que tinham a fazer era buscar compreender a própria enigmaticidade. Buggenhagen reconhece que não conseguia isso. Outros terão mais sucesso nesse esforço.

Hermann Mörchen conta que também podiam ser impressionantes os "silêncios" de Heidegger. Para Mörchen, que além de filosofia e germanística também estudava teologia, o discurso sobre *existência* tinha um sentido religioso. Interrogou a Heidegger, que se calou, o que para Mörchen provava "que nada é mais absoluto nem fala *mais alto* do que um *silêncio* essencial. Ao mesmo tempo, é um exemplo do tipo de *liberdade* que Heidegger permitia aos que passavam pela sua escola". No seminário Heidegger disse certa vez: *honramos a teologia silenciando a respeito dela.*

Mas em Marburg esse silêncio quanto à teologia se tornou ainda mais difícil para ele do que em Freiburg, porque Marburg era um bastião da teologia protestante. Exatamente ali estavam vivas as suas manifestações "modernas", portanto as tentativas de obter novo acesso à fé cristã através da briga com o espírito científico e a cultura.

Logo depois da sua chegada em Marburg, Heidegger assistiu a uma conferência de Eduard Thurneysen, que era um dos teólogos *dialéticos* reunidos em torno de Karl Barth. Para Gadamer a intervenção de Heidegger ficou inesquecível, pois o que ele dizia não contrariava o espírito do lugar mas aquilo que os boatos diziam sobre Heidegger em Marburg: que ele se afastara da fé e da igreja. Heidegger disse: "é a verdadeira tarefa da teologia, para a qual esta deveria voltar, procurar a palavra capaz de convocar para a fé e preservar na fé".

Essa formulação descreve bastante precisamente a intenção do grande teólogo presente, Rudolf Bultmann. Este viera a Marburg dois anos antes de Heidegger. Ali renovaria a teologia protestante pela segunda vez depois de Karl Barth. Essa teologia só viverá seu grande momento depois de 1945, com o nome de *desmitologização*, mas é nos anos de Heidegger em Marburg que Bultmann a desenvolverá. E é uma teologia no espírito da filosofia heideggeriana. O próprio Bultmann não deixa dúvidas quanto a isso. Da análise do dasein de Heidegger, Bultmann extrai a descrição da condição humana, da "existência": *ser-lançado*, preocupação, temporalidade, morte e fuga na impropriedade (Uneigentlichkeit). É importante para ele a crítica de Heidegger a uma metafísica em que o pensar imagina uma dispensa irreal do tempo e uma disponibilidade da vida. O que em Heidegger é crítica à metafísica, em Bultmann será a desmitologização. O filósofo Bultmann quer, como Heidegger, expor o "dispositivo existencial" do dasein humano; o teólogo Bultmann quer então confrontar essa existência "nua" com a mensagem cristã, que é igualmente libertada de dogmas históricos e reduzida à sua significação existencial fundamental. O fato de que Heidegger, assim como o compreende Bultmann, não descreve um ideal de existência mas apenas os dispositivos existenciais, é que o torna tão possível de ser ligado à teologia de Bultmann. Diz Bultmann: "Na medida em que a filosofia da existência não responde à indagação pela minha própria existência, coloca a minha própria existência sob minha responsabilidade pessoal, e fazendo isso ela me abre para a palavra da Bíblia".

Heidegger e Bultmann logo travam amizade, ambos ficarão fiéis a ela a vida inteira. Mas a relação intelectual entre os dois permanece assimétrica. Heidegger não é influenciado por Bultmann da mesma maneira como Bultmann por ele. Ele aceita a teologia de Bultmann sob o pressuposto da fé, que porém não pode ser tema da filosofia. Mas Bultmann segue o caminho da filosofia heideggeriana mais um pouco, para encontrar aquele lugar onde a mensagem cristã pode funcionar.

A convite de Bultmann, no verão de 1924, Heidegger pronuncia diante dos teólogos de Marburg a conferência *O conceito de tempo*, modelo da arte de Heidegger do eloquente silêncio filosófico nos assuntos de teologia.

No começo protesta não querer dizer nada sobre coisas teológicas e divinas, limitando-se ao *humano*; mas depois passará a falar a respeito de tal maneira que no final uma teologia do tipo da de Bultmann haverá de servir como a chave na fechadura.

Na época dessa conferência Heidegger já está elaborando as ideias de *Ser e tempo*. Em forma condensada ele apresenta um resumo dos mais importantes *dispositivos fundamentais do dasein*, todos determinados pelo caráter do *tempo*. Pela primeira vez aqui ele explica — com essa ênfase a temporalidade como mortalidade: *O dasein sabe da sua morte... O dasein sente que vai passar* (BZ, 12). Em cada ação e vivência aqui e agora já percebemos esse *passar*. O curso da vida é sempre um passar da vida. Vivenciamos o tempo em nós mesmos como esse passar. Por isso esse *passar* não é o fato da morte no final de nossa vida, mas a maneira como a vida se cumpre, *pura e simplesmente o como de meu dasein* (BZ, 18).

Em que essas reflexões se distinguem da grande tradição do refletir sobre a morte, dos pensamentos de morte de Sócrates, da exortação cristã *memento mori*, da frase de Montaigne: *filosofar é aprender a morrer?*

Distinguem-se porque Heidegger não pensa na morte para depois triunfar sobre ela com o pensamento, mas para tornar claro que só o pensar na morte, nesse *passar* sempre presente, é que abrirá o acesso para a temporalidade, e com isso para a indisponibilidade do dasein.

Essa conferência contenta-se com alusões que mais tarde serão desenvolvidas no famoso capítulo sobre a morte em *Ser e tempo*. Mas as alusões bastam para rejeitar claramente uma poderosa tradição da teologia e da metafísica. É uma tradição que institui Deus ou o Ser Supremo como uma esfera removida do tempo, da qual podemos participar pela fé ou pelo pensar. Heidegger interpreta isso como fugir da própria temporalidade. A suposta ligação com o eterno não supera o tempo mas apenas recua diante dele, não amplia nossas possibilidades mas permanece aquém delas.

Essa tradição da qual Heidegger se aparta é a mesma contra a qual também Bultmann desenvolve a sua teologia da desmitologização; uma teologia que coloca no centro a mensagem cristã da cruz, portanto a morte de um Deus. Na teologia de Bultmann pressupõe-se a experiência de temporalidade assim como a elabora Heidegger. Em Bultmann é preciso ter vivenciado o *ser para a morte*, com todos os terrores e angústias, antes de sequer poder ser receptível à mensagem cristã. Cruz e ressurreição designam a transformação que se realiza na vida de um crente: renascimento do ser humano não é o fato fantasiado de uma eternidade futura, mas realiza-se aqui e agora como transformação do homem interior — um renascer da temporalidade radicalmente vivenciada, e isto quer dizer mortalidade da vida. Na vida rodeado pela morte, e na morte rodeado pela vida. Essa é a mensagem paradoxal e lacônica do Novo Testamento — na interpretação de Bultmann.

Também o exemplo de Hans Jonas mostra o quanto o filosofar de Heidegger foi inspirador para os pensadores religiosos. Ele estudava com Heidegger e Bultmann e sua grande análise do tema *Gnose e espírito da antiguidade* lida com outra tradição intelectual (a gnose foi o movimento intelectual mais poderoso da Antiguidade... e dos começos do cristianismo), assim como Bultmann lidava com a cristã. Como Bultmann, também Hans Jonas considera a análise do dasein de Heidegger como "fechadura" onde a mensagem espiritual cabe como

174 – Heidegger - um mestre da Alemanha entre o bem e o mal

"chave". Nesse caso, cabe até muito bem. Pois a gnose pelo menos na interpretação de Jonas vive da experiência de *ser-lançado*. A mística e teologia gnóstica falam da "queda" do espírito (*pneuma*) no mundo terreno onde tem de permanecer sempre estranho e expatriado. Só pode se inserir no terreno se trair e esquecer sua verdadeira origem. Se se distrair e se perder no mundo. Para as representações de salvação da gnose, tudo depende de o espírito que vaga pelo mundo superar seu *esquecimento-do-ser* (Seinsvergessenheit), sair dessa distração concentrando-se de novo e recordando sua origem esquecida. Em suma, Hans Jonas descreve a gnose como um movimento religioso historicamente fixável, à procura de uma *propriedade* (Eigentlichkei) heideggerianamente compreendida.

Para Heidegger, o tempo em Marburg trouxe a chance surpreendente — os teólogos do lugar chamavam isso de *kairós*, a grande oportunidade — de um tipo em especial de propriedade. Um encontro que — como mais tarde admitirá sua esposa Elfride — se tornou *a paixão de sua vida*.

Em começos de 1924 chegara em Marburg uma estudante judia de 18 anos, querendo estudar com Bultmann e Heidegger. É Hannah Arendt.

Vinha de uma boa família judia assimilada de Königsberg, onde crescera. Já aos quatorze anos sua curiosidade filosófica despertou. Leu a *Crítica da razão pura*, de Kant, dominava grego e latim tão bem que aos dezesseis anos fundou um círculo de estudos e leitura de literatura antiga. Ainda antes dos exames de finais do liceu, que frequentara em Königsberg como aluna externa, ela ouvira Romano Guardini, em Berlim, e lera Heidegger. Para ela, filosofia tornara-se uma aventura. Em Berlim também ouvira falar em Heidegger. Mais tarde escreverá a respeito: "O boato dizia bem simplesmente: o pensar voltou a ser vivo, os tesouros culturais do passado que se julgavam mortos falam, e vê-se que produzem coisas bem diferentes do que, desconfiados, suspeitávamos. Existe um mestre; talvez se possa aprender o pensar... esse pensar que emerge como paixão do simples fato de *ser-nascido-no-mundo* e... (podendo) ter tão pouca finalidade... quanto a própria vida".

Em Marburg Hannah Arendt era uma jovem que atraía todos os olhares com seu cabelo curto e roupa na moda. "O que mais chamava atenção nela era a força sugestiva que brotava de seus olhos", escreve em suas memórias Benno von Wiese — seu amigo por breve tempo nos anos vinte — "a gente simplesmente mergulhava neles e temia nunca mais emergir". Por causa do elegante vestido verde que frequentemente usava, os estudantes a chamavam "a verde". Hermann Mörchen conta como na cantina dos estudantes até nas mesas vizinhas por vezes se calavam as conversas quando essa universitária falava. A gente simplesmente tinha de escutar. Seu jeito era uma mistura de segurança e timidez. No encontro obrigatório para ser admitida no seminário de Bultmann, ela virou jogo de tal maneira que no final estabeleceu condições para participar. Disse a Bultmann sem rodeios que não poderia "haver comentários antissemíticos", Bultmann assegurou-lhe com sua maneira calma e amável que "nós dois havemos de controlar a situação", caso houvesse alguma manifestação antissemita. Hans Jonas, que conheceu Hannah Arendt no seminário de Bultmann e se tornou seu amigo, conta que os colegas consideravam essa estudante uma pessoa excepcional. Viam nela "uma intensidade, uma tenacidade, um faro para qualidade, uma busca do essencial, uma profundidade que lhe conferiam algo de mágico".

Ela morava numa água-furtada perto da universidade. Lá reuniam-se seus amigos, em parte ainda vindos de Königsberg e Berlim, para discussões filosóficas, e lá por vezes ela lhes oferecia um espetáculo encantador: chamava da sua toca o seu pequeno companheiro de quarto, um camundongo, e lhe dava comida.

E nessa água-furtada desde fevereiro de 1924, por dois semestres, ela recebeu secretamente seu professor de filosofia, Martin Heidegger, e nem seus melhores amigos podiam saber de nada.

Elzbieta Ettinger reconstrói a história dessa relação baseada no espólio de Hannah Arendt. Cita das cartas de Hannah e faz paráfrase das cartas de Heidegger (não liberadas para publicação). Segundo as pesquisas de Ettinger, nas quais me baseio para o que digo a seguir, a história começou em fevereiro de 1924. A estudante chamara a atenção de Heidegger há dois meses quando em começo de fevereiro ele a convidou para ir ao seu escritório. A imagem que Heidegger guardou: "Ela usava uma capa de chuva, chapéu puxado bem sobre o rosto, e eventualmente soprava um quase inaudível 'sim' ou 'não'" (Ettinger).

176 – Heidegger - um mestre da Alemanha entre o bem e o mal

Hannah Arendt também deve ter-se sentido imediata e irresistivelmente atraída para esse homem a quem admirava. A 1 de fevereiro Heidegger escreve sua primeira carta, com o formal início *Cara senhorita Arendt*. "Mantendo respeitosa distância", diz Ettinger, "ele lhe assegurava a sua lealdade, louvava suas qualidades intelectuais e espirituais e ofereceu--lhe seu apoio para permanecer fiel a si mesma" (Ettinger). É uma carta objetiva e ao mesmo tempo sensível, um "canto lírico", comenta Ettinger. Também a primeira carta de Heidegger a Elisabeth Blochmann fora desse tipo: uma mistura de sutil homenagem e autoapresentação como orientador de almas. Naquela vez, em 15.6.1918, ele escrevera: *e se eu não tivesse a convivção de que por detrás da emoção você tem essa determinação intelectual, não teria ousado escrever hoje e também no futuro permanecer em ligação intelectual. Fique forte e contente...* (BwHB, 7). Talvez menos rígido, mas igualmente psicológico porta-se Heidegger em sua primeira carta a Hannah, que além do mais está arrebatada e perturbada. O grande mestre dirigia-se a ela. Quatro dias depois Heidegger escreve *Querida Hannah*. E duas semanas depois, algumas linhas nas quais aparece o "começo da intimidade física" (Ettinger).

Foi também nesse mês de fevereiro que, segundo relata Hermann Mörchen, Heidegger apresentou no seminário de Bultmann uma interpretação do comentário de Lutero ao Gênesis 3, portanto a história do pecado original.

Heidegger impunha as regras desse relacionamento e Hannah os cumpriu. O mais importante era absoluto segredo. Não apenas a mulher dele mas ninguém na universidade e na pequena cidade deveria saber de nada. Heidegger mandava mensagens cifradas com que indicava a Hannah "com dados precisos até no minuto, lugar e hora do próximo encontro com sinais artificiosos de lâmpadas acesas e apagadas, medidas de precaução e indicações, chamando-a para junto de si quando calculava que estaria sozinho" (Ettinger). Hannah submetia-se aos arranjos para *meu amor nunca te causar nenhuma dificuldade além do que tem de ser* (Ettinger). Hannah Arendt não se atrevia a pedir que Heidegger se decidisse em favor dela.

Nas férias do semestre de verão, quando Heidegger está em Todtnauberg, Hannah volta para seus parentes em Königsberg e lá esboça um autorretrato levemente cifrado, que faz chegar a Heidegger, pois é atormetada pela sensação de não estar realmente presente nessa relação. Não pode se mostrar, mas vai finalmente revelar-se ao menos nessa "sombra", como chama ao seu texto. Tenta encontrar uma linguagem para o "extraordinário e maravilhoso" que acaba de acontecer e que dividiu sua vida em "aqui e agora, e ali e então". Chama seu amor de "entrega obstinada a um único". Como sombra, totalmente desfeita em impressões (Stimmungen), Hannah Arendt mostra a sua motilidade espiritual, que está sofrendo a sucção de uma interioridade apartada do mundo. O texto, interrompido por reflexões e na distanciada terceira pessoa, fala de um amor que ainda não nasceu direito. Falta algo bem elementar, que mais tarde em *Vita Activa* Hannah Arendt chamará de "o intervalo de mundo": "Na paixão, que com o amor apreende apenas o *quem* do outro, incendeia-se também em chamas o intervalo de mundo pelo qual estamos ligados com, e ao mesmo tempo separados do outro. O que separa os amantes do mundo em que vivem é que são *sem-mundo* (weltlos), pois o mundo entre os amantes se queimou".

Esse "intervalo de mundo" não é aniquilado apenas pela paixão mas também pela coerção externa do segredo. Onde o amor não se pode mostrar, onde não há testemunhos para ele, em breve também o critério de distinção entre realidade e imaginação se perde. Isso oprime Hannah, e na "sombra" ela fala de seu "exílio enfeitiçado". E em um poema dessa época diz : "Por que me dás a mão/Tímido como em segredo?/Vens de um país tão distante,/Não conheces o vinho daqui?"[23]

Heidegger tinha dezessete anos mais que ela, pai de dois filhos, casado com uma mulher ambiciosa que cuidava muito da reputação de sua família e observava com suspeita seu marido rodeado de alunas. Foi especialmente fria com Hannah Arendt, mas também por esta ser judia. O antissemitismo de Efride já era notório para muitos nos anos vinte. Nesse contexto Ettinger indica que Günther Stern (Anders), mais tarde casado com Hannah Arendt por alguns anos, recorda como certa vez, em uma festa em Todtnauberg, Elfride Heidegger lhe perguntou se ele não

---

23   *Warum gibst du mir die Hand/Scheu und wie geheim? /Kommst du aus so fernem Land, /Kennst nicht unseren Wein? (N. da T.)*

178 – Heidegger - um mestre da Alemanha entre o bem e o mal

queria entrar no grupo de juventude nacional-socialista de Marburg, e como ficara horrorizada quando ele lhe dissera ser judeu. Se naquela ocasião Hannah não pressionou Heidegger por uma decisão, isso não exclui que ela não a tivesse esperado dele. Afinal manter segredo era jogo dele. Aos olhos dela, era ele que teria de transformar essa relação numa realidade concreta. Mas ele não queria, a submissão de Hannah era uma sorte para ele, mas para Heidegger não haveria nenhuma responsabilidade. Nas cartas ele sempre protesta que ela o compreende como ninguém mais — também e especialmente em questões filosóficas. Com efeito, Hannah Arendt ainda provará como compreendeu bem a Heidegger. Ela o compreenderá melhor do que ele comprendeu a si mesmo. Como fazem os apaixonados, ela reagirá complementarmente à filosofia dele e lhe dará aquela mundanidade que ainda lhe falta. Ao *precursor* (Vorlaufen)[24] *na morte* ela responderá com uma filosofia do nascimento; ao solipsismo existencial da *Jemeinigkeit*[25] ela responderá com a filosofia da pluralidade; à crítica da *decaída* (Verfallenheit) diante do mundo do *a gente* (Man) ela responderá com *amor mundi*. A *clareira* (Lichtung)[26] ela responderá enobrecendo filosoficamente a coisa pública. Só assim a filosofia heideggeriana se tornará um todo, mas esse homem não o perceberá. Não vai ler os livros de Hanah Arendt, ou muito superficialmente, e o que ler neles o deixará magoado. Mas mais tarde falaremos de tudo isso.

Heidegger ama Hannah e a amará ainda por muito tempo; leva-a a sério como uma mulher que o compreende, para ele ela se tornará a musa de *Ser e tempo* — vai confessar-lhe que sem ela não teria podido escrever essa obra. Mas em nenhum momento compreenderá que pode aprender com ela. Quando em 1955 aparece o grande livro de Hannah Arendt, *Origens do totalitarismo* e ela pensa em fazer uma visita a Heidegger, decide finalmente pelo contrário. Em uma carta a Heinrich Blücher ela dá a razão para isso: "O fato de que meu livro tenha de aparecer logo agora... cria a pior situação possível... Como bem sabes, não estou em

---

24 *Vorlaufen*: textualmente correr à frente, anteceder, ser precursor de. (N. da T.)
25 Literalmente seria "minhidade desde sempre". (N. da T.)
26 Jogo entre *Licht*, claridade, e *Lichtung*, clareira, e *Lichtung*, levantar da âncora. (N. da T.)

absoluto disposta a agir diante de Heidegger como se jamais tivesse escrito uma linha nem fosse capaz disso. E essa é tacitamente a *conditio sine qua non* de todo esse nosso caso".

Voltemos a Marburg. Quanto mais tempo dura a relação, mais difícil se torna manter segredo, e depois tudo começa a ficar sinistro para Hannah. Como Heidegger deseja os preciosos momentos do encontro, mas não quer ter Hannah permanentemente ao seu lado — esse é o papel de Elfride —, no começo de 1925 sugere a Hannah uma mudança — o melhor será que ela vá para Heidelberg, onde está o amigo dele Karl Jaspers. Não o fim da relação, apenas uma separação no espaço. Nesse meio tempo também Hannah já começa a pensar em deixar Marburg. Mas ela tem outros motivos. Talvez, como suspeita Ettinger, ela tenha esperado que Heidegger a detivesse, e fica magoada quando ele sugere que ela vá embora. Mas — e também para isso Ettinger chama atenção — de parte dela não era apenas uma tática. Dez anos mais tarde escreverá a Heinrich Blücher, que se tornará tudo para ela — amante, amigo, irmão, pai, colega: "Ainda me parece inacreditável que eu tenha conseguido ter as duas coisas, 'grande amor' e a identidade com a minha própria pessoa. E só tenho uma coisa desde que também tenha a outra. Mas agora finalmente também sei o que é felicidade".

Na relação com Heinrich Blücher, companheiro de sofrimento no exílio, ex-comunista, mais tarde chamado para os Estados Unidos como autodidata para uma cátedra de filosofia — só com esse homem intelectualmente carismático, soberano e afetuoso, ela poderá viver a unidade entre entregar-se e estar consigo mesma. Com Heidegger isso não era possível. Para preservar-se, no fim de 1924 ela quer afastar-se dele. Mas não consegue. Não lhe revela seu novo endereço em Heidelberg, mas secretamente espera que ele a procure e a encontre.

Através de Hans Jonas, Heidegger descobre o endereço de Heidelberg e agora voltam a circular as cartas. E novamente os arranjos de encontros. Na primavera de 1926 Heidegger viaja para uma conferência na Suíça. Segundo Ettinger (31), a combinação era: Hannah encontraria Heidegger a caminho numa pequena aldeia. Ele interromperia a viagem por um dia. Passariam a noite numa estalagem. Ele promete procurar por ela em todas as pequenas estações em que o trem parar.

180 – Heidegger - um mestre da Alemanha entre o bem e o mal

Hannah conta a Heidegger seu caso com Benno von Wiese, mais tarde também sua relação com Gunther Anders. E acha ofensiva a maneira como ele reage. Ele a congratula e continua arranjando os encontros. Com isso, dá a compreender que considera aquela sua grande paixão acima das pequenas paixões cotidianas em que ela se enreda. Mas, sobretudo, ele obviamente não percebe que os namoros dela são tentativas desamparadas de afastar-se dele. E caso ele tenha percebido, para Hannah esse comportamento dele significa que está exercendo seu poder sobre ela. Ela se recolhe, não responde às cartas, mas basta um novo pedido dele, um novo convite, uma declaração de amor, e ela está a postos. Ettinger relata um exemplo: no fim dos anos vinte Hannah está por viajar com uma amiga a Nüremberg. Recebe uma carta de Heidegger que "a chamava para um encontro amoroso" (Ettinger). Heidegger chama por ela como o funcionário do castelo, Klamm, chama por Frieda no *Castelo*, de Kafka. E Hannah reage como Frieda: atende o chamado e corre para Heidegger.

Seis anos depois de despedir-se de Marburg, Hannah Arendt escreve seu livro sobre Rahel Varnhagen. Quando ela descreve a fracassada relação amorosa de Rahel com o conde Finckenstein, temos a impressão que elabora suas próprias experiências e decepções. O conde queria Rahel, devia assumi-la, não apenas no salão dela mas também diante da família dele. Ela, a judia, queria ser aceita no mundo de nobres rurais dele, e se ele não tivesse a coragem, se, como escreve Hannah Arendt, ele não lhe desse o presente da "visibilidade" e "reconhecimento", pelo menos que decidisse romper. Sobretudo, diz Hannah Arendt, Rahel fora humilhada porque o conde deixou tudo seguir seu curso, permitindo que a lentidão das situações prevalecesse sobre a aventura do amor. "Ele venceu", escreve Hannah Arendt, "e conseguiu o que queria: controlar a vida, o 'destino' — a sua vida e o seu destino —, simplesmente passando por cima das exigências dela, que lhe pareciam desmedidas e loucas, sem engajar-se nem no bem nem no mal, sem tomar posição".

Heidegger não era também um desses "vencedores" que conseguira pela sua indecisão que o "destino" controlasse as "exigências dela que pareciam desmedidas e loucas"?

Depois que o "destino" realizara aquela tarefa e os separara por muitos anos, e quando em 1950 Hannah reencontra Heidegger, escreve a Heinrich

Blücher: "No fundo fico feliz simplesmente por constatar que tive razão em jamais esquecer...". Com esse reencontro abre-se um novo capítulo nessa história de toda uma vida.

A *inspiração* para o trabalho permanece com Heidegger mesmo quando a musa se vai. Nas férias semestrais ele trabalha em Todtnauberg naquele manuscrito que aparecerá em 1927 sob o título *Ser e tempo*. Alugou um quarto na casa de um camponês na vizinhança. Na cabana fica apertado e agitado demais quando a família está presente. Nas cartas a Jaspers, a quem não admite sua relação com Hannah Arendt, ele revela sua fúria de trabalho, cheia de ira e prazer. A 24 de julho de 1935: *A primeiro de agosto vou para a cabana — muito me alegro com o ar forte das montanhas —, essa coisa macia e leve aqui embaixo arruina a gente para sempre. Oito dias trabalhando com lenha — depois voltar a escrever.* A 23 de setembro de 1925: *É magnífico aqui no alto — gostaria de ficar até a primavera aqui em cima trabalhando. Não sinto saudade do convívio com os professores. Os camponeses são muito mais agradáveis e até mais interessantes.* A 24 de abril de 1926, vem de Todtnauberg a participação triunfante: *A primeiro de abril comecei a impressão de meu tratado* Ser e tempo *— Estou muito entusiasmado e me aborrece muito pensar no semestre próximo e no clima pequeno-burguês que agora volta a me rodear — Já é noite alta — a tempestade varre os cumes, e na cabana rangem as vigas, a vida está diante da alma, pura, simples e grande... Por vezes não compreendo mais que se possa desempenhar papéis tão estranhos lá embaixo...*

O impulso para aprontar pelo menos parte de *Ser e tempo* viera de fora. Nicolai Hartmann aceitara em 1925 o chamado para Colônia, e a faculdade de Marburg queria transformar o professor extraordinário em efetivo. A comissão responsavel agora exerce uma pressão suave sobre Heidegger para que finalmente apresente um novo trabalho para publicação. E referem-se a um depoimento de Hartmann que indicara que estava quase pronto "um extraordinário trabalho de Heidegger". Essa alusão bastou para a faculdade de filosofia sugerir em 5 de agosto de 1925 que Heidegger sucedesse a Hartmann. Mas de Berlim chega a 2 de janeiro uma recusa. O ministro da cultura, Becker, escreve: "Apesar de todo o sucesso do professor Heidegger no ensino, não me parece adequado conferir-lhe uma cátedra com a importância histórica dessa

182 – Heidegger - um mestre da Alemanha entre o bem e o mal

cátedra de filosofia, enquanto grandes realizações literárias não obtenham especial reconhecimento dos seus colegas de especialidade, exigindo tal nomeação". A 18 de junho a faculdade de filosofia escreve mais uma vez ao ministério pedindo que se nomeie o professor Heidegger. Entrementes ele imprimira um trabalho vasto. A 25 de novembro chegam as folhas impressas. O ministério não se deixa demover. No começo de 1927 aparece *Ser e tempo* como edição especial do *Anuário de pesquisa de filosofia e fenomenologia*, editado por Husserl e Max Scheler. Agora finalmente também o ministério compreende que obra é essa que saiu a público. A 19 de outubro de 1927 Heidegger recebe a sua primeira verdadeira cátedra de filosofia.

Foi um vaivém animado — Heidegger a Jaspers em 24 de abril de 1926: *toda essa história... me é totalmente indiferente* — mas a situação forçou Heidegger a publicar sua obra, mesmo que para ele não esteja totalmente pronta. Jaspers recebe as páginas aos poucos, com comentários bastante modestos de Heidegger. A 24 de maio de 1926: *no fundo este é para mim um trabalho de transição...* A 21 de dezembro de 1926: Ele não valoriza *excessivamente* o trabalho, mas *com ele aprendeu... o que queriam os grandes.* A 26 de dezembro de 1926: *Esse trabalho não vai me trazer mais do que aquilo que já possuo dele: que saí por mim mesmo a campo aberto, e posso* indagar *com alguma segurança e orientação.*

Na primavera de 1927 a mãe de Heidegger está em seu leito de morte. Heidegger alude a Jaspers que dor lhe causa de parecer, aos olhos da devota mãe, um filho que se apartou da fé: *Você poderá avaliar mais ou menos que eu sou uma grave preocupação para ela e que lhe torno difícil morrer. A última hora que passei com minha mãe... foi um pedaço de* filosofia prática *que permanecerá comigo. Penso que para a maior parte dos* filósofos *a questão teologia e filosofia, ou melhor, fé e filosofia* — é *mero problema de escrivaninha* (1.3.1927, BwHJ, 73).

É nesta semana da morte de sua mãe que a 9 de março de 1927 Heidegger faz em Tübingen uma conferência sobre *Fenomenologia e teologia*, que repetirá em Marburg um ano depois de forma mais elaborada. Nela Heidegger diz *que em seu cerne mais interior como possibilidade específica de existência a fé permanece inimiga mortal da forma de existência essencial à filosofia.* Mas que esse contraste não exclui um *levar-se a sério e reconhecer-se mutuamente*, porém que isso só é possível se a diferença for mantida e não apagada. Filosofia cristã é uma *incongruência*. A filosofia tem de poder bastar-se a si mesma *como a indagação livre do dasein referido unicamente a si próprio* (W, 66).

Assim ele compreende a sua filosofia. Com *Ser e tempo* pensa ter chegado a ela. E por isso na despedida coloca no leito de morte da mãe um exemplar da obra que acaba de aparecer.

Capítulo IX

Ser e tempo. *Que ser? Que sentido?*

Façamos uma retrospectiva: segundo o modelo teológico, Martin Heidegger começara como filósofo católico. Seu pensar movia-se em círculo na indagação por Deus como pedra fundamental e fiador de nosso conhecimento do mundo e de nós mesmos. Heidegger vinha de uma tradição que só podia ainda afirmar-se defensivamente contra uma modernidade para a qual Deus perdera o seu sentido. Heidegger queria defender o céu sobre Messkirch — também com as armas dessa modernidade, por exemplo com a tese husserliana da validade (Geltung) supratemporal e suprassubjetiva da lógica, ideia que encontrou como modelo na filosofia metafísica da Idade Média. Mas lá ele também já descobrira a *dúvida-de-si* nominalista de uma razão que admite que não apenas Deus lhe permanece inconcebível, mas também a *haecceitas*, o *isso-aí* (dieses da), o indivíduo único. *Individuum est ineffabile.*

Mas só a ideia da historicidade revelou para ele toda a problemática da historicidade. O pensar metafísico não conta com a imutabilidade do ser humano, mas com a imutabilidade das últimas relações de sentido. Heidegger aprendeu com Dilthey que também as verdades têm a sua história. Pelo fim de seu trabalho de concurso de cátedra ele realizou a mudança decisiva de perspectiva: encarou da distância o pensar medieval, que lhe fora tão próximo, e assim ele lhe pareceu uma época encantadora mas declinante do espírito. A ideia de Dilthey "de que sentido e importância só surgem no homem e sua história" se tornou o seu critério. A ideia radical da historicidade destrói qualquer exigência universalista de validade. Talvez ela represente a maior ruptura na autoconcepção do ser humano na história ocidental. Ela também significou o fim do filosofar "católico" de Heidegger.

A história real — a derrocada do mundo de ontem na guerra mundial — acabou por deixar Heidegger sentir que o solo balança e que é preciso fazer um novo começo.

Depois de 1918 a vida histórica se torna fundamento do filosofar para Heidegger. Mas com essa noção, diz ele, ainda não se conquistou muita coisa enquanto o conceito "vida" permanecer indefinido. Na escola da fenomenologia ele tomara consciência de que aí há um problema. À maneira fenomenológica, ele se indagara que postura devo escolher para que a vida humana possa *se mostrar* em toda a sua singularidade (Eigentümlichkeit). A resposta a essa questão é o fundamento da própria filosofia: a crítica à objetualização (Vergegenständlichung). Ele ensina que a vida humana nos escapa quando a queremos compreender de uma postura teórica, objetivadora. Isso percebemos já na tentativa de tomarmos consciência da simples "vivência da cátedra". No pensamento objetivador, desaparece o reino das relações de mundo e vida (Lebensweltlich). A postura objetiva *desvivencia* (entlebt) a vivência (Erleben) e *des-munda* (entweltet) o mundo que encontramos. O filosofar de Heidegger volta-se para a treva do momento vivido. Trata-se de uma profundeza misteriosa, não um submundo do inconsciente ou um mundo superior do espiritual, mas a *autotransparência* das realizações da vida, também cotidianas. Para Heidegger filosofia torna-se a arte do estar-atento *do dasein para si próprio*. Voltar-se para o cotidiano tem uma ênfase polêmica dirigida contra uma filosofia que ainda acredita conhecer a determinação (Bestimmung) do ser humano. Heidegger age com o patos de um novo começo. Em suas antigas conferências há um prazer dadaísta de destruir os nobres valores da cultura e desmascarar as significações tradicionais como mero fantasma. Em carta a Löwith, em 1921, ele diz que *trabalha feito doido* em sua *facticidade*, e está-se lixando para as *tarefas culturais para um hoje generalizado*. Primeiro laboriosamente mas depois com o crescendo de uma conquista triunfante, ele pouco a pouco faz emergir da treva do dasein, como agora chama a vida humana, os dispositivos apresentados em *Ser e tempo* como *existenciais* (Existenzialien): ser-em, *sentimento de situação*

(Befindlichkeit), *compreender*, *decair* (Verfallen), *preocupação*. Ele encontra a fórmula do *dasein, que se importa com o seu próprio poder-ser* (Seinkönnen).

Os anos entre 1923 e 1927, época do aparecimento de *Ser e tempo*, são um período de incrível produtividade. Em grandes conferências já são desenvolvidos os temas de *Ser e tempo*. Dentro desse maciço intelectual — mil e quinhentas páginas na edição completa —, *Ser e tempo* é quase apenas a ponta do iceberg. Mas nessa obra os pensamentos são apresentados numa arquitetura sutil e altíssimo equipamento terminológico. Permaneceram também os andaimes, portanto as medidas metodológicas, e com isso a obra dava a impressão de algo monstruosamente desajeitado. Isso não diminuiu seu efeito no cenário acadêmico, que suspeita muito antes do que é simples. Para o público, a obscuridade do livro faz parte da sua aura. Estava em aberto se o dasein é que era tão obscuro, ou apenas a sua análise. De qualquer modo, tudo parecia de certa forma misterioso.

Em *Ser e tempo* Heidegger trabalha com a prova filosófica de que o dasein humano não tem outro apoio senão esse *aí* (da), que é seu. Em certo sentido ele prossegue a obra de Nietzsche: pensar a morte de Deus e criticar os "últimos seres humanos" (Nietzsche) que recorrem a lamentáveis deuses-sucedâneos e nem admitem o terror pelo desaparecimento de Deus. Em *Ser e tempo* a fórmula da capacidade de poder sentir terror é: *coragem para a angústia*.

Ser e tempo. Um título que promete tratar do todo. No cenário acadêmico sabia-se que Heidegger preparava uma grande obra, mas não esperavam que fizesse uma exigência tão imensa. Não podemos esquecer que por enquanto Heidegger ainda não passava por filósofo criativo mas por um intérprete virtuoso da tradição filosófica, que sabia presentificá-la como nenhum outro, agindo com Platão ou Aristóteles à semelhança do que Rudolf Bultmann fazia com Cristo: revitalizadoramente.

Hermann Mörchen recorda como no começo de 1927, num encontro social com os estudantes de sua União, "mudo e expectante como uma criança que mostra seu brinquedo predileto", Heidegger apresentou "umas páginas das primeiras provas de um livro e a folha de rosto de *Ser e tempo*".

A obra, de muita eficácia na sua dramaturgia, começa com uma espécie de prólogo no céu. Aparece Platão. Cita-se um trecho do diálogo *Sofistas*: "Pois obviamente há muito estais familiarizados com o que na verdade eu quis dizer usando a expressão *ente* (seiend): nós pensávamos um dia tê-la compreendido, agora porém estamos embaraçados".

Esse *embaraço*, diz Heidegger, ainda existe, mas não o admitimos a nós mesmos. Ainda não sabemos o que pensamos ao dizer que algo é *ente*. O prólogo queixa-se contra um duplo esquecimento do ser. Esquecemos o que é ser e também esquecemos esse esquecer. *E assim trata-se de renovar a indagação pelo sentido do ser*, mas como esquecemos o esquecer, *trata-se sobretudo de despertar de novo a compreensão para o sentido dessa pergunta.*

Como convém a um prólogo, já no início alude-se ao ponto para onde tudo isso converge: *a interpretação do tempo como o horizonte possível de qualquer compreensão do ser*. O sentido do ser é tempo. Está revelado o tema, mas para torná-lo compreensível Heidegger não precisará apenas de todo esse livro, e sim do resto de sua vida.

A questão do ser. Na verdade Heidegger propõe duas perguntas. Uma é: o que precisamente queremos dizer empregando o termo *ente*? Pergunta-se pelo sentido da expressão. Nessa pergunta Heidegger liga outra bem diferente, pelo sentido do próprio ser. Heidegger afirma, quanto à pergunta em seu duplo sentido, que não existe nem mesmo uma compreensão do sentido da pergunta. Estranha afirmação.

Quanto à indagação pelo sentido do ser (não apenas da expressão), podemos dizer que é a pergunta que ocupa persistentemente a reflexão humana, desde os começos da história até hoje. É a pergunta pelo sentido objetivo e pela importância da vida humana e da natureza. A pergunta pela avaliação (Werten) e orientação para a vida e o *por que* e *para que* de mundo, cosmos, universo. A vida moral-prática faz as pessoas indagarem por isso. Em tempos mais antigos, quando física, metafísica e teologia ainda estavam juntas, a ciência também tentou responder à questão do sentido. Mas desde que Kant descobriu que como seres morais temos de fazer a pergunta, mas como cientistas não a podemos responder, desde então as ciências exatas recuam diante dessa pergunta. Mas vida prática moral continua indagando, cotidianamente, na propaganda, na literatura e na reflexão moral, na religião. Como é então que Heidegger pode afirmar que não há mais compreensão para essa pergunta? Ele só pode dizer isso porque pensa que todas essas maneiras de dar sentido, e as perguntas pelo sentido que lhes correspondem, ignoram o *sentido do ser*. Afirmação ousada, que de imediato coloca o filósofo na luz certa. Pois ele aparece como alguém que redescobre o que ficou esquecido e oculto desde os dias de Platão. Já no "prólogo no céu", Heidegger se apresenta como protagonista de um interlúdio no tempo. Ainda veremos o que ele tem a nos dizer sobre o sentido do ser. Heidegger é mestre em alongar os caminhos. Só podemos nos alegrar verdadeiramente com a luz quando ela aparece no fim do túnel.

Primeiro Heidegger deixa de lado a indagação pelo sentido do ser, que eu chamo de "pergunta enfática". Ele começa com a outra, a pergunta "semântica", que diz: O que queremos dizer ao empregar a expressão *ente* em que "sentido falamos do ser"? Essa pergunta está absolutamente dentro do contexto das ciências modernas. Cada ciência, a física, a química, a sociologia, a antropologia, etc., elabora um determinado território do ente, ou trata do mesmo território mas com questionamentos e métodos diferentes. Cada consciência metodológica quanto à maneira adequada de abordarmos nosso objeto, implica uma ontologia regional, ainda que não a chamemos mais assim. Por isso não compreendemos direito a afirmação de Heidegger, de que não temos mais clareza quanto ao sentido em que tomamos o ser no território de cada objeto. Exatamente o neokantismo desenvolvera um extraordinário senso da consciência do método. Havia as sutis distinções de Rickert e Windelband entre ciências da natureza e culturais, a hermenêutica de Ditlhey, a sociologia compreensiva de Max Weber, o método fenomenológico de Husserl, a hermenêutica psicanalítica do inconsciente. Nenhuma dessas ciências era metodologicamente ingênua, todas tinham uma consciência ontológica do problema, na medida em que refletiam sobre o seu lugar no contexto total da pesquisa do real. Portanto, para a indagação semântico-metodológica vale o mesmo que para a pergunta enfática pelo sentido do ser. Nas duas vezes Heidegger afirma que não há compreensão para o sentido das perguntas — mas mesmo assim elas são feitas por toda parte. Na vida prática moral, enfática, nas ciências, é a indagação semântico-metodológica.

Heidegger deve pretender algo especial, apenas ainda não sabemos o que. Habilmente ele constrói a tensão, para finalmente apresentar a sua tese. Exatamente na pesquisa do ser humano torna-se claro que as ciências não têm clareza a respeito do sentido em que fazem o ser humano ser *ente*. Fazem como se se pudesse divisar o ser humano como um todo, como outros objetos presentes no mundo. E com isso seguem uma tendência espontânea do dasein, *de compreender o próprio ser partindo do ente com o qual ele se relaciona na essência constante e imediatamente, isto é* do mundo (SuZ, 15). Mas isso é uma automistificação do dasein, de que enquanto ele viver nunca está concluído, inteiro e encerrado como seu objeto, mas sempre aberto para o futuro, cheio de possibilidades. Do dasein faz parte o *ser-possível* (Möglich-sein).

Diferentemente do resto do ente, o ser humano tem uma relação com o seu próprio ser. A isso Heidegger chama *existência* (Existenz). Existência — como já mostrei na interpretação, de 1922, de Heidegger sobre Aristóteles — tem um sentido transitivo. Ao instransitivo no dasein Heidegger chama o ser-lançado: *acaso jamais um dasein como ele-mesmo decidiu livremente sobre..., se quer chegar ao dasein ou não?* (SuZ, 228). Mas quando estamos-aí — intransitivamente —, não podemos evitar de viver transitivamente o que é intransitivo em nós. Pelo que nos tornamos intransitivamente, e podemos e temos de ser transitivamente. Mais tarde Sartre encontrará a fórmula para isso "fazer algo com aquilo que nos fizeram ser". Somos uma relação de mesmo e com isso simultaneamente uma relação de ser. *A característica* (Auszeichnung*) ôntica do dasein consiste em que ele* é *ontologicamente* (SuZ, 12).

A expressão *ôntico* designa tudo o que existe. A expressão *ontológico* designa o pensar curioso, espantado, assustado, sobre o fato de que eu existo e que qualquer coisa exista. Ontológica, por exemplo, é a inimitável frase de Grabbe: "uma vez no mundo, então só como funileiro em Detmold!". Dasein ou existência significam pois: nós não apenas somos, mas percebemos *que* somos. E nunca estamos acabados, como algo presente, não podemos rodear a nós mesmos, mas em todos os pontos estamos abertos para um futuro. Temos de conduzir a nossa vida. Estamos entregues a nós mesmos. Somos aquilo que nos tornamos.

Já de início, na pergunta: como falar adequadamente do dasein? Heidegger tem em mira o tempo.

Olhando para o tempo como para um horizonte aberto, percebemos que muitas coisas incertas nos aguardam, uma com toda a certeza: o grande *passar*, a morte. Nós a conhecemos, não apenas porque outros morrem, mas porque a cada momento podemos vivenciar o "passar": o rio do tempo — tantas pequenas despedidas, tantas pequenas mortes. Temporalidade é a experiência do passar presente, futuro, e finalmente mortal.

Os dois aspectos da temporalidade — final e inaugural, o ser para a morte e o *ser-possível* — são um duro desafio para o dasein. E por isso — com o que o círculo se fecha e voltamos ao início — o dasein tende a lidar consigo mesmo como com algo presente, que se pensa poder liquidar (fertig werden) antes mesmo de estarmos prontos (fertig sein). A objetivação científica do ser humano é para Heidegger um fugir da temporalidade inquietante do dasein. Enquanto isso as ciências apenas prosseguem na já mencionada teimosa tendência do dasein cotidiano, de se compreender *a partir do mundo*, isto é, como coisa entre coisas. Ciência é a forma culta e metodicamente executada da coisificação (Verdinglichkeit) cotidiana do dasein. Mas é nesse coração de pedra que Heidegger quer mexer.

Ele liga as duas indagações, a enfática pelo sentido do ser, e a semântica-metódica pelo sentido da expressão "ser", na tese: a tendência de lançar o dasein entre as coisas se mantém também diante da pergunta enfática pelo sentido do ser. O "sentido" é buscado como um algo (Etwas) que existe no mundo ou num transcendental imaginário, como algo presente, no qual é possível agarrar e se orientar: Deus, uma lei universal, as tábuas de pedra da moral.

Esse jeito de indagar pelo sentido como por algo presente, para Heidegger faz parte da fuga do dasein de sua temporalidade e seu *ser-possível*. A pergunta pelo sentido do ser foi feita e respondida na dimensão de uma metafísica da presença, e por isso mesmo deu errado. Hoje essa insensatez celebra com efeito uma alegre ressurreição: "faz-se sentido", há programas para conferir sentido, fala-se da precariedade das fontes de sentido, e que ele deve ser eficazmente produzido. Uma metafísica da presença bastante tola.

Não se trata aqui de uma postura teórica errônea. A indagação pelo sentido do ser, como já se comentou, nem vale mais como indagação das ciências exatas, que tiveram um avanço magnífico exatamente porque se desabituaram de fazer essa pergunta. A pergunta pelo sentido é feita pela consciência cotidiana da moral prática. Mas como compreendermos essa postura da consciência?

Faz parte do refinamento dramatúrgico de *Ser e tempo*, que só no meio da obra Heidegger faça aparecer o verdadeiro sujeito da pergunta pelo sentido do ser. O sujeito, *o quem* dessa pergunta, é uma disposição (Stimmung); nele trata-se da *situação fundamental da angústia*. Na *angústia* o dasein indaga pelo sentido do ser, pelo sentido do seu ser. O famoso parágrafo 40 é dedicado à análise da angústia. Não existem em *Ser e tempo*, apesar de Hannah Arendt, parágrafos sobre o júbilo, o amor — disposições das quais também poderia nascer a indagação pelo sentido do ser. Isso não tem a ver unicamente com a distinção filosoficamente fundamentável de determinadas impressões (Stimmungen) com relação à sua força filosófica de dedução, mas também tem a ver com o autor, com seus verdadeiros estados de ânimo e sua preferência por determinados desses estados.

Então, vamos à angústia (Angst). Ela é a rainha nas sombras entre as disposições de espírito. Deve ser distinguida do temor (Furcht). Este se dirige contra algo determinado, é pequeno. Mas a angústia é indeterminada e tão ilimitada quanto o mundo. Temos angústia do *mundo como tal*. Diante da angústia tudo cai por terra, nu, despido de qualquer importância. A angústia é soberana, ela pode tornar-se poderosa em nós — por motivos insignificantes. E como não o faria, pois seu verdadeiro contrário é o nada? Quem tem angústia, a esse mundo *não tem mais nada a oferecer, nem mesmo o* estar-junto *de outros*. A angústia não tolera outros deuses além de si, e isola em dois sentidos. Ela rompe a relação com o outro, e faz o indivíduo isolado cair fora das relações de familiaridade com o mundo. Confronta o dasein com o *isso* nu do mundo e do próprio mesmo. Mas o que sobra quando o dasein passou pelo frio fogo da angústia não é nada. O que foi queimado pela angústia revelou o cerne de fogo do dasein: *o ser-livre para a liberdade do* escolher-a-si-mesmo *e do* apreender--a-si-mesmo.

Na angústia pois o dasein experimenta *a estranheza* (Unheimlichkeit) do mundo e a própria liberdade. Assim a angústia pode ser duas coisas ao mesmo tempo: angústia do mundo e angústia da liberdade.

Essa análise foi iniciada por Kierkegaard, com quem a angústia da liberdade se tornou angústia da culpa. Kierkegaard tenta vencer a angústia com o *salto* na fé, um salto sobre o abismo. A *angústia* de Heidegger não é o prelúdio desse salto. Ele perdeu a fé na sua origem. Com Heidegger é a angústia depois do salto, quando já estamos despencando.

Naturalmente a filosofia da angústia de Heidegger também vive da disposição da crise generalizada dos anos vinte. O mal-estar da civilização — ensaio de Freud sob esse título apareceu em 1929 — estava muito difundido. A ensaística da concepção de mundo daqueles anos estava marcada pelo sentimento de desconforto de um mundo que naufragava, estava invertido ou estranho. Os diagnósticos eram sombrios e inúmeras as terapias oferecidas. Buscava-se curar o todo enfermo em um ponto só. Como na política de Weimar, o centro democrático foi esmagado pelo extremismo dos que queriam mudança total, também na filosofa de crise daqueles anos preponderava a fuga para soluções extremas. Elas tinham diversos nomes: "proletariado", "inconsciente", "alma", "sagrado", "povo", etc. Naquela ocasião Carl Christian Bry examinou o mercado das filoso-fias de controle da crise em seu livro *Religiões Disfarçadas*, best-seller dos anos vinte. Quando o livro apareceu, dois anos antes de *Ser e tempo*, grassavam um fanático antissemitismo e pensamentos sobre a raça, começava a "bolchevização" no partido comunista alemão, Hitler escre-via *Mein Kampf*, em Landsberg, milhões buscavam salvação em seitas — ocultismo, vegetarianismo, nudismo, teo-antroposofia, havia muitas promessas de redenção e ofertas de orientação. O trauma da desvalorização monetária fizera florescer os negócios dos santos da inflação. Tudo pode-se tornar "religião disfarçada", dizia Bry, desde que se torne "monomaniacamente" o princípio único de interpretação e de salvação. Bry, ele próprio um homem religioso, encontrou um critério supreendentemente simples para a diferen-ça entre religião e religião-sucedânea. Uma religião de verdade educa por temor ao inexplicável do mundo. Na luz da fé, o mundo se torna maior, também mais obscuro, pois preserva seu mistério, e o ser humano compreende--se como parte disso. Permanece incerto quanto a si mesmo. Para o mono-maníaco da "religião disfarçada", porém, o mundo encolhe. "Ele encontra em tudo e em cada coisa apenas a confirmação da sua opinião", que defende com o ardor da fé contra o mundo e contra suas próprias dúvidas.

Ser e tempo fazia parte dessa disposição de crise, mas distinguia-se do gênero em questão porque ali não se oferecia terapia. Em 1929 Freud introduzira seu diagnóstico sobre *O mal-estar na civilização* com as palavras: "Assim falta-me o ânimo para aparecer diante dos meus semelhantes como profeta, e aceito a sua acusação de que não sei trazer-lhes consolo, pois no fundo é o que todos pedem". Essas palavras também servem para o empreendimento heideggeriano. Também ele pensa a partir da experiência do mal-estar e nega-se a aparecer como profeta e "trazer consolo".

Porém com a enfática pergunta sobre o *sentido do ser* certamente se despertavam tais expectativas. E foram despertadas — mas não realizadas. Faz parte da mensagem de *Ser e tempo*, que diz: *Não há nada por detrás, que essa expectativa tivesse de ser decepcionada. O sentido do ser é o tempo; mas o tempo não é uma cornucópia de dádivas, ele não nos dá apoio nem orientação. O sentido é o tempo, mas o tempo não nos dá sentido.*

Na análise do dasein de Heidegger a angústia é o centro da vicissitude: saímos das relações nas quais até ali nos *estabelecíamos vivendo* (festgelebt). As análises que precedem o capítulo sobre a angústia têm como tema o dasein estavelmente estabelecido em seu mundo. Vê-se que a angústia, por deixar escapar o mundo e nessa medida ser um fenômeno de distanciamento, é mais fácil de descrever do que esse *ser-no-mundo* do dasein cotidiano, singularmente não distanciado e estabelecido. Se o queremos tornar transparente, é preciso de certa forma "participar" desse movimento não distanciado do dasein, e não o podemos colocar em uma perspectiva fora disso. Exatamente aqui vale o princípio fenomenológico: não se deve falar "sobre" o fenômeno, mas é preciso escolher uma postura que permita ao fenômeno *mostrar-se*.

Nesse sentido a filosofia pecou muito até aqui. Ou descreveu como a consciência surge do mundo (naturalismo), ou como o mundo é constituído pela consciência (idealismo). Heidegger procura um terceiro caminho. Seu ponto de irrupção é original mas também forçado: é preciso começar no *ser-em* (In-Sein). Pois "fenomenalmente" eu não experimento primeiro a mim mesmo e depois ao mundo, nem ao contrário primeiro ao mundo e depois a mim mesmo, mas as duas coisas são dadas na experiência numa ligação indissolúvel. A fenomenologia chamara essa experiência de "intencionalidade". Para Heidegger era a mais importante ideia da fenomenologia, mas que ele concebe como *relação-de-mundo* do dasein e não apenas, como Husserl, como dispositivo consciente.

A análise do *ser-em* leva a bizarras complicações na terminologia. Pois cada depoimento conceitual tem de evitar recair na separação tão evidente entre sujeito e objeto, e na escolha de um ponto de vista "subjetivo" (interior) ou "objetivo" (exterior). Assim surgem as construções vocabulares com hífen, para designar os dispositivos numa ligação indissolúvel. Alguns exemplos. *Ser-no-mundo* (In-der-Welt-sein) significa: o dasein não se defronta com um mundo mas sempre já se encontra diante dele. *Ser-com-outros* (Mit-sein-mit-anderen) significa: o dasein já se encontra sempre em situações comuns com outros. *Ser-adiante-de-si* (Sich-vorweg-sein): o dasein não olha eventualmente do *ponto de vista* do agora, mas olha para o futuro constantemente providenciando (besorgend). Essas expressões mostram o caráter paradoxal de todo o empreendimento. Análise, afinal, significa que algo é desmembrado. Mas Heidegger, analisando os efeitos da análise, tenta revogar outra vez a separação em partes e elementos. Heidegger mete as mãos no dasein como numa colônia de algas. Não importa onde as pegamos, sempre as teremos de retirar como um todo. Esse esforço de pegar algo individual e sempre retirar junto o todo a ele ligado leva por vezes a uma involuntária autoparódia. Assim, por exemplo, *a preocupação* (Sorge) é determinada como *já-estar-antecipado-a-si-em (um mundo) como ser-com (ente que encontra dentro do mundo)* (SuZ, 327).

A complicação da linguagem deve se adequar à complexidade do dasein cotidiano. Na preleção *Prolegômenos da história do conceito de tempo*, do verão de 1925, Heidegger diz: *se aqui somos obrigados a introduzir expressões pesadonas e talvez nada bonitas, não é brincadeira minha nem preferência especial por uma terminologia própria, mas é a coerção dos próprios fenômenos... Se muitas vezes emergem formulações desse tipo, não nos devemos chocar. Não há nada de belo nas ciências e muito menos talvez na filosofia* (GA 20, 204). Além disso a terminologia especial — analogamente ao processo brechtiano — é uma técnica de estranhamento, pois o que ali se examina *não é coisa estranha e desconhecida, mas ao contrário a mais próxima,* e por isso *conduzindo a uma visão errônea* (GA 20, 205). Até aqui trata-se de uma linguagem calculada. Ela diz o evidente de um modo que até filósofos o possam compreender. Nessa medida a linguagem também transmite os esforços da filosofia na pesquisa da vida cotidiana, à qual via de regra até agora procurou evitar. *O onticamente mais próximo e conhecido é o ontologicamente mais distante, desconhecido e... ignorado* (SuZ, 43).

Heidegger chama a análise do ser de *análise existencial* e as determinações fundamentais do dasein de *existenciais* (Existenzialien). Muitos mal-compreendidos ligaram-se a esse conceito. Mas ele se formou simplesmente por analogia com o conceito tradicional da categoria. A filosofia tradicional habitualmente chamou as determinações fundamentais de seus "objetos" de categorias, como por exemplo espaço, tempo, expansão, etc. Como para Heidegger o dasein não é um "objeto" presente mas é *existência*, ele não designa as determinações fundamentais de categorias, mas antes as *existenciais*.

Portanto Heidegger começa a sua análise do dasein com o *ser-em*, porque o próprio dasein começa com ele. O *ser-em* não significa apenas que estamos em alguma parte, mas que sempre lidamos com algo, sempre temos a ver com algo.

Radical é sabidamente quem vai até as raízes. Para Marx a raiz do ser humano era o ser humano que trabalha. O *lidar com alguma coisa* de Heidegger como determinação fundamental do ser humano é ainda mais abrangente do que "trabalhar". Marx definira trabalho como "troca metabólica com a natureza". Em Heidegger o *lidar com* também se relaciona como *mundo-em-torno* (objetual, natural), mas igualmente com o *mundo-do-si mesmo* (Selbswelt) e o *mundo-com* (Mitwelt) (sociedade).

A abordagem de Heidegger é pragmática, pois o agir, que é o que significa o *lidar com*, vale como dispositivo fundamentador do dasein.

Pragmática também é a ligação de agir e reconhecer. Na terminologia heideggeriana: o *lidar-com* primário tem a sua *circumvisão* (Umsicht) que sempre faz parte dele. Por isso também é errado querer compreender a partir de si mesma a consciência que reconhece. Isso dirige-se contra a pesquisa da consciência fenomenológica de um Husserl. Como o reconhecer brota da lida prática com o mundo, tem de ser investigado também a partir da atividade vital prática.

Isso será um retorno ao princípio materialista bem conhecido "o ser determina a consciência"? Objeção de Heidegger: se deixarmos a consciência ser determinada pelo ser, pressupomos que sabemos o que é o ser. Mas não sabemos isso, indagamos por isso, diz Heidegger. Só podemos observar cuidadosamente e descrever fenomenologicamente como o *mundo-em torno*, o *mundo-com* e o *mundo-do-si mesmo* encontram o dasein.

Em seguida ele pergunta: como e com o quê encontro o mundo-em--torno objetual? Encontro como *instrumento* (Zeug) com o qual tem determinada *ligação* no círculo de minha atividade.

Exemplo: não percebo como uma tábua laqueada a porta que eu habitualmente abro. Quando estou familiarizado com ela, nem a percebo. Eu a abro para ir ao meu escritório. Ela tem seu "lugar" no meu espaço vital, mas também no meu tempo vital: ela desempenha determinado papel no ritual de meu cotidiano. Seu ranger faz parte dele, os rastros de seu uso, as lembranças que se prendem nela, etc. Essa porta, segundo a expressão de Heidegger, está *disponível* (zuhanden). Se acaso alguma vez, supreendentemente, ela estiver trancada e eu bater com a cabeça nela, perceberei doloridamente a porta como tábua dura que ela realmente é. Então a porta *disponível* (zuhanden) se tornará uma porta *simplesmente existente* (vorhanden).

As relações em que vivemos formam dessa maneira o mundo do que está *disponível*. Lá existe uma relação de significação com a qual me familiarizo agindo, mesmo sem a conhecer nos detalhes. Nós "vivemos" esses significados sem os trazermos expressamente à consciência. Só quando ocorre uma perturbação, vinda de fora ou da consciência, esse contexto vivido se desfaz e as coisas chamam atenção como algo *simplesmente existente* (Vorhanden). Mas, no *simplesmente existente*, os significados vividos do *disponível* desapareceram ou perderam as forças. Só com a transformação do disponível em presente, as coisas se tornam *objetos* no sentido estrito, que podem ser investigados em uma postura teórica.

A análise de Heidegger tenta salvar o mundo do *disponível* para o pensar, porque em geral ele *é visto com excessiva pressa* (übereilt) pelo conhecimento filosófico. Organizamos depressa demais as coisas (e pessoas) de modo a que só *existam* de uma maneira indiferente. Mais tarde Heidegger chamará a transformação do mundo em algo meramente existente de *esquecimento-do--ser* (Seinsvergessenheit), e a preservação consciente do espaço vital *disponível* torna-se uma *ligação-do-ser*, compreendida como *proximidade* (Nähe) ou como *morar junto das coisas* (Wohnen bei der Dingen). A postura correspondente chamar-se-á então *serenidade* (Gelassenheit).

198 – Heidegger - um mestre da Alemanha entre o bem e o mal

Em *Ser e tempo* porém predomina outro ideal de existência, como ainda veremos.

O dispositivo fundamental desse lidar com o mundo é o que Heidegger chama *preocupação* (Sorge). Ele dá uma ampla significação a essa expressão. Preocupação é tudo. Para explicar isso Heidegger cita a "Cura" da Antiguidade tardia — fábula de Higino. *Quando certa vez a* Preocupação *atravessou o rio, viu um terreno o argiloso: refletindo pegou um pedaço dele e começou a formá-lo. Enquanto refletia sobre o que estava criando, Júpiter aparece. A* Preocupação *pede-lhe que confira espírito à argila formada. Júpiter lhe concede isso com prazer. Mas quando ela quis dar seu próprio nome à figura, Júpiter proibiu e pediu que lhe desse o nome dele. Enquanto Júpiter e a* Preocupação *brigam por causa do nome, também a Terra (Tellus) se manifestou e quis que a figura tivesse nome dela, pois afinal ela lhe dera um pedaço de seu próprio corpo. Os litigantes chamaram Saturno com o juiz. E Saturno deu-lhes a seguinte decisão aparentemente justa: Tu, Júpiter, porque lhe deste o espírito, terás o seu espírito depois da morte, tu, Terra, que lhe deste o corpo, receberás seu corpo. Mas porque a* Preocupação *formou essa figura antes dos demais, enquanto ela viver será propriedade da* Preocupação (SuZ, 198).

Portanto *Preocupação* não significa que nos preocupamos de vez em quando. *Preocupação* é uma marca fundamental da *conditio* humana. Heidegger usa a expressão no sentido de providenciar, planejar, importar-se, calcular, prever. A relação de tempo aqui é decisiva. Só pode ser preocupada uma criatura que vê diante de si um horizonte temporal aberto e indisponível no qual tem de viver. Somos criaturas preocupadas e provedoras porque vivenciamos expressamente o horizonte temporal aberto para diante. Preocupação não é senão temporalidade vivida.

Preocupados, impelidos pelo tempo, encontramos, agindo, o mundo que, partindo da perspectiva do lidar com ele, pode ser simplesmente existente (vorhanden) ou estar disponível (zuhanden). Mas o dasein em si não é nem algo simplesmente existente nem algo disponível, mas é *existência. Existir* significa ter uma relação consigo mesmo; ter de relacionar-se consigo mesmo e com o seu ser. Como é que o ser humano exprime o seu próprio ser? Resposta de Heidegger: na *disposição* (Stimmung).

As possibilidades de dedução do reconhecer são insuficientes... em relação à dedução original das disposições em que o dasein é colocado... diante do seu ser. (SuZ, 134).

Heidegger combate enfaticamente uma automistificação tenaz da filosofia. Como filosofia é um esforço do pensar, ela atribui ao pensar a maior força dedutiva. Sentimentos e disposições seriam "subjetivos", por isso inadequados para propiciar o conhecimento do mundo, diz ele. Naturalmente os chamados "afetos" sempre foram objeto de curiosidade teórica. Puderam ser *objetos* do reconhecer, mas como *órgãos* do reconhecer via de regra não eram admitidos. Com Nitezsche e a filosofia da vida isso mudara, mas para Heidegger ainda não de modo suficientemente radical. O filosofar que partia de *disposições* teria se deixado empurrar para o *refúgio do irracionalismo*. Mau domicílio para a filosofia. *O irracionalismo — como contraparte do racionalismo — só fala olhando de soslaio daquilo para o que este é cego* (SUZ, 136).

Heidegger aborda as *disposições* diretamente — e não olhando de soslaio.

Sempre somos disposicionados *de alguma forma*. Disposição é um *sentimento de situação* (Befindlichkeit). Podemos entrar em disposições, mas essencial é que elas se instalem, se insinuem, nos rondem, nos assaltem. Não as dominamos. Na disposição descobrimos os limites de nossa autodeterminação.

Heidegger porém não examina todas as disposições possíveis, e concentra-se em algumas poucas — que servem ao seu conceito. Como disposição fundamental cotidiana ele destaca a *indisposição muitas vezes duradoura, simétrica e pálida* com sinais de *fastio* e *tédio*. E vê-se aí: *o ser evidenciou-se como um ônus* (SuZ, 134). A atividade cotidiana seria uma fuga dessa disposição. O dasein controla-se, torna-se ativo, não se permite o que a disposição anuncia. *O dasein em geral se retrai... do ser revelado na disposição* (Suz, 135).

Pode-se compreender a ontologia fundamental de Heidegger como a tentativa de cortar os caminhos de fuga do dasein. Com intensidade igualmente insistente e penetrante Heidegger aborda aquelas disposições em que se evidencia o *caráter de ônus do dasein* — pálido e cotidiano no fastio e no tédio, colorido e dramático no medo.

Mas a afirmação de que as disposições onerosas seriam as fundamentais não é convincente. Max Scheler, que à semelhança de Heidegger atribui um caráter fundamental às disposições, chega a outros resultados.

200 – Heidegger - um mestre da Alemanha entre o bem e o mal

Em sua análise *Natureza e Formas da Simpatia* (1912) explica amor e afeto, o "balouçar junto e ir junto", como situação fundamental, e inversamente julga o sombrio e o oneroso como uma perturbação e uma ausência desse traço fundamental de simpatia.

Poder-se-ia dizer simplesmente que Heidegger tomou como ponto de irrupção a disposição fundadora predominante nele, e a situação de tempos de crise de Weimar. Isso seria justificado, pois o próprio Heidegger sempre destaca a *Je-meinigkeit* e a *historicidade* da disposição. Mas apesar de *Je-meinigkeit* e *historicidade*, ele quer dar depoimentos fundamentais ontológicos justificados: não apenas o próprio dasein e o de seu tempo, mas o dasein em geral deve ser abrangido em suas disposições fundamentais.

Com sua análise do dasein, Heidegger queria levantar a pergunta pelo ser, e por isso não queria que fosse compreendida apenas como uma colaboração para a antropologia filosófica. Tanto mais chama atenção que importantes estudiosos de antropologia filosófica daquele tempo, Helmuth Plessner e Arnold Gehlen, também partem do caráter de ônus do dasein humano. Mas os dois tiram outras conclusões. Em contraste com isso, a abordagem de Heidegger fica especialmente nítida. Plessner, em sua principal obra antropológica, *Degraus do orgânico e o ser humano* (1928), define o ser humano referindo-se à sua posição "excêntrica". Ele não tem um *mundo-em-torno* orgânico especial em que fique perfeitamente inserido. Ele está aberto ao mundo. Não vive como os animais, "partindo do seu meio e entrando no seu meio", mas primeiro tem de procurar e criar esse seu meio. Ele é um ser de distância, que carrega como peso a si mesmo e à sua posição excêntrica. Pois esta o enreda em melindrosas contradições. Ele procura a sua posição, estabelece relações, mas não consegue entregar-se inteiramente a elas. Sempre volta a cortar essas ligações vivenciando-se por dentro como criatura reflexiva. Ele age dentro do mundo e se reflete para fora dele. Portanto não é apenas excêntrico quanto ao mundo, mas também a si próprio. "Como eu que possibilita para si mesmo a total volta do sistema vivo para si mesmo, o ser humano não está mais no "aqui-agora" mas "atrás" dele, atrás de si mesmo, expatriado, no nada... Sua existência está verdadeiramente referida ao nada."

Excentricidade significa: é preciso carregar mais a vida do que ela nos carrega, ou, positivamente, é preciso conduzir a sua vida. Vida humana está sob a lei da "artificialidade natural".

A esse achado liga-se Arnold Gehlen nos anos trinta. Também para ele o ser humano está aberto ao mundo, e não se adapta instintivamente a nenhum *mundo-em-torno* especial. Essa não adaptabilidade diminuiria as chances de sobrevivência biológicas, se as carências não fossem compensadas de outras maneiras. O ser humano tem de realizar em cultura o que lhe falta como natureza. Ele tem de criar para si mesmo o *mundo-em-torno* que lhe sirva. Com isso age segundo o princípio do alívio. Como já tem de "fazer" tanta coisa, esforça-se por conformar as coisas e a si próprio de modo tal que "funcionem" com um mínimo de dispêndio em espontaneidade, energia de motivação e estímulo. O ser humano tenta pois eliminar sua excentricidade e reflexividade organizando seu mundo vital de maneira a que ele o alivie daquilo que em toda uma tradição filosófica passara por ser a essência da dignidade humana: espontaneidade, reflexividade, liberdade.

A vida torna-se mais onerada quanto mais interiorizado o ser humano. Essa interioridade via de regra é fraca demais para carregar seu mundo próprio, mas forte o bastante para fazer sentir com presunção e "inverdade". Finalmente o ser humano, que sofre pelo "hiato" dessa interioridade, cai no inevitável e deixa que a civilização o alivie do peso do dasein — mesmo que com isso tenha a sensação de perder a si mesmo. O ser humano entra em si e perde o mundo, e entra no mundo e perde a si mesmo. Para Gehlen, segue que: "O ser humano só pode manter ligação *duradoura* consigo mesmo e o seu semelhante, de maneira *indireta*, precisa, renunciando a si, reencontrar-se por um desvio, e aí estão instituições. E são com efeito... essas formas produzidas pelo ser humano, em que o espiritual... objetivado, se enreda com o curso das coisas e exatamente só por isso perdura. Assim pelo menos os seres humanos são queimados e consumidos pelas suas próprias criações, e não pela natureza crua, como os animais".

Gehlen e Plessner, como também Heidegger, começam pelo caráter de ônus do dasein e descrevem depois as técnicas culturais do alívio como necessidade elementar de sobrevivência. Heidegger também fala da evidente e predominante *tendência de considerar fácil e tornar fácil* (SuZ, 127). Mas para ele é exatamente essa tendência que priva o homem de seu *poder-ser próprio*. Como lidamos com o caráter de ônus do dasein, procurando alívio ou assumindo o ônus, isso decide sobre impropriedade e propriedade. Para Heidegger, o alívio está sob suspeita de ser uma manobra de fuga, de retração, de caducidade — de *impropriedade*. O *propriamente* herói carrega como Atlas o peso do mundo e ainda deverá ser capaz da habilidade de andar ereto e de ter um projeto audacioso de vida.

Além do famoso capítulo sobre a morte, são as análises sobre propriedade e impropriedade que criam grande publicidade para essa difícil obra nos anos vinte. A descrição de Heidegger do mundo da vida (Lebenswelt) impróprio tem um nítido traço de crítica ao seu tempo, embora ele sempre tenha negado isso. Seja como for, crítica à massificação e urbanização, à vida pública nervosa, à indústria da diversão que cresce poderosamente, ao cotidiano frenético, à popularidade novelesca da vida espiritual, entra na sua descrição de um dasein que não vive a partir de seu próprio *poder-ser* mas é vivido pelo *a gente* (Man): *cada um é o outro e nenhum é ele mesmo* (SuZ, 128).

Esse mundo do *a gente* foi por vezes descrito ainda mais insistente e precisamente por outros autores dos anos vinte. Robert Musil em *O homem sem qualidades*: "'É preciso valorizar quando um homem hoje ainda tem o desejo de ser algo inteiro', disse Walter. 'Isso não existe mais', opinou Ulrich. 'Basta dar uma olhada num jornal. Ele está cheio de uma imensurável obscuridade. Fala-se de tantas coisas, que ultrapassam a capacidade de pensar de um Leibnitz. Mas a gente nem nota isso. A gente ficou diferente. Não existe mais um ser humano inteiro diante de um mundo inteiro, mas um algo humano move-se em um líquido nutriente geral'".

Walter Mehring em sua canção *Êpa, estamos vivos!*: "Neste hotel na terra/hospedava-se a nata da sociedade/e com gestos leves/sustentava o grande ônus da vida!"

Vicki Baum em seu bem-sucedido romance *O hotel*, de 1931, diz: "Quando você sai, vem outro e se deita na cama dela. Fim. Sente-se umas horinhas no saguão e observe bem: mas as pessoas nem têm rosto! São só simulacros, todos juntos. Estão todos mortos e nem sabem..."

O *a gente* de Heidegger também é um desses simulacros: *a gente com que se responde à indignação pelo* quem *do dasein cotidiano, é ninguém, ao qual todo o dasein já se entregou na reciprocidade* (SuZ, 128).

As descrições de Heidegger da modernidade de Weimar impressionam exatamente pelo ambiente em que foram colocadas. Isso faz com que o trivial e o cotidiano tenham a sua grande cena no palco organizado pela ontologia fundamental. Ele tem o papel principal no drama de nossa existência. E por isso Heidegger também não quer ser compreendido como crítico de seu tempo, pois crítica seria algo ôntico, e ele se interessa pelo ontológico.

Esses *ninguéns* encenam uma peça espectral no palco de Heidegger. São máscaras, mas não há nada por trás delas. Nenhum si mesmo. Onde ficou o si mesmo? Impropriedade é um estado de afastamento, de separação ou estranhamento do mesmo próprio? O verdadeiro si mesmo aguarda em nós ou atrás dos bastidores, para finalmente voltar a ser realizado (verwirklicht)? Não, diz Heidegger. A impropriedade seria a forma *original* de nosso dasein, e não apenas no sentido do (oticamente) habitual, mas também do ontológico. Pois a *impropriedade* é um existencial como o s*er-em (*In-Sein). Estamos sempre numa situação em que andamos muito ocupados. Isso já foi mencionado no exemplo do *mundo-em-torno*, mas naturalmente também vale para o *mundo-com* (Mitwelt) e o *mundo de si mesmo* (Selbstwelt). Isso significa: O dasein *imediatamente* e *geralmente* não está consigo mesmo, mas lá fora com suas ocupações e com os outros. *Primeiro eu não sou eu no sentido do própro mesmo, mas os outros à maneira do a gente... Primeiro o dasein é a gente, e geralmente permanece assim. Quando o dasein descobre por si o mundo e o aproxima de si, quando e ele mesmo descobre o seu ser próprio, então realiza-se essa descoberta de* mundo *e descoberta do dasein sempre como afastamento dos encobrimentos e obscuridades, como quebra das dissimulações com as quais o dasein se fecha para si mesmo* (Suz, 129).

Já conhecemos um momento em que as *dissimulações* se quebram e se revela o *ser próprio*: é o momento do medo. O mundo perde sua importância, aparece como "isso" nu sobre o pano de fundo do nada, e o próprio dasein sente-se exilado, não protegido, nem conduzido por nenhum sentido objetivo. A irrupção para o *ser próprio* acontece portanto como choque de contingência como a experiência: não há nada por trás. Heidegger formulou mais claramente essa vivência de iniciação para uma filosofia da propriedade na conferência de posse em Freiburg, de 1929, do que em *Ser e tempo*. Lá ele diz que filosofia só começa quando temos a coragem de *deixar o nada acontecer*. Olho no olho com o nada percebemos que não somos apenas "algo" real, mas que somos criaturas criativas, que podem fazer algo brotar do nada. Decisivo é: o ser humano pode experimentar-se como lugar onde do nada surge algo, e do algo surge o nada. A angústia nos conduz a esse ponto de transição. Ele nos confronta com o *ser-possível*, que somos todos nós.

A análise da angústia de Heidegger não tem expressamente o medo da morte como tema. Pode-se dizer, antes, que seu tema é o medo da vida, de uma vida que subitamente se torna presente a nós em toda a sua contingência. A angústia evidencia que a vida cotidiana está fugindo de sua contingência. Esse é o sentido de todas as tentativas de se *estabelecer na vida*. Podia-se pensar que *a gente* é apenas todo mundo, mas são também os filósofos. Pois esses, diz a crítica de Heidegger, instalam-se na vida em suas grandes construções, seus mundos de valor e seus *mundos-por-detrás* (Hinterwelt) metafísicos. Também a filosofia em geral está ocupada removendo o choque da contingência, melhor ainda, em nem o admitir. E agora, a própria *propriedade*. Ela é a negação da negação. Ela resiste à tendência para a fuga, para a retração.

Propriedade está voltada para nada. Ela significa vir ao mundo mais uma vez. Propriedade não descobre novos territórios do dasein. Tudo pode permanecer e provavelmente vai permanecer como era, só a postura em relação a ele mudou.

Se a angústia é a vivência de iniciação da propriedade, então o famoso *precursor da morte* já faz parte do sucesso dessa propriedade. Por isso o capítulo da morte tem seu lugar no dispositivo artificial de *Ser e tempo* na seção sobre possível *ser-inteiro do dasein* — outro termo para a *propriedade*.

Também na relação com a morte, Heidegger escolhe como contraste a compreensão cotidiana da morte, que pode ser assim formulada: *a gente também morre no final, mas de momento não somos atingidos* (SuZ, 253). Enquanto vivemos, a própria morte *ainda não existe para nós mesmos e por isso não nos ameaça* (SuZ, 253).

Não seria muito original, filosoficamente, se Heidegger quisesse enriquecer a milenar tradição do *memento mori* com mais uma pregação de penitência e conversão. Ele alude a isso quando cita o texto do final da Idade Média, de Johannes Tepl, *O lavrador da Boêmia*: "Assim que chega na vida, o ser humano tem idade suficiente para morrer".

Heidegger quer descrever fenomenologicamente as diversas maneiras como somos, na vida, atingidos pela morte, não num discurso comovido mas com uma terminologia muito bem equipada, objetivamente distanciada. Ao mesmo tempo sentimos aqui a excitação que indica que nos encontramos nas zonas quentes do filosofar. A morte, diz Heidegger, não é fim da vida mas o *ser-para-o-fim*, ela não está à nossa frente como a derradeira horinha, mas está *dentro* da nossa vida, pois sabemos do nosso morrer. A morte é a *possibilidade* sempre à nossa frente, e como tal é a *possibilidade da impossibilidade da própria existência*. Embora todos sejamos atingidos pela morte, cada um tem de morrer a sua própria morte. De nada lhe adianta a ideia da comunidade desse destino. A morte individua-liza ainda que se morra em massa. A tentativa de a compreender como a fronteira absoluta tem de compreendê-la ao mesmo tempo como fronteira da compreensão. A relação com a morte é o fim de toda a relação. O pensar na morte é o fim de todo o pensar. Na ideia da morte Heidegger quer apanhar o rasto do mistério do tempo: a morte não é um acontecimento *no* tempo, mas o fim do tempo. Como acontecimento "no" tempo, a morte aparece quando sei da morte dos outros. Então fico sob a sugestão do tempo espacializado (verräumlicht). O espaço temporal é tão espaçoso que, depois da morte do outro eu ainda tenho espaço dentro dele. Essas imagens espaciais do tempo nascem do pensar impróprio no tempo. Não se pensa no tempo próprio, fato de que o irreversível movimento do tempo, o grande *passar*, passa através de mim. As imagens espaciais impróprias tomam o tempo como algo simplesmente existente.

Recordo aqui que Heidegger distinguira o ente (Seiend) do simplesmente existente (Vorhanden) como existência. No contexto da análise da morte essa distinção se torna especialmente premente. O simplesmente existente é o espacializado. Dasein humano porém é tempo renunciado, suportado, vivido até o fim. À *presença* opõe-se o *ter-passado*. As coisas são *no* tempo, mas o dasein tem seu tempo, ele se *temporaliza* (Zeitigt); e como isso é uma exigência para a necessidade de segurança e estabilidade, existe essa poderosa tendência de autocoisificação da vida. Gostaríamos de repousar no tempo como as coisas. Os consoladores pensamentos de imortalidade oferecem a força do espaço duradouro contra o tempo passageiro.

A pergunta feita no início, pelo sentido do ser do ponto de vista do pensar a temporalidade, aparece de repente numa nova luz. Reconhecemos em que sentido em geral se faz a indagação pelo sentido, isto é, indagando por um sentido persistente ou pelo sentido do que persiste. Contra esse persistir, contra a secreta e sinistra sugestão de espaço é que Heidegger pensa. O sentido do ser é tempo — isso significa: ser não é nada persistente, é algo passageiro, não é nada presente, mas acontecimento. Quem realmente ousa pensar a sua própria morte, descobre-se como verdadeiro acontecimento do ser. Essa descoberta já é quase a mais alta medida de autotransparência que o dasein consegue atingir para si mesmo. Se autoencobrimento é impropriedade, então a autotransparência é um ato da propriedade. Mas como a filosofia de Heidegger trabalha com essa autotransparência, compreende a si mesma como tal ato de propriedade.

Muitos intérpretes de *Ser e tempo* se esforçam por purificar ontológico--fundamentalmente a filosofia da propriedade de Heidegger de qualquer ética, só para rejeitar a suspeita de que pudesse haver uma relação entre essa *propriedade* e o futuro engajamento de Heidegger com o nacional--socialismo. Mas esse esforço violenta inadmissivelmente o formalismo dessa filosofia da propriedade. Pois Heidegger declarou expressamente que *a concepção de existência própria é fundamentada por um ideal fático do dasein* (SuZ, 310).

Esse ideal no começo é negativamente determinado. O dasein então é próprio quando tem coragem de depender de si mesmo e não confiar no que Heidegger chamava a "moralidade substancial" de estado, sociedade e moral pública; quando ela pode renunciar às ofertas de alívio de parte do mundo do *a gente* e consegue reunir forças para se recuperar da *perdição*; quando não brinca mais com as mil possibilidades que existem mas agarra o *ser-possível* que somos nós mesmos.

Quando Heidegger, o grande intérprete de Aristóteles, posiciona a sua ética da propriedade contra a ética do público, tem de afastar-se da tradição aristotélica de uma ética prática da vida pública. Aristóteles, ao contrário de Platão, trouxera a "filosofia do bem" de volta para o chão da realidade social de seu tempo. Reabilitara o costumeiro e o comum. O bem moral para ele não se obtinha pelo afastamento do socialmente vigente, mas apenas na ligação com ele.

Para Aristóteles e para a tradição que parte dele até o pragmatismo ético e a teoria da razão comunicativa, vale como ponto de partida e padrão de orientação para vida bem-sucedida e eticamente responsável, exatamente aquele território que Heidegger designa o mundo do *a gente*.

Quando o *eu-mesmo* se desliga outra vez do *a gente* recuperando-se para si próprio, aonde é que chega? Resposta de Heidegger: chega à consciência da mortalidade e do tempo, à compreensão da inconfiabilidade de toda a providência civilizatória do dasein e, sobretudo, na consciência do próprio *poder-ser*, portanto na liberdade, no sentido de espontaneidade, iniciativa, criatividade. É um local de chegada ao qual também Gottfried Benn quer chegar por outras vias. No poema *Destilação* ele diz: "Deixo-me esboroar,/permaneço perto do fim,/então entre escombros e fardos/aparece uma grande hora".[27] Em Benn o dasein que chega de si mesmo tem de "esboroar-se" primeiro, em Heidegger tem de se arrancar, e não encontra chão debaixo dos pés mas um abismo de liberdade e também uma "grande hora".

Na espetacular disputa com Cassirer em 1919 em Davos, Heidegger esclarecerá que *o ser humano só em bem poucos momentos existe no ápice de suas próprias possibilidades* (K, 290).

Na propriedade heideggeriana com efeito não se trata primeiramente do agir bom e eticamente correto, mas da abertura de chances para grandes momentos, trata-se do aumento de intensidade do dasein; mas na medida em que também se trata do ético, as reflexões de Heidegger sobre *Ser e tempo* se podem formular numa frase: faz o que queres, mas decide por ti mesmo e não deixes que ninguém te roube a decisão e com isso a responsabilidade. Os universitários que naquele tempo parodiavam Heidegger dizendo: "Estou decidido, só não sei sobre o quê", tinham compreendido muito bem o decisionismo heideggeriano, mas também o

---

27 *Ich lasse mich zerfallen,/ich bleibe dem Ende nah,/dann steht zwischen Trümmern und Ballen/eine grosse Stunde da.* (N. da T.)

interpretavam mal. Compreenderam-no porque Heidegger realmente falava de uma decisão sem nomear conteúdos ou valores pelos quais a gente pudesse se decidir. Mas o interpretavam mal na medida em que deviam ter esperado da filosofia dele tais indicações e orientações. Essa postura de expectativa é o que Heidegger quer decepcionar expressamente. Ela faz parte da maneira imprópria de fazer filosofia. Filosofia não é a instância de informações morais, pelo menos com Heidegger ela é o trabalho de desmontar e desfazer objetividades éticas fictícias. O que resta depois desse trabalho é com efeito um nada — medido pela rica tradição do pensar ético.

Segundo bom costume filosófico-moral, Heidegger também aborda a consciência, mas apenas para comprovar lá esse nada em determinações concretas. A consciência nos convoca para a propriedade, mas não nos diz o que fazer para sermos próprios. *O que é que a consciência clama ao conclamado? Rigorosamente nada...* Nada *se conclama ao próprio conclamado, mas é* convocado *para nele mesmo quer dizer, para o seu mais íntimo poder-ser* (SuZ, 273).

Heidegger não receia a acusação de formalismo. Na conferência de Marburg, *O conceito do tempo*, ele aponta para o formalismo da filosofia moral de Kant, que sabidamente não elaborou nenhuma outra máxima moral senão aquela de que no próprio agir deve-se atentar para a razão do outro, isto é: a sua liberdade. Dito de modo popular: o que não queres que façam a ti, não o faças ao outro.

Análogo ao postulado kantiano do respeito mútuo pela razão e liberdade, Heidegger desenvolve o seu princípio do respeito mútuo pelo dasein do outro: *o ente com o qual o dasein se porta como* ser-com *porém não tem o* modo-de-ser *da coisa disponível, é ele mesmo dasein. Esse ente não é providenciado, mas está na previdência* (Fürsorge) (SuZ, 121).

Heidegger escolhe uma formulação descritiva que, porém, na verdade contém um convite. Pois essa *previdência* não designa a maneira cotidiana, socialmente habitual com que as pessoas lidam umas com as outras, mas como deveriam "propriamente" agir umas com as outras. *A previdência, que diz respeito essencialmente à própria preocupação — isto é, à existência do outro e não um o que que ele providencia, mas ajuda o outro a tornar-se* transparente para si em sua preocupação e livre *para* ela (SuZ, 122).

No gesto de descrever Heidegger formula aqui seu imperativo categórico: faz parte da propriedade não fazer nem a si mesmo nem ao outro de coisa (Ding), de *instrumento* (Zeug). E também a *decisão em favor de si mesmo*, novamente oculta debaixo de uma formulação descritiva, é presa a uma exigência moral. Essa determinação deve abrir a possibilidade *de deixar outros que* são-com serem *em seu mais próprio* poder-ser... *Do próprio* ser-mesmo *da determinação brota o* ser-junto *próprio* (SuZ, 298).

Mas por enquanto o que poderia ser o *ser-com próprio* permanece tão indefinido quanto o *ser-mesmo* próprio. A única informação aqui é novamente negativa. O *ser-junto* (Miteinandersein), bem como o *ser-mesmo* têm de encontrar seu caminho para fora *da perdição para o* a gente. Será concebível uma erupção (Ausbruch) e irrupção (Aufbruch) coletiva que saia da impropriedade?

Muitas vezes se equiparou a distinção de Heidegger entre o *ser-com* próprio e impróprio com a distinção entre sociedade e comunidade, como fez Ferdinand Tönnies no livro do mesmo nome. A obra aparecera em 1887, mas de início não teve influência. Nos anos vinte tornou-se um best-seller sociológico e colocou à disposição da crítica conservadora da moderna sociedade de massas os conceitos mais importantes. Segundo ela, comunidade vale mais do que sociedade. Comunidade significa "organismo vivo" e convívio "duradouro e legítimo". Sociedade é um "agregado e artefato mecânico" e produz apenas um convívio "transitório e aparente". Na comunidade os seres humanos estão "ligados apesar de toda a separação", na sociedade são "separados apesar de toda a ligação".

Mas na verdade o *ser-juntos* (Miteinandersein) próprio de Heidegger não coincide com a representação de comunidade. Pois faz parte da imagem de comunidade que o indivíduo queira se livrar de seu ônus de distância, sua solidão, sua individualidade. Mas a propriedade de Heidegger recusa qualquer conformismo. Como ele estimula o dasein ao seu poder-ser *irrepresentável* (unvertretbar), o que quer dizer individual, uma comunidade de homogeneidade densa deveria lhe parecer suspeita. Mas de sua ética da propriedade, Heidegger tirará outras consequências políticas. Ele compreenderá a revolução nacional-socialista como irrupção coletiva saindo da impropriedade, e por isso vai-se ligar a ela. Mas essas consequências não se produzem coercitivamente da visão de mundo de *Ser e tempo*. Outros tiraram disso outras consequências. A ontologia fundamental de Heidegger, bem como a sua filosofia da propriedade são suficientemente imprecisas para dar espaço a diversas opções em assuntos políticos. Heideggerianos da primeira hora como Herbert Marcuse, Jean-Paul Sartre, Günther Anders, Hannah Arendt, Karl Löwith, são exemplos disso.

Mas não pode haver dúvida de que, apesar da sua ontologia da liberdade, em *Ser e tempo* Heidegger se reconhece adversário da democracia pluralista. Ele não tem compreensão para o princípio da coisa pública democrática. *Ela* (a coisa pública) *regula primeiramente toda a explicação de mundo e do dasein, e tem razão em tudo. E isso não... porque disponha de uma transparência do dasein expressamente adequada, mas devido ao não aprofundamento* nas coisas, *porque é insensível a todas as diferenças de nível e de legitimidade* (SuZ, 127).

O que Heidegger censura aqui na coisa pública democrática não é senão o seu princípio dispositivo. Com efeito fazia parte dela que todas as opiniões e ideias tivessem acesso a ela, não importando se lá dispunham da *transparência do dasein*. Faz parte desse tipo de vida pública que nela os seres humanos apareçam em toda a sua mediocridade e "falta de nível" e possam tomar a palavra, seja ela legítima ou não. Tal existência pública, pelo menos segundo sua ideia, é um reflexo da vida, por mais trivial e desimportante — ilegítima — que seja. E também faz parte dela que as verdades tenham de suportar ser rebaixadas a mera opinião no mercado de opiniões. A coisa pública democrática é com efeito um campo de exercícios do *a gente*.

É sabido que os mandarins acadêmicos marcados por tradição apolítica ou antidemocrática só em raros casos podiam travar amizade com a democracia de Weimar. Eles desprezavam o que fazia parte da demoracia: o irrupcionismo, a multiplicidade de opiniões e estilos de vida, a relativização mútua das chamadas "verdades", a mediocridade e a normalidade não heroica. Nesses meios, estado, povo, nação, passavam por ser os valores em que prosseguia viva uma substância metafísica decaída: o Estado, por cima dos partidos, eficaz como ideia ética que significa o corpo do povo; personalidades liderantes que expressam carismaticamente o espírito do povo.

No ano em que apareceu *Ser e tempo*, o reitor da universidade de Munique, Karl Vossler, bradou contra o ressentimento antidemocrático de seus colegas: "A velha insensatez sempre em novos disfarces: um politizar metafísico, especulativo, romântico, fanático, abstrato e místico... (a gente) pode ouvir suspirar como são sujos, incuravelmente sujos todos os negócios políticos, como é mentirosa a imprensa, como são falsos o gabinetes, como são maus os parlamentos, e assim por diante. Com essas lamúrias a gente se julga nobre demais, intelectualizado demais para a política".

Também o Heidegger próprio se coloca acima dos partidos e olha com desdém o negócio político.

Mas como, nesse momento político, Heidegger imagina a superação da impropriedade na esfera política? *Ser e tempo* ainda não dá uma resposta conclusiva sobre isso. Pois de um lado a conversão para a propriedade permanece um ato de isolamento radical. Heidegger cita, concordando, o conde Yorck von Wartenburg: "Seria tarefa da política do Estado desfazer a opinião pública elementar e fomentar o mais possível a formação da individualidade do ver (Sehen) e do encarar (Ansehen). Então em lugar de uma chamada consciência pública — essa manifestação radical, estariam no poder novamente consciências individuais, isto é, consciências" (*cit.*, SuZ, 403).

De outro lado, também faz parte do *ser-no-mundo* o fato de que o ser humano está inserido na história do seu povo, no seu *destino* e na sua *herança*. E como a propriedade não oferece um território de ação especial com objetivos e valores particulares, mas significa na verdade uma postura modificada com relação a qualquer reino da vida, o dasein também pode-se incluir própria ou impropriamente nesse *destino* do povo. Mas como se pareceria uma assunção e prosseguimento próprios do destino de um povo, isso não se comenta mais em *Ser e tempo*. Apenas se alude ao seguinte: o dasein, também o coletivo, não encontra sua propriedade por normas, decretos, instituições, mas apenas por modelos vividos, apenas deixando *o dasein escolher seus heróis* (SuZ, 385).

Mas apesar dessas obscuras alusões a um caminho coletivo para a propriedade, em *Ser e tempo* continua predominando o traço individualista.

Uma vez Heidegger até chama sua abordagem de um *solipsismo existencial* (SuZ, 298). Nas questões decisivas da existência, cada um permanece sozinho. Nem um povo nem um *destino* coletivo pode levar o indivíduo às decisões no terreno do *poder-ser próprio*. Em relação ao *destino* coletivo importa *tornar-se clarividente para os acasos da situação deduzida*. Heidegger despede enfaticamente todos os projetos a longo prazo da ação histórica. Resta um ocasionalismo histórico. É preciso aproveitar, agarrar a oportunidade.

Por quê, para quê?

Não por um objetivo histórico que fica à distância; se existe mesmo um objetivo, ele é o próprio momento. Trata-se de uma intensificação do *sentimento-de-dasein*. Propriedade é intensidade, nada mais.

Heidegger ainda encontra seus momentos de intensidade sobretudo na filosofia. Não demorará muito, há de procurá-los também na política.

Capítulo X

Filosofia dos acontecimentos

Ser e tempo era um torso. Duas partes estavam planejadas. Nem a primeira estava pronta ainda, embora por fim, sob pressão do prazo, Heidegger trabalhasse nela dia e noite. Provavelmente era a primeira vez na sua vida que ele passava dias sem fazer a barba. Mas trabalhou pouco a pouco em todos os temas dos capítulos anunciados mas não concretizados em *Ser e tempo*. Um esboço da terceira seção da primeira parte do tema *Tempo e ser*, que ainda faltava, é apresentado no verão de 1927 na conferência *Problemas fundamentais da fenomenologia*.

A extensa segunda parte de *Ser e tempo*, que ainda estava por ver — estava prevista a destruição de ontologias exemplares em Kant, Descartes e Aristóteles —, é elaborada por Heidegger nos anos seguintes, em textos isolados ou conferências: em 1929 aparece *Kant e o problema da metafísica*; em 1938 ele faz a conferência da *Imagem do mundo* com críticas ao cartesianismo; a explicação de Aristóteles continua em conferências.

Assim *Ser e tempo* prossegue e também é concluído. Também a chamada *volta* (Kehre), mais tarde tão mistificada pela escola heideggeriana, é divisada no quadro desse projeto. Na conferência sobre *Lógica* do semestre de verão de 1928, ela é pela primeira vez nomeada como tarefa: *a doutrina analítica temporal é ao mesmo tempo* a volta (GA 26, 201).

Essa *volta* significa: a doutrina analítica do dasein primeiro "descobre" o tempo, mas depois volta sobre si mesma para o próprio pensar — sob o ponto de vista do tempo compreendido. O pensar do tempo pensa a própria temporalidade do pensar. Mas isso não no sentido de uma análise das circunstâncias históricas — aí não reside para Heidegger o cerne da temporalidade. A temporalidade do dasein, como já sabemos, realiza-se na *preocupação*. Preocupado, o dasein entra em seu horizonte temporal aberto, providenciando e provendo na busca de pontos de apoio e confiabilidades no rio do tempo. Esses pontos de apoio podem ser: trabalho, rituais, instituições, organizações, valores. Mas para uma filosofia que se "voltou" para a consciência de sua própria temporalidade, esses pontos de apoio precisam perder toda a sua dignidade substancial. Na medida em que a filosofia descobre a torrente do tempo, não pode mais deixar de se compreender como parte disso. Privada de suas pretensões universalistas e dispensadas do tempo, essa filosofia "volta" e descobre que, se o sentido do ser é o tempo, também não pode haver fuga do tempo para um ser confiável. Os caminhos de fuga são cortados; a filosofia não dá mais respostas, agora ela só pode se compreender como indagação preocupada. Filosofia não é senão preocupação em ação, *autopreocupação*, como diz Heidegger.

Por suas pretensões de sabedoria, a filosofia tem um modo especialmente difícil e obscuro de fingir para si mesma. Filosofando Heidegger quer descobrir as artimanhas da filosofia. O que afinal ela consegue fazer? Resposta de Heidegger: descobrindo o tempo como sentido, ela pode aguçar os sentidos para o coração pulsante do tempo para o *momento*. A volta: depois ser do tempo agora o tempo do ser. Mas este balança na ponta de cada momento (Augenblick).

O *momento* tem um patos singular para Heidegger. Naturalmente ele não se refere ao lugar-comum de que o tempo que flui transcorre sempre num presente, num ponto de momento. O momento não é simplesmente "dado", mas precisa ser descoberto, porque nossa habitual relação com o tempo encobre a momentaneidade com um *e-assim-por-diante* vazio ou estável. Momentaneidade não é um acontecimento (Vorkommen) mas uma realização do dasein, uma virtude da propriedade. *O momento não é senão o olhar da determinação em que se abre e se mantém aberta toda a situação de um agir.* Apresentar-se para o momento e com isso a coerção para a decisão é o que Heidegger chama de *uma possibilidade fundamental da existência própria do dasein* (GA 29/30, 224).

A descoberta e designação de Heidegger, do *momento*, fazem parte da febril curiosidade e alegria de experimentação metafísica dos anos vinte. Os esboços filosóficos da ruptura do tempo — do "escuro do momento vivido" de Ernst Bloch, ao "momento de decisão" de Carl Schmitt, do "susto repentino" de Ernst Jünger, ao "kairós" de Paul Tillich — todos, como também Heidegger, referiam-se ao momento cuja carreira começara com Kierkegaard.

O *momento* kierkegaardiano: quando Deus irrompe na vida e o indivíduo se sente chamado para a decisão, para ousar o salto na fé. Nesse momento o tempo histórico, que separa o indivíduo de Cristo, deixa de ter sentido. Aquele a quem a mensagem e a obra redentora de Cristo falam e desafiam, esse existe "simultaneamente" com Cristo. Toda a tradição cultural na qual a religião é arrastada como bem cultural e moral convencional, é queimada nesse momento existencialmente ardente. Desde Kierkegaard o *momento* se torna fanal de virtuosos religiosos antiburgueses do tipo de um Carl Schmitt, que com sua mística do momento se perde na política e no direito público, ou de Ernst Jünger, que assim se mete entre os guerreiros e os surrealistas. Contra o plano *e-assim-por-diante* da estabilidade burguesa está o prazer forte de uma infinitude intensa — no momento.

O momento assim compreendido promete uma relação com o "totalmente outro", significa uma outra experiência do tempo e a experiência de um outro tempo. Promete súbitas voltas e mudanças, talvez até chegada e redenção, mas em todo caso força uma decisão. Nesse momeno o tempo horizontal é cortado por um vertical. O momento, define Rudolf Otto em 1917 em seu influente livro, *O sagrado*, é o equivalente subjetivo de tempo para o encontro com o numinoso. Era o numinoso em qualquer figura que a vida intelectual faminta de intensidade dos anos vinte desejava. O ímpeto metafísico transforma-se no medo de que se pudesse perder o momento decisivo. "Explodiu o relógio normal de uma época abstrata", escreve Hugo Ball, em *A fuga do tempo*, enquanto encena no clube Voltaire milhares de pequenas rupturas culturais esperando a grande ruptura. O dadaísmo é um programa de treinamento para o grande momento que há de renovar tudo. Por isso a impaciência específica. "Ser dadaísta significa deixar-se lançar pelas coisas, ser contrário a qualquer sedimentação, ficar por um momento sentado numa cadeira significa pôr a vida em perigo" (*Manifesto dadaísta*). Em um ambiente espiritual e materialmente desestabilizado, a presença de espírito é o grande ideal. Presença de espírito é o senso para oportunidades. Dessa presença de espírito trata também o romance *O castelo*, de Kafka, escrito no início dos anos vinte. Nele a oportunidade perdida e a pouca presença de espírito se tornam um cenário de horror metafísico: dormindo, o agrimensor Josef K. perde um encontro com as autoridades do castelo. Talvez elas o pudessem ter salvo.

A nova objetividade, metafisicamente muito esfriada, também aposta na presença de espírito. Para Brecht o boxeador se torna uma figura de culto, ele é o atleta da presença de espírito. O bom boxeador tem instinto para os momentos em que deve se agachar ou atacar. As fantasias de motilidade da nova objetividade são dominadas por obsessões de que se pudesse perder o seu tempo como se este fosse um último trem. Um determinado tipo de diagnóstico do tempo dos últimos anos de Weimar não busca a verdade histórica no *continuum* do tempo, mas em rasgão e ruptura. Os *Rastros*, de Bloch, a *Rua de mão única*, de Benjamin, o *Coração aventureiro*, de Ernst Jünger, são exemplos disso. Para essas tentativas no todo, vale a frase de Benjamin: "O agora da cognoscibilidade é o momento do despertar". História como cratera de vulcão: ela não acontece, ela irrompe. Por isso é preciso estar a postos com rapidez de interpretação, para não ficar soterrado. Quem ama o seu momento não pode se preocupar demais com sua segurança. Os momentos perigosos pedem corações aventureiros. Como a "história do mundo avança de catástrofe em catástrofe", segundo Oswald Spengler, é preciso estar preparado para o fato de que o decisivo acontece "repentinamente", "súbito como um raio, um terremoto... E também temos de nos libertar das noções do século passado, assim como estão... no conceito "evolução".

Kierkegaard foi um dos pensadores do século XIX que iniciou o século XX no mistério do momento. Outro foi Nietzsche. O momento kierkegaardiano significava entrada do totalmente outro. O momento de Nietzsche significa saída do habitual. No momento da "grande separação" acontece em Nietzsche o nascimento do espírito livre: "A grande separação chega... de repente como um terremoto: subitamente a jovem alma fica abalada, e arrancada, extraída... ela mesma não compreende o que lhe acontece. É um impulso e uma afluência que a dominam como um comando; desperta uma vontade e um desejo de partir para qualquer lugar a qualquer peço; uma curiosidade ardente e perigosa por um mundo desconhecido incendeia-se e bruxuleia em todos os sentidos dela... um súbito susto e suspeita contra aquilo que ela amava, um raio de desprezo contra aquilo que se intitulava o seu 'dever', um desejo rebelde, voluntarioso, vulcânico, de peregrinar.

O momento de Nietzsche é intensidade aumentada, que não se conquista por contato com o absoluto, como em Kierkegaard, mas no transcender independente — "a grande separação". Um calor endógeno. Para ele não há orientação em valores supraordenados que desapareceram — "Deus está morto!" A intensidade do momento vem da liberdade, da absoluta espontaneidade. Do nada. Naturalmente tais momentos são estados de exceção. Mas só partindo dessa exceção torna-se claro o que habitualmente fica oculto na vida regular. "O normal não prova nada, a exceção prova tudo... Na exceção a força da verdadeira vida rompe a casca de um mecanismo paralisado pela repetição".

São frases da *Teologia política*, de 1922, de Carl Scmitt, que defende energicamente as decisões que "do ponto de vista normativo nasceram do nada". O poder da decisão não tem outro fundamento senão o desejo de poder; em lugar de legitimação, a intensidade de um momento primordial. Essa teoria da decisão normativamente nascida do nada, que em 1932 Paul Tillich chamou de "romantismo político", que contém em si a exigência de "criar a mãe partindo do filho, e convocar o pai do nada". Para Carl Schmitt o Estado é um estado de exceção numinoso, de efeito duradouro: o momento sagrado estatizado chamava-se, nele, de soberania. Sua definição cortante é: "Soberano é quem decide sobre o estado de exceção". Carl Schmitt admite o conteúdo teológico de seu conceito de soberania. "O estado de exceção tem para a jurisprudência um sentido análogo ao do milagre para a teologia. No milagre revela-se a soberania de Deus, no estado de exceção a do Estado".

Os amantes dos grandes momentos nos anos de Weimar são quase todos adventistas do nada, evangelizadores sem boa-nova, a postura é o conteúdo.

O momento heideggeriano em que o dasein volta da distração para si mesmo, também é um estado de exceção em que se rompe "a crosta de

218 – Heidegger - um mestre da Alemanha entre o bem e o mal

um mecanismo paralisado pela repetição" (Carl Schmitt). É ao mesmo tempo um momento no sentido de Nietzsche e de Kierkegaard: algo entra e algo brota. Na preleção sobre *Conceitos fundamentais da metafísica* (1929/30), Heidegger diz que depende de se admitir o momento *do susto interior*, que *carrega em si todo o mistério e que confere ao dasein a sua grandeza* (GA 29/30, 244).

Entrementes Heidegger voltou a Freiburg. Em 1928 é chamado para a cátedra de Husserl. Husserl lutara para ter Heidegger como seu sucessor.

Nos textos e preleções de Heidegger depois de 1928, na aula inaugural em Freiburg, em 1929, *O que é metafísica?*, nas conferências *Da essência do fundamento* (1929) e *Da essência da verdade* (1930), mas sobretudo na grande preleção de 1929/30, *Conceitos fundamentais da metafísica*, percebe-se um novo tom. A temperatura sobe. Finalmente a nova objetividade encontra seu fim também na obra de Heidegger. As descrições frias, ontológico-fundamentais, quase em tom de engenheiro, agora são postas expressamente na torrente existencialista. Heidegger começa a aquecer os seus ouvintes.

Enquanto trabalha na preleção de 1929/30 ele escreve a Elisabeth Blochmann: *minha* Preleção sobre metafísica *me dá muito trabalho; mas todo o trabalho é mais livre. A coerção do ensino, a cientificidade errônea e tudo o que liga a isso, está apartado de mim* (18.12.1929, BwHB, 34).

O que aconteceu?

Ainda na preleção *Fundamentos metafísicos iniciais da lógica*, de 1928, Heidegger enfatizara no resumo os "resultados" de *Ser e tempo*, de que a análise existencial é pura descrição, que ela fala da existência, mas não fala *para* ela. *A doutrina analítica do dasein está pois antes de toda a profecia e anúncio de concepção de mundo; ela também não é sabedoria*, ela é apenas analítica (GA 26, 172).

A análise do dasein não faz nenhuma das duas exigências que Aristóteles provou como possibilidades fundamentais do pensar ético. Ela não é nem *sophia* (sabedoria) nem *phronesis* (inteligência prática, visão). Ela não é um anúncio de concepção de mundo que aconselhe como nos devemos portar no e com o tempo. Mas também não é uma sabedoria que vise um ponto de vista além da turbulência do tempo. Ela não lida nem com verdades eternas nem com inteligências limitadas no tempo.

A análise só deve mostrar como se porta no geral com o dasein, e, sem medo de simplificar, essa preleção de 1928 coloca isso em algums *máximas* lacônicas.

Primeiro, facticamente, o dasein de imediato está sempre *distraído* em seu mundo (o corpo, a natureza, a sociedade, a cultura).

Em segundo lugar essa distração nem podia ser notada se não houvesse a *positividade e a potência* (Mächtigkeit) *originais* do dasein, que se perde na distração mas também pode voltar a recolher-se, saindo dela. Sem essa potência original nada existiria para se distrair. O fato fundamental dramático do dasein brinca entre origem e distração, e paradoxalmente a distração é mais original do que a potência original, que nunca temos mas apenas conquistamos — vinda da distração.

Terceiro, essa recuperação da distração precisa de um impulso pela evidência: do momento da verdadeira percepção; em Heidegger, é a disposição do medo, do tédio. Nessa disposição ouve-se a voz do chamado da consciência, com o qual o dasein é convocado de volta a si mesmo.

Quarto, esse *ir-e-vir* entre distração e recolhimento, entre os grandes momentos e o providenciar cotidiano, só se tornam visíveis quando conseguimos divisar o *dasein como um todo*. O *ir-e-vir* entre distração e origem é o todo, mais não há.

Quinto, esse olhar para o todo só é possível *com base em um empenho existencial extremo* do próprio filosofante (GA 26, 176). O ontólogo fundamental só pode analisar do ponto de vista *existencial* o que viveu *existencialmente*.

O que pode estabelecer o filosofante? Resposta: seu próprio medo e tédio, sua própria escuta do chamado da consciência. Um filosofar que não emprega isso nos momentos de verdadeira percepção não tem raiz nem conteúdo.

Seja o que for que significa individualmente esse *extremo empenho existencial*, certo é que a análise do dasein no sentido heideggeriano só pode ser compreendida quando também no ouvinte/leitor está em jogo esse *empenho*. Heidegger consegue desafiar de alguma maneira esse *empenho existencial*. Não pode falar apenas *da existência*, ele tem de despertar a *positividade e potencia original* no dasein dos outros. Quem quiser ouvir, e mais ainda, quem quiser compreender, tem de sentir. O filósofo não pode se limitar a *descrever a consciência do ser humano*, mas precisa dominar a arte de *invocar o dasein no ser humano*. Isso significa: as perspectivas da ontologia fundamental na verdade só se abrem *em e partindo de uma transformação do dasein humano*. Em suma: a doutrina analítica existencial, para sequer ser compreendida, precisa do engajamento existencial. Assim Heidegger precisa encontrar um caminho para convocar aqueles momentos de verdadeira perceção em seus ouvintes. Precisa de certa forma encená-los. Serão então iniciações, exercícios e meditações livres da *coerção do ensino e da cientificidade errônea*. Os momentos de verdadeira percepção — medo, tédio, chamado da consciência — têm de ser despertados nos ouvintes, para que o *mistério do dasein*, que deve habitar neles, se possa manifestar. O novo estilo de Heidegger: filosofia do acontecimento (Ereignisphilosophie). A filosofia tem de produzir por passe de mágica a situação que então se esforçará interpretar. Por exemplo, tem de dar um susto no dasein, causar-lhe medo, conduzi-lo pelo tédio, e depois poder-lhe oferecer a descoberta de que é um nada que age nessas disposicões.

Esse tom da filosofia da ação existencial teve naquele tempo um enorme efeito nos ouvintes. Heinrich Wiegand Petzet, que assistiu como universitário à aula inaugural *O que é metafísica?*, relata: "Foi como se um gigantesco raio fendesse aquele céu escurecido... as coisas do mundo jaziam ali expostas numa claridade quase dolorosa... não se tratava de um "sistema", mas da existência... Quando saí do auditório eu estava sem fala. Sentia-me como se tivesse por um momento avistado o fundo do mundo...".

É isso: Heidegger quer forçar seus ouvintes a, por um momento, olharem o "fundo do mundo".

O fundo, fundamento, todas essas frases sobre fundo suficiente, a postura científica e o sentimento cotidiano da vida — aonde quer que se olhe: por toda a parte manifesta-se a necessidade de pisar chão firme. Heidegger passa em revista com leve tom irônico as diferentes variantes de solidez e moradia (Behaustheit). Mas e como fica o nada? — pergunta ele entrementes. Quem indaga radicalmente pelo fundo e fundamentos não tem de descobrir alguma vez que o fundamento (Grund) é um abismo (Abgrund)? Que um algo só pode se apartar de nós tendo como pano de fundo o nada?

Por algum tempo Heidegger assume o papel de cientista positivista e lógico, para os quais sabidamente o nada nem existe. O cientista sempre lida apenas com um algo, e o lógico indica que o nada é apenas um artifício linguístico, uma substantivação de um juízo negativo. ("A flor não é amarela" ou "Ele não volta para casa".) Essas objeções dão a Heidegger a oportunidade de polemizar contra o *atrofiamento* (Absterben) e *desenraizamento* interiores das ciências modernas. Ela se fecharia contra experiências elementares. *A ideia da lógica mesma se dilui no torvelinho de um indagar mais primordial* (WM, 37). Heidegger permanece no rastro do nada. Mas não o pode provar com argumentos, precisa despertar uma experiência. É o momento da angústia, que já conhecemos. *A angústia revela o nada. Nós* flutuamos *na angústia. Mais explícito: a angústia nos faz flutuar porque ela faz com que o ente no todo escape* (Entgleiten) (WM, 9).

Esse *escapar* é ao mesmo tempo algo que estreita e esvazia. Esvazia, porque tudo perde seu sentido e se torna nulo. Estreita, porque o que foi anulado penetra no sentimento do *eu-mesmo*. A angústia esvazia e esse vazio estreita: o coração se crispa. O mundo exterior se coisifica, paralisado em ausência de vida, e o *eu-mesmo* interior perde seu centro de ação, despersonalizando-se. Medo é coisificação fora e despersonalização dentro. *Nisso consiste que nós mesmos — esses seres humanos entes — escapamos de nós mesmos no meio do ente. Por isso no fundo não é sinistro para* mim *ou para* ti *mas para* a gente (WM, 32).

Nesse ponto zero do medo Heidegger executa agora uma volta supreendente. A esse mergulho momentâneo no nada ele chama de *sair para fora do ente*. É um ato de transcender, com o qual se torna possível falar do ente como um todo. Naturalmente também podemos abordar o tema do todo de maneira abstrata. Formamos, meramente no pensamento, um supraconceito (Überbegriff) ou um conceito coletivo (Sammelbegriff): *totum*, o todo. Mas o todo assim compreendido não tem realidade vivida, é apenas conceito sem conteúdo. Só quando surge a sensação amedrontadora de que esse todo não tem nada em si ele se torna realidade vivida; uma realidade que não vem ao nosso encontro mas escapa de nós. Aquele a quem a realidade escapa na angústia, esse sente nisso o drama da distância. A distância amedrontadora prova que não somos inteiramente deste mundo, que somos levados acima dele, expulsos dele, não para outro mundo mas para um vazio. No meio da vida somos rodeados de vazio. Na transcendência desse espaço vazio que se abre entre nós e mundo, vivenciamos o *ser-colocado dentro do nada* (WM, 38). Cada pergunta pelo por que se nutre dessa indagação última: por que algo é e não é nada? Quem, pensando, consegue se remover, ou ao mundo, quem sabe dizer não, age na dimensão do nada. Prova que existe isso: o nada. Heidegger diz, o ser humano *é guardião do nada* (WM, 38).

Portanto, a transcendência do dasein é o nada.

Os religiosos e os filósofos do momento fazem surgir no momento o numinoso (Rudolf Otto), ou aquilo "que nos interessa absolutamente" (Paul Tillich), ou o "reino de Deus" (Karl Barth), ou o "abrangente" (Karl Jaspers). Também o momento de Heidegger conduz a uma transcendência, mas uma transcendência do vazio. A transcendência do nada. Mas a força do numinoso não desapareceu. Ela brota do singular movimento entre nada e algo, que o ser humano pode executar com consciência. Esse é o seu espaço numinoso que lhe permite vivenciar como milagre — o milagre de sequer existir alguma coisa. E não apenas isso — igualmente espantoso é nesse pano de fundo a potência criativa do ser humano: ele pode produzir uma coisa; ele se encontra com toda a contingência do *ser--assim*, mas pode configurar a si mesmo e ao seu mundo, pode deixar o ser crescer e também destruí-lo. No medo do vazio perdemos um mundo e mesmo assim vivenciamos como do nada sempre nasce outro mundo. Através da angústia podemos vir ao mundo outra vez.

Dasein significa: existir nesse espaço, nessa amplidão aberta. O espaço é aberto pela vivência do nada. A roda pode girar, porque tem "jogo" no eixo — da mesma forma move-se o dasein, porque tem "jogo", isto é, liberdade. Dessa liberdade não faz parte apenas que o dasein vivencie o nada, mas também que pode conquistar espaço dizendo não na *dureza do agir-contra* ou *na agudeza do detestar*, na *dor do fracassar* ou na *implacabilidade do proibir* (WM, 37).

Para Heidegger o não e o nada são o grande mistério da liberdade. Pois aquele espaço entre nada e algo que se abriu no dasein dá liberdade para separar, para distinguir e para decidir. *Sem revelação original do nada nem* ser-si *mesmo nem liberdade* (*ibid*).

FILOSOFIA DOS ACONTECIMENTOS – 223

O acontecimento metafísico fundamental do dasein é pois o seguinte: na medida em que o dasein pode transcender no nada, ele também pode vivenciar o ente no todo como algo que sai da noite do nada para a claridade do ser.

No verão de 1929, poucas semanas depois da conferência *O que é metafísica?*, Elisabeth Blochmann visita Heidegger em Todtnauberg. Há uma contida história de amor entre ambos. Ainda nesse fim de verão Hannah Arendt admitira em uma carta a Heidegger que ele ainda significava a "continuidade" da vida dela e lhe recordava "ousadamente" a "continuidade do nosso — deixa-me *por favor* dizer — amor". E agora, Elisabeth Blochmann. Heidegger entre as mulheres. Com Elisabeth Blochmann ele fala da *fronteira da nossa amizade*, na qual ele tocara quando a *forçara a algo* que *devia ser repulsivo* para ela. Heidegger ferira Elisabeth Blochmann, ou por aproximar-se dela demais, ou de menos. A carta obscura de 12 de setembro de 1929 admite as duas interpretações. Essa carta refere-se a um passeio a Beuron que os dois haviam feito. Tinham visitado a igreja da abadia dos beneditinos do lugar. As conversas giravam em torno do tema religião. Heidegger explicara a Elisabeth sua postura diante da igreja católica. A carta lembra essa conversa. A verdade, escreve ele, *não é coisa simples*. Ela precisa do *seu dia e sua hora, em que tenhamos o dasein inteiro*. Mais ainda: *Deus — ou como quer que o chamem — chama a cada um com voz diferente*. Não deveríamos presumir ter qualquer poder de dispor disso. Nenhuma instituição e dogma algum poderiam preservar a verdade. Tudo isso era *artifício frágil*. E então ele fala daquela situação que deve ter irritado Elisabeth Blochmann depois dessa longa conversa. Os dois tinham assistido juntos à meditação noturna, as *Completas*, na igreja da abadia, e Heidegger ficara comovido, para surpresa de Elisabeth que ainda estava sob a impressão das fortes polêmicas dele contra a igreja católica. Nessa carta ele tenta explicar sua posição. Essa experiência de Beuron haveria de *se desenvolver como semente para algo importante*, escreve ele.

A tentativa de descrever esse *importante* é quase uma paráfrase do pensamento central da preleção sobre *Metafísica* — ou talvez fosse melhor dizer: a preleção sobre *Metafísica* é uma paráfrase da experiência na meditação noturna em Beuron. Heidegger: *que diariamente o ser humano entre na noite é uma banalidade para os homens de hoje... nas* Completas *ainda existe a força primordial mítica e metafísica da noite que temos de varar constantemente para existirmos de verdade. Pois o bem é apenas o bem do mal.*

Para ele as *Completas* seriam um símbolo do *ser-colocado na noite da existência, e da necessidade interior da prontidão diária para isso.*

E então ele liga essa experiência com a sua filosofia do nada: *pensamos realizar o essencial e esquecemos que ele só cresce quando vivemos* inteiramente *face à noite e ao mal — segundo nosso coração. Decisivo é esse* negativo *com sua força primordial: não colocar* nada *no caminho da profundeza do dasein. É isso que temos de aprender e* ensinar *concretamente.*

Mas em um aspecto importante a carta vai além da conferência, pois aqui fala-se de uma dimensão da noite que a preleção sobre *Metafísica* não revela sobre o nada. Na conferência esse nada ainda não foi relacionado expressamente — como nessa carta — com o mal. Na carta se diz: temos de viver *inteiramente — face à noite e ao mal.* O fato de Heidegger falar exatamente na carta a Elisabeth Blochmann sobre o aspecto do mal no nada — terá acaso algo a ver com ele não poder deixar de se enxergar como sedutor? Em todo caso, em seu pensar o nada soa a metafísica cristã-gnóstica que para ele, naturalmente, ainda é tradição viva.

Mas há ainda um saber que o mal faz parte da *conditio humana.* Nessa tradição, que vem de Paulo passando por Agostinho e Lutero e chegando até Kant, ainda não se esquecera que cada reflexão, quer trate da compreensão do ser inteiro, da moral ou da política, tinha de abrir caminho libertando-se daquela noite que tudo fundamenta e que se chamava caos, ou mal, ou o nada. E cada claridade do pensar e da civilização destacando-se desse pano de fundo. Ela vinha da noite e era condenada a mergulhar na noite outra vez. Sabia-se que mesmo em fases de civilização aparentemente estáveis, o abismo de tentação, destruição e aniquilamento poderia voltar a se abrir a qualquer momento. Para o cristianismo antigo, ainda fortemente marcado pelo pensar gnóstico, a pergunta pelo mal no mundo era quase idêntica à indagação: O que é mundo? As definições de mundo e de mal eram quase coincidentes. Naquela ocasião, com o nascimento de Cristo, encontrara-se por algum tempo a mais eficaz resposta para a existência do mal no mundo, isto é, a crença de que estamos neste mundo mas não somos deste mundo. A plasticidade e a expressividade das antigas imagens do diabo eram sempre versões populares de um mistério e não podem nos iludir: o mal passava por ser tão insondável quanto o próprio Deus. Talvez fosse mais insondável ainda, porque o mal não forma nenhuma ordem, mas é a negação da ordem. Aqui não penetra mais nenhuma razão, motivo pelo qual no começo nos recusávamos a compreender o mal e a esclarecê-lo. Devemos resistir a ele, diziam-nos, e confiar na graça do Senhor. Era um grande problema imaginar como Deus onipotente admitira o mal. Esse problema era tão grave que toda a filosofia e teologia da Idade Média giraram em torno dele. O problema da teodiceia, da justificação de Deus perante o mal no mundo, fascinaria o pensar até na Modernidade, quando foi secularizado tornando-se problema de antropodiceia.

A velha metafísica tentara ajudar o problema da teodiceia com uma profunda reflexão sobre a liberdade humana. Dizia que, como criador do mundo, Deus fizera o homem semelhante a Ele exatamente dando-lhe a liberdade. O mal entrava no mundo através da liberdade do ser humano, ou melhor, a liberdade é aquele lugar "aberto" da criação através do qual brota o mal que fundamenta a criação como um nada ou o caos. Já para esse pensar daquele tempo, exatamente por ser livre e também poder ser criativo, o ser humano era o *guardião do nada* (Platzhalter).

Heidegger lutará sempre com esse problema, especialmente em suas interpretações do texto de Schelling sobre a liberdade, que nasce inteiramente dessa tradição de pensamento. As reflexões de Heidegger revelarão sempre como está intimamente familiarizado com a metafísica de um nada, que significa ao mesmo tempo a tentação pelo mal.

A preleção sobre *Metafísica*, diferente da carta, evita a importância ética de falar sobre o nada e a noite. Mas a carta — *o bem é apenas o bem do mal* — dirige a atenção exatamente para o problema moral de como podemos arrancar o bem do mal, como superar a noite e reencontrar o caminho para o dia. Na conferência, Heidegger fala da tendência do dasein de esconder o abismo do nada que tem à sua frente, embalando-se em falsa segurança e proteção. A angústia *dorme*, ele diz. Com relação a isso, estimula-nos para um *dasein audacioso*, que apreende o perigoso espaço da liberdade. É preciso ter atravessado a angústia antes de ter a força para se libertar dos ídolos que todos temos e para junto dos quais costumamos esgueirar-nos.

Traduzida em conceitos morais, a problemática da *Metafísica* seria: não se trata apenas de resistir ao mal, é preciso primeiro notar que existe esse mal, essa noite em nós e ao redor de nós. O problema é a pálida unidimensionalidade de nossa cultura, que se sente protegida do abismo e do mal. O homem moderno, escreve Heidegger nessa carta, faz da noite *dia, assim como compreende o dia, como continuação de uma atividade e um tumulto.*

Mas se em sua preleção sobre *Metafísica* Heidegger realmente tivesse falado do nada do mal, o estímulo para entregar-se ao nada e atravessá-lo teria assumido um cintilante duplo sentido. A fascinação pelo nada teria significado que alguém intensamente faminto, esquecido da moral, se mete com o mal como se fosse uma experiência louca e singularmente sedutora — exatamente como propagava naqueles anos abertamente o *niilismo* revolucionário de um Ernst Jünger. "Um dos melhores meios", escreve Ernst Jünger no ensaio *O trabalhador*, de 1932, "para preparar uma vida nova e mais ousada consiste na aniquilação dos valores do espírito solto e autônomo, na destruição do trabalho educativo que a Idade Média burguesa realizou no ser humano... A melhor resposta para a alta traição do espírito contra a vida é a alta traição do espírito contra o espírito; e faz parte dos mais altos e cruéis prazeres do nosso tempo participar desse trabalho explosivo".

O estímulo de Heidegger para um *dasein audacioso* vai em direção parecida, mas ainda não se fala da coragem para o mal, do abismal prazer na amoralidade belicosa, anárquica e aventureira, mas *apenas* da coragem para o nada. O ser humano como alguém que *ocupa o lugar do nada* não precisa ser o tipo guerreiro de Ernst Jünger. Mas como devemos imaginar que seja?

Vamos para os cumes gelados de Davos, onde na primavera de 1929 Martin Heidegger fez sua aparição agora lendária com Ernst Cassirer na semana universitária de Davos. Ambos deram várias conferências diante de um grande público internacional. O ponto alto da semana foi um debate. Um grande acontecimento. A imprensa internacional chegara. Quem se considerava filosoficamente de alguma importância estava ali ou, pelo menos, se estava na planície, lia os relatos escritos, pois ainda não começara a era do rádio. Martin Heidegger estava no primeiro momento culminante de sua fama. Cassirer também era uma estrela, e muito respeitado. Sua obra principal, *A filosofia das formas simbólicas*, aparecera nos anos vinte, uma obra monumental de filosofia da cultura. Cassirer, que vinha do neokantismo, libertara-se das indagações mais estreitas de uma teoria do conhecimento científico, e nessa obra avançara para uma filosofia abrangente do espírito criativo da humanidade. Para isso Cassirer pudera utilizar as gigantescas coleções da biblioteca Aby-Warburg de Hamburgo. Ele passava por ser o grande representante de uma tradição humanista e um idealismo cultural de tendência universal. Em 1929, pouco antes do encontro de cúpula em Davos, ele assumira a reitoria da universidade de Hamburgo — primeiro judeu a ser eleito reitor de uma universidade alemã. Isso era mais notável ainda porque Cassirer defendia abertamente a república, para desgosto da maioria de professores reacionários. A convite do governo municipal de Hamburgo ele pronunciara na prefeitura da cidade o discurso solene de comemoração da constituição. Contra o preconceito vigente entre os catedráticos, de que a constituição parlamentar republicana era "anti-alemã", ele provara que o republicanismo estava já na filosofia de um Leibnitz e um Wolf, e se expressara plenamente nos textos de Kant sobre a paz. "Fato é", diz Cassirer, "que a ideia da constituição republicana como tal não é em absoluto estranha à história intelectual alemã, muito menos uma intrusa vinda de fora, mas, muito antes, nasceu no próprio solo dela e se nutriu de suas forças mais primordiais, as forças da filosofia idealista."

Esse discurso desencadeara protestos e polêmicas em Hamburgo. Cassirer, um conciliador, entrara sem querer nos encarniçados *fronts* da batalha, motivo pelo qual sua escolha como reitor foi festejada como triunfo do espírito liberal também fora dos limites de Hamburgo. Cassirer era realmente um patriota da constituição.

Esse grande senhor do humanismo político e da filosofia da cultura idealista fora pois convidado pelos organizadores do congresso em Davos como contraparte de Martin Heidegger, que por sua vez defendia o novo e o revolucionário. Os participantes lembravam-se das lendárias disputas da Idade Média, quando se defrontavam os guerreiros das tendências intelectuais mais poderosas. Um tinir de armas metafísico nas alturas de Davos, cintilantes de neve. Mas havia ainda outra reminiscência — não das profundezas do tempo, mas do espaço da imaginação.

Lá em cima em Davos, em seu romance *A montanha mágica*, surgido em 1924, Thomas Mann fizera o humanista Settembrini e o jesuíta Naphta realizarem seu grande debate. Eram arquétipos do embate intelectual daquela época. De um lado Settembrini, filho impenitente do iluminismo, um liberal, um anticlerical, um humanista de incrível eloquência. De outro lado Naphta, apóstolo do irracionalismo e da inquisição, apaixonado pelo eros da morte e da violência. Para Settembrini, o espírito é uma força da vida, para ajudar o ser humano; mas Naphta ama o espírito contra a vida. Settembrini quer elevar, consolar e alargar a visão dos seres humanos. Mas Naphta quer incutir-lhes terror, enxotá-los da "cama da licenciosidade" humanista, expulsá-los das suas casas da cultura e quebrar o pescoço de sua petulância. Settembrini quer o bem dos seres humanos, Naphta é um terrorista metafísico.

Participantes da semana universitária de Davos realmente lembravam-se daquele fato ficcional. Kurt Riezler, então curador da universidade de Frankfurt e acmpanhante de Heidegger nos passeios de esqui pelas montanhas, alude ao episódio de *A montanha mágica* em seu relato para o *Neue Zürcher Zeitung* (30 de março de 1929, edição matutina).

Portanto, atrás de Cassirer o fantasma de Settembrini, e atrás de Heidegger o de Naphta? O próprio Heidegger lera o romance *A montanha mágica* com Hannah no verão do amor de 1924.

A impressão desse encontro foi "de tirar a respiração", recorda O. F. Bollnow, que esteve presente como universitário, convidado por Heidegger. Os participantes tinham a "sensação exaltada " de terem "participado de uma hora histórica, bem à semelhança do que Goethe dissera na Campanha na França: 'A partir de hoje e daqui nasce uma nova época na história do mundo' — nesse caso da história da filosofia — 'vocês poderão dizer que estiveram presentes'."

Heidegger não apreciava essas altíssimas expectativas. Em uma carta a Elisabeth Blochmann ele fala do *perigo* de que tudo isso poderia se tornar *sensacionalismo*; estaria *colocado no centro* mais do que *quereria*, por isso decidira desviar o interesse filosófico de si próprio, concentrando-se inteiramente em Kant. Menos desagradável foi a atenção que chamou no elegante ambiente do Grand Hotel com sua aparição anticonvencional. Relatou a Elisabeth como subira com um conhecido (o mencionado Kurt

Riezler), às montanhas nos intervalos das conferências, para *magníficos passeios. Num belo cansaço, inundados de sol e da liberdade das montanhas, tendo ainda no corpo todo o ímpeto sonoro das longas jornadas, voltávamos então à noite em nosso traje de esqui para o meio da elegância dos trajes de noite. Essa ligação direta de trabalho objetivo de pesquisa e corridas de esqui, alegres e totalmente soltas, era algo inaudito para a maioria dos catedráticos e ouvintes* (12.4.1929, BwHB, 30).

Era assim que ele queria ser visto — como severo trabalhador nas imensas pedreiras da filosofia, como alguém que desdenhava o mundo elegante, como esportista e homem da natureza, escalador dos picos e homem de jornadas ousadas. E foi mais ou menos assim que testemunhas desse encontro de cúpula filosófico o viram no cume da "Montanha Mágica." "A disputa entre Heidegger e Cassirer", relata um dos participantes, "nos deu muitíssimo, também humanamente... de um lado, aquele homem pequeno e moreno, aquele bom esquiador e esportista com seu rosto enérgico e inabalável, aquele ser humano rude e reservado, por vezes até tosco, que na mais impressionante discrição vive e serve com total seriedade ética aos problemas que lhe são colocados, e de outro aquele de cabelos brancos, não apenas externa mas também internamente um ser olímpico com pensamento vasto e abrangente problemática, com seu rosto alegre e sua acolhida bondosa, sua vitalidade e elasticidade, e não por último sua distinção aristocrática".

Toni Cassirer, esposa do filósofo, relata em suas memórias de 1950 que ela e seu marido tinham sido expressamente preparados pelos colegas presentes para a personalidade singular de Heidegger. "Conhecíamos seu desgosto por qualquer convenção social." Conhecidos da sra. Cassirer temiam o pior de Heidegger; murmurava-se que ele queria, "se possível, destruir" a filosofia de Ernst Cassirer.

Mas na discussão provavelmente nada se sentia daquela hostilidade pessoal que Toni Cassirer mais tarde pensa lembrar. Tudo transcorreu em "maravilhoso coleguismo" como escreve o relator já citado. O próprio Heidegger, em uma carta a Elisabeth Blochmann, avalia o encontro com Cassirer como um ganho pessoal, mas lamentou que a atmosfera cortês não tivesse permitido que as diferenças se expressassem o bastante. *Cassirer foi extremamente distinto na discussão e quase cuidadoso demais. Assim encontrei pouca resistência, o que me impediu de formular os problemas com a necessária agudeza* (BwHB, 30).

Mas a ata do debate não dá essa impressão. Os contrastes estão muito claros.

Cassirer pergunta se Heidegger quer "renunciar" a "toda essa objetividade" e "absolutismo" que se apresentam na cultura, "recolhendo-se" à "natureza finita" do ser humano (K, 278).

Os esforços de Cassirer buscam tornar compreensível a força simbolizante e criadora de cultura do espírito humano como um mundo das "formas". Elas não representam infinitude no sentido metafísico tradicional, mas são mais do que meras funções de autopreservação de uma natureza finita. A cultura para ele é o transcender tornado forma, que erige a ampla casa do ser humano, mais fácil de destruir do que de preservar, frágil proteção contra a barbárie que sempre ameaça o humano possível.

Heidegger acusa Cassirer de que é cômodo ficar nas casas do espírito. Que era correto ver em cada cultura, em cada ato do espírito, uma expressão de liberdade; mas essa liberdade podia paralisar-se em suas configurações. Por isso a liberdade sempre tinha de voltar a ser libertação; quando se coagulara num estado da cultura, já fora perdida. *A única condição adequada da liberdade no ser humano é o libertar-se a liberdade no ser humano* (K, 285).

Para Heidegger o problema consiste em que o ser humano se *estabelece* na cultura que criou, na busca de segurança e proteção, e com isso perde a consciência de sua liberdade. É preciso despertar de novo essa consciência. E nenhuma filosofia do bem-estar cultural conseguia isso. Era preciso colocar o dasein diante de sua nudez e do seu ser-lançado originais. Diz que Cassirer volta sua atenção para as realizações transcendentais da cultura — "do cálice do reino do espírito jorra para ele a infinitude" — fora assim que Cassirer citara Hegel — poupando ao ser humano o confronto com sua finitude e sua insignificância, e com isso ignora a verdadeira tarefa da filosofia, que consiste em, *partindo do aspecto preguiçoso de um ser humano, o que utiliza apenas as obras do espírito, de certa forma lançar de volta o ser humano para a dureza do seu destino* (K, 291).

No auge da controvérsia, Heidegger indaga: *até que ponto a filosofia tem a tarefa de libertar da angústia? Ou ela não terá exatamente a tarefa de entregar o homem radicalmente à angústia?* (K, 286).

Heidegger já deu sua própria resposta: *A filosofia deve primeiro provocar terror no ser humano e forçá-lo a recuar para aquele desamparo do qual ele sempre volta a fugir para a cultura.*

Mas em sua resposta Cassirer professa o seu idealismo cultural: que o ser humano possa criar cultura "é a marca da sua infinitude. Eu gostaria que o significado, o objetivo na ação fosse a libertação nesse sentido: 'rejeitem o medo das coisas terrenas!'" (K, 287).

Cassirer quer a arte de morar na cultura, Heidegger porém quer *transformar o chão num abismo* (K, 288).

Cassirer é a favor do trabalho de conferir significado pela cultura, da obra que com sua necessidade interna e sua duração triunfe sobre a contingência e efemeridade da existência humana.

Heidegger rejeita tudo isso com um gesto patético. O que permanece são poucos momentos de grande intensidade. Não deviam iludir-se mais, *a mais alta forma de existência do dasein só se deixa referir a bem poucos e raros momentos de duração do dasein entre vida e morte, e o ser humano só em muito poucos momentos existe no auge de suas próprias possibilidades* (K, 290).

Para Heidegger um desses momentos foi assistir à missa da noite na igreja do mosteiro de Beuron, quando tomou consciência da *mítica e metafísica força primordial da noite que temos de romper constantemente para realmente existirmos.*

Outro momento assim foi também a cena de infância que Heidegger mais tarde muitas vezes relatou a amigos. Como menino-sineiro, recebeu da mãe na madrugada ainda escura as velas acesas na soleira da porta, atravessou a praça até a igreja protegendo a chama no oco da mão, e lá se postou diante do altar empurrando de volta com as pontas dos dedos a cera da vela que escorria, para que a vela queimasse mais tempo. E mesmo assim ela se apagara, e mesmo assim na medida em que o adiava ele esperava por esse momento.

Se o dasein tem dois atos: a noite da qual ele brota e o dia que supera a noite, Cassirer dirige sua atenção para o segundo ato, portanto o dia da cultura; Heidegger porém quer o primeiro ato, ele contempla a noite da qual nos originamos. Seu pensar fixava aquele nada do qual um algo se destaca. Um volta-se para o originado, outro para a origem. Um lida com a casa da criação humana, outro insiste fascinado diante do mistério abismal da *creatio ex nihilo*, que se renova constantemente quando o ser humano desperta para a consciência do seu existir.

Capítulo XI

O coração da metafísica

Quando em fevereiro de 1928 Heidegger foi convocado para a cátedra de Husserl, em Freiburg, escreveu a Karl Jaspers: *Freiburg será para mim mais uma vez a prova se existe algo de filosofia ou se tudo acaba em erudição* (24.11.1928, BwHJ, 104). Heidegger quer pôr-se à prova. Mas lá não há somente a sedução da erudição, a fama recente também lhe causa problemas. *Menos agradável é a existência pública em que entrei*, escreve ele a Jaspers a 25 de junho de 1929 (BwHJ, 123). As conferências de Heidegger agora tornaram-se uma atração. Siegfried Kracauer relata sobre a conferência de Heidegger na Sociedade Kant, em Frankfurt, a 2 de janeiro de 1929: "Resta mencionar que o nome do conferencista atraiu uma multidão enorme de ouvintes, presumivelmente não todos com vocação filosófica, que se atreveram a enveredar pela floresta das mais difíceis definições e distinções".

Naturalmente Heidegger saboreia suas aparições e também sua fama. Sente-se lisonjeado quando Jaspers lhe conta que no seminário de Heidelberg também só se lê e se trata de "Heidegger". Mas Heidegger não quer valer apenas como autor de *Ser e tempo*. Nas cartas a Jaspers ele desvaloriza esse livro. *Já nem penso mais no fato de que recentemente escrevi um assim chamado livro* (24.9.1928, BwHJ, 103).

Nos primeiros anos depois da publicação de *Ser e tempo* ele teve de enfrentar o fato de que o público filosófico esperava dele uma descrição sistematicamente burilada do ser humano em seu mundo, que abrangesse todos os aspectos da vida. Lia-se *Ser e tempo* como colaboração com a antropologia filosófica, e esperava-se a continuação do projeto.

234 – Heidegger - um mestre da Alemanha entre o bem e o mal

Em seu livro sobre Kant, Heidegger rejeitara expressamente essa expectativa como um mal-entendido. Escreve lá que não se pode desenvolver uma filosofia acabada *sobre* o ser humano e sobre seus contextos fundamentais de vida. Imaginar esse acabamento contradiz a constituição fundamental do dasein: sua finitude e sua historicidade. Sempre que o filosofar desperta no ser humano, começa de novo, e seu fim não é atingido de dentro como arredondamento sistemático, mas o verdadeiro e único fim do filosofar é a sua interrupção contingencial pela morte. A filosofia também morre.

Mas como filósofo já se pode "morrer" antes do fim definitivo. Isso se dá quando o pensar vivo se congela naquilo que uma vez já se pensou, quando o passado triunfa sobre o presente e futuro, quando o pensado aprisiona o pensar. No começo dos anos vinte Heidegger tinha querido *fluidificar* novamente os pensamentos da tradição filosófica — de Aristóteles a Husserl; agora ele assume a tarefa de dissolver novamente no movimento de pensar a sua própria ontologia fundamental, que entrementes pode ser citada como sistema e abordada como método.

A 12 de setembro de 1929 ele escreve — em relação à agitação em torno de sua pessoa e obra — a Elisabeth Blochmann: *pela atividade reinante e seus sucessos e seus resultados somos desviados em nossa busca e presumimos que o essencial possa ser realizado* (BwHB, 32).

Ele não quer simplesmente continuar construindo seus próprios pensamentos, seu próprio sistema. Na mesma carta escreve: *com a minha preleção sobre* Metafísica, *no inverno, quero conseguir um começo totalmente novo.*

Já mencionei a grande preleção sobre *Metafísica* do semestre de inverno 1929/30, que Heidegger anuncia sob o título *Os conceitos fundamentais da metafísica. Mundo — Finitude — Solidão.* Aqui tenta-se um novo estilo. No capítulo anterior eu a chamei filosofia dos acontecimentos. Nessa preleção Heidegger comenta que a filosofia tem de provocar um *acontecimento fundamental no dasein humano* (GA 29/30, 12). Que acontecimento fundamental? As palavras *finitude* e *solidão* mencionadas no título da preleção já indicam que Heidegger pretende um aprofundamento da experiência do *exílio* (Unzuhause). Filosofia *é o contrário de toda a tranquilidade e segurança. Ela é torvelinho, no qual o ser humano é lançado, para assim compreender o dasein sem fantasia* (GA 29/30, 29).

O CORAÇÃO DA METAFÍSICA – 235

Os *conceitos* de um tal filosofar devem ter então outra função e outro tipo de *rigor* que os conceitos da ciência. Conceitos filosóficos permanecem *vazios se antes não somos apreendidos por aquilo que eles devem compreender*[28] (GA 29/30, 9). Os conceitos (Begriffe) da filosofia são compreendidos por Heidegger como *ataque* (Angriff) a todo tipo de certeza de si e confiança no mundo. A *maior incerteza* faz parte da *constante e perigosa vizinhança* com a filosofia. *Essa prontidão elementar para a periculosidade da filosofia* porém raramente se consegue, motivo pelo qual não há verdadeira discussão filosófica — apesar da quantidade já então evidente de publicações filosóficas. *Todos querem provar verdades uns para os outros e esquecem a única verdadeira e mais difícil tarefa, de conduzir o próprio dasein e o dos outros para uma dúvida fecunda* (GA 29/30, 29).

Nessa conferência fala-se muito em perigo, sinistro e dúvida. Para esse empreendimento de viver filosoficamente de modo ousado e perigoso, Heidegger reivindica o título de metafísica; mas metafísica não no sentido de uma doutrina de coisas suprassensoriais. Ele quer dar ao aspecto de *ir-além-de* (*metá*) outro sentido, e — como ele afirma — seu sentido original. Trata-se de um *ir-além* não no sentido de buscar outro *lugar*, um mundo além, mas de *uma singular volta em relação ao pensar e indagar cotidiano* (GA 29/30, 66).

Também para essa volta é obviamente bom que *o dasein escolha os seus heróis* (SuZ, 385). Pois há pessoas que têm *o singular destino de serem um motivo para que o filosofar desperte em outros* (GA 29/30, 19).

Não há dúvida de que o próprio Heidegger se inclui entre essas pessoas *singulares*. Agora sabe que é um carismático da filosofia, que tem uma missão. *É isso*, escreve a 3 de dezembro de 1928 a Karl Jaspers, *que traz ao dasein um tão singular isolamento* — *esse escuro* estar-parado *diante do próprio outro, que se pensa ter de trazer ao tempo* (BwHJ, 114). E Jaspers, ainda arrebatado depois de uma visita de Heidegger, responde: "desde tempos imemoriais nunca escutei a ninguém como a você. Senti-me livre como se estivesse no ar puro, nesse incessante transcender" (5.12.1929, BwHJ, 129).

---

28   Jogo de palavras entre *ergreifen* (apreender, aprisionar, comover) e *begreifen* (compreender). (N. da T.)

Na análise de Heidegger do medo já se mostrara para onde vai esse transcender: para aquele nada do qual depois brota o completamente espantoso e assustador algo. Para a filosofia dos acontecimentos de Heidegger, que segue o rastro do mistério do tempo e do momento, é preciso agora ocupar-se do outro grande acontecimento do vazio: o tédio. E o que disso emerge é das coisas mais impressionantes que Heidegger jamais produziu; raramente em toda a tradição filosófica se descreveu e interpretou uma disposição como nessa conferência. Aqui o tédio realmente se torna um acontecimento.

Heidegger quer fazer seus ouvintes despencarem no grande vazio, escutarem o rumor fundamental da existência, quer abrir o momento em que nada mais interessa, em que não se oferece nenhum conteúdo de mundo em que a gente possa se agarrar ou com que possa se preencher. O momento do passar vazio do tempo. O tempo puro, sua pura presença. O tédio, portanto o momento em que se percebe como o tempo passa porque não quer passar, pois não o podemos fazer passar nem controlar, nem, como se diz, preenchê-lo com sentido. Com uma infalível paciência — no texto da preleção durante 150 páginas — Heidegger comenta esse tema. Ele encena o tédio como acontecimento de iniciação da metafísica. Mostra como no tédio se ligam paradoxalmente os dois polos da vivência metafísica — o mundo como todo e a existência individual. O indivíduo é atingido (ergriffen) pelo todo do mundo exatamente porque não é apreendido (begriffen) por ele mas deixado para trás, vazio. Heidegger quer levar seus ouvintes exatamente até aquele ponto em que eles têm de se perguntar: *afinal chegamos ao ponto em que um profundo tédio passa e repassa de um lado para outro nos abismos do dasein como um nevoeiro silencioso?* (GA 29/30, 119).

Diante dos abismos desse tédio via de regra somos atingidos pelo *horror vacui*. Mas temos de ter suportado esse terror, pois ele nos torna íntimos com aquele nada que é interpelado pela velha pergunta metafísica: porque existe algo e não nada? Heidegger exige de seus ouvintes o nada como exercício na arte do permanecer vazio.

Não se trata — Heidegger enfatiza isso — de uma disposição procurada e artificial, uma postura forçada, mas ao contrário, *trata-se da serenidade do olhar cotidiano livre* (GA 29/30, 137). Cotidianamente com

O CORAÇÃO DA METAFÍSICA – 237

frequência nos sentimos assim vazios, diz Heidegger, mas também logo voltamos a tapar cotidianamente esse vazio. Ele nos estimula a deixarmos de tapar isso apressadamente, por algum tempo — o tempo de um tédio. Esse deixar é duramente conquistado filosoficamente, pois contraria o esforço cotidiano espontâneo que se liga ao mundo e não quer, como esse longo momento suportado, cair fora dele. Mas nada adianta: filosofar não existe sem esse *cair-para-fora*, esse estar perdido e esse abandono, sem esse vazio. Heidegger quer mostrar a filosofia nascendo do nada do tédio.

Nas reflexões sobre a latência cotidana do tédio, Heidegger chega a falar na situação espiritual do tempo. Na cultura contemporânea espalha-se amplamente um mal-estar. Ele cita Spengler, Klages, Scheler e Leopold Ziegler como autores que formulam isso. Com poucas palavras Heidegger liquida os diagnósticos e prognósticos deles. Pode ser tudo interessante e espirituoso, mas sejamos honestos, diz Heidegger, na verdade isso *não nos toca. Ao contrário, tudo isso é sensacionalismo, e isso significa sempre um apaziguamento não admitido mas evidente* (GA 29/30, 112). Por quê? Porque *nos dispensa de nós mesmos, e nos anima a nos refletirmos em uma situação e um papel dentro da história do mundo* (GA 29/39, 112). Ali realizam-se dramas nos quais nós podemos nos sentir sujeitos da cultura. Até opressivas visões de naufrágio lisonjeiam nosso sentimento de nosso próprio valor, ou melhor, nossa necessidade de nos representarmos e nos vermos representados. Heidegger encerra sua crítica a esse tipo de diagnóstico filosófico do tempo com um comentário apodítico: *essa filosofia só atinge a* re-presentação (Dar-stellung) *do ser humano, mas nunca o seu dasein* (GA 20/30, 113).

Mas no abismo do dasein espreita o tédio, do qual a vida procura refúgio nas formas de representação.

A análise de Heidegger torna-se uma investigação do ponto central do deserto. E prova ter senso para a intensificação dramática. A tensão cresce mais quanto mais vazio o lugar para o qual ele conduz o pensar. Ele começa com o *ficar-entedidado com algo*. Temos um objeto identificável — uma coisa, um livro, uma festa, uma determinada pessoa — ao qual podemos atribuir o tédio. Ele de certa forma nos assalta de fora, tem uma causa externa. Mas se esse objeto não pode mais ser identificado tão univocamente, quando o tédio tanto vem de fora como brota internamente,

238 – Heidegger - um mestre da Alemanha entre o bem e o mal

trata-se de um *entediar-se com algo*. Não se pode dizer que um trem que não chega pontualmente nos entedia, mas a situação em que entramos com o atraso dele pode nos causar tédio. Não nos entediamos com ou por causa de um determinado acontecimento. O irritante desse tédio reside em que nas situações correspondentes começamos a nos entediar de nós mesmos. Não sabemos o que fazer de nós mesmos, e a consequência é que o nada faz algo conosco. Um encontro social tedioso à noite — Heidegger descreve prazerosamente uma reunião dessas no meio acadêmico — não causa apenas aborrecimento mas também um brando pânico, porque tais situações fazem com que nos entediemos de nós mesmos. A situação é realmente complicada, pois o que aí causa tédio via de regra é uma empresa que deveria exatamente espantar o tédio. O tédio espreita nas atitudes que tomamos para passar o tempo. O que é oferecido contra ele já está sempre infectado por ele. Os companheiros de queda é que têm de se entreter. Para onde mandamos o tempo[29] quando o fazemos passar, ou para onde conduz o dasein que deveria fazer passar o tempo? Existe uma espécie de buraco negro da existência, que atrai e devora?

O mais profundo tédio é o totalmente anônimo. Nada definido o provoca. *Está um tédio*,[30] dizemos. Heidegger submete essa expressão a uma sutil análise. Existe aqui uma dupla indefinição: *está* — é tudo e nada, em todo acaso nada definido. E somos nós mesmos que sentimos isso, mas como uma criatura de personalidade indefinida. E como se o tédio também tivesse engolido o nosso eu, que deve se envergonhar de ser tedioso. Esse *está um tédio* é tomado por Heidegger como expressão da total ausência de um tempo preenchido e preenchedor, aquele momento em que nada mais nos interessa nem nos exige. Esse *ser abandonado vazio* (Leergelassenheit) ele o designa como *ser consignado ao ente que se nega em sua totalidade* (GA 29/30, 214).

Existe aí uma surpreendente compreensão do todo, mas um todo que já não nos diz respeito. Um algo vazio defronta-se com um todo vazio, e relacionam-se nessa falta de relacionamento. Uma negatividade tripla:

---

29 Passar tempo em alemao: *Zeitvertreiben*, literalmente: expulsar o tempo. (N. da T.)
30 Fórmula que encontrei para melhor tentar traduzir a expressão alemã *Es langweilt*, pois dizemos habitualmente: estou com tédio, sinto tédio. (N. da T.)

O CORAÇÃO DA METAFÍSICA – 239

um não mesmo, um todo anulado e uma ausência de relação como relação negativa. Torna-se claro: esse é ponto alto ou o ponto mais baixo para o qual Heidegger queria conduzir sua tensa análise do tédio. Estamos no coração de uma metafísica segundo o gosto de Heidegger. Nesse ponto ele chega ao seu objetivo com sua intenção de *pela explicação da natureza do tédio avançar até a natureza do tempo* (GA 29/30, 201). Como então, indaga Heidegger, nessa perfeita ausência de tudo o que preenchesse, se vivencia o tempo? Ele não quer passar, ele para, ele nos segura numa imobilidade lenta, ele nos coloca sob *um encantamento* (bannt). Essa paralisia abrangente nos faz perceber que o tempo não é simplesmente um meio onde nos movemos, mas é algo que nós produzimos. Nós *temporalizamos* (zeitigen) o tempo, e quando ficamos paralisados pelo tédio cessamos de o produzir. Mas esse cessar nunca é total. O processo de produção do tempo, que cessa e pára por momentos, permanece relacionado ao rio do tempo que somos nós mesmos — mas no *modus* da interrupção, do encantamento e da paralisia.

Essa vivência ambivalente do rio do tempo interrompido é o ponto de peripatia do drama do tédio que Heidegger encena e analisa. Da tripla negatividade — não mesmo, todo anulado e ausência de relações — há só uma saída: é preciso libertar-se. Quando nada mais anda, nós mesmos temos de nos pôr a caminho. Heidegger formula diretamente o seu tema: *mas o que o encantador, como tal, o tempo... faz saber e propriamente possibilita... não é nada menos que a liberdade do dasein como tal. Pois essa liberdade do dasein só existe no libertar-se do dasein. O libertar-se do dasein porém só acontece quando* ele se decide em favor de si mesmo (GA 29/30, 223).

Mas como no tédio esse si mesmo se atenuou em um espectro insubstancial, esse decidir-se não poderá apelar para um si mesmo compacto que espere para entrar em ação. Ao contrário, só na decisão nasce esse si mesmo. Ele em certo sentido não é encontrado mas inventado pela decisão. Só nele se abre o que estava fechado. *O momento da decisão* brota do tédio e o encerra. Assim Heidegger pode dizer que o *tempo que produz o encantamento* (no tédio) causou complementarmente *um* ser-forçado *para dentro do dasein para a ponta do propriamente possibilitador* (GA 29/30, 224). Também podemos dizer à maneira popular: no tédio percebes que não existe nada importante, a não ser que tu o faças...

240 – Heidegger - um mestre da Alemanha entre o bem e o mal

Portanto o dasein que desperta para si mesmo tem de ter atravessado a zona do tédio profundo — esse *vazio no todo*. Nesse ponto da reflexão Heidegger se afasta das disposições "privadas" e "íntimas" do tédio e, filosófico-culturalmente, encara a situação histórico-social atual. Ele indaga: essa necessidade do *vazio no todo* ainda será vivenciada, ou não será muito antes ignorada ou afastada pela luta necessária contra outras aflições mais sólidas?

É o semestre de inverno de 1929/30. O grande desemprego e empobrecimento depois da crise econômica mundial já começou. Heidegger arrisca um breve olhar sobre os cenários contemporâneos de necessidade: *por toda parte abalos, crises, catástrofes, necessidade: a miséria atual, a confusão política, a impotência da ciência, o solapamento da arte, a falta de alicerces da filosofia, a debilidade da religião. Certamente há aflições por toda parte* (GA 29/30, 243). Contra essas aflições oferecem-se programas, partidos, medidas, há toda a sorte de atividades. Mas, diz Heidegger, *essa esperneante legítima defesa* (Notwehr) *contra as aflições* impede que consiga emergir exatamente uma necessidade no todo (GA 29/30, 243).

A necessidade *no todo* portanto não é qualquer necessidade isolada mas a essência do caráter de ônus do dasein, que se percebe exatamente também na disposição do tédio, e é a característica *de que se atribui ao ser humano o dasein como um ônus, que lhe foi imposto* — ser-aí (GA 29/30, 246). Quem se esquiva dessa *dificuldade essencial* (GA 29/30, 244) não possui o desafiador *apesar-disso* que constitui para Heidegger o heroísmo cotidiano. Quem não vivenciou a vida como *ônus* nesse sentido, esse nada sabe do *mistério* do dasein, e com isso *não ocorre nele o terror interior que todo o mistério traz consigo, e que confere ao dasein a sua grandeza* (GA 29/30, 244).

Mistério e terror. Heidegger alude à definição do numinoso em Rudolf Otto. Este interpretara a experiência religiosa do sagrado como terror diante de um poder que nos aparece como mistério. Heidegger assume os sinais do numinoso assim compreendido, mas risca a relação com o além. O dasein mesmo é o numinoso, o misterioso aterrorizante. O terror é o espanto dramaticamente intensificado sobre o fato de que ali exista algo e não o nada; o terrível enigma é o ente em seu isto (Dass), despido e nu. Desse terror também se fala nas frases abaixo — o que

O CORAÇÃO DA METAFÍSICA – 241

deve ser enfatizado porque mais tarde lhes atribuíram um explícito sentido político, que naquele momento elas ainda não tinham: *se hoje, apesar de todas as aflições, a dificuldade do nosso dasein não se faz sentir, e se falta o mistério, então é preciso em primeira linha conquistarmos para o ser humano aquela base e aquela dimensão dentro da qual ele volte a ver tudo isso como um mistério do seu dasein. Que nessa exigência e no esforço de se aproximar mais dele, o ser humano normal atual e burguês sinta medo, e por vezes quem sabe veja tudo negro diante dos olhos, agarrando-se crispadamente aos seus ídolos, é perfeitamente normal. Seria um mal-entendido desejar outra coisa. Precisamos primeiro voltar a chamar por aquele que seja capaz de aterrorizar o nosso dasein* (GA 29/30, 255).

Quem pode incutir esse terror? De momento não é ninguém senão esse filósofo carismático que tem *aquele destino singular de ser para os demais motivo de despertar neles o filosofar* (GA 29/30, 19). Em outras palavras, é o próprio Heidegger que se atribui isso. Causar terror e fazer despertar o filosofar, naquela época ainda são a mesma coisa.

Como se Heidegger tivesse adivinhado que seu testemunho poderia ser mal interpretado como um chamado pelo "homem forte", em anexo ele comenta que nenhum acontecimento político, nem mesmo a Guerra Mundial, poderia por si mesmo causar esse despertar do ser humano. Portanto ainda não é uma experiência de despertar político, mas filosófico. Por isso também a crítica de Heidegger a toda tentativa de construir no campo político *o edifício de uma concepção de mundo* e convidar para se morar nele (GA 29/30, 257). Se o dasein se tornou *transparente*, cessa de erigir tais edifícios. *Conjurar* o dasein no ser humano (GA 29/30, 258) não significa senão pô-lo em movimento de modo que tais edifícios tenham de desabar.

Entrementes Heidegger percorreu um longo caminho — no texto da conferência, 260 páginas. As perguntas metafísicas fundamentais que ele colocou no início: O que é o mundo? O que é finitude? O que é solidão? — a essa altura já foram quase esquecidas. Agora Heidegger as retoma, e recorda que os exercícios de tédio feitos até aqui foram uma preparação: a tentativa de despertar ou encenar uma disposição na qual *mundo, finitude e solidão* se encontram de um modo que, só ela, possibilita o trabalho do conceito. O que interesa é o *como* desse encontro. O que deve ser concebido tem de acontecer primeiro, aqui e agora, nas horas da tarde de quinta-feira do semestre de inverno de 1929/30.

O *mundo como todo*. Por que é preciso certa disposição para vivenciá--lo? Afinal *o mundo* está sempre aqui; ele é tudo o que interessa. Estamos sempre no meio dele. Certamente. Mas agora sabemos: para Heidegger essa estada cotidiana no mundo é ao mesmo tempo o *estar--entregue* a ele. Submergimos nele. E por isso ele destaca a disposição do tédio, porque nela — bem como na disposição da angústia que é analisada em *Ser e tempo* — o *todo do mundo* aparece a uma distância que possibilita a postura metafísica do espanto ou do terror — como terceiro ato de um drama existencial. No primeiro ato, cotidianamente nos abrimos no mundo e o mundo nos preenche; no segundo ato tudo se distancia, o acontecimento do grande vazio, a tripla negatividade (não mesmo, mundo anulado, ausência de relações). No terceiro ato finalmente volta o que estava distanciado, o próprio *eu-mesmo* e o *mundo*. O *si-mesmo* e as coisas tornam-se de certa forma "mais entes". Adquirem uma nova intensidade. Tudo corre para lá. Raramente Heidegger formulou isso tão clara e abertamente como nessa conferência: *não se trata de nada menos do que reconqistar no dasein filosófico essa dimensão original do acontecer, para* ver *novamente todas as coisas de modo mais simples, mais forte e mais duradouro* (GA 29/30, 35).

O "mundo como todo" é um tema grande demais para o olhar perquiridor. Talvez. Exatamente por isso Heidegger quer mostrar que esse grande tema, embora grande demais para a pesquisa, é diretamente vivenciado em disposições como tédio e medo — e exatamente no escapar (Entgleiten) do mundo. Torna-se claro, visto do final, que a minuciosa análise do tédio não é senão uma tentativa de descrever o modo como temos "o mundo como um todo".

Mas a perspectiva também pode ser invertida. Uma coisa é "termos o mundo", outra é que o mundo nos "tenha". Não só no sentido de que nos dissolvemos (aufgehen) no mundo do a *gente* e no *providenciar o que está disponível*. Isso Heidegger já mostrara em *Ser e tempo*. Porém no sentido de que pertencemos ao reino da natureza.

O CORAÇÃO DA METAFÍSICA – 243

Na segunda parte dessa preleção, Heidegger apresenta pela primeira vez uma espécie de filosofia da natureza, tentativa única, que ele jamais repetirá. Reconhecemos a importância que lhe dá no fato de que equipara essas reflexões a *Ser e tempo*.

Um ano antes tinham aparecido duas obras importantes para a antropologia filosófica: *A posição do ser humano no cosmos*, de Max Scheler, e *Degraus do orgânico e o ser humano*, de Helmuth Plessner. Scheler e Plessner tentavam de maneiras diferentes ligar entre si resultados de pesquisa biológica e interpretação filosófica, revelando a relação e a ruptura entre homem e o restante da natureza. Em *Ser e tempo* Heidegger enfatizara tão fortemente a fissura entre dasein e natureza inumana que, como criticou mais tarde Karl Löwith, deu a impressão de remover a existência humana de suas premissas corporais naturais. Scheler e Plessner, ambos estimulados por Heidegger, devolviam o homem ao contexto da natureza, mas — e era isso que lhes interessava — sem o naturalizar.

Especialmente a tentativa de Scheler causou grande impacto aquela vez. Heidegger sentiu-se desafiado a fazer uma excursão pelo campo da antropologia da filosofia natural.

A natureza faz parte do mundo. Mas a natureza inumana terá "mundo"? A pedra, o animal, terão um mundo ou apenas acontecem nele? *Nele* isso significa um horizonte de mundo que só existe para o homem, essa criatura natural formadora do mundo?

Em *Ser e tempo* Heidegger declarara que a maneira de ser da natureza, orgânica e inorgânica, a vida presa ao corpo, *só é acessível no sentido de uma contemplação desconstrutora* (SuZ, 371). Isso não é tão fácil: a consciência deve apreender o inconsciente, o conhecimento deve apreender o incognoscente. Dasein *(ser-aí)* deve compreender um ente para o qual esse "da" (aí) nem existe.

A parte de filosofia natural dessa conferência é uma meditação sobre esse "aí", e sobre como podemos compreender a natureza que não conhece esse "aí". Nessa treva Heidegger quer penetrar, para dali lançar mais uma vez um olhar sobre o ser humano. Um olhar de estranheza para o fato de que há claridade no ser humano e de que com isso há claridade na natureza, o que se torna algo totalmente inusitado. É isso que importa: descobrir, a partir da natureza, que no ser humano abriu-se um *da-sein*

— *uma clareira* (Lichtung), dirá Heidegger mais tarde — ao qual as coisas e criaturas que estão ocultas a si mesmas possam aparecer. O dasein oferece seu palco à natureza. O único sentido da filosofia da naureza de Heidegger é a encenação da epifania desse "da".

As coisas e criaturas aparecem diante de nós. Mas podemos nos colocar dentro delas? Podemos participar da sua maneira de ser? Elas se partilham conosco, e nós nos partilhamos com elas?

Partilhamos com elas de um mundo no qual elas estão mergulhadas e que para nós está "aí" (da). E nessa medida nós lhes damos o "aí" que elas mesmas não possuem. E recebemos delas o encanto dessa paz e a inclusão naquilo que elas são. Com relação a isso podemos vivenciar em nós próprios uma verdadeira carência de ser.

Heidegger começa seu curso com as pedras. A pedra *não tem mundo* (Weltlos). Ela acontece no mundo sem que possa construir por si uma relação com o mundo. Com a descrição da relação de mundo dos animais Heidegger segue sobretudo as pesquisas de Jakob von Uexküll. Chama o animal de *pobre-de-mundo* (Weltarm). Seu ambiente é um *círculo-em-torno* (Umring) pelo qual os instintos dos animais são embotados (GA 29/30, 347). Correspondendo aos estímulos que vêm de lá, são tocados e *desatados* (entriegelt) determinados modos de comportamento e desejos. Para o animal, mundo é *mundo-em-torno* (Umwelt). Ele não consegue vivenciar-se separado dele. Heidegger cita o biólogo holandês Buytendijk: "Vê-se pois que em todo mundo animal a ligação do animal com seu ambiente é quase tão íntima quanto a unidade do corpo (*cit.*, GA 29/30, 375). Esse *mundo-em-torno* como extensor do corpo é que Heidegger chama *círculo do destravamento ou hábitat* (Enthemmungsring). O animal reage àquilo que rompe esse círculo; reage a um algo e relaciona-se com ele nessa medida, mas não percebe esse algo como esse algo determinado. Em outras palavras: ele não percebe que percebe alguma coisa. O animal tem uma determinada abertura para o mundo, mas esse mundo não se lhe pode *ser revelado* como mundo. Isso só acontece no ser humano. Entre o ser humano e seu mundo escancaram-se um espaço. A ligação com o mundo afrouxou-se a ponto de o ser humano conseguir se relacionar com o mundo, consigo mesmo, e consigo como algo que acontece no mundo. O ser humano não é apenas distinto, ele também consegue, partindo de

O CORAÇÃO DA METAFÍSICA – 245

si, distinguir-se dos outros; e não apenas pode se relacionar com coisas distinguíveis, mas pode fazer distinções entre as coisas. A esse "espaço" — já sabemos — Heidegger chama *liberdade*. O ente que acontece recebe no horizonte da liberdade um outro caráter de realidade: destaca-se como real sobre o *pano-de-fundo* do *ser-possível*. Uma criatura que tem possibiliades não pode senão encarar a realidade como realização de possibilidades. O espaço do possível que se abre para o ser humano confere contorno, nitidez, detalhe ao real. Está num horizonte de comparabilidade, de gênese e história, e com isso também de tempo. Tudo isso possibilita que um algo possa ser segurado, distinguido, interrogado como esse algo. Do *embotamento* em que o mundo vive mas não é vivenciado, ele emerge como expressamente percebido. Faz parte do *ser-possível* a ideia de que algo também poderia não ser. Com isso o mundo adquire uma singular transparência. Ele é tudo o que vem ao caso, mas exatamente por isso não é tudo. Está inserido no espaço ainda maior do possível e do nulo. Só porque temos um senso para o ausente, podemos vivenciar a presença como tal — agradecidos, espantados, aterrorizados, jubilosos. Realidade, assim como ser humano a vivencia, está arrebatada para dentro do movimento do chegar, do velar-se e do se mostrar.

Essa intimidade com as possibilidades e o nada — o que não existe na relação do animal com mundo — mostra a relação de mundo mais frouxa que Heidegger chama *formadora-de-mundo* (weltbildend).

Assim como Max Scheler, em seu esboço antropológico *A posição do ser humano no cosmo*, aludiu à personalidade espiritual do ser humano ligando-se à idéa de Schelling do *Deus que se torna* (werdend) unicamente no e pelo ser humano, Heidegger no fim de sua conferência se liga a outro grande pensamento de Schelling: no ser humano a natureza abre os olhos e percebe que está aí. Essa *fresta* (Lichtblick) (GA 29/30, 529) de Schelling, Heidegger chama o *ponto aberto que se abriu no ser humano, no meio do ente naturalmente fechado. Sem o ser humano o ser seria mudo: estaria presente mas não estaria-aí. No ser humano a natureza irrompeu para a* visão-de-si-mesma.

Essa preleção do inverno de 1929/30 — provavelmente a mais importante que Heidegger pronunciou, quase já uma segunda obra principal — começara com o despertar e a análise do tédio, essa disposição de pálido

246 – Heidegger - um mestre da Alemanha entre o bem e o mal

distanciamento. Com a transformação desse distanciamento entediado para o entusiasmo, termina a preleção. Uma das raras passagens na obra de Heidegger repassadas pelo espírito da celebração da vida: o ser humano é aquele não-poder-ficar *e também* não-poder-sair *do lugar... E só onde existe o perigo do horror existe a felicidade do espanto... aquele arrebatamento lúcido que é a respiração de todo o filosofar (GA 29/30, 531).*

Capítulo XII

Abóbodas que desabam

Pouco antes de sua morte, em 1928, Max Scheler disse em uma conferência: "Estamos na história de mais ou menos dez mil anos da primeira era, em que o ser humano se tornou total e inteiramente problemático; na qual ele não sabe mais o que é, mas também sabe que não sabe isso".

O diagnóstico de Scheler relaciona-se com dois aspectos da situação histórica no fim do período de Weimar. O primeiro aspecto diz respeito à fragmentação em uma quantidade de ideologias e concepções de mundo que lutam entre si. Quase todas se inclinam para derrocada, desmoronamento e ruptura e produzem em geral apenas a sensação de perplexidade.

"É como se o mundo se tivesse liquefeito e escorresse pelas mãos", descreve Walther Rathenau, já em 1912, uma situação cujo estágio mais avançado Robert Musil só consegue comentar satiricamente: "Assim que surge um novo *ismo* pensamos que surgiu um novo ser humano, e com o fim de cada ano escolar começa uma nova era... Insegurança, falta de energia, uma cor pessimista tinge tudo o que hoje é alma... Naturalmente isso se reflete num inaudito detalhamento espiritual... Os partidos políticos dos agricultores e dos artesãos têm filosofias diversas... O clero tem sua rede mas também os arianos fanáticos têm seus milhões e as universidades a sua influência: com efeito certa vez li no jornalzinho do sindicato dos garçons sobre a concepção de mundo dos auxiliares de tavernas, que têm de ser valorizados. É um hospício babilônico; de mil janelas berram mil vozes diferentes".

A produção da concepção de mundo weimariana reage à óbvia sobrecarga do modelo tradicional de interpretação e orientação pelos novos acontecimentos e situações. Faz parte dessas novas situações o pluralismo de uma sociedade liberal aberta que se define exatamente por não oferecer nenhuma concepção obrigatória de mundo nem imagem do ser humano. Obrigatórias não são nem mesmo afirmações com conteúdo, mas apenas as regras de jogo que, segundo a exigência, também querem forçar os projetos de sentido opostos a conviverem pacificamente. No meio pluralista da multiplicidade intelectual, as chamadas *verdades* rebaixam-se a meras opiniões. Impertinência ofensiva para todo aquele que acredita ter encontrado a palavra redentora. A democracia como forma de vida relativiza exigências de verdades absolutas. Hans Kelsen, um dos poucos defensores da república entre os juristas, formulou assim nessa ocasião: "agrega-se à concepção de mundo metafísico-absolutista uma postura autocrática, à crítica relativista agrega-se a postura democrática. Quem considera inacessível a absoluta verdade e absolutos valores do conhecimento humano tem de julgar pelo menos possível não apenas a opinião própria mas também a contrária, a de outros. Por isso o relativismo é a concepção de mundo que pressupõe o pensamento democrático.

Na sociedade de Weimar todos lucram com as garantias liberais de liberdade de pensamento e opinião, mas muito poucos estão dispostos a aceitar sua consequência, que é exatamente esse relativismo. Um estudo sobre a postura intelectual da juventude alemã no ano de 1932 conclui que, para a maior parte dos jovens, o liberalismo morreu: "esses jovens têm apenas um indizível desprezo pelo mundo 'liberal', que a incondicionalidade intelectual chama desdenhosamente de *estranheza-do-mundo*; eles sabem que compromissos no campo intelectual são o começo de todos os pecados e mentiras".

Um porta-voz desse antiliberalismo era o filósofo russo Nikolai Berdyaev, muito lido na Alemanha nesse tempo, e que nos anos vinte aprendera a conhecer e a desprezar o laboratório do modernismo. Seu ensaio *A nova idade média* (1927) ajusta contas com a democracia, a que acusa de deixar a maioria das vozes decidir o que era a verdade. "A democracia ama a liberdade mas não por respeito ao espírito humano e à personalidade humana, e sim por serenidade com relação à verdade."

Berdyaiev equipara democracia e pouco respeito pelo intelecto. Também Max Scheler fala do desprezo pelo intelecto, que grassa — esse é, depois da perplexidade, o segundo aspecto de sua análise filosófica do seu tempo. Mas Scheler não acusa a democracia desse desprezo pelo intelecto, e sim seus adversários.

Para ele desdenham o intelecto todos os esforços que fogem das lutas da civilização para o presumidamente natural, elementar, conjurando sangue e solo, instinto, embriaguez, comunidade dos povos e destino, como forças primordiais. "Todas essas coisas apontam para uma sistemática revolta instintiva no ser humano da nova era." Segundo Max Scheler, está acontecendo uma sistemática rebelião dos instintos contra a razão da compensação (Ausgleich). Thomas Mann, estimulado por Scheler, descreveu de modo semelhante, em sua *Alocução alemã* (1930), o hábito intelectual dominante em seu tempo. Ele fala dos "colegiais desenfreados" que fugiram "da escola humanista-idealista" e agora executam uma "dança de *são-guido* do fanatismo". "À situação intelectual excêntrica de uma humanidade sem ideias corresponde uma política grotesca com manias de Exército da Salvação, crispação em massa, sinos de feira, aleluia e repetições de lemas monótonos à maneira dos derviches, até todo mundo espumar pela boca. O fanatismo torna-se princípio de salvação, o entusismo é êxtase epilético, a política torna-se ópio das massas do Terceiro Reich ou uma escatologia proletária e a razão esconde seu semblante." Thomas Mann louva a razão republicana objetiva do movimento social-democrático dos trabalhadores. Aposta na força política de centro-esquerda e previne os intelectuais da erosão das convicções humanistas fundamentais, recomenda desconfiança diante das exaltações de um coração aventureiro que, faminto de intensidade, quer a revolta a qualquer preço e festeja a destruição como êxtase metafísico. Thomas Mann fala daqueles selvagens do tipo de Ernst Jünger, que declarou em meados dos anos vinte: "Não ficaremos em nenhum lugar onde os lança-chamas não tenham realizado a grande limpeza através do nada". Thomas Mann argumenta expressamente de modo político, Scheler porém permanece filosófico. Faz apologia de uma autorreflexão do espírito que terá de reconhecer, na autocrítica, que o tempo das grandes sínteses intelectuais realmente acabou. Mas isso não significa que ele recue e abdique. Tem de agarrar as suas dúvidas como uma chance. Scheler extrai da perplexidade um significado sublime. Sua última obra, *A posição do ser humano no cosmo*, encerra-se sabidamente ponderando se a perda de certezas não poderia ser ao mesmo tempo um processo pelo qual nasceria um novo Deus. Já não um Deus de "salvação e amparo" e de "onipotência fora deste mundo", mas um Deus de liberdade. Um Deus a quem fazemos crescer com nossa ação livre, nossa espontaneidade e iniciativa. Esse Deus não oferece asilo para os mancos da modernidade. "O ser absoluto não está aí para apoiar o ser humano, para mero atendimento de suas fraquezas e necessidades que o tentam sempre tornar um 'objeto'."

Portanto o Deus de Scheler se mostra na coragem para a liberdade, é preciso superar as atuais turbulências e falta de orientação. Da força que resiste às unilateralidades fanáticas e aos dogmatismos, nascerá um novo humanismo como a "ideia do Logos eterno, objetivo, ... em cujos... mistérios não entrará uma nação, uma cultura... mas apenas todas juntas com inclusão da futura e solidária... cooperação de sujeitos culturais indispensáveis porque individuais".

Em seu ensaio *Poder e natureza humana*, de 1931, Helmuth Plessner cita essas reflexões de Scheler como exemplo do desejo obviamente não superado, nem em espíritos livres, de fórmulas de compensação, de "abóbadas" numa situação de desamparo intelectual. "Como podemos, aqui onde tudo está lançado na torrente, esperar por alguma síntese permanente que não seja superada depois de poucos anos? Nada se pode esperar de abóbadas, a não ser que elas desabem."

O fundamento antropológico de Plessner é: o homem se define porque não se deixa definir conclusivamente, pois toda a moldura ética, científica e religiosa de uma definição possível é um produto histórico do ser humano. Esse "ser humano", no sentido categórico, essencialmente compreendido permanece sempre uma invenção da cultura que ele próprio criou. Todos os depoimentos sobre o ser humano jamais podem divisar o ser humano senão como grandeza acabada e objetual. Qualquer perspectiva possível nasce do "reino e poder de subjetividade criativa". Esta deve ser pensada radical e historicamente. Mas história não é apenas o "palco" no qual "vão e vêm segundo um contexto qualquer portadores de valores extratemporais", mas é preciso compreendê-la antes como "local da geração e aniquilamento dos valores" (304). Mas também essa ideia de historicidade é uma ideia histórica. Também o pensamento da autorrelativização dos valores pela história não é uma posição absoluta. Houve e ainda há culturas que não conhecem esse tipo de autotematização. O que resta é o conhecimento "chocante" da "insondabilidade" do ser humano. Ele é insondável porque ainda tem seus fundamentos à sua frente. O que o ser humano é, isso sempre se mostra apenas em cada momento de decisão. A determinação do ser humano é a autodeterminação. O ser humano é aquilo por que se decidiu. Ele se esboça a partir de uma situação de indefinição. "Nessa relação de indefinição consigo mesmo o ser humano se compreende como poder e se descobre para a sua vida, teórica e praticamente, como uma questão em aberto" (321).

Plessner tira disso a consequência: não é a filosofia mas o agir prático nas situações necessariamente imprevisíveis que decide o que há com o ser humano em cada momento histórico. A essência do ser humano não se encontra em "nenhuma definição neutra de uma situação neutra" (319). Nesse contexto Plessner fala em Heidegger: sua ontologia fundamental, afirma Plessner, já contém um excesso em definições neutras do dasein humano.

Os conceitos existenciais de Heidegger seriam historicamente indiferentes e essa era a sua falha. Por exemplo, o conceito de historicidade não era historicamente compreendido.

Segundo Plessner, Max Scheler e Martin Heidegger apresentam de modos diferentes a sua *Sinfonia de olhares para o absoluto* (286). Um coloca o absoluto no espírito criativo, outro nos fundamentos segundo o dasein.

Em Heidegger isso finalmente levaria a um desprezo de toda a esfera política, que valeria como um reino do *a gente* e da *impropriedade*, limitado de um reino apartado do *ser-mesmo* próprio. Mas que isso nada era senão a "interioridade" alemã, último refúgio metafísico do poder da história.

Mas Helmuth Plessner quer expor a filosofia a esse poder, ainda que possivelmente isso a desgaste. A filosofia tem de entrar na "insondabilidade do real" (345) e isso significa: ela percebe que, queira ou não queira, ela mesma está na "relação vital primordial de amigo e inimigo" (281). Para ela não existe um lado de fora distensionado — uma posição acima dos partidos em litígio. O tempo não permite nenhuma distensão universalística, não há pausa para respirar; uma filosofia que deseja o real tem de entrar nas relações elementares de amigo/inimigo e tentar compreendê-las na medida em que se compreende e si mesma a partir delas. Plessner liga-se aqui expressamente à definição de Carl Schmitt do político.

O ensaio de Helmuth Plessner foi escrito num momento em que a guerra civil já começara na Alemanha. O nacional-socialismo surge nas eleições de setembro de 1930, a SA marcha e organiza escaramuças nas ruas com os lutadores do *front* vermelho e os defensores da república. O centro político, razão do equilíbrio, se desgasta. A formação de grupos de militantes determina o estilo político

Nessa situação Plessner exige que a filosofia finalmente acorde do seu sonho que a faz crer que poderia apreender o "fundamento" do ser humano. Ela não é mais esperta do que a política. Ambas têm a mesma perspectiva "que se abre para o insondável *para-onde* com o qual numa antecipação ousada a filosofia e a política... configuram o sentido de nossa vida" (362).

O conceito da historicidade radicalmente entendida leva Plessner a pensar que a filosofia não deve entrar no arriscado território do político apenas por um dever externo, mas por sua lógica interna. Mas se a filosofia se expõe à política, percebe como lhe é difícil ficar à altura do tempo. O pensar filosófico "nunca chega tão longe quanto a vida, e vai sempre mais longe do que a vida" (349). Uma presença de espírito no momento histórico parece sobrecarregar a filosofia constitucionalmente. Por isso via de regra ela se limitou a formular princípios ou visões. Ela se detém ou no reino das pressuposições ou das expectativas. Esquiva-se do confuso presente, do momento da decisão. Mas a política, segundo Plessner, "é a arte do momento certo, da oportunidade favorável. O que importa é o momento" (349). Portanto Plessner quer uma filosofia que se abra para esse "momento".

O que exige o momento de 1931 do filósofo? Resposta de Plessner: ele tem de compreender a importância do "popular" (Volkstum). "Caráter de povo (Volkheit) é um traço essencial do ser humano: como *poder--dizer-eu-e-tu*, como intimidade e estranheza" (361). É mau idealismo simplesmente deixar essa pertença desaparecer na ideia de uma humanidade universal. O próprio tem de afirmar-se, isso vale para indivíduo bem como para um povo. Tal autoafirmação porém não significa predomínio e hierarquia. Como todos os povos e culturas nascem do "fundamento de potência da subjetividade criativa", Plessner admite a "sincronização democrática de valores de todas as culturas" (318) e espera a "paulatina superação do absolutismo do próprio povo" (361). Isso significa em termos políticos claros: autoafirmação nacional diante das exigências do acordo de paz de Versailles e dos pagamentos de reparação e ao mesmo tempo rejeição do chauvinismo nacional e até racista. Da mesma forma a pertença ao próprio "povo" mantém um "aspecto de absoluto", porque o indivíduo não pode dispor de sua pertença, mas desde sempre está nela. "No horizonte de seu povo incluem-se para o ser humano todos os problemas políticos, porque ele só existe nessa perspectiva, na eventual ruptura dessa possibilidade." Essa situação não permitiria ao ser humano "nenhuma realização pura nem no pensar nem no agir... mas só em relação a um determinado povo ao qual ele desde sempre pertenceu por sangue e tradição" (362).

Plessner encerra seu ensaio com uma segunda crítica a Heidegger, a quem acusa de débil relação com o "povo". Com sua filosofia da propriedade ele aprofundaria a fissura tradicional na Alemanha "entre a esfera privada da salvação da alma e uma esfera pública do poder". Favoreceria o "indiferentismo político", segundo Plessner, e isso era um perigo para "nosso Estado e nosso povo".

Deixei Plessner falar tão detalhadamente porque sua filosofia, ligada à de Heidegger, realiza com grande empenho de reflexão aquela politização e nacionalização que em Heidegger parece antes encoberta. Mas como ela aconteceu de maneira encoberta, quando a crítica de Plessner aparece em 1931, Heidegger não precisa sentir-se atingido por ela. Entrementes ele também está procurando uma ligação expressa com o "povo", portanto também com a política, por caminhos semelhantes aos de Plessner.

Recordo mais uma vez a sequência de ideias, em *Ser e tempo*, de *historicidade*, *destino* e *povo*: lá a ligação com a comunidade do povo já desempenhara um papel, embora não central. O ideal existencial de *Ser e tempo* foi talhado segundo a relação do indivíduo consigo mesmo, mas Heidegger não quer que se compreenda isso como individualismo. Por isso ele acentua as forças *fácticas* de dasein da comunidade e do povo, que terão de ser assumidas como aspectos do *ser-lançado* no próprio projeto de dasein. Quem conseguiu chegar a assumir *sem ilusões* o *ser-lançado* do próprio dasein (SuZ, 391), também deve notar que não pode eleger o povo ao qual pertence, que também está lançado no povo, que nasceu na sua história, sua tradição e cultura. Heidegger chama *destino* (Geschick) esse enredamento do dasein individual no *acontecer da comunidade, do povo* (SuZ, 384). Mas essa pertença — como outros traços da vida — pode ser vivida de maneira distinta: *própria* e *impropriamente*. O dasein pode *assumir* o *destino-do-povo* assim compreendido; está disposto a partilhar desse destino e responsabilizar-se por ele; torna a causa do povo sua própria causa, se preciso até com *sacrifício* da própria vida; ele *escolhe seus heróis* (385), na tradição desse povo. Mas com tudo isso o indivíduo não sacrifica sua responsabilidade por si mesmo. A relação própria com o povo permanece uma relação com o próprio mesmo. Mas impropriedade exercita quem procura a comunidade do povo para fugir ao seu *eu-mesmo*; para este o povo não é senão o mundo do *a gente*.

Como existe, pois, uma relação própria e imprópria com o povo, falar sobre povo e pertença ao povo terá de permanecer naquela *ambiguidade* que se prende a tudo o que "propriamente" pensado. *Tudo parece legitimamente compreendido, apreendido e falado e no fundo não é assim, ou não parece assim mas no fundo é* (SuZ, 173).

Heidegger não foi além dessa ambiguidade em *Ser e tempo*. Fala de povo e de destino, mas o pensar ainda não se esforça por descobrir o que a hora decretou, o que exige concretamente o momento histórico. Heidegger ainda não procurou *os seus heróis*. Ainda não deixou o território, terminologicamente bem protegido por barricadas, do fundamental, a ontologia fundamental. A história concreta está sob suspeita de impropriedade, ou é formalizada como *historicidade*, uma forma oca que pode assimilar qualquer ou nenhum "material" histórico. O pensar exige de si mesmo uma abertura político-histórica (*destino* do *povo*), mas ainda não a executa.

A crítica contemporânea percebeu muito bem essa *ambiguidade*, essa oscilação entre ontologia *a-histórica* e postulado de historicidade. Os comentários críticos de Plessner a Heidegger são um exemplo disso. E antes disso Georg Misch já defendera, em uma ampla rescensão de *Ser e tempo*, que em Heidegger o ontólogo vencera o hermenêutico da vida histórica.

O próprio Heidegger, que frequentemente se queixara das reações aparentemente incompreensivas a *Ser e tempo*, via isso de forma parecida. Pois pouco depois da publicação de *Ser e tempo* prosseguiu suas reflexões na direção indicada por Plessner e Misch, de uma historicidade mais radical, ligação com o momento e decisão política.

A 18 de setembro de 1932 Heidegger escreve a Elisabeth Blochmann que *Ser e tempo* estava um tanto distante dele e que o caminho pelo qual aquela vez enveredara lhe parecia totalmente *fechado* e impossível de trilhar. Desde 1930, em cartas a Elisabeth Blochmann e Jaspers ele fala frequentemente na necessidade de um *novo* começo, mas também das dúvidas sobre jamais conseguir isso. Em uma carta a Jaspers, de 20 de dezembro de 1931, confessa abertamente que *ousei demais para além da própria força existencial e sem ver com clareza a dimensão do que objetivamente interrogo*. Nessa carta ele se refere ao *episódio de Berlim*, que acontecera um ano atrás.

A 28 de março de 1930 Heidegger foi convocado para Berlim, para a mais importante cátedra de filosofia da Alemanha. No começo, ainda sob responsabilidade do ministro da cultura prussiano, Carl Heinrich Becker, a comissão responsável favorecera Ernst Cassirer. Heidegger também fora incluído numa pequena lista, mas a resistência contra ele vencera. Victor Farías pesquisou os fatos. Segundo eles, foi sobretudo Eduard Spranger quem se posicionou contra Heidegger. Ele perguntava se a popularidade de Heidegger não se deveria mais à sua personalidade do que à sua filosofia, que não era muito adequada ao ensino e estudo. O relatório da comissão dizia: "muito comentado ultimamente o nome de Martin Heidegger. Embora o valor científico de suas realizações literárias seja muito discutido, é certo que ele exerce... uma grande força de atração pessoal. Entrementes também os que o veneram admitem que dos inúmeros estudantes que o rodeiam, quase nenhum realmente o compreende. De momento ele está em uma crise. Devemos aguardar para ver como ela termina. Seria funesto trazê-lo a Berlim agora".

O boato de que Heidegger se encontrava em crise baseava-se de um lado em que o segundo volume de *Ser e tempo* ainda não aparecera, nem fora anunciado. O livro sobre Kant, de 1929, tivera efeitos duvidosos, mas sobretudo não fora aceito como parte da continuação de *Ser e tempo*. Também a intervenção de Heidegger em Davos colaborara para dar uma impressão de crise. Tinham ficado na lembrança sua rejeição rude da filosofia da cultura, e seus anúncios de um novo começo que permanecia incerto.

256 – Heidegger - um mestre da Alemanha entre o bem e o mal

Na primavera de 1930 houve uma troca no ministério da cultura prussiano. Adolf Grimme substituiu Becker. Grimme, um político de formação filosófica — aluno de Husserl — do círculo dos socialistas religiosos reunido em torno de Paul Tillich, rejeitou a lista da faculdade, e contra vontade expressa deles mandou chamar Martin Heidegger. Grimme queria convocar alguém proeminente. Além disso a maneira antiburguesa e culturalmente revolucionária de Heidegger não assustava um homem como Adolf Grimme, ele mesmo originado do movimento da juventude antiburguesa. Os jornais liberais de Berlim ficaram indignados com essa imposição do ministro: "Um ministro socialista convoca um membro da revolução cultural a Berlim".

Em abril de 1930 Heidegger viaja para Berlim para as tratativas. Passa por Heidelberg para trocar ideias com Jaspers. Jaspers soubera da convocação pelo jornal, e lhe escrevera: "Você vai para o cargo mais visível que se possa imaginar, e com isso experimentará e elaborará impulsos ainda desconhecidos no seu filosofar. Penso que não há melhor chance" (29.3. 1930, BwHJ, 130). Como ele próprio um dia tivera esperanças em Berlim, sentia "uma leve dor... mas é a menor possível pois é você quem está sendo chamado".

Heidegger, informado pelo ministro sobre a resistência da faculdade, mesmo assim faz de início tratativas sérias. Por isso exige providências para que *sua vida possa se construir longe das perturbações das atividades de cidade grande, em uma paz razoável*, pois essa era a *base* irrenunciável do seu filosofar.

Mas, voltando a Freiburg, Heidegger decide recusar o chamado. *A recusa só me é difícil por causa do próprio Grimme*, escreve a Elisabeth Blochmann, a 10 de maio de 1930. E para Grimme fundamenta assim sua renúncia: *hoje, quando cheguei exatamente ao começo de um trabalho seguro, não me sinto suficientemente equipado para assumir a cátedra de Berlim do modo como devo exigir de mim mesmo e de qualquer outro. Uma filosofia realmente duradoura só pode ser aquela que é realmente filosofia de seu tempo, mas isso significa que domina o seu tempo.*

Frase decisiva: Heidegger confessa abertamente que ainda não se sente *suficientemente equipado*, que ainda não chegou na verdadeira filosofia, essa que não apenas expressa seu tempo à maneira hegeliana, mas

ABÓBODAS QUE DESABAM – 257

tem de *apoderar-se* dela, isto é, poder-lhe indicar o caminho ou, como ele dirá um ano mais tarde na conferência sobre Platão, tem de *superar o simplesmente existente*.

Ainda não se sentia à altura dessa exigência autoimposta mas, escreve também, está a caminho, faz-se *um começo*.

Embora já esse primeiro chamado a Berlim cause muita agitação no público, desta vez de parte de Heidegger ainda não há nenhuma "apologia da província" triunfante e programática, mas apenas a confissão muito modesta: ainda não cheguei lá! A recusa de Heidegger a Grimme encerra com o pedido de *reconhecimento dos limites que também a mim são impostos*.

Filosofia verdadeira tem *de dominar seu tempo*, escrevera Heidegger. Com isso ele defrontara a filosofia, e a si mesmo, com uma grande tarefa: ela tem de mostrar força de diagnóstico e prognóstico do tempo e além disso tomar determinadas decisões — não apenas mostrar que tem determinação. Pedem-se ideias filosóficas de tendência politizante, alternativas de ação precisam tornar-se visíveis e se possível ser filosoficamente decididas. Heidegger tem de pedir tudo isso da filosofia, se ela quiser *dominar* seu tempo.

Com essa exigência Heidegger segue a tendência da época. Isso se vê bem claramente na grande disputa pela sociologia do saber que então agitava o mundo intelectual, provocada pela espetacular aparição de Karl Mannheim no dia do sociólogo em setembro de 1928. Um participante desse congresso, o jovem Norbert Elias, falou naquela vez de uma "revolução intelectual" que acabava de se realizar, e o sociólogo Alfred Meusel descreve a sua "medrosa sensação de ter de navegar em um barco não muito firme por um oceano violentamente agitado". O que tinha acontecido?

Karl Mannheim referira-se à "importância da concorrência no terreno do intelectual", e com isso fizera algo que à primeira vista parecia a costumeira explicação marxista do produto intelectual segundo as condições da base social. Provocador para os marxistas era que Mannheim aplicava essa suspeita ideológica, com que via de regra os marxistas se aproximam dos seus adversários, a eles próprios. Com isso negava suas pretensões universalistas. Mas essa ofensa aos marxistas não bastara para causar aquela grande agitação no mundo científico. Mannheim fora provocador porque, na análise do produto intelectual, elevava o fundamento da colocação entre parênteses da questão da verdade. Para ele no terreno intelectual existem apenas diferentes "estilos de pensar" que estão numa relação dupla — o próprio Mannheim chama sua postura de "relacionista": relacionam-se diretamente com a realidade natural e civilizatória e relacionam-se umas com as outras, produzindo um fato extremamente complexo de formação de tradição, comunidades de consenso, concorrências e inimizades, que se parecem muitíssimo com uma desencadeada economia de mercado. Naturalmente todo esse fato tem uma "base", mas esta é concebível apenas através de um estilo de pensar. Aquilo em que o pensar se enraíza tem de permanecer litigioso na disputa dos estilos de pensar. Por isso não pode haver um conceito pronto para essa "base". Mannheim aplica o termo "ser" e com isso se refere à totalidade daquilo com que o pensar pode-se relacionar e de onde é extraído. O pensar, diz Mannheim, nunca lida com a realidade nua ou a realidade real, mas sempre se move em uma realidade interpretada, compreendida. Mannheim comenta criticamente a análise que Heidegger faz do *a gente*. "O filósofo vê esse 'a gente', esse sujeito misterioso, mas não lhe interessa como esse 'a gente' acontece. Mas exatamente aqui onde o filósofo cessa de indagar, começa o problema sociológico. A análise sociológica mostra que essa explicação pública do ser não está simplesmente aí, e não é apenas pensada, mas é preciso lutar por ela. Não é o desejo de saber contemplativo que conduz o interesse; a explicação do mundo é em geral correlata com as lutas de poder de grupos isolados."

O relativismo de Mannheim não dá razão a nenhum partido ideólogico, a nenhum projeto de interpretação. Como as épocas históricas de Ranke, todo o produto intelectual não tem igual valor diante de Deus mas na visão do ser fundador. Não há acessos privilegiados. Todo pensar tem *"vinculação-com-o-ser"* (Seinsgebundenheit), à sua maneira. Mas, sobretudo, é cada vez um ser especial aquele onde o pensar do indivíduo ou dos grupos se enraíza. Nos fundamentos existem as "experiências primordiais paradigmáticas de determinados círculos da vida" (345), que depois se impõem nos diversos produtos intelectuais e que por isso possuem um cerne de "não simplicidade do tipo existencial" (356). Por isso jamais haverá uma anulação total das diferenças em uma visão de mundo comum e nos princípios de ação deles deduzidos. Mas, diz Mannheim, é tarefa política da sociologia do saber reduzir os contrastes e tensões preservando para os "partidos" que estão na disputa e na competição a respectiva *vinculação-no-ser*. Com esse ato de compreensão deve-se retirar do todo dilacerado parte da energia hostil. Se esse passo foi dado, ficarão lado a lado na sociedade diversas visões de mundo das quais nenhuma pode reivindicar absolutismo; no melhor dos casos com sua hostilidade ou colaboração disciplinada pela autotransparência elas fazem avançar a evolução histórica. A sociologia do saber deveria ser agregada à sociedade, que só existe pela relação das suas partes, como o terapeuta deveria ser agregado ao casal que briga. Nenhuma vinculação privilegiada de ser, nenhuma verdade de valor atemporal, apenas certa medida de "inteligência pairando livre" pode qualificar a sociologia do saber para a tarefa de simplificar e neutralizar politicamente os contrastes — na medida em que isso é possível. Ela sabe que não é possível nem desejável atingir uma homogeneidade perfeita. O programa político-intelectual da sociologia do saber quer aliviar os contrastes pela compreensão da participação não simplificável das diferenças *vinculadas-ao-ser* nas "camadas profundas da formação humana do mundo" (350).

A sociologia do saber de Mannheim é a impressionante tentativa da ciência política de salvar o liberalismo no fim da república de Weimar, atribuindo-lhe uma espécie de pluralismo ontológico. O pensar é chamado a distinguir entre contrários simplificáveis e não simplificáveis, a procurar pela compensação racional lá onde for possível, mas de outro modo a fazer valer o mistério das "não simplificações de tipo existencial". Karl Mannheim encerra com as palavras: "quem quiser ter o irracional onde, *de jure*, ainda devem prevalecer a claridade e aspereza da razão, esse tem medo de olhar nos olhos do mistério em seu verdadeiro lugar" (369).

Heidegger conhecia esse programa de distensão da sociologia do saber. Mas uma tal tentativa de salvar o liberalismo voltando a um pluralismo ontológico, para ele não ajuda a dominar os crescentes problemas de seu tempo. Ele simplesmente nega que a sociologia do saber tenha chegado sequer um passo mais perto do *mistério em seu verdadeiro lugar*.

Na conferência sobre Platão, no semestre de inverno de 1931/32, que se ocupa em largos trechos com a metáfora da caverna da *Politeia*,

260 – Heidegger - um mestre da Alemanha entre o bem e o mal

Heidegger coloca a sociologia do saber na caverna, entre os prisioneiros que só conseguem observar o jogo de sombras na parede e não podem enxergar nem os objetos reais nem o sol que tudo ilumina. Quem fosse libertado da caverna para a luz da verdade, e depois retornasse para a escuridão para libertar seus antigos colegas de prisão, não seria bem recebido por eles. *Diriam que ele é parcial, que, chegando de algum outro lugar, aos olhos deles tem um ponto de vista parcial; e possivelmente, sim com certeza, eles ali embaixo têm uma chamada* sociologia do saber *com ajuda da qual lhe dirão que ele trabalha com certas premissas de concepção do mundo, o que naturalmente incomoda muito a opinião da comunidade da caverna e, por, isso deve ser rejeitada.* Mas o verdadeiro filósofo, que contemplou a luz, não dará grande importância a essa *tagarelice da caverna*, mas há de *agarrar energicamente* alguns que valem a pena, e *os tirará de lá*, e tentará em *uma longa história conduzi-los para fora da caverna* (GA 34, 86).

Em 1930 Heidegger exigira que a filosofia *dominasse* seu tempo. Mas nos anos seguintes podemos observá-lo enterrando-se cada vez mais fundo na história do pensamento grego. Procura escapar da história: na recém-citada conferência sobre Platão ele rejeita quase furiosamente essa suspeita: *numa legítima volta na história, tomamos a distância do presente que nos oferece o intervalo para tomarmos o impulso necessário a fim* saltarmos para fora do nosso próprio presente, *isto é, tomando-o como aquilo por que todo presente deve ser tomado por algo para* ser superado... *No final é só a volta na* história *que nos coloca naquilo que realmente acontece* hoje (GA 34, 10).

Mas Heidegger corre o perigo de ficar atolado na história que retrocede e por vezes lhe parece incerto se do impulso realmente vai nascer um salto para o presente. A impressão que recebe do filosofar platônico é tão poderosa que sempre volta a duvidar da posibilidade de ter algo seu a dizer. Numa carta a Jaspers ele se designa uma espécie de zelador do museu da grande filosofia, cuja única preocupação é cuidar *de que as cortinas nas janelas sejam abertas e fechadas da maneira correta para que as poucas grandes obras da tradição sejam razoavelmente bem iluminadas para os visitantes casuais* (20.12.1931, BwHJ, 144). Um comentário numa carta a Elisabeth Blochmann deixa adivinhar como ele levava a sério essa autoavaliação quase engraçada: *quanto mais intenso meu trabalho mais sou forçado a voltar ao grande início com os gregos. E muitas vezes vacilo sem saber se não será mais essencial deixar de lado todas as outras tentativas, e trabalhar apenas para que aquele mundo fique novamente diante dos nossos olhos, não apenas para que o aceitemos, mas pela sua excitante grandeza e exemplaridade* (19.12.1932, BwHB, 55).

Heidegger já se ocupara desde o começo dos anos vinte com os inícios gregos da filosofia. Mas agora agem sobre ele com tal poder que por vezes a confiança em sua própria filosofia ameaça abandoná-lo. Fica modesto, mas só diante dos gregos, não diante dos filósofos do presente.

Portanto, a intensa lida de Heidegger com os gregos é acompanhada de uma disposição ambivalente. Abre-se-lhe um horizonte infinito que lhe dá asas, que lhe confere uma grande sensação de mobilidade livre. Um horizonte diante do qual porém ele também se sente pequeno e insignificante. Há uma forte atração por simplesmente desaparecer nesse passado; mas seu entendimento da historicidade radical, que exige da filosofia que ela *domine* o momento histórico não lhe permite demorar-se na *origem*. Ele tem de interpretar o prazeroso mergulhar no passado como *impulso* para saltar no presente. Mas, sem ilusões, admite para si mesmo que como filósofo acadêmico ainda está metido na *estreiteza* do *objetivamente interrogável*, inibido pelo *enredamento no próprio trabalho* (a Elisabeth Blochmann, 10.5.1930, BwHB, 35). Em seus momentos depressivos Heidegger sabe: ele próprio está sentado na caverna. Pensando bem, ele ainda não tem nada de especial, nada de seu para dizer sobre os urgentes problemas do presente. E isso o atormenta. Seu estado de ânimo oscila, por vezes sente força para um novo começo, sente-se justificado ao lado de Platão; outras vezes sente-se vazio e sem originalidade, sem força criativa. É em parte arrebatado, em parte oprimido pelas suas intenções altíssimas. Para Jaspers ele as reveste da fórmula platonizante: a filosofia teria o cargo de *líder e guia consciente* na *existência pública legítima* (20.12.1931, BwHJ, 144).

O que é que ele encontra de tão arrebatador em Platão que *o seu próprio* fica diluído para ele (para Jaspers, em 8.12.1932, BwHJ, 149), e quais são as ideias que qualificam alguém como *líder que sabe?*

A primeira metade da conferência sobre Platão de 1931/32, como já se disse, é dedicada à interpretação da metáfora da caverna da *Politeia*.

Ele descreve e interpreta detalhadamente todas as fases do acontecimento. Primeiro ato: os moradores da caverna observam o jogo de sombras na parede oposta. Segundo ato: um deles é solto, libertado. Terceiro ato: ele pode se virar, vê os objetos e o fogo por detrás; é conduzido para fora, para a luz do dia. Ofuscado, no começo nada vê, mas depois os objetos diante dele cintilam na luz, tornam-se *entes* e, finalmente, ele avista o sol que não apenas ilumina tudo mas também faz tudo crescer e germinar. Quarto ato: o libertado volta para a caverna para libertar seus companheiros, que porém se recusam a serem arrancados de seus hábitos. Julgam o libertador louco, ridículo, arrogante e perigoso. Vão matá-lo se o puderem pegar.

Essa metáfora no começo parece clara como o sol, pois o próprio Platão a intepreta mais uma vez. Os prisioneiros estão algemados pelos seus sentidos exteriores, sua percepção exterior. A libertação libera seu sentido interno, o pensar. O pensar é a capacidade contemplativa da alma. Enquanto a cobiça e a coragem, outras duas capacidades da alma, se enredam no mundo dos sentidos, o pensar se solta disso e permite uma contemplação das coisas como realmente são. O sol, para cuja visão o pensar se alça, é o símbolo da verdade mais alta. Mas o que é essa verdade? Platão diz: o bem. Mas o que é o bem? O bem é como o sol. Isso significa duas coisas. Primeiro, ele deixa ver as coisas, possibilita a cognoscibilidade das coisas e com isso também o nosso conhecimento. Segundo, ele faz surgir, crescer e germinar tudo o que é. O bem possibilita o triunfo da visibilidade, da qual também os que ainda moram na caverna lucram, pois o fogo, oriundo do sol, pelo menos permite que vejam o jogo de sombras; o bem faz com que exista alguma coisa e que esse algo se mantenha no ser. Platão imagina esse ser abrangente que vive da força do bem como uma criatura comum justamente ordenada: a *polis* ideal. Esse diálogo nascera da pergunta pela natureza da justiça e Platão explica expressamente que só dificilmente se pode reconhecer, através da pesquisa da alma, a justiça, portanto o ser ordenado pelo bem, e que é melhor contemplá-la segundo um critério maior, critério da *polis*. Se a reconhecemos no macroântropos da *polis*, então também a reconheceremos na alma do indivíduo. O princípio fundamental da justiça, que Platão apresenta no seu Estado ideal, é a realização da correta medida e da ordem. Em um mundo hierarquicamente organizado dos seres humanos desiguais, cada um recebe um lugar no qual pode desenvolver suas forças próprias e fazê-las agir em favor do todo. A imagem do todo agindo harmonicamente em conjunto é expandida por Platão para além da *polis*, na dimensão ainda mais abrangente da harmonia pitagórica das esferas. Mas assim o círculo se fecha. A alma é de origem cósmica, e o cosmos é semelhante à alma. Alma e cosmos balançam ambos em uma esfera de paz e de imutabilidade. São puro ser, ao contrário do tempo mutável, do devir (Werden).

Mas Heidegger não pode fazer nada com esse platonismo. Comecemos pelo aspecto citado por último, o *ideal-de-ser* da permanência (Unvergänglichkeit).

Para Heidegger o sentido do ser é o tempo, portanto o passar e acontecer. Para ele não há um *ideal-de-ser* da permanência, e nele o pensar tem exatamente a tarefa de tornar o ser humano sensível à passagem do tempo. O pensar abre o *horizonte-do-tempo* em toda parte onde a cotidiana tendência de coisificação (Verdinglichung) faz as relações e situações se congelarem numa falsa atemporalidade. Pensar deve *liquefazer*, deve entregar o ente, sobretudo o próprio dasein, ao rio do tempo, ele dissolve o mundo-além metafísico das ideias eternas. Nada mais deve ter solidez no *redemoinho das indagações*.

Portanto Heidegger tem de ler Platão a contrapelo se quiser extrair algo dele. Isso vale para o aspecto do ser platônico em repouso em contraste com o tempo heideggeriano. E também vale para o aspecto da "verdade".

Em Platão há "verdade" que tem constância, e que espera ser encontrada por nós. As sombras na parede são uma cópia ruim do original, isto é, os objetos que lançam sombra, e que são vistos às nossas costas, na luz do fogo. A cópia se relaciona com um original. Mas também essas coisas "originais", quando relacionadas com o degrau imediatamente superior, portanto com as ideias, são apenas cópias imperfeitas. O verdadeiro conhecimento passa para além das cópias e descobre o original, aquilo que propriamente "é". Verdade é precisão, adequação de um conhecimento ao conhecido. As percepções dos moradores da caverna não são verdadeiras porque apanham apenas a aparência (Schein) e omitem o ser que nela aparece. Para Platão existe uma verdade absoluta das ideias. Ela pode ser compreendida no ímpeto da alma, com

264 – HEIDEGGER - UM MESTRE DA ALEMANHA ENTRE O BEM E O MAL

um pensar entre matemática e êxtase místico. Mas para Heidegger não pode existir uma tal verdade; para ele existe apenas um *acontecimento de verdade* (Wahreitsgeschehen) que se realiza na relação do mesmo e na relação de mundo do ser humano. O ser humano não descobre uma verdade que exista independente dele, ele esboça — diferente em cada época diferente — um horizonte de interpretação na medida em que o real contém um determinado sentido. Esse conceito de verdade Heidegger já esboçara inicialmente em *Ser e tempo*, e desenvolveu na conferência sobre *A natureza da verdade*, em 1930.

Verdade, diz ele lá, não existe nem do lado do sujeito no sentido da "verdadeira" afirmação, nem do lado do objeto no sentido do corretamente designado, mas é um acontecimento que ocorre num movimento duplo: um movimento partindo do mundo, que se mostra, vem à frente, aparece; e um movimento partindo do ser humano, que se apossa do mundo e o revela. Esse duplo acontecimento transcorre na distância em que o ser humano se colocou em relação a si e ao seu mundo. Ele sabe dessa distância e por isso também sabe que existe um mundo que se lhe mostra, e outro que se retrai. Sabe isso porque vivencia a si mesmo como uma criatura que pode se mostrar e se ocultar. Esse distanciamento é o espaço da liberdade. *A natureza da verdade é a liberdade* (WW, 13). Liberdade nesse sentido significa: ter distância, espaço. Heidegger também chama essa distância, que proporciona espaço, de *abertura* (Offenheit). Só nessa abertura existe o jogo de velamento e desvelamento. Se não houvesse essa abertura, o ser humano não poderia se distinguir daquilo que o rodeia. Nem poderia destinguir-se de si mesmo, portanto nem saberia que está aí. Só porque existe essa abertura, o ser humano pode ter a ideia de medir suas afirmações sobre a realidade naquilo que a realidade lhe mostra. O ser humano não possui verdades irrefutáveis, mas está — irrefutavelmente — em uma relação de verdade que produz aquele jogo de velar e desvelar, aparecer e desaparecer, *estar-aí* (Da-Sein) e *estar-encoberto* (Weg-Sein). Heidegger encontra a mais breve expressão para esse entendimento da verdade no termo grego para verdade: *aletheia*, textualmente não velamento. Verdade é o que foi conquistado do velado, ou quando algo se mostra, aparece como ente — ou quando ele é extraído, desvendado. De qualquer modo aqui acontece uma espécie de batalha.

Essas reflexões têm de levar à conclusão de que não pode haver um critério meta-histórico da verdade. Não há mais a interminável história de abordagem de uma verdade, nem o ímpeto da alma buscando o céu das ideias; existe apenas o acontecimento da verdade, e isto quer dizer: uma história de *projetos-de-ser*. Mas esta é idêntica à história dos paradigmas liderantes das épocas culturais e tipos civilizatórios. Os tempos modernos por exemplo são determinados pelo seu *projeto-de--ser* da natureza. *A coisa decisiva que aconteceu é que se realizou um projeto pelo qual foi* delimitado *antecipadamente o que no futuro se compreenderá por natureza e acontecimento natural: um contexto de movimento de pontos em massa determinado em espaço e tempo* (GA 34, 61). Esse projeto de ser que naturalmente não se deve imaginar nascido da cabeça de um indivíduo, mas como síntese cultural, determina o modernismo em todos os seus aspectos; natureza torna-se um objeto de cálculo, e o ser humano olha para si mesmo como uma coisa entre coisas; a atenção se concentra nos aspectos do mundo que parecem de alguma forma controláveis e manipuláveis. Essa postura fundamental e instrumental produziu a evolução técnica. Heidegger diz que toda a nossa civilização é expressão de determinado projeto de ser, em cujo reino nos movemos mesmo no *acontecimento trivial de qualquer viagem com o bonde elétrico pela cidade* (GA 34, 121). Nossos conhecimentos não se tornam "mais verdadeiros" porque levam a resultados técnicos, mas a natureza dá diversas respostas, conforme a interrogamos. Sob a nossa intervenção ela *desoculta* (entbirgt) sempre diferentes aspectos. E como nós mesmos pertencemos à natureza, também somos transformados pela nossa maneira de intervir. Também nós nos desvendamos e deixamos agir outros aspectos de nossa natureza.

Não existe verdade no sentido de um grande X desconhecido do qual nos aproximamos em uma progressão infinita, no qual medimos nossas afirmações cada vez mais correta e precisamente, mas existe apenas a *disputa* (Auseinandersetzung) constante com o ente, que se mostra cada vez de outra maneira, enquanto nós mesmos também nos mostramos diferentes. E tudo isso é um processo criativo; pois cada *projeto-de-ser* produz um mundo interpretado e organizado de determinada maneira, material e espiritualmente.

266 – Heidegger - um mestre da Alemanha entre o bem e o mal

Se, pois, não existe nenhum critério absoluto de verdade, mas apenas um dinâmico acontecimento da verdade, Heidegger mesmo assim ainda encontra um critério superior a isso para juízo desse acontecimento da verdade e é um critério do resultado (Gelingens). Pela maneira como o abordamos e como o deixamos ser, o ente pode agir como *ente* ou menos ente. A compreensão da natureza moderna técnico-racional é para ele um *projeto-de-ser* que faz empalidecer o ente. *É uma indagação em si, se com essa ciência o ente se tornou mais ente, ou se não se inseriu algo bem diferente entre o ente e o ser humano cognoscente, com o que a relação com o ente se esfarelou, o instinto para a essência da natureza foi expulso do ser humano e estrangulado o instinto para a natureza do ser humano* (GA 34, 62).

Nessa formulação vê-se que com o critério comparativo do *ente* Heidegger busca a intensificação ou redução do vivo: se o ente pode se mostrar na plenitude de suas possibilidades, se nos *liberamos* (freigeben) a nós e ao mundo, se o nosso tipo de atenção permite ao ente aparecer em toda a sua riqueza e crescer assim como nós mesmos crescemos com isso. *Olhar essencial para o possível* (GA 34, 64) é como Heidegger chama essa atenção que possui seus órgãos especiais: *filosofia original* e *grande literatura*. Ambas fazem o *ente mais ente* (GA 34, 64).

Depois de 1933 Heidegger vai filosofar sobretudo no rastro da *grande literatura*; no começo dos anos trinta é a *filosofia original* de um Platão.

Mas para a compreensão heideggeriana da verdade como acontecimento da verdade, Platão, esse metafísico da verdade absoluta por excelência, não daria nenhum ponto de apoio. Ou sim?

Heidegger afirma o que seria difícil de negar — que em Platão essa vivência fundamental da *aletheia*, compreendida como acontecimento revelador da verdade (sem verdade "objetiva"), já começou a *ser ineficaz* e a se *transmutar na concepção comum e generalizada da natureza da verdade*, compreendida como a *precisão* de afirmações (GA 34, 17). Se Heidegger quer assegurar-se do grande começo nos gregos, precisa compreender melhor Platão do que este próprio se compreendeu. Por isso elimina o ponto de vista da verdade a que Platão se referia, o mundo das ideias tendo na ponta a mais alta ideia do bem, simbolizada pelo sol, e em vez dela dirige a atenção quase exclusivamente para o acontecimento da libertação e ascensão da alma, no qual, segundo Heidegger, não importa descobrir *um mundo espiritual por trás.* Muito antes, nessa libertação ocorreria uma mudança de postura e posição que faz o *ente* ser *mais ente.* Heidegger distingue ímpeto platônico de qualquer fuga da verdade. Vale o contrário: quem se liberta da caverna das sombras (das opiniões, hábitos, posturas cotidianas), é que realmente vem ao mundo, ao mundo real. E o que é o mundo real? Nós já o conhecemos, Heidegger o descreveu inúmeras vezes: é o mundo visto da perspectiva da propriedade, a arena do *ser-lançado* e do projeto, da preocupação, do sacrifício, da luta, um mundo repassado pelo destino, ameaçado pelo nada e pela anulação. Um lugar perigoso no qual só podem resistir os que optaram por serem desabrigados (Obdachlos), os realmente livres, que não precisam procurar proteção sob o telhado das pretensas verdades. Como Heidegger se interessa por *essa* imagem do mundo, não permanece muito tempo no verdadeiro ápice do acontecimento da caverna, o momento da libertação na extática contemplação do sol, mas volta apressado para a caverna, junto com aquele que se afastara. Para Heidegger só lá se realiza o dramático ápice da parábola. Pois que foi o libertado para a luz agora torna-se libertador. Mas o libertador *tem de ser violento* (Gewalttätiger) (GA 34, 81), pois os aprisionados se acomodaram em seu mundo e nem querem ser libertados de sua situação, pois não conhecem outra coisa. Dois aspectos desse acontecimento Heidegger usa extensamente para a imagem do filósofo heroico: ele é convocado para a tarefa de líder e vigia, e deve estar preparado para poder ser feito mártir na tentativa de libertar os algemados. Pois eles vão resistir e responder com violência a quem exerce a violência. Talvez o matem para que ele os deixe em paz.

O líder filosófico é convocado a pôr em andamento para toda uma comunidade um novo acontecimento da verdade e fundar uma nova relação de verdade. É o filósofo como mártir, que não apenas morre a morte do filósofo, como Sócrates, mas talvez tenha de sofrer até mesmo a morte da filosofia. "O envenenamento da filosofia", diz Heidegger, "acontece porque ela se submete aos hábitos e ponderações de utilidade dos habitantes da caverna". Heidegger esboça um projeto acrimonioso da atividade filosófica — filosofia como forma atrofiada de edificação religiosa, como serva, na teoria do conhecimento, das ciências positivas, como conversa de concepção de mundo, como folhetim no mercado das vaidades intelectuais. Tudo isso significa que a filosofia teria de tolerar o *tornar-se-nulo-e-impotente da sua própria natureza* (GA 34, 84). A verdadeira filosofia, que em Platão contempla o sol do bem e em Heidegger saboreou os frutos da liberdade, que em Platão possui a verdade e em Heidegger desencadeia um acontecimento da verdade, essa verdadeira filosofia entra em um *beco-sem-saída*; pois não pode se defender desse *envenenamento* pela instrumentalização para o útil e o corrente; se não colaborar ela será desprezada e posta de lado. O etos do *ser-livre* porém a proíbe de fugir do perigo. Ela não deve se afastar da caverna, *ser-livre, ser-libertadora é colaborar na história* (GA 34, 85). Resumo de Heidegger: *o verdadeiro filosofar é impotente dentro do reino da evidência* (Selbstverständlichkeit); *só na medida em que essa se transformar, a filosofia pode tomar a palavra* (GA 34, 84).

Aí está novamente a história. A *evidência reinante* tem de mudar antes que a verdadeira filosofia possa tomar a palavra. O que resta senão esperar pelo grande momento histórico? Pois existe ainda a outra possibilidade, de que uma vez chegue um grande filósofo que, como dissera Heidegger em sua preleção sobre *Metafísica*, de 1929/30, possua o carisma que o transforme em destino de outros, motivo *para que o filosofar desperte neles* (GA 29/30, 19). Heidegger, que no museu da filosofia cuida da iluminação correta das grandes obras, também já ensaia seu novo papel: o de precursor (Vorläufer) que, como diz na conferência de Platão, *abre o caminho* para o que deve vir (GA 34, 85). *Será possível*, pergunta Heidegger em tom sibilino na mesma época em uma carta a Jaspers, *criar um solo e um espaço para as décadas vindouras da filosofia, e será que virão pessoas que tragam em si uma determinação ampla?* (8.12.1932, BwHJ, 149).

Se com a colaboração dos filósofos houver uma mudança tão grande na história, e o filosofar próprio será considerado obra de libertação, então não se poderá mais evitar a relação com o político. É afinal para uma dimensão política que também conduz o ímpeto da alma, como Platão o descreve na *Politeia*. Lá sabidamente Platão desenvolve a ideia de que uma coletividade só será bem ordenada se os verdadeiros filósofos se tornarem reis dentro dela. O próprio Platão tentou isso com o tirano de Siracusa e teve sabidamente um grande fracasso. Foi vendido como servo, e só com sorte recuperou a sua liberdade.

Mas Platão não vai contestar isso: o verdadeiro filósofo é iluminado pela ideia do bem. Com isso criou ordem em si mesmo, as capacidades da alma — o desejo, a coragem, a sabedoria — encontram-se em harmonia. Segundo o modelo dessa harmonia interna ele poderá então ordenar a coletividade. Ele a constrói em três degraus, como a alma bem ordenada: à capacidade de desejo corresponde a classe dos trabalhadores; à coragem a classe dos guerreiros e sentinelas; à sabedoria os chefes filosóficos. São três ordenações sobre as quais por muito tempo se estabelece o pensamento político do Ocidente; na Idade Média foram formuladas na tríade: camponeses- -cavaleiros-sacerdotes; e ainda no discurso de posse de Heidegger como reitor esse pensamento estará como um espectro quando ele invocar a trindade de *servir no trabalho, servir na defesa* e *servir na sabedoria.*

O filósofo, que encarou o sol e retorna à caverna como libertador, traz na bagagem máximas éticas. A *Politeia* de Platão é sem dúvida uma obra de ética filosófica. Tanto mais espantoso é que Heidegger, cujos pensamentos giram em torno do problema do domínio da filosofia sobre seu tempo, afirme que na ideia do bem de Platão *absolutamente não se trata do ético e do moral*, que é preciso *livrar-se de qualquer concepção sentimental dessa ideia do bem* (GA 34, 100).

Assim no fim torna-se cada vez mais premente a pergunta: se Heidegger rejeita a sólida ética política de Platão, onde descobre a admirável força do filosofar platônico?

Na metáfora da caverna, o que foi libertado para luz não precisa forçosamente voltar à caverna como libertador. Ele poderia contentar-se com estar salvo para a verdade, ter atingido a mais alta forma de vida, o *bios theorétikos*. Por que volta a se misturar com as pessoas, por que quer realizar lá sua obra de libertação, por que a *sabedoria* retorna outra vez ao mercado do político? Platão levanta essas perguntas e com isso distingue o ideal de virtude da justiça política do ideal da libertação de todas as tramas políticas. Filosofia prática e filosofia da libertação defrontam- -se. O filósofo pode escolher. "Os que... saborearam que coisa doce e magnífica", é a filosofia, "e de outro lado reconhecem suficientemente a insensatez da multidão, e que... não há nada sadio em nenhum dos que administram o Estado... — levando tudo isso a sério, será que poderão manter-se calmos, cuidando só do que é seu? — como alguém no inverno, quando há vento, poeira e chuva, se abriga atrás de um muro, contente vendo os outros dominados pela insanidade, só ele próprio vivendo livre

270 – Heidegger - um mestre da Alemanha entre o bem e o mal

da injustiça e das obras ímpias, e despedindo-se delas com esperança." Essa possibilidade da autossalvação pela filosofia é sempre uma atração para Platão, uma alternativa para a ética política.

Quando Heidegger coloca entre parênteses a ética política de Platão, seu entusiasmo ligará novamente com essa sedução da autossalvação pela filosofia? Não, pois Heidegger se declara expressamente a favor do dever filosófico de *colaborar na história* (GA 34, 85). Se não for a ética platônica concretamente excluída nas formulações, nem o desejo de uma autossalvação filosófica, o que incendeia o filosofar de Heidegger ligado a Platão?

É simplesmente o ato de tornar-se livre, de sair para um espaço aberto. Uma vivência primordial para a qual tudo o que determinada cultura e civilização possui em costumes, obrigações e orientações de valor, perde sua última obrigatoriedade. Isso não significa um exercício de descompromisso, mas a experiência de que aquilo que nos prende se transforma em algo que nós mesmos escolhemos. O espaço aberto a que chega o que foi libertado da caverna faz com que este veja o ente *no todo*. *No todo* significa no horizonte do nada, do qual o ente brota e do qual se destaca. O morador da caverna libertado aposta no nada, escolhe seu lugar na *incerteza do ente no todo*, com isso relaciona-se *com o ser e com sua fronteira no nada* (GA 34, 78).

Para essa atitude a fórmula de Heidegger indica: *autorização* (Ermächtigung) (GA 34, 104). O que significa isso? Heidegger fornece uma pista. *Para qualquer significação, não há agora necessidade de se falar, apenas temos de agir* (GA 34, 78). A experiência da *autorização* torna acessível o *limite da filosofia* (GA 34, 106).

Nesse tempo o pensar de Heidegger gira em torno da ideia da atribuição de poder. Ele busca um caminho para atravessar as fronteiras da filosofia — mas com meios filosóficos e por razões filosóficas.

* * *

Profundamente mergulhado em Platão, embriagado pela *gigantomania* que lá descobre, alternando entre a euforia das alturas e uma sensação de desânimo, ele está por encontrar o seu papel: quer ser arauto de uma epifania político-histórica e ao mesmo tempo filosófica. Virá um tempo digno da filosofia e virá uma filosofia que dominará o seu tempo. E de alguma forma ele então estará no lado certo. Como escudeiro ou como cavaleiro. Importa estar alerta e não perder o momento em que a política pode — e deve — tornar-se filosófica, e a filosofia política.

Capítulo **XIII**

O sacerdote sem mensagem

Platão interessava-se pela política. Causas para isso eram os instintos políticos elementares do morador da *polis*, a seduçao da filosofia pelo poder e o desejo de uma organização social que permitisse à filosofia a felicidade imperturbável da teoria. Por mais que Platão se afastasse da vida comum, permanecia morador da cidade e não podia apartar-se dela — até a academia que mais tarde fundou estava sob proteção de e a serviço da *polis*.

Lendo Platão, Martin Heidegger ainda não entra na política mas espera uma mudança histórica que talvez produzisse uma nova compreensão do ser. Heidegger ainda separa as forças criativas da história da chamada política cotidiana. Nesta vê apenas *maquinações*, excitação estéril, agitação e disputas partidárias agindo. A verdadeira história para ele se realiza em uma profundeza da qual aparentemente a política reinante nada sabe.

Esse aprofundamento histórico-filosófico ou superação da política teve sua conjuntura nos anos de Weimar. Os fazedores de diagnósticos sobre a época, que tivessem ambições filosóficas, estavam sentados diante dos acontecimentos políticos como diante da parede da caverna platônica e queriam descobrir atrás do jogo de sombras das atualidades do dia as verdadeiras gigantomanias. Tinham de ser polaridades sublimes, em torno das quais também giraria a política do dia: mito original contra profecia (Tillich); homem fáustico contra poder dos felaches (Spengler); nova Idade Média contra o demonismo da modernidade (Berdyaev); mobilização total contra o comodismo burguês (E. Jünger).

Heidegger também privilegia esse patético estilo afresco. Atravessa apressadamente os fervilhantes acontecimentos do dia para deparar-se com a história propriamente dita (eigentliche). A conferência sobre Platão, de 1931/32, fala *da transformação em todo o ser humano, em cujo início estamos* (GA 34, 324). Mas tudo são ainda projetos. Por enquanto só são nítidas a movimentação e a mudança nos solitários êxtases de pensamento da metáfora da caverna. Esse êxtase, cuja fórmula é: o *ente se torna mais ente*, deve ser levado para fora da caverna da mera interioridade e socializado. Mas como se fará isso? Talvez se o que está em êxtase filosófico se tornar *fundador* de uma nova comunidade? Por enquanto Heidegger ainda se contenta com invocar o espírito da filosofia nas salas dos seminários e partir em grandes viagens para as imprevisíveis distâncias das tradições filosóficas. Mas Heidegger sabe: tudo isso ainda não significa que a filosofia *domine* seu tempo. Mas ela deve fazer isso. Heidegger ainda espera. Provavelmente primeiro a história terá de se manifestar poderosamente, para que o filósofo possa sentir que a domina.

Também quem espera pela história e grande política tem suas opiniões sobre a política cotidiana. Até ali Heidegger raramente se manifestara, e quando o fazia era em geral casualmente, quase desdenhosamente. Tudo isso lhe parece *tagarelice na caverna*.

Na mudança de ano 1931/32, portanto nas férias do semestre de Platão, Hermann Mörchen visita o filósofo na cabana de Todtnauberg. Nessa ocasião Mörchen registra suas impressões no diário: "Lá em cima dorme-se muito; à noite, às oito e meia já é 'hora da cabana'. Mesmo assim no inverno a escuridão é suficientemente longa para sobrar algum tempo para conversar. Naturalmente não se falava em filosofia mas sobretudo no nacional-socialismo. Gertrud Bäumer, outrora uma seguidora tão liberal, tornou-se nacional-socialista, e seu marido a está seguindo! Eu nunca imaginara, e mesmo assim não é de admirar. Ele não compreende muito de política, portanto provavelmente seu horror a toda a mediocridade faz com que ele espere alguma coisa do partido que promete fazer algo decisivo, sobretudo combater o comunismo. Idealismo democrático e escrúpulo de Brüming não poderiam mais fazer nada quando as coisas chegaram a esse ponto; portanto hoje seria preciso aprovar uma ditadura que não recuasse diante de meios de Boxheimer (ditatura comunista). Só com esse tipo de ditadura se poderia evitar a terrível ditadura comunista que aniquila todo o culto da

O SACERDOTE SEM MENSAGEM – 275

personalidade individual e, com isso, toda a cultura no sentido ocidental. Ele quase não se ocupa com questões políticas isoladas. Quem mora aqui em cima vê tudo isso segundo outros padrões".

Hermann Mörchen ficou totalmente surpreendido com as simpatias políticas de Heidegger. Só pôde explicar isso pela ignorância de Heidegger quanto à "questões políticas isoladas". Outro aluno de Heidegger, Max Müller, também relata como os estudantes ficaram surpreendidos quando Heidegger se declarou seguidor do nacional-socialismo. Pois "nenhum de seus alunos então pensava em política. Nas aulas nunca surgia uma palavra de cunho político".

Na época da visita de Mörchen em Todtnauberg e da preleção de Platão, no inverno de 1931/32, a ligação de Heidegger com o partido nacional-socialista não passa de uma opinião política. Ele vê nesse partido uma força ordenadora na desgraça da crise econômica e no caos da República de Weimar que desmorona, e sobretudo uma fortaleza contra o perigo de uma rebelião comunista. Para Mörchen ele diz que *um tronco bruto precisa de uma cunha bruta*. Mas por enquanto a sua simpatia política pelo nacional-socialismo ainda não entra em sua filosofia. Um ano mais tarde isso mudará fundamentalmente. Pois para Heidegger terá chegado o grande momento da história, aquela *transformação de todo o ser humano*, da qual falara, cheio de pressentimentos, na conferência de Platão. Então a revolução nacional-socialista se tornará para ele um acontecimento que domina o ser, penetrando até o mais íntimo de sua filosofia e levando o filósofo para além das *fronteiras da filosofia*. Na conferência de Platão, Heidegger interrompera a análise do êxtase filosófico, comentando que *agora não se pode mais falar sobre isso, é preciso agir* (GA 34, 78). Em fevereiro de 1933 chegou para Heidegger o momento de ação. De repente o êxtase também parece possível na política.

Na conferência de Platão, Heidegger anunciara que queria voltar aos começos gregos a fim de ganhar distância para o salto para o presente e para além dele. Dera um salto curto demais e não chegara ao presente. Mas agora a história vem ao seu encontro, ela o domina e o arrebata consigo. Não precisa mais saltar, pode deixar-se levar, se não fosse a ambição de estar entre os líderes. *É preciso engajar-se*, diz Heidegger a Jaspers em março de 1933.

Quando no futuro fizer sua justificativa, olhando para esse passado, Heidegger enfatizará a necessidade do seu tempo, que tornara necessária uma decidida ação política. Desemprego, crise econômica, a questão ainda não resolvida das reparações a pagar, guerra civil nas ruas, perigo do motim comunista. O sistema político de Weimar, que não conseguia lidar com tudo isso, produzia disputas partidárias, corrupção e irresponsabilidade. Ele desejara aliar-se com forças nas quais sentia um verdadeiro desejo de um recomeço. Esperara, escreve a 19 de setembro de 1960 em uma carta ao estudante Hans-Peter Hempel, *que o nacional-socialismo reconhecesse e assimilasse todas as forças construtivas e produtivas.*

O estudante relatara ao filósofo o conflito em que fora lançado pela sua admiração pela filosofia de Heidegger e o horror pela sua política. Heidegger esforçou-se por uma resposta detalhada. E escreve: *o conflito permanece irresolvido enquanto o senhor por exemplo ler pela manhã no* Satz vom Grund *e à noite assistir a relatos ou documentários dos últimos anos do regime de Hitler, enquanto julgar o nacional-socialismo* apenas *olhando a partir de hoje, e relativamente aquilo que aos poucos veio à luz depois de 1934. No começo dos anos 30 as diferenças de classe em nosso povo tinham-se tornado intoleráveis para todos os alemães com senso de responsabilidade social, bem como o pesado ônus econômico da Alemanha devido ao Tratado de Versailles. No ano de 1932 havia 7 milhões de desempregados que, com suas famílias, só podiam esperar pobreza e necessidade. A perturbação devido a essas condições, que a atual geração nem consegue mais imaginar, também atingiu as universidades.*

Heidegger nomeia motivos racionais. Mas não menciona seu entusiasmo revolucionário. Em sua retrospectiva, ele "já não quer... aceitar a radicalidade de suas intenções" (Max Müller).

O que aconteceu com a tomada de poder nacional-socialista foi uma revolução para Heidegger; foi bem mais do que política, foi um novo ato da história do ser, a transformação de uma época. Com Hitler ele vê iniciar-se uma nova era. Por isso, na carta a Hempel, para desonerar-se, Heidegger alude a Hölderlin e Hegel, que teriam *cometido engano* semelhante: *tais enganos já aconteceram com homens maiores que eu: Hegel viu em Napoleão o espírito do mundo e Hölderlin o viu como o príncipe da festa para a qual os deuses e Cristo eram convidados.*

O SACERDOTE SEM MENSAGEM – 277

A tomada de poder de Hitler desencadeou uma disposição revolucionária quando com horror, mas também com admiração e alívio, se notou que o partido nacional-socialista realmente destruía o "sistema de Weimar" que uma minoria ainda apoiava. A determinação e brutalidade impressionavam. A 24 de março todos os partidos, com exceção dos social-democratas e dos comunistas presos, concordaram com a chamada lei de atribuição de poder. A dissolução dos partidos de Weimar não se deu apenas por medo da repressão mas também porque estavam sendo arrebatados pela revolução nacional-socialista. Theodor Heuss, então um deputado do partido alemão-democrático, escreveu positivamente a 20 de maio de 1933: "Revoluções agem com força para conquistar a 'vida pública', sempre foi assim... Além disso elas também manifestam a exigência histórica de instaurar novamente o espírito do povo".

Havia anúncios impressionantes dessa nova sensação de comunidade, juramentos em massa sob cúpulas de luz, reuniões em torno de fogueiras nas montanhas, discursos do Führer no rádio, as pessoas agrupavam-se em trajes festivos em praças públicas para as escutar, no auditório da universidade e nas estalagens. Cantos corais nas igrejas em honra da tomada de poder. A 21 de março de 1933, o Dia de Potsdam, o superintendente-geral, Otto Dibelius, disse na igreja de São Nicolau: "de norte a sul, de leste a oeste passa um novo desejo do Estado alemão, uma vontade de, usando as palavras de Trietschke, não renunciar mais 'a uma das mais nobres sensações na vida de um homem', isto é, o olhar entusiasmado sobre o próprio Estado". A disposição daquelas semanas era difícil de reproduzir, escreve Sebastian Haffner, que a experimentou. Ela formou o verdadeiro alicerce de poder para o iminente Estado do Führer. "Foi — não se pode dizer de outra maneira — um sentimento muito difundido estar sendo salvo e libertado da democracia". Não apenas nos inimigos da república havia esse sentimento de alívio pelo fim da democracia. Também a maioria de seus seguidores achava que ela já não tinha força para controlar a crise. Era como se um encantamento paralisante se tivesse desfeito. Algo realmente novo parecia estar-se anunciando: um domínio do povo sem partidos, com um Führer do qual se esperava que deixaria a Alemanha outra vez unida internamente e externamente segura. Mesmo observadores distanciados dos acontecimentos começavam a pensar que a Alemanha se reencontrava. O "Discurso da paz" de Hitler, de 17 de maio de 1933, onde ele declarou que "o amor e fidelidade ilimitados pelo próprio povo" incluíam o "respeito" pelos direitos nacionais de outros povos, teve grande efeito. O *Times* escreveu que Hitler "realmente falou por uma Alemanha unida".

Até entre a população judia — apesar do boicote a casas comerciais judaicas a 1º de abril e da demissão de funcionários judeus desde 7 de abril — houve em parte uma concordância entusiástica com a "revolução nacional". Georg Picht recorda que, em março de 1933, Eugen Rosenstock-Huessey declarou numa conferência que a revolução nacional-socialista era a tentativa dos alemães de concretizarem o sonho de Hölderlin. Em Kiel, Felix Jacoby abriu a sua conferência sobre Horácio, no verão de 1933, com as palavras: "Como judeu estou numa situação difícil. Mas como historiador aprendi a não encarar fatos históricos do ponto de vista pessoal. Desde 1927 elegi Adolf Hitler e considero-me feliz porque no ano da sublevação nacional me é permitido discorrer sobre o poeta Augusto. Pois Augusto é a única figura na história mundial que se pode comparar a Adolf Hitler".

O desejo de uma política apolítica parecia de repente encontrar sua realização. Para a maioria, política fora um assunto complicado, de preservação e imposição de interesses, tema de disputas, de egoísmo e insatisfação. No meio político viam-se apenas grupos e alianças, intrigantes e conspiradores, bandos e claques realizando suas atividades perniciosas. O próprio Heidegger expressara esse ressentimento contra a política, atribuindo toda essa esfera ao *a gente* e à *tagarelice*. "Política" passava por traição dos valores da "verdadeira" vida, da felicidade familiar, do intelecto, da lealdade, da coragem. "Um ser humano politizado me é repulsivo", dissera já Richard Wagner. O sentimento apolítico não se concilia com o fato da pluralidade dos seres humanos, mas procura o grande singular: o alemão, o compatriota, o trabalhador do punho e da fronte, o espírito.

O que restara de inteligência política perdia do dia para a noite toda a credibilidade, o que contava agora era apenas a emoção. Gottfried Benn escreveu nesses dias dirigindo-se aos emigrantes literários: "Cidade grande, industrialismo, intelectualismo, todas as sombras que este tempo lançou sobre meus pensamentos, todas as forças do século às quais sirvo em minha produção, existem momentos em que toda esta torturada vida falece e não restam senão a planície, a amplidão, as estações do ano, as palavras simples, o povo".

Esses eram também os sentimentos de Heidegger, de cuja última visita em junho de 1933 Jaspers faz a seguinte descrição: "O próprio Heidegger parecia mudado. Já na chegada reinava um estado de espírito a nos separar. A população estava embriagada pelo nacional-socialismo. Procurei Heidegger em seu quarto lá em cima, para o cumprimentar. 'É como em 1914...' comecei, e quis continuar: 'novamente essa vertigem enganadora das massas', mas diante das primeirras palavras de Heidegger que concordava radiante, a palavra estancou em minha garganta... Vendo um Heidegger tomado por aquela embriaguez, eu falhei. Não lhe disse que ele estava num caminho falso. Não confiava mais na sua personalidade transformada. Senti-me ameaçado diante da violência da qual Heidegger agora participava...".

Para o próprio Heidegger, era uma violência salvadora. Heidegger, que realizava com tamanho prazer os assuntos do pensar, agora exigia que se fizesse o juízo da filosofia. Na última conversa com Jaspers ele disse, com ira e ódio na voz, "que é loucura haver tantos professores de filosofia, não se devia manter mais que dois ou três na Alemanha". Quando Jaspers perguntou "mas quais?", Heidegger se calou, eloquente. Trata-se de um salto mortal filosófico no primitivismo. Em uma conferência aos universitários de Tübingen, a 30 de novembro de 1933, segundo relatório de um jornal, Heidegger afirma expressamente: *ser primitivo significa estar, por desejo e impulso interior, ali onde as coisas começam a ser primitivas, impelidas por forças internas. Exatamente por isso, porque o novo estudante é primitivo, ele é convocado a executar a nova exigência do saber.*

Alguém aí está querendo cortar o nó górdio da realidade. Alguém despede-se raivosamente das laboriosas sutilezas do próprio *pensar-o-ser.* Uma fome de concretude e de realidade compacta irrompe subitamente e a filosofia solitária procura banhar-se na multidão. Tempos ruins para o que é diferenciado, Heidegger até varre de lado a sua mais eminente diferença, a que existe entre ser e ente, dando a compreender: o ser finalmente chegou, *estamos sob a força de comando de uma nova realidade.*

Mais tarde em seu grande estudo *Origens do totalitarismo*, chamará Hannah Arendt tudo isso de "aliança entre ralé e elite". Uma elite intelectual para a qual na Primeira Guerra haviam sucumbido os valores tradicionais do mundo de ontem, queima as pontes atrás de si no momento em que os movimentos fascistas tomam o poder. Era "a massa na qual a elite do pós-guerra desejava naufragar ".

No *torvelinho do indagar filosófico*, dissera Heidegger em outros tempos, nossas relações naturais com a realidade naufragam. Agora é o contrário: a filosofia de Heidegger entrega-se a esse torvelinho de realidade política. Mas só pode fazer isso porque nesse momento toma a realidade como um pedaço de filosofia concretizada.

"O alemão, desfeito em si mesmo, desunido em espírito, fragmentado em seu querer e com isso impotente para a ação, torna-se fraco na afirmação da própria vida. Ele sonha com a justiça nas estrelas e perde o chão na terra... No fim resta aos alemães apenas o caminho para dentro. Como povo de cantores, poetas e pensadores, ele então sonha com um mundo no qual os outros viveram, e só quando a necessidade e a miséria o atacarem de maneira desumana talvez nasça da arte a nostalgia de uma nova ascensão, de um novo Reich, e com isso de uma nova vida."

Aquele que aqui surge como concretização dos sonhos secretos dos artistas e pensadores é Adolf Hitler em seu discurso no Dia de Potsdam, 21 de março de 1933.

Karl Kraus disse certa vez que nada mais lhe ocorria dizer sobre Hitler. A Heidegger não apenas ocorrreu muita coisa, mas, como declarou em 1945 diante da Comissão de Limpeza da Universidade de Freiburg, ele *acreditara* em Hitler. O protocolo da comissão resume as abordagens de Heidegger sobre esse ponto: "Ele acreditou que Hitler cresceria para além do partido e de sua doutrina, e que o movimento poderia ser intelectualmente conduzido para outros trilhos, de modo que tudo haveria de convergir em responsabilidade ocidental, no chão da renovação e união".

Em retrospectiva Heidegger se apresenta como alguém que agiu conforme lúcidas ponderações de política real e responsabilidade social. Mas na verdade naquele primeiro ano Heidegger esteve enfeitiçado por Hitler.

"Como é que um homem tão inculto como Hitler poderá governar a Alemanha?", pergunta Jaspers perplexo a Heidegger na última visita

O SACERDOTE SEM MENSAGEM – 281

deste, em junho de 1933. E Heidegger responde: *cultura é totalmente indiferente... veja as maravilhosas mãos que ele tem!*

Não é uma manobra tática, não é acomodação exterior, mas uma questão do coração, quando a 3 de novembro de 1933 Heidegger encerra a sua "Conclamação aos estudantes alemães" por ocasião da votação popular para saída da Liga das Nações, com as frases: *não frases doutrinárias nem* ideias *sejam as regras do vosso ser. O próprio Führer e só ele é a atual e futura realidade alemã e sua lei.*

Na carta a Hans-Peter Hempel, que o interpelara sobre essa frase, Heidegger dá a seguinte explicação: *se eu tivesse pensado o que se compreende numa leitura rápida,* "o Führer".[31]

Na carta de 1960 Heidegger aponta pois, desculpando-se, o fato de que naquela frase ominosa ele imaginara algo especial que escaparia a um leitor superficial. Mas esse especial é apenas o que Hitler sempre afirmou de si próprio, que ele era a encarnação de um destino. E com efeito, foi assim que Heidegger o vivenciou.

O que Heidegger esconde — mas confere às suas manifestações e atividades nesses meses o seu sentido próprio e seu patos especial — é que a revolução nacional-socialista o eletrizou filosoficamente, que na rebelião de 1933 ele descobriu um acontecimento metafísico fundamental, uma revolução metafísica: *uma transformação total de nosso dasein alemão* (discurso de Tübingen, 30.11.1933). Uma *transformação* além do mais, que não atinge apenas a vida do povo alemão, mas também abre um novo capítulo da história ocidental. Tratava-se da *segunda grande luta armada* depois do *primeiro início* da filosofia grega — origem da cultura ocidental. Essa segunda luta tornou-se necessária porque o impulso do primeiro início entrementes se desgastou. A filosofia grega colocara o dasein dos seres humanos na amplidão aberta da indeterminidade, da liberdade e da questionabilidade. Mas entrementes o ser humano voltara a rastejar para dentro da casa de suas imagens de mundo e valores, suas *maquinações* técnicas e culturais. Nos primeiros tempos gregos houve um momento de propriedade. Mas depois a história do mundo voltou para a luz turva da impropriedade, a caverna platônica.

---

31 Líder. (N. da T.)

A revolução de 1933 foi interpretada por Heidegger como saída coletiva para fora da caverna, saída para aquela amplidão aberta que normalmente só é aberta pelo indagar e pensar filosófico solitário. Com a revolução de 1933, chegara para ele o momento histórico da propriedade.

Eram acontecimentos políticos aqueles aos quais Heidegger reagia, e seu agir realizava-se na planura da política — mas foi a força de imaginação filosófica que dirigiu esse reagir e agir. E essa força de imaginação filosófica transformou o cenário político em um palco de história da filosofia, no qual se apresentava uma peça do repertório da história do ser. A verdadeira história dificilmente podia ser reconhecida ali. Mas nem era isso que importava. Heidegger queria apresentar sua própria peça de história da filosofia, e para isso recrutava atores. Em todos os seus discursos desses meses Heidegger se refere *à força de comando da nova realidade alemã,* mas — e quanto a isso não deixa dúvidas — é a sua filosofia que revela o verdadeiro significado dos *comandos.* A filosofia coloca o ser humano de tal modo no reino do poder desses comandos, que eles podem ser transformados de dentro. Por isso ele organiza o campo da ciência, por isso ele fala diante dos desempregados que leva para a universidade, por isso os incontáveis chamados, falas, apelos, todos visando *aprofundar* nesse sentido os fatos da política cotidiana de maneira que sirvam para imaginário palco metafísico. Esse poder a filosofia só exerce se não fala *sobre* as situações e fatos, mas *partindo deles.* A própria filosofia tem de tornar-se parte da *realidade revolucionária,* da qual fala. *Ela* (a realidade revolucionária) *só é vivenciável para aquele que tem o verdadeiro desejo de a vivenciar, não para o observador... pois a realidade revolucionária não é nada que esteja presente, mas reside em a natureza primeiro desenrolar-se... tal realidade pede uma relação bem diferente do que a que se tem com um fato* (discurso de Tübingen, 30.11.1933, notícia de jornal).

Heidegger sempre combatera o princípio de que a *disposição* define o nosso *ser-no-mundo* e por isso também agora toma a disposição revolucionária da mudança, da irrupção e da nova comunidade como *ponto--de-irrupção.* Pressão estatal, as desordens entre o povo, ações antissemita eram para ele fenômenos que acompanhavam isso e que tinham de ser aceitos como tal.

O SACERDOTE SEM MENSAGEM – 283

Temos pois um Heidegger enredado em seu sonho de uma história do ser, e seus movimentos no palco político são os de um sonhador filosófico. Mais tarde numa carta a Jaspers (8.4.1950) ele vai admitir que tinha sonhado *politicamente* e por isso se desiludira. Mas que ele se enganou politicamente porque sonhou *filosoficamente*, isso jamais poderá admitir. Pois como um filósofo, que investiga o tempo histórico, ele — também diante de si mesmo — tinha de defender sua competência de interpretação filosófica do acontecimento político-histórico.

Teria sido diferente se ele se tivesse precipitado na aventura política sem ter ideias filosóficas a respeito; se tivesse agido sem aprender com seu próprio filosofar nem deixar-se guiar por ele. Nesse caso teria agido *apesar* de sua filosofia, ou ao agir teria destruído suas certezas filosóficas. Nada disso aconteceu. Ocorrera-lhe alguma coisa filosófica em relação a Hitler, ele pusera em jogo motivos filosóficos e abrira para o acontecimento histórico um palco filosófico totalmente imaginário. A filosofia tinha de *dominar* seu tempo, escrevera em 1930. Mas para não ter de renunciar ao conceito de poder da filosofia, ele responsabiliza sua inexperiência política, mas não sua interpretação filosófica dos fatos por ter--se *enganado* quanto à revolução nacional-socialista. Porém mais tarde ele transformará outra vez esse *engano* em uma história filosófica, onde reserva para si próprio um papel grandioso: foi o próprio ser que se enganou nele e através dele. Ele carregara o bastão do *engano do ser*.

É preciso engajar-se, dissera Heidegger a Jaspers. Esse *engajar-se* começa em março de 1933 com o ingresso de Heidegger na Comunidade Político--Cultural dos Professores Universitários Alemães, uma espécie de facção nacional-socialista da Liga das Universidades Alemãs, organização oficial dos professores universitários. Os membros desse grupo compreendiam-se como quadro da revolução nacional-socialista nas universidades. Insistiam na rápida sincronização da Liga das Universidades, na introdução do "Principio do Führer" nas universidades e na orientação ideológica do ensino, e exatamente nesse ponto havia consideráveis diferenças entre eles.

Iniciador e centro desse grupo era Ernst Krieck, que subira laboriosamente de professor primário a professor-titular de filosofia e pedagogia na academia pedagógica de Frankfurt. Krieck tinha a ambição de se tornar filósofo liderante do movimento, concorrendo com Rosenberg e Baeumler.

284 – Heidegger - um mestre da Alemanha entre o bem e o mal

Queria criar, com a comunidade de trabalho, um poder doméstico. Krieck já tocara o tambor do PNS num tempo em que isso ainda não ajudava uma carreira. Em 1931 fora punido por agitação nazista e em 1932 suspenso do trabalho. A tomada de poder de Hitler ajudou esse homem a recuperar sua cátedra, primeiro em Frankfurt, depois em Heidelberg. No partido passava por "filósofo da mudança dos tempos". Krieck defendia um realismo popular-heróico, que se voltava contra o idealismo cultural: "Crítica radical ensina a reconhecer que a chamada cultura se tornou totalmente insignificante". A esse "logro cultural" Krieck contrapõe o novo tipo de homem heróico: "ele não vive apenas do espírito mas de sangue e terra. Não vive para a formação mas para a ação". O "heroísmo" que Krieck exige parece-se com a *audácia* de Heidegger na medida em que a "cultura" é desprezada como abrigo dos fracos. Krieck também diz que é preciso aprender a viver sem os chamados valores eternos. A casa da "formação, da cultura, da humanidade e do espírito puro" tinha desabado; as ideias universalistas tornavam-se uma ilusão evidente.

Mas diferente de Heidegger, Krieck oferece nessa situação de desamparo metafísico seus novos valores de sangue e solo; em lugar da metafísica vinda de cima, uma metafísica que vem de baixo. Krieck escreve: "o sangue se levanta contra a razão formal, a raça contra a busca racional de objetivos, a ligação contra o arbítrio chamado 'liberdade', a totalidade orgânica contra a dissolução individualista... povo contra indivíduo e massa".

Em março de 1933 Krieck quis que a "comunidade de trabalho" votasse um programa político-cultural dentro de sua linha ideológica. Heidegger resistiu pois não aceitava a ideologia de solo e sangue. Só concordavam na crítica à Liga das Universidades e ao idealismo cultural que lá reinava e que só superficialmente se adaptara às novas circunstâncias. O presidente dessa liga, o filósofo Eduard Spranger, entrementes dirigira um discurso de lealdade ao "Estado em combate", mas ao mesmo tempo nele pedira que se poupasse o "espírito". Heidegger zombou dessa tentativa de conciliação: *oportunismo de bailarina de arame*. É o que se lê na carta a Elisabeth Blochmann, de 30 de março de 1933, escrita depois de um dos primeiros encontros do círculo de trabalho em Frankfurt. Nessa carta ele também dá uma breve caracterização de Ernst Krieck. Este seria um homem de tendência *subalterna*, a quem a atual fraseologia impedia de compreender a *verdadeira grandeza e dificuldade da tarefa*. Aliás, era uma característica da atual revolução que de repente tudo só fosse tomado *politicamente*, era um *grudar-se no que fica em primeiro plano*. Para a maioria isso podia ser um *primeiro despertar*, mas era apenas uma preparação, era preciso seguir-se um *segundo despertar, mais profundo*. Com esse ominoso *segundo despertar* Heidegger quer se distinguir de um ideólogo como Ernst Krieck. O que esse despertar significa, Heidegger comenta só em obscuras alusões nessa carta a Elisabeth Blochmann, que como meio-judia um mês depois perderá seu cargo de docente. Fala em um *novo solo* que permitiria *expor-se ao ser num novo modo e apropriação* (BwHB, 60). Mas em todo caso com esse *solo* ele não está querendo dizer *sangue e raça*, como Ernst Krieck.

Heidegger quis atrair Alfred Baeumler para esse grupo de trabalho. Baeumler, com quem nesse tempo Heidegger ainda tinha amizade, ambicionava como Rieck o papel de filósofo liderante do movimento. O decisionismo político de Baeumler estava mais próximo do pensamento de Heidegger. Em uma conferência realizada em fevereiro de 1933 diante dos estudantes nacional-socialistas, Baeumler opôs o "homem político" ao "homem teórico". Este imaginava morar em um "mundo espiritual mais alto", mas aquele se revelava uma "natureza de ação primordial". Nessa dimensão original da ação, diz Baeumler, ideias e idelogias não teriam mais um papel decisivo. "Agir não significa decidir-se *por*... pois isso pressupõe que se *sabe* em favor do que está-se decidindo, mas agir quer dizer: enveredar por uma direção, tomar partido, por causa de uma missão destinada, por 'direito próprio'... A decisão *em favor de* algo que eu *reconheci*, já secundária".

Essas formulações poderiam vir de Heidegger. A decisão como ato *puro* é o primário, esse empurrão que o ser humano se dá , esse saltar para fora dos trilhos habituais. Diante disso o *para que* da decisão é apenas o motivo para aparecer a força de transformação de todo o dasein. Em Heidegger é o *a gente* que faz as preocupadas indagações sobre o *para que*, com medo da decisão e por isso demorando-se a ponderar as *possibilidades*, perde-se falando e com isso *sempre se esgueirou para longe de onde é preciso tomar uma decisão* (SuZ, 127). Para Heidegger esse temor da decisão é *culpa*, e assim também para Baeumler, que aprendera com Heidegger.

E Baeumler também liga-se a esse decisionismo, que em Heidegger no fim dos anos vinte ainda estava singularmente vazio, até a revolução nacional-socialista. Baeumler faz defesa do movimento *puro*, ele é a substância existencial, em contrairrupção à ideologia é mero acidente, e quem se mantém longe do movimento é culpado "de neutralidade e tolerância".

Heidegger não consegue impor com Krieck sua sugestão de que Baeumler entre na Comunidade de Trabalho. Para Krieck, Baeumler é um concorrente perigoso demais. Mas isso não detém a carreira de Baeumler. Ele é protegido pelo Instituto Rosenberg. O partido o faz "educador político" dos universitários em Berlim e lá instala para ele um instituto de pedagogia política. Eduard Spranger, que ocupa em Berlim a cátedra de pedagogia filosófica, protesta também porque vê em Baeumler o responsável pela campanha de denúncias contra cientistas liberais e judeus. A 22 de abril, Sprangler publica declarações contra "mentira, pressão sobre consciências e falta de intelectualismo". Isso dá a Baeumler motivo de contra-atacar. Em seu discurso na ação central de queima de livros em Berlim, a 10 de maio, ele o ataca insultando o "velho espírito" da universidade. "Mas uma universidade que mesmo no ano da revolução só fala da liderança por espírito e ideia e não em liderança através de Adolf Hitler e Horst Wessel, é não política."

Heidegger está eletrizado pela tomada de poder de Hitler e quer agir, mas ainda não sabe bem o que fazer. Procuraremos em vão ideias precisas nele. Naturalmente, seu olhar se volta sobretudo para a universidade. Heidegger afirmará em sua futura autojustificação que se deixou meter na reitoria de Freiburg para *poder enfrentar o avanço de pessoas inadequadas e a ameaçadora predominância do aparato do partido e da doutrina do partido* (R, 24).

Do material que Hugo Ott, Victor Farías e Bernd Martin reuniram, temos porém uma imagem bem diferente. Segundo ela, desde março de 1933 um grupo de catedráticos e docentes nacional-socialistas, liderados por Wolfgang Schadewaldt e Wolfgang Aly, de acordo com Heidegger, manobrou para que ele assumisse esse cargo. O documento-chave é uma carta que Wolfgang Aly, como mais velho membro do partido no corpo docente de Freiburg e orador na organização do partido, escreveu ao ministério da cultura, em 9 de abril, portanto três semanas antes da eleição

O SACERDOTE SEM MENSAGEM – 287

para reitor. Nela Aly participa que "o sr. prof. Heidegger já está em tratativas com o ministério da cultura prussiano" e que ele tem "a mais total confiança" do grupo do partido na universidade. Podia ser oficialmente considerado o "homem de confiança" da universidade. Na próxima reunião do grupo de trabalho de política cultural em Frankfurt, a 25 de abril, Heidegger já poderia aparecer como "porta-voz da nossa universidade".

Nessa época a eleição de Heidegger para a reitoria era assunto resolvido para o partido. O próprio Heidegger podia ainda estar hesitando, mas não porque a proteção e ajuda nacional-socialista lhe fossem desagradáveis, e sim porque duvidava se poderia cumprir as expectativas das forças "revolucionárias" em relação a ele. Agir, engajar-se — ele queria isso, apenas ainda procurava o *lugar certo para se engajar* (para Jaspers, 3.4.1933).

Em uma carta a Elisabeth Blochmann, de 30 de março de 1933, ele reconhece sua perplexidade e ao mesmo tempo revela seus escrúpulos: *ninguém sabe o que vai acontecer com a universidade... Diferente dos bonzos que há poucas semanas ainda designavam o trabalho de Hitler como* bobagem completa *e agora tremem pelos seus salários e coisas assim, os inteligentes têm de admitir que não há muita coisa a estragar. Pois não existe mais nada; há muito tempo a universidade já não é um mundo realmente recolhido sobre si mesmo, eficaz ou liderante. Algo que faça refletir — mesmo que ocorram enganos — só pode ser uma bênção* (BwHB, 61).

Onde se serra aparece serragem. Quem entra em uma terra nova, revolucionária, tem de assumir o risco de se enganar e de se perder. Ele não se deixará enganar pelo aviso "ciência em perigo!". Além disso a tarefa é importante demais para que possa ser deixada para os *companheiros do partido*, escreve Heidegger a Elisabeth Blochmann em 12 de abril de 1933, três semanas antes de ele próprio entrar publicamente no partido.

Enquanto se prepara atrás dos bastidores a posse de Heidegger na reitoria, o católico Josef Sauer, especialista em história da igreja, ainda ocupava o cargo. A posse do futuro reitor, Wilhelm von Möllendorff, eleito em fim de 1932, estava prevista para 15 de abril. Möllendorff, professor de anatomia, era social-democrata.

Na versão de Martin Heidegger e de sua esposa Elfride, foi o próprio Möllendorff que depois da tomada de poder não se dispôs mais a assumir

288 – Heidegger - um mestre da Alemanha entre o bem e o mal

a reitoria. Möllendorff era amigo de Heidegger e dirigiu-se diretamente a ele para comentar as prováveis dificuldades da reitoria. Heidegger, que no inverno de 1932/33 tivera um semestre livre, voltara de Todtnauberg para Freiburg a 7 de janeiro. Segundo as lembranças da sra. Heidegger, Möllendorff expressou o "desejo premente" de que Heidegger, "que não tinha nenhuma ligação política", assumisse a reitoria. "Ele repetiu esse desejo muitas vezes em suas visitas, de manhã, à tarde e à noite."

Que o social-democrata Möllendorff tivesse grandes reservas quanto a assumir a reitoria, é bem compreensível, pois em Freiburg como por toda parte começara imediatamente a perseguição aos social-democratas. Sob o comissário do Reich, Robert Wagner, ela transcorria com especial malignidade. Houve ataques à sede do sindicato e à central do partido já em começo de março, bem como prisões e buscas em casas particulares. A 17 de março houve um grave incidente com o deputado social-democrata Nussbaum. Nussbaum, que semanas antes se submetera a um tratamento psiquiátrico, reagiu a dois policiais e os feriu mortalmente, fazendo com que a perseguição ao partido social-democrata na cidade se intensificasse. Na praça da catedral acontece uma manifestação contra o marxismo — que deverá ser exterminado "até à raiz", anunciam os agitadores. Perto do Heuberg já se instalam dois campos de concentração. A imprensa local publica fotos do transporte dos prisioneiros. O partido nacional-socialista agora ataca o prefeito dr. Bender, do partido do centro. Acusação: ele reagira pouco ao caso Nussbaum. Bender falara em um "acidente". Querem expulsá-lo do cargo. Uma comissão de cidadãos intervém em favor dele. Um dos oradores é Möllendorff. Bender entra em licença a 11 de abril. Como seu sucessor é indicado Kerber, chefe distrital do partido nacional-socialista, que também é editor-chefe do jornal nacional-socialista *Der Alemanne*. Nesse jornal Heidegger publicara um artigo. Devido ao caso Nussbaum-Bender, Nussbaum se torna intolerável para os nacional-socialistas locais. Möllendorff pode ter sentido escrúpulos quanto a assumir a reitoria — mas era um homem corajoso e mesmo assim mostrou-se disposto a assumir o cargo. Como estava previsto, a sua posse aconteceu a 15 de abril. Na noite da véspera, por ordem do partido, Schadewaldt se apresentara junto do reitor Sauer, que estava saindo, e manifestara dúvidas quanto a Möllendorff ser o homem certo para impor na universidade a necessária sincronização, sugerindo o nome de Heidegger. Sauer, homem da igreja católica, que não apreciava o anticlericalismo de Heidegger, permaneceu reservado. Assim Möllendorff ocupou o cargo por cinco dias. A 18 de abril — nesse dia acontecia a primeira sessão do conselho da universidade presidida por Möllendorff — o *Der Alemanne* publicou um violento ataque contra o novo reitor, encerrando com a frase: "sugerimos ao sr. prof. dr. Von Möllendorff que aproveite a oportunidade e não impeça reordenação das universidades". Möllendorff viu com clareza que não se manteria mais. Convocou uma sessão do conselho a 20 de abril, na qual ele e todo o conselho apresentaram sua renúncia e sugeriram Martin Heidegger como sucessor. Segundo Elfride Heidegger, na noite da véspera ele teria ido até a casa de Heidegger dizendo-lhe: "Senhor Heidegger, agora o senhor tem de assumir o cargo!"

Heidegger, por quem uma grande parte do corpo docente já votara um mês atrás, afirma ter permanecido indeciso até o último momento: *ainda na manhã do dia da eleição eu hesitava e queria renunciar à minha candidatura* (R, 21). A reunião do plenário elege Heidegger praticamente por unanimidade, mas dos 93 catedráticos 13 já tinham sido excluídos como judeus, e dos 80 que restavam só 56 participaram da eleição. Houve um voto contra e duas abstenções.

Tendo em vista que Heidegger pretende ter estado tão hesitante antes, logo depois da eleição mostra um notável ímpeto de ação.

A 22 de agosto em uma carta ele convida Karl Schmitt a colaborar nas novas condições. Este nem precisa de tal convite, pois já fazia parte — mas por motivo oposto: Heidegger queria a revolução, Schmitt queria a ordem. A reunião de plenário colocara do lado de Heidegger membros do conselho moderados, em geral conservadores; Heidegger devia ser "contido". Heidegger esquiva-se disso não convocando o conselho acadêmico. Ainda antes da posse solene na reitoria (com discurso de 27 de maio) ele proclama o Princípio do Führer e a sincronização da universidade. Pouco depois do 1º de maio, "feriado nacional da comunidade dos povos", ele entra ostensivamente no partido nacional-socialisa. Combinara antes do ponto de vista tático com o partido a data de sua entrada. Convida os estudantes e o corpo docente para as festividades do 1º de maio, no estilo de uma ordem de mobilização. A circular diz: *a construção de um*

290 – Heidegger - um mestre da Alemanha entre o bem e o mal

novo mundo intelectual para o povo alemão torna-se a tarefa mais essencial da universidade alemã. Isso é trabalho nacional *do mais elevado sentido e hierarquia.* Quando o comissário do Reich, Robert Wagner — famigerado instigador responsável pelo transporte dos oposicionistas para o campo de Heuberg —, é nomeado representante do governo do Reich nos primeiros dias de maio, Heidegger o congratula com as palavas fortes: *contentíssimo com a nomeação para Reichsstatthalter, saúda o líder da Grenzmark natal com um* Sieg Heil *de companheiro de luta. O reitor da universidade de Freiburg. Ass. Heidegger.*

A 20 de maio ele assina o telegrama de alguns reitores nacional-socialistas a Hitler. Nele pede-se o adiamento da recepção de uma delegação da Liga das Universidades pelo seguinte motivo: "Só uma comissão eleita recentemente para a sincronização terá a confiança da universiade. Além disso a comissão atual foi objeto da mais forte desconfiança de parte dos estudantes universitários alemães".

A 26 de maio, um dia antes da festa de sua posse na reitoria, Heidegger faz seu primeiro discurso público na comemoração em homenagem a Leo Schlageter, soldado voluntário que executara em 1923 ataques a bomba contra a ocupação francesa no Ruhr, e por isso fora legitimamente fuzilado. Entre o povo, ele passava por mártir da causa nacional. Heidegger também se sentia ligado a ele porque Schlageter fora aluno do Konradihaus de Constança. A 26 de maio era o décimo aniversário da morte de Schlageter, comemorado com grande pompa em Freiburg e por toda parte.

Em seu discurso em memória dele, Heidegger tenta pela primeira vez da maneira mais pública aplicar politicamente sua filosofia da propriedade. Estiliza Schlageter tornando-o uma figura que resume o que significa concreta-historicamente e politicamente encontrar o mistério do ser do ente. Segundo Heidegger, Schlageter sofreu *a mais difícil morte.* Não no combate comum, não protegido e levado pela sua comunidade, mas solitário, inteiramente *lançado de volta sobre si mesmo,* no *fracasso* (S, 48). Schlageter concretiza o ideal e existência de *Ser e tempo,* ele assume a morte como *possibilidade mais sua, irrelacionável e irrecuperável* (SuZ, 250). Os participantes daquela cerimônia em memória devem *deixar-se inundar pela dureza e claridade dessa morte.* Mas de onde Schlageter tirou a sua força? Ele a tinha das montanhas, nas florestas e do céu da sua pátria.

O SACERDOTE SEM MENSAGEM – 291

Pedra primordial, granito são as montanhas... Elas há muito labutam na dureza da vontade... O sol outonal da Floresta Negra... há muito alimenta a claridade do coração (S, 48). Ao acomodado as montanhas e matas apenas transmitem uma sensação de abrigo, para os duros e determinados elas agem como *chamado da consciência*. A consciência chama, declarara Heidegger em *Ser e tempo*, não para uma determinada ação mas para a *propriedade*. O que se deve fazer concretamente, sobre isso a situação decidirá. Com Schlageter ela decidira que na hora da humilhação ele deveria preservar a honra da Alemanha. Ele *teve* de ir ao Báltico (lutar contra os comunistas), ele *teve* de ir ao Ruhr (lutar contra os franceses). Ele seguia seu *destino*, que escolhera e que o tinha escolhido. *Posto indefeso diante dos fuzis, o olhar interior do herói subiu acima dos canos das armas para o dia e as montanhas de sua terra, para, contemplando a terra alemã, morrer pelo povo alemão e seu Reich* (S, 49). Esse era o momento da verdade, pois a natureza da verdade, dissera Heidegger na conferência do mesmo nome em 1930 (mais tarde desviando-se do texto original), é um acontecimento que se desenrola no *chão da pátria*. É preciso abrir-se para as forças do dasein. *Chão sólido* é uma premissa para isso.

E então, um dia depois, o discurso de reitor.

No campo de batalha já tinha havido bastante agitação. A 23 de maio o reitor Heidegger fez uma declaração aos membros da universidade sobre o transcurso externo da cerimonia: devia ser cantada a canção Horst-Wessel[32] e feita a saudação *Sieg Heil*. Tudo deveria ter características de um feriado nacional. Houve algum desagrado entre os catedráticos. Numa circular, Heidegger explicou ainda que *levantar a mão direita* não expressaria ligação com o partido mas com a sublevação nacional. Além disso ele sinalizava com a disponibilidade para o compromisso: *depois de falar com o líder dos estudantes limitei o levantar da mão a quatro estrofes da canção Horst-Wessel.*

Heidegger sabe que nesse momento o mundo filosófico está olhando para ele. Nas últimas semanas ele não deixou escapar uma só oportunidade para destacar a sua liderança; altos cargos do partido, ministros, reitores de outras universidades, gente da imprensa veio, mais camisas marrons do que homens de fraque. Heidegger foi muito ousado. Em 3 de abril de 1933 ele

---

32 Canção-símbolo da juventude alemã hitlerista. (N. da T.)

escrevera a Jaspers: *tudo depende de nós, filósofos, preparamos o lugar certo para a filosofia intervir e a ajudarmos a tomar a palavra.* Ele encontrara o lugar para intervir, mas encontrará a palavra filosófica certa?

O tema do discurso de reitor será *A autoafirmação da universidade alemã.* Ele pergunta: o que é o "mesmo" da universidade, e em que consiste a sua "natureza"?

A natureza da universidade não é que ali jovens recebam formação para uma profissão e conquistem o saber necessário para isso. A natureza da universidade é a ciência, mas qual a natureza da ciência? Com essa indagação Heidegger volta num abrir e fechar de olhos para os seus amados *começos gregos da filosofia*, portanto para o lugar aonde voltara a fim de ganhar a distância necessária para seu salto no presente.

A natureza da ciência surgira pois entre os gregos. Lá se levantara contra a *superioridade do destino* a vontade de saber, numa desafiadora rebelião. Esse *mais alto desafio* quer saber o que lhe acontece, que forças de dasein o determinam e o que significa existir tudo isso. Esse saber abre uma clareira na selva densa.

Heidegger dramatiza o acontecimento da verdade. Não fica claro de que verdades se trata no caso do indivíduo. Em compensação evidencia-se a metáfora central que organiza todo esse texto. É a metáfora da luta, ou melhor, da ação da tropa de ataque.

A natureza do começo grego é pois a luta pela conquista de algumas visibilidades no meio do escuro do ente no todo. Esse é o começo heroico da história da verdade, e ali reside também o verdadeiro mesmo da ciência e da universidade, diz Heidegger.

Mas o que ameaça a ciência assim compreendida? Naturalmente a escuridão do ente, mas isso é o seu orgulho. Lutar com ela é a natureza do saber. Mais ameaçadora é a *degeneração pela ocupação não perigosa de estimular um mero progresso de conhecimentos* (R, 13).

O perigo ameaça de parte daquela região da atividade do saber corrente onde as pessoas fazem carreira, satisfazem vaidades, ganham dinheiro. A vida cômoda nessa zona é tanto mais escandalosa porque lá fora no *front* do saber entrementes aconteceram coisas grandes e perigosas. A postura do dasein com relação ao escuro do ente modificou-se. O acontecimento da verdade entrou numa fase crítica. Entre os gregos

O SACERDOTE SEM MENSAGEM – 293

havia ainda um *resistir admirativo* diante da problematicidade de todo o ente. Estavam em jogo ainda abrigo, crença no ser, confiança no mundo. Mas essa crença no ser desapareceu, pois *Deus está morto*. Mas pouco se percebe disso naquela fase, onde se viveria uma vida cômoda em uma *gasta cultura de aparências*, até à derrocada em *loucura* e *aniquilação*, se não tivesse vindo a revolução, essa *glória da irrupção* (R, 19).

O que acontece nessa revolução?

Com ela, fantasia Heidegger, compreendeu-se direito o conceito de Nietzsche, "Deus está morto", e um povo inteiro assume o *abandono do ser humano contemporâneo no meio do ente* (R, 13). Ele supera a fase da degeneração dos "últimos seres humanos", como disse Nietzsche em *Zarathustra*, que não têm mais o "caos" dentro de si e por isso também não podem mais parir nenhuma "estrela", que se contentam com ter inventado a felicidade "cômoda" e terem "deixado a região" onde "era difícil viver", que em lugar disso se contentam "dia e noite com seus prazerezinhos" e honram sua "saúde".

Para Heidegger a revolução nacional-socialista é, pois, a tentativa de "parir uma estrela" (Nietzsche) para um mundo sem deuses. Por isso Heidegger usa todos os registros do seu romantismo metafísico para conferir aos fatos uma profundidade insuspeitada.

Os estudantes e chefes de partido que escutavam aos seus pés, e os catedráticos com suas esposas, são interpelados por Heidegger como se fizessem parte de um grupo de ataque metafísico que parte para a região *do maior perigo do dasein em meio à superioridade do ente*. O próprio Heidegger é o chefe da tropa. Os líderes sabidamente avançam mais longe na treva, para o lugar onde não são mais protegidos pela sua própria gente; não receiam *a exposição totalmente desprotegida ao oculto e incerto* e com isso provam sua *força de poder seguir sozinhos* (R, 14).

Sem dúvida: o orador quer valorizar a si e aos seus ouvintes. Todos juntos pertencem ao grupo de ataque, o bando ousado. O próprio orador — seu líder — talvez seja um pouco mais ousado porque ele prova a *força de poder seguir sozinho* ou pelo menos a reivindica para si.

Tudo gira em torno do perigo e com isso desaparece o simples fato de que nessa situação era mais perigoso não pertencer a esse ominoso grupo de ataque da revolução.

Mas que perigos Heidegger tem em vista? É o perigo a que se refere Kant quando instiga o ser humano: "tem coragem de usar tua própria razão"? Pensar por si mesmo exige coragem, porque renuncia à proteção e ao conforto de preconceitos que são consenso. Em seu discurso Heidegger não se expõe a esse perigo. Depois, na hora no banquete, hão de comentar que ele fez ouvir o seu "nacional-socialismo particular", mas isso não alterava o fato de que ele continuava "fazendo parte". Com esse discurso ele ainda não se isolava dos outros.

É o perigo do conhecimento, como Schopenhauer certa vez formulou de maneira tão excelente comparando o verdadeiro filósofo com Édipo "que, procurando esclarecimento sobre seu próprio terrível destino, continua investigando incessantemente mesmo quando já adivinha que das respostas virá para ele o horror"? Com esse "horror" Schopenhauer se referia ao abismo metafísico que se escancara diante do ser humano que indaga o sentido da vida.

Esse abismo é o que também Heidegger tem em vista, chama-o de *o abandono do ser humano atual no meio do ente*. Mas a experiência desse abandono dos sentidos só o indivíduo como indivíduo, lançado fora das relações coletivas de sentidos, pode viver e pensar inteiramente. Como se poderia ainda falar desse *abandono* quando um povo inteiro está *em marcha*?

Com efeito, Heidegger interpreta a revolução como irrupção coletiva das cavernas dos falsos consolos e cômodas certezas de sentido. Um povo se torna próprio, levanta-se e faz a inquietante *indagação-de-ser*: por que algo é, e não é antes nada? E se entrega desafiadoramente às forças do dasein — *natureza, história, língua; povo, moral, estado; literatura, pensamento, fé; doença, loucura, morte; direito, economia, técnica* (R, 14) — sabendo que elas não fornecem um último apoio mas conduzem para a treva, a incerteza, a aventura.

O ser humano que age dessa maneira não conquista para si um mundo do espírito, separado, que talvez o desonere dos trabalhos do dia. Heidegger só tem palavras de desprezo para esse tipo de escapismo. Aquele que *duvida do ente* não foge dele mas ousa avançar, impelido pelo espírito de ataque. Não lhe importa meditar sobre o além (Jenseits), mas trata-se simplesmente de *estar em atividade*. É assim que Heidegger traduz a expressão grega *energeia*.

O SACERDOTE SEM MENSAGEM – 295

Heidegger quer retomar o começo grego da filosofia, mas sem deixar-se enredar na ideia da vida contemplativa — o sol de Platão. Ele o põe de lado, reivindicando compreender melhor os gregos do que eles próprios se compreenderam. A *teoria* no sentido grego, diz ele, *acontece unicamente na paixão de permanecer perto do ente como tal e sob a sua necessidade* (R, 12). Não é exatamente esse o sentido da metáfora platônica da caverna. Lá trata-se de salvação, de ser libertado da necessidade na caverna. Heidegger tem em vista algo paradoxal: ele quer o êxtase platônico sem o céu platônico das ideias. Quer a saída da caverna mas sem a fé em um lugar além da caverna. O dasein deve ser tomado de infinita paixão, mas não da paixão pelo infinito.

No ano de 1930 Thomas Mann prevenira contra os perigos das "antiguidades explosivas". Uma dessas antiguidades perigosas está também no discurso de Heidegger, na passagem onde fala nos três modos de servir — *servir no trabalho, servir na defesa, servir no saber*. Aqui retorna a imagem venerável, a imagem social que dominava a Idade Média, das *três ordens*: camponeses, guerreiros, sacerdotes. A definição medieval dessa ordenação diz: "tripla é portanto a casa de Deus, da qual se menciona uma: aqui na terra uns rezam, outros lutam, outros ainda trabalham; essas três se pertencem mutuamente e não suportam ser apartadas; de maneira tal que as obras de duas sempre repousam sobre a função da terceira, na medida em que todas sempre ajudam a todas" (Adalbert von Laon).

Na imagem medieval das *três ordens*, os padres ligam o organismo social com o céu. Cuidam de que as energias espirituais circulem do terreno. Em Heidegger os filósofos assumem o lugar dos sacerdotes, ou mais precisamente: a filosofia, que domina o seu tempo. Mas onde outrora esteve o céu lá está agora a escuridão do ente que se oculta, a *incerteza do mundo*; e os novos sacerdotes são realmente *os que ocupam o lugar do nada* e mostram-se possivelmente ainda mais ousados do que os guerreiros. Não têm mais mensagem que possam trazer dos céus à terra, e mesmo assim ainda irradiam um reflexo fosco daquele velho poder sacerdotal que antigamente se fundava no monopólio das grandes coisas invisíveis e exaltadas.

Como sacerdote Heidegger se imiscui na política e toma a palavra quando se trata de dar o golpe mortal na República de Weimar. Quinze anos antes, no começo dessa república, em sua *Convocação à consciência*, Max Weber convidara os intelectuais a suportarem "o desencanto do mundo". Nesse contexto também Max Weber lembrava a "maravilhosa imagem" da metáfora platônica da caverna. Mas agora é só uma reminiscência melancólica, pois para Weber a unidade platônica de conhecimento rigoroso e sentido exaltado foi irreparavelmente perdida. Não se divisa a grande salvação, uma saída da caverna, e Max Weber prevenira contra o turvo negócio do novo encantamento intencional através dos "profetas de cátedra".

Também Heidegger não aprecia os "profetas de cátedra". Mas profetas de cátedra são sempre apenas os outros.

Falando pela primeira vez na metáfora platônica, na conferência do verão de 1927, Heidegger descrevera a caverna como um acontecimento que se realizava *em toda a lucidez e no total desencantamento de uma indagação puramente objetiva* (GA 24, 404).

Mas agora aí está Heidegger, ereto e marcial, fazendo retinir as palavras, sacerdote sem mensagem, o líder metafísico das tropas de assalto, rodeado de bandeiras e estandartes; na conferência de Platão ele sonhara estar na figura do libertador que solta os prisioneiros da caverna e os conduz para fora. Agora ele percebe que os moradores da caverna já estão todos em marcha. Basta colocar-se à frente deles.

Capítulo XIV

Heidegger: antissemita?

O discurso de reitor foram palavras ao vento e depois do dia da comemoração da posse na reitoria foi esquecido. A gente se movia nos trilhos pisados há décadas pela política da faculdade, escreve Heidegger em seu texto de justificação *Fatos* e *pensamentos*, de 1945 (R, 34).

Na verdade o discurso não foi esquecido tão rapidamente. Teve duas impressões isoladas durante o tempo do nacional-socialismo, e era mencionado elogiosamente na imprensa do partido. No jornal *Kieler Blätter* diz um artigo de 1938, que analisa em retrospecto o trajeto até então realizado pela política nacional-socialista, quanto às ciências: "Em seu discurso de reitor Martin Heidegger determina à semelhança de Baeumler a natureza da ciência partindo de uma postura básica ativista heroica".

As reações imediatas foram mais entusiásticas. A imprensa local e os jornais suprarregionais apresentam o discurso como um grande acontecimento pioneiro. O jornal dos estudantes nacional-socialistas previne contra o oportunismo de muitos cientistas que só se adaptam superficialmente à nova situação e destaca como exceção positiva o discurso de reitor de Heidegger; nele se manifestaria realmente o espírito da irrupção e da revolução. Mesmo o jornal *Volk im Werden* publica em 1934, momento em que seu editor Ernst Krieck já era inimigo íntimo de Heidegger, um artigo de Heinrich Bornkamm que diz: "Da literatura universitária reformista, demasiado abundante de nossos dias, até onde vejo, o discurso de reitor de Heidegger em Freiburg oferece os mais importantes princípios".

Também a imprensa menos oficial reage positivamente. Eugen Herrigel, futuro taoísta (*A arte de disparar o arco*), chama o discurso de um "texto clássico", e o *Berliner Börsenzeitung* escreve: "certamente há poucos discursos de reitor que têm esse efeito a um tempo fascinante e compromissado".

Mas também se constata certa perplexidade. Karl Löwith disse sobre o efeito imediato desse discurso que não sabiam se deviam estudar os pré-socráticos ou entrar na SA. Por isso os comentaristas contemporâneos também preferem referir-se aos testemunhos que podem ser atribuídos sem problema à doutrina nacional-socialista, isto é, à programática de Heidegger dos "três modos de servir": servir no trabalho, servir na defesa, servir na ciência.

Entre os comentaristas estrangeiros críticos predomina o espanto incrédulo, muitos estão horrorizados. O *Neue Zürcher Zeitung* escreve: "O discurso de Heidegger, podemos lê-lo três, quatro vezes, permanece a expressão de um niilismo abismal e destrutivo, que nem a apologia de sangue e solo de um povo consegue revogar". Benedetto Croce, em uma carta a Karl Vossler de 9 de setembro de 1933: "Finalmente li todo o dicurso de Heidegger, que é a um tempo tolo e servil. Não me admiro do sucesso que seu filosofar terá durante algum tempo: o vazio e o comum sempre têm sucesso. Mas não produzem nada. Também creio que ele não poderá ter nenhuma influência na política: mas ele desonra a filosofia, e isso também é um dano para a política, pelo menos para a futura".

Surpreendente é a reação de Karl Jaspers. Ele escreve a 23 de agosto de 1933 a Heidegger: "Agradeço pelo seu discurso de reitor... O grande ímpeto de seu começo na Antiguidade grega me tocou outra vez como uma verdade nova e ao mesmo tempo evidente. Nisso você coincide com Nietzsche, mas com a diferença de que podemos esperar que você um dia, interpretando filosoficamente, concretizará aquilo que diz. Com isso seu discurso tem uma substância crível. Não falo do estilo e densidade, que — até onde posso ver — tornam esse discurso uma expressão inigualável de uma vontade acadêmica atual, que há de permanecer. Minha confiança no seu filosofar... não se perturba com as características contemporâneas desse discurso, com algo nele que me parece um pouco forçado, e por frases que também me parecem ter um som um tanto oco. No geral estou contente por alguém poder falar assim, tocando nos legítimos limites e origens" (BwHJ, 155).

Dois meses antes dessa carta Heidegger estivera em visita a Jaspers pela última vez. Naquela ocasião Heidegger fizera a conferência sobre *A universidade no novo reich*. Fora convidado pelos estudantes universitários nacional-socialistas de Heidelberg, para reforçar o *front* contra os professores conservadores e especialmente contra o reitor Willy Andreas, que ainda não se engajara. E obviamente ele conseguia isso. Um participante da conferência, o historiador Gerd Tellenbach, anotou em suas recordações: "Ouvi um fanatizado por aquele discurso instigador dizer a outro: depois dessa na verdade o Andreas devia dar um tiro na própria cabeça". Com efeito Heidegger aparecera como militante, declarara morta a universidade tradicional, rejeitara com palavras fortes as *concepções cristãs humanizantes* e convocara para *o trabalho em favor do Estado*. Falara da *audácia* do *querer-saber* e de que *só uma geração dura que não pensasse em si mesma* superaria essa luta. *Mas quem não supera a luta, esse fica deitado* (S, 75).

Os catedráticos tinham aparecido em seu traje oficial para esse discurso, anunciado na imprensa com grande estardalhaço. Mas Heidegger apareceu em trajes da liga da juventude, com calções curtos e colarinho de Schiller. Diz Jaspers em suas memórias: "Eu estava sentado na frente, na primeira fila, com pernas bem estendidas, mãos nos bolsos, e não me mexi".

Num diálogo privado depois, Heidegger lhe parecera como "tomado de uma embriaguez", e Jaspers sentiu emanar dele algo ameaçador.

Mesmo assim, dois meses depois, ele elogia o discurso de reitor. Em suas anotações pessoais mais tarde explica seu comportamento dizendo que tinha querido interpretar o discurso "da melhor maneira" para poder continuar dialogando com Heidegger, mas que na realidade sentira repulsa pelo "nível insuportavelmente profundo e estranho" da fala e atitudes de Heidegger.

A anuência de Jaspers com o discurso de reitor porém não teve apenas esse sentido tático que ele mais tarde manifestou. Havia antes pontos de contato importantes entre os dois, surpreendentemente também no terreno da reforma universitária nacional-socialista. Em sua carta de 23 de agosto de 1933, Jaspers chama a nova organização do ensino superior, recém-decretada pelo ministério da cultura de Baden, cujo cerne era a introdução do Princípio do Führer e a retirada de poder dos órgãos do

300 – Heidegger - um mestre da Alemanha entre o bem e o mal

colegiado, de um "passo extraordinário". Ele acha "acertada" a nova regulamentação. O "grande período" da universidade acabara há muito tempo, e por isso era preciso fazer um novo começo.

No verão de 1933 o próprio Jaspers elaborara teses para a reforma universitária. Deveriam ser ponderadas pelos docentes de Heidelberg. Jaspers falara a Heidegger a respeito na última visita, esperando que este sensibilizaria os líderes do governo para que se pusessem em contato com ele, Jaspers. Para isso Jaspers escrevera uma carta anexa, protestando que as próprias ideias de reforma não estão em "discordância" com "os princípios até agora ouvidos de parte do governo", mas que "são unas" com eles. Finalmente Jaspers renunciara a apresentar suas teses. E anotou o motivo em uma folha que acompanhava as teses: "não posso fazer nada sem ser solicitado, pois me dizem que como não membro do partido e como esposo de uma mulher judia sou meramente tolerado, e não posso gozar de confiança" (BwHJ, 260).

Em suas "teses", que aliás Jaspers tomará como base de seu texto sobre reforma da universidade, em 1946, ele desenha um quadro da decadência da universidade. No diagnóstico ele coincide em tudo com Heidegger. E indica como prejuízos manifestos: a fragmentação em disciplinas especializadas, a crescente escolarização e a orientação profissional unilateral, o excessivo crescimento da administração, a queda do nível geral do ensino, o malbarato da liberdade de aprender, com o que não se empregava mais o "correlato que faz parte da liberdade: a exclusão dos que fracassam". Na presente situação, no verão de 1933, existia a "possibilidade talvez única", da superação de todos os impedimentos e inibições "pela ordem decisiva de um homem que dominasse ilimitadamente a universidade, que se possa apoiar no poderoso ímpeto de uma juventude consciente da situação e na inusitada disponibilidade dos habitualmente mornos e indiferentes". Se agora não se agisse com determinação, a universidade estaria se encaminhando para a "morte definitiva".

Os planos de reforma de Jaspers propõem detalhadamente: desregulamentação do estudo, remoção dos planos de estudo e da prova formal, simplificação da administração com fortalecimento da responsabilidade das instâncias dirigentes. Reitor e decanos não devem mais depender das decisões da maioria. Jaspers quer o Princípio do Führer, mas com a reserva de que os responsáveis realmente sejam responsabilizados e em certos casos possam ser demitidos. Trata-se de assegurar-se contra o mau uso do Princípio do Führer. O tempo haveria de provar se a nova organização das universidades de Baden forneceria isso. Seja como for, ele desejava pleno sucesso ao recém-instalado "princípio aristocrático", escreve Jaspers em uma carta a Heidegger, a 23 de agosto de 1933 (BwHJ, 156).

Portanto, no verão de 1933 Jaspers partilhava da convicção de Heidegger de que com a revolução nacional-socialista também se poderia instituir uma renovação sensata da universidade, desde que os governantes escutassem os intelectuais de categoria. Jaspers também quer "engajar-se" à sua maneira. Faz até mesmo concessões aos conceitos de servir no trabalho e esporte de caráter militar. Para ele, fazem parte da "realidade do abrangente" que se liga com "fundar o dasein e com o povo total". Mas Jaspers se volta expressamente contra o primado da política. "Nenhuma outra instância do mundo" podia indicar à pesquisa e ao ensino os seus objetivos, senão a "claridade produzida pelo verdadeiro saber".

Mas até ali Heidegger também não manifestara outra coisa. Em seu discurso de reitor ele não deriva o espírito da ciência da política, mas ao contrário fundamenta a intervenção política com a postura do indagar filosófico corretamente compreendido. Mesmo assim: no que diz respeito à disposição e modo da participação interior no movimento político, há mundos de distância entre Jaspers e Heidegger. Jaspers defende a aristocracia do espírito e Heidegger a quer destruir. Seria um abusrdo haver tantos professores de filosofia, bastavam dois ou três catedráticos, dissera Heidegger na última conversa com Jaspers.

Para Heidegger, que ainda em abril de 1933 escrevera a Jaspers que tudo o que importava era encontrar na *nova realidade* os *pontos de intervenção* certos para a filosofia ajudando-a a *tomar palavra*, essa *nova realidade* entrementes é a revolução nacional-socialista. Jaspers porém quer preservar a palavra da filosofia não falseada pela política. Vê com espanto e horror que Heidegger alça as forças sob cujo fascínio está à altura de forças do dasein, do tipo metafísico. Mas sente também que nas maquinações políticas de Heidegger ainda age um furor filosófico. E isso fascina Jaspers. Ele quer compreender como essa *nova realidade* adquiriu para Heidegger uma tal importância e impeto filosófico.

302 – Heidegger - um mestre da Alemanha entre o bem e o mal

Por isso seu ominoso comentário sobre o discurso de reitor de Heidegger, "que se possa esperar que você um dia, interpretando filosoficamente, concretize o que diz" (BwHJ, 155).

Depois da eleição para reitor, Heidegger já introduzia de fato o Princípio do Führer em Freiburg, antes ainda que ele fosse oficialmente estabelecido pela reforma de Baden na universidade. Por vários meses ele não convocou o conselho acadêmico, com isso lhe tirou os poderes. Suas circulares e participações aos órgãos do colegiado e faculdades eram feitas em tom gritante e imperioso. Heidegger, homem de limitada experiência de *front* na Primeira Guerra Mundial, estava fascinado pela ideia de introduzir no corpo docente um espírito soldadesco. Encarregou o professor Stieler, ex-capitão de corveta, de elaborar um estatuto de tribunal de honra para corpo docente, orientado segundo regras correspondentes no corpo de oficiais do exército. Heidegger, que mostrara habilidade negociando sua carreira, agora queria pôr um fim ao jogo por aumento de salários, preenchimento de vagas de professor, etc. Era preciso superar o espírito de mercado e de concorrência econômica. Por isso no projeto de tribunal de honra se diz: "queremos cultivar entre nós e desenvolver cada vez mais aquele espírito de verdadeira camaradagem e legítimo socialismo que não vê no colega o concorrente na luta pelo dasein".

Nesse projeto aprovado por Heidegger encontra-se também a frase: "queremos purificar nossa corporação de elementos inferiores e evitar futuras campanhas de degeneração".

Talvez, nesse contexto da revolução nacional-socialista, Heidegger tenha querido colocar entre os "elementos inferiores", antes dos insuficientemente qualificados do ponto de vista profissional e de caráter, naturalmente e sobretudo os judeus e opositores políticos. E Heidegger tinha de saber disso.

Em Freiburg, já em começo de março, a SA propagara o boicote a lojas de judeus e fizera circular listas de advogados e médicos judeus. Os estudantes nacional-socialistas tinham começado a conclamar o boicote dos professores judeus. A 7 de abril foi decretada a "lei da reorganização dos quadros de funcionários" que excluía do serviço público todos "não arianos" contratados depois de 1918. Mas em Freiburg o comissário do Reich, Robert Wagner, tomara disposições ainda mais fortes um dia antes: pôr em licença transitória com objetivo de dispensa todos os funcionários judeus, mesmo que estivessem no serviço público antes de 1918. Nessa época Heidegger ainda não estava no cargo. Quando o decreto de Wagner foi revogado em fim de abril, em favor da lei sobre reorganização do corpo de funcionários, a licença de Husserl teve de ser anulada. Essa foi então a tarefa do novo reitor, que agora estava no cargo. Heidegger fez disso um gesto pessoal. Através de Elfride, mandou flores para Husserl. Este considerara a licença como a "maior ofensa" de sua vida, sentia-se ferido sobretudo em seu sentimento nacional e escrevera em uma carta: "Penso que não fui o pior alemão (de velho estilo e abrangência) e minha casa foi um verdadeiro bastião de sentimento nacional, que *todos* os meus filhos provaram em sua atividade voluntária no campo de batalha e... no hospital militar durante a guerra".

O buquê de flores e a saudação não mudaram a decepção de Husserl com Heidegger. Em uma carta a seu aluno Dietrich Mahnke, de 4 de maio de 1933, ele chama o ingresso "totalmente teatral" de Heidegger no partido como "fim dessa amizade de almas presumidamente filosófica". Nos últimos anos aparecera "o antissemitismo cada vez mais manifesto" de Heidegger — "também em relação ao seu grupo de entusiásticos alunos judeus e aos colegas da faculdade".

Heidegger — um antissemita?

Não no sentido do sistema ideológico insano dos nacional-socialistas. Pois chama atenção o fato de que nem nas conferências, nem nos textos filosóficos, nem nos discursos e panfletos políticos se encontrem comentários antissemitas e racistas. Quando por exemplo na circular antes do feriado de maio designa como *mandamento da hora atual a construção de um novo mundo intelectual para o povo alemão*, não quer excluir dessa tarefa ninguém que esteja disposto a colaborar. O nacional-socialismo de Heidegger é decisionista. Não é a origem mas a determinação que lhe serve como padrão. Na sua terminologia isso significa: o ser humano não deve ser julgado pelo seu *estar-jogado* (Geworfenheit) mas pelo seu *projeto* (Entwurf). Nessa medida Heidegger podia até ajudar colegas judeus afligidos, se reconhecesse seu trabalho. Quando Eduard Fraenkel, catedrático de filologia clássica, e Georg von Hevesy, professor de físico-química, estavam por ser demitidos como judeus, Heidegger tentou

304 – Heidegger - um mestre da Alemanha entre o bem e o mal

impedir isso escrevendo ao ministério da cultura. E argumentava taticamente: uma demissão desses dois professores judeus, cuja reputação de altíssimo saber era indiscutível, prejudicaria exatamente uma universidade da fronteira, sobre a qual se voltavam os olhares críticos do estrangeiro. Além disso eram ambos *judeus distintos*, de caráter exemplar. *Até onde vai o discernimento humano* ele podia garantir o seu comportamento impecável. Fraenkel foi demitido apesar da intervenção de Heidegger, Hevesey pode ficar algum tempo mais.

Heidegger também interveio em favor de seu assistente judeu Werner Brock. Não conseguiu mantê-lo na universidade, mas obteve-lhe uma bolsa de pesquisador em Cambridge.

Depois de 1945 Heidegger referiu-se às suas intervenções em favor de cientistas judeus e também ao fato de que poucos dias após assumir o cargo arriscou um conflito com os estudantes nacional-socialistas, ao proibir que se expusesse na universidade o cartaz antissemita "Contra o Espírito Alemão".

Esses comportamentos mostram a reserva de Heidegger em relação a um antissemitismo grosseiro e ideológico.

No começo de 1933, pouco antes de sua emigração, Hannah Arendt escreve a Heidegger. Segundo paráfrase de Ettinger sobre essa carta, teriam chegado aos ouvidos dela comentários sobre Heidegger: "se era verdade que ele excluía judeus do seu seminário, que não cuprimentava... colegas judeus, recusava doutorandos judeus e se portava como um antissemita?" (Ettinger). Heidegger respondeu em tom irado, em sua última carta a Hannah até 1950. Ettinger parafraseia dizendo que "ele desfiou uma série de favores que fizera a judeus, começando com sua abertura em relação aos estudantes judeus a cuja disposição colocava generosamente o seu tempo, embora isso prejudicasse seu próprio trabalho... Quem o procura em sua necessidade? Um judeu. Quem insiste em querer lhe falar urgentemente sobre sua tese? Um judeu. Quem lhe manda um trabalho extenso para que ele o resenhe imediatamente? Um judeu. Quem lhe pede ajuda para conseguir aumento de salário? Um judeu" (Ettinger).

Omitindo o fato de que aqui Heidegger apresenta como *favores* o que na verdade faz parte de seu trabalho, com sua defesa ele revela que "na verdade divide os alemães, seus colegas e seus estudantes, em judeus e não judeus" (Ettinger), e também deixa perceber que considera importunos

HEIDEGGER: ANTISSEMITA? – 305

os judeus na universidade. De uma carta de Heidegger de 20 de outubro de 1929, descoberta em 1989, dirigida a Victor Schwörer, presidente em exercício da Comunidade Emergencial da Ciência Alemã (organização para doação de bolsas), nota-se que Heidegger partilhava absolutamente do "antissemitismo de concorrência" muito difundido em meios acadêmicos (designação de Sebastian Haffner). Heidegger: *trata-se de... lembrar de modo inadiável que estamos diante da opção de devolver à nossa vida intelectual alemã as legítimas forças e os educadores autóctones ou entregá-la definitivamente à crescente judaização no sentido lato e amplo.*

Esse "antissemitismo de concorrência" no fundo não aceita a assimilação dos judeus, mas continua a identificá-los com um grupo especial e reage contra o fato de que assumem na cultura uma posição dominante, proporcional ao seu número na população total. Nesse sentido, relata Max Müller, em uma conversa de 1933, Heidegger dissera que "originalmente só dois médicos judeus estavam trabalhando na medicina interna, depois finalmente só havia ainda dois não judeus nessa especialidade. E que isso já o aborrecia um pouco".

Por isso não é de surpreender que em sua intervenção em favor dos colegas judeus ameaçados de demissão, Hevesey e Fraenkel, Heidegger comentasse expressamente com o ministério da cultura a "necessidade da lei para reorganização do funcionalismo público".

O "antissemitismo de concorrência" via de regra inclui no terreno cultural a aceitação de um "espírito judeu" especial. Mas em Heidegger não existe esse "espírito judeu" diante do qual seria preciso tomar cuidado. Ele sempre reagiu contra esse tipo de antissemitismo "intelectual". Em uma conferência em meados dos anos trinta, ele defende Spinoza e declara que se a filosofia dele era *judia*, então toda a filosofia de Leibnitz até Hegel também era judia. Essa rejeição do antissemitismo"intelectual" é mais espantosa porque de resto Heidegger gosta de enfatizar o *alemão* na filosofia, destacando-o do nacionalismo dos franceses, do utilitarismo dos ingleses e da obsessão tecnológica dos americanos. Mas, diferente de seus companheiros de luta e adversários, Krieck e Baeumler, Heidegger jamais empregou esse elemento alemão na filosofia para delimitar o "judeu".

Karl Jaspers, a quem pediram em 1945 um parecer sobre o antissemitismo de Heidegger, sentencia que nos anos vinte Heidegger não fora

306 – HEIDEGGER - UM MESTRE DA ALEMANHA ENTRE O BEM E O MAL

antissemita, e prossegue: "nesse assunto ele não apenas foi reservado. Isso não exclui que, como devo presumir, em outros casos o antissemitismo contrariasse sua consciência e seu gosto".

Em todo caso, o seu tipo de antissemitismo não era motivo, para ele, de associar-se à revolução nacional-socialista. Mas a brutalidade do antissemitismo nacional-socialista, que muito cedo se manifestou, também não o afastou do movimento. Ele não apoiava tais ações, mas as aceitava. Quando, no verão de 1933, os estudantes universitários nacional-socialistas atacaram a casa de uma associação de estudantes judeus, e agiram com tal violência que a administração pública não pôde evitar de tomar providências, pedindo informações ao reitor Heidegger, este recusou qualquer investigação dizendo que naquele ataque não haviam participado apenas universitários (cp. V. Farías, 172). Heidegger protegeu os desordeiros, pensando dever isso à revolução.

Quando Elisabeth Blochmann, despedida segundo a lei da "reorganização do funcionalismo público" por ser meio judia, escreve a Heidegger pedindo ajuda, ele promete interferir em favor da amiga em Berlim — o que não terá resultado algum — mas mesmo nessa relação pessoal, em que não se exigem cautelas táticas, ele não manifestou indignação pela medida. Tem pena de Elisabeth Blochmann como se esta tivesse sofrido um acidente. Parece que jamais pensou que as suas ações, unidas com as ações coletivas da revolução, também se voltavam contra sua amiga, que lhe escreve desesperada: "Passei dias muito duros, nunca teria podido imaginar que era possível ser rejeitada de tal maneira. Talvez eu tenha vivido com excessiva ingenuidade na segurança de uma profunda pertença de espírito e sentimento — por isso no começo fiquei totalmente indefesa e desesperada" (18.4.1933, BwHB, 64). E Heidegger lhe responde: *estou sempre inteiramente à disposição de todos os seus desejos e necessidades* (16.10.1933, BwHB, 77).

Hannah Arendt, Elisabeth Blochmann, Karl Löwith — pessoas do círculo mais íntimo de Heidegger — têm de deixar a Alemanha, mas de momento isso ainda não diminui nele a *comunhão de vontade* com os nacional-socialistas. Sente que pertence ao movimento, ainda que em sua terra natal se instalem os primeiros campos de concentração, estudantes judeus sejam brutalmente atacados e se distribuam na cidade as primeiras listas de proscritos. E quando Heidegger formula uma primeira cautelosa crítica à política oficial, não é porque o indignem os excessos antissemitas, mas as concessões às velhas forças burguesas.

O que Hannah Arendt ouvira no começo de 1933 fora que Heidegger se afastava dos colegas e estudantes judeus, e o que ele negou na resposta a Hannah efetivamente ocorreu nos meses seguintes. A partir do momento em que se tornou reitor, ele encerrou o convívio com colegas judeus e não orientou mais teses de doutorado de nenhum de seus estudantes judeus, mas empurrou-os para colegas de faculdade. "Heidegger queria que seus estudantes judeus ainda se doutorassem, mas não com ele" (Max Müller). Para Wilhelm Szilasi, professor judeu amigo dele, Heidegger disse: *na situação atual temos de interromper nossos contatos.*

Heidegger também interrompeu seus contatos com Edmund Husserl. É apenas um boato incorreto que tenha proibido o velho professor e amigo de entrar instituto de filosofia. Mas não deu um passo para romper, de sua parte, o crescente isolamento de Husserl. Foi o colega de Heidegger na cadeira católica, Martin Honecker, quem manteve a ligação e enviava a Husserl regularmente, através do "mensageiro" Max Müller, "as melhores saudações do seminário filosófico", informando-o do que acontecia no instituto. "Nessa situação ele me parecia um 'sábio', pois não lhe interessava nenhuma questão atual, embora a política o ameaçasse constantemente, e à sua mulher, por serem judeus. Era como se nada soubesse dessa ameaça ou simplesmente não tomasse conhecimento dela" (Max Müller). Husserl pouco participava dos assuntos do instituto, mas sempre queria notícias de Heidegger. Depois da primeira indignação com a "traição" deste, em 1933, finalmente seu juízo se abrandou novamente. "Talvez ele seja o maior talento entre todos os que jamais fizeram parte do meu círculo", disse a Max Müller.

Quando em 1938 Edmund Husserl morreu isolado e a 29 de abril foi cremado, além de Gerhard Ritter não havia ninguém da faculdade de filosofia presente. Nem Martin Heidegger, que estava de cama, doente. Na noite daquele dia, em uma pequena reunião de colegas, o economista Karl Diehl fez um discurso em memória de Husserl. Diehl costumava chamar esse grupo de "a faculdade dos homens decentes".

308 – Heidegger - um mestre da Alemanha entre o bem e o mal

No começo dos anos quarenta, pressionado pela editora, Heidegger remove a dedicatória a Husserl na página de rosto da edição de *Ser e tempo*. Mas permanece o agradecimento nas notas.

Voltemos a 1933.

Lembremos: no discurso de reitor Heidegger esboçara o cenário de uma ruptura de época, um segundo início da história humana; todos tinham sido convidados a ser testemunhas e participantes de um ato decisivo na gigantomania da história do ser. Mas no caso dele não há muito efeito além de uma luta contra a universidade dos catedráticos. Heidegger dirá mais tarde a Jaspers: *eu* sonhava *e no fundo pensava unicamente* na *universidade que pairava diante de mim* (8.4.1950, BwHJ, 200).

Essa luta por uma "nova" universidade tem alguma semelhança com a revolta dos estudantes de 1967. Heidegger aparece com impulsos de movimento juvenil, como ponta de lança dos universitários revolucionários que *estão em marcha*. Heidegger com calções até os joelhos e colarinho de Schiller combatendo o mofo que havia debaixo das togas. Heidegger jogando os representantes dos universitários nacional-socialistas contra os catedráticos e apoiando a independência dos assistentes. É a hora dos livres-docentes que podem ter algumas esperanças. Heidegger cuida de que também o restante do pessoal seja incluído nas reuniões.

Heidegger não foi ousado a ponto de pensar poder "liderar o líder"[33] — como Jaspers afirmou mais tarde —, mas no terreno da política universitária realmente buscou uma posição liderante na luta contra os catedráticos. No congresso da Liga das Universidades de junho de 1933, a fração nacional-socialista dos professores universitários, em que Heidegger tinha uma posição importante, conseguiu fazer os velhos membros da direção da liga pedirem demissão. Na conferência de reitores, que ocorreu logo depois, Heidegger foi a favor da dissolução da liga. Além disso Freiburg devia ser declarada "antessala" da transformação nacional-socialista das universidades. Então Heidegger seria com efeito uma espécie de líder das universidades alemãs. Tinha ambição para isso. Mas não foi possível impor-se contra os outros reitores. A fração nacional-socialista deixou a reunião sob protesto. As atividades nacional-socialistas de

---

33   Em alemão: *den Führer führen zu können*. (N. da T.)

Heidegger no terreno afinal não tiveram o desejado sucesso, portanto ele queria realizar pelo menos regionalmente um modelo exemplar. É inegável que durante o verão de 1933 Heidegger colaborou intensamente na elaboração da reforma das universidades de Baden, que entrou em vigor a 21 de agosto, tornando Baden a primeira região em que as universidades foram sincronizadas com o Princípio do Führer.

Para Heidegger, a perda do domínio dos catedráticos significava uma continuação de sua luta contra o idealismo burguês e contra o espírito moderno das ciências positivistas especializadas. Também esse impulso voltará na revolta dos estudantes de 1967. Os estudantes de 1967 chamariam de "idiotas especializados" (Fachidioten) aquilo contra que Heidegger lutava naquela ocasião. A crítica de 1967 diz: a sociedade burguesa ensina o interesse pelas ciências como desinteresse pela sociedade. Dessa responsabilidade da ciência pelo todo social fala também Heidegger — ainda que em outras palavras: *a construção de um novo mundo intelectual para o povo alemão torna-se tarefa essencial da universidade alemã. Isso é trabalho nacional no mais alto sentido e importância.*

Um ideal de movimento dos estudantes de 1967 era a chamada "revogação da separação entre trabalho mental e manual". Era também o ideal de Heidegger. Na comemoração do início do ano letivo, em 25 de novembro de 1933, ele fez discurso programático sobe o tema *O universitário alemão como operário*. Com formulações em que ecoam pensamentos do ensaio *O operário*, de Ernst Jünger, aparecido em 1932, Heidegger polemiza contra a petulância dos eruditos. O universitário não deve colecionar tesouros intelectuais para uso privado e para a carreira, mas deve-se indagar como melhor poderá servir ao povo com sua pesquisa e saber. *Esse serviço cria a experiência fundamental da origem da verdadeira camaradagem.* O universitário deve compreender muito modestamente o seu estudo como *trabalho,* mas também deve realmente meter a mão na massa: ajudar na colheita, em trabalhos de melhoria nas redondezas de Freiburg, na cozinha municipal e em toda parte. *O Estado nacional-socialista é o estado do trabalho,* diz Heidegger, e os estudantes, cada um em seu lugar, devem sentir-se *a serviço* do povo com sua pesquisa e seu conhecimento.

Causa estranheza como Heidegger, que até ali sempre quisera manter o espírito da verdadeira ciência e filosofia livre de todas as ponderações

310 – Heidegger - um mestre da Alemanha entre o bem e o mal

de utilidade e orientação prática direta, agora defenda uma instrumentalização da ciência para fins nacionais. Ele caricaturou a orientação da filosofia segundo *valores* como forma atrofiada do idealismo burguês, e agora destaca os valores da autoafirmação nacional para em seu nome, filosoficamente credenciado, reivindicar a *disponibilidade extrema* e a *camaradagem absoluta*. Tudo isso — especialmente enfatizado pelo seu discurso no "Manifesto da ciência alemã em favor de Adolf Hitler", de Leipzig — relacionado com aquele princípio filosófico segundo o qual é a *exigência primordial de todo o ser, que ele mantenha sua própria essência e a salve* (S, 149).

O serviço de Heidegger pelo povo. O partido nacional-socialista anunciara no começo de 1934 um programa de integração social dos desempregados. Desempregados são enviados à universidade para continuar sua formação "política pública". Lá, "os trabalhadores braçais" devem ser instruídos pelos "trabalhadores intelectuais". Heidegger defendeu esse programa "no contexto da base", como chamariam em 1967. E fez o discurso inaugural diante de 600 trabalhadores.

No começo Heidegger explica aos operários reunidos diante dele o que significa estarem ali reunidos. Já com isso *servem ao dispositivo e construção do novo futuro de nosso povo*. Mas agora infelizmente estão desempregados — para Heidegger, ocasião favorável para incluir cautelosamente os primeiros termos filosóficos, chamando sua situação ruim de *incapaz de dasein*. Só seriam *capazes de dasein* quando pudessem servir ao Estado e ao todo do povo. A segunda tarefa é: adquirir conhecimento. *Todo operário do nosso povo tem de saber por que e para que está onde está*. Só assim o indivíduo seria *enraizado no todo do povo e no destino do povo*. Como Heidegger não pode deixar os desempregados entregues à perplexidade do ente no todo como forma de conhecimento que o camarada do povo necessita, e como também não quer chamar atenção dos lançados fora do trabalho para o seu *serem-lançados*, precisa criar e oferecer algo mais concreto. Notam-se nesse discurso as suas dificuldades. Não lhe ocorre nada de acertado. E assim ele fala daquilo que é preciso saber, isto é, *como o povo se dispositivou... o que acontece com o povo alemão nesse estado nacional-socialista... o que significa a futura convalescença do corpo do povo... o que a urbanização trouxe aos homens alemães...* Com esse saber os desempregados ali reunidos poderiam se tornar *pessoas alemãs claras e determinadas...* Os fornecedores de saber da universidade os ajudariam nisso. Fariam tudo com prazer. Pois os fornecedores de saber sabem que também eles só podem se tornar camaradas do povo se levarem até o trabalhador o seu saber. A unidade de braço e intelecto é a realidade verdadeira. *Essa vontade de realizar a conquista do trabalho através de uma correta conquista de saber, essa vontade tem de ser a sua mais íntima certeza e a fé que nunca vacila.* Mas essa fé tem seu apoio *na vontade superior do nosso Führer.* Heidegger encerra seu discurso com um *Sieg Heil!*

Em um discurso diante dos universitários de Tübingen, de 30 de novembro de 1933, Heidegger descreve o processo da *conquista, pela luta, da nova realidade,* como se se tratasse do surgimento de uma obra de arte. Estava mais do que na hora de abandonar o espaço da universidade até ali existente, ela não passava da *ilha vazia de um Estado vazio.* Mas quem luta encontra-se no interior de uma obra em surgimento. Ele sente a plenitude do dasein e torna-se *coproprietário da verdade do povo no seu Estado.*

No lugar do êxtase filosófico, surgiu agora a mística da comunidade do povo. De momento, a filosofia como indagar solitário e pensante pode abdicar. Mas naturalmente o todo permanece um assunto filosófico, pois Heidegger deixa-se fascinar filosoficamente pelo movimento — e consegue encantar aos outros. Um dos encantados disse aquela vez: "quando Heidegger fala, é como se me caíssem escamas dos olhos".

Um projeto que Heidegger perseguiu com especial ambição foi o "acampamento da ciência". Ele já apresentara essa ideia, em 10 de junho de 1933, em um congresso do Instituto de Ciência dos Universitários Alemães, em Berlim. Deveria ser uma mistura de acampamento de escoteiros e academia platônica. Viver juntos, trabalhar juntos, pensar juntos — por um tempo determinado, na natureza livre. Com isso a ciência deveria despertar novamente para a *realidade vital da natureza e da história,* e seriam superados o *ideologismo estéril* do cristianismo e a *tralha factual positivista.* Os participantes poderiam abrir-e para as novas forças do dasein. Essa era a intenção. Tudo isso foi transferido para junto da cabana de Todtnauberg de 4 a 10 de outubro de 1933. Marcha cerrada partindo da universidade. Para a primeira tentativa Heidegger escolhera

312 – Heidegger - um mestre da Alemanha entre o bem e o mal

um pequeno círculo de docentes e estudantes e elaborara as coordenadas: *O objetivo será atingido marchando a pé... Uniforme de SA e SS, eventualmente uniforme com capacete de aço e braçadeira.* Plano do dia: acordar às 6 horas e toque de recolher às 22. *O verdadeiro trabalho no acampamento objetiva despertar a consciência dos caminhos e meios para conquistar a futura elevada escola do espírito alemão.* Os temas para os círculos de trabalho e cursos que Heidegger propôs ligavam-se a questões universitárias, organização das disciplinas, reforma nacional-socialista da escola de terceiro grau, instalação do Princípio do Führer, etc. Mas, escreve Heidegger, é decisivo que através da *comunidade de acampamentos* se despertem a *disposição fundamental e postura fundamental* da revolução atual. Heidegger quer levar um bando juvenil até a pacífica Todtnauberg, para acenderem a fogueira de acampamento, içarem a bandeira, prepararem comida, entreter-se com conversas, cantos com guitarra — mas anuncia essa intenção como se estivessem entrando em território inimigo e houvessem perigos a superar: *O sucesso do acampamento depende da medida de nova coragem... da determinação da vontade de ser leal, de fazer sacrifício e de servir...* O único perigo nesse empreendimento era que Heidegger fizesse um fiasco e tudo não passasse de uma vida de acampamento bem comum com gente que na verdade há muito passara da adolescência. Heinrich Buhr, um dos participantes, relata como Heidegger falara de maneira impressionante, junto da fogueira, contra a "desvalorização do mundo, desprezo pelo mundo e união do mundo" exercidas pelo cristianismo, louvando "o grande, nobre saber da ausência de proteção do dasein". Heinrich Buhr, que mais tarde se tornou pastor, recordava o *Coração aventureiro* de Jünger. Era uma ocasião edificante, para muitos até comovente, mas não exigia nenhuma coragem. Era romântico mas não era perigoso. Certo desconforto nasceu de uma cabala entre os fiéis seguidores de Heidegger e um grupo de estudantes da SA de Heidelberg, que empregaram o militar contra o grupal, defendendo um antissemitismo militante. Em seu texto de defesa para o processo de limpeza política de 1945, Heidegger fez disso um importante conflito político. *O grupo de Heidelberg tinha a tarefa de explodir o acampamento*, escreve.

Durante as brigas, o livre-docente Stadelmann, do grupo de Heidegger deixou o acampamento a pedido deste. Hugo Ott encontrou a troca de

HEIDEGGER: ANTISSEMITA? – 313

cartas entre Stadelmann e Heidegger sobre esse acontecimento. Dela temos a impressão de que acontecera algo altamente dramático entre um cavaleiro e seu escudeiro, questões como fidelidade até o fim, sacrifício, traição, falsidade, arrependimento, contrição. Heidegger escreve que provavelmente ninguém superou *a prova do acampamento*, mas *todos saíram com a grande consciência de que a revolução não chegou ao fim. E que o objetivo da revolução universitária é o estudante da SA*. E Stadelmann, que obviamente se ofendeu porque Heidegger o retirou prematuramente da disputa, escreve: "eu nunca vi tão claramente como em Todtnauberg, que meu lugar é o acampamento da revolução... manterei disciplina... mas eu esperava mais, pensava na possibilidade de ser seu seguidor". Heidegger responde: *sei que terei de reconquistá-lo como meu seguidor, o que continua igualmente importante para mim.*

As forças do dasein que obviamente importam aqui são características das ligas masculinas e do movimento Wandervogel. Mas Heidegger consegue abrir um palco onde maquinações, tramas e tensões de dinâmica de grupo parecessem algo *grande*, que — diz Heidegger no discurso de reitor — *está atacando...* Heidegger torna-se prisioneiro das interpretações que introduz na realidade.

Ele recupera a livre mobilidade de seu pensar, quando não quer mais colaborar na obra de arte comum da comunidade do povo, mas se volta novamente para as obras da arte e da filosofia. Nessas obras Heidegger conseguia "ler" melhor do que na realidade política. Só na filosofia e em uma realidade filosoficamente organizada ele se sente verdadeiramente em casa. Ao *engajar-se* no movimento revolucionário de maneira política real, estava exigindo demais de si próprio. Em breve voltará a recolher-se aos alojamentos mais seguros do pensar filosófico.

Capítulo XV

A pureza do movimento

A filosofia deve *dominar* o seu tempo, dissera Heidegger.

Tentando satisfazer a essa exigência, ele arranca de suas molduras a sua ontologia fundamental.

Recordemos: em *Ser e tempo* ele descrevera o dasein do ser humano em uma planura elementar, ainda abaixo da diferença histórica e das contradições dos projetos individuais de vida. Também as disposições de tédio e do medo, que analisara nas conferências do começo dos anos trinta, estavam ligadas ao *ser-no-mundo* (In-der-Welt-Sein), não como situações individuais de dasein em determinadas condições.

Embora eventualmente Heidegger tenha tomado o *ser-com* (Mit-Sein) como tema, seu pensar ainda se dirigia unicamente para o ser humano como um singular: o *ser humano*, o dasein; também o que se defronta com o ser humano ou aquilo dentro do que ele se encontra, é organizado como singular : *o mundo, o ente, o ser.*

Mas entre o ser humano e o grande todo — *o* ser, *o* espírito, *a* história — existe ainda um outro reino, aquele "entre" onde existem *os* seres humanos na sua pluralidade, os muitos, que se distinguem uns dos outros, seguem interesses distintos, se encontram agindo e só com isso produzem aquilo que se pode chamar realidade política. Toda essa esfera, cujo significado ontológico reside na multiplicidade e nas diferenças dos indivíduos, desaparece no panorama do dasein de Heidegger. Há só duas espécies de dasein, o próprio e impróprio, o *mesmo* e *a gente*. Naturalmente Heidegger não negaria que os projetos de dasein dos indivíduos são diversos, mas essa diferença não é para ele um desafio positivo, ele não a

316 – Heidegger - um mestre da Alemanha entre o bem e o mal

cita entre as condições fundamentais de existência. Que tenhamos de viver com o fato de estarmos rodeados de seres humanos que são diferentes, que não compreendemos ou compreendemos bem demais, que amamos, odiamos, que nos são indiferentes ou enigmáticos, dos quais nos separa um abismo ou um nada — a todo esse universo de possibilidades de relação Heidegger não deu nenhuma atenção, e não o incluiu entre seus existenciais. Heidegger, descobridor da *diferença ontológica*, jamais teve a ideia de desenvolver uma *ontologia da diferença*. A diferença ontológica significa: distinguir o ser do ente. Uma ontologia da diferença significaria: aceitar o desafio filosófico da diferença entre os seres humanos e as dificuldades e oportunidades que disso nascem para o convívio.

Na tradição filosófica há muito existe essa mistificação, de que sempre se fala só *do* ser humano, quando na verdade ocorrem sempre *os* seres humanos. No palco filosófico agem Deus e o ser humano, eu e o mundo, o *ego cogito* e *res extensa* e agora em Heidegger o dasein e o ser. Também a fala de Heidegger sobre o *dasein* implica, já pela sugestão da linguagem, a identidade de tudo que é *dasein*. O dasein é *estendido* (hinausgehalten) para o *ente no todo*, diz Heidegger. Mas primeiro o dasein individual é estendido para o mundo dos outros seres humanos que *estão-aí*.

Em lugar de pensar agora na pluralidade fundamental desse mundo humano, Heidegger foge para o singular coletivo: o povo. E esse singular popular é posto sob o ideal existencial do *ser-mesmo*, um ideal que "propriamente" foi desenvolvido no individual lançado de volta sobre si mesmo. A exigência primodial de todo dasein, de que ele salve sua própria essência, é expressamente transposta por Heidegger, no "Manifesto da ciência alemã em favor de Adolf Hitler", de 11 de novembro de 1933, em Leipzig, para o povo que tem de *preservar e salvar a sua própria essência*. E o que ameaça isso? As humilhações do Tratado de Versailles, a separação dos territórios que tinham sido alemães, o pagamento das reparações. Que organização sanciona essa injustiça? A Liga das Nações. E por isso foi correto Hitler declarar a saída da Liga das Nações, agora obtendo do povo, em um plebiscito (vinculado à eleição do parlamento através de uma lista única), a concordância *a posteriori* com esse passo. A essa manobra política Heidegger concede a mais alta consagração, com sua filosofia da propriedade, agora transposta para o povo: exigência *primordial do dasein*.

Esse discurso de novembro de 1933 é ontologia fundamental popular aplicada. Na conferência sobre *Lógica* do verão de 1934 — até hoje só publicada em uma cópia mutilada — Heidegger refletiu expressamente sobre essa transformação do *meu* para o *nosso*.[34] *O mesmo*, diz ele, *não é uma disposição característica do eu*. Muito mais instaurador é o *nós-mesmos*. No esforço pelo *eu-mesmo* o indivíduo perde o chão sob os pés, ele *fica perdido do mesmo*, porque procura o mesmo no lugar errado, isto é, o eu apartado. Ele só pode ser encontrado no *nós*, e não é qualquer agrupamento de pessoas — *um clube de bolão, um bando de assaltantes* — que constitui esse *nós*. A diferença entre propriedade e impropriedade também existe na planura do *nós*. O "nós" impróprio é o *a gente*, o "nós" próprio é o povo, que se afirma como um homem. *Um todo do povo é pois um ser humano em tamanho grande* (L, 26ss).

O patos da propriedade de *Ser e tempo* era a solidão. Mas quando o povo se torna o singular coletivo do dasein, essa solidão desaparece na ominosa unidade do povo. Heidegger porém não quer renunciar ao patos existencial, e assim escolhe um palco onde um povo inteiro pode ser apresentado em determinada solidão. Solitário é o povo alemão entre os demais povos. Com sua revolução ele ousou avançar mais no incerto do *ente no todo*. Já ouvimos isso no discurso de reitor: o povo avançou sob o céu vazio do Zarathustra, uma comunidade que partiu para ousar fundar significados no que não tem sentido, dispositivo em grupos, seguidores, ligas. O povo alemão, o povo metafísico.

O que é o verdadeiro pensamento político será desenvolvido por Hannah Arendt — também em resposta a Martin Heidegger: nasce do "*ser-junto* e *ser-entre-os* outros do diferente", e resiste à tentação de aprofundar gnosticamente o torvelinho do acontecimento histórico ou elevá-lo a uma história "própria", que possui então aquele automatismo e aquela lógica que sempre faltará no caos da verdadeira história, que só consiste de infinitamente muitas histórias que se cruzam. Em lugar de dirigir-se ao pensamento político, Heidegger só encontra caminho para essa *gnosis* da história. Não teria sido tão grave se ele tivesse

---

34 No original alemão: *Je-meinigkeit* e *Jeunsrigkeit*, literalmente algo como minhidade desde sempre e nossidade desde sempre. (N. da T.)

318 – Heidegger - um mestre da Alemanha entre o bem e o mal

percebido que lhe faltavam conceitos políticos. O que torna sua atividade política nesses meses tão capciosa não é que ele fosse apolítico, mas que não percebesse isso e confundisse sua *gnosis* histórica com pensar político. Se como gnóstico da história ele tivesse continuado a narrar suas histórias "próprias" sem querer fazer "política" com elas, teria continuado sendo o *artista da filosofia* que era; mas, arrebatado pela revolução, ele queria tornar-se o *político da filosofia*. E então posta-se junto da fogueira do solstício e convoca os que o escutam emocionados: *os dias passam, estão mais curtos outra vez. Mas aumenta a nossa coragem para atravessarmos a escuridão iminente. Nunca devemos nos tornar cegos na luta. Que a chama nos oriente e ilumine, nos mostre o caminho do qual não há mais volta! Arde, chama, queimai, corações!*

A maioria dos professores de Freiburg considerava o seu reitor um sonhador radical que tinha enlouquecido. De vez em quando também o achavam engraçado e contavam a história de como alguns estudantes, sob direção do já mencionado docente de filosofia e ex-capitão de corveta, Stieler, se exercitavam com espingardas de madeira na cova de argila de uma olaria, quando Heidegger aparecera de carro e desembarcara. Stieler, alto como uma árvore — tinha 2,02m — plantara-se diante de Heidegger, que era de baixa estatura, apresentando-se em postura militar, e Heidegger, que só prestara serviço militar como censor dos correios e na meteorologia do *front*, também recebera a saudação com continência militar, como um comandante. Eram desse tipo as cenas de batalha de Heidegger.

Em setembro de 1933 Heidegger recebe um chamado para a universidade de Berlim, em outubro para a universidade de Munique. Victor Farías pesquisou os motivos que estavam por trás disso. Segundo ele, nas duas vezes o chamado aconteceu obviamente contra a resistência dos professores das duas faculdades. Em Berlim, Alfred Baeumler defendera Heidegger expressamente, designando-o, num relatório, como "gênio filosófico". Na simultânea tratativa com Munique, Heidegger indica que em Berlim lhe haviam concedido um cátedra *com missão política especial* e quis saber se em Munique seria chamado, segundo seu desejo, para *renovação da universidade*. Sua decisão dependeria de como e onde poderia servir melhor à *obra* de Adolf Hitler. A resistência a Heidegger vinha de

A PUREZA DO MOVIMENTO – 319

dois lados: os catedráticos conservadores sentiam falta, em Heidegger, de um conteúdo temático "positivo" em seu ensino; os ideólogos nazistas, como Ernst Krieck e Jaensch, sentiam falta de uma admissão pública de concepção de mundo nacional-socialista.

No pano de fundo da candidatura ao cargo em Berlim e Munique corria um parecer do psicólogo Jaensch, colega de Heidegger dos tempos de Marburg. Nele Heidegger era chamado de "perigoso esquizofrênico", cujos textos na realidade eram "documentos psicopatológicos". O pensar de Heidegger no fundo era judaico, "talmúdico-rabulístico", motivo pelo qual atraía especialmente aos judeus. Heidegger teria habilmente "trasvestido a sua filosofia da existência" com as "tendências do nacional-socialismo". Um ano mais tarde, quando Heidegger está negociando a direção da Academia Nacional-Socialista de Docentes, Jaensch escreve um segundo parecer. Nele previne contra o "palavrório esquizofrênico" de Heidegger, que saberia rodear "banalidades com aparência de coisas importantes"; Heidegger "dificilmente seria um revolucionário" e por isso era preciso contar com a possibilidade de, "se acaso um dia a revolução cessar entre nós", Heidegger provavelmente "não ficará do nosso lado", mas "mudará de cores" mais uma vez. Ernst Krieck, que pretende o papel de filósofo "oficial" do movimento, caracteriza a posição de Heidegger como "niilismo metafísico". Diferente de Jaensch, Krieck manifesta sua crítica abertamente em 1934, na revista *Volk im Werden* que ele editava: "O tom básico da concepção de mundo e da doutrina de Heidegger é determinado pelo conceito de preocupação e medo, ambos objetivando o nada. O sentido dessa filosofia é um manifesto ateísmo e um niilismo metafísico, que normalmente sempre foram defendidos entre nós sobretudo por literatos judeus, sendo portanto um fermento da dissolução e corrupção para o povo alemão. Em *Ser e tempo* Heidegger filosofa consciente e intencionalmente sobre a 'cotidianeidade' — nada se vê ali de povo e Estado, raça e todos os valores da nossa imagem de mundo nacional-socialista. Se no discurso de reitor... subitamente soa o heroico, é por uma adaptação ao ano de 1933, em total contradição à postura básica de *Ser e tempo* (1927) e *O que é metafísica?* (1931), com suas doutrinas da preocupação, do medo e do nada".

O policentrismo do aparato de poder nacional-socialista influenciava também o campo científico-político e ideológico. Nos ministérios da cultura da Baviera e de Berlim queriam conquistar Heidegger por sua reputação internacional. Queriam um cartaz eminente para expor, e omitia-se o fato de que o nacional-socialismo "privado" de Heidegger fosse em geral incompreensível para os círculos do partido, ou até causasse uma impressão suspeita. Krieck manifestou até mesmo a desconfiança de que Heidegger ligava a revolução com o niilismo da angústia para finalmente impelir o povo alemão "para os braços salvadores da igreja". Em todo caso, Heidegger não servia para a tarefa de "criar um cerne espiritual e ético para o movimento".

Walter Gross, chefe da secretaria de política racial do Partido Nacional-Socialista também pensava na versão de Heidegger do nacional-socialismo quando, em um memorial de 1936, chegou à conclusão de que o "efetivo humano, que havia assumido, de cientistas especializados e não onerados racial nem politicamente... não continha praticamente nenhum elemento nacional-socialisticamente aproveitável". Uma "orientação política" das escolas superiores não fazia sentido de momento; melhor seria aumentar o efeito técnico-administrativo das ciências. Gross recomenda uma "despolitização" da universidade, para encerrar os "lamentáveis esforços" dos catedráticos atuais de "brincar de nacional-socialismo". A evolução e difusão da concepção nacional-socialista de mundo seriam deixadas de momento aos cuidados dos respectivos líderes no partido, que deveriam fazer surgir, em cerca de uma década, uma nova geração de cientistas que provocasse "menos objeções quanto à sua concepção de mundo".

Nos centros de poder ideológicos do nacional-socialismo Heidegger passava por ser alguém que "brincava de nacional-socialismo". Foi também Gross quem preveniu insistentemente o setor de Rosenberg contra Heidegger, quando no fim do verão de 1934 este foi por algum tempo comentado dentro do partido como possível chefe de uma academia de docentes nacional-socialista que deveria ser fundada, para instruir a nova geração de cientistas quanto a uma concepção de mundo nacional-socialista. Gross referiu-se aos pareceres de Jaensch e Krieck e também sempre se referia aos relatórios internos desfavoráveis sobre as "atividades" de Heidegger em Freiburg.

A PUREZA DO MOVIMENTO – 321

Apesar dessas resistências, as convocações de Heidegger para Munique e para Berlim aconteceram. E nos dois casos finalmente Heidegger recusou. Oficial e internamente ele fundamentou sua recusa dizendo que ainda era necessário para a reforma da universidade em Freiburg, e que ainda não havia à disposição um sucessor adequado para a reitoria. *Se eu me afastar,* escreve ele a 19 de setembro de 1933 a Elisabeth Blochmann, *tudo vai desmoronar em Freiburg* (BwHB, 73).

Mas na universidade de Freiburg não se pensava assim. A maioria dos professores preferia que Heidegger saísse o quanto antes do cargo. Pois não gostavam daquele tom rude de suas circulares, convocações, exortações. Sobretudo, o corpo docente em sua maioria estava disposto a ajeitar-se com as novas condições políticas, mas o ensino e pesquisa deviam continuar intocados por elas. Foi especialmente incômoda para os professores a suspensão de horas de seminário e conferências, em troca de treinos esportivos e trabalhos práticos organizados pelos estudantes da SA. Mas Heidegger valorizava grandemente esses trabalhos, na medida em que tinham sido ordenados pelo ministério de ensino superior do Reich-SA. Eric Wolf, a quem Heidegger nomeara decano da faculdade de direito, tentou com grande zelo modificar o ensino jurídico no sentido de Heidegger para criar tempo para esportes de cunho militar e trabalhos práticos, mas topou com a enérgica resistência dos catedráticos conservadores. Compungido, Wolf quis desistir a 7 de dezembro de 1933 e ofereceu sua renúncia a Heidegger. Estava sofrendo de tormentos morais, duvidava de ser o homem certo para o posto, mas, escreve respeitosamente a Heidegger, entrega ao "juízo de Vossa Magnificência, que conhece os motivos mais profundos do que outras pessoas", decidir se o fracasso de seus esforços se devia à "precariedade de sua pessoa" ou à obstrução por parte dos colegas. Heidegger não aceita a demissão do outro: *faz parte do sentido da nova situação e da atual situação de luta, que o senhor tenha a minha confiança total, embora não tanto a do corpo docente.* Heidegger sente-se na obrigação de apoiar seu fiel, mas inseguro, seguidor, e por isso envia os professores renitentes para as férias de natal com a seguinte exortação: *o motivo determinante e o objetivo, que só se atingirá passo a passo, são, desde o primeiro dia em que ocupei este cargo, a transformação radical da educação científica partindo* das forças e exigências do

322 – Heidegger - um mestre da Alemanha entre o bem e o mal

Estado nacional-socialista. *Uma adaptação apenas casual como a escolha e divulgação do material das conferências sobre* condições atuais *não apenas não basta, mas ilude os corpos discente e docente quanto à sua verdadeira tarefa. O tempo que ficou livre para os docentes devido à redução das horas tem de servir sem falta para refletir sobre a* reformulação interna das conferências e exercícios... *Lutas e dissidências nascidas de um desejo realmente comunitário de mudança da universidade são mais importantes para mim do que a satisfação geral dos colegas, que ainda produz e que apenas confirma o que até aqui existiu. Agradeço pelo menor auxílio que faça avançar a escola superior em seu todo. Mas também só avaliarei o trabalho da faculdade dos docentes individualmente à medida que a colaboração para produzir o futuro seja visível e eficaz. Certo é que só a vontade inabalável do futuro confere significado e firmeza ao presente. O indivíduo, esteja onde estiver, nada vale. O destino de nosso povo em seu Estado vale tudo.*

Heidegger ameaça *avaliar* de maneira adequada os que tiverem má vontade. Isso pode significar muito, de exortação a denúncia junto a postos superiores, até afastamento do cargo e quem sabe prisão. Mas, no que diz respeito a trabalhos práticos e esportes de cunho militar, Heidegger estava em uma posição precária, pois entrementes dominava nos líderes do partido a tendência de voltar a permitir que a normalidade retornasse ao ensino.

Em sua posterior autojustificação Heidegger afirma que o ministério de Karlsruher exigira por razões políticas a demissão dos decanos Wolf e Möllendorff, e que ele não pudera aprovar isso, especialmente no caso do social-democrata Möllendorff, por isso estava afastado. Segundo pesquisas de Hugo Ott e Victor Farías, essa descrição não se sustenta. Heidegger não se afastou por solidariedade com um social-democrata, mas porque segundo ele a política do partido não era suficientemente revolucionária. Heidegger não se interessava, como afirmaria mais tarde, por defender o espírito ocidental da universidade, a *universitas*, mas defendia a revolução contra o conservadorismo dos eruditos e a política real burguesa, que só se interessavam pelo proveito econômico e técnico da universidade. Por isso na sua conferência em Tübingen, em 30 de novembro de 1933, ele pôde declarar que *a revolução na escola superior alemã não apenas não acabou, mas ainda nem começou,* e por isso renuncia ao seu cargo de reitor a 23 de abril de 1934, depois que o ministério da cultura lhe recomendou, a 12 de abril, que demitisse Eric Wolf como decano por causa dos "escrúpulos não inteiramente infundados" da faculdade — e de Möllendorff nem se falou. O ministério proclama pois que para ele revolucionarismo *da mudança de todo o dasein alemão* (Heidegger) na universidade está indo longe demais.

E segundo isso demissão de Heidegger da reitoria liga-se à sua luta pela pureza do movimento revolucionário, assim como ele o compreendia: renovação do espírito ocidental depois da "morte de Deus".

Ele também defendeu essa pureza do movimento revolucionário contra as tendências clericais particularmente poderosas em Freiburg. Quando em começo de 1934 a liga de estudantes católicos Ripuária foi suspensa — com concordância do Heidegger — por chefes locais do partido, mas depois novamente admitida por motivo do acordo então assinado, Martin Heidegger escreveu aborrecido a Oskar Stäbel, líder da "liga dos estudantes alemães: *essa vitória pública do catolicismo logo aqui não pode prevalecer de modo algum. É um prejuízo para todo o trabalho,* maior não se poderia imaginar *de momento. Conheço até os menores detalhes, as condições e forças daqui...* Ainda não *se conhece a tática católica. E um dia isso vai-se vingar gravemente.*

O catolicismo, com sua grande influência organizatorial e espiritual em Freiburg, significava para Heidegger, que só com grandes esforços se conseguira livrar de suas origens católicas, um impedimento importante *na transformação de todo o dasein alemão.* Por isso também no acampamento científico ele desferira seus principais ataques contra o cristianismo, como é representado nas igrejas. Lá, disse ele, reina a verdadeira ausência de Deus, porque ajeitaram para si um Deus dos comodistas e dos covardes, uma espécie de seguro de vida. Mas a sua revolução metafísica era algo para os fortes, audazes, determinados.

Heidegger não conseguiu impor sua crítica radical ao catolicismo junto aos líderes do partido, que de início quiseram acomodar-se com as forças tradicionais.

A luta pela pureza do movimento revolucionário foi também o que em duas ocasiões levou Heidegger a denunciar pessoas a quem não apreciava politicamente.

324 – Heidegger - um mestre da Alemanha entre o bem e o mal

Eduard Baumgarten, sobrinho de Max Weber, começara sua carreira científica nos Estados Unidos, onde se aproximara filosoficamente do pragmatismo americano. Em Freiburg nos anos vinte travou amizade com Heidegger, que até se tornou padrinho de batismo da filha de Baumgarten. Havia diferenças de opinião filosóficas, que no começo ainda se resolviam amigavelmente. Baumgarten transferiu-se para Göttingen, onde recebeu uma cátedra de cultura americana. Como tivesse grande sucesso como professor, em 1933 deveria assumir uma cátedra de docente, tendo recebido permissão de fazer a prova necessária. Estava disposto a adaptar-se politicamente e pediu para ser aceito na SA e entre os docentes nacional-socialistas. Nesse momento Heidegger interveio. A 16 de dezembro de 1933 escreveu aos docentes nacional-socialistas: *o dr. Baumgarten por parentesco e por origem intelectual provém do círculo de intelectuais liberal-democráticos de Heidelberg reunidos em torno de M. Weber. E durante sua estada aqui ele foi tudo menos nacional-socialista... Depois de ter fracassado comigo, Baumgarten conviveu muito intensamente com o judeu Fränkel, antigamente ativo em Göttingen e agora despedido. Suspeito de que foi assim que Baumgarten conseguiu abrigo em Göttingen... De momento considero sua admissão na SA tão impossível quanto a sua cátedra de docente. Baumgarten é extraordinariamente hábil na oratória. No terreno da filosofia porém eu o considero um charlatão.*

Também em seus discursos públicos Heidegger sempre prevenira contra aqueles que só se adaptam superficialmente às novas circunstâncias. Nessa medida, esse aviso contra Baumgarten está inteiramente dentro das consequências de seu revolucionarismo. Esse parecer escrito por Heidegger pareceu "carregado de ódio" ao líder dos docentes de Göttingen e foi incluído nos documentos como "inaproveitável". Baumgarten pôde continuar sua carreira — com ajuda do partido. Mais tarde tornou-se diretor do seminário filosófico de Königsberg, e chefe de honra de seu grupo local, e o ministério de Rosenberg o convidou para falar em congressos de trabalhadores.

Jaspers ficou sabendo desse parecer em 1935 através de Marianne Weber. Foi algo que ele jamais superou, foi uma das "experiências mais marcantes" de sua vida. O golpe no "círculo de intelectuais liberal-democrático de Heidelberg reunido em torno de Max Weber" teria de atingi-lo também. Mas o pior para ele foi que Heidegger, a quem até ali ele não conhecera como antissemita, estivesse disposto a denegrir com insinuações antissemitas um cientista a quem não apreciava. Jaspers ficou horrorizado, mas também teve medo dele, e por isso não se atreveu a interpelá-lo diretamente nesse assunto. Só quando, em fins de 1945, a comissão de limpeza pediu a Jaspers (por sugestão de Heidegger) um parecer sobre este, Jaspers tornou conhecido o caso Baumgarten.

Hugo Ott encontrou os documentos do caso Hermann Staudinger, professor de química e Prêmio Nobel de 1953, e reconstruiu o processo. Em uma visita do inspetor de ensino superior, Fehrle, em Freiburg, a 29 de setembro de 1933 — por ocasião da nomeação de Heidegger como reitor do Führer depois da reorganização das escolas superiores —, Heidegger informou ao inspetor de que havia suspeita de que Staudinger não era politicamente confiável. Fehrle mandou fazer investigações imediatamente, pois havia pressa, uma vez que depois da "lei de reorganização do funcionalismo", o prazo para apresentar processos terminava a 30 de setembro de 1933. Heidegger já no verão começara a tomar informações sobre Staudinger. As acusações contra este ligavam-se ao tempo da Primeira Guerra Mundial. Desde 1912 Staudinger era professor na escola técnica superior de Zurique, mas permanecera cidadão alemão. No começo não fora convocado para combater na guerra por motivos de saúde. Nos anos de guerra publicara artigos pacifistas, em que convidava a mudar o pensamento político diante da evolução das técnicas de guerra que ameaçavam a humanidade inteira. Em 1917 pedira cidadania suíça. Naquela época haviam sido preparados do lado alemão documentos relativos a ele, dizendo que Staudinger era suspeito de ter revelado às forças inimigas conhecimentos importantes para a guerra, no campo da química. Essa suspeita foi abandonada, mas ainda em maio de 1919 comentou-se nos documentos que em tempos de guerra Staudinger assumira uma postura que "servia para prejudicar gravemente no exterior o respeito pela causa alemã". Quando em 1925 Staudinger foi convocado a Freiburg, esse assunto voltara a ser comentado, mas mesmo os professores nacionalistas conservadores não tinham mais dado importância a isso pois entrementes Staudinger já se tornara uma capacidade de renome mundial.

Agora, pois, Heidegger toma providências para afastar Staudinger do seu cargo. A Gestapo reúne os documentos e a 6 de fevereiro de 1934 os

326 – Heidegger - um mestre da Alemanha entre o bem e o mal

apresenta a Heidegger para que este tome uma posição. Este faz a lista das acusações uma a uma: suspeita de ter revelado ao inimigo procedimentos químicos; que em *tempos de extrema necessidade da pátria* Staudinger pedira a cidadania suíça e finalmente a assumira sem permissão das autoridades alemãs; que declarara publicamente que *jamais apoiaria sua pátria com armas ou outro tipo de serviços*. Isso era material suficientemente acusatório. Heidegger escreve: *devia-se pensar antes em demissão do que em aposentadoria*. Uma *providência* era tanto mas urgente porque *Staudinger hoje se apresenta como 100 por cento amigo da reconstrução nacional*.

Como já no caso Baumgarten, também agora Heidegger pretende sobretudo farejar os chamados oportunistas. E o seu zelo é ainda mais estimulado porque ele desconfia da aliança pragmática entre Estado e ciências especializadas. A *transformação de todo o dasein alemão* deverá fracassar, a seus olhos, se as ciências especializadas *desenraizadas* voltarem ao primeiro plano fazendo-se passar por politicamente úteis. Por isso sua campanha contra Staudinger, que também, de sua parte, faz todo o empenho para provar como suas pesquisas são importantes para a renovação nacional. Na semana em que é submetido a torturantes interrogatórios, Staudinger publica um artigo onde salienta a importância da química para a nova Alemanha, que busca autarquia, e expressa *sua grande alegria pela irrupção da revolução nacional*. Como altos funcionários do partido intervêm em seu favor, ele não é demitido. Também Heidegger recua, e a 5 de março de 1934 recomenda que ele seja aposentado e não demitido, *em consideração com a posição que o mencionado tem no exterior no campo da sua ciência*. Mas Heidegger também não insiste nessa sugestão. Depois de um arranjo complicado, Staudinger pode continuar no cargo.

Essa história tem uma continuação. Quando em 1938 Heidegger faz sua conferência sobre "A fundamentação da moderna imagem do mundo pela metafísica", onde critica a tecnicização das ciências modernas, o órgão do partido nacional-socialista, *Der Alemanne*, publica um artigo em que Heidegger é apresentado como exemplo da inutilidade (um filósofo que "ninguém compreende e que ensina... o nada"), em contraposição ao trabalho realmente "importante para a vida" das ciências especializadas. O que isso significa vê-se num anúncio colocado abaixo do artigo: o

A PUREZA DO MOVIMENTO – 327

anúncio de uma conferência do professor Staudinger sobre tema: "O plano dos quatro anos e a química".

Esse fato é mencionado por Heidegger em sua defesa diante da comissão de limpeza a 15 de dezembro de 1945. Mas não menciona que antes disso denunciara Staudinger.

Provavelmente Heidegger não calou suas denúncias apenas porque não queria se onerar. Provavelmente pensava que o que fizera nem fosse uma denúncia. Sentia-se parte do movimento revolucionário, era dever seu afastar da reconstrução revolucionária todos os oportunistas. Não lhes devia ser permitido se insinuarem no movimento usando-o para vantagem própria. Para Heidegger, Staudinger era um desses cientistas para os quais todos os fins servem, desde que lhes deem vantagem pessoal, e que nada procuram senão *o conforto calmo de uma atividade inofensiva.*

Ironia da história: com efeito não foram filósofos como Heidegger que prestaram os maiores serviços ao regime, mas cientistas "apolíticos". Só eles conferiram a eficácia prática ao sistema a quem Heidegger quis servir por algum tempo na sua maneira revolucionário-fantasiosa.

Capítulo **XVI**

A saída da maquinação política

Afinal, onde estamos quando pensamos?

Xenofonte nos transmite uma bela anedota sobre Sócrates. Este combatera valentemente como soldado na campanha do Peloponeso, mas em uma ocasião, quando as tropas estavam em marcha, ele de repente mergulhara em pensamentos e ficara parado, e ali ficou parado o dia inteiro, esquecido de si, do lugar, esquecido da situação. Ocorrera-lhe, ou chamara a sua atenção, algo que o fazia pensar, e assim ele saíra da sua realidade. Entrara sob a coerção de um pensar que exigia dele um *lugar-nenhum*, mas onde estranhamente parecia sentir-se em casa. Esse *lugar-nenhum* do pensar é a grande interrupção no acontecimento cotidiano, e é um *outro-lugar* sedutor. Segundo tudo o que sabemos de Sócrates, a experiência desse *outro-lugar* do espírito é uma pressuposição de seu triunfo sobre o medo da morte. Sócrates arrebatado pelo pensar torna-se inatingível. Poderão matar seu corpo, mas seu espírito há de viver. Ele está livre do combate do dasein. Nesse Sócrates, parado ali, imóvel e absorto, enquanto as coisas em torno dele seguem seu curso, pensava Aristóteles quando louvava na filosofia seu talento para o todo lugar e lugar nenhum; ela não exigia "nem equipamento nem lugar especial para se exercitar... onde quer que na terra alguém se dedique a pensar, atingirá a verdade como se ela estivesse ali presente".

Mas Sócrates era também um filósofo da *polis*, da praça do mercado de Atenas. Lá ele queria estar presente com o seu outro lugar — com suas ausências filosóficas. Sem lugar e ao mesmo tempo presa ao lugar, assim é a filosofia.

330 – Heidegger - um mestre da Alemanha entre o bem e o mal

Heidegger era um filósofo particularmente preso ao lugar, e no tempo de suas maquinações políticas lutara com palavras fortes contra o chamado pensar *sem força e sem chão* (macht-und bodenlose). Mas agora ele percebe como o chão da nova realidade revolucionária, no qual queria tomar pé, oscila. Quando faz tratativas com Berlim quanto à sua convocação, escreve a Elisabeth Blochmann: *tudo não teria chão. Fiquei aliviado quando me vi novamente fora de Berlim* (19.9.1933, BwHB, 74).

Nessa carta Heidegger formula o seu *ser-arrebatado-de-um-lado-para- -outro*. De um lado: *Eu... creio saber só uma coisa, que nos preparamos para grandes mudanças espirituais e temos de realizá-las nós mesmos...* De outro lado: *do meu próprio trabalho... estou de momento muito afastado, embora sinta todos os dias como o meu agir cotidiano se... aproxima dele.*

Para onde ele sente que está voltando?

Os locais do seu pensar podem ser bem determinados. Um imaginário e um real, a Grécia da filosofia e a província, mais exatamente Todtnauberg.

No que diz respeito ao sonho da Grécia, que Heidegger queria concretizar com a revolução nacional-socialista, Nietzsche já dissera o necessário, meio século antes:

"A filosofia alemã do todo. E a maneira mais radical... de saudade de casa que já existiu... Em parte alguma estamos em casa, por fim desejamos voltar para onde possamos estar em casa de qualquer maneira, porque só lá gostaríamos de nos sentir em casa: e isso é o mundo grego! Mas exatamente para lá quebraram-se todas as pontes — *com exceção* dos arco-irís dos conceitos!... Com efeito: é preciso ser muito fino, muito leve, muito tênue, para andar sobre essa ponte! Mas que felicidade reside já nesse desejo de espiritualidade, quase de espectralidade... Quer-se voltar aos gregos através dos pais da igreja... A filosofia alemã (é) vontade de Renascimento... Escava-se a filosofia antiga, mas sobretudo a dos pré-socráticos — mais bem soterrados de todos os templos gregos!... Dia a dia nos tornamos mais gregos, primeiro — que banalidade — em conceitos e valores, como espectros graciosos: mas um dia, espero, também com nosso *corpo*!"

Como agora sabemos, Heidegger queria a volta da coisa grega no corpo *social*: a revolução como reinstauração do original *poder de irrupção da filosofia grega* (discurso de reitor).

A SAÍDA DA MAQUINAÇÃO POLÍTICA – 331

O outro lugar: a província, Todtnauberg. Na sua montanha da Floresta Negra, Heidegger se sentira perto do seu sonho grego; de lá descera para a planície política da qual podia assimilar alguma coisa porque esta estava em tumulto — pois tudo o que é *grande está sob a tempestade!* Em sua atividade política Heidegger tem a dolorosa experiência de não conseguir reunir como deseja os dois mundos — aquele onde vive e aquele onde pensa. Muito se criticou a conferência de Heidegger no rádio, em março de 1934, onde anunciou publicamente sua recusa a Berlim: "Paisagem criativa: por que permanecemos na Província?" Muitas vezes só quiseram ver nela um ideologizado romantismo de terra natal e camponeses. À sua maneira, porém, nela Heidegger dá realmente informação sobre uma experiência simples mas para ele muito importante: *todo o meu trabalho... é conduzido e impelido pelo universo dessas montanhas e desses camponeses. Agora algumas vezes o trabalho lá em cima é interrompido por um bom tempo com negociações, reuniões e atividades de ensino. Mas assim que subo até lá, já nas primeiras horas de existência na cabana, todo o mundo das antigas indagações volta a se aproximar de mim, exatamente na atmosfera em que o deixei. Sou simplesmente dominado pelo impulso próprio do trabalho e no fundo não domino a sua lei oculta* (D, 11).

Heidegger percebe e admite que o mundo de sua vida e o de seu pensar só se harmonizam na cabana de Todtnauberg, e somente lá. Só *no dasein da cabana, todo o mundo das antigas indagações*, essa repetição do início grego, se torna realidade viva; só lá, como costuma dizer Heidegger, ela *presente-fica.*[35] Por isso também ele fica aliviado quando depois do fracasso da reitoria pode voltar àquela *localidade* do seu pensar. "De volta de Siracusa?", teria perguntado Wolfgang Schadewalt em um casual encontro na rua. Sabidamente, Platão pretendera realizar em Siracusa sua utopia do Estado, e só com muita sorte escapara de ser feito servo por lá.

Quando, a 23 de abril de 1934, Heidegger se demite da reitoria, desiste de um cargo politicamente eminente, mas por enquanto ainda se aferra à sua intenção de conseguir para a filosofia o *local certo para intervir* (a Jaspers, 10.3.1933, BwHJ, 150) na nova realidade revolucionária. Mas

---

35 Em alemão *west sie* a provavelmente de *Anwesen*, presença, estar presente... jogo também com... *Wesen*, natureza, essência. (N. da T.)

como não quer mais deixar aquela reencontrada *localidade* de seu pensar, nada lhe resta senão transferir essa *localidade*, simplesmente levá-la consigo como casa de caramujo de sua filosofia. Ele recusara a convocação a Berlim porque ali *não havia chão*, mas no verão de 1934 desenvolve suas ideias para elaborar uma academia de docentes em Berlim, e dá sinais de estar disposto a ir até lá com a condição de que lhe possibilitem concretizar essas ideias. Seus planos são de construir no centro de Berlim uma espécie de mosteiro de filósofos, um albergue Todtnauberg.

Desde o outono de 1933 Heidegger negociara esse assunto com Berlim. O projeto da academia de docentes foi posto em andamento por círculos do partido em Berlim e o ministério de ciência e educação de lá. Pensava-se em uma instituição de aperfeiçoamento político, que teria de ser frequentada por todos os cientistas que um dia quisessem ser catedráticos; naturalmente o objetivo era a organização ideológica para uma concepção de mundo popular. Receber a *venia legendi* (permissão de ensinar) dependeria de diplomar-se na academia dos docentes, portanto essa atribuição seria retirada das universidades. Assim se poderia corrigir a péssima situação diagnosticada pelo partido, de que o "efetivo humano assumido" de cientistas se adaptava mas "praticamente não continha nenhum elemento, nacional-socialisticamente, aproveitável", e se criariam condições para que talvez em uma década se pudesse formar uma nova geração de cientistas "mais livre de objeções do ponto de vista da concepção de mundo". Heidegger faz tratativas para essa academia, e para ser seu dirigente. Esboça sugestões detalhadas, que envia a Berlim a 28 de agosto de 1934. Não deve ser uma academia, um clube de honoráveis, nem uma escola superior política para o povo, e sim uma *comunidade vital educativa*. Ele a descreve como uma organização orientada por um *espírito próprio*, criando uma *tradição* que permanecerá *orientando* mesmo depois do tempo passado dentro dela. O *efeito tácito da atmosfera* seria o decisivo. Por isso os professores *teriam de agir sobretudo através daquilo e de quem são, e não através daquilo e sobre que* falam. Mestres e alunos devem conviver na ordem do dia da *alternância natural de trabalho científico, distração, recolhimento, jogos militares, trabalho físico, marchas, esporte e comemorações*. Também deveria haver ocasião de *legítima solidão e concentração*, pois o que serve à comunidade não pode *nascer apenas da comunidade*.

A organização física deveria corresponder a essa alternância entre solidão e vida de comunidade: auditório, sala de refeições com púlpito para leituras, espaços para comemorações e atividade musical, dormitórios comuns. Em contrapartida, *celas* em que o indivíduo pudesse se recolher para trabalho intelectual e concentração interior. A biblioteca teria de ter mobília precária, contendo apenas o essencial, *ela faz parte da escola como o arado faz parte do camponês.* Os alunos deveriam participar da escolha de livros, para aprender o que significa o *juízo legítimo e escrupuloso da escritura.* Encerrando, Heidegger resume o pensamento central desse mosteiro científico: *se o* americanismo *na atividade científica, já excessivamente poderoso, precisa ser superado e no futuro evitado, devemos dar à renovação científica a possibilidade de crescer partindo de suas necessidades interiores. Isso nunca aconteceu nem acontecerá senão pela influência determinante de personalidades individuais.*

A academia de docentes como a pretendia Heidegger não acontece. No fundo havia maquinações e cabalas. A secretaria de Rosenberg e o ministério tinham sido prevenidos contra ela por outros líderes do partido. A 14 de fevereiro de 1934 Krieck escrevera a Jaensch: "Aumentam os boatos de que com a academia prussiana de docentes Heidegger terá nas mãos toda a nova geração de escolas superiores prussianas. Eu consideraria isso funesto. Em nome dos mais altos do partido, peço-lhe um memorando sobre o homem, sua postura, sua filosofia e sua língua alemã". Jaensch, que já interviera durante as negociações quanto à cátedra em Munique e Berlim, forneceu esse parecer. Nele pode-se ler: "Se pede a minha opinião, eu gostaria de usar a frase de Adolf Hitler, de que ele sempre reconhece como autoridade mais alta as leis do bom-senso. Brigar contra o bom-senso nos *passos decisivos* da vida pública conduz forçosa e inevitavelmente a uma catástrofe... Contradizer o bom-senso seria convidar para o cargo mais importante para vida intelectual do futuro próximo uma das cabeças mais confusas e um dos mais excêntricos sujeitos que temos no ensino superior... Nomear como educador supremo de nossa nova geração acadêmica um homem que (manifestou) um pensamento tão excêntrico quanto obscuro, esquizoide, em parte já esquizofrênico, (exercerá) entre os universitários, como já pudemos observar claramente aqui em Marburg, uma influência devastadora do ponto de vista pedagógico".

334 – Heidegger - um mestre da Alemanha entre o bem e o mal

O ministério rejeitou esse parecer, mas mostrou-se mais interessado em um burocrata da concepção de mundo, portanto Heidegger saiu da lista dos candidatos. Mas Heidegger ainda é útil para o aparato ideológico do regime. Em maio de 1934 ele é chamado para a comissão de filosofia do direito na academia do direito alemão. O presidente da comissão é o comissário de justiça do Reich, Hans Frank, que no discurso de abertura definiu o caráter e a missão dessa comissão. Deveriam ser lançados os novos fundamentos de um novo direito alemão, com valores de "raça, Estado, Führer, sangue, autoridade, fé, solo, defesa, idealismo", a comissão devia se constituir como "uma junta de combate pelo nacional-socialismo". Nessa comissão, que se reuniu no Arquivo Nietzsche de Weimar, Heidegger trabalhou até 1936. Nada mais se sabe sobre suas colaborações. Em 1935, Julius Streicher é aceito na agremiação. A coisa provoca tamanha agitação que Karl Löwith, em 1936, interpelou Heidegger a respeito, em Roma. Depois de alguma hesitação, Heidegger respondeu que "não era preciso desperdiçar uma só palavra com Streicher, afinal o *Stürmer* não passava de pornografia. Ele não compreendia por que Hitler não se livrava daquele sujeito, provavelmente tinha medo dele".

Ainda que a fé em Hitler e na necessidade da revolução continuem inabaláveis em Heidegger, aos poucos sua relação com a política vai-se afrouxando. Sua filosofia buscara um herói e havia um herói político. Agora ele está novamente tratando de separar as esferas. A filosofia é vista mais profundamente, ela torna outra vez ao acontecimento fundamental do espírito, que condiciona a política mas não desabrocha na política. No começo da conferência sobre Schelling, em 1936, ele dirá então: *e em breve virá à luz do dia a profunda inverdade daquela palavra que Napoleão disse a Goethe em Erfurt: A política é o destino. Não, o espírito é o destino, e o destino é espírito. A essência do espírito porém é a liberdade* (GA 42, 3).

A volta da política ao *espírito* já se anuncia na conferência do semestre de verão de 1934. Foi anunciada sob o título *O estado e a ciência*. Na primeira hora da conferência estavam reunidos todos os que tinham nome e posição, eminências do partido, honoráveis, colegas; os estudantes eram a minoria. Estavam tensos por ver o que Heidegger diria depois de ter-se demitido da reitoria. A conferência foi um verdadeiro acontecimento social. Heidegger abriu caminho pelo auditório superlotado, onde os

A SAÍDA DA MAQUINAÇÃO POLÍTICA – 335

camisas-marrons eram a maioria, foi até o pódio e declarou que tinha mudado o tema: *Falarei de lógica. Lógica vem de logos. Heráclito disse...* E nesse momento ficou claro que Heidegger tratava de megulhar em sua própria *profundeza* e que não falaria contra a política mas queria preservar a antiga distância com relação a ela. Já nas primeiras frases ele declina de *um discurso indisciplinado sobre concepção de mundo*, mas também da *tralha das formulações* que a ciência burguesa habitualmente oferece sob o título "lógica". *Lógica é o andar pelo fundo do ser, que nos interroga, local da dúvida* (L, 2). Já na segunda hora da conferência, só restavam no auditório os interessados em filosofia.

Fora um começo difícil, escreve Heidegger um ano depois a Jaspers, olhando em retrospectiva para os primeiros semestres depois da reitoria: *para mim é... um tatear laborioso; só há poucos meses consegui ligar-me de novo ao trabalho... interrompido no verão 32/33; mas é um balbuciar débil, e de resto há dois marcos — problemas com a fé no futuro e o fracasso da reitoria — muitas coisas que realmente deveriam estar superadas* (1.7.1935, BwHJ, 157). Nesse trabalho de compreender os próprios impulsos pessoais, políticos e religiosos, outro *herói* o ajudou: Hölderlin.

No semestre de inverno de 1934/35 ele faz sua primeira conferência sobre Hölderlin. A partir de agora Hölderlin será constante ponto de referência de seu pensar. Com Hölderlin, Heidegger quer descobrir o que há com o divino que nos falta e com uma "política" que está acima dos assuntos cotidianos. Hölderlin, diz Heidegger, é um *poder na história do nosso povo*, mas ainda não apareceu realmente. Isso terá de mudar se o povo alemão quiser se encontrar. Colaborar nisso é que Heidegger chama de *política no sentido mais alto e mais próprio, tanto que quem consegue alguma coisa nesse terreno, não tem necessidade de falar sobre o político* (GA 39, 214).

Havia um renascimento de Hölderlin quando Heidegger se voltou para esse poeta. Hölderlin já não era, como fora até o começo do século, apenas um lírico interessante para a história da literatura que também escreveu um notável romance epistolar *Hyperion* e faz arte dos helênicos dos quais houve tantos no tempo do classicismo alemão. Nem Dilthey nem Nietzsche, que chamaram intensamente atenção sobre Hölderlin, conseguiram colocá-lo em primeiro plano na consciência da opinião pública alemã. Isso só foi obtido na véspera da Primeira Guerra pelo círculo de Stefan George, e por Norbert von Hellingrath que pertencia a ele, e que descobriu a obra tardia de Hölderlin, comentando-a e iniciando a edição da grande obra completa dele. O círculo de George via em Hölderlin o genial precursor do "simbolismo", não só o que se entregava à arte mas o existencialmente importante. "É como se se erguesse uma cortina diante do Santíssimo, e coisas ainda indizíveis se oferecessem ao olhar" — era esse o tom do entusiasmo de Heidegger dos anos vinte e trinta. Max Kommerell colocou Hölderlin entre os "poetas como líderes"; em Hölderlin tinha-se contato com uma "corrente de força alemã". No movimento da juventude alemã, Hölderlin passava por gênio do coração que se partia pela Alemanha. Sempre se citavam as frases do *Hyperion*: "É uma palavra dura, mesmo assim eu a digo porque é verdade: não posso imaginar um povo mais desunido do que os alemães, vês trabalhadores mas nada de seres humanos, pensadores mas nada de seres humanos, senhores e servos, jovens e gente estabelecida mas nada de seres humanos — isso não é como um campo de batalha onde jazem misturados mãos e braços e todos os membros dilacerados, enquanto o derramado sangue da vida se escoa na areia?".

Com sua nostalgia de uma nova totalidade da vida, Hölderlin tornou-se uma importante figura de identificação para um amplo espectro das pessoas cultas, mas muito especialmente para aqueles que procuravam possibilidades de uma nova experiência do sagrado — na palavra do poeta. Rilke em seu poema *A Hölderlin*: "Ah, o que os mais altos desejam, tu o construíste, sem desejos/tijolo a tijolo: e ali estava. Mas mesmo a sua queda/não te enganou".[36]

A posterior demência conferiu à poesia de Hölderlin uma autenticidade ainda maior; que ele tivesse enlouquecido — não seria porque avançara mais que outros nas zonas perigosas e misteriosas da vida?

O poeta da coisa alemã; o poeta que dominou a força da poesia; parteiro de novos deuses, caminhante de fronteiras e grande fracassado — era assim que viam Hölderlin, e Heidegger ligou-se a isso.

---

36 Original alemão: *Ach, was die Höchsten begehren, du legtest es wunschlos/Baustein auf Baustein: es stand. Doch selbst sein Umsturz/irrte dich nicht.* (N. da T.)

A SAÍDA DA MAQUINAÇÃO POLÍTICA – 337

Sua exegese de Hölderlin tem três pontos principais. Trata do fracasso da própria "política do poder", da natureza do poder e da hierarquia das forças do dasein. Literatura, pensamento e política — que relação mantêm entre si?

Em segundo lugar, com Hölderlin Heidegger quer encontrar uma linguagem para aquilo que nos falta. Cita Hölderlin como testemunha — que domina a linguagem — da nossa carência de ser. E, terceiro, ele quer compreender através de Hölderlin, esse *poeta do poetar*, o seu próprio agir, o pensar do pensar. Ele se espelha em Hölderlin, sobretudo em seu fracasso. Desenha indiretamente um autorretrato, como se enxerga e como gostaria de ser visto.

Em sua conferência ele comenta os dois hinos tardios de Hölderlin, o *Germania* e *O reno*. Heidegger cita como pensamento fundamental de toda a sua explicação um aforismo de Hölderlin: "Em geral os poetas se formaram no começo ou no fim de um período mundial. Cantando os povos descem do céu de sua infância para a vida ativa, para o país da cultura. Cantando voltam à vida original" (GA 39, 20).

É na palavra do poeta,[37] diz Heidegger, que no respectivo período na história de um povo e sua cultura *vem a público tudo isso que comentamos e negociamos na fala cotidiana*.

Uma visão do poder da palavra poética lisonjeira para o poeta. Os poetas conferem a identidade a um povo. Como Homero e Hesíodo eles trazem a um povo os seus deuses e com isso fundam *costume* e *moral*. Os poetas são os verdadeiros inventores da cultura de um povo. Porque em seus poemas Hölderlin tomou como tema esse poder da poesia, Heidegger o chama *o poeta do poetar*.

Heidegger relaciona a ação fundadora de cultura do poetar com os outros grandes atos fundadores: a revelação filosófica do mundo e a fundação de um Estado. *A disposição fundamental, e isso quer dizer a verdade do dasein de um povo, se funda originalmente pelo poeta. O ser (Seyn des Seienden) do ente assim revelado porém é compreendido como Seyn... pelo pensado, e o Seyn assim compreendido... é colocado na verdade histórica*

---

37 *Dichter*, em alemão, não necessariamente restrito à poesia mas à literatura: escritor. (N. da T.)

338 – Heidegger - um mestre da Alemanha entre o bem e o mal

determinada, e trazendo o povo até si próprio como povo. Isso acontece pela criação... do Estado pelo criador do Estado (GA 39, 144).

Poetar, pensar, fazer política, têm em comum que podem ser *obras* de grande poder. Em relação a Hölderlin, Heidegger diz: *talvez um dia possamos sair de nosso cotidiano e tenhamos de entrar no poder da poesia, e nunca mais voltaremos ao cotidiano como dele saímos* (GA 39, 22).

Os poetas, os pensadores, os estadistas tornam-se destino dos outros porque são *criativos,* através deles um algo entra no mundo, criando em torno de si uma "corte" dentro da qual há novas relações de dasein e visibilidades. A esse criar obras que depois ficam na paisagem do ente, mágicas e poderosas, Heidegger também chama de *combate.* Na conferência *Introdução à metafísica,* feita um ano depois, ele descreve assim esse combate criador: *esse combate esboça e desenvolve o inaudito, até então não dito e não pensado. Esse combate então é realizado pelos criadores, poetas, pensadores, estadistas. Eles lançam ao encontro do vigir* (Walten) *avassalador o bloco da obra, e dentro dela prendem fascinado o mundo assim aberto* (EM, 47).

Já pudemos observar Heidegger *fascinado* pelo ato criativo de um Hitler, fundador de um Estado. Agora trata-se do *reino de poder* da poesia de Hölderlin, para quem vale o mesmo que para a revolução nacional--socialista. Em sua conferência de Tübingen sobre *A universidade nacional-socialista,* de 3 de novembro de 1933, ele prevenira de que a *realidade revolucionária* não seja vista como algo *presente* ou apenas *factual.* Assim jamais descobriremos o que ela é. É preciso entrar no círculo de fascínio dessa realidade e deixar-se transformar. Isso também vale para Hölderlin, para toda a grande literatura. Ela pede uma decisão, se queremos nos expor ao seu *torvelinho* ou permanecer numa distância segura. A poesia de Hölderlin só se revela a quem estiver decidido, a quem então — como política ou pensar — ela pode se tornar fato revolucionário, *transformação de todo o dasein.* Mas só poucos querem entrar nessa aventura. Heidegger examina as táticas da distância segura que todos só buscam para não se expor ao poder da palavra da poesia. Lá compreende-se a poesia como *expressão* de vivências e fantasias, algo que distrai e serve para ampliar o horizonte intelectual. Ou poesia como superdispositivo ideológico, como iluminação ou obnubilamento das condições reais. Ou a representação — e aqui Heidegger cita a ideologia nacional-socialista de que a *literatura é uma função biologicamente necessária do povo* (GA 39, 27). Também a digestão, zomba Heidegger, é uma função necessária do povo. A essa postura de não entrar dentro do reino e do poder de um fenômeno mas de fixá-lo só externamente, Heidegger chama de postura fundamental *liberalista. Se alguma coisa pode e deve receber o malbaratado nome de* liberalista, *então é essa maneira de pensar. Pois ela se exclui fundamental e antecipadamente daquilo que opina e pensa, tornando-o mero objeto de sua opinião* (GA 39, 28).

Um emprego obstinado do termo "liberalisticamente", refere-se a uma recusa impensada e não sentida, ou metódica, de entregar-se à obstinação por alguma coisa; quer-se chegar "sobre", "abaixo" ou "atrás" das coisas, mas sempre evitar de ser atraído para "dentro" delas. Com essa crítica Heidegger chegou sem querer a uma situação que para Hölderlin é característica da "noite dos deuses".

Nós os "hodiernos", diz Hölderlin, somos "muito mais experientes" no sentido do conhecimento científico, mas com isso perdemos a capacidade de pecebermos as coisas, a natureza e as relações humanas em sua plenitude. Perdemos o "divino", o que significa, o "espírito" afastou-se do mundo. Nós nos submetemos à natureza, o "periscópio" penetra nas distâncias mais remotas do cosmos, e com isso "apressamos" o "começo solene" do mundo aparente. "Fizemos cordames" com os "laços amorosos" entre natureza e ser humano, "zombamos" das fronteiras entre humano e natural. Tornamo-nos uma "geração esperta" que ainda por cima se orgulha de poder ver as coisas "nuas". E assim não "enxergamos" mais a terra, não "escutamos" mais os pássaros e a linguagem entre os homens ficou "ressequida". Tudo isso significa em Hölderlin a "noite dos deuses". Significa pois perda do sentido imanente e força de irradiação das condições do mundo e das relações humanas.

No entendimento de Hölderlin, o escritor tem de colocar outra vez em palavras todo esse mundo vivo mas submergido. Na medida em que só puder recordar o que submergiu, ele será um "poeta em um tempo precário".

Em Hölderlin o divino não é um reino do além mas designa uma realidade transformada no ser humano, entre os seres humanos e na sua relação com a natureza. Uma vida viva aberta para o mundo, intensificada, aventuresca, alerta. Tanto individual quanto coletiva. Um júbilo pelo *ser-no-mundo*.

Para esse divino de Hölderlin Heidegger tinha nos anos vinte o nome *propriedade* (Heigentlichkeit), e agora cria para isso um novo nome: a *relação com o seyn*. Dasein — Heidegger explicara isso em *Ser e tempo* — está desde sempre em relação com o ser. Também o esquivar-se para a impropriedade faz parte dessa relação. A *relação com ser* (Sein) torna--se uma *relação com o seyn* quando tomado literalmente, portanto vivido *propriamente*. A partir daí Heidegger escreve *seyn* com ipsilone sempre que se refere exatamente àquela relação *própria* que diviniza o dasein nesse sentido. E a abertura para o divino significa no dasein exatamente isso: abrir-se e atrever-se a avançar até a própria insondabilidade e até o milagre do mundo.

Poder-se-ia pensar que essa abertura é inteiramente uma realização do dasein individual determinado. Na filosofia da propriedade de *Ser e tempo* domina com efeito esse aspecto individual; esse individualismo nasce da imagem dos heróis-pensadores e heróis-poetas que *fundam* deuses e divindades para todo um povo. E mesmo assim Heidegger agora enfatiza mais fortemente o aspecto histórico e coletivo. Há épocas históricas que favorecem essas relações de *seyn* e outras que a dificultam ou até impossibilitam. A "noite dos deuses" ou, como Heidegger também diz, *o escurecimento do mundo baixa* sobre épocas inteiras. Para Heidegger, Hölderlin é tão grande porque, em um tempo de ruptura de época, quando os velhos deuses sumiram e os novos ainda não chegaram, foi o único, tardio e ao mesmo tempo prematuro, a sofrer dor do perdido e a violência do iminente. "Mas amigo! Chegamos tarde demais. Os deuses ainda vivem, /mas sobre a cabeça no alto um outro mundo... /Pois nem sempre um receptáculo tão frágil os consegue conter", diz um dos poemas tardios de Hölderlin, que Heidegger liga com versos do poema *Como quando em feriados*: "Mas nós devemos, sob a tempestade de Deus,/Oh poetas! Ficar de cabeças descobertas,/Pegando com a própria mão/o raio do Pai, ele mesmo; e estender ao povo/envolta na canção/a dádiva celeste" (*cit.* GA 39, 30).

Heidegger comenta essa imagem da "tempestade de Deus" sobre a cabeça do poeta como estar-exposto *ao poderio superior do* seyn (GA 39, 31)

A SAÍDA DA MAQUINAÇÃO POLÍTICA – 341

e cita as cartas de Hölderlin a seu amigo Böhlendorff, a 4 de dezembro de 1801, pouco antes da viagem a Bordeaux: "De resto posso jubilar com uma nova verdade, uma visão melhor daquilo que está sobre nós e ao redor de nós, agora receio estar chegando ao fim, como o velho Tântalo que tinha mais dos deuses do que conseguia digerir". E depois de seu retorno, confuso e exausto, ele escreve: "O elemento poderoso, o fogo do céu, e o silêncio do homem... me tocaram constantemente, e como repetimos os heróis, posso dizer possivelmente que Apolo me golpeou" (a Böhlendorff, novembro 1802).

Segundo interpretação de Heidegger, Hölderlin ousou avançar muito, talvez longe demais, *no reino onde se exerce uma ameaça generalizada do dasein intelectual-histórico* (GA 39, 113). Enquanto o povo ao seu redor teima *na necessidade da ausência de necessidade,* e por isso *não pode precisar* de seu poeta, este tem de carregar tudo sozinho, a dor e a felicidade arrebatadora. A *disposição fundamental,* da qual Hölderlin vive e faz poesia, ainda não encontra ressonância no povo. Essa *disposição* tem de ser *mudada. Para esse combate da mudança das disposições que ainda imperam e se arrastam, é preciso sacrificar os primogênitos. São aqueles poetas que em seu dizer antecipam o futuro* seyn *de um povo e sua história, e com isso necessariamente são ignorados* (GA 39, 146).

São aqueles poetas, diz Heidegger, mas também quer dizer: "são aqueles pensadores...". E com isso chegou ao seu autorretrato. Pois quer lhe parecer que também com ele aconteceu como com Hölderlin. Também ele se abriu para as "tempestades de Deus", também foi atingido pelo raio do seyn, também ele sofre com a *necessidade da ausência de necessidade* do povo, também ele *fundou* uma obra que ainda não foi bem aceita. "Mas não sabem o que fazer comigo" cita Heidegger com duplo sentido e prossegue referindo-se à revolução atual: *quanto tempo ainda os alemães vão ignorar essa palavra terrível?: se a grande mudança de seu dasein não os fizer clarividentes, o que ainda lhes dará ouvidos para ouvir* (GA 39, 136).

Aí está de novo *a grande mudança,* a revolução metafísica da irrupção nacional-socialista. E deveria ser esse o momento em que Hölderlin, esse de um novo *seyn,* finalmente fosse ouvido. Afinal Hölderlin marchou à frente do povo nessa aventura de *ousar ainda uma vez com os deuses criar esse mundo histórico* (GA 39, 221).

342 – Heidegger - um mestre da Alemanha entre o bem e o mal

Mais uma vez pois Heidegger festeja a grande *irrupção*. Se essa é a hora de Hölderlin na história do mundo, como não seria também a hora de Heidegger! Mas depois do fracasso da reitoria, Heidegger sabe que a ação política imediata, *organizar* e *administrar*, ainda não é assunto seu. Sua tarefa é servir à irrupção através de uma outra metafísica, i. é, uma nova experiência fundamental do *seyn* (GA 39, 195).

Meio ano depois, Heidegger descreve na conferência *Introdução à metafísica* que grandes tendências da história mundial ameaçam essa *irrupção* e podem fazê-la fracassar. Aqui ele se atreve a dar um diagnóstico filosófico atual do tempo. No centro de suas reflexões ele coloca o que chama *derrubada de poder* do espírito (EM, 34). Primeiro o espírito é reduzido à razão instrumental, Heidegger diz: *inteligência*. Trata-se apenas agora de *calcular e contemplar as coisas dadas e sua possível mudança e renovação*. Essa *inteligência* calculadora é, em segundo lugar, posta a serviço de uma concepção de mundo, uma doutrina ideológica. Nesse contexto ele menciona marxismo, obsessão pela técnica — mas também o racismo entre os povos. *Se esse serviço da inteligência se relaciona unicamente com a regulamentação e domínio das condições de produção material (como no marxismo) ou com a ordem e explicação racional de todo... o que já está estabelecido (como no positivismo), ou se se realiza na condução organizatorial da massa de vida e raça de um povo* (EM 36) — seja como for as *forças do acontecimento intelectual* perdem sua livre motilidade e sua dignidade autojustificada. E com isso também perdem a sua *abertura* para reivindicação do ser. A mobilização total, econômica, técnica e racista, tem como resultado um *escurecimento do mundo*, que Heidegger aponta com fórmulas: *fuga dos deuses, destruição da terra, massificação dos seres humanos, suspeita odienta contra tudo que for criativo e livre* (EM, 29).

Nesse panorama sombrio Heidegger também inclui a realidade alemã do ano de 1935. O espírito da irrupção de 1933 está ameaçado: de fora pela América (= mobilização técnica) e Rússia (= mobilização econômica). *Essa Europa, numa incurável cegueira sempre querendo apunhalar a si mesma, está hoje metida numa grande tenaz, entre a Rússia, de um lado, e a América, do outro. Metafisicamente Rússia e América são a mesma coisa; a mesma fúria desolada da técnica desencadeada e da organização espantosa do ser humano normal. Quando o mais remoto recanto do globo terrestre foi con-*

A SAÍDA DA MAQUINAÇÃO POLÍTICA – 343

quistado e economicamente explorado, quando qualquer fato em qualquer lugar e a qualquer tempo está rapidamente disponível... quando o tempo é apenas velocidade, instantaneidade e simultaneidade, e o tempo como história desapareceu de todo o dasein de todos os povos, quando o boxeador passa por ser o grande homem de um povo, quando as cifras de milhões em multidões reunidas forem um triunfo — então, sim, ainda paira sobre todo esse assombro, como um espectro, a indagação: para quê? — para onde? — e depois, o quê? (EM, 29).

Mas o espírito da irrupção também está ameaçado de dentro — pelo racismo (*condução organizatorial da massa de vida e raça de um povo*).

Ele via na revolução nacional-socialista uma força de resistência contra a sinistra evolução da era moderna. Para ele, essa era a *verdade interior e grandeza desse movimento* (EM, 152). Mas em 1935 ele vê o perigo de que os melhores impulsos desse movimento sejam desperdiçados e se tornem vítimas da *desoladora fúria da técnica desencadeada e da organização ilimitadaa do ser humano normal* (EM, 28). Nessa situação o filósofo deve preservar a verdade original da irrupção revolucionária e defendê-la. Mas tem de armar-se com paciência. *A filosofia é essencialmente intemporal porque é daquelas poucas coisas cujo destino continua sendo nunca poder encontrar uma resposta imediata em seu hoje, nem dever encontrá-la* (EM, 6).

Mas com nenhuma palavra Heidegger menciona que pouco antes disso ele próprio sucumbira à tentação de querer provocar *uma resposta imediata*. Depois do fracasso da tomada de poder da filosofia, Heidegger volta à filosofia solitária que, como o modelo de Hölderlin, tenta controlar numa luta individual o *perigo do escurecimento do mundo* nessa época. Isso ele aprendeu em sua fracassada incursão pela política: *a preparação do verdadeiro* não acontece do dia para a noite. O *revelar-se do seyn* já agora eventualmente ocorre na filosofia, na filosofia dele, mas antes que esse fato se irradie para toda a sociedade e a modifique fundamentalmente, ainda passará um *longo tempo*, que por isso mesmo, é um *tempo precário*. Nesse *lugar da necessidade metafísica*, os espíritos, seja Hölderlin, seja Heidegger, têm de permanecer, para manter acesa a lembrança daquilo que ainda está por vir.

Portanto Heidegger se aferra à fantasia filosófica mas começa a soltá-la de seu enredamento na política nacional-socialista.

O nacional-socialismo realmente existente torna-se para ele cada vez mais um sistema da revolução traída, que para ele era uma revolução

344 – Heidegger - um mestre da Alemanha entre o bem e o mal

metafísica, um *revelar-se do* seyn no chão de uma comunidade popular. Assim o nacional-socialista autêntico, como Heidegger, continua se sentindo, tem de tornar-se pensador em tempos precários.

Heidegger faz o melhor que pode com o fracasso da reitoria: inscreve-se em sua *história-de-ser* como um mensageiro que chegou cedo demais e por isso corre perigo de ser esmagado e rejeitado pelo seu tempo. Um irmão de Hölderlin.

Capítulo XVII

Crítica do pensamento do poder

Nas últimas eleições livres de 6 de novembro de 1932, os nacional--socialistas tinham obtido 33,5 por cento dos votos. Na eleição de 5 de março de 1933, mesmo depois do incêndio do Parlamento, da eliminação da KPD e da intimidação massiça da oposição restante, o partido nacional-socialista ainda não tinha a seu lado a maioria do povo. Na eleição do Parlamento de 12 de novembro de 1933, quando houve apenas uma lista única ligada com o plebiscito pela saída da Liga das Nações, 92 por cento votou em favor do partido nacional-socialista. Esse resultado de eleições com certeza não refletiu corretamente a disposição entre o povo. A concordância com Hitler ainda não era tão grande nesse tempo. Mas pode-se pressupor que para o fim dos anos trinta a grande maioria do povo de modo geral apoiava a política de Hitler. E não porque terror, intimidação e sincronização fossem tão eficazes, mas porque a essa altura a política de Hitler provara ser bem sucedida aos olhos da grande maioria. A 28 de abril de 1939, em um grande discurso, Hitler faz o resumo desses sucessos: "Eu superei o caos na Alemanha, reinstaurei a ordem, elevei enormemente a produção em todos os campos da nossa economia nacional... Consegui que os sete milhões de desempregados, que tanto nos preocupavam, voltassem a ser inseridos em produções úteis... Não apenas unifiquei politicamente o povo alemão, mas também o armei militarmente, e além disso tentei eliminar página a página aquele acordo que em seus 448 artigos contém a mais ordinária violação jamais feita contra povos e pessoas. Devolvi ao Reich as províncias que nos foram roubadas em 1919, conduzi de volta

346 – HEIDEGGER - UM MESTRE DA ALEMANHA ENTRE O BEM E O MAL

à sua terra natal milhões de alemães profundamente infelizes que nos tinham sido arrancados, refiz a unidade histórica milenar do território alemão e... esforcei-me por fazer tudo isso sem derramar sangue e sem causar a meu povo e a outros o sofrimento da guerra. Consegui isso com minhas próprias forças... quando ainda era um operário e soldado de meu povo, desconhecido, há 21 anos atrás".

Heidegger podia concordar ponto a ponto com esse relatório de sucessos. Saudava a unidade política interna do povo, provocada ditatorialmente. Desprezando a democracia de Weimar, ele não sentia repulsa por ter-se eliminado a oposição política. Heidegger nada tinha a objetar ao princípio de liderança e obediência. O regime nacional-socialista dera novamente trabalho a muita gente, tornando-a outra vez *capaz de dasein* (Heidegger em uma conferência de 1934). A saída da Liga das Nações e a anulação unilateral do Tratado de Versailles eram para Heidegger o anúncio do desejo de autoafirmação do povo, como cumprimento *daquele convite primordial do dasein, de que preservasse e salvasse a sua própria essência.* Apoiava a política de anexação de Hitler pois considerara um escândalo *que 18 milhões de alemães pertencessem ao povo mas, vivendo fora dos limites do Reich, não fizessem parte dele.* A política interna e exerna do regime correspondia às concepções políticas de Heidegger, que jamais tiveram contornos claros.

Segundo ele, *o nacional-socialismo era o caminho predestinado para a Alemanha, bastava* resistir *o tempo suficiente*, disse ele no verão de 1936 a Karl Löwith, em Roma. Mas essa concordância foi novamente reduzida a uma manifestação de opinião política. O patos metafísico se fora. Era a opinião de que os nacional-socialistas faziam uma política bastante boa — acabando com o desemprego, instaurando a paz social, revendo o Tratado de Versailles, etc. Mas agora ele via com clareza que a visão da revolução metafísica, que o atraíra para a arena política, não se tornara realidade. E enquanto, *tateando laboriosamente*, como escreve a Jaspers a 1 de julho de 1935, tenta religar-se novamente com o *trabalho interrompido* no semestre de inverno de 1932/33, cada vez menos consegue fechar-se à ideia de que a passagem dos tempos modernos para um novo tempo por enquanto só era concedida ao pensar solitário — um pensar que quer encontrar as pegadas da dinâmica arrebatadora dos novos tempos e com

CRÍTICA DO PENSAMENTO DO PODER – 347

isso do motivo mais profundo do fracasso das próprias ambições político-filosóficas. Ele obviamente subvalorizara essa dinâmica, vivenciando a revolução nacional-socialista como uma ruptura na profundeza da tempo. Os anos entre 1935 e 1938 são dedicados ao trabalho na reinterpretação. Ainda em 1935 na preleção sobre *metafísica* ele atestara que o nacional-socialismo tinha *verdade e grandeza internas*, querendo designar aquilo que, nele, resistia aos tempos modernos. Nos anos seguintes, em que ele pesquisa a dimensão não definitiva da modernidade do projeto, sua ótica se transforma e nacional-socialismo agora não lhe aparece mais como *irrupção* (Ausbruch) para fora da modernidade mas como expressão (Ausdruck) particularmente coerente dela. Ele descobre que o próprio nacional-socialismo é o problema por cuja solução o havia tomado. Vê debater-se no nacional-socialismo o furor dos tempos modernos: fúria tecnicizante, dominação e organização, portanto impropriedade como mobilização total.

Mas Heidegger não receia inserir essa ideia posterior nos comentários anteriores. Assim faz na publicação em 1953 da preleção sobre *Metafísica*, de 1935. Lá ele acrescenta ao comentário sobre a *verdade e grandeza internas* do movimento a explicação, entre parênteses, de que faltava a grandeza do terrível, isto é, *o encontro da técnica planetariamente determinada com o ser humano moderno*. Como logo veremos, isso é uma interpretação que Heidegger só desenvolvera depois da preleção sobre *Metafísica* — nas conferências sobre *Nietzsche*, em suas secretas anotações de filosofia, as *Contribuições para a filosofia* e na conferência *Fundamentos da imagem moderna do mundo pela metafísica*, que aparece depois da guerra sob o título *A época das imagens de mundo* — um dos mais influentes textos de Heidegger.

Entre 1935 e 1938 Heidegger elabora portanto a sua desilusão com o fato de que a evolução metafísica como política não se tenha efetivado, tenta compreender a força dominadora dos tempos modernos; compreender o que o atingiu e como se pode escapar outra vez desse domínio.

Que Moloch é esse — os tempos modernos, que aniquilaram as esperanças político-filosóficas de Heidegger e o fizeram procurar novamente o asilo do pensar solitário?

Em *A época das imagens de mundo* Heidegger descreve os tempos modernos com as imagens da mobilização total. Refere-se a Ernst Jünger,

348 – Heidegger - um mestre da Alemanha entre o bem e o mal

sem citá-lo expressamente. Técnica e maquinaria, ciência e pesquisa fecharam-se num sistema poderoso, um sistema de trabalho e de necessidades. O pensar técnico não rege apenas a pesquisa e a produção no sentido mais lato, mas também atua tecnicamente sobre o comportamento do ser humano em relação a si próprio, até nos conceitos de disponibilidade técnica. Isso também vale para a arte, que permanece inserida como "produção artística" no universo produtivo dos tempos modernos. A cultura como um todo passa por um estoque de "valores" que podem ser administrados, calculados, aplicados e planejados. Entre esses valores culturais estão as experiências religiosas e as tradições que também são reduzidas a um meio de assegurar ao resto a condição do todo. Com essa instrumentalização da transcendência, atingiu-se o estado de *des--divinização* (Entgötterung) (H, 74) perfeita. Para Heidegger pois os tempos modernos são: técnica de maquinaria, ciência instrumental, administração da cultura e *des-divinização*. Mas esses são apenas os sintomas urgentes e que chamam atenção. No fundo há uma *postura fundamental* metafísica, uma visão sobre o ente como um todo que determina todos os campos da vida de todas as atividades. Decidir o que deve valer como ente e o que importa em todo esse fazer ou *deixa-de--fazer*. Essa postura fundamental se define segundo Heidegger pela transformação do ser humano em um "sujeito" para quem o mundo se torna uma representação de "objetos", portanto objetos reais e possíveis que podem ser dominados, utilizados, consumidos, revolvidos ou eliminados. O ser humano se levanta, não se experimenta mais como inserido em um mundo — mas esse mundo se torna o seu defronte (Gegenüber), que ele fixa na *visão de mundo*. *O ser humano torna-se centro de referência* (Bezugsmitte) *do ente como tal* (H, 86).

Mas não foi sempre assim? Não, diz Heidegger, um dia foi diferente, e, sob pena de sucumbir, um dia terá de ser diferente outra vez.

Foi diferente: na Grécia antiga. Nessa conferência Heidegger dá uma descrição concisa de como imagina a maneira *inicial* de morar no mundo. Para os antigos gregos (portanto também para o nosso futuro, caso ainda queiramos ter algum) vale: *o ente é o que desabrocha e se abre, o que chega sobre o ser humano presente* (Anwesende) *como a coisa presente, i. é, chega sobre aquele que se abre ao presente na medida em que o percebe. O ente não se torna ente porque primeiro o ser humano o contempla até no sentido da concepção... Muito antes, é o ser humano que é contemplado pelo ente, pelo que-se-abre sobre a presença nele acumulada. Ser contemplado pelo ente, incluído em sua abertura e ali mantido e assim carregado por ele, manejado em seus contrários e marcado pela sua ambiguidade: essa é a essência do ser humano no grande tempo grego* (H, 88).

Essa descrição condensada não é tão clara que dispense um comentário. Para o pensar grego, o mundo é um cenário onde o ser humano está entre semelhantes e entre as coisas, para ali agir e ver e ser tratado e ser visto. O local do ser humano é um lugar de visibilidade no duplo sentido: ele se mostra a si mesmo (e só quando se mostra ele é real, senão está na caverna do privado, é um "idiota"), e ele é a essência à qual o restante ente pode-se mostrar. Para o pensar grego a "aparência" (Erscheinung) não é um modo deficiente de ser. Mas ser é aparência e nada mais. Só o que aparece, é. Por isso, para Platão o ser mais alto — como ideia — ainda estava aberto ao ver. O ser humano era compreendido como uma criatura que partilha com o resto do mundo o ver e *poder-se-mostrar*. Não apenas o ser humano mas o mundo todo quer aparecer; ele não é apenas o passivamente contemplado, o material para nossos olhares e intervenções. No pensar grego o mundo olha para trás. O ser humano expressa com especial pureza o traço cósmico fundamental de que tudo quer aparecer e por isso é ponto da mais alta visibilidade, no sentido ativo e passivo. O ser humano grego por isso também inventou o teatro, palco do mundo. O cosmos todo tinha para ele qualidades de palco. O ser humano é o lugar aberto do ser.

Nessas condições, é convicção de Heidegger, há um ser mais rico e mais intenso, uma amplidão aberta. Em contraste com isso o ser humano moderno está na prisão de seus projetos, e sente tudo o que lhe acontece como descaminho, acidente, acaso. Assim desaparecem do mundo o mistério, a plenitude, o abismo, o destino, a graça. *Só onde o ente se tornou objeto de representação, o ente de certa maneira se perde do ser* (H, 99).

Assim se dispositivou a história do ser heideggeriana: a Grécia antiga atuava num palco aberto, onde o ser humano e o mundo aparecem e apresentam juntos suas tragédias e comédias, na consciência da supremacia e abundância do ser, que permanece misterioso e oculto.

Em tempos cristãos o ser está oculto em Deus, a quem encontramos com temor, mas já procurando, curiosos, ver semelhanças e correspondências entre o Criador e o criado, finalmente sucumbindo à ambição de repetir o criado no autocriado. Mas os tempos modernos agora passaram inteiramente ao *ataque* (H, 106). *No imperialismo planetário do ser humano tecnicamente organizado, o subjetivismo do ser humano atinge seu auge, do qual baixará para a planura da igualdade organizada e ali se instalará. Essa igualdade será o mais seguro instrumento do domínio perfeito, isto é, o técnico, sobre a terra* (H, 109).

Retomando e alterando o pensamento de Max Weber sobre o mundo desencantado da era moderna, Heidegger fala de nosso *encantamento* pelo mundo da técnica. A história moderna move-se sob um fascínio. Haverá uma saída?

Em 1933 Heidegger acreditara que a irrupção coletiva da camisa de força dos tempos modernos se tornara uma realidade histórica. Cinco anos mais tarde ele constata que não existiu essa oportunidade de uma mudança radical e que, por enquanto, não existirá no terreno político. Agora ele compreende a revolução e o que ela produziu como um processo que ainda está sob o fascínio da mobilização total moderna, sem refletir de forma autocrítica o seu engajamento.

Seu diagnóstico é: os tempos modernos entram no estágio do mais duro confronto dos conceitos concorrentes de dominação do mundo, americanismo, comunismo, nacional-socialismo. As respectivas *posturas fundamentais* são nitidamente diferenciadas e defendidas com determinação — mas tudo isso acontece no terreno comum dos tempos modernos tecnicamente enfeitiçados. *Para essa batalha... o ser humano põe em jogo a força ilimitada do cálculo, do planejamento e da disciplina de todas as coisas* (H, 92).

Cálculo vale por americanismo, *planejamento* por comunismo, e *disciplina* por nacional-socialismo.

Da perspectiva global do crítico do modernismo, Heidegger, que em sua conferência sobre *Nietzsche* também chama essas condições de *a era da total ausência de sentido* (N II, 9), tudo isso é um só "contexto funesto", como dirá Adorno mais tarde — em outro jargão.

Se olhamos muito tempo no escuro, há sempre alguma coisa dentro dele. Heidegger esforça-se por fazer distinções na treva generalizada.

CRÍTICA DO PENSAMENTO DO PODER – 351

Os tempos modernos são no total uma *rebelião* do sujeito, mas faz uma diferença *se o ser humano quer ser e precisa ser o sujeito como eu limitado ao seu capricho e solto no seu arbítrio, ou como nós da sociedade, como indivíduo ou como comunidade, como personalidade na comunidade ou como mero membro do grupo da corporação, se quer ser como estado e nação e como povo ou como a humanidade em geral do ser humano moderno, o sujeito que como criatura dos tempos modernos já* é (H, 90).

O que Heidegger prefere está claro. Ele o diz com bastante nitidez quando poucas frases adiante fala do *malefício do subjetivismo no sentido do individualismo*. O *nós*, a *personalidade na comunidade* e o *povo* — essas são as formas menos devastadas de *ser-sujeito* nos tempos modernos. E com isso ele não sanciona as suas maquinações políticas no sentido originalmente pretendido de uma revolução metafísica, mas como sendo de qualquer modo a melhor opção na desordem[38] generalizada daqueles tempos. Mas naturalmente isso também não é o certo, não é o que é preciso.

Heidegger tem de prevenir mal-entendidos. Não se trata de uma *negação dos tempos*. Um pensar que se congela na *exigência de poder da negação* permanece preso ao negar, e com isso perde sua força de abertura. E também não se trata de uma mística *a-histórica*. O ser do ente, para o qual se abre o pensar, não é um Deus sem mundo. Bem ao contrário: tal pensar quer recuperar uma perspectiva na qual o mundo volte a ser um espaço no qual, diz Heidegger na preleção sobre *Metafísica*, de 1935, *cada coisa, uma árvore, uma montanha, uma casa, um chamado de pássaro, perde inteiramente sua característica de indiferente e de comum* (EM, 20).

Em sua conferência, realizada pela primeira vez em 1935, *A origem da obra de arte*, Heidegger menciona que esse pensar é vizinho da arte. Lá ele descreve, no exemplo de uma pintura de Van Gogh que mostra os sapatos gastos do artista (que enganosamente Heidegger toma por sapatos de um camponês), como a arte faz aparecer as coisas de modo tal que percam sua característica de *indiferentes* e *comuns*. A arte não descreve, mas torna visível. O que ela desencadeia fecha-se em um mundo próprio que permanece transparente para o mundo em geral, mas de modo que

---

38 *Unwesen*, significando o mal, uma quebra da ödem maior das coisas. Empreguei termo desordem nesse sentido mais amplo. (N. da T.)

352 – Heidegger - um mestre da Alemanha entre o bem e o mal

o ato formador da imagem do mundo é vivenciável como tal. Assim a obra apresenta ao mesmo tempo a si mesma como força doadora de sentido, que *munda* (weltet), através da qual o ente se torna *mais ente*. Por isso Heidegger pode dizer que é essência da arte *abrir no centro do ente um lugar onde tudo é diferente do que de costume* (H, 58).

A obra de arte também é algo produzido. Como é que Heidegger delimita o *ser-produzido* da arte daquele produzir técnico analisado em *A época das imagens de mundo*?

Para designar essa diferença Heidegger introduz o conceito da *terra*. *Terra* é a natureza impenetrável que basta a si mesma. *A terra é o que essencialmente* encerra-a-si-mesmo (H, 33). A *objetualização* (Vergegenständlich) *técnico-científica* quer penetrar na natureza, arrancar-lhe o segredo do seu funcionamento. Mas nesse caminho jamais compreenderemos o que ela *é*. Há esse *resistir-em-si-mesma* da natureza, sua maneira de se retrair em relação a nós. Vivenciar esse "retrair-se" significa abrir-se para a fascinante reserva, a "teluridade" (Erdigkeit) da natureza. É isso que a arte tenta. Podemos determinar o peso de uma pedra, analisar em nuances a luz colorida; mas nessas disposições não se incluem a carga do peso nem o luzir das cores. *A terra pois faz em pedaços qualquer intrusão* (H, 32). Mas a arte torna visível o *impenetrável* da terra, ela produz algo do qual de outro modo nenhuma representação se aproxima; ela abre um espaço onde exatamente o *fechar-se* da terra pode se abrir. Ela revela um mistério sem o tocar. A arte não apenas representa um mundo mas confirma o assombro, o horror, o júbilo, a serenidade diante do mundo. A arte se encerra num mundo próprio, diz Heidegger: ela *funda* um mundo que por algum tempo consegue resistir ao generalizado *retrair-se e dissolver-se do mundo*. Para ele, importa sobretudo esse aspecto formador do mundo, e com isso o particular poder da arte. Por exemplo, o templo grego. Para nós ele é hoje apenas um monumento de história da arte, mas outrora foi o centro de referência em torno do qual se organizava a vida de uma comunidade, enchendo-o com sentido e importância. *A obra do templo primeiro convoca e ao mesmo tempo reúne ao seu redor a unidade daqueles caminhos e referências em que nascimento e morte, desgraça e bênção, vitória e opróbrio, resistência e decadência, conferem à natureza humana a configuração de seu destino* (H, 27). Com isso o templo dá ao ser humano *a visão de si mesmo* (H, 28). Nessa poderosa manifestação a obra de arte funda o *Deus* da comunidade, sua mais alta legalização e sua instância *que-doa-a-si-mesma*. Por isso Heidegger chama a arte também de um *por-se-em-ação* (H, 48). Sob esse ponto de vista como na conferência sobre Hölderlin, ele faz um paralelo entre a arte, o pensar e a *ação fundadora de um Estado*.

Trata-se aqui de um solene pragmatismo, que, primeiro, funda a historicidade das verdades "fundadas": elas são de uma durabilidade limitada. Segundo, as "verdades" nunca estão senão nas obras. *A organização da verdade na obra é a produção de um tal ente que antes disso não existiu e nunca mais existirá depois* (H, 48).

Quando Heidegger descreve a força original das verdades fundadas, nota-se que a excitação de 1933, quando ele vivenciou a revolução nacional-socialista como obra de arte geral da ação fundadora do Estado, ainda não morreu. *O pôr-em-ação da verdade derruba o* in-comum (Un- -geheure) *e ao mesmo tempo derruba o comum* (Geheure) *e aquilo que se considera como tal. A verdade que se revela na obra nunca se pode comprovar nem derivar do que até aqui existiu. O que até agora existiu é refutado pela obra em sua realidade exclusiva* (H, 61). Do ponto de vista de Heidegger, essas frases servem tanto para a obra de arte geral da política da revolução quanto para um templo grego, uma tragédia de Sófocles, um fragmento de Heráclito, ou um poema de Hölderlin. Sempre se trata de um agir criativo, que coloca o ser humano em uma relação transformada com a realidade. Ele adquire novo espaço de ação, outra relação com o ser. Mas cada ato fundador está sob a lei do envelhecimento e da banalização. O que foi aberto volta a se fechar. Heidegger vivenciara isso particularmente na revolução política. *O começo é o mais estranho e o mais intenso. O que vem depois não é evolução mas achatamento como mera ampliação, é o* não-poder-interromper-se *do começo, é empobrecimento e exagero* (EM, 119). Assim a irrupção inicial para fora do mundo moderno parou novamente, e é privilégio do pensar, ligado com o poetar, manter aberto o *espaço de ação* (H, 110) para a relação bem diferente com o ser. No texto *Visão de mundo* Heidegger cria a fórmula mais precisa da superação do *ser-sujeito*, para explicar em que consiste esse diferente: a fórmula da força transformadora do pensamento, de que *o* ser-sujeito *da humanidade nunca foi nem será a única possibilidade da natureza iniciante do ser humano histórico* (WB, 109).

Mas aqui Heidegger entra em consideráveis dificuldades: a superação do *ser-sujeito* deve ser inaugurada por um poetar e pensar que nasce da vontade de realizar a obra. Mas a obra é expressão de uma inclinação altamente ativista. Pois o que fazem poetas e pensadores? *Eles lançam ao encontro do vigir avassalador o bloco da obra e dentro dela prendem, fascinados, o mundo assim aberto* (EM, 47). O desejo da obra em Heidegger não será uma concessão de poder subjetiva particularmente crassa? Não é óbvio que o desejo da obra se identifica com a vontade de poder de Nietzsche, que também pode ser compreendida como concessão de poder subjetiva? Não se trata nas duas ocasiões de intervenções e exigências de poder subjetivas contra o niilismo moderno que grassava, e que ambos diagnosticavam?

Heidegger, que em seu discurso de reitor se apropriara expressamente do diagnóstico de Nietzsche, "Deus está morto", está bem consciente de sua proximidade com Nietzsche. No texto a *A época das imagens de mundo* vê nele um pensador que quase, mas apenas quase, teria conseguido superar os tempos modernos. Lá ele resume um pensamento central de sua conferência sobre *Nietzsche* feita em 1936: Nietzsche ficou atolado na ideia dos valores dos tempos modernos. A era que ele queria superar finalmente o venceu, e estragou seus melhores pensamentos. Heidegger quer compreender Nietzsche melhor do que ele próprio se compreendeu. Quer superá-lo no caminho para um novo pensar o ser. E não consegue evitar de entrar em conflito com a adoção de Nietzsche por ideólogos nacional-socialistas como Alfred Baeumler. Essa adoção não era tranquila entre os ideólogos nazistas mais duros. Ernst Krieck, por exemplo, era sarcástico quanto a uma aceitação de Nietzsche: "Em suma, Nietzsche foi adversário do socialismo, adversário do nacionalismo e adversário da ideia da raça. Omitindo essas três orientações de seu intelecto, ele talvez tivesse sido um excelente nazista".

Arthur Drews, professor de filosofia de Karlsruhe, em 1934 mostra-se simplesmente indignado com o renascimento de Nietzsche em suas próprias fileiras. Para ele Nietzsche é "inimigo de tudo que é alemão", defende a formação do "bom europeu", admitindo até para os judeus um "papel principal na fusão de todas as nações". Era um individualista por excelência, e nada estava mais longe dele do que "o fundamento

CRÍTICA DO PENSAMENTO DO PODER – 355

nacional-socialista: vantagem comum vem antes de vantagem pessoal". Seria "inacreditável depois de tudo isso elevar Nietzsche à condição de filósofo do nacional-socialismo, pois ele prega... por assim dizer em todas as coisas exatamente o contrário do nacional-socialismo". E que essa elevação sempre voltasse a acontecer "tinha seu motivo central... provavelmente no fato... de que hoje em dia a maior parte dos que se manifestam a respeito de Nietzsche costumam apenas retirar as 'passas de uva' do bolo da sua 'filosofia', sem terem uma noção clara do contexto de seus pensamentos".

Foi Alfred Baeumler quem com seu influente livro *Nietzsche, filósofo e político* (1931) conseguiu o obra-prima de retirar as "passas de uva" e mesmo assim ficar de olho em um "contexto dos pensamentos". Ele explora a filosofia da vontade de poder e a experimentação de Nietzsche com o biologismo de seu tempo. O darwinismo das forças da vida, a ideia da raça de senhores e do impulso de formação, o conglomerado humano transformado em material plástico, a anulação da moral pelo decisionismo vital — com esses elementos Baeumler esboça a sua filosofia de Nietzsche, para a qual porém não usa a doutrina da eterna volta do mesmo. "Na verdade esse pensamento, do ponto de vista do sistema de Nietzsche, é sem importância", escreve ele. Baeumler quer liquidar com Nietzsche a metafísica tradicional: não há um mundo suprassensorial de valores e ideias, naturalmente também não há um Deus, existe apenas um impulso fundamental. Baeumler só precisa radicalizar a interpretação fisiológica de Nietzsche, para que finalmente ela se transforme em "raça" e "sangue".

Com efeito a mística de raça e sangue é uma consequência possível da vontade de poder fisiologicamente concebida. Também Heidegger vê isso assim, embora, diferente de Baeumler, valorize negativamente essa consequência: *para Nietzsche a subjeividade é sem falta uma subjetividade do corpo, isto é, dos impulsos e afetos, isto é, da vontade de poder... A natureza incondicional da subjetividade por isso se desenvolve necessariamente como a brutalidade da bestialidade. No fim da metafísica está a frase:* homo est brutum bestiale. *A palavra de Nietzsche sobre a* besta loura *não é um exagero eventual mas sinal e senha de um contexto no qual ele estava inserido conscientemente, sem compreender inteiramente seus contextos históricos essenciais* (N II, 200).

A glorificação da besta loura é, segundo Heidegger, a consequência nihilista da *rebelião do sujeito*.

O próprio Heidegger tivera de suportar de parte dos ideólogos do nazismo a crítica de niilismo. Krieck escreve, como já citado, em 1934: "O sentido dessa filosofia é um manifesto ateísmo e niilismo metafísico, como habitualmente representado entre nós pelos literatos judeus, sendo portanto um fermento de dissolução e corrupção do povo alemão". Nas conferências sobre *Nietzsche*, Heidegger vira o espeto ao contrário e tenta comprovar que a vontade de poder, reivindicada pelos ideólogos nazistas, não é superação mas aperfeiçoamento do niilismo, sem que isso fosse sequer percebido pelos adeptos de Nietzsche. Assim as conferências sobre *Nietzsche* se tornam um ataque frontal à metafísica decadente do racismo e do biologismo. Heidegger admite a aplicabilidade parcial de Nietzsche para a ideologia dominante — e com isso afasta-se dela. De outro lado tenta ligar-se com Nietzsche, mas de modo a apresentar seu próprio pensar como uma superação de Nietzsche — nas pegadas de Nietzsche.

Nietzsche queria desmantelar a metafísica tradicional na medida em que partia de uma frase profundamente metafísica, que diz o seguinte na formulação de Schelling: "Querer é *ser-primordial*" (Ursein). Mas Nietzsche concebe o querer diferente da tradição até Schopenhauer. Querer não é desejar, impulso obscuro, mas é "poder comandar", uma força, deixar crescer o ser. "Querer é o mesmo que *querer-ser-mais-forte*, querer crescer."

Querer é querer intensificar o poder de vida. Para Niezsche a autopreservação só é possível na lógica da intensificação. O que só tem a força da autopreservação, sucumbe. Apenas se mantém, se intensifica, aumenta e espalha. O vivo não tem sentido transcendente, mas tem um sentido imanente de orientação, busca aumento de intesidade e busca sucesso. Tenta integrar o estranho na própria esfera de poder e na própria figura. O vivo vige na medida em que predomina. É um processo energético e como tal "sem sentido" porque não relacionado com nenhuma finalidade superior. Por isso será nihilista: Nietzsche apresenta sua doutrina como superação do niilismo pelo seu aperfeiçoamento.

Ele quer aperfeiçoar o niilismo na medida em que na longa história da atribuição metafísica de significados faz aparecer o nihilismo secreto.

Nietzsche diz que desde sempre os seres humanos encararam alguma coisa como "valor" quando podia servir para manter e aumentar o próprio desejo de poder ou defesa contra forças superiores. Atrás de cada atribuição de valor e avaliação está pois a vontade de poder. Isso também vale para os "valores superiores" — Deus, as ideias, o suprassensorial. Mas essa vontade de poder por longo tempo não compreendeu a si mesma. E atribuiu ao autoconstruído uma origem sobre-humana. Os seres humanos acreditavam que tinham encontrado essências autônomas e apenas as inventaram — pela força da vontade de poder. Desconheciam sua própria energia criadora de valores. Obviamente preferiam ser vítimas e recebedores, a autores e doadores — talvez por medo da própria liberdade. Essa desvalorização fundamental da própria energia criadora de valor era forçada também pelos valores suprassensoriais estabelecidos. Partindo do suprassensorial, o aquém, o corpo e a finitude eram desvalorizados. Obviamente faltava a coragem da finitude. E nessa medida aqueles valores suprassensoriais, inventados como proteção contra a ameaça de nada e finitude, se tornaram força da desvalorização nihilista da vida. Os seres humanos nunca tinham realmente vindo ao mundo sob o céu das ideias. E é esse céu das ideias que Nietzsche agora quer fazer desabar — esse aperfeiçoamento do niilismo — para que finalmente se pudesse aprender o que significa "ficar fiel à terra" — sendo isso a superação do niilismo.

Deus está morto, mas a rigidez da humildade permaneceu, diz o diagnóstico de Nietzsche, e o "ingente" (Ungeheure) do qual ele fala só persiste na remoção dessa rigidez humilde, na passagem para o sim inebriante e eufórico da vida dionisíaca. Nietzsche busca a sacralização do aquém. Nisso quer se distinguir do niilismo da mera lucidez. O moderno niilismo perde um além sem conquistar o aquém. Mas Nietzsche quer provar, na arte, como se ganha perdendo. Todo êxtase, todas as bem-aventuranças, as ascensões da emoção ao céu, todas as intensidades que antes se prendiam ao além, devem se reunir agora na vida do aquém. Preservar as forças do transcender, mas desviá-las para a imanência. Superar mas "permanecer fiel à terra" é o que Nietzsche espera do seu super-homem, o homem do futuro. O super-homem como o projetou Nietzsche é livre da religião mas não no sentido de a ter

358 – Heidegger - um mestre da Alemanha entre o bem e o mal

perdido; ele a recuperou em si mesmo. Por isso também a sua doutrina do eterno retorno do mesmo não tem o traço da fadiga resignada do mundo. A agitação temporal em círculo não esvazia o acontecimento em absurdo e inutilidade, mas em Nietzsche a ideia da volta deve ser adensada; seu imperativo: vive o momento de modo a desejar que ele volte para ti, sem horror. Da capo!

E agora, Heidegger: ele segue Nietzsche na crítica ao idealismo, e também o segue no "sê fiel à terra". Mas exatamente nesse ponto ele critica Nietzsche e acusa-o de que com sua filosofia da vontade de poder ele não permaneceu fiel à terra. Para Heidegger, "permanecer fiel à terra" significa: não esquecer o ser ao enredar-se no ente. Nietzsche, diz Heidegger, parte do princípio da vontade de poder inserindo tudo no âmbito do ser humano que confere valores. O ser com o qual o ser humano tem de lidar, e que ele próprio é, seria inteiramente visto como "valor". O ser é visto falsamente como tendo sempre "valor" para ele. Nietzsche queria que o ser humano tivesse coragem de ser ele mesmo e se reerguesse. Heidegger diz: isso não se transformou apenas num reerguer-se mas num rebelar-se; uma rebelião da técnica e das massas, que agora pelo domínio técnico se tornam aqueles "seres humanos últimos" de que falava Nietzsche, que "piscando os olhos" se instalam em suas moradas e em sua pequena felicidade, e se defendem com extrema brutalidade contra qualquer limitação de sua segurança e suas posses. *O ser humano se rebela,* diz Heidegger também tendo em vista o presente alemão, *o mundo se torna objeto... A própria terra só se pode mostrar ainda como objeto do ataque... A natureza aparece por toda parte... como objeto da técnica.* Segundo Heidegger tudo isso já foi iniciado em Nietzsche, pois nele o ser só é visto, e por isso mal compreendido, da perspectiva da valorização estética, teórica, ética e prática. Para a vontade de poder, o mundo é apenas a essência de "condições de preservação e intensificação".

Heidegger pergunta, *mas o ser pode ser mais valorizado do que ao ser ele próprio elevado a um valor?* E responde: *somente valorizando o ser como um valor, ele já é rebaixado a uma condição estabelecida pela própria vontade de poder,* e com isso *anula-se o próprio caminho para a experiência do ser.*

CRÍTICA DO PENSAMENTO DO PODER – 359

Com a *experiência do ser* — entrementes sabemos disso — não se fala da experiência de um mundo mais alto, mas da experiência da inesgotabilidade da realidade, e do espanto porque em seu meio se tenha escancarado, com o ser humano, um lugar onde a natureza abre os olhos e percebe que existe. Na experiência do ser, o ser humano se descobre como espaço. Não está aprisionado no ente, nem afixado ali. No meio das coisas ele tem "jogo" como a roda tem de ter "jogo" no eixo para poder mover-se. O problema do ser, diz Heidegger, é em última análise *um problema da liberdade.*

A experiência do ser é anulada por toda parte onde indivíduos ou culturas inteiras se congelam em seus respectivos rituais de lidar com a realidade — teórica, prática, moralmente —, quando ficam *embotados* pelo seu próprio projeto e perdem a consciência da relatividade dessa relação de ser, e com isso também a força de transcendê-lo. É uma relatividade no olhar sobre *a grande torrente escondida* (Heidegger) do tempo, sobre a qual impelimos como balsas frágeis as nossas verdades e as nossas culturas.

Portanto o ser não é um algo salvador que é ser, falando sem patos, o conceito-limite e resumo de todas as *relações-de-ser* praticadas e imagináveis e também inimagináveis. Portanto para Heidegger história de ser é uma sequência histórica de *relações-de-ser* fundadoras. No texto *A época das imagens de mundo*, Heidegger fez um esboço dessa sequência de *relações--de-ser* — também se poderia dizer: paradigmas culturais. A própria sequência não realiza nenhum "sentido mais elevado" por cima disso. Para Heidegger, trata-se antes de um jogo de possibilidades. Em um texto posterior de Heidegger, ele acrescenta: *ser... não tem fundo (ele) brinca de abismo*[39]... *O pensar chega por um salto à amplidão daquele jogo para o qual se orienta a nossa natureza humana.*

O pensar do ser é para Heidegger esse movimento "de jogo" de estar aberto para o imensurável horizonte das relações possíveis de ser. Por isso também não se deve indagar de Heidegger o que é o ser; pois então estaríamos lhe pedindo uma definição de algo que é, ele próprio, horizonte de qualquer definição possível. E porque a questão do ser é essa abertura de horizonte, o seu sentido não pode estar em ser respondida. Uma das fórmulas

---

39 Jogo de palavras entre *Grund* (fundo, ou fundamento) e *Abgrund* (abismo). (N. da T.)

de Heidegger para rejeitar a exigência de finalmente responder à indagação pelo ser, diz nas conferências sobre *Nietzsche*: *com o ser não há nada...* Isso significa: ser não é nada a que a gente possa se agarrar. Ele é, diante das concepções de mundo fixadoras e asseguradoras, o puramente dissolvente. A pergunta pelo ser deve impedir que o mundo se torne imagem de mundo. Quando Heidegger notou que esse "ser" poderia se tornar ele próprio uma visão de mundo, escreveu-o com ipsilone, e às vezes também usava do recurso de escrever "ser" riscando-o depois.

Para Heidegger, Nietzsche também ainda era um filósofo da imagem do mundo.

Com efeito, o pensamento deste está contido de modo particularmente imagístico na doutrina da eterna volta do mesmo. Com esse pensamento se remove a dimensão do tempo, na medida em que é arredondada em um círculo; e isso, embora Nietzsche ligando-se ao "devir" heraclitiano, na verdade quisesse pensar para além, dentro do tempo. Esse é provavelmente o ponto de discrepância entre Nietzsche e Heidegger: Nietzsche pensa o tempo na dinâmica da vontade de poder e arredonda-o novamente no ser, na doutrina da eterna volta. Mas Heidegger tenta manter esse pensamento: o sentido do ser é o tempo. Nietzsche faz do tempo um ser, Heidegger faz do ser o tempo.

Do filósofo japonês Nishida vem a imagem segundo a qual religiões, significados, culturas, são as balsas frágeis que os seres humanos constroem em mar aberto e sobre as quais passam algum tempo. Nietzsche, pensa Heidegger, na embriaguez do trabalho inventivo e no triunfo por ter construído balsas, perdeu de vista as marés e o mar aberto. Isso é *esquecimento-do-ser*. Mas o próprio Heidegger quer olhar o oceano e por isso com a indagação pelo ser recorda o balanço das coisas.

Mas — e Karl Löwith indicou isso em uma crítica às conferências de Heidegger sobre *Nietzsche* — é discutível qual dos dois, Heidegger ou Nietzsche, pensou mais radicalmente em direção do aberto, e qual deles depois voltou a procurar apoio em alguma coisa abrangente. Seja como for para Nietzsche essa vida "dionisíaca" que tudo abrangia não era um fundo (Grund) que sustentava tudo, mas um abismo (Abgrund) ameaçador para as nossas tentativas "apolíneas" de autoafirmação. Talvez Nietzsche tivesse podido acusar Heidegger de ter sido pouco radical quanto a superar a necessidade de segurança. Talvez ele também só tivesse encarado o "ser" de Heidegger como um *mundo-atrás* platônico, que nos é oferecido como proteção e abrigo.

Mencionando a dourina da eterna volta, Heidegger comenta que Nietzsche guardou para si suas melhores ideias, porque para muitos de seus pensamentos *ainda não havia lugar para se desenvolverem* (N I, 264). Ele cita a frase de Nietzsche: *não amamos mais suficientemente nosso conhecimento, quando o dividimos com outros* (N I, 265).

Heidegger comenta tão compreensivamente o silêncio de Nietzsche, que se nota imediatamente que também está falando em causa própria. *Se nosso conhecimento se limitasse ao que o próprio Nietzsche publicou, jamais saberíamos o que Nietzsche já sabia e preparava e pensava constantemente, mas reservava para si. Só a visão do seu espólio manuscrito nos dá uma imagem nítida disso* (N I, 266).

Quando Heidegger fez esses comentários, trabalhava ele próprio em um manuscrito que guardou para si, que sabia ainda não ter chegado o tempo de partilhar: *Contribuições para a filosofia*, com o subtítulo: *Do acontecimento*.

Capítulo **XVIII**

Diário filosófico e silêncio eloquente

Para a versão "pública" do pensamento do ser de Heidegger, por volta de 1938, vale: *com o ser não há nada...* O ser retrai-se quando o queremos apreender diretamente. Porque tudo o que apreendemos por isso mesmo se torna algo ente. Torna-se objeto que transpomos para a ordem de nosso saber ou nossos valores, dividimos, analisamos, colocamos como medidas e podemos passar adiante apelativamente. Tudo isso não é o ser mas tudo isso existe porque estamos em relação com o ser. Ele é o horizonte aberto no qual encontramos o ente. E a indagação pelo ser não busca um ente mais elevado que um dia se chamou de Deus, mas essa pergunta deve criar distanciamento que permita vivenciar expressamente essa relação. Mas essa vivência transforma. O ser humano percebe que é "livre" diante do mundo; este abriu-se para ele como um *espaço de jogo* (Spielraum).

Em uma conferência sobre *Nietzsche* encontra-se uma alusão obscura que nos põe no rastro de outra versão da indagação do ser de Heidegger. *Assim que o ser humano em seu olhar sobre o ser se deixa prender por ele, é removido para além de si, de modo que se estende ao mesmo tempo entre si e o ser, e fica fora de si. Esse* ser-erguido-para-além-de-si *e ser atraído pelo próprio ser, é o eros* (N I, 226).

As *Contribuições para a filosofia*, escritas entre 1936 e 1938, e não destinadas à publicação naquela época são um documento único desse eros filosófico. Heidegger quer ser *removido* para além de si mesmo. Como? — Pelos exercícios do próprio pensar. Para onde? — É difícil dizer, quando se quer deixar fora de jogo as representações do Deus do ocidente cristão. E mesmo assim nas *Contribuições* fala-se constantemente de Deus, ainda que de um Deus que a tradição não conhece. Ele nasce do pensar o ser. Deus, de quem se crê que tenha criado o ser do nada, em Heidegger é criado do nada. O pensar extático o produz.

Em suas *Contribuições* podemos ver Heidegger transpondo-se, com um delírio de conceitos e uma ladainha de frases, a um "outro estado". As *Contribuições* são um laboratório para a invenção de uma nova maneira de falar de Deus. Heidegger faz experiências consigo mesmo, para descobrir se isso é possível: fundar uma religião sem uma doutrina positiva.

No começo Heidegger age segundo o padrão clássico da fundação de uma religião: a invenção de um novo Deus começa com a encenação do crepúsculo dos deuses. Os deuses falsos têm de ceder, o lugar tem de ser varrido e limpo. Para isso Heidegger repete a sua crítica do pensar moderno, que já conhecemos. A crítica se dirige para a ideia de que também Deus se tornou um objeto disponível da razão ou da imaginação. Na medida em que essas representações de Deus empalideceram nos tempos modernos, apareceram em seu lugar representações sucedâneas do bem supremo, a *prima causa* ou o sentido da história. Tudo isso tem de desaparecer pois pertence ao registro do ente. Mas do ente vale que ele tem de *desabar e desmoronar* (ein-und umstürzen) antes que o *seyn* se possa mostrar.

Os exercícios do pensar o ser começam pois com um esvaziamento. Assim também Meister Eckhart e Jakob Böhme quiseram vivenciar o Deus de Heidegger: ele deveria encher o coração vazio com a sua realidade.

Que Deus vem ao encontro do pensar esvaziado de Heidegger? Heidegger revela cautelosamente o seu segredo. *Ousemos a palavra direta*, escreve ele, e depois: *o seyn é o tremor do divinizante* (Göttern) (GA 65, 239).

Palavras. Heidegger realmente pensa algo a respeito disso? Ele tentou, em várias centenas de páginas. Um Deus ou um ser, com ou sem ipsilone, têm dificuldade em se mostrar se não se podem mostrar como um "algo". Com o "algo é" começa sabidamente o pensar representativo que porém deve ser negado exatamente ao pensar o ser. Na religião judaica da proibição das imagens, Deus mesmo assim é algo que diz "eu" para si mesmo: "Eu sou aquele que sou". Mas o ser de Heidegger não é algo de eu (Ichartigkeit) transcendente. Não é nada que se oponha ao dasein, mas

DIÁRIO FILOSÓFICO E SILÊNCIO ELOQUENTE – 365

algo que nele se realiza. Para evitar a representação de um Deus substancial, Heidegger fala do *divinizante* no sentido de um acontecimento que nos faz *tremer*. Portanto não o Deus ou os deuses, mas — divinizante. Quando isso nos diviniza, não apenas trememos, mas aqui se realiza todo um registro de disposições: *susto, repressão, brandura, júbilo, timidez*. Desse *bronze* das *disposições fundamentais* o *pensar essencial* extrai seus pensamentos e frases. *Se a disposição fundamental fica de fora, tudo é uma tagarelice forçada de conceitos e cascas de palavras* (GA 65, 21).

Heidegger enche página após página com frases de seu *pensar-o-ser*, mas como essas disposições fundamentais, como enfatiza o próprio Heidegger, são raras e momentâneas, com excessiva frequência essas frases não vêm da disposiçao mas ao contrário tentam primeiro produzir tal disposição. Essa é a natureza da ladainha com que o católico desviado Heidegger estava familiarizado. As *Contribuições* são uma reza do rosário. Por isso as repetições das fórmulas, a ladainha que só parece monótona àquele que não é tocado nem *transformado* por ela. Importa o poder de transformação e com isso o realejo das frases pode ter um papel importante. Pois o que são frases de ladainha senão frases com as quais não se diz mais nada, e nas quais por isso pode-se espalhar o silêncio? Mas a esse *silenciar* (Erschweigung) Heidegger chama a *lógica da filosofia*, na medida em que ela quer se aproximar do ser (GA 65, 78). Portanto não é de admirar quando em uma de suas conferências sobre *Nietzsche*, Heidegger apresenta compreensivamente como exemplo Zarathustra, dizendo que para *o-que-não-ficou-comovido a doutrina deve se tornar ladainha* (N I, 310). Isso obviamente é dito em causa própria. A ladainha como método do *silenciar* eloquente.

Nos comentários introdutórios das *Contribuições*, Heidegger escreve: *aqui não se descreve nem se explica; aqui o dizer não se defronta com o dicente, mas é este mesmo, como* essencialização (Wesung) *do seyn* (GA 65, 4). Em Heidegger o *seyn* fala como antes falava o espírito do mundo (Weltgeist) em Hegel. Exigência audaciosa, que ele só manifesta tão claramente nessas anotações secretas.

Mas como fala o *seyn*? Com a ladainha meditativa do dizer, com esse murmurar sobre *a fuga da verdade do* seyn e o *tremor de sua essência* e da *brandura desfeita de uma intimidade daquela divinização do deus dos deuses*

(GA 65, 4), com todo esse dadaísmo metafísico, em relação a seu conteúdo semântico isso é nada. O que aliás não é uma má informação sobre um Deus que se retrai e sobre *quem* o *pensar* quer refletir exatamente em sua *retração*. Na medida em que interpelam diretamente o ser, as *Contribuições* de Heidegger são expressão de um pensar que sofre com as manifestações da retração. Aliás a escola de Heidegger já não tem esse problema. Via de regra agora ela é seca.

Enquanto Heidegger destrói a tradição filosófica, seus pensamentos são precisos e agressivos também nas *Contribuições* — e podem ser, porque têm um objeto que conseguem abranger. Mas o vazio que surge e deve surgir depois dessa destruição permanece vazio. Não há um novo preenchimento.

Isso não seria muito grave se Heidegger pudesse recolher-se na fé. Mas ele quer extrair do pensar o fato realizador. Não assume mais a posição de sua conferência de Marburg sobre *Fenomenologia e teologia*, de 1927. Naquela ocasião, à boa maneira luterana, separara estritamente pensar e fé. A fé seria o acontecimento não manipulável no qual Deus irrompe na vida. O pensar poderia determinar apenas o lugar dessa entrada. O fato de Deus em si não seria assunto do pensar.

Mas exatamente esse projeto ambicioso de experimentar a presença real do divino a partir do pensar foi o que Heidegger se propôs em suas *Contribuições*. Mas como o divino não quer assumir uma forma nítida no pensar, Heidegger tem de recorrer à informação precária: *a proximidade com o Deus último é o silenciar* (GA 65, 12). E como João Batista ele aponta para um Deus que está chegando e se designa como um *provisório*.[40] Esperando Godot já começara nas *Contribuições* de Heidegger.

Ele lhes dá o subtítulo de *Do acontecimento*. Mais precisamente trata-se de dois acontecimentos. O acontecimento dos tempos modernos, o tempo da visão de mundo, da técnica, da organização, *das maquinações*, em suma: *a era do absurdo completo*. É o contexto funesto do *esquecimento-do-ser*, cujos pressupostos recuam até Platão. O segundo acontecimento — o fim dos tempos modernos, a volta — é o que se prepara no *pensar-o-ser* de Heidegger. O primeiro acontecimento é algo *sobre o qual* Heidegger fala,

---

40 *Vorläufigen*, provisório, mas também, textualmente, precursor, o que corre à frente, o que vem antes... (N. da T.)

porque acredita ter pelo menos em parte já se liberado dele. O outro acontecimento é algo *a partir do qual* ele fala, ele prepara uma nova época, mas em parte é o acontecimento de um solitário, motivo pelo qual Heidegger experimenta uma cadeia de aliterações que começa no acontecimento (Ereignis) e termina na solidão (Einsamkeit): *acontecimento sempre significa acontecimento como* a-poderamento, de-cisão, en-contro, contra-posição, *retração, unicidade, solidão*[41] (GA 65, 471). Heidegger pôs-se a caminho com o seu solitário *pensar-o-ser* para pegar um Deus. *O a-contecimento (Er-eignis) e sua adaptação na insondabilidade do espaço-tempo são a rede em que o último Deus se pendura (ou prende*[42] — segundo o manuscrito podem-se ler as duas coisas), *para rasgá-la e deixar terminar em sua unicidade, divino e raro e o mais estranho entre todos os entes* (GA 65, 263).

Naturalmente o próprio Heidegger sabia do estranho, até absurdo, de sua linguagem. Em seus melhores momentos ele até ironizava sobre isso. Carl Friedrich von Weizsäcker contou-lhe uma vez uma bela história de judeus orientais sobre o homem que está sempre sentado na estalagem e, quando lhe indagam por que, responde: "Bom, é a minha mulher!" "Mas o que há com a sua mulher?" "Bom, ela fala e fala e fala e fala...". "Mas e o que é que ela fala?" "Ora, isso ela não me diz!" Ouvindo essa história Heidegger comentou: *é assim mesmo*.

E é assim também com as *Contribuições*. No todo são rigorosamente encadeadas, ainda que isoladas contenham muita coisa aforística e fragmentária. Em lugar de "encadeadas" Heidegger diz *orquestradas*. O todo deve ser uma *fuga*. Uma fuga a duas vozes principais, que são os dois "acontecimentos" que soam juntos e contrapostos e finalmente terminam no uníssono do ser iluminado. A sequência de compassos deve marcar no todo o caminho de uma aproximação. A *antevisão* (Vorblick) já divisa todo o trajeto pela folhagem densa até a clareira. A *ressonância* (Anklang) tematiza o ser no estágio do *esquecimento-do-ser*, portanto do presente. O *acompanhamento* (Zuspiel) conta a história de como sempre houve na metafísica ocidental ressonâncias e pressentimentos do ser. O

---

41 Jogo de palavras. No original: *Ereignis meint immer Ereignis als Er-eignung, Ent--scheidung, Ent-gegnung, Ent-setzung, Entzug, Einfachheit, Einzigkeit, Einsamkeit.* (N. da T.)

42 *hängt*, pendura, ou *fängt*, prende. (N. da T.)

368 – Heidegger - um mestre da Alemanha entre o bem e o mal

salto (Sprung) contém considerações sobre quais evidências e hábitos de pensar devem ser rejeitados antes de poder se dar o passo decisivo, que não será um passo mas um salto arriscado. Na *fundação* (Gründung) Heidegger ocupa-se sobretudo com sua análise do dasein de ser e tempo, uma autointerpretação que atribui a obra ao momento em que se saltou e se procura novamente tomar pé. Nas seções "Os *Fu-turos*" (Die Zu-Künftigen) e "O Último Deus" acontece uma espécie de ascensão aos céus. No última seção, "O Seyn", olha-se mais uma vez tudo, do alto, para ver até onde se chegou e quanto se subiu. *A que cumes teremos de subir para podermos divisar livremente o ser humano em sua necessidade essencial* (Wesensnot) (GA 65,491).

Entrementes para Heidegger ficou claro: o nacional-socialismo não conseguiu mudar nada nessa *necessidade essencial*. Ao contrário: ele faz parte das *maquinações* e da mobilização total dos tempos modernos. O que ele oferece além disso é o mais crasso *sentimentalismo* e *embriaguês de acontecimentos* (GA 65,67). Mas essa crítica se relaciona com toda a época. Também as tendências intelectuais e práticas que contradizem o nacional-socialismo são rejeitadas da perspectiva do *pensar-o-ser*. O todo é o inverídico. Se as diferentes concepções de vida visam o eu, o nós, o proletariado, o povo, se querem preservar como valor o humanismo iluminante ou o cristianismo tradicional, se protestam ser nacionalistas, internacionalistas, revolucionárias ou conservadoras, todas essas diferenças não nulas pois sempre se trata apenas *de que o* sujeito (ser humano) *se espraia no centro do ente* (GA 65, 443). A essa *autorregulação do ser humano* Heidegger chama *liberalismo* e por isso pode chamar o biologismo e racismo popular de um *liberalismo biológico*. Nessa noite do *pensar-o-ser*, do ponto de vista político, todos os gatos são pardos. Só existe uma clareira em torno de Heidegger. Heidegger contra o resto do mundo — ele próprio se enxerga assim no solitário diálogo das *Contribuições*.

Chama atenção que Heidegger não apenas filosofa "partindo do" acontecimento do *pensar-o-ser*, mas — quase mais frequentemente — pensando "sobre" si próprio como sobre um fato da *historicidade-do-ser*. Em seu palco imaginário ele se vê atuando no papel *do que procura, o que quer a verdade, o que vigia* (GA 65, 17). Ele se inclui no círculo daqueles que trazem para a solidão *a altíssima coragem de pensar a nobreza do* seyn (GA 65, 11).

Ele se demora em fantasias sobre como paulatinamente o *pensar-o-
-ser* poderia chegar, pela fundação de uma aliança, ao corpo social.
Existem — como círculo mais interior — *aqueles poucos indivíduos* que
fundam antecipadamente os lugares e momentos para os territórios do ente.
O círculo mais amplo é formado por *aqueles inúmeros coligados* que se
deixam atingir pelo carisma dos grandes *indivíduos* e que se colocam a
serviço da *transformação do ente.* E depois há aqueles muitos *a quem se
ordenou que se reunissem*, que, unidos por uma origem histórica comum,
se deixam inserir de boa vontade na nova ordem das coisas. Essa *transformação* deve ocorrer em silêncio, longe do ruído das *mudanças mundiais
históricas*, que para Heidegger não o são (GA 65, 96). Heidegger
imagina-se uma história "própria" que transcorre oculta, e de que ele é
a um tempo testemunha e autor.

Procuraremos em vão nas *Contribuições* uma visão concreta da nova
ordem. Heidegger se esquiva na metáfora. As *grandes filosofias*, que dão
ao povo uma morada intelectual, *erguem-se como montanhas. Conferem à
paisagem seu local mais elevado e remetem a seus rochedos primitivos. Postam-
-se como ponto de orientação e formam o espaço do olhar* (GA 65, 187).

Quando Heidegger sonha em estar com sua filosofia *como montanha
entre montanhas*, quando quer *erguer de pé algo essencial* para que o povo
da planície tenha possibilidade de se orientar pelo *altear-se* da filosofia,
vemos que também, depois da embriaguez de poder política, o filosofar
de Heidegger ainda está infectado por ideias de poder. Por isso as imagens
da petrificação. O Heidegger dos anos vinte preferira uma metáfora bem
diferente. Naquela ocasião ele queria *fluidificar* os edifícios petrificados
do pensar. Agora ele ergue bem alto e também envia a sua própria filosofia para as *montanhas do seyn.*

Isso na verdade contradiz a ideia de filosofia que Heidegger desenvolvera antes de 1933. Naquela ocasião ele se interessava pela mobilidade livre mas em si finita de um pensar que brota do fato do
ser-no-mundo para iluminar o dasein por um momento, e voltar a desaparecer com ele. O pensar como acontecimento, tão contingente quanto
o próprio dasein. A metáfora da montanha porém prova evidentemente
que entrementes Heidegger quer se inscrever com sua filosofia num
mundo duradouro. Quer participar de algo que supere a sua existência

casual e a situação histórica. Essa tendência para as alturas contradiz sua filosofia da finitude. O processo da clareira (Lichtung) torna-se um acontecimento de epifania, no qual entra em jogo uma esfera que antigamente se chamava "o eterno" ou "o transcendente". O filósofo que cisma solitário, que escreve dia a dia em seu caderno, não quer ficar sozinho com seus pensamentos. Ele procura uma ligação, não mais com um movimento político mas com o espírito ominoso de uma *história--de-ser* ou um *destino-de-ser*. Na arena imaginária do ser acontecem coisas grandes e duradouras, e ele está no meio delas.

Enquanto pois Heidegger olha em busca do grande e do inteiro, espelhando-se nele, não sobra mais nenhuma atenção filosófica para sua situação pessoal de vida e sua ação efetiva durante os últimos anos. Não foge do autoexame, outrora disciplina filosófica de alta reputação, pelo menos não nas *Contribuições*. Ele analisa o grande mal do *esquecimento--do-ser*, mas pode ignorar a própria contingência sem que isso lhe cause estranheza. Permanece num ponto cego para si mesmo. Com a indagação do ser ele quer iluminar (Licht bringen) as condições do mundo, mas as suas próprias condições permanecem na treva.

Heidegger sempre evitou a pergunta pelo ser do seu próprio dasein. Na carta de 1º de julho de 1935 a Jaspers, ele admitiu que tinha *duas estacas* enfiadas na carne que lhe davam muito trabalho, *a dissidência com a fé da origem e o fracasso da reitoria*, mas as *Contribuições* mostram que consegue bem desviar-se de si mesmo como principal ator em um drama da *história-do-ser*. Habermas chamou a esse processo de *decomposição pela essencialização* (Verwesentlichung) e atingiu aí um ponto importante. A perda da fé de sua origem é favoravelmente interpretada como destino de uma época e o fracasso da reitoria como derrota honrosa na luta contra a insânia dos tempos modernos.

A autoavaliação moral — o pensador a considera, em seu palco histórico do ser, uma circunstância abaixo do seu próprio nível? Talvez seja parte herdada da sua origem católica, que a consciência de culpa protestante lhe seja estranha. Para poder manter-se firme no conceito do todo e na causa do seu pensar, ele os mantém separados do puramente pessoal. Com singular serenidade consegue ver que o movimento pelo qual se entusiasmara produz consequências péssimas, na verdade intoleráveis,

DIÁRIO FILOSÓFICO E SILÊNCIO ELOQUENTE – 371

também nos que lhe são próximos: lembremos apenas os destinos de Hannah Arent, Elisabeth Blochmann ou Edmund Husserl.

Em 1945, em sua correspondência, Hannah Arendt e Karl Jaspers concordaram em que obviamente Heidegger era um homem cuja sensibilidade moral não estava à altura da paixão do seu pensar. Jaspers escreve: "Será que como alma impura — i. é, como alma que não sente toda a sua impureza nem tenta constantemente sair dela mas continua vivendo na sujeira sem pensar — será que como tal podemos, insinceros, enxergar o mais puro?... — É estranho que ele saiba de coisas que hoje poucas pessoas percebem" (1.9.1949). Hannah Arendt responde: "O que você chama pureza, eu chamaria falta de caráter, mas no sentido de que ele literalmente não possui nenhum, certamente também não um caráter particularmente mau. E mesmo assim ele vive em tal profundidade, e com tamanha paixão, que não se pode facilmente esquecer" (29.9.1949).

Mas a falta de uma reflexão moral não é apenas questão de caráter, também é um problema filosófico. Pois o que falta ao pensar é aquela reflexão que leva a sério a *finitude* que Heidegger tanto invoca. E faz parte dela também poder ser culpado, e aceitar essa culpa contingente como desafio para o pensar. Portanto, não há lugar nas *Contribuições* para a venerável disciplina filosófica da autoavaliação e autoexame. Mas com isso falta um ideal da "existência própria": a transparência do dasein em si. O famoso silêncio de Heidegger é também um silenciar interior, quase uma obstinação em relação a si mesmo. E também uma contribuição para o seu *esquecimento-do-ser*.

De uma maneira ambígua, a força do pensar heideggeriano passa por cima dele próprio: esse pensar de um lado omite a pessoa bem comum do pensante, e de outro lado esmaga o pensador.

Georg Picht lembra que Heidegger tinha plena "consciência" de "também ter sido derrotado na tarefa do pensar". Por vezes sentira-se "ameaçado" por aquilo "que ele próprio tinha de pensar". Outro testemunho daquele tempo, Hans A. Fischer-Barnicol, que conheceu Heidegger depois da guerra, escreve: "parecia-me que o pensar dominava aquele ancião como se ele fosse um médium. Pois falava através dele". Hermann

Heidegger, o filho, confirma essa impressão. Conta que por vezes o pai lhe dizia: *algo pensa dentro de mim. Não posso defender-me disso.*

Heidegger manifestara coisa semelhante nas cartas a Elisabeth Blochmann. A 12 de abril de 1938 ele lhe descreve a sua *solidão*. Não se queixa mas aceita-a como consequência extrema da circunstância de ser marcado pelo *destino de pensar* e por ele distinguido. *Solidão não nasce nem se mantém pela ausência de algo, mas pela chegada de uma outra verdade, ser atacado pela plenitude do só-estranho e único* (BwHB, 91).

Isso ele escreve num momento em que anota frases como essas nas *Contribuições*: *O seyn é a necessidade* (Not-schaft)[43] *de Deus, em que ele se encontra. Mas por que Deus? De onde a necessidade? Por que o abismo velado? Porque existe uma super-ação* (Übertreffung), *por isso os que superam como igualmente mais altos. De onde o supraencontro, abismo, fundo, ser? Em que consiste a divindade dos deuses? Por que o seyn? Por que os deuses? E por que os deuses? Por que o seyn?* (GA 65, 508).

Ele resolve o *estranho* das próprias frases aproximando-se, talvez segundo exemplo de Nietzsche, da não revelada estranheza dos grandes pensadores. *Aliás só agora aprendo a vivenciar no mais estranho que há em todos os grandes pensadores a sua verdadeira proximidade. Isso ajuda a ver também em mim próprio o estranho e fazê-lo valer, pois ele é obviamente a origem do que dá certo no essencial, quando dá* (a Elisabeth Blochmann, 14.4.1937, BwHB, 90).

Em outra carta a Elisabeth Blochmann, Heidegger descreve o *ir-e-vir* entre as atividades da vida oficial onde teria de fazer concessões à compreensibilidade, e por isso entrar em *trilhos* alheios, e o *ímpeto de volta ao seu* (Eigene) *e ao próprio* (Eigentliche) (20.12.1935, BwHB, 87). As *Contribuições* para ele são certamente parte do reino mais íntimo desse *seu*. Mas entrementes deve ter ficado claro que não se trata de um encontro pensado consigo mesmo, mas de algo bem diferente. É um pensar o ser no sentido do genitivo subjetivo. Não se pensa no ser, mas o ser toma posse dele e é pensado através dele. Existência medial.

Heidegger se atormenta mas também há felicidade em jogo. Chama atenção que nas *Contribuições*, mais que em outros textos, Heidegger fala sobre *júbilo*. O ser também nos encontra no *júbilo*.

---

43 *Not* em alemão: carência, mas também necessidade. (N. da T.)

Angústia, tédio e júbilo — nas *Contribuições* eles tornam-se a Santíssima Trindade da experiência do ser. No *júbilo* o dasein se torna aquele céu no qual chegam o mundo e as coisas quando aparecem em seu espantoso fato de ser.

Para poder preservar esse *lugar aberto* do dasein, o pensar tem-se de recolher e cuidar de que essa abertura não seja fechada com concepções de todo tipo. O pensar deve dar paz e ficar *quieto*. Mas Heidegger não encontra saída do paradoxo do silêncio eloquente. E além disso existe ainda a tradição dos grandes pensadores. Toda uma montanha se alteia nessa clareira (Lichtung). Não seria preciso aplainá-la antes? Ele percebe, nesse trabalho, que aí o aguarda um maciço de tesouros intocados. Assim lhe sucede com relação a todos os "grandes". Depois de duas décadas de intensa dedicação a Platão, Heidegger diz a Georg Picht no fim dos anos trinta: *uma coisa tenho de admitir a você: o dispositivo do pensar platônico me é totalmente obscuro.*

Em uma carta a Elisabeth Blochmann, de 27 de junho de 1936, ele descreve o seu dilema: *parece que a luta para preservar a tradição nos desgasta; criar algo próprio e preservar o grande — as duas coisas ao mesmo tempo, está além das forças humanas. Mesmo assim esse preservar não é forte o bastante se não nasce de um novo apossar-se. Não há saída desse círculo e assim ocorre que o próprio trabalho ora parece importante, ora totalmente indiferente e mal-feito* (BwHB, 89).

Nas cartas a Jaspers ele expõe essa sensação de coisa mal-feita. Assim ainda a 16 de maio de 1936, última carta antes dessa ligação se interromper por uma década, ele escreve que diante da grande filosofia *o próprio debater-se é muito indiferente e só serve como recurso de emergência* (BwHJ, 161).

Nas cartas a Elisabeth Blochmann e sobretudo nas *Contribuições*, Heidegger anuncia a outra disposição: a sensação por vezes até eufórica do grande objetivo atingido e da alta importância de sua obra. Então pensa saber: nele aconteceu *a chegada de uma outra verdade.*

Capítulo XIX

O planeta em chamas

A pressão das coisas exteriores diminui, escreve Heidegger a Elisabeth Blochmann a 14 de abril de 1937.

As coisas exteriores: é preciso ocupar a cátedra de Göttingen, de Georg Misch, genro de Dilthey, aposentado forçadamente. Em julho de 1935 a faculdade de filosofia coloca Martin Heidegger no primeiro lugar da lista de convocações. Com ele, diz o parecer assinado pelo decano, "teria-se conquistado uma das cabeças liderantes da filosofia alemã contemporânea, ao mesmo tempo também um... pensador disposto a trabalhar no sentido da concepção de mundo nacional-socialista".

No ministério já se sabia que Heidegger continuava apoiando o nacional-socialismo em assuntos políticos importantes (política exterior, economia, trabalho, Princípio do Führer), mas que não defendia em absoluto a concepção de mundo nacional-socialista. Por isso o ministério informou à faculdade de que pensava nomear o professor Heyse, de Königsberg como sucessor de Misch. A faculdade modificou então zelosamente a sua lista de sugestões anterior, em favor de Heyse. Heidegger, que não tinha interesse em mudar-se para Göttingen, mesmo assim ficou magoado com a rejeição. Filosoficamente Heyse era um epígono de Heidegger (Heyse: "mas assim a filosofia e a ciência mais uma vez abrem as questões primordiais do existir. Essas nascem do fato de que o dasein humano está aprisionado dentro das forças primordiais do ser") e ao mesmo tempo era um firme e hábil organizador político nacional-socialista. Por ordens superiores fora feito presidente da Sociedade Kant, maior sociedade de filosofia do mundo, de renome internacional. Heyse também funcionaria como chefe da delegação alemã no congresso internacional de filosofia, em Paris, em 1937. Mas disso falaremos mais adiante.

A rejeição em Göttingen fortaleceu em Heidegger a impressão de que já não era bem tolerado em círculos políticos poderosos. Mas ainda tinha (e teve até o fim) defensores no aparelho de poder político, ou não se explicaria que no mesmo ano o ministério, em Berlim, quisesse nomear Heidegger decano da faculdade de filosofia de Freiburg. Isso não aconteceu pois em Freiburg opôs-se a isso o reitor de então: "Durante sua fase na reitoria o professor Heidegger perdeu em grande parte a confiança dos colegas de Freiburg. A administração escolar de Baden também teve dificuldades com ele".

Os líderes do governo queriam utilizar o prestígio internacional de Heidegger ainda que as reservas contra a sua filosofia aumentassem. Em outubro de 1935 ele foi posto numa comissão que deveria elaborar uma nova edição de Nietzsche. Heidegger recebia convites para conferências no exterior e não o impediam de aceitá-las. No começo de 1936 falou em Zurique, no mesmo ano em Roma; no começo dos anos quarenta deveria dar conferências na Espanha, Portugal e Itália. Declarara-se disposto a isso e já anunciara temas, mas adiou tanto os prazos que finalmente no estágio final da guerra não puderam mais ser concretizados.

No começo de abril de 1936, Heidegger aceitou o convite do Istituto Italiano di Studi Germanici, em Roma. Tinham sido previstas várias conferências em Roma, Pádua e Milão. Mas Heidegger limitou-se a Roma, onde ficou dez dias e falou sobre *Hölderlin e a essência da poesia*, diante de grande público. Nessa ocasião encontrou-se com Karl Löwith que, embora emigrante, também fora convidado pelos italianos para dar uma conferência. Na sua autobiografia Löwith descreve esse encontro com seu ex-professor.

Depois de sua conferência, Heidegger acompanhou os Löwith para sua pequena moradia e mostrou-se "visivelmente chocado com a precariedade de nossas instalações". Na manhã seguinte, partiram juntos para um passeio a Frascati e Tusculum. Um dia radiante, mas cheio de problemas. Especialmente Elfride parecia achar convívio "penoso". Heidegger usava o símbolo do partido. Obviamente "não pensara que não era nada adequado usar a cruz suástica para passar um dia comigo". Heidegger foi amigável mas evitou qualquer alusão às circunstâncias na

Alemanha. Porém Löwith, que fora expulso de seu país por essas circunstâncias, falou nelas. Conduziu a conversa para a controvérsia nos jornais da Suíça, causadas há poucas semanas por ocasião da conferência de Heidegger em Zurique.

Heinrich Barth, irmão do grande teólogo, introduzira com as seguintes palavras o seu relato sobre a conferência da *Obra de arte*, de 20 de janeiro de 1936, para o *Neue Zürcher Zeitung*: "Obviamente temos de considerar uma honra que Heidegger tome a palavra em um estado democrático, pois — pelo menos por algum tempo — ele passou por ser um dos porta-vozes filosóficos da nova Alemanha. Mas muitos ainda recordam que Heidegger dedicou *Ser e tempo* em "veneração e amizade" ao judeu Edmund Husserl, e que ligou para sempre a sua intepretação de Kant com um meio-judeu Max Scheller. Uma coisa ocorreu em 1927, outra em 1929. Via de regra os homens não são heróis — nem os filósofos, embora haja exceções. Por isso dificilmente se pode exigir que alguém nade contra a correnteza; somente certo compromisso com o próprio passado preserva o respeito pela filosofia, que afinal não é apenas saber, mas um dia foi sabedoria".

Emil Staiger, naquele tempo ainda livre-docente, reagira indignado: como não soubesse o que fazer com Heidegger, Barth havia preparado um "mandado de captura" político para denunciar a filosofia dele. Mas Heidegger estava "ao lado de Hegel, ao lado de Kant, Aristóteles e Heráclito. E tendo reconhecido isso, ainda lamentaremos que Heidegger tenha se envolvido com as coisas cotidianas, como é sempre trágico quando se confundem as esferas; mas não estaremos errando muito em nossa admiração como não estaremos errando ao respeitar a 'fenomenologia do espírito' apesar das ideias do reacionário prussiano". Heinrich Barth respondeu então que não se podia "separar com abismos o filosófico e o humano, o pensar e o ser".

Conversando com Heidegger, Löwith declara que não pode concordar nem com o ataque político de Barth nem com a defesa de Staiger; na opinião dele a "tomada de partido" de Heidegger "em favor do nacional-socialismo estava na essência de sua filosofia". Heidegger concordou "sem reservas" e explicou que "seu conceito de 'historicidade' era o fundamento de sua 'mobilização' política".

Historicidade no sentido heideggeriano abre um horizonte por vezes limitado de possibilidades de ação no qual também se move a filosofia, na medida em que pretende *dominar o seu tempo*. Como sabemos, para Heidegger a revolução de 1933 parecera uma chance de sair do contexto das *maquinações* modernas. E mesmo que entrementes ele tenha começado a ver as coisas de outro modo, diante de Löwith insiste em que a chance de um recomeço ainda não se desgastara definitivamente: "bastava aguentar o tempo necessário". Confessa certa decepção com a evolução política, porém logo culpa os "cultos", com sua hesitação, pelo fato de mudança e irrupção ainda não terem cumprido o que prometeram. "Se esses senhores não tivessem se considerado finos demais para se empenharem, tudo teria sido diferente, mas eu fiquei bem sozinho" (58).

Heidegger continuava fascinado por Hitler. Como muitos outros, tinha para as piores coisas a desculpa: "Se o Führer soubesse disso!" Karl Löwith ficou decepcionado, mas também achou típica a reação de Heidegger: "Nada é mais fácil para um alemão do que ser radical na ideia e indiferente em tudo o que é fáctico. Eles conseguem ignorar *todos os fatos isolados*, para poderem se aferrar mais decididamente ao seu *conceito do todo*, e separar 'causa' da 'pessoa'" (58).

O "conceito do todo" de Heidegger porém afastara-se ainda mais da história concreta, assumindo sempre maior distância da política cotidiana. Percebe-se isso na sua conferência que apresenta um Hölderlin *lançado fora* entre os *acenos dos deuses* e a *voz do povo* — *lançado fora naquele entre, entre os deuses e seres humanos* (EH, 47). É a *noite dos deuses*, eles fugiram e ainda não voltaram. Um *tempo precário*, é preciso — assim Heidegger encerra sua conferência — resistir com Hölderlin *no nada dessa noite*, "pois nem sempre um vaso fraco os pode conter,/só de vez em quando o homem suporta a plenitude divina./Um sonho interior é o ser humano depois disso..."[44]

A carta a Karl Jaspers depois da estada em Roma transmite algo da disposição daqueles dias, especialmente de que Heidegger, como filósofo, se sente próximo de Hölderlin, *um poeta em tempos precários: na*

---

44 *denn nicht immer vermag ein schwaches Gefäss sie zu fassen,/Nur zu Zeiten erträgt göttliche Fülle der Mensch/Traum von ihnen ist drauf der Mensch...* (N. da T.)

O PLANETA EM CHAMAS – 379

verdade devemos considerar uma situação maravilhosa que a filosofia *não esteja sendo respeitada — pois agora é preciso lutar por ela sem chamar atenção* (16.5.1936, BwHJ, 162).

Heidegger percebeu que já não gozava de tanto respeito dos poderosos, nas reações alemãs à sua conferência de Hölderlin, que o público romano escutara com unção. Na revista da juventude hitlerista *Wille und Macht* um dr. Könitzer comentava que a juventude conhecia Hölderlin "melhor em suas peculiaridades... do que o professor Heidegger". Para alguém que se empenha na "noite dos deuses" de Hölderlin, Heidegger reage com notável pouca serenidade. Escreve ofendido a um colaborador de outro órgão nacional-socialista: *como, segundo constatação do fantástico cavalheiro da* Wille und Macht, *meu texto de Hölderlin é estranho à juventude hitlerista, não se pode mais esperar muito desse tipo de* alemães. *De resto um velho chefe da SS que conhece a situação em Marburg me relatou que ainda no verão de 33 o tal senhor dr. K. andava por Marburg como social-democrata, mas agora é um homem importante no VB* (Völkischer Beobachter).

Menos inofensiva do que a crítica de uma revista da juventude hitlerista foi outro acontecimento que começou depois da estada de Heidegger em Roma. A 14 de maio de 1936 houve um pedido de informações da secretaria Rosenberg à liga de docentes nacional-socialistas em Munique, sobre "como avaliavam a personalidade do professor dr. Martin Heidegger".

Hugo Ott pesquisou o pano de fundo desse processo. Segundo ele, na secretaria Rosenberg crescia a desconfiança; os pareceres de Jaensch e Krieck faziam efeito. Também causou repulsa o boato de que Heidegger fazia regularmente palestras no mosteiro de Beuron. Desconfiava-se de que ele fizesse trabalho de instigação jesuítica. Por isso nos escritos da secretaria à liga de docentes pode-se ler: "Sua (de Heidegger) filosofia tem fortes ligações escolásticas, de modo que é estranho que em alguns momentos Heidegger também exerça uma influência não insignificante entre os nacional-socialistas".

Essa suspeita de secreto clericalismo surgiu exatamente num momento em que Heidegger documentara em sequência em vários processos de doutorado e concursos de cátedra (p. ex., com Max Müller)

380 – Heidegger - um mestre da Alemanha entre o bem e o mal

sua convicção de que uma "filosofia cristã em última análise é realmente *um ferro de madeira e um mal-entendido*".

Seja como for, a informação da liga de docentes sobre Heidegger deve ter sido tal que, a 29 de maio de 1936, a secretaria Rosenberg se viu obrigada a transmitir o dossiê ao ministério de segurança do Reich, setor ciência. Depois disso ordenaram que o serviço secreto vigiasse Heidegger. Em *Acontecimentos e pensamentos* Heidegger relata como no semestre de verão de 1937 apareceu no seminário um dr. Hank, de Berlim, assistindo a tudo *muito talentoso e interessado* e depois de algum tempo pedindo um encontro pessoal. E nele, diz Heidegger, *confessou-me que não podia mais me ocultar que trabalhava por ordem do dr. Scheel, que naquele tempo dirigia o setor principal sudoeste da Alemanha do sul* (R, 41).

Quando se pensa que Heidegger sabia da vigilância quando expressou na conferência sobre *Nietzsche* a sua crítica ao biologismo e ao racismo, temos de reconhecer que nesse caso teve coragem pessoal. Também pensavam assim então os ouvintes daquelas conferências, particularmente admirados porque, mais expressamente do que outros catedráticos, Heidegger insistia na saudação de Hitler.

Postos de mando no partido teriam, desde meados dos anos trinta, tentado impedir e *aniquilar* seu trabalho filosófico, escreve Heidegger em *Acontecimentos e pensamentos*. Por exemplo, postos do governo trabalhavam para que ele fosse excluído do congresso internacional de Descartes, em Paris, em 1937. A direção francesa do congresso interviera e só por isso no último momento ele fora convidado a participar da delegação alemã. *Tudo ocorreu de uma forma que tornou impossível para mim seguir para Paris com a delegação alemã* (R, 43).

Mas Victor Farías encontrou no Centro de Documentação de Berlim e no Arquivo de Potsdam documentos onde se percebe que já no verão de 1935 Heidegger estava em Paris para preparar a participação alemã no congresso. Heidegger atribuía grande importância ao acontecimento, pois para ele Descartes era um dos fundadores de um modernismo filosófico, contra o qual se dirigia a sua própria filosofia. O congresso de Paris devia atraí-lo como arena importante para medir forças. E ele queria entrar prazerosamente nesse desafio. Heidegger pretendia elaborar aqueles pensamentos que pouco depois, a 9 de junho de 1938, apresentou em Freiburg sob o título: *A fundação da imagem moderna do mundo pela metafísica*, publicado com o título: *A época das imagens de mundo*.

Portanto Heidegger queria ir a Paris e só esperava — no começo em vão — ser oficialmente enviado pelos alemães. O convite alemão veio tarde, tarde demais para ele. Farías encontrou uma carta que Heidegger escreveu a 14 de julho de 1937 ao reitor de Freiburg, explicando por que agora não estava mais disposto a participar, em tão curto prazo, da delegação alemã: *um convite pessoal que me foi dirigido há um ano e meio pelo presidente do congresso foi por mim participado ao ministério da educação do Reich na ocasião, anexando provas de que este congresso, organizado por ocasião do jubileu de Descartes, certamente representaria um avanço da concepção de saber liberal-democrática reinante, e que se deveria organizar em tempo uma representação alemã igualmente bem preparada e eficiente. Como essa alusão minha não obtivesse resposta, também não lhes participei mais os convites de Paris, várias vezes repetidos. Pois em toda essa causa não me interessa o desejo da direção francesa desse congresso. Decisiva para a mim é apenas a vontade original dos postos de chefia alemães de me ver ou não me ver na delegação alemã.* Obviamente Heidegger estava ofendido porque as autoridades alemãs não o tinham procurado imediatamente para preparar a estratégia do congresso e compor uma delegação. Provavelmente pensava ser enviado a Paris como chefe da delegação. Mas em meados de 1936 os líderes no governo e no partido determinaram que Heyse dirigisse a delegação, e este, em um memorando de 1936, assim caracterizou a intenção do congresso: obviamente o racionalismo de Descartes deveria ser identificado com o conceito geral de filosofia. Com isso o "grande querer alemão filosófico atual" ficaria delimitado, e apresentado como "negação das grandes tradições europeias, expressão de um particularismo naturalista, como renúncia ao espírito". "Isolamento intelectual" da Alemanha e "liderança intelectual" da França — esse era o objetivo estratégico do evento. Devia-se opor a isso alguma coisa muito eficiente. A delegação não tinha de estar apenas em condições de "representar e fazer valer claramente o querer intelectual alemão nacional-socialista", e não bastava apenas uma defesa forte, mas era preciso também poder passar ao ataque. É preciso, escreve Heyse, "tentar um avanço intelectual alemão no espaço europeu". Mas infelizmente na nova Alemanha havia muito poucos filósofos que poderiam assumir a luta pela "categoria internacional" da filosofia alemã. Na lista de sugestões de Heyse estão entre outros: Heidegger, Carl Schmitt, Alfred Baeumler.

As sugestões são aceitas e, na primavera de 1937, Heyse se dirige a Heidegger, que agora se recusa a participar. Pois a delegação não fora constituída apenas do ponto de vista ideológico mas também racial. Husserl, previsto pela direção do congresso para fazer uma comunicação principal, não pôde aceitar o convite por ser "não ariano". Os líderes alemães suspeitavam com razão que uma participação de Husserl deixaria "totalmente em segundo plano a delegação oficial"; receavam "ovações extraordinárias" para Husserl — o que seria uma demonstração contra a delegação alemã.

A delegação fez uma aparição marcial em Paris, muitos dos catedráticos usavam uniforme do partido. Um jornal francês espantou-se porque em comparação com os antigos congressos de filosofia internacionais, os alemães obviamente não enviavam "indivíduos", mas representantes de um espírito coletivo. Foi considerado de certa forma intimidador que do país dos poetas e pensadores até a filosofia aparecesse em formação cerrada.

Portanto Heidegger ficou em casa trabalhando em sua própria contribuição para o entendimento franco-alemão. "Caminhos para a Discussão" foi o título que deu ao artigo publicado em 1937 na coletânea de artigos *Alemannenland. Ein Buch von Volkstum und Sendung* sobre a dissidência entre o espírito alemão e o francês.

A coletânea, editada por Franz Kerber, prefeito de Freiburg e ex-editor do jornal nacional-socialista *Der Alemanne*, apareceu em um momento em que, depois de marchar pela Renânia desmilitarizada, Hitler propagava o litígio com a França. Mas o texto de Heidegger não se destinava a esses objetivos imediatos de propaganda. Segundo relata Petzet, ele gostava de ler para seu círculo de amigos esse texto "que parecia significar muitíssimo para ele", e mais tarde ele foi incluído no volume *Experiências do pensar*.

Trata-se do entendimento entre o povo francês e o alemão. Heidegger não se detém em conflitos e controvérsias geopolíticos, econômicos ou militares. *A hora mundial atual* entregou aos *povos ocidentais formadores da história* uma tarefa muito maior: *a salvação do Ocidente*. A salvação não tem sucesso na medida em que entre os povos se comparam e confundem os diferentes estilos de pensamento e cultura, mas apenas de modo que cada povo pense no que lhe é peculiar e dê sua colaboração para salvar a identidade ocidental baseado nisso: na França domina o cartesianismo, a visão da disposição racional sobre a *res extensa*. Na Alemanha em contrapartida difundiu-se fortemente o pensamento histórico. O notável nesse confronto, que em si não é muito original, reside em que Heidegger o encara como diferenciação de tendências que ainda não eram separadas nem decididas na cena primordial grega do Ocidente. O ser de Platão e o devir de Heráclito, racionalismo e historicidade portanto, naquele tempo agiam polemicamente juntos no espaço comum da *polis*, produzindo uma identidade intelectual que podia se afirmar contra *o asiático*, que rodeava a Grécia como uma ilha no oceano. O que é esse *asiático* na *hora mundial atual?* Heidegger não diz expressamente, mas da lógica de sua exposição deduz-se: o asiático de nossos dias não é nada "bárbaro" mas o modernismo em sua forma desencadeada na América do Norte e na Rússia. Mas como o cartesianismo francês é a origem mais nova desse modernismo, a cooperação franco-alemã para salvar o Ocidente será marcada por uma assimetria característica. O racionalismo francês terá de fraquentar a escola da historicidade alemã, mais precisamente a escola do *pensar-o-ser* heideggeriano. Pois só da perspectiva desse pensar o racionalismo pode superar seu delírio de objetividade, e abrir-se para a riqueza da *história-do-ser*. Consequentemente, pode-se ler: o espírito alemão não precisa do francês na mesma medida em que ocorre o contrário.Os comentários amáveis de Heidegger baseiam-se no fato de que o espírito francês agora perceberia o que lhe falta: um Hegel, um Scheling, um Hölderlin. Portanto, podemos ajudá-lo.

Nada indica que Hedegger conhecesse o panfleto filosófico do kantiano francês Julien Benda *A traição dos intelectuais* (*La Trahison des Clercs*). Esse livro, que causou sensação na França logo depois de aparecer em 1927, lê-se como uma resposta da França antecipando a oferta heideggeriana de diálogo. Para Benda a traição dos intelectuais começa exatamente no momento em que se entregam às areias movediças da história, quando renunciam aos valores intelectuais universais de verdade,

384 – Heidegger - um mestre da Alemanha entre o bem e o mal

justiça e liberdade em favor das forças irracionais do instinto, do espírito popular, da intuição, etc. Os *clercs*, esses intelectuais filosóficos e literários definidos como clérigos mundanos, teriam a tarefa de preservar os valores universais da humanidade contra os ataques do respectivo espírito político do seu tempo. Quem mais faria isso, pois os "leigos" estão necessariamente enredados nos assuntos e paixões mundanos? Um racionalismo rigorosamente humanista enfrentava aqui o canto das sereias do romântico espírito popular. Benda diz que nada mais se pode aprender sobre o espírito alemão depois da morte de Kant — só podemos prevenir contra ele. Benda citou uma frase de Renan que soa como uma resposta a Heidegger: "O ser humano não pertence nem a sua língua nem ao seu povo; ele pertence unicamente a si mesmo pois é um ser livre, isto é, um ser moral". Julien Benda está convencido de que quem expulsa o espírito humano de sua pátria universal e o torna objeto de disputa dos povos, em breve estará entre aqueles que conclamam "para a guerra entre as culturas" (98). E é exatamente isso que Heidegger não quer. Ele quer pesquisar à sua maneira a possibilidade de uma vizinhança fecunda. Faz parte dela *a longa vontade de pertencer-se mutuamente* e a *coragem reprimida de determinação própria* (D, 21). Mas isso não muda o fato de que para ele os caminhos *para o diálogo* têm de levar ao ponto em que se possa decidir que *relação-de-ser* mais corresponde à abertura do ser, a racional cartesiana ou a histórica. Não se pode *fugir da mais difícil tarefa: preparar uma zona de decisão* (D, 20). E torna-se evidente aí que Heidegger compreende que o seu pensar está à altura dessa tarefa. No entendimento franco-alemão em assuntos de filosofia, será preciso promover encontro não em algum ponto no meio, mas nas alturas de Todtnauberg.

Três anos depois, a guerra iniciada por Hitler está em pleno curso. No verão de 1940 a França é derrotada. E no semestre de verão desse ano, em sua conferência de *Nietzsche* sobre o niilismo europeu, Heidegger se refere à capitulação da França, tirando uma conclusão surpreendente: *nestes dias nós mesmos somos testemunhas de uma lei misteriosa da história, de que um dia um povo já não esteja mais à altura da metafísica originada de sua própria história, e isso exatamente no momento em que essa metafísica se transformou no incondicional* (Unbedingte)... *Não basta possuir tanques, aviões e aparelhos de comunicação; também não basta dispor de seres humanos que os saibam manejar... É preciso uma humanidade que desde seus fundamentos singulares seja adequada à técnica moderna e à sua verdade metafísica, isto é, que se deixe dominar inteiramente pela natureza da técnica, para assim manejar até os processos e possibilidades técnicos isolados. No sentido da metafísica de Nitezsche, só está à altura da economia da máquina incondicional o super-homem, e vice-versa: este precisa daquela para instalar o seu domínio incondicional sobre a terra* (N II, 165/166).

Isso quer dizer: a Alemanha provou ser mais cartesiana do que a cartesiana nação França. A Alemanha conseguiu melhor do que a França realizar o sonho de Descartes do domínio da *res extensa*, portanto o domínio técnico da natureza. A *mobilização total* (N II, 21), quer dizer, a organização de toda a sociedade e do indivíduo, só foi conseguida na Alemanha. Aqui tiraram-se todas as consequências da metafísica moderna, segundo as quais ser é apenas *representação* (Vorgestelltheit) e no fim *produção* (Hergestelltheit). A Alemanha venceu porque concretizou perfeitamente — *sobre-humanamente* — os males dos tempos modernos. Os franceses são aprendizes de feiticeiros: desencadearam um processo do qual não estão mais *à altura*. Só na Alemanha totalitária de Hitler formou-se aquela humanidade que está *à altura* da técnica moderna. Aqui obviamente as pessoas mesmas se tornaram munição. Aliás mais tarde Heidegger relatará com um misto de horror e fascinação como um de seus estudantes japoneses se ofereceu como piloto-kamikase.

Ainda em 1935, na preleção sobre *Metafísica*, para Heidegger a Rússia e a América eram as forças de vanguarda da *desoladora fúria da técnica desencadeada* (EM, 28); agora, nesse sentido ele vê a Alemanha à frente. Não se pode ignorar um leve tom de contentamento. Isso recorda muito o súdito Diederich Hessling, de Heinrich Mann, que, mortalmente ofendido por um tenente empertigado, comenta com satisfação: "ninguém vai-nos imitar, apesar disso aí!" Assim faz Heidegger: a Alemanha vence porque se entrega mais eficientemente que outros às atividades perversas da técnica; porém essa consequência férrea do *esquecimento-do-ser* ninguém imita!

Os filhos de Heidegger, Jörg e Hermann, são convocados para a guerra, e estão no *front* desde 1940. Jovens feridos de guerra, soldados em licença de saúde, alunos mais velhos enchem os auditórios e salas de seminários.

386 – Heidegger - um mestre da Alemanha entre o bem e o mal

Cresce a participação das mulheres universitárias. A cifra dos mortos e desaparecidos nos territórios em guerra aumenta.

A 26 de setembro de 1941 Heidegger escreve à mãe de um soldado morto que fora seu aluno: *para nós, os que ficamos, é duro compreender que cada um dos muitos jovens alemães que hoje sacrificam sua vida com um espírito ainda legítimo e um coração respeitoso, tem o mais belo do destinos.*

Qual é esse *mais belo dos destinos* que cabe ao que tombou na guerra? A maioria dos mortos era íntima apenas de uns poucos amigos, mas, preservados na memória do filósofo, diz Heidegger, *eles despertarão outra vez* nas gerações futuras *a mais íntima convocação do alemão para o espírito e a lealdade do coração.* Isso conferirá algum sentido a essa guerra? Em suas conferências sobre *Nietzsche*, Heidegger não disse que essa guerra é uma expressão da *vontade de poder esquecida-do-ser?*

Com efeito, Heidegger sempre diz isso em suas conferências e também diz que a filosofia ameaça tornar-se totalmente supérflua no atual momento histórico de *emprego desiludido do* material humano *a serviço da incondicional legitimação da vontade de poder* (N II, 333). Como *produto da cultura* ela desaparece da atividade pública, pois não é senão um *ser-interpelado pelo próprio ser* (GA 54, 179). Mas, então, como pode ter sentido o sacrifício por uma guerra dessas?

Da perspectiva de Heidegger há duas respostas para isso. A primeira é bem conhecida, de que para a propriedade (Eigentlichkeit) de uma vida plena não importa a constituição moral da situação como um todo; o que conta é apenas a *postura* que se assume. Nesse sentido, naquela carta a uma mãe, Heidegger louva o *fogo interior* do morto e o *respeito pelo essencial* — seja lá o que isso possa representar no caso concreto. Nem Heidegger sabe com exatidão, pois nem conhece as circunstâncias concretas da morte do rapaz.

Segunda resposta: o sacrifício faz sentido porque, e na medida, em que a própria guerra tem sentido. Mas nesse ponto os juízos de Heidegger vacilam. De um lado ele compreende a guerra como expressão da vontade de poder da época — e em parte alguma constata a responsabilidade única da Alemanha de Hitler — e com isso a compreende no todo como acontecimento da insensata mobilização total dos tempos modernos. Sob esse ponto de vista qualquer sacrifício é despido de significado. Mas

O PLANETA EM CHAMAS – 387

quando a América entra na guerra, para ele a situação muda novamente. Na conferência de *Hölderlin* no verão de 1942, Heidegger diz: *sabemos hoje que o mundo anglo-saxão do americanismo está decidido a aniquilar a Europa, isto é, a pátria, isto é, o começo do Ocidental* (GA 53, 68).

Mas onde é que ainda vive esse *Ocidental?* A Alemanha oficial não pode mais ser o seu lugar, pois lá, como Heidegger nunca se cansa de enfatizar, venceram a *economia da máquina* e o rebaixamento do ser humano ao material.

Mas existe ainda a Alemanha "não oficial", a imaginária, em que um Hölderlin tinha acreditado. A Alemanha cuja língua preservou o espírito filosófico como antes só a Grécia fizera. Na conferência sobre *Heráclito*, de 1943, Martin Heidegger disse: *o planeta está em chamas. A natureza do ser humano saiu dos trilhos. Só de parte dos alemães, desde que encontrem e preservem o* alemão, *pode vir ainda a consciência histórica mundial* (GA 55, 123). Essa Alemanha própria, ocidental, que é traída por todos os lados, viverá ainda por fim apenas na filosofia de Heidegger?

Assim é, ainda que Heidegger nada queira ter a ver com a *consciência de missão que se espraia* (GA 54, 114). Nos últimos meses da guerra, a sua filosofia se volta inteiramente para a *lembrança* dos grandes fundadores: Hölderlin, Parmênides, Heráclito. Mais e mais amplamente abre-se em Heidegger a brecha entre o pensar e os acontecimentos exteriores. Enquanto os acontecimentos disparam para seu fim catastrófico, e os crimes do regime de Hitler atingem um ápice horrendo com o assassinato dos judeus, Heidegger enterra-se cada vez mais fundo no *inicial* (Anfängliche). *O espírito oculto do inicial no Ocidente não terá para este processo de autodevastação do sem-início nem mesmo um olhar de desprezo, mas aguardará, na serenidade da paz do inicial, a sua hora das estrelas* (GA 53, 68).

Mas, diferente do que em 1933, Heidegger agora já não espera esse *inicial* de algum grande acontecimento sócio-político. A *hora das estrelas* faz parte de seu poetar e pensar solitário. Este não tem, e de momento nem procura, *apoio* em quaisquer movimentos políticos e sociais. *O pensar essencial presta atenção aos lentos sinais do imprevisível* (escreve Heidegger em 1943 em um novo epílogo ao *O que é metafísica?* (WM, 51). Esse pensar não produz *resultado*. Permanece mera esperança de que talvez aqui e ali *se incendeie* um pensar semelhante, formando a secreta irmandade daqueles que saem do atual *jogo do mundo. Jogo do mundo* (Weltspiel) — exatamente essa expressão — Heidegger emprega pela primeira vez em uma conferência de 1941 para caracterizar a grande desgraça. O atual *jogo do mundo* só conhece *operários e soldados*. Há duas maneiras de escapar dessa "normalidade". Uma, baseando-se em Ernst Jünger, Heidegger chama de o aventuresco: *quem haverá de se admirar de que em um tempo desses, em que o mundo que se conhecia sai totalmente dos trilhos, surja o pensamento de que agora só o prazer no perigo,* a aventura, *podem ser o modo de o ser humano se assegurar do real?* (GA 51, 36). O aventureiro confere cores berrantes e impulso vital ao *esquecimento-do-ser*. Lança-se na maquinaria do modernismo, ainda que ela o esmague. Ele aumenta suas apostas para ter mais excitação no jogo.

O outro modo de resistir ao jogo do mundo como contexto funesto é para Heidegger a *insistência* (Inständigkeit) do pensar reflexivo. Antigamente chamava-se isso de meditação, *vita contemplativa* — expressões que Heidegger não quer usar para o seu próprio empreendimento. Heidegger aproxima essa *insistência* da vida simples. Na conferência sobre *Heráclito*, de 1943, ele diz, tirem do homem moderno tudo com que ele se distrai e que o mantém, *o cinema, o rádio, o jornal, o teatro, os concertos, as lutas de boxe, as viagens* (GA 55, 84), e ele morreria do vazio, pois *as coisas simples* já não lhe dizem nada. Mas, no pensar reflexivo, o vazio se torna ocasião de *lembrar-se do ser* (GA 55, 84). Ainda no auge da guerra — *o planeta está em chamas* — Heidegger entrega-se ao seu grande tema na filosofia do pós-guerra: a serenidade.

Essa serenidade no meio da guerra se deve à arte de afastar o olhar da realidade opressiva. No epílogo já citado da quarta edição de *O que é metafísica?*, de 1943, Heidegger escreve a frase obscura de que *o ser provavelmente acontece fenomenologicamente* (west*) sem o ente* (WM, 46). No ano em que começava o inferno, Heidegger pensou para muito além do ente, a ponto de para ele agora o ser se tornar algo que antes não era: uma grandeza de referência independente do ente. E retomará essa extravagância novamente na edição do texto de 1949; pois então o *provavelmente* se torna um *nunca*, e agora, livre da vertigem das alturas, a frase diz que *o ser nunca acontece fenomenologicamente* (west*) sem o ente*.

O PLANETA EM CHAMAS – 389

Mas em um texto de Hölderlin dos últimos anos da guerra, Heidegger encontra a formulação rica em significado para o modo como o ser está presente nesses tempos graves: o *caos do escancaramento* (Aufklaffen) (GA 4, 62). O abismo abriu-se, a terra treme.

Em contraste com isso, Heidegger formula ao mesmo tempo, ligando--se a Hölderlin, seu hino à terra natal da Suábia: *Suábia, a mãe, mora perto do fogão da casa. O fogão abriga o calor sempre economizado do fogo, que quando se acende abre para a alegria, os ares e a luz. Por isso, quando é preciso, só com dificuldade deixamos o lugar da proximidade* (GA 4, 23).

Capítulo XX

Desnazificação. Leitura de Sartre

Na noite de 27 de novembro de 1944 esquadrões de bombardeiros anglo--americanos devastaram a cidade de Freiburg. Pouco antes disso Martin Heidegger partiu para a Alsácia com um setor do Volkssturm, lá querem impedir que o exército francês passe para a margem direita do Reno. Mas é tarde demais. Os homens do Volkssturm retornam, com eles Heidegger. Ele fora convocado devido a um decreto do Führer, de 18 de outubro de 1944, chamando todos os homens entre dezesseis e sessenta anos. Não haveria dispensas, o único critério de serventia era capacidade para o trabalho. E como Heidegger fosse capaz para trabalhar, servia. Mas nem todos os seus colegas foram convocados. Líderes locais do partido faziam o recrutamento. Reinava uma confusão enorme. E assim membros da faculdade de filosofia intervieram para liberar Heidegger outra vez. Com essa missão Eugen Fischer, então famigerado diretor do instituto de eugenia Kaiser Wilhelm, em Berlim, e professor emérito de Freiburg, escreve ao chefe da liga de docentes do Reich, Scheel. Pedia que liberassem Heidegger e encerrou com as palavras: "Se fazemos tal pedido no tempo mais difícil, sabendo que o inimigo na Alsácia alemã está a menos de cinquenta quilômetros da nossa cidade, estamos mostrando a nossa confiança no futuro da ciência alemã". Quando três semanas depois Scheel escreve em resposta — "devido à situação obscura não pude fazer nada por Heidegger" — a questão se resolvera. Voltando do Volkssturm, Heidegger recebera uma licença da universidade para ordenar seus manuscritos e colocá-los em segurança perto de Messkirch. Mas antes de deixar a Freiburg bombardeada, na iminência da entrada dos aliados,

392 – Heidegger - um mestre da Alemanha entre o bem e o mal

ele visitou o filósofo Georg Picht e sua esposa — que no futuro seria a famosa pianista Edith Picht-Axenfeld. Heidegger queria que ela ainda lhe tocasse alguma coisa. A senhora Picht tocou a Sonata em Si Bemol Maior, de Schubert. Heidegger encarou Picht e disse: *isso nós não podemos fazer com a filosofia*. Nessa noite de dezembro de 1944 Heidegger escreveu no livro de visitas dos Picht: *Diferente de perecer é acabar. Cada acabar fica guardado no começar.*

Isso que ocorria ao seu redor, e de que Heidegger fugia, era um *perecer* ou um *acabar*? A inscrição do livro de visitas deixa a questão em aberto. Mas meio ano depois, a 20 de julho de 1945, Heidegger dará a resposta em uma carta a Rudolf Stadelmann, seu "escudeiro" dos dias dos acampamentos científicos, agora decano em Tübingen: *agora todo mundo pensa no acabar. Nós alemães não podemos acabar porque ainda nem começamos e primeiro temos de atravessar a noite.*

Nesse meio ano entre a fuga de Freiburg e seu retorno à cidade agora ocupada por franceses, Heidegger vive num idílio repleto de pânico. Passa o inverno junto com seu irmão Fritz, em Messkirch, arrumando seus manuscritos. E quando chega a primavera, vem atrás dele toda a faculdade de filosofia ou o que ainda resta dela. Em Freiburg tinham decidido transferir partes da universidade, escolhendo como local seguro, o castelo Wildenstein acima de Beuron, perto de Messkirch. Em parte a pé, em parte com bicicletas e carregados de livros, em março de 1945, dez catedráticos e trinta universitários, a maioria mulheres, tinham subido pela Floresta Negra e o Danúbio superior, alojando-se no castelo, propriedade da família Fürstenberg, e na vizinha Leibertingen. De Messkirch ao castelo Wildenstein — na sua juventude Heidegger fizera esse trajeto muitas vezes a pé, e agora vai para dar um pequeno seminário na taverna do castelo, enquanto lá embaixo no vale as tropas francesas avançam em direção de Sigmaringen, onde haviam-se refugiado os restos do governo colaboracionista de Vichy. Em fim de maio começa a colheita do feno. Catedráticos e estudantes ajudam; em troca recebem alimentos. Poucas notícias chegam de Freiburg. Sabe-se apenas que a cidade está ocupada. Por sorte não acontece uma batalha em Freiburg. Lá embaixo no vale, no mosteiro de Beuron, instalou-se um hospital militar. Diariamente chegam feridos. E em cima no rochedo onde outrora moravam bandoleiros, nos

DESNAZIFICAÇÃO. LEITURA DE SARTRE – 393

intervalos da colheita, estuda-se *A crítica da razão pura*, de Kant, *História medieval*, de Hölderlin. Sobretudo Hölderlin. Este cantara o alto Danúbio no *Hino ao Íster*: "Mas a este chamavam Íster./Bela é sua morada. Arde a folhagem nas colunas; e move-se..."[45] Heidegger muitas vezes interpretara esse poema e faz isso agora também. Entrementes Hölderlin tornara-se parte de sua genealogia pessoal. À sua conferência sobre *Íster*, de 1942, como já foi dito, ele acrescentou a seguinte observação (que não está no volume editado): *talvez Hölderlin, o poeta, tenha de se tornar destino determinante da discussão para um pensador cujo avô, segundo informações, na mesma época em que surgia o* Hino ao Íster... *nasceu* in ovili *(curral de ovelhas de uma granja) no vale superior do Danúbio perto da margem do rio, sob os rochedos. A história oculta das histórias não conhece acasos. Tudo é destinação.*

Do castelo Wildenstein pode-se ver a velha casa do Danúbio à qual pertencia aquele curral de ovelhas onde nasceu o avô de Heidegger.

Esse singular semestre de verão termina com uma festa de encerramento no castelo, a 24 de junho. O pessoal da região é convidado, traz comida. No castelo fazem-se teatro e dança. Três dias depois, no castelo de caça do príncipe Bernhard von Sachsen-Meiningen, mais uma grande aparição de Heidegger — a última em alguns anos. A conferência é precedida de um pequeno concerto de piano. Heidegger fala sobre a frase de Hölderlin: *em nós tudo se concentra no espiritual, ficamos pobres para ficarmos ricos.*

Na Freiburg agora ocupada começam as primeiras medidas para confisco de moradias pela administração militar francesa. "Na cidade Heidegger passa por nazista (sua passagem pela reitoria)" — essa lacônica observação nos documentos do prefeito basta para botar a casa de Heidegger, na Rötebuck 47, na "lista negra" já em meados de maio. Ainda não foi decidido se hospedarão militares ou se os Heidegger terão de deixar sua casa. Ameaçam até confiscar a sua biblioteca. Elfride Heidegger, que nas primeiras semanas teve de concluir sozinha as difíceis negociações com as autoridades, protesta e pede que aguardem a volta do marido.

Ainda antes de retorno de Heidegger ela recebe notícia do prefeito de que para diminuir a gravíssima falta de moradias, por ordem do governo

---

45   *Man nennet aber diesen den Ister./Schön wohnt er. Es brennet der Säulen Laub,/Und reget sich...* (N. da T.)

394 – Heidegger - um mestre da Alemanha entre o bem e o mal

militar: "devem ser requisitadas em primeira linha casas de membros do partido", e sem dúvida Heidegger fora membro do partido.

Quando, em começos de julho, Heidegger volta de Wildenstein, a situação mudara dramaticamente para ele. Há pouco ainda escutavam com unção suas palavras no castelo e na casa de campo, poucos dias depois em Freiburg ele passa a réu. As autoridades dão-lhe a compreender que ele bem que poderia renuciar à sua biblioteca, pois de qualquer jeito no futuro não poderá mais exercer a sua profissão. A 16 de julho, Heidegger escreve um texto ao prefeito, primeiro esboço da sua autojustificação dos anos futuros. *Objeto fortemente contra essa discriminação de minha pessoa e meu trabalho. Por que logo eu seria punido, não só com o confisco de minha casa, mas também com o total afastamento de meu local de trabalho, e sendo ainda difamado diante de cidade — sim, posso dizer na vida pública? Jamais tive um cargo no partido, e nunca exerci qualquer atividade nele ou em nenhuma de suas ramificações. Mas se quiserem ver em atividade de reitor uma nódoa política, devo pedir que me seja dada a possibilidade de poder me justificar contra quaisquer objeções e acusações vindas de qualquer pessoa, o que inclui tomar conhecimento em primeiríssima mão de tudo o que objetivamente se apresentar contra mim e minha atividade profissional pública.*

Por enquanto trata-se apenas da casa e da biblioteca. Heidegger ainda está no cargo. Mas a administração militar francesa já começara suas medidas de limpeza política. A universidade, que queria voltar a estabelecer-se como corporação autônoma, tentava provar que podia ter forças de limpar a si própria. Assim, a 8 de maio de 1945, o conselho administrativo decidira expedir na universidade um questionário interno e uma lista de critérios para julgar o passado político de seus membros. Só seriam abrangidas atividades destacadas. Previam-se três categorias: trabalho para o serviço de segurança/denúncias — atividade funcional — altas funções de direção e representação (reitores, decanos). Para o conselho universitário era evidente que Heidegger teria de ser chamado à responsabilidade.

A administração militar francesa ainda não reconhece a universidade como corporação autônoma, por isso não está disposta a entregar o procedimento de limpeza às agremiações universitárias. O oficial francês encarregado dos contatos forma uma comissão para realizar essa

DESNAZIFICAÇÃO. LEITURA DE SARTRE – 395

investigação e representar a universidade junto do governo militar. Essa comissão de limpeza, como agora a chamam, consta dos catedráticos Constantin von Dietze, Gerhard Ritter e Adolf Lampe. Os três tinham estado envolvidos na conspiração de 20 de julho e acabavam de ser soltos da prisão. Além disso havia o teólogo Allgeier e o botânico Friedrich Oehlkers, amigo de Karl Jaspers, e, como este, casado com uma judia, motivo pelo qual vivera grandes angústias nos últimos anos. É diante dessa comissão que Heidegger tem de se apresentar pela primeira vez a 23 de julho de 1945. A comissão é bastante benevolente com ele. Gerhard Ritter, por exemplo, registra que tendo convivido intimamente com Heidegger sabe que desde o motim Röhm internamente ele se tornara adversário do nacional-socialismo. Só Adolf Lampe se mostra adversário determinado de uma reabilitação de Heidegger. Lampe, um economista, sofrera sob a reitoria de Heidegger, pois este, naquela ocasião, se opusera a que Lampe permanecesse na cátedra por inconfiabilidade política.

Já no primeiro interrogatório diante da comissão, a 23 de julho, Heidegger vê claramente que sua defesa tem de se dirigir sobretudo a Lampe. Por isso dois dias depois pede um encontro pessoal com ele. Lampe preparou para a comissão uma ata minuciosa dessa conversa. Segundo ela, para evitar uma "situação penosa" e afastar a suspeita de parcialidade, Lampe declarara de saída que os fatos de 1934 relativos à sua pessoa não teriam importância no seu juízo. E depois repetiu as censuras da comissão: primeiro, a convocação dos estudantes pelo reitor bem no estilo da propaganda nacional-socialista, segundo, a imposição arbitrária do Princípio do Fuhrer por Heidegger, e terceiro, a circular do reitor aos membros do corpo docente cujo conteúdo, diz Lampe, representava "sensível limitação da autonomia que devia ser exigida e mantida pelo professor universitário". O respeito internacional de que goza Heidegger aumenta o peso dos seus erros, pois com isso ele teria colaborado para "um importante apoio das tendências então especialmente perigosas do nacional-socialismo". Heidegger elaborou diante de Lampe aquela linha de autodefesa a que vai se aferrar nos anos seguintes até a entrevista com a *Spiegel*. Disse ter apoiado o nacional-socialismo porque esperava dele um equilíbrio dos contrastes sociais com base em um renovado sentimento de comunidade nacional. Além disso fora preciso deter o avanço do comunismo. Ele só se deixara eleger para a reitoria com a *maior resistência* e ficara no cargo o primeiro ano para impedir *coisa pior* (por exemplo, a eleição do bonzo do partido, Aly). Mas os colegas não haviam percebido isso e por essa razão não o haviam apoiado devidamente. Desde meados dos anos trinta ele então manifestara em público — em especial nas conferências sobre *Nietzsche* — uma crítica à ideia de poder dos nacional-socialistas. O partido reagira como era de esperar, mandando espiões para suas aulas e causando-lhe dificuldades na publicação de suas obras.

Lampe ficou indignado com a ausência de qualquer sentimento de culpa em Heidegger e exigiu "responsabilidade pessoal". Quem impusera, como Heidegger, o Princípio do Führer, não podia escapar falando em "intrigas" e falta de apoio. E quanto à posterior crítica de Heidegger ao sistema, ele, Lampe, não a podia considerar uma "compensação"; esta só teria sido atingida com um ato público com a mesma determinação com que ele conduzira a sua atividade de reitor, "sujeitando-se à crítica e aceitando os riscos daí resultantes".

A autodefesa de Heidegger nasce do medo. Colegas igualmente onerados, entre eles o romanista de Freiburg, Hugo Friedrich, já tinham sido feito prisioneiros pelos franceses. Ele temia algo assim. Teme pela sua casa, sua biblioteca. Olha para um abismo, mas não o de seu próprio erro político, e sim o da ameaça de degradação social e perda das possibilidades de trabalho. Ele diz a Lampe que um voto negativo da comissão o transformaria num "fora da lei". Assim empenha tudo na autodefesa e autojustificação.

Portanto Heidegger não manifesta nenhum sentimento de culpa. Mas também não sente nenhum. Pois para ele a situação é a seguinte: ele se engajara na revolução nacional-socialista por pouco tempo, porque a tomara por um revolução metafísica. Quando ela não cumpriu o que lhe prometera e nunca conseguiu explicar direito o que ela lhe prometera — ele se afastou e fez seu trabalho filosófico, sem ser influenciado pela concordância ou reprovação do partido. Não escondeu sua distância crítica do sistema, mas anunciou-a em suas conferências. Nessa medida era menos responsável pelo sistema do que a grande maioria dos cientistas que haviam se adaptado, e nenhum dos quais fora chamado à responsabilidade. O que tinha ele a ver com os crimes do sistema? Heidegger estava realmente surpreso por ter sido chamado à responsabilidade. Como mais tarde admitiu diante de Jaspers (8.4.1950), sentia *vergonha* de ter colaborado por pouco tempo, isso sim. Mas era vergonha por ter-se enganado, *equivocado*. O que ele próprio tinha querido — irrupção, renovação — isso do seu ponto de vista pouco tinha a ver com o que afinal acontecera do ponto de vista político real. Ter voltado a separar — depois de seu engajamento político filosoficamente motivado — as esferas de política e de filosofia, parecia-lhe uma recuperação da pureza de seus pontos de vista filosóficos. O caminho do próprio pensar, publicamente admitido, reabilitava-o diante de si mesmo. E assim ele não sentia culpa, não no sentido jurídico nem moral.

Com voto contrário de Lampe, em agoto de 1945, a comissão de limpeza dá uma sentença muito branda do comportamento político de Heidgger. Ele realmente estivera de início a serviço da revolução nacional--socialista, justificando-a "aos olhos do mundo cultural alemão", e com isso dificultando a "autoafirmação da ciência alemã na mudança política", mas desde 1934 não fora mais um "nazista".

Sugestão da comissão: Heidegger deveria ser aposentado prematuramente, mas não removido do cargo. Manteria permissão de ensinar, mas seria impedido de atuar nos órgãos colegiados.

O conselho (ainda não o governo militar francês) porém opôs-se a esse voto benigno, argumentando que se Heidegger escapasse quase ileso não haveria mais como agir contra outros membros acusados do corpo docente. Por isso a comissão recebe a incumbência de reabrir a investigação do caso Heidegger.

Até ali Heidegger empenhara sua defesa numa reabilitação total. Queria pertencer ao corpo docente com todos os direitos e deveres. Agora percebe que, para ter credibilidade diante da administração militar, a universidade está obviamente disposta a fazer do seu caso um exemplo. A situação piora para ele. Por isso mostra estar disposto a deixar-se aposentar. Quer apenas defender sua permissão de ensinar e naturalmente seu salário de aposentado. Sugere um parecer de Karl Jaspers, do qual espera ser desonerado. Mas esse parecer, que Karl Jaspers escreveu nos dias de natal de 1945 (Hugo Ott o encontrou), teria efeito contrário.

No começo Karl Jaspers quis recusar, mas depois sentiu-se no dever de dar o parecer, pois exatamente nesse semestre de inverno fazia uma conferência sobre a necessidade de elaborar a culpa. Se Heidegger conhecesse essa conferência, com certeza não teria pedido um parecer a Jaspers. Pois Jaspers certamente pensava também em Heidegger ao dizer: "Muitos intelectuais que colaboraram em 1933 procurando ter influência e tomando abertamente posição ideológica em favor do novo poder — e que depois, mais tarde, pessoalmente deixados de lado, ficaram de má-vontade... esses têm a sensação de terem sofrido com os nazistas e por isso estarem convocados para os tempos posteriores. Consideram-se antinazistas. Em todos esses anos houve uma ideologia desses nazistas intelectuais: diziam falar livremente a verdade em questões intelectuais — preservando a tradição do espírito alemão — impedindo destruição — realizando coisas necessárias... Quem como homem maduro em 1933 teve uma convicção interior não apenas enraizada em um engano político, mas em uma sensação de dasein intensificada pelo nacional-socialismo, este não será limpo exceto depois de uma reforma que talvez tenha de ser mais profunda do que em todos os outros".

A ligação entre Jaspers e Heidegger rompera-se no verão de 1936. Na última carta, em 16 de maio de 1936 — que talvez nem tenha sido enviada —, Jaspers anunciara o recebimento de um texto de Heidegger sobre Hölderlin com o comentário: "Que eu... me cale, você há de compreender e aprovar. Minha alma está muda; pois neste mundo não fico com a filosofia 'desprestigiada', como você escreve de si mesmo, mas haverei de... porém me faltam palavras" (BwHJ, 162).

Em 1937 Jaspers fora expulso do cargo e proibido de ensinar e publicar. Heidegger não reagira com uma só palavra. Nos anos seguintes a judia Gertrud Jaspers estava constantemente sob ameaça de deportação. Para esse caso o casal trazia sempre consigo cápsulas de veneno.

Nos primeiros anos do domínio nazista Jaspers se censurava por não ter sido suficientemente franco com Heidegger interpelando-o sobre sua trajetória política. Numa carta de 1º de março de 1948, que nunca enviou, ele explica por que não o fez: "Não o fiz por desconfiar de todos os que não se mostraram verdadeiros amigos no tempo do terror. Segui o cauteloso Spinoza e o conselho de Platão: abrigar-se em tempos desses como numa tempestade... em relação a você... eu sofri desde 1933, até que, como costuma acontecer no curso do tempo, já nos anos trinta esse sofrimento quase desapareceu sob o peso de coisas muito mais terríveis. Ficaram apenas uma remota lembrança e um espanto eventualmente renovado" (BwHJ, 167).

Jaspers se decepciona porque em sua necessidade, em fim de 1945, Heidegger se dirige indiretamente a ele e porque imediatamente depois da libertação esperara uma palavra esclarecedora dele. Mas nada acontecera, nem depois que no verão de 1945 ele enviara a Heidegger um número da revista *Wandlung*, em cuja edição participava.

Na carta (não enviada) de 1948 Jaspers comenta o seu parecer de 1945: "na frieza dessas manifestações você não pode perceber o que vai no meu coração. Minha carta foi escrita na intenção de fazer valer o inevitável e nessa situação perigosa colaborar da melhor maneira possível para que você possa continuar fazendo o seu trabalho" (BwHJ, 167).

O "inevitável" que Jaspers queria fazer valer: ele relata como Heidegger denunciou Eduard Baumgarten, mas de outro lado ajudou seu assistente judeu dr. Brock a estabelecer-se na Inglaterra, com bons atestados e interferência pessoal. Quanto ao antissemitismo de Heidegger — a comissão interrogara Jaspers expressamente quanto a isso — este resume: nos anos vinte Heidegger não fora antissemita, mas "em certas circunstâncias" como no caso Baumgarten, deixara-se arrastar para esse lado.

As frases determinantes no parecer de Jaspers para a decisão do conselho foram a seguintes: "na nossa situação a educação da juventude deve ser tratada com a maior responsabilidade. Deve-se procurar uma total liberdade de ensino, mas ela não pode ser produzida imediatamente. O modo de pensar de Heidegger, que em sua essência me parece acanhado, ditatorial e desprovido de poder de comunicação, seria funesto no ensino atualmente. Seu pensamento me parece mais importante do que o conteúdo de juízos políticos, cuja agressividade pode facilmente mudar de direção. Enquanto não houver nele um legítimo renascimento, que seja visível em sua obra, penso que esse professor não pode ser colocado

400 – Heidegger - um mestre da Alemanha entre o bem e o mal

diante de uma juventude hoje quase sem força interior. Primeiro a juventude precisa adquirir um pensar independente".

Portanto, o parecer de Jaspers não se detém longamente na avaliação do engajamento exterior de Heidegger com o nacional-socialismo, mas julga o estilo de pensar filosófico de Heidegger prejudicial à necessária reconstrução político-moral na Alemanha.

Com esse parecer, a 19 de janeiro de 1946 o conselho decide sugerir ao governo militar francês que retirasse de Heidegger a permissão de ensinar e que ele fosse removido do cargo, com um salário de aposentado reduzido. O governo militar concordou em fins de 1946 e foi ainda mais severo, pois a partir de 1947 ordena que se suspenda a pensão. Porém isso será anulado em maio de 1947.

Como já se mencionou, esse procedimento duro fora antecedido de uma mudança de disposição na universidade e entre as autoridades militares francesas. No começo do outono Heidegger ainda podia imaginar que sua sentença seria branda. Pois nesse tempo, apesar do confisco da moradia, o governo militar francês ainda tivera certa benevolência para com Heidegger; ele fora considerado *disponível*, portanto pouco onerado, podendo logo ser reconduzido ao cargo.

Mas os adversários da reabilitação de Heidegger foram alarmados sobretudo por notícias e boatos de uma verdadeira peregrinação de intelectuais franceses para Freiburg e Todtnauberg. Segundo esse boato, em outubro de 1945 houvera até um encontro entre Heidegger e Sartre. Heidegger teria sido convidado oficialmente, diziam, para comentar em jornais franceses a situação da Alemanha. Logo veremos o que havia de verdade nisso, mas de qualquer modo só esses boatos já produziram efeito. Em novembro os adversários de Heidegger, especialmente Adolf Lampe, tinham exigido, com sucesso, o prosseguimento da investigação e uma sentença mais severa. Argumentação de Lampe: se Heidegger acreditava que logo ele fora convocado a "dar uma palavra de esclarecimento e orientação", então ou agia irresponsavelmente negando o tamanho de sua culpa "quando impeliu a nossa universidade no caminho do nacional-socialismo com brutal emprego de força", ou Heidegger estava "assustadoramente cego para a realidade". As duas coisas faziam parecer aconselhável tirar esse filósofo de circulação.

Portanto, a universidade e o governo militar francês agiram com severidade contra Heidegger exatamente no momento em que começava no cenário cultural francês a segunda grande carreira deste.

A influência de Heidegger na França começara em inícios dos anos trinta no contexto de uma corrente intelectual a que Jean Wahl e Gabriel Marcel tinham dado no fim dos anos vinte o nome "existencialismo". Em 1929 aparecera na França uma nova tradução de Kierkegaard, e referindo-se a isso Jean Wahl definira assim o conceito de existência: "existir significa: optar; ser apaixonado; ser isolado e subjetivo; preocupar-se infinitamente consigo mesmo; saber-se pecador; estar diante de Deus".

Duas ideias, em rigoroso contraste com o cartesianismo, estavam no centro do "novo pensamento" na França dos anos trinta. A ideia de uma existência compreendida como um ser corpóreo, finito, fragmentado e arrancado de qualquer fundamento que o sustentasse. Nem racionalidade cartesiana nem intuição bergsoniana permitiam uma grande proteção. A realidade perdeu seu sentido compacto e garantido, o ser humano está lançado entre possibilidades dentre as quais tem de escolher. Por esse motivo ele também pode ser culpado. A ideia da existência acaba pois com as fantasias sobre o panlogismo do mundo.

A ideia da existência ligava-se à ideia da contingência. O ser humano individual sente-se como corporificação do acaso — no sentido literal. Ele recebeu um determinado corpo e com isso uma determinada posição no tempo e no espaço. Ele não dispõe sobre isso, portanto não dispõe sobre a maior parte das coisas. Antes que ele pudesse fazer algo de si mesmo, as coisas já lhe aconteceram sem que ele pudesse interferir. Contingência significa: o que existe poderia também não existir. O ser humano não pode mais ter certeza de nenhuma intenção superior, e se ainda acreditar nisso terá de saltar sobre o abismo kierkegaardiano.

A ideia da existência contingente implicava desde o começo também a ideia de uma liberdade radicalmente concebida. Para o entendimento cristão de existência, a liberdade significa a possibilidade que há no ser humano de decidir-se contra Deus e o absoluto. Ou apartar-se disso.

402 – Heidegger - um mestre da Alemanha entre o bem e o mal

E para a existência compreendida como não cristã, essa liberdade significa ser empurrado para fora, para um vazio.

Na formação desse ambiente do existencialismo francês — contra o qual lutava o já citado Julien Benda —, onde mística do ser, decisionismo da graça, absurdismo e niilismo se encontram num terreno comum anticartesiano, atua, como mais um poder intelectual, a fenomenologia. Desde os anos vinte a França descobre Husserl e Scheler.

Se o existencialismo duvida de que exista na vida humana e na cultura uma coerência significante garantida *a priori*, o método fenomenológico ajuda a desenvolver uma espécie de atenção feliz para as coisas disparatadas do mundo. Na França a fenomenologia age como a arte de extrair, da própria atenção, um prazer que compensa o fato de que um todo com sentido se tenha desmanchado. A fenomenologia permite — mesmo em um mundo absurdo — a felicidade do conhecimento. Camus comentou a relação entre a paixão pela fenomenologia e dor de um mundo absurdo no *Mito de Sísifo*: o que tornava atraente para ele o pensamento de Husserl era a renúncia a um princípio de unidade esclarecedor e a descrição do mundo em sua diferença não regulada. "Pensar quer dizer ver de novo e aprender com atenção, isto é, dirigir a consciência para, à maneira de Proust, transformar segundo cada ideia e cada imagem em um lugar privilegiado".

Quando no começo dos anos trinta Raymond Aron, que estudou na Alemanha e lá conheceu a fenomenologia, relata a seu amigo Sartre as suas "experiências" fenomenológicas, Sartre fica eletrizado: então, diz ele, existe uma filosofia que nos permite filosofar sobre tudo, sobre essa xícara, a colher com que nela mexo, a cadeira, o garçom que aguarda meu pedido? O boato da fenomenologia, pois no começo não é mais que isso, no inverno de 1933 levará Sartre a Berlim e lá estudar Husserl, depois dizer sobre a fenomenologia: "há séculos não se sentia uma corrente tão realista na filosofia. Os fenomenólogos voltaram a mergulhar os seres humanos no mundo, devolveram a seus medos e seus sofrimentos, também às suas revoltas, todo o seu peso".

Nesse cenário existencialista e fenomenológico, começa desde o início dos anos trinta a atuar também a filosofia de Heidegger.

Em 1931 as conferências de Heidegger *Da essência do fundamento* e *O que é metafísica?* tinham aparecido em revistas filosóficas francesas.

Foram suas primeiras traduções. Em 1938 seguiu uma coletânea de textos selecionados, dois capítulos de *Ser e tempo* (sobre a preocupação e sobre a morte), um capítulo do livro sobre Kant e o texto *Hölderlin e a Essência da poesia.*

Mas Heidegger tornou-se o tema secreto da *intelligentsia* parisiense menos por essas poucas traduções do que muito mais pelas legendárias conferências sobre Hegel feitas pelo exilado russo Alexander Kojève entre 1934 e 1938.

Roger Caillois apontou mais tarde para o "domínio intelectual absolutamente extraordinário sobre toda uma geração". Bataille relata que cada encontro com Kojève o deixara "alquebrado, esmigalhado, dez vezes assassinado: sufocado e esmagado no chão". Para Raymond Aron, Kojève estava entre os três verdadeiros espíritos superiores (junto com Sartre e Eric Weil) que encontrara na vida.

Alexander Wladimorowitsch Kojewnikow, seu nome original, filho de uma família da alta aristocracia, fugira para a Alemanha em 1920 depois da revolução de outubro. Vivia dos restos contrabandeados das joias da família. Também possuía alguns quadros de seu tio Wassily Kandinsky, que podiam facilmente ser empenhados. Ele estudou e doutorou-se com Jaspers, em Heidelberg, e em todos esses anos escreveu um diário filosófico sobre o tema "filosofia do *não-ente*" (Nichtseienden). Seu amigo Alexander Koyré, também emigrante russo, levou-o a Paris no começo dos anos trinta. Kojève o conhecera quando começou um caso de amor com a cunhada dele, seduziu a jovem mulher e Koyré foi encarregado pela parentela de tirar novamente a presa amorosa do sedutor. Mas Koyrè ficou tão impressionado em seu primeiro encontro com Kojève, que reconheceu: "A moça tem razão. Kojève é muito melhor do que o meu irmão".

Kojève precisava de dinheiro — perdera suas ações na bolsa aplicando na marca de queijo "La vache qui rit" — e por isso veio em boa hora a oferta de ensinar Hegel na École Pratique des Hautes Etudes.

Kojève, esse Nabokov da filosofia europeia, apresentou um Hegel como não o conheciam ainda: era um Hegel quase idêntico a Heidegger.

Todos conheciam a frase de Hegel: "o efetivo é racional". Hegel passava por racionalista. E agora Kojève mostrava como esse Hegel nada fizera senão revelar a origem irracional da razão nas lutas por reconhecimento. Um mesmo quer ser reconhecido por outro em seu *ser–assim* (So-sein). Kojève retoma a *preocupação* heideggeriana e ligando-a a Hegel faz disso a "preocupação pelo reconhecimento". A realidade histórica que nasce dessa preocupação pelo reconhecimento é a luta que os seres humanos realizam até à morte às vezes por causas ridículas: apostamos nossa vida para corrigir uma fronteira, para defender a bandeira, para obter compensação por uma ofensa, etc. Hegel não precisa ser posto de pé, ele já está de pé e caminha através da lama da história. No cerne da razão está a contingência — e são contingências que por vezes se chocam de modo tão sangrento. Isso é a história.

Ligando-se a Hegel e expressamente a Heidegger, Kojève indaga: qual é o sentido de todo o ser? E responde com Heidegger: o tempo. Mas o tempo não é real como as coisas que acontecem, que também envelhecem e têm seu tempo. Só o ser humano vivencia como algo que está aí e mais tarde já não está, e algo que ainda não é agora entra no ser. O ser humano é o ponto aberto no ser, o cenário onde ser se transmuta em nada, e o nada em ser.

Os trechos mais excitantes da conferência de Kojève tratam da morte e do nada. Kojève diz: a totalidade da realidade inclui a "realidade humana ou falante", o que significa: "sem o ser humano o ser seria mudo. Ele estaria aí, mas não seria *o verdadeiro*". Essa "fala que revela o real" (Kojève), porém pressupõe que o ser humano pertença ao contexto compacto do ser — mas ao mesmo tempo esteja dele apartado, arrancado. Só por isso ele pode errar. O ser humano, formula Kojève no sentido de Hegel, é "o erro que se mantém no dasein, que perdura na efetividade" (151) e então interpreta essa frase no sentido de Heidegger: "por isso também se pode dizer que o ser humano, que erra, é um nada que se nadifica no ser". O fundamento e fonte da realidade humana seriam o "nada", ele se manifesta e se revela "como ação negadora ou criadora, livre e consciente de si mesma" (267).

Encerrando, Kojève cita ainda uma vez Hegel: "o ser humano é essa noite, esse nada vazio que contém tudo em sua simplicidade, reino de infinitamente muitas representações... Isso é a noite, o interior da natureza, que aqui existe — puro mesmo... Avistamos essa noite quando fitamos os olhos do ser humano — quando fitamos uma noite que se torna terrível; a noite do mundo paira à nossa frente" (268).

Essas frases formulam a transição de *O ser e tempo* para o *Ser e o nada*. Sartre não ouviu Kojève, mas conseguiu anotações de suas conferências. No inverno de 1933/34 ele estudara Husserl e Heidegger em Berlim, e tanto se aprofundara neles que mal tivera notícias do regime nacional-socialista.

O que o fascinou na fenomenologia foi primeiro sua atenção para a maciça, sedutora, mas também assustadora presença das coisas; ela apresentava outra vez o persistente enigma do seu ser "em-si". Segundo, em contraste com isso, ela sensibilizava para o reino interior da consciência; fazia aparecer de novo todo um mundo do "para-si". E terceiro, ainda que indistintamente ela parecia conter a promessa de solucionar de alguma forma a tensão interna dessa dupla ontologia do "em-si" e do "para-si".

Sobre o "em-si" das coisas da natureza, que em sua presença dominadora e rejeitadora de significados se impõem à postura fenomenológica, Sartre fizera uma descrição impressionante no fim dos anos trinta, em um romance *A náusea*, que logo se tornaria um modelo clássico da experiência da contingência: "então, eu estava no parque. A raiz do castanheiro enfiava-se na terra exatamente debaixo do meu banco. Eu não lembrava mais que aquilo era uma raiz. As palavras tinham desaparecido e com elas o significado das coisas, seus modos de emprego, as débeis marcas que as pessoas haviam inscrito em sua superfície. Eu estava ali sentado um pouco torto, cabeça baixa, sozinho diante daquela massa negra e nodosa totalmente crua que me dava medo. E então tive essa iluminação". A iluminação: Roquentin, o narrador, vê as coisas sem relação entre si e sem o significado que a consciência lhes confere, estão ali, nuas. Estendem-se diante dele, quase obscenas, e lhe fazem "a confissão da sua existência". Existência aqui significa: puro *estar-presente* e contingência. "O essencial é a contingência... nenhum ser necessário pode explicar a contingência: a contingência não é um engano, uma aparência que se pode espantar: ela é o *absoluto*, consequentemente é o perfeito insondável. Tudo é insondável, este parque, esta cidade e eu próprio. Quando se tem consciência disso, nosso estômago se retorce" (149). A experiência do parque provoca o confronto com um ser que ultrapassa a fala racional. A cena é uma ordenação literária na qual a frase de Kojève:

406 – Heidegger - um mestre da Alemanha entre o bem e o mal

"sem o ser humano o ser seria mudo: estaria *aí*, mas não seria o *verdadeiro*" é examinada quanto à sua concepção. O narrador age como uma coisa entre coisas, rebaixado ao *em-si* vegetativo — "eu era a raiz do castanheiro". Com todo o seu corpo ele sente o ser, um algo pesado e impenetrável, e isso o impele medrosamente de volta ao mundo da consciência, o mundo do *para-si*, para lá então experimentar a singular carência de ser. "O ser humano é o ser pelo qual o nada chega ao mundo", diz *O ser e o nada*, ligando-se em formulações de Kojève e Heidegger.

Sartre compreendia essa grande obra filosófica surgida em 1943 como prosseguimento da ontologia fundamental iniciada por Heidegger. O que Heidegger chama *dasein*, em Sartre, na terminologia kojève-hegeliana é o "para si" (Für-sich). O ser humano é a única criatura que não repousa no ser sem indagar, mas em precária situação precisa primeiro sempre produzir, esboçar, escolher sua relação com o ser. O ser humano é real mas primeiro ainda tem de ser tornar real. Ele veio ao mundo mas precisa constantemente trazer-se de novo ao mundo. A consciência como ser consciente ainda é sempre uma carência de ser, diz Sartre, o ser humano jamais poderá repousar em si mesmo como Deus ou uma pedra. Sua marca é transcendência. Essa transcendência naturalmente não é compreendida por Sartre no sentido de um reino de ideias suprassensoriais, mas trata-se de autotranscendência, aquele movimento no qual o mesmo escapa de si próprio o tempo todo; está sempre à frente de si próprio, providenciando, refletindo, assimilando os olhares dos outros. Reconhece-se facilmente nessas análises a doutrina de Heidegger dos existenciais *ser-lançado, projeto, preocupação*. Só que Sartre dispõe de uma arte ainda mais minuciosa de descrever esses fenômenos. Sartre também segue as teses de Heidegger sobre a temporalidade do dasein. É o acesso privilegiado ao tempo que não permite ao ser humano permanecer consigo mesmo. Acesso privilegiado significa: o ser humano não está no tempo como o peixe na água, mas ele realiza o tempo, ele o produz. Esse tempo da consciência, diz Sartre, é "o nada, que se insinua na totalidade como um fermento destotalizante" (287).

Trata-se aqui efetivamente de uma engenhosa continuação da análise fenomenológica do dasein de *Ser e tempo*, que coloca energicamente no centro o reino do ser — pouco iluminado em Heidegger. Seja como for, Sartre faz na terminologia uma modificação que levará a graves

DESNAZIFICAÇÃO. LEITURA DE SARTRE – 407

mal-entendidos e também a discordâncias aparentes, dando mais tarde motivo para que, depois de alguma concordância inicial, Heidegger se afaste de Sartre. É que Sartre emprega o termo "existência" no uso cartesiano tradicional. Existência significa o *estar-presente* empírico de algo, em contraste com suas determinações meramente pensadas. Sartre pois emprega esse conceito no sentido do *simplesmente existente* (Vorhandenheit) de Heidegger. O ser humano "existe" significa segundo isso que ele percebe que primeiro simplesmente está presente e que é seu destino ter de se portar em relação à sua própria presença. Ele tem de fazer algo com isso, projetar-se, etc. Nesse sentido Sartre dirá em sua conferência de 1946, *Existencialismo é um humanismo?*: a existência vem antes da essência. O conceito de existência em *Ser e tempo*, de Heidegger, porém não se refere a essa pura presença, facticidade, mas designa o sentido transitivo do existir, portanto a autorrelação; que o ser humano não vive simplesmente, mas tem de "conduzir" a sua vida. Mas naturalmente também Sartre se referia a essa autorrelação chamada *existência*, mas em Sartre esse fenômeno se chama "para-si" (Für-sich). Sartre tenta como Heidegger superar a metafísica da presença em relação ao ser humano, mas para isso emprega outra terminologia. Como Heidegger, Sartre enfatiza que o discurso sobre o ser humano sempre corre o perigo de autocoisificação (Selbstverdinglichung). O ser humano não está fechado na esfera cerrada do ser, mas é uma criatura extática. Por isso Sartre compreende sua filosofia também como uma fenomenologia da liberdade. Assim como também Heidegger, vê a capacidade de verdade do ser humano fundamentada na sua liberdade. Verdade, disse Heidegger em sua preleção sobre *Metafísica*, de 1935, é liberdade. Nada mais.

O livro de Sartre *O ser e o nada* foi escrito e apareceu numa França ocupada pelos nazistas. Desenvolve numa rede de sutilezas toda uma filosofia do antitotalitário. Para o pensar totalitário, o ser humano é uma coisa. Um fascista, diz Sartre em suas *Considerações sobre a questão judaica*, é alguém que quer ser "uma rocha implacável, um riacho torrencial, um raio devastador, tudo menos um ser humano". A filosofia de Sartre quer devolver ao ser humano a sua dignidade, na medida em que descobre a sua liberdade como um elemento em que todo o ser sólido se dissolve. Nesse sentido a obra é uma apoteose do nada, mas o nada compreendido como a força criadora do nadificar (Nichtens). O que importa é: dizer não àquilo que nos nega.

No outono de 1945 a fama de Sartre já se estendeu bem além da França e a fama de Heidegger está por entrar na França. Heidegger recebe visitas da França: o jovem Alain Resnais, futuro diretor de cinema, e Frédéric de Towarnicki.

Towarnicki, um jovem soldado da divisão Reno e delegado de cultura no exército francês, lera o *O que é metafísica?*, de Heidegger, e decide procurá-lo em Freiburg. Seu plano audacioso: ele quer mediar um encontro entre Heidegger e Sartre. Towarnicki fala com pessoas que conhecem Heidegger, que lhe asseguram que este protegeu professores universitários judeus. Ele relata isso a Sartre, que fica inclinado a desistir de sua inicial resistência a tal encontro. Heidegger, de sua parte, pede a Towarnicki que o ajude a retomar suas ligações com a França — uma carta ao professor de filosofia da Sorbonne, Emile Brehier, não obtivera resposta — mas confessa não conhecer a obra de Sartre exceto alguns pequenos artigos sobre ele. Towarnicki empresta-lhe um exemplar francês do *O ser e o nada*. Heidegger começa a leitura imediatamente. Towarnicki relata que Heidegger, na conversa, se mostrara impressionado com a arte descritiva de Sartre. Ficara simplesmene encantado com aquele trecho em que Sartre filosofa sobre corrida de esqui. Sartre escolhera isso como exemplo de que "técnicas" determinam fundamentalmente as percepções do mundo, de que portanto, por exemplo, um homem natural de Saboia anda de esqui segundo método francês e vivencia as encostas das montanhas diferentemente de um norueguês. "Se usamos o método norueguês mais favorável nas encostas suaves, ou o francês, mais favorável nas encostas íngremes, a mesma encosta parecerá mais íngreme ou mais suave." Filosofar sobre andar de esqui — Heidegger também já ponderara isso certa vez, relata Hermann Mörchen sobre os tempos de Marburg, mas não ousara colocar isso na obra publicada.

Heidegger está interessado em um encontro com Sartre. Naturalmente espera disso também beneficiar-se com o processo da comissão de limpeza que transcorre no mesmo momento.

Portanto, Towarnicki tinha a concordância de Heidegger e Sartre; queria conseguir até a presença de Camus para esse encontro, mas este recusara mencionando o tempo de reitor de Heidegger.

Afinal o encontro não se realizou. Primeiro não havia papéis para a viagem, e depois não havia lugar no trem previsto, pelo menos é o que relata Towarnicki, que em 1993 publicou a tradução francesa de uma carta de Heidegger a Sartre, de 28 de outubro de 1945, portanto escrita depois daquela ocasião frustrada. Entrementes Hugo Ott encontrou uma cópia dessa carta.

Heidegger fala de sua leitura da obra sartriana. *Aqui encontro pela primeira vez um pensador independente que experimentou com profundidade o território a partir do qual eu penso. Sua obra é dominada por uma compreensão tão imediata da minha filosofia, como jamais vi antes.* Heidegger aceita expressamente a ênfase sartriana do *ser-um-para-o-outro* (Für-einanderseins), e também concorda com a crítica de Sartre à *explicação da morte* em *Ser e tempo* (Sartre objetara que o ser precursor (Vorlaufen) da morte encobre o escândalo da morte, seu absurdo e absoluta contingência). Sartre: A morte não pode fazer nada senão "retirar da vida qualquer sentido". Mas também diferenças não podem enganar Heidegger no desejo de, como escreve a Sartre, *junto com o senhor, conduzir o pensar novamente a um ponto a partir do qual ele próprio se torna vivenciável como um ato fundamental da história e traz o ser humano atual a uma relação original com o ser.* Ele diz que teria se alegrado muito com o encontro em Baden-Baden e lamentava que não tivesse ocorrido. Mas talvez devessem ir mais intensa e insistentemente ao que interessava. *Seria muito bom se durante o inverno o senhor pudesse vir até aqui. Em nossa pequena cabana de esqui podemos filosofar juntos e dali fazermos passeios de esqui pela Floresta Negra.* Heidegger encerra sua carta com um convite patético no qual descreve a imagem de dois dióscuros de um *pensar-o-ser*, um dos quais ataca o tema do nada, outro o do ser. *É preciso com toda a seriedade atacar o momento do mundo e fazê-lo falar, acima de todos os meros partidos, das correntes da moda, das escolas, para que finalmente desperte a experiência decisiva de como o tesouro do ser se oculta de maneira insondável no nada essencial.*

Uma anotação pessoal de 5 de outubro de 1945, publicada no apêndice do livro de *Kant*, comprova que Heidegger levava a sério seu

410 – Heidegger - um mestre da Alemanha entre o bem e o mal

reconhecimento, quase já admiração por Sartre, e que esperava uma colaboração com ele. A anotação, a que até agora geralmente não se deu importância maior, diz: *efeito sobre* Sartre *decisivo;* só a partir dali é que compreendi *Ser e tempo* (K, *251*).

A visita de Sartre à cabana de esqui não aconteceu. Os dois só se encontrarão pessoalmente em Freiburg em 1952. Entrementes porém aconteceu a crítica aberta de Heidegger ao existencialismo de Sartre, formulada na *Carta do humanismo*. Mas falaremos disso mais adiante.

O trânsito filosófico sobre fronteiras entre Alemanha e França no começo não melhora a situação de Heidegger mas ao contrário, os adversários de uma reabilitação apressada assustam-se com isso.

No fim de 1945, quando Heidegger sabe que as coisas estão ruins para ele e espera que o parecer de Jaspers abrande sua situação, procura também outro íntimo dos anos passados: o arcebispo de Freiburg, Conrad Gröber, mentor espiritual da sua juventude. No começo do domínio nazista Gröber fora um dos zelosos defensores da "irrupção nacional", e por isso participara no surgimento da Concordata. Mas mais tarde Gröber mudara seu curso e por uma posição eclesiástica conservadora tornara-se adversário da adaptação política e ideológica ao sistema. Assim, depois de 1945 era uma autoridade junto ao governo militar francês. Heidegger esperava ajuda dele, e por isso procurou-o em dezembro de 1945 em seus escritórios. Na antessala, segundo relato de Max Müller, teria acontecido a cena seguinte. A irmã do arcebispo entrou e disse: "Ora, o Martin está aí de novo! Faz doze anos que não aparece". Heidegger respondeu contrito: *Marie, paguei caro por isso. Estou liquidado.* Ainda nos dias de natal Gröber elaborou um texto para o governo militar francês. Ele não foi encontrado, mas que Gröber interveio em favor da volta de Heidegger à universidade está provado por uma carta de um colaborador do governo militar, que diz: "Mas será muito difícil admitir Heidegger novamente na universidade, se o reitor votar contra. Seja como for, farei o possível, uma vez que o senhor (Gröber) recomenda o homem". Os esforços de Gröber não produziram efeito contra a resistência da universidade. Mas para Gröber, a visita de Heidegger foi uma grande satisfação. Em um relatório sobre

DESNAZIFICAÇÃO. LEITURA DE SARTRE – 411

a situação política, escrito para um colaborador do Papa Pio XII, a 8 de março de 1946, ele diz: "O filósofo Martin Heidegger, meu antigo aluno e conterrâneo, foi aposentado e não pode dar conferências. De momento ele está no instituto Baden, em Badenweiler, e segundo me disse ontem o professor Gebsattel, está se consumindo. Foi um grande consolo para mim quando no começo da sua desgraça ele me procurou e se portou de maneira realmente edificante. Eu lhe disse a verdade, e ele a escutou entre lágrimas. Não rompo minhas relações com ele, pois espero dele uma conversão espiritual".

Com efeito na primavera de 1946 Heidegger sofreu um colapso físico e mental e submeteu-se a tratamento psicossomático com o barão Victor von Gebsattel, um médico e psicólogo, que pertencia à escola de Binswanger da análise do dasein, orientação psicanalítica inspirada na filosofia heideggeriana, e a qual também pertenceu o futuro amigo de Heidegger, Medard Boss.

As informações do próprio Heidegger sobre seu colapso e a estada no sanatório são vagas. A Petzet ele disse que no *interrogatório da inquisição* de dezembro de 1945 (na verdade foi depois, em fevereiro de 1946) ele tivera um colapso. Depois viera o decano da faculdade de medicina, Beringer, e o levara até Gebsattel em Badenweiler. *E o que foi que este fez? Primeiro subiu comigo pelo Winterwald coberto de neve até a Blauen. Não fez mais nada. Mas ajudou-me como ser humano. E três semanas depois voltei curado.*

Heidegger estava curado mas por algum tempo ficou isolado. Muitos que queriam parecer politicamente inocentes achavam melhor evitar ligações com Heidegger. Robert Heiss, colega de faculdade sempre amável com Heidegger, escreve a Jaspers em julho de 1946 que agora era evidente "que o senhor Heidegger está numa espécie de exílio; pode-se dizer que está colhendo o que semeou".

Que semeadura estava colhendo? Ele tem de pagar pelo seu engajamento de 1933. Mas: em breve a sua semeadura filosófica há de brotar mais uma vez, poderosamente.

Capítulo **XXI**

O que fazemos quando pensamos?

O que fazemos afinal quando pensamos?

Pensamos para preparar o nosso agir e para analisá-lo depois. Nesse duplo sentido refletimos a respeito. Nos dois sentidos pensar se relaciona com agir mas é, ele mesmo, algo diferente. Mas como se relaciona com o agir, tem nele o seu sentido e cumpre-se nele, pois senão, por que pensaríamos?

Mas não é possível pensar um pensar que tem em si próprio sua finalidade? Que não pretende um efeito que esteja fora dele? Um pensar que se cumpre em si mesmo? Que nos arrebata de uma maneira sinistra e quando tudo acaba esfregamos os olhos admirados e, talvez um pouco contrariados ou aliviados, regressamos ao chão dos chamados fatos. E. T. A. Hoffmann conta de um pedante, metido a realista, que depois de ouvir uma sinfonia perguntou ao seu comovido vizinho: "E o que nos prova isso, meu senhor...?" Existe um pensar diante do qual essa pergunta seria igualmente insensata?

Heidegger está convencido de que seu pensar é desse tipo. Ele *não conduz a um saber como as ciências*, não traz *nenhuma sabedoria útil de vida*, não resolve *enigmas do mundo*, não confere *diretamente forças para agir* (WHD, 161).

Que inclinação é essa, que faz mais com a capacidade de pensar do que meramente empregá-la para conhecer e agir?

No texto *Sobre o humanismo* Heidegger conta uma anedota sobre Heráclito transmitida por Aristóteles. Estranhos queriam chegar até ele para ver como vive um homem pensante e como se parece quando pensa. Mas encontram-no aquecendo-se junto de um forno. *Pararam surpreendidos sobretudo porque falou com eles, que hesitavam, e mandou-os entrar, com as palavras: também aqui os deuses estão presentes* (ÜH, 45).

Heidegger lê essa anedota como informação sobre a questão do pensar. Existe o *acontecimento sem graça* de que alguém tem frio e se aquece junto ao forno. Que *também aqui* os deuses estão presentes, significa: eles não estão presentes apenas em lugares especiais e ações especiais, mas no cotidiano. Mas apenas quando se reflete especialmente nesse cotidiano. Refletir em alguma coisa significa devolver-lhe sua dignidade. Os deuses estão presentes nessa cozinha onde se assa o pão, porque e enquanto Heráclito os faz falar. Esse "fazer-falar" significa para Heidegger pensar. O ente é tirado de seu fechamento e, no espaço da linguagem que proporciona abertura, torna-se o "há" (Es gibt). Esse é o primeiro aspecto do pensar. Heráclito, que se aquece junto do forno, aquece a si e aos estranhos ainda que de uma outra forma — pela palavra. Ela abre e convida os estranhos a entrarem. O segundo aspecto do pensar: ele é participação (Mitteilung), empenhada em partilhar (teilen) com outros a situação — aberta pela palavra.

Quando em seu texto *Sobre o humanismo*, escrita em 1946, Heidegger reflete sobre o pensar, a sua situaçao pessoal é a de um proscrito. Provavelmente por isso lhe ocorreu a anedota de Heráclito, porque lhe recordava as condições de sua própria vida. Pois também ele agora levava uma vida pobre e modesta. Também ele bem que precisaria de um forno para se aquecer. Não havia combustível em Freiburg; a cabana de Todtnauberg, onde se podia cortar lenha nas redondezas, precisa de consertos; não é mais adequada para suportar o inverno e falta material para a reconstruir. Mesmo assim da primavera até fins do outono Heidegger se retira para lá. A vida na casa de Freiburg ficou apertada demais com os militares ali alojados. Também a comida é melhor lá em cima na Floresta Negra. Os camponeses da vizinhança ajudam.

Muitas coisas o oprimem. O ignominioso afastamento da universidade, a espera pelos dois filhos ainda prisioneiros de guerra russos. Mas apesar das circunstâncias opressivas, o filosofar de Heidegger preserva aquela disposição fundamental singularmente indiferente dos últimos anos de guerra.

Sua reação às medidas discriminatórias contra ele é diferente, por exemplo, da de Carl Schmitt. O jurista da coroa do Terceiro Reich,

O QUE FAZEMOS QUANDO PENSAMOS – 415

embora mais profundamente enredado no sistema criminoso, foi mais duramente atingido. Também a sua biblioteca foi confiscada. Ele foi internado durante um ano (de setembro de 1945 a outubro de 1946) e mais uma vez submetido a prisão preventiva durante o processo criminoso de Nuremberg (abril e maio de 1947). Finalmente desistiram de uma acusação formal, e Schmitt pôde recolher-se à sua terra natal, Plettenberg. Ao ser dispensado da prisão preventiva aconteceu aquele diálogo singular entre ele e Robert Kempner, representante da acusação. Kempner: "E o que senhor vai fazer agora?" Carl Schmitt: "Vou para a segurança do silêncio". Mas não foi um silêncio indiferente. Como mostram as suas anotações dos anos 1947 a 1951 (*Glossarium*), Carl Schmitt ocupou-se incessantemente com sua autojustificação; com minuciosa lacrimosidade ele se queixa de seu destino de "animal caçado". Vê-se como o profeta Jonas cuspido do ventre do leviatã. Espumeja contra os "criminalizados de Nuremberg" e zomba: "Os crimes contra a humanidade são cometidos por alemães. Os crimes pela humanidade são cometidos contra alemães. Esta é toda a diferença". Despreza particularmente aqueles que participam do "espetáculo de uma briga entre os que pregam penitência". Fundamenta assim a sua recusa a sumeter-se ao processo de desnazificação: "Quem quer confessar-se que vá mostrar-se ao padre". Para o público ele escolhe a atitude de silêncio heroico e em suas anotações queixa-se de que se prive sua voz do espaço de ressonância, e que ele tenha de gritar "sem voz". Mas ainda é melhor, escreve ele, fazer parte dos torturados e não dos "autotorturadores".

Mas Heidegger também não faz parte desses "autotorturadores". Antes, imagina-se no papel do "sábio da montanha", que descreve em grandes perspectivas e panoramas os males dos tempos modernos, onde inclui os crimes do nacional-socialismo, mas não reflete particularmente sobre eles. Com isso Heidegger também se porta diferentemente de Alfred Baeumler, que escreve (em suas anotações): "considero indigno e absurdo declarar-me publicamente 'culpado'", mas quem internamente o julgaria muito mais criticamente. Baeumler diagnostica em si mesmo a tendência a, diante das dificuldades da história enredada e contraditória, refugiar-se nas ideias "absolutas" de povo, Führer, raça, missão histórica. Em lugar de procurar uma verdadeira "proximidade com as coisas", haviam triunfado as "visões

416 – Heidegger - um mestre da Alemanha entre o bem e o mal

à distância", violentando a realidade. Isso era expressão do "atraso alemão em relação ao Ocidente (alienação do mundo)" (160), que em outro ponto Baeumler chama de "abstração no indefinido" (160). Era preciso resistir à nostalgia do sublime nos assuntos políticos. Prescreve para si próprio um tratamento de desintoxicação que finalmente o levará a uma avaliação da democracia. Democracia é o "antissublime". Ela não tem perspectiva grandiosa de futuro, mas em compensação é "toda presente", nela não há certezas sobre missões históricas mas apenas um viver com "probabilidades" (174). Sob a impressão da catástrofe, também pessoal, Baeumler começa a difícil lição de pensar o político sem o metafísico.

Heidegger não pensa na maneira autocompassiva e agressivamente obstinada como Carl Schmitt, nem tão politicamente e com a autocrítica de um Alfred Baeumler.

O primeiro documento público do seu pensar depois de 1945 é o texto *Sobre o humanismo*, escrito em 1946 como carta aberta a Jean Beaufret, mais importante apóstolo de Heidegger no cenário filosófico do pós-guerra. Beaufret, conforme relato próprio, teve a sua experiência de Heidegger exatamente a 4 de junho de 1944, dia da invasão dos aliados na Normandia: pela primeira vez ele o compreendera! E para ele foi um momento tão feliz que comparada a ele a alegria pela libertação iminente da França chegou a empalidecer. Quando os franceses entraram em Freiburg, Beaufret mandou uma carta arrebatada a Heidegger através de um oficial. "Sim, com o senhor é a própria filosofia que se liberta, determinada, de qualquer trivialidade, e se reveste do essencial da sua dignidade." Depois disso Heidegger convidou Beaufret para uma visita. Esta se realizou em setembro de 1946, e com ela começou a intensa amizade de vida inteira entre os dois. A primeira consequência dessa relação nova foi pois o texto *Sobre o humanismo*. Beaufret perguntara a Heidegger: "de que maneira se pode devolver o sentido da palavra humanismo?"

Heidegger aceitou de bom grado a pergunta, pois ela lhe dava oportunidade de responder ao ensaio de Sartre aparecido poucos meses antes, e também discutido por toda parte na Alemanha: *O Existencialismo é um humanismo?* Mesmo depois de frustrado um encontro pessoal, Heidegger procurava uma explicação com Sartre. Depois de uma conferência, a 29 de outubro de 1945, baseada nesse ensaio, o existencialismo de Sartre se tornara, quase do dia para a noite, objeto de culto na Europa. Uma grande multidão se juntara para essa conferência na Salle des Centraux, esperando que nessa noite se anunciasse a encíclica existencialista. E assim foi. Pessoas acotovelavam-se, brigando, assaltando o caixa, houve cadeiras quebradas, e Sartre levou um quarto de hora para abrir caminho até o pódio. Então, mãos negligentemente nos bolsos, começou com suas explicações no salão super-aquecido e superlotado e frase a frase logo deu a impressão de uma formulação válida e definitiva. Espremidos, empurrados, meio sufocados, os ouvintes tinham a sensação de estar ouvindo frases que a partir dali seriam incessantemente citadas. Depois dessa conferência não foi só na França que não se passou quase um dia sem que se mencionasse ou citasse Sartre e o existencialismo. Poucos meses antes Sartre ainda declarara: "O existencialismo? Não sei o que é isso. Minha filosofia é uma filosofia da existência". E já em dezembro de 1945 circulavam os primeiros breviários populares do existencialismo. E diziam: Existencialismo — o que é isso? Resposta: "Engaja-te, leva contigo tua humanidade, recria-te sempre outra vez, apenas através dos teus atos".

A insistente formulação de Sartre de que "a existência precede a essência", atingiu também na Alemanha destruída o sentimento de vida daqueles que depois da catástrofe se reencontravam sob os escombros, conscientes de mais uma vez terem escapado. Quem salvara a sua existência podia afinal recomeçar. Exatamente nessa compreensão a frase filosófica altamente sutil fez carreira na Alemanha do pós-guerra. Quando em fim de 1946 Erich Kästner voltou da prisão de guerra para uma Dresden destruída reconheceu, escreve numa reportagem, que a maior parte das coisas se tornou desimportante. "Na sombria Alemanha sentimos que a essência constitui a existência."

Com sua lendária conferência de 29 de outubro de 1945, Sartre respondera à pergunta pelo destino do humanismo em um tempo que acabava de viver excessos de barbárie. Resposta de Sartre: valores humanistas nos quais podemos confiar, porque aparentemente estão firmemente instalados em nossa civilização, não existem. Apenas existem se a cada vez os inventamos na hora da decisão e os fazemos reais. Existencialismo coloca o ser humano diante dessa liberdade e da responsabilidade que se liga a ela. Por isso o existencialismo não é uma filosofia de fuga da realidade, do pessimismo, do quietismo, do egoísmo ou do desespero. Ele é uma filosofia do engajamento. Sartre faz circular formulações marcantes, que em breve se tornam conhecidas em toda a Europa: "o existencialismo define o ser humano pelo seu agir; o existencialismo diz ao ser humao que só existe esperança no agir, e que a ação é a única coisa que permite ao homem viver; um ser humano se engaja em sua vida, desenha seu rosto, e além desse rosto nada existe; somos abandonados sem remissão. É isso que quero dizer quando digo que o ser humano está condenado à liberdade".

Na França como na Alemanha depois de 1945, o problema do humanismo, sua revivescência ou renovação, depois de anos de barbárie e traição, tornaram-se novamente atuais — por isso também Sartre e pouco depois Heidegger seriam levados a tratar do assunto.

Sartre precisava defender-se da acusação de que, num momento histórico, em que se mostrara como eram frágeis os valores da civilização — solidariedade, verdade, liberdade —, ele enfraquecia ainda mais, nessa situação precária, as normas éticas, porque deixava a cargo do indivíduo decidir sobre a validade delas. Sartre responde: como excluímos Deus, tem de haver alguém que invente os valores. Temos de aceitar as coisas como elas são. O iluminismo eliminou todas as ingenuidades. Despertamos de um sonho: estamos sob um céu vazio, e já não podemos confiar nem na comunidade. Portanto nada nos resta senão colocar valores no mundo através de nossa ação e, como indivíduos, lutar pela sua validade sem uma bênção do alto, sem a exaltada confirmação por Deus ou um espírito do povo ou uma ideia universal da humanidade. Que cada um tenha de inventar a "humanidade" para si significa: "a vida não tem sentido *a priori*". Depende de cada indivíduo conferir-lhe um sentido na medida em que, pelo seu agir, escolhe determinados valores. Sobre essa escolha existencial do indivíduo se fundamenta a possibilidade de uma "comunidade humana". Cada uma dessas escolhas é um "projeto", um ato de superação. Sartre diz: um "transcender" (35). O ser humano não repousa em si como uma realidade acabada, ele é expulso de si mesmo e primeiro tem de se efetivar. E o que ele efetiva é a sua transcendência.

O QUE FAZEMOS QUANDO PENSAMOS – 419

Mas esta não compreendida como um além e sim como resumo das possibilidades dentro das quais o ser humano pode se superar. Trascendência não é algo dentro e que se possa encontrar quietude, mas é ela mesma o coração da inquietação que impele o ser humano. Assim o existencialismo é um humanismo, porque "lembramos o ser humano de que além dele não existe outro legislador, e que no seu abandono ele decide sobre si mesmo; e porque mostramos que não é pela volta sobre si mesmo, mas sempre pela busca de um objetivo fora de si próprio — que é esta ou aquela libertação, esta ou aquela efetivação especial — que o ser humano se efetivará como criatura humana" (35).

Gabriel Marcel — um humanista cristão que aceitou lemas existencialistas e se tornou conhecido na Alemanha junto com Sartre — lembra, opondo-se essa concepção, que o transcender de Sartre permanece vazio. Isso não é apenas um problema filosófico, mas significa entregar o ser humano às catástrofes político-sociais. E um ensaio para o *Monat*, "O que é um ser humano livre?" (setembro 1950), ele indaga: como pôde estabelecer-se nos sistemas totalitários do fascismo e do stalinismo a falta de liberdade? Sua resposta: a falta de liberdade pôde triunfar porque a secularização não deixou nada senão a efetivação de objetivos mundanos. Com isso, o ser humano ficou inteiramente e sem reservas entregue ao mundo, de modo a nada poder fazer de melhor com suas intenções que transcendiam o mundo, do que declarar os objetivos como incondicionais (Unbedingt), transformando-os em ídolos. O Deus que nos abre espaço livre diante do real torna-se ídolo que nós mesmos fizemos e que nos escraviza. Marcel fala da "idolatria da raça e idolatria da classe". O fundamento de Marcel, de que "o ser humano só pode ser e permanecer livre na medida em que permanece ligado à transcendência" (502), coloca em jogo uma transcendência vivenciável nos momentos de extática estranheza do mundo. A "força de invenção criativa", da qual Marcel fala com tanto entusiasmo quanto Sartre, não produz apenas a civilização humana; seu ímpeto vai além disso, ela não quer mais apenas viver, quer mais do que viver. Só se permanecermos cidadãos de dois mundos podemos preservar o mundo humano em sua humanidade.

Com efeito, Gabriel Marcel lembra um sentido fundamental da religião. A transcendência é aquela relação que exonera os seres humanos de terem de ser tudo uns para os outros. Podem cessar de descarregar uns sobre os outros sua carência de ser e em compensação responsabilizar--se mutuamente quando se sentem estranhos no mundo. Também não precisam mais lutar tão medrosamente pela sua identidade, porque podem acreditar que só Deus realmente os conhece. Essa transcendência ajuda o ser humano a vir ao mundo na medida em que mantém alerta a consciência da estranheza e até a santifica. Ela impede uma naturalização excessiva e lembra o ser humano de que ele só é hospede, com limitada permissão de estada. Com isso presume nele a admissão de sua impotência, finitude, falibilidade e culpabilidade. Mas torna essa admissão visível, nessa medida ela é a resposta espiritual aos limites da exequibilidade (Machbarkeit).

Para Marcel, Sartre não pode estar certo ao afirmar: "não existe um outro tudo se não o tudo do *caráter-de-eu* (Ichheit) humano" (35). Se fosse assim, o mundo seria o inferno. Não basta que o ser humano se supere, ele deve e pode superar-se em direção de alguma coisa que ele próprio não é e nunca poderá ser. Ele não deve apenas querer se efetivar (verwirklichen), é preciso também ajudá-lo a redescobrir aquela dimensão na qual ele pode se *des-efetivar* (entwirklichen).

Na Alemanha dos primeiros anos do pós-guerra o humanismo cristão de um Reinhold Schneider ou Romano Guardini argumenta de maneira semelhante a Gabriel Marcel.

Reinhold Schneider vivia desde 1938 em Freiburg. Pelo fim do domínio nacional-socialista ele fora acusado de alta traição. Mandara imprimir privadamente milhares de suas reflexões religiosas, sonetos, contos, e também os fizera chegar aos soldados no *front*. Nesses textos Schneider convocava a consciência religiosa contra a barbárie. E mantém-se firme a esse traço fundamental de seu pensar, mesmo depois de 1945. No texto de 1945, *O indestrutível*, ele pergunta: é verdade que ninguém pode ser responsabilizado pelo coletivo? Sua resposta: nem podemos admitir que os líderes políticos escapem de sua responsabilidade, nem podemos atribuir-lhes toda a responsabilidade de modo tal que o indivíduo seja desonerado de qualquer autoavaliação. Mas essa autoavaliação não é apenas o reconhecimento confortável de que somos todos pecadores; quando ela for séria, notaremos o quanto precisamos da experiência do pecado. O que será da culpa diante dos seres humanos, se a comunidade desses seres humanos segue um caminho criminoso? Então essa culpa não existirá mais. Se a culpa desaparece na sociabilização do crime, resta apenas o pecado diante de Deus. Só a relação com Deus pode salvar o ser humano de si mesmo. Reinhold Schneider tira essa lição da catástrofe do nacional-socialismo. Mas não podemos "fabricar" a relação com Deus. Deus não é um "projeto" nosso. Reinhold Schneider não pode sugerir nenhuma terapia, não tem disponíveis conceitos políticos; resta-lhe apenas a crença em uma história que talvez seja misericordiosa conosco. "História é Deus construindo pontes sobre abismos inauditos. Temos de atravessar a ponte. Mas a cada dia talvez ela cresça, apenas o comprimento de um passo... entramos em outro mundo, inteiramente estranho... A história não se interrompe, mas suas transformações parecem colapsos...".

Assim como Reinhold Schneider, também Romano Guardini queria enxergar a luz no colapso.

Romano Guardini, que em 1946 fora por pouco tempo levado em conta como sucessor de Heidegger na cátedra, publicou em 1950 seu livro, então muito lido, *O fim dos tempos modernos*, baseado em suas preleções de Tübingen no inverno de 1947/48.

Os tempos modernos, diz Guardini, desenvolvem-se a partir da compreensão da natureza como força redentora, da subjetividade humana como personalidade autônoma e da cultura como reino intermediário com leis próprias. Com o fim dos tempos modernos, de que somos testemunhas, essas ideias naufragam. A natureza perde sua força como proteção, torna-se estranha e perigosa. O homem das massas rejeita a pessoa e no desconforto com a cultura morre a velha devoção pela cultura. Os sistemas totalitários são expressões de e resposta para essa crise, que porém abre a chance de um novo começo. O ser humano primeiro precisa obviamente perder os tesouros naturais e culturais, para nessa "pobreza" redescobrir-se outra vez como pessoa "despida" diante de Deus. Talvez os "nevoeiros da secularização" se atenuem e comece um novo dia na história.

Não se pode afirmar que tenha sido um humanismo modesto esse que tomou a palavra nos primeiros anos depois da catástrofe. Houve muita perplexidade e disputas isoladas especialmente nas questões concretas da reconstrução política, mas estava bem difundido o impulso para o grande e o todo ocidental, para dali adquirir um patos de novo começo. No editorial da revista *Die Wandlung*, Karl Jaspers escreve (novembro de 1945): "mas que estejamos vivos, deve ter um sentido. Voltamos a nos erguer diante do nada... Não teremos perdido tudo, em absoluto, se, esbravejando em desespero, não desperdiçarmos também aquilo que não podemos perder: o chão da história, para nós de momento o milênio da história alemã, mas depois a história ocidental, finalmente a história humana como um todo. Abertos para o ser humano, como seres humanos podemos nos aprofundar nesse chão, nas lembranças mais próximas e mais remotas".

Eram palavras grandiosas demais já para muitos contemprâneos de então, repetindo aquela especialidade alemã de uma desgraça exaltada, como já diagnosticara Helmuth Plessner em seu exílio em Groninger, em 1935, no ensaio "O destino do espírito alemão no fim de sua época burguesa" (aparecido em 1959 sob o título *A nação tardia*). Mas como, em uma Alemanha que seguira seu Führer até o fim, que substituíra o político pela servidão fiel, que agora estava dividida em zonas de ocupação e governada pelos aliados, gostando de eximir-se da responsabilidade política, como poderia nascer ali uma argumentação política que não se esquivasse logo para questões excessivamente grandes, um pensar que poderia ser contrapeso para um espírito que muitas vezes se empenhava muito alto ou baixo demais, no nada ou em Deus, no colapso ou no nascimento?

Dolf Sternberger, editor, com Karl Jaspers, da *Die Wandlung*, em breve manifestou seu desconforto por esses tons "elevados" da política do espírito. Via o perigo de sobreviver ali o velho defeito do espírito alemão, de agir como aristocrata em questões políticas. Era um erro, aliás, compreender cultura e intelecto como uma região à parte, separada de política, economia, técnica, cotidiano. Todas as coisas da vida deviam ser tratadas com intelecto e cultura. Tal cuidado e refinamento nos assuntos humanos representam a humanidade. Em 1950, no Congresso pela Liberdade Cultural, ele disse: "Na Alemanha eu entregaria tranquilamente algo da dita cultura, se em troca ganhássemos algo de civilização. *Menos* névoa e fumaça de uma quantidade indefinida de ideais e valores elevados", mas em troca mais senso do evidente, mais senso burguês. "Não nos deixemos enganar com a cultura: se queremos defender a liberdade, temos de defendê-la em sua univocidade, completude e indivisibilidade, como liberdade política, pessoal e intelectual. Cultivemos a liberdade! Assim todo o resto nos virá ao natural" (37).

Naturalmente, e também Dolf Sternberger sabia disso, exatamente por causa dessa questão de uma cultura da liberdade desencadeou-se em solo alemão a briga de opiniões e programas, quer liberal-democrático, socialista ou capitalista, se em uma terceira via, com valores cristãos ou pluralismo radical. Sternberger sempre tinha de destacar o evidente que na Alemanha ainda não o era: que essa disputa faz parte da cultura e não significa apenas briguinhas partidárias ou o colapso do Ocidente. Não era essa briga o problema, mas que o "espírito" pensava novamente estar acima dela, entregando-se mais uma vez ao seu desespero gnóstico, suas obsessões apocalípticas e suas fantasias sobre fim da humanidade tanto no sentido de um começo quanto de um colapso.

Com efeito, para um pensar que descia da montanha das discussões globais expondo-se às exigências da situação concreta complicada, a situação na Alemanha era extraordinariamente difícil. Podia-se, por exemplo, aceitar o juízo que as forças vitoriosas realizavam sobre a Alemanha com o processo de Nuremberg e as medidas de desnazificação? Isso não deslocaria a responsabilidade pela própria história? Mas quem seria juiz na Alemanha? A experiência de uma política moral não estaria fadada ao fracasso, pois a União Soviética, como potência totalitária igualmente criminosa, participava dela? Como, depois da derrota do fascismo, relacionar-se com a nova ameaça do comunismo? A guerra acabara e já se adensava um novo perigo de guerra. A libertação e a catástrofe — onde iniciava uma e terminava a outra? Como realizar a reconstrução democrática com um povo que ainda há pouco em sua imensa maioria saudava o Führer com gritos de júbilo? As elites econômicas capitalistas e as elites científicas tinham apoiado o sistema. Haveria ainda uma tradição de burguesia democrática? Acaso reviver o ideal alemão de cultura poderia ajudar? Voltar a Goethe, como sugeria Meinecke, seria uma das soluções? Não seria melhor apostar no efeito civilizatório da economia de mercado? As mercadorias, quando voltassem a circular em abundância, não resolveriam o problema da purificação moral e de uma vida na verdade? Por que o trabalho de afligir-se, se ele nos afasta do trabalho? A ideia de que um povo deve elaborar seu afligir--se não é apenas uma fantasia apolítica, uma transposição inconfiável de posturas do indivíduo para um sujeito coletivo?

A política cotidiana e a política realista daqueles anos não se deixavam enganar por aquela confusão de dúvidas, mas seguiam seu caminho na prática bem sucedido nas zonas ocidentais, marcado por reforma monetária, união das zonas ocidentais, fundação da república e integração ocidental sob o signo da guerra fria iniciante. Estabeleceu-se uma sociedade aberta domesticada pela autoridade patriarcal. Em uma situação de perplexidade intelectual generalizada, começava pois a história do sucesso do Estado de Adenauer.

Esclarecedoras para esse contexto são as observações de Hannah Arendt, de 1950, em sua primeira visita à Alemanha depois da guerra. Ela descreve como as pessoas se movem entre os escombros e voltam a escrever-se cartões-postais de igrejas e praças, edifícios públicos e pontes que nem existem mais. O estado de espírito oscila entre a apatia e a atividade impensada, existem a obstinação nas pequenas coisas e a serenidade em relação ao destino político da coisa comum. "A realidade da destruição, que rodeia todo o alemão, desencadeia-se em uma autocompaixão reflexiva mas de raízes superficiais, que se desfaz depressa quando em algumas ruas largas se constroem pequenas edificações feias e baixas, que poderiam vir de qualquer rua principal americana." O que foi feito do amor dos alemães pelo seu país? — pergunta Hannah Arendt. Eles saem rastejando de seus escombros, queixam-se da ruindade do mundo, e quando sentem fome e frio dizem: então essa é a democracia que vocês queriam nos dar? Entre os "intelectualizados" as coisas não estão melhores. Também aqui a mesma rejeição da realidade. "A atmosfera intelectual é repassada de vagos lugares-comuns, de concepções formadas muito antes dos fatos atuais, aos quais agora devem se adaptar; a gente fica oprimida por uma burrice política que vai se espalhando" (50). Nessa "burrice" Hannah Arendt também inclui uma determinada espécie de melancolia alemã, que não busca as causas da guerra, da destruição da Alemanha e do

O QUE FAZEMOS QUANDO PENSAMOS – 425

assassinato dos judeus nas ações do regime nazista, mas "nos fatos que levaram à expulsão de Adão e Eva do paraíso" (45).

Na situação imediatamente posterior à guerra, o texto de Heidegger *Sobre o humanismo* age como um documento daquela perplexidade. Certamente nele também há algo daquela "burrice" por deterioração, que Hannah Arendt observou. Pois também Heidegger procura o começo do terrível fim, não em Adão e Eva, nem em Odisseu como na *Dialética do iluminismo,* de Adorno/Horkheimer, publicada no mesmo momento, mas igualmente em uma nebulosa época antiga, em Platão e seus sucessores.

Politicamente esse texto é obtuso. Mas Heidegger já não exige ser considerado um orientador político. Desistiu disso desde seu fiasco na reitoria.

Heidegger estava politicamente tão perplexo quanto Thomas Mann que, no seu discurso comemorativo a Goethe, de 1949, reage expressamente contra o papel do mentor que sabe de tudo, com essa confissão sincera: "Se não houvesse o refúgio da fantasia, se não fossem eles, os sedutores jogos e distrações do fabular, da criação e da arte, a me chamar depois de cada final para novas aventuras e excitantes experiências, para prosseguir sempre mais intensamente — eu não saberia como viver, e nem falo de conselho ou ensinamento para os outros".

Assim como Thomas Mann diz "eu sou apenas um poeta", também Heidegger declara: "eu sou apenas um filósofo", e na verdade mais precisamente ele nem quer isso, quer ser "só" um pensador. Atraem-no as aventuras e excitantes experimentos do pensar, também o seduzem a "prosseguir sempre mais intensamente". Se não pudesse dedicar-se a essa atividade de pensar, teria de dizer como Thomas Mann, "eu não saberia como viver, muito menos dar conselhos e ensinamentos a outros".

O texto *Sobre o humanismo* é esse documento de "intensificada continuação" e ao mesmo tempo uma contabilidade em causa própria. Como intromissão nas tentativas de orientação política do seu tempo, esse texto pareceria desamparado. Mas como tentativa de recapitular seu próprio pensar e determinar o seu lugar atual, como abertura de um horizonte onde se visualizam certos problemas da vida em nossa civilização — visto assim, esse texto é um documento grandioso e também eficiente da trajetória intelectual de Heidegger. Além disso nele já está presente toda a filosofia heideggeriana tardia.

Portanto com seu texto Heidegger responde indiretamente a Sartre, à forma existencial já intensa e ao renascimento do humanismo, igualmente atual. Recordemos Beaufret perguntando: "de que maneira pode-se dar sentido à palavra humanismo?"

Sartre declarara seu existencialismo como um novo humanismo, o da responsabilidade própria e do engajamento na condição do desamparo metafísico. E Heidegger tenta agora explicar por que o próprio humanismo é o problema cuja solução ele procura, por que o pensar tem de ir além do humanismo, e por que o pensar já tem suficiente trabalho engajando-se em si mesmo e na causa do pensar.

Heidegger começa suas reflexões nesse último ponto, a causa do pensar, do engajamento, para, partindo dali, chegar à questão do humanismo.

O que é, pois o pensar? É óbvia a ideia de uma diferença e de uma sequência entre teoria e práxis. Primeiro a reflexão, o modelo, a hipótese, o esboço teórico, depois a "transposição" para a práxis. A práxis assim compreendida é o verdadeiro agir, teoria é em relação a ele um tipo de agir probatório. Nesse esquema, um pensar que não se relacione com o agir, como algo externo a ele, perde sua dignidade e seu valor, torna-se nulo. Essa ligação do pensar ao agir equivale ao domínio do útil. Se desejamos que o pensar se engaje, isso se refere a essa utilidade para impor determinados objetivos práticos em política, economia e sociedade. A apresentação da utilidade prática e do engajamento louvável também serve para comprovar a justificação de dasein pública do pensar.

Heidegger varre de lado essa ideia. Chama-a uma *interpretação técnica do pensar* (ÜH, 6). É antiquíssima e desde os dias de Platão é a grande tentação para o pensar. É a maneira humilde, intimidada pelas exigências práticas da vida, de perder a fé em si mesmo, na medida em que se compreende como *procedimento do refletir a serviço do agir e do fazer* (ÜH, 6). Na filosofia, essa intimidação pelo mandamento da práxis teve efeito catastrófico. Concorrendo com as ciências práticas bem sucedidas, a filosofia sofre o constrangimento de ter de provar sua utilidade. A filosofia queria imitar as ciências que tinham-se emancipado dela. Queria *elevar-se à posição de ciência* (ÜH, 6) sem perceber que nas

O QUE FAZEMOS QUANDO PENSAMOS – 427

ciências ela só podia perder-se ou despencar. E isso não porque ela seja algo "mais elevado", sublime, mas porque na verdade teria de agir sobre o mais evidente (Näherliegend), experiência que precede a toda a postura científica. Na medida em que o pensar se afasta disso, acontece-lhe como com o peixe em terra seca. *Faz muito tempo, tempo demais, que o pensar está no seco* (ÜH, 7), diz Heidegger. Mas onde fica esse lugar próprio do pensar e o que é esse evidente do pensar?

Heidegger quer responder à pergunta pela proximidade (Nähe), primeiramente com uma retrospectiva sobre *Ser e tempo*. Lá ele tentara descobrir o que seria, para o dasein que se encontra no mundo, o mais evidente, o inicial. O tema dessa análise fora: de início não vivenciamos a nós mesmos e ao nosso mundo numa postura quase-científica. O mundo não é nossa "representação" nesse sentido, mas primeiro nós vivenciamos o nosso *ser-no-mundo*. O *ser-em* é o critério e o primário. O *ser-em* afinado, intimidado, entediado, preocupado, ocupado, atordoado, devotado, extático. Só sobre esse pano de fundo do *ser-em* inicial, pode acontecer algo como nós nos refletirmos para fora de nós mesmos, fazermos determinadas representações, retomarmos "objetos" do *continuum* de nosso providenciar e nosso relacionar. Que exista aí um "sujeito" com o qual se defrontam "objetos" não é uma experiência basal, mas é devida à realização secundária abstrata. Se o *ser-em* original é o mais próximo, se nessa proximidade as coisas da vida ainda podem desabrochar em toda a sua riqueza, se o pensar tem a tarefa de refletir nessa proximidade, resulta uma constelação paradoxal. Como perdemos a imediatidade através do pensar, atribui-se a um pensar que quer chegar próximo à tarefa de pensar contra a sua própria tendência distanciadora e afastadora. O pensar, que tem seu território nas mediações, deve chegar perto do imediato. Mas será que exatamente aí não ficará "no seco"? Não anulará, o pensar, os efeitos do pensar? Uma revivescência da "imediatidade mediada" hegeliana? Será possível isso — revogar essa proximidade, pensando? Heidegger responde laconicamente: o pensar só enfrenta o seu objeto quando *se quebra nele*. A *filosofia sobre o fracasso*, que tenha conjuntura atual, é separada por um abismo daquilo que é preciso fazer, *um pensar que fracassa* (ÜH, 34). O pensar fracassado não é uma infelicidade, através dele percebemos que estamos no caminho certo. Mas aonde conduz esse caminho? Para a proximidade.

Mas o que procura nessa proximidade, da qual agora sabemos que significa o *ser-em* elementar e primário? Esse lugar é tão atraente apenas porque a ciência *o ignora, apressada* (übereilt)? A ciência não é tão importante que aquilo que ela ignora por isso mesmo tenha de ser enobrecido. Heidegger, que leva vida de acadêmico, não teria entrado em uma concorrência de ideal com a ciência? A diferença ontológica, da qual ele faz tanto alarde, não será talvez apenas insistir na diferença narcísica com a atividade filosófica cientificizada?

Naturalmente há muito também sabemos que nessa "proximidade" existe uma grande promessa, uma esperança, que vai muito além do que se pode obter no reino do científico. É a experiência do ser.

Com *Ser e tempo* ele teria estado no caminho dessa experiência e dessa formulação, mas não conseguira *atravessar*. A *intenção de* "ciência" *e* "pesquisa" (47) *o inibira e o induzira em erro*. Já naquele tempo não fora sua intenção colaborar para a antropologia científica, mas importava-lhe refletir (bedenken) sobre o mais duvidoso (bedenklich), importava-lhe o dasein do ser humano como lugar aberto que se abriu no ente. Dasein compreendido como lugar onde o ente toma a palavra e por isso mesmo se torna ser, e isso quer dizer: torna-se claro, algo vem ao encontro, abrindo-se mesmo em sua impenetrabilidade e em sua *retração* (Entzug).

Com efeito, Heidegger realizara a sua análise do dasein tendo em vista o ser; para ele dasein era aquele ente que se importa com o seu próprio (poder) ser. Mas depois, contrariando sua intenção original, ele se deixara arrastar longe demais dentro do dasein. De tanto dasein, por fim o sein saíra de sua visão. Isso se vê no conceito de *existência*. Quando, em *Ser e tempo*, Heidegger escreve que *ao próprio ser, com relação ao qual o dasein pode se portar de uma maneira ou outra e de alguma forma sempre se relaciona, chamamos* existência (SuZ, 12), então o conceito de "ser" aqui tinha o sentido determinado do próprio ser que deve ser efetivado. Por isso Heidegger também fala no *ser-para* (Zu-Sein) no sentido da intenção e do esboço. Também tem esse sentido a frase da predominância da *existentia* sobre a *essentia* (Suz, 58), que depois Sartre pode invocar com alguma razão ao enfatizar o caráter de projeto do dasein: *a existência vem antes da essência*.

Mas agora que quer tirar sua intenção original para fora da prisão da filosofia científica, Heidegger dá outro significado ao conceito de existência. Não designa mais apenas o modo de ser de uma criatura, que se importa com seu próprio *(poder)-ser* — mas existência, que ele agora escreve *ex-sistência* (Ek-sistenz), significa: *ao estar parado na clareira do ser, chamo a* ex-sistência *do ser humano. Só o ser humano possui essa maneira de ser.* A *ex-sistência* significa resistir, mas também êxtase. Sabemos agora com que prazer e frequência desde os anos trinta Heidegger cita a carta de Hölderlin na qual este conta a seu amigo Böhlendorff como o raio de Apolo o atingiu.

No melhor dos casos, a "existência" levou à determinação, mas existência significa estar aberto para experiências de Pentecostes de um tipo bem diverso. A famosa volta (Kehre) heideggeriana, que sabidamente desencadeou uma avalanche de interpretações, deveria ser vista tão *simplesmente* como Heidegger pretendeu. No primeiro impulso (até *Ser e tempo*) ele ficou atolado no dasein, naquele ser que quer efetivar a existência; no segundo impulso — ou no acesso *de volta* — ele quer "sair para" (no sentido textual) um ser pelo qual o dasein é interpelado, exigido. Isso traz toda uma série de reinterpretações dentro das quais as possibilidades de relacionamento ativistas, esboçadas a partir do dasein individual, passam para o registro de um comportamento antes passivo, resignado, de aceitação. O *ser-lançado* do dasein se torna o seu *destino*, do *providenciar* nasce um *cuidar* (Hüten) daquilo que nos foi entregue e confiado. O *entregar-se* ao mundo torna-se a *insistência* dele. Nos *projetos* (Entwürfen) é o próprio ser que se *lança* (wirft) através deles.

O *pensar-o-ser*, que busca a proximidade, encontra ali algo que Nietzsche chamou de maneira ainda bem ingênua e desprotegida: "o momento da verdadeira percepção".

Está respondida assim a pergunta sobre qual é razão do pensar se não for apenas servir ao agir? Está respondida. Pensar é um agir interior, é um outro estado que se abre no dasein — através de e durante o pensar. Pensar é um modo transformado de estar no mundo, nas palavras de Heidegger: *esse pensar não é teórico nem prático. Ele acontece antes dessa distinção. Esse pensar, na medida em que é, é a lembrança do ser, nada além disso... Esse pensar não tem resultado. Não tem efeito. Ele cumpre sua natureza, sendo* (ÜH, 48). E então vem aquela frase que devemos anotar porque contém toda a filosofia ulterior de Heidegger. Esse tipo de pensar, o que faz? *Ele deixa o ser — ser* (UH, 48).

E que acontece com o humanismo?

Soberano diante do fato de que o nacional-socialismo acaba de "baratear" o humanismo de maneira catastrofal, Heidegger trata agora de "superar" o humanismo. Na determinação humanista do ser humano, como humanismo teonômico ou autônomo, *não experimentou ainda a verdadeira dignidade do ser humano* (ÜH, 21). *Ele pensava* contra *o humanismo, não por apologia da bestialidade, mas porque humanismo não avalia suficientemente alto a* humanitas *do ser humano* (ÜH, 22). Quão alto a devemos avaliar? Tanto quanto outrora se falava de Deus. O ser humano como *pastor do ser* é uma criatura da qual não devemos fazer imagens. Como o "animal não constatado" (Nietzsche), como uma criatura não objetualmente fixável mas viva na riqueza de suas relações, o ser humano precisa de ligações estéticas, *por mais que elas só se unam precariamente e no mero hoje* (ÜH, 43), mas são verdadeiramente apenas recursos de emergência, são o penúltimo, onde qual não devemos crer que ali cessa o pensar. O pensar avança mais, até num ímpeto alado fazer a verdadeira *experiência do sólido. A verdade do ser fornece o apoio para todo o comportamento*[46] (ÜH, 51).

Nesse ponto Heidegger está realmente a uma distância abissal de Sartre. Sartre: "o ser humano tem de reencontrar-se e convencer-se de que nada o pode salvar de si mesmo, nem na prova válida da existência de Deus".

Heidegger também declara *que o* ser *— isso não é Deus nem base do mundo* (ÜH, 22), o que não muda o fato de que a experiência do ser acompanha uma *relação-de-ser* que é devota, reflexiva, meditativa, grata, temerosa, indiferente. Todo o círculo de efeitos que um Deus abre ao seu redor está ali — apenas Heidegger lança sobre esse Deus uma tão rigorosa proibição de imagem como não a conhecem as religiões estabelecidas. Ao Deus heideggeriano pertence a *clareira* (Lichtung). Não. O

---

46   Jogo de palavras com *Halt* (apoio) e *Verhalten* (postura, comportamento). (N. da T.)

O QUE FAZEMOS QUANDO PENSAMOS – 431

experimentamos ainda no ente, que se encontra na *clareira*. Só o encontramos quando experimentamos nós mesmos essa *clareira* como a possibilidade da visibilidade e a recebemos agradecidos.

Podemos virar e revirar isso como quisermos mas no fim é sempre a repetição daquele maravilhoso pensamento de Schelling, segundo o qual a natureza abre os olhos no ser humano e este percebe que existe. O ser humano como lugar da autovisão do ser. "Sem o ser humano o ser seria mudo: estaria aí, mas não seria o verdadeiro" (Kojève).

O que se deduz disso? Já ouvimos: nada. *Em tudo isso é como se pelo dizer pensante nada tivesse acontecido* (ÜH, 52). Mesmo assim: toda a relação com o mundo se modificou. Há outra situação, lança-se um outro olhar sobre o mundo. Heidegger passará os anos que lhe restam testando esse olhar na técnica, na construção e no modo de morar, na linguagem e, por mais estranho que pareça, também em Deus. Seu pensar, que ele agora não chamam mais de filosofia, há de se esforçar por deixar ser aquilo que nos deixa ser.

Porque nesse pensar se deve pensar algo simples, por isso é tão difícil representar aquilo que nos foi transmitido como filosofia. Mas a dificuldade reside não em perseguir um sentido profundo especial e formar conceitos enredados, mas esconde-se no passo-atrás... (ÜH, 33).

Capítulo XXII

Heidegger, Hannah Arendt e Karl Jaspers no pós-guerra

"A deturpação é insuportável e só o fato de que ele agora organiza tudo, como se fosse uma interpretação de *Ser e tempo*, já mostra que tudo voltará a sair deturpado. Li a carta contra o humanismo, também muito duvidosa e muito ambígua, mas é a primeira coisa que está novamente no nível antigo." Esse é o juízo de Hannah Arendt sobre a primeira publicação pós-guerra de Heidegger, em uma carta a Karl Jaspers de 29 de setembro de 1949. No fim do outono de 1945 ela retomara a ligação com Jaspers através de Melvin Lasky. Desde 1938 Jaspers e Arendt nada tinham sabido um do outro. Ele quase perdera a esperança de que ela estivesse viva, escreve Karl Jaspers na primeira carta depois da guerra. E Hannah respondeu: "Desde que eu soube que vocês dois escaparam ilesos de todo esse espetáculo infernal, voltei a me sentir um pouco melhor neste mundo" (58). Viviam na sensação de terem escapado mais uma vez. Ela escreveu que ainda não tinha pátria, e não se tornara "de nenhum modo respeitável", ainda era de opinião de que "uma existência humana digna hoje só pode ser possível à margem da sociedade" (65). Exagerava um pouco, pois entrementes fizera nome nos Estados Unidos como jornalista política. Mas vivia em Nova Iorque em condições materiais precárias, o que não a impediu de mensalmente enviar ao casal Jaspers três pacotes de víveres.

Depois da guerra de repente Karl Jaspers se tornara muito "respeitável". Ter sido um proscrito durante o período nazista o transformou quase do dia para a noite em consciência da nação, o que no começo

434 – Heidegger - um mestre da Alemanha entre o bem e o mal

ele sentiu como uma exigência e como uma insinuação ilusória. Desconfiava dessa súbita glória, para ele era uma "vida ficcional" (70), da qual queria se esquivar, quando no verão de 1948 aceitou o chamado da universidade de Basileia.

Portanto, Hannah retomou logo a ligação com Jaspers. Com Heidegger não foi assim. Ainda pouco antes de sua fuga da Alemanha, ela vira o reitor Heidegger tornar-se um homem do sistema. E o que mais tarde ouviu na América pareceu indicar que ele continuava sendo. Nos anos do exílio foi quase impossível para Hannah preservar aquilo de "indestrutível" que a ligara a Heidegger. Como poderia, sem ser incoerente consigo mesma, manter-se fiel a quem precisava incluir entre seus perseguidores políticos? Tenta libertar-se dele acertando as contas com ele — até que pôde escrever, aliviada, depois do primeiro encontro: "Esta noite e esta manhã são a confirmação de toda uma vida".

Mas primeiro, o rompimento antes do reencontro.

No começo de 1946 Hannah Arendt publicou na *Partisan Review* um ensaio "O que é a filosofia da existência?" Nesse inverno a moda existencialista também chegara à América. Sartre estava lá nesse período e Hannah o encontrara. Agora ela deveria transmitir ao público o pano de fundo filosófico de uma postura intelectual até ali só conhecida por motes da moda. Em suas conferências na América, Sartre sempre enfatizara o engajamento social do existencialismo. Hannah Arendt desenvolveu em relação a isso a tese de que, começando com Schelling, passando por Nietzsche e chegando a Heidegger, na versão alemã do existencialismo se tornara sempre mais forte a tendência de colocar o mesmo humano isolado como lugar da verdade, em contraposição ao todo social. Essa tendência só seria superada em Jaspers. Mas na descrição dela, Heidegger funciona como ápice do solipsismo existencial. Em Heidegger o mesmo próprio assumira a herança de Deus. O *eu-no-mundo* comum significava uma perda da pureza original. "O que consequentemente aparece em Heidegger como 'lixo', são todos aqueles modos de ser humano que indicam que o ser humano não é Deus e vive junto com seus iguais em um mundo." Com isso Heidegger falhara a *conditio humana*. O ser humano podia ser tudo o que fosse possível, menos um "mesmo próprio". Quem rejeita o mundo comum do "a gente", diz Arendt, rejeita o chão do humano. Resta um coquetear com a própria "nulidade" (Nichtigkeit) (37), o que, diz ela, tornou Heidegger vulnerável à barbárie. A negação filosófica do conceito "humanidade" não se transformou afinal na negação prática da humanidade?

Hannah Arendt envia esse ensaio a Karl Jaspers, ainda com o "velho medo infantil" do severo juízo de um ex-professor de filosofia. Mas Karl Jaspers, que encontra o manuscrito no pacote junto com latas de *corned--beef*, leite em pó e barras de chocolte, fica "entusiasmado". Só faz objeção ao boato que Hannah Arendt transmite, de que Heidegger proibira o acesso de Husserl à faculdade. "Substancialmente é verdade o que você relata, apenas a descrição da sua atitude externa pode não ser bem exata." (79). Jaspers suspeita de que Heidegger só teria assinado as determinações burocráticas, como faziam os outros reitores. (Mas como já descrevemos, isso também não era exato. Heidegger foi quem participou a Husserl a revogação da sua "licença provisória" pois ele não observara a lei de "reorganização do funcionalismo".) Hannah insiste, vê em Heidegger um "assassino em potencial" (84), pois seu comportamento partira o coração de Husserl. Karl Haspers comenta: "Concordo inteiramente com seu juízo de Heidegger" (99).

Apesar dessas manifestações, Hannah Arendt e Karl Jaspers ainda não "liquidaram" Heidegger inteiramente. Ainda dois anos mais tarde Hannah se recusa a publicar o texto *Sobre o humanismo* de Heidegger, na *Neue Rundschau*, contrariando a intenção de seu amigo Dolf Sternberger, mas quando, a 1º de setembro de 1949, Jaspers lhe diz que realmente voltara a corresponder-se com Heidegger, ela escreve: "como sabidamente não somos coerentes, pelo menos eu não sou, fiquei contente" (178).

Karl Jaspers iniciara a correspondência com Heidegger quando intervinha em favor da revogação da proibição de Heidegger de ensinar. Em começo de 1949 Jaspers escrevera nesse sentido ao reitor de Freiburg, Gerd Tellenbach: "O senhor professor Martin Heidegger é reconhecido em todo o mundo por suas realizações na filosofia, como um dos mais importantes filósofos da atualidade. Na Alemanha não há quem o supere. Seu filosofar quase oculto, que toca as mais profundas questões, só indiretamente reconhecível em seus textos, faz dele talvez hoje uma figura única em um mundo filosoficamente pobre".

436 – Heidegger - um mestre da Alemanha entre o bem e o mal

Era preciso permitir que Heidegger pudesse trabalhar em paz e, caso desejasse, também ensinar.

Desde que o processo de desnazificação de Heidegger em março de 1949 encerrara com a sentença: "foi um oportunista. Sem medidas punitivas", debatiam outra vez na universidade de Freiburg a revogação de sua proibição de ensinar. E maio de 1949 o conselho sugeriu com pequena maioria ao ministério que devolvesse a Heidegger os direitos de aposentado, revogando assim a proibição de ensinar. As tratativas arrastaram-se ainda algum tempo. Só no semestre de inverno de 1951/52 Heidegger voltará a dar uma primeira conferência.

Na sua primeira carta a Heidegger, em 6 de fevereiro de 1949, Jaspers sonda cautelosamente se não poderiam encerrar aquela situação "de estarmos mutuamente silenciosos". Era certamente uma empresa difícil. "O luto infinito desde 1933 e a situação atual na qual minha alma alemã apenas sofre cada vez mais, não nos uniram mas nos separaram no silêncio." Embora houvesse "escuridão" entre eles, podiam tentar ver se no particular e no filosófico "não poderia passar entre nós a palavra". Jaspers encerra sua carta dizendo: "Eu o saúdo como de um passado distante, por sobre um abismo de tempo, mas apoiando-me em algo que existiu e que não pode não ser nada" (BwHJ, 170).

Essa carta de Jaspers no começo não chega. Mas em junho Heidegger fica sabendo através de Robert Hess que Jaspers lhe escreveu. Portanto, sem conhecer a carta, Heidegger escreve brevemente, revelando claramente no tom forçado a sua insegurança. *Com toda a errância e confusão e um temporário arrufo, para mim minha relação com você permanece intocada.* Em que terreno a *relação* prosseguiria ou seria retomada? Por enquanto Heidegger se decide por união no sublime. *Em tempos de crescente necessidade para todo mundo, são poucos os guardas do pensar; mesmo assim você tem de resistir contra qualquer tipo de dogmatismo, sem contar com resultados. A vida pública mundial com sua organização não é o lugar no qual se decide o destino do ser humano. Não se deve falar sobre a solidão. Mas ela permanece o único lugar onde o pensador e escritor podem apoiar*[47] *o ser, segundo a capacidade humana. É desse lugar que eu o saúdo de coração* (BwHJ, 171).

---

47 No original alemão *bei-stehen*, literalmente: estar junto de. (N. da T.)

Jaspers responde laconicamente e com mal disfarçada desconfiança: "o que você chama a revelação (Offenbarkeit) do ser, até agora me é inacessível. O 'lugar' de onde me saúda — talvez eu nunca tenha entrado nele, e recebo essa saudação com prazer, admiração e interesse" (10.7.1949, BwHJ, 176).

Com Hannah Arendt ele comenta desdenhosamente essa carta: "ele está inteiramente metido na especulação do ser, escreve '*seyn*'. Há duas décadas e meia ele ainda insistia em 'existência', e no fundo inverteu a coisa. Agora insiste ainda mais intensamente... Espero que não mude tudo outra vez, mas duvido. Sendo uma alma impura... pode-se sinceramente olhar o puríssimo?" Mas imediatamente abranda a dureza de seu juízo e comenta: "é singular que ele saiba de algo que hoje quase ninguém percebe e impressione com a sua intuição".

Hannah Arendt também vacila em seu juízo. Alegra-se quando Jaspers retoma a ligação com Heidegger, e ao mesmo tempo confirma as ideias negativas dele: "essa vida em Todtnauberg, xingando a civilização e escrevendo *sein* com y, na verdade é a toca onde ele se recolheu porque pensa, com razão, que só precisa ver pessoas que chegam peregrinando cheias de admiração por ele; não será fácil alguém subir mil e duzentos metros apenas para servir de cenário para ele" (178).

Em novembro de 1949 Hannah Arendt vai para a Europa por quatro meses, para, a cargo da comissão de reconstrução cultural judaica na Europa, inspecionar e inventariar os restos dos tesouros culturais que os nazistas tinham roubado. Durante essa viagem ela visita Karl e Gertrud Jaspers em Basileia, em dezembro de 1949. Jaspers, que tem por Hannah um amor paternal, fica sabendo, junto com Ettinger, da história de amor entre ela e Heidegger. "Ah, mas isso é muito excitante", disse ele. Hannah fica aliviada com essa reação. Tinha imaginado que Jaspers reagiria com crítica moral ou ciúme. Os dois falam tão francamente sobre Heidegger, que o escrupuloso Jaspers volta a sentir-se desconfortável: "pobre de Heidegger, se nós, seus melhores amigos, agora estamos aqui comentando os seus segredos".

Quando Hilde Fränkel, amiga de Hannah, perguntou pouco antes da viagem se ela se alegrava mais com Basileia ou com Freiburg, Hannah respondera: "Darling, para me 'alegrar' com Freiburg, eu precisaria de uma coragem bestial — de que não disponho".

438 – Heidegger - um mestre da Alemanha entre o bem e o mal

Ainda a 3 de janeiro de 1950, poucos dias antes de sua viagem a Freiburg, ela escreveu a Heinrich Blücher: "Ainda não sei se vou ver Heidegger... Deixo tudo nas mãos do acaso".

As últimas cartas de Heidegger, que Jaspers lhe mostrara, provocam-lhe repulsa: "a mesma mistura de sinceridade e mentira, ou melhor, covardia". O que então acontece quando a 7 de fevereiro Hannah chega em Freiburg, foi assim reconstruído por Ettinger baseando-se na correspondência: Hannah envia um bilhete a Heidegger, do hotel, e Heidegger vem imediatamente ao hotel. Ele entrega uma carta na recepção. Nesta convida-a para a sua casa na mesma noite e insinua que a essa altura Elfride sabe da história de amor deles. Obviamente também Heidegger se sentia oprimido, pois primeiro quis adiar o encontro pessoal. Mas depois de ter entregado a carta pediu a um garçom do serviço de quartos que o anunciasse junto de Hannah Arendt. Hannah diz em uma carta escrita a Heidegger dois dias depois: "Quando o garçom disse teu nome... foi como se de repente o tempo parasse. E percebi com a rapidez de um raio que antes disso eu não teria admitido nem a mim, nem a ti, em a ninguém mais, que a coerção de um impulso... me protegeu misericordiosamente de cometer a única verdadeira infidelidade imperdoável e desperdiçar a minha vida. Mas uma coisa deves saber (pois não convivemos muito nem com excessiva frequência), que se o tivesse feito, seria só por orgulho, isto é, por pura total insensata burrice. Não com fundamentos". "Fundamentos" referia-se, segundo Ettinger, ao passado nazista de Heidegger, que obviamente não a fizera desistir de um encontro com ele. O que ela chama "orgulho" é provavelmente o medo de voltar a ficar fascinada por Heidegger. Segundo mostra sua carta de 9 de fevereiro de 1950, esse fascínio já tinha recomeçado. Pois o que ela lhe diz ser a "confirmação de toda uma vida", descreve como uma tragicomédia depois de recuperado o distanciamento, numa carta a Hilde Fränkel: "Ele não tem absolutamente a menor ideia de que tudo isso agora faz 25 anos, que ele não me via há mais de 17 anos". Heidegger ficara parado no meio do quarto dela "como cachorrinho molhado".

Heidegger volta para casa e lá espera a visita de Hannah ainda na mesma noite, que os dois passarão sozinhos. Sobre isso Hannah escreve a Blücher: "parece-me que foi a primeira vez que realmente conversamos um com o outro". Hannah já não se sente no papel de aluna. Ela vem do mundo, uma mulher 'muito experiente', sobrevivente de uma catástrofe, uma filósofa política que acaba de concluir um livro: *Origens do totalitarismo*, que pouco depois se tornará um sucesso mundial. Mas não falam disso. Segundo Ettinger, Heidegger fala sobre seu envolvimento político, conta como naquela vez estivera fora de seu juízo normal, queixa-se de ser um proscrito. Ela encontra uma pessoa obstinada, contrita e amargurada; que lhe parece necessitada de ajuda. E ela está disposta a ajudar. Negociará com editores americanos em favor de Heidegger, entregará contratos, inspecionará traduções, mandará pacotes com víveres, livros, discos. E ele escreverá cartas ternas, às vezes anexo um talo de capim, escreve sobre seu trabalho, descreve a paisagem que vê da janela, lembra-se do vestido verde que ela usara aquela vez em Marburg. E sempre transmite saudações de Elfride.

Nesse primeiro encontro Heidegger quis fundar um triângulo. Segundo Ettinger, ele disse a Hannah que fora Elfride quem o encorajara a reatar essa amizade. Para o segundo dia de visita, Heidegger arranjara um encontro a três. Dois dias depois Hannah escreve a Heidegger sobre essa situação: "Fiquei e ainda estou abalada com a sinceridade e insistência da aproximação (de Elfride, R. S.)". Fora tomada de "um súbito sentimento de solidariedade". Mas a Blücher escreve coisas bem diferentes: "Hoje cedo ainda pode acontecer uma briga com a mulher dele — que há 25 anos, ou desde que de alguma forma descobriu a nossa relação, obviamente lhe dá o inferno na terra. E ele, que notoriamente sempre mentiu quando e onde pode, nunca em todos esses 25 anos negou, como depreendi de uma difícil conversa a três, que essa foi a paixão de sua vida. Receio que, enquanto eu viver, a mulher estará disposta a afogar todos os judeus do mundo. Lamento mas ela é simplesmente burra". Segundo a interpretação de Ettinger, Heidegger vivenciou a situação de maneira diferente. Para ele não houve uma briga mas uma reconciliação. Ficou comovido quando as duas mulheres se abraçaram na despedida. Logo quis aceitar também Heinrich Blücher nessa aliança de amizade e mandou-lhe cordiais saudações através de Hannah. Hannah tentou reduzir um pouco o entusiasmo de Heidegger lembrando-lhe que só se relacionaria com Elfride por causa dele. Ela

440 – Heidegger - um mestre da Alemanha entre o bem e o mal

seguia seu princípio de antigamente: "não tornar nada mais difícil do que tem de ser. Afinal eu saí de Marburg exclusivamente por tua causa".

Dois dias depois dessa cena de aliança tríplice, Hannah escreve sua primeira e única carta a Elfride. Consegue a obra-prima de mencionar a nova intimidade e ao mesmo tempo recuperar a distância que para ela é necessária. "Você rompeu o gelo", concede, "por isso eu lhe agradeço de todo o coração." Mas não tinha sentimentos de culpa pelos segredos do passado. Já sofrera bastante por causa dessa história amorosa, escreve. "Veja, quando saí de Marburg eu estava firmemente decidida a nunca mais amar um homem, mas mais tarde me casei (Günther Anders), e não importava quem, foi sem amor." Ela fora suficientemente castigada, portanto por favor nada de censuras quanto ao passado. E sobre o presente ela escreve como se a cena do abraço dois dias antes não tivesse acontecido. "Você jamais escondeu a sua tendenciosidade, não o faça hoje, nem mesmo em relação a mim. A tendenciosidade torna um diálogo quase impossível, pois isso que o outro poderia dizer já está antecipadamente caracterizado, e (desculpe) catalogado — judeu, alemão, chinês."

Quando dois anos depois, a 19 de maio de 1952, Hannah volta para outra visita, desapareceram também os últimos resquícios desse forçado idílio a três. Hannah escreve a Heinrich Blücher: "A mulher está meio idiota de ciúme, que aumentou muito nos anos em que obviamente ela esperava que ele me tivesse simplesmente esquecido. Percebi isso numa cena meio antissemita, sem a participação dele. Aliás, as convicções políticas dessa senhora... nunca foram marcadas por nenhuma experiência, e são de uma burrice tão obstinada, maligna, carregada de ressentimento, que se pode compreender tudo o que acontece contra ele... Em suma, a coisa terminou comigo fazendo uma verdadeira cena na frente dele. Desde então tudo está bastante melhor". Para Hannah Arendt está decidido: Elfride é culpada de tudo. Aquilo que em sua correspondência Hannah e Karl Jaspers tinham chamado, a respeito de Heidegger, de "impureza", para eles nada é senão impureza por contato com aquela mulher.

Mas Hannah engana-se vendo em Elfride apenas o demônio mau da vida de Heidegger. Com feito Elfride era uma boa mulher para ele e uma fiel companheira de vida. Casara-se quando ele não dava sinais da futura fama. Durante seus anos de livre-docente ela sustentara a família dando aulas numa escola. Era uma mulher emancipada e segura de si, raro caso de uma mulher formada em economia nacional. Foi um amparo para Heidegger quando ele se afastou da igreja católica, quando a fama desabou sobre ele e nos tempos de proscrição depois da guerra. Criava condições de vida que permitiam que ele trabalhasse em paz. Por iniciativa dela construiu-se a cabana em Todtnauberg. É verdade que antes de Heidegger ela se tornara nacional-socialista. Mas Heidegger teve motivos pessoais para a sua "ebriedade de poder". As ideias da emancipação feminina eram muito importantes para ela. Elfride esperava que a revolução nacional-socialista trouxesse progressos nesse terreno. Mas, diferente de Heidegger, que não a acompanhou nisso, ela também partilhava da teoria racista e antissemita do movimento nazi. Seguiu o nacional-socialismo mais tempo que seu marido. Muitos vizinhos tinham medo dela e na sua presença evitavam qualquer palavra crítica contra o "sistema". No outono de 1944 ela teria se tornado odiada quando como ativista "brutalizara da pior maneira as mulheres de Zähringen", insistindo em que "também doentes e grávidas fossem mandadas para a prisão", pelo menos esse é relato de Friedrich Oehlkers, membro da comissão de limpeza, para Karl Jaspers. Para a comissão de limpeza e durante o processo de desnazificação, Elfride obviamente foi um ônus a mais em desfavor de Heidegger. Mas ele próprio usava sua mulher como arma de defesa contra o que pensava ser um mundo hostil. Elfride assumiu de boa vontade esse papel. Não idealizava seu marido mas compreendia a sua paixão pela "causa do pensar", e fez tudo o que estava em seu poder para que ele pudesse seguir essa sua paixão. Heidegger reconhecia isso e lhe foi grato a vida toda. O que o impressionava particularmente: ela tolerava sua necessidade de solidão e ao mesmo tempo lhe dava a sensação de ter um lar. Carregou a maior parte das obrigações do cotidiano e da educação dos filhos. Para ele, uma cômoda divisão de tarefas. Nos primeiros anos ele lhe dera alguns motivos de ciúme, pois Heidegger era um homem por quem as mulheres se apaixonavam facilmente. Pequenas aventuras eram frequentes. Mas nunca, nem na relação com Hannah Arendt, ele pensara em separar-se de Elfride. Pelo menos, segundo Ettinger, a correspondência dele não permite que se pense nisso. E agora que Hannah volta à vida dele, ele sonhava com um triângulo que lhe permitisse apoiar-se em Elfride e reconquistar Hannah, talvez não mais como amante mas como amiga amada. Mas esse triângulo era impossível, nem Hannah nem Elfride queriam. O ciúme mobilizou em Elfride todos os seus preconceitos antissemitas. E para Hannah, aquele casamento era simplesmente uma "ligação entre ralé e elite".

Conforme relata Ettinger, nas poucas horas em que fica sozinha com Heidegger em 1952, ela volta a se entusiasmar pelo seu filósofo, que repassa com ela alguns trechos da sua conferência *O que significa pensar?* Nesses momentos, escreve ela a Blücher, ela tem "a certeza de uma bondade fundamental, uma confiabilidade (não sei de que outro modo chamar isso) que sempre me abala, e, quando está comigo, uma ausência total de todas as coisas que em geral poderiam aparecer, seu verdadeiro desamparo e indefensabilidade. Enquanto sua produtividade continuar, não há perigo; só tenho medo das depressões que nele sempre retornam. Agora tento preveni-las. Talvez então, quando eu não estiver mais aqui, ele se lembre disso".

Hannah vê-se no papel de anjo protetor do Heidegger "melhor". Quer ajudá-lo a preservar sua produtividade, e Heinrich Blücher a confirma nisso: "'O que significa pensar?' É uma grandiosa indagação por Deus. Pois então ajuda-o a indagar".

Mas Hannah Arendt não apenas o ajudou a indagar — ela também lhe respondeu filosoficamente.

Quando em 1960 aparece a edição alemã de sua obra-prima filosófica *Vita Activa*, ela manda um exemplar a Heidegger e, segundo Ettinger, escreve uma carta anexa dizendo que essa obra não poderia ter surgido "sem aquilo que aprendi contigo na juventude... a obra nasceu diretamente nos primeiros dias de Marburg e em todos os aspectos deve mais ou menos tudo a ti".

Em uma página separada e não enviada que Ettinger encontrou, Hannah escreve: "*De Vita Activa*/A dedicatória deste livro está em branco./Como posso dedicá-lo a ti,/meu íntimo,/a quem me mantive fiel/e não me mantive,/e as duas coisas com amor".

Em que Hannah "se manteve fiel" filosoficamente ao seu mestre?

Hannah Arendt participou da ruptura revolucionária de Heidegger com a tradição do pensar filosófico, portanto aferra-se à ideia de que primariamente a *relação-de-mundo* do ser humano não é teórico-cognoscente mas atuante-provedora (besorgend), e que esse agir ao mesmo tempo é um acontecimento inaugural, um acontecimendo da verdade. Para Heidegger como para Hannah Arendt o aberto, que Heidegger chama *clareira*, é um *telos* interior do dasein. Mas, diferente de Hannah Arendt, Heidegger distingue essa abertura (Offenheit) do *público* (Öffentlichkeit). Em *Ser e tempo* Heidegger declarara que *o público obscurece tudo e expõe o assim encoberto como o conhecido a acessível a qualquer um* (SuZ, 127). No público via de regra o dasein é dominado pelo *a gente*: *cada um é o outro, e ninguém é ele mesmo* (SuZ, 128). A esse público sabidamente Heidegger opõe a *propriedade* (Eigentlichkeit).

Como Heidegger, também Hannah Arendt se orienta por essa ideia da abertura, mas está disposta a potencialmene também ver essa ideia efetivada no público. Ela não espera abertura da relação transformada do indivíduo consigo mesmo, portanto não da *propriedade* heideggeriana, mas da consciência de pluralidade, portanto do reconhecimento de que o nosso *ser-no-mundo* significa dividir com "muitos" um mundo e poder conformá-lo. Só existe abertura onde se leva a sério a vivência da pluralidade do ser humano. Mas um pensar que se pretende autêntico, que não dá crédito aos "muitos", não aceita o desafio da pluralidade que pertence necessariamente à *conditio humana*. Esse pensar não fala do ser humano no plural mas no singular, para Hannah Arendt uma traição da filosofia à política. Como Heidegger, Hannah Arendt também procura na Grécia antiga um cenário original para isso que ela quer dizer. Heidegger tem sua metáfora platônica da caverna, Hannah Arendt usa imagem da democracia grega, como nos foi transmitida por Tucídides: "Em (suas) constantes conversas os gregos descobriram que o mundo comum a todos nós normalmente é contemplado a partir de infinitamente muitas perspectivas diferentes, às quais correspondem os mais diversos pontos de vista... Os gregos aprenderam a *compreender* — não a compreender-se mutuamente como pessoas isoladas, mas a contemplar o mesmo mundo da perspectiva do outro, e a ver o mesmo mundo sob aspectos muito diferentes e frequentemente opostos. Os discursos em que Tucídides explica as perspectivas e interesses de partidos que combatem entre si, ainda são um testemunho vivo do alto grau de objetividade dessas discussões".

Poder-se-ia dizer que Hannah Arendt reabilita a *tagarelice da caverna* (Heidegger) dos prisioneiros na caverna de Platão. A luz platônica de uma verdade perfeita ou da ascensão heideggeriana do ente (Seienden) para o *mais-ente* (Seienderen) não existe para ela. Existem apenas perspectivas para um mundo comum e a capacidade diferente de poder lidar com essa multiplicidade. Aludindo aos anátemas de Heidegger contra a *tagarelice* (Gerede) no público, Hannah Arendt declarou em seu discurso Lessing, de 1959, que o mundo continuaria desumano "se não for constantemente comentado pelos seres humanos".

Não a propriedade mas "o virtuosismo em agir junto com outros" oferece ao mundo aquela abertura que também Heidegger quer atingir.

Hannah Arendt aprendeu com ele também quanto ao problema da verdade e deu um passo adiante. Aceita o conceito dele de verdade como desvelamento (Unverborgenheit), mas em lugar de, como Heidegger, fazer desenrolar-se o acontecimento da verdade sobretudo na relação do ser humano com as coisas, ela o descobre *entre* os seres humanos. Só ali, nas tragédias e comédias do convívio humano, se torna plausível para ela o conceito de verdade do desvelamento. As cenas primárias da verdade transcorrem na arena do social. Hannah Arendt: "Agindo e falando os seres humanos sempre revelam quem são, mostram ativamente a característica pessoal de sua natureza, e aparecem juntas no palco do mundo". Porque o convívio das pessoas entre si tem qualidades de palco, todo o mundo aparente pode ser para elas um palco. Só porque aparecem e podem se mostrar, elas têm a impressão de que com a natureza é a mesma coisa, que também ela se quer "mostrar". Mesmo a ascensão de Platão para as ideias puras permanece ainda ligada a esse jogo social de aparecer e mostrar-se, pois essas ideias devem ser contempladas — no palco interior do filósofo.

O "mundo" do qual Hannah Arendt fala refere-se a esse espaço semelhante a um palco, social e revelador. O mundo abre-se entre os seres humanos, por isso não se deve compreender como soma de todas as coisas, seres humanos e acontecimentos, mas como lugar onde seres humanos se encontram e onde as coisas podem aparecer para eles; e onde finalmente produzem alguma coisa que é mais do que a soma das atividades dos indivíduos. Hannah Arendt refere-se também a esse "entre" na carta a Heidegger onde anuncia o envio do *Vita Activa*: "Se entre nós tivesse saído tudo bem — quero dizer entre, não contigo e comigo — eu teria te perguntado se posso dedicá-lo a ti". Pelo menos Hannah tinha a sensação de que nessa relação para ela só era possível ou submeter-se a Heidegger ou a autoafirmar-se contra ele. Numa relação assim o mundo que se estende entre ambos tem de ser de certa forma queimado. Não sobrava espaço para um encontro livre, havia um excesso de coisas não feitas, não ditas, não percebidas.

Em seu livro *Vita Activa*, Hannah Arendt persegue e examina a questão de como esse "mundo" preserva o ente, e como pode ser destruído na vida individual e na medida histórica. Ela distingue entre "trabalhar", "produzir" e "agir". Também aqui liga-se a Heidegger, na medida em que faz do *ser-no-mundo* uma sequência das diversas atividades com as quais os seres humanos de certa forma abrem caminho para a liberdade, com isso criando a premissa da abertura.

Hannah Arendt compreende "trabalhar" apenas como preservação biológica da vida. Aqui o ser humano organiza sua troca metabólica com a natureza. Trabalho e descanso, trabalho e consumo, alternam-se ritmicamente; a rigor não têm começo nem fim e são como nascimento e morte na circulação da vida da espécie. No trabalho o ser humano consome a natureza e no trabalho gasta a sua vida. Não se produzem resultados duradouros, o trabalho não é propriamente "formador de mundo".

Com o "produzir" é diferente. Aqui surgem, artesanal ou artificialmente, produtos que vão além do mero servir à vida: objetos que não podem ser imediatamente consumidos. Ferramentas, edifícios, móveis, obras de arte que devem durar por gerações. Quanto mais um objeto se destina a perdurar, tanto mais "mundana" (welthaft) é a atividade orientada para produzi-lo. O processo de produzir é linear, orientado para um objetivo exterior. É construído, montado, produzido, algo que afirma seu lugar no mundo e depois pertence à moldura fixa que os seres humanos criam para si, para encontrarem nela apoio, morada e uma referência para a sua trajetória viva. Não é apenas a precariedade da vida que os impele aqui mas a necessidade de criar, para o dasein temporal entre nascimento e morte, um elemento de permanência, de *transcendência-do-tempo*.

446 – Heidegger - um mestre da Alemanha entre o bem e o mal

Mas mais duradouro ainda do que o "produzir", é o "agir" que distingue o ser humano da circulação natural da vida. Agir, em grego = práxis, é, como já definiu Aristóteles, diferenciado do produzir, em grego = poiesis, porque é autorrepresentação e forma de expressão da liberdade humana. No agir os seres humanos se apresentam, mostram quem são e o que querem fazer de si e consigo mesmos. Agir é tudo o que acontece entre os seres humanos quando não serve diretamente ao trabalho ou à produção. O agir constitui o teatro do mundo e por isso também a ação transcorre sobre as tábuas que significam o mundo: os dramas do amor, do ciúme, da política, da guerra, do diálogo, da educação, da amizade. Só porque são livres os seres humanos podem agir. E a muliplicidade das ações que se cruzam e entretecem produz o caos da realidade humana, e por isso existe uma história humana que não segue nenhuma lógica previsível. História não se "produz" e também não é um "processo de trabalho"; aliás ela não é um processo mas um acontecer descontínuo, produzido pela conflituosa pluralidade de seres humanos que agem. Os seres humanos produzem máquinas e trabalham nelas, mas nem a história individual nem a coletiva é uma máquina, embora não tenham faltado tentativas de transformá-la em uma. Com sua *história do ser* talvez também Heidegger tenha sucumbido a essa tentação de descobrir uma lógica própria por trás da confusão do tempo — é uma suspeita que Hannah Arendt admitirá no segundo volume de seu texto póstumo *Da vida do espírito*. Lá ela aproxima Heidegger daqueles "pensadores profissionais" que não sabem o que fazer com a liberdade e sua "inefugível casualidade", que não querem "pagar o preço da contingência em troca do duvidoso bem da espontaneidade".

Do "ponto de vista dos acontecimentos naturais" e dos "processos automáticos" que parecem determinar univocamente o curso do mundo, o agir se porta "como uma curiosidade ou como um milagre". Agir significa tomar iniciativa. *Initium* — o começo.

Hannah Arendt, que escapara ao holocausto, desenvolve na *Vita Activa* os contornos grandiosos de uma filosofia do *poder-iniciar*. E exatamente essa filosofia traz a marca de seu amor por Heidegger. Quando ele subira para a água-furtada dela em Marburg, estava preparando a sua filosofia da vantagem da propriedade pelo *ser precursor da morte*. Ela, que escapara da morte, responde complementarmente como fazem os apaixonados, com uma filosofia de ser precursor do início, do *poder-iniciar*. "O milagre que sempre volta a interromper o curso do mundo e das coisas humanas, salvando da deterioração... é afinal o fato da natalidade, do *ser-nascido*... O 'milagre' consiste em que nasçam pessoas, e com elas o recomeço que elas podem efetivar, agindo, graças ao seu *serem-nascidas*" (167).

Essa impressionante resposta à filosofia da mortalidade de Heidegger, essa filosofia do nascimento, conhece a disposição do medo (Angst) mas também o júbilo pelo *chegar-ao-mundo*. Da filosofia do *poder-iniciar*, Hannah Arendt desenvolve seu conceito de democracia. Ela garante que *estar-junto* cada um preserva a sua chance de fazer o seu próprio início; ela é a grande tarefa de aprender a viver com a não coincidência. Pois se queremos nos encontrar ou até concordar em um mundo comum, descobrimos que cada um vem de um outro início, e que acabará em um final totalmente próprio a cada um. A democracia reconhece isso, estando disposta a sempre deixar recomeçar a discussão pelas questões da vida em comum. Mas esses novos inícios, individuais e coletivos, só são possíveis se houver duas coisas: o prometer e o perdoar. Na medida em que agimos, desencadeamos processos pelos quais não podemos nos responsabilizar; o que colocamos no mundo será sempre algo irrevogável e imprevisível: "O remédio contra a irrevogabilidade — contra o fato de que não se pode revogar o que foi feito, embora não soubéssemos, nem pudéssemos saber o que estávamos fazendo — reside na capacidade humana de perdoar. E o remédio contra a imprevisibilidade — e com isso contra a caótica incerteza de tudo que é futuro — reside na capacidade de prometer e cumprir a promessa" (231).

A própria Hannah Arendt prometera a si mesma ficar ao lado de Martin Heidegger. E só podia fazer isso se o pudesse perdoar.

Mas ele sempre voltou a dificultar isso para ela.

Quando em 1955 Hannah volta à Alemanha, mais uma vez, não o visita. "Que eu não vá me parece uma combinação tácita entre Heidegger e eu", escreve ela a Heinrich Blücher. Hannah Arendt fora convidada para apresentar seu livro recém-publicado sobre o totalitarismo. Agora ela era uma grande estrela e sabia que Heidegger logo notaria se em todo aquele

448 – Heidegger - um mestre da Alemanha entre o bem e o mal

tumulto ela não lhe pudesse dedicar inteira atenção. A viagem de Hannah Arendt para a Alemanha realmente foi triunfal.Voltava como uma judia altiva, apresentando sua contabilidade das tentativas totalitárias desse século, e com isso também julgava acremente os mandarins alemães daquele tempo. "Mergulhar voluntariamente em um processo sobre-humano de destruição parecia em todo caso desfazer todas as ligações com funções prescritas na sociedade, liberando do compromisso com uma banalidade sem sentido. A força de atração dos movimentos totalitários sobre essas pessoas residia e reside... naquele amálgama só aparentemente contraditório de uma ação brutal e "purificada" de quaisquer escrúpulos, com a crença no poder dominador de uma necessidade brutal e pura despida de qualquer compreensão humana."

Frases como essa deviam atingir Heidegger gravemente. Ele provavelmente dera apenas uma olhada no livro dela, mas exatamente aquelas passagens citadas sobre a "ligação temporária entre ralé e elite" (528) que tinham causado tanta agitação no público, não podiam escapar a Heidegger. Ele podia concordar inteiramente com o pensamento fundamental do livro — a tese da semelhança e comparabilidade dos sistemas totalitários — desde a conferência sobre *Nietzsche*. Mesmo assim, devia recordar-se do desagradável fato de que nas justificações dos tempos, logo após a guerra, defendera sua intervenção em favor do nacional-socialismo como tentativa de salvar o Ocidente do perigo do comunismo. Portanto é possível que dessa vez Hannah Arendt também não tenha procurado Heidegger imaginando suas reações aborrecidas ao livro.

No verão de 1961, ela acabava de participar como relatora no processo contra Eichmann — seus relatos desencadearão um grande escândalo nos Estados Unidos, porque neles descrevia a colaboração de organizações judaicas na deportação —, nesse ano pois Hannah Arendt volta outra vez à Alemanha, e agora também aqui apareceu sua principal obra filosófica: *Vita Activa*. Ela faz uma parada em Freiburg. "Eu tinha escrito a Heidegger que a certa altura estaria lá, e que poderia entrar em contato comigo. Ele não se anunciou, o que não chamou muito minha atenção pois eu nem sabia se ele estava na cidade." Ettinger relata que Hannah é convidada para uma festa na casa do professor de direito, Kaiser, em Freiburg, e manifesta desejo de ver Eugen Fink, a quem conhecia dos tempos de universitária. Mas este recusa "rudemente" o convite. Ela deduziu que Heidegger estava por trás disso, tendo convencido Fink a recusar o convite por causa dela.

Três meses depois ela escreve a Jaspers: "Heidegger bem... bem, essa é uma história muito aborrecida... Minha explicação... é que pela primeira vez no inverno passado eu lhe mandei um de meus livros... Sei que para ele é insuportável que meu nome apareça publicamente, que eu escreva livros, etc. A vida toda eu fingi um pouquinho diante dele, sempre fazendo de conta que nada disso existia, e que eu por assim dizer mal sabia contar até três, a não ser interpretando as coisas dele; assim ele ficava contente de ver que eu sabia contar até três, talvez até quatro. Mas de repente eu me cansei de fingir e levei um soco no nariz. Por um momento senti muita raiva, mas agora não mais. Antes, penso que de alguma forma eu mereci aquilo — tanto por ter fingido quanto por de repente parar com aquele jogo" (494).

Heidegger leva cinco anos até escrever outra vez a Hannah Arendt, felicitando-a pelos seus sessenta anos. Segundo Ettinger, ele anexa a essa carta um cartão postal de Todtnauberg e um poema chamado *Outono*.

No começo de 1966 devido ao livro de Alexander Schwan *Filosofia política no pensar de Heidegger* apareceu um artigo na *Spiegel* sobre o nacional-socialismo de Heidegger. Hannah Arendt e Karl Jaspers trocaram cartas sobre isso. Hannah Arendt supõe que os "instigadores" são "o pessoal de Adorno, de Wiesengrund" (670), e Karl Jaspers defende Heidegger contra a suspeita manifestada na *Spiegel*, de que este tivesse deixado de visitá-lo por causa de sua esposa judia. "Gertrud e eu na verdade simplesmente nos tornamos cada vez mais indiferentes para ele" (665), escreve Jaspers a Hannah Arendt a 9 de março de 1966. "Heidegger não planejou interromper sua relação conosco. Simplesmente aconteceu. Depois de 1945 não decidi que não o veria mais, isso simplesmente aconteceu, não foi intencional. Mas parece haver aí uma analogia da não intencionalidade" (666).

A verdade porém é que Jaspers está longe de ter acertado as contas com Heidegger. Quando da morte de Karl Jaspers três anos depois, suas notas estarão bem à mão sobre a escrivaninha. Mas, depois da breve

450 – Heidegger - um mestre da Alemanha entre o bem e o mal

revivescência da relação em 1949 e 1950, há muito Jaspers não pensa em uma correspondência continuada ou um encontro pessoal.

Foi Jaspers quem se recolheu de novo — depois da carta de Heidegger de 7 de março de 1950. Foi pouco antes da primeira visita de Hannah. Ela animara Heidegger a falar abertamente sobre Jaspers, e depois disso Heidegger escrevera a Jaspers: *não deixei de ir à sua casa desde 1933 porque lá morava uma mulher judia, mas simplesmente porque sentia vergonha* (BwHJ, 196). Numa breve resposta Jaspers agradecera a "explicação franca" mas calou-se durante mais dois anos. Quando finalmente respondeu, a 24 de julho de 1952, fica claro que desconfia de todo aquele tom heideggeriano oracular. Heidegger escrevera que *a causa do mal* ainda não se encerrara e que nesse *exílio* (Heimatlosigkeit) se preparava um *advento cujos mais distantes acenos talvez possamos já sentir em uma leve brisa e devamos guardar para um futuro* (8.4.1950, BwHJ, 202/203). Jaspers respondeu: "uma filosofia como essa, que intui e escreve em frases como as de sua carta, não será aquela que produz a visão de um desvio, mais uma vez preparando a vitória do totalitário na medida em que se aparta da realidade?" E comentou sobre o *advento* de Heidegger: "Até onde consigo pensar isso é devaneio puro, prosseguindo tantos devaneios que... nos enganaram nesse meio século" (24.7.1952, BwHJ, 210).

Depois dessa carta Jaspers e Heidegger só trocaram felicitações breves ou longas pelos aniversários. Em 1956, no texto *Sobre a questão do ser*, presente de aniversário de Heidegger para Ernst Jünger, Jaspers lê as frases: *quem hoje pensa compreender e seguir melhor as questões metafísicas no todo de sua maneira e história, já que gosta de se sentir superior, habitando aposentos iluminados, deveria refletir sobre de onde tomou a luz para ver com tal clareza* (W, 410). Sobre isso Jaspers anotou: "infelizmente depois dos floreios de linguagem que ele escolheu, não há dúvida de que se refere a mim... Aqui começa algo feio, em que não quero mais me envolver". Nesse ano, visitando a Alemanha, Hannah Arendt foi atraída por Jaspers para uma "espécie de comentário generalizado" sobre Heidegger. Ela relata a Blücher que Jaspers quase lhe fez "um ultimato quanto a Heidegger". Exigia uma ruptura da relação. "Fiquei furiosa e disse que não admitia ultimatos".

Heidegger não deixou "Notas sobre Jaspers". Na relação entre os dois, Heidegger era o cortejado. Jaspers sentira nele um carisma filosófico sob cujo fascínio sempre voltava a cair. Heidegger não teve experiência parecida em relação a Jaspers. Mas fora Heidegger quem no começo dos anos vinte pela primeira vez falara de uma *comunidade na luta* no sentido de uma revolta contra a filosofia dos catedráticos, em nome da existência. E foi também Heidegger que pela primeira vez falou de amizade e até de amor. *Desde setembro de 1923 vivo com você pressupondo que você é meu amigo. É a crença, que tudo suporta, do amor* (17.4.1924, BwHJ, 46). Os dois lutaram por essa amizade mas mal liam os textos um do outro. O único livro de Jaspers que Heidegger realmente trabalhou para uma resenha foi a *Psicologia das representações de mundo*. Mas Jaspers pouco reagira à resenha. Estava mais interessado nos diálogos com Heidegger do que nos seus escritos. Frequentemente anotava em particular, lendo seus textos: "não o compreendo". Nos anos cinquenta Jaspers anotou, concordando, uma frase de Löwith: "Com efeito ninguém poderá afirmar que conscientemente compreendeu o que é o ser, esse mistério do qual Heidegger fala".

Em sua obra principal, *Filosofia*, de 1932, Jaspers destacara, à semelhança de Heidegger, a "busca do ser" como tarefa mais importante da filosofia. Mas era provavelmente um outro ser que ele buscava, ou mais precisamente: procurava de outra maneira. Para Jaspers o ser era o "abrangente" (Umgreifende) que só é apreensível no movimento da liberdade, no transcender. O abrangente também não pode ser apreendido diretamente pelo pensamento filosófico.

Em uma nota de 1956 Jaspers contrasta a sua posição e a de Heidegger. Trata-se do sucinto resultado de uma disputa que durara a vida toda: "H: o próprio pensamento é ser — falar por rodeios e alusões, sem chegar a ele. J: o pensamento tem relevância existencial — que ele testemunha (preparando, leva-o a manifestar-se) no agir interior daquele que medita, e torna real na práxis da vida — sem que isso possa acontecer na obra filosófica". Heidegger também notara essa diferença formulando-a em sua conferência sobre *Nietzsche* do inverno 1936/37 (mas na verdade ele não incluiu os trechos correspondentes na edição em livro dessa conferência, publicada durante a vida de Jaspers). Para Jaspers, no fundo filosofia era uma *ilusão tendo em vista a iluminação ética da personalidade humana.* Jaspers *já não levava a sério* o saber filosófico. Para ele, filosofia tornava-se *psicologia moralizante da existência do ser humano* (GA 43, 26).

Jaspers suspeita de que a supervalorização de Heidegger do pensar liga-se ao fato de que — apesar de sua polêmica contra a ciência — ele na realidade ainda não ter-se apartado da ideia de uma "filosofia científica". Insistia demais na concludência dos conceitos e da arquitetura apenas imaginada e artificial da estrutura do pensamento. Jaspers achara que *Ser e tempo* fora construído dessa maneira. Na obra posterior ele percebeu a ruptura radical de Heidegger com a cientificidade, mas viu nisso um outro extremo, uma independentização da linguagem. Ela se importa apenas consigo mesma e assim se torna artística, ou apresenta-se como revelação do ser e se torna magia. Jaspers era cético com relação à filosofa da linguagem de Heidegger. Para Jaspers a linguagem não é a casa do ser, porque o "ser", sendo "transbordante" (Umgreifende) não cabe em nenhuma moradia, nem mesmo na ampla casa da linguagem. Em uma carta a Heidegger Jaspers escrevera: "a linguagem sendo transmitida pode ser revogada na realidade mesma, através do agir, presença, amor" (10.7.1949, BwHJ, 179).

Jaspers, para quem a filosofia chegava ao seu objetivo quando se tornava agir interior da existência, notava muito nitidamente em Heidegger o desejo de filosofia como obra. Cada "obra" acentua a separação da vida comum. Estava claro para Jaspers que sua própria filosofia nesse sentido não se encerrava numa "obra" e sentia isso como um caminho para o filosofar. Sobre Heidegger ele anotou nesse contexto: "desde o começo é uma obra filosófica específica que preserva seu ato de fala e seu tema limita-o como algo especial e o aparta da vida comum... Meu modo tem algo de ilimitado... segundo eu penso, não há uma separação entre pensar cotidiano e filosofar, conferência de cátedra e conversa viva".

Mesmo assim, apesar de crítica e delimitação, Karl Jaspers insiste em um "mundo filosoficamente pobre" e Heidegger é uma "figura singular".

Em sua última nota sobre Heidegger, já grisalho, Jaspers escreve: "alto na montanha sobre um amplo platô de rochas encontraram-se desde sempre os filósofos de seu tempo. De lá olha-se para baixo vendo as montanhas nevadas e mais embaixo ainda os vales habitados pelos homens, e por toda parte sob o céu se vê o horizonte distante. Sol e estrelas ali são mais claros do que em outras partes. O ar é puro pois consome tudo o que é turvo, e tão frio que não deixa subir nenhuma fumaça, tão claro que o pensar sobe num ímpeto para espaços insondáveis. O acesso não é difícil. Aquele que sobe por muitos caminhos precisa apenas estar decidido a sempre voltar a deixar sua morada por algum tempo, para nessa altura sentir o que realmente é. Lá os filósofos entram numa batalha espantosa e impiedosa. São envolvidos por forças que lutam entre si pelos pensamentos deles, os pensamentos humanos... Parece que hoje em dia não se encontra mais ninguém por lá. Mas eu achei que, procurando nas especulações eternas, quem as julgasse importantes, encontre um só, e ninguém mais. Ele porém foi o meu cortês inimigo. Pois as forças a que servíamos eram irreconciliáveis. Em breve pareceu que não podíamos nem mais dialogar. A alegria tornou-se sofrimento singularmente desalentado, como se tivéssemos perdido uma possibilidade que estivera muito próxima. Foi o que aconteceu comigo em relação a Heidegger".

Capítulo **XXIII**

Demonização da técnica e técnica da demonização

Quando no começo dos anos cinquenta se tratava na universidade de Freiburg sobre a reaceitação de Heidegger como aposentado regular (com permissão de ensinar), algumas vozes não apresentavam apenas objeções políticas mas questionavam se Heidegger não seria apenas um filósofo da moda ou até um charlatão. Será que o homem ainda era cientificamente respeitável, ainda tinha o necessário odor acadêmico? Tinham ouvido dizer que no elegante sanatório de Bühlerhöhe, Heidegger fizera conferências diante das damas e cavalheiros da melhor sociedade, e diante de armadores, comerciantes e capitães no clube de Bremen. Com efeito, Heidegger a quem por enquanto ainda era proibido o fórum da universidade, procurava outro público. A ligação com Bremen existia desde o começo dos anos trinta. O filho da alta burguesia e futuro historiador da cultura, Heinrich Wiegand Petzet, outrora aluno de Heidegger e seu admirador a vida toda, fizera essa ligação. Naquele tempo, diante do clube, Heidegger pronunciou, em um contexto meio privado, a conferência *Da natureza da verdade*. Dali desenvolvera-se uma amizade com os Petzet. O pai de Heinrich, Wiegand Petzet, era um rico armador, e Heidegger se hospedara algumas vezes na casa de verão da família em Icking, na Baviera. No final da guerra depositara lá parte de seus manuscritos. No fim do outono de 1949, Heidegger recebeu o convite para Bremen. O primeiro ciclo de conferências, sob o título geral de Visão do que é (A coisa. O dispositivo, O perigo, A volta), aconteceu a 1 e 2 de dezembro de 1949 na sala da lareira da nova prefeitura. Apareceu um público cheio de unção e o prefeito abriu o evento. Heidegger começou: *aqui, há dezenove anos, fiz uma conferência na qual disse coisas que só hoje aos poucos começam a ser compreendidas e a ter efeito. Naquela ocasião ousei — e também hoje quero novamente ousar!*

Também o círculo de cidadãos hanseáticos que Heidegger convidara sentia-se tomado de orgulho de ter "ousado" algo. Pois oficialmente ele ainda estava proibido de ensinar, por isso resolviam agir contra a injustiça e as hostilidades feitas a ele — era o que ali pensavam — concedendo-lhe a palavra livremente numa cidade livre. Esse ciclo de conferências foi o primeiro de uma série de outros oito, que Heidegger fez em Bremen nos anos cinquenta. Gottfried Benn perguntou em 1953 a seu amigo comerciante F. W. Oelze o que ligava tanto Heidegger a Bremen. Oelze, que como membro da "boa" sociedade de Bremen devia saber, respondeu: "Explico sua ligação com Bremen porque aqui, e talvez só aqui, ele se defronta com uma camada social que não existe em tão grande número nas cidades universitárias, nas cidades de funcionários públicos e em Bühlerhöhe; grandes empresários, especialistas em além-mar, diretores de estaleiros e companhias de navegação, tudo gente para quem um pensador famoso é uma criatura de fábula ou um semideus".

Heidegger apreciava esse meio conservador-liberal da alta burguesia. Os empresários de sólida formação burguesa, em geral humanista, não haviam sido tocados por correntes acadêmicas; para eles filosofia era uma espécie de religiosidade mundana que julgavam absolutamente necessária na confusão do pós-guerra, ainda que individualmente não a compreendessem muito bem. Talvez exatamente por isso ela fosse necessária. O incompreensível, que inspirava respeito, não fora sempre sinal das coisas sublimes? O convite vinha de gente que queria comprovar sua mundanidade também com incursões pelo exótico mundo da filosofia. Até Petzet, que muito apreciava a ser uma ponte entre seu ambiente de origem e o filósofo admirado, admite que ali não compreendiam Heidegger muito bem. Heidegger escolhera aquele fórum onde sentia um *ar livre* para iniciar ali o projeto-piloto de sua futura filosofia. Em Bremen pela primeira vez fez ouvir suas difíceis e estranhas reflexões sobre *dispositivo, lance de olhos e relance*[48] *e sobre o jogo*

---

48   No original alemão, *Einblick* (olhada, lance de lhos) e *Einblitz*, literalmente: raio que penetra, cair ou ver como um raio, etc. (N. da T.)

de espelhos da quaternidade de terra e céu, divino e mortal. Em um relato que Egon Vietta publicou poucos dias depois da primeria conferência, ele diz que a cidade podia sentir-se orgulhosa porque Heidegger viera a Bremen "para ousar a mais audaciosa manifestação já feita do seu pensar".

Heidegger encontrou outro fórum no sanatório de Bühlerhöhe nas montanhas do norte da Floresta Negra acima de Baden-Baden. O médico Gerhart Stroomann fundara o sanatório no começo dos anos vinte em uma casa estilo *art nouveau*, onde antigamente funcionara um cassino. Stroomann era um médico do tipo do conselheiro Behrens na *Montanha mágica* de Thomas Mann. Ativo, autoritário, com carisma de médico de estação de águas, ele dava à sua clientela rica que vinha de toda a Europa uma cura baseada no efeito terapêutico do encontro com o "espírito criativo". Para isso, era bom que os criativos não se encontrassem apenas entre os convidados mas entre os pacientes. Ernst Toller, Heinrich Mann, Karl Kerényi, faziam ali seu tratamento, e nos anos vinte e trinta eram convidados todos os que tinham posição e nome intelectual. Depois da guerra, Stroomann ligou-se a essa tradição. Em 1949 instaurou as conferências das chamadas "noites de quarta-feira" que prosseguiram até 1957. Com plateia sempre maior e cada vez mais interesse da mídia, comentavam-se as chamadas grandes questões intelectuais do tempo. Cientistas, artistas, políticos, faziam conferências e respondiam a perguntas daquele público de elite. Se nos anos cinquenta houve um lugar eminente para o "jargão da propriedade", foi em Bühlerhöhe. E isso se percebe não por último nas notas de Stroomann sobre os eventos com Heidegger: "Heidegger falou... quatro vezes na Bühlerhöhe e sempre aconteceu aquela excitação excepcional que rodeia suas conferências, sua figura no estrado impressiona como nenhum outro contemporâneo... Mas quem poderia fechar-se à furia que irrompe de seu pensar e saber, revelando em cada palavra com uma nova força criadora: há fontes que ainda não foram descobertas?" Os eventos com Heidegger seriam como "uma comemoração, um ardor. A palavra emudece. Mas quando há debate, isso é grande responsabilidade e também extremo perigo". O público da Bühlerhöhe, que ali assumia grande responsabilidade e se expunha ao perigo extremo, constituía-se dos mais eminentes cidadãos de Baden-Baden: industriais, banqueiros, esposas, altos funcionários, políticos, dignatários estrangeiros e alguns

458 – Heidegger - um mestre da Alemanha entre o bem e o mal

poucos universitários que chamavam atenção pelas roupas modestas. Lá pois falava Martin Heidegger e discutia com o ministro da cultura do Afeganistão sobre arte abstrata e o significado da palavra inserir (einräumen).[49] Outra vez trata-se de literatura e ritmo. Heidegger explica que o ritmo na vida e na literatura é o reflexo do *de onde* e *para quê*. Perplexidade no público; pedem uma explicação. Alguém objeta rudemente: "Por que sempre querer esclarecer tudo?" Heidegger retruca: "É um engano — nós aqui não queremos esclarecer, mas clarear!" O debate transcorre por algum tempo, depois diminui. Alguém exclama: "Será que agora, para animar a coisa, uma das senhoras não poderia fazer algum comentário?" Silêncio consternado. Então a secretária-chefe de Stroomann se anima. Diz que há um provérbio hindu: "quem compreende o mistério da vibração (Schwingung) compreende tudo". Outra dama concorda dizendo que o poeta não pode trazer a figura divina mas tece o véu atrás do qual ela pode ser adivinhada. Reina outra vez animação na sala, pois a dama que fala é consideravelmente atraente. "Mas poderemos existir sem obra de arte?", exclama alguém. Outro: "Eu vivo muito bem sem arte". Um terceiro: "Entrar no ritmo e vibrar com ele", de que tinham falado, era puro dadaísmo, bastava saber balbuciar um pouco. Tumulto divertido e irado. Então a próxima atração. Gustaf Gründgens e Elisabeth Flickenschildt aparecem no estrado e apresentam um esquete sobre o tema "O espírito do palco moderno". Heidegger sai da sala sem esperar fim do espetáculo.

No fim dos anos cinquenta as "noites de quarta-feira" eram encerradas no dia seguinte com uma sessão à tarde. Uma vez Heidegger já viajara, mas seu irmão continuava ali. Uma senhora que provavelmente confundia Fritz com Martin perguntou-lhe o que Heidegger achava de Mao-tsé-tung. E o astuto irmão disse: Mao-tsé é o dispositivo (Gestell) de Lao-tsé.

Isso num tempo em que a expressão *dispositivo* (Gestell) de Heidegger circulava pela Alemanha designando o mundo técnico. Heidegger a empregara pela primeira vez em Bremen. Mas só ficou famosa por sua conferência de 1953 na academia das belas-artes da Baviera, sobre *A questão da técnica*.

---

49   Significa tanto decorar com móveis, etc, quando arrumar em gavetas, etc, ou conceder, admitir algo. (N. da T.)

Desde o começo dos anos cinquenta a academia da Baviera convidava Heidegger para conferências. No início esses convites eram discutidos em Munique. Houve um debate na câmara dos deputados, no qual o ministro Hundhammer censurara a academia por "deixar falar Heidegger, um ex-cavalariço do regime nazista". Enquanto vinham a Munique universitários de Viena, Frankfurt e Hamburgo para ouvir Heidegger, a Sociedade Kant, obviamente preocupada com a salvação espiritual de seus membros, anunciou uma conferência oposta na mesma noite. Heidegger quase recusou essa primeira conferência em Munique, no verão de 1950. Um telegrama pedira-lhe que desse o título da sua palestra. Por um lapso de escrita, *título da palestra* aparecera como *estilo da palestra*. Heidegger pensou que o queriam controlar, pedindo um "estilo" moderado. Indignado ele escreveu a Petzet: *aos poucos minha medida vai-se enchendo... Sem falar no restante dessa atitude, nem ao menos confiam que eu seja capaz de apresentar algo muito importante para essa academia. Uma coisa dessas não me aconteceu em todo o período de Hitler.* Mas depois de esclarecido o mal-entendido, Heidegger se declarara disposto a ir a Munique, mas disse a Petzet: *essa história continua duvidosa, um inevitável tributo ao dispositivo.* Na noite da conferência o salão da academia ficou lotado. Os convidados ficaram apertados entre os não convidados que se apinhavam em cadeiras que tinham trazido, ou em degraus, ou em peitoris de janela e nichos e corredores. Heidegger falou sobre *A coisa*. Novamente se falou da quaternidade (Geviert) do mundo, mas quando Heidegger começou com o *jogo de espelhos* de *terra e céu, mortal e divino*, o secretário de Estado presente achou que era demais, e deixou a sala indignado, abrindo laboriosamente caminho entre a multidão. Isso foi no verão de 1950. Três anos depois, a conferência sobre *A questão da técnica*. Nessa noite reuniu-se para ouvir toda a Munique intelectual dos anos cinquenta. Estavam ali Hans Carossa, Friedrich Georg Jünger, Werner Heisenberg, Ernst Jünger, José Ortega y Gasset. Foi talvez o maior sucesso público de Heidegger na Alemanha do pós-guerra. Quando Heidegger encerrou com a famosa frase *pois indagar é a devoção do pensar* não se instalou um silêncio reflexivo, mas ovacionaram de pé. Tomaram a fala de Heidegger como uma ária de bel-canto filosófica e aplaudiram porque ele atingira os tons mais agudos, tão apreciados nos anos cinquenta.

Com suas ideias sobre técnica, Heidegger tocava os medos já não muito secretos do seu tempo. Não foi o único a fazer isso. Na época da guerra fria, que na verdade sugeria que a política era o destino, manifestavam-se variadas e evidentes vozes criticando a fixação no político como autoengano, dizendo que na verdade a técnica entrementes se tornara o nosso destino. Um destino, diziam, que politicamente quase nem podemos mais controlar, sobretudo não se nos agarramos aos conceitos tradicionais de política, seja a do "plano" ou a do "mercado". Nos anos cinquenta pode ter havido a "incapacidade", mais tarde censurada por Mitscherlich, de "fazer censura" pela cumplicidade generalizada com os crimes do nacional--socialismo; portanto o aspecto sinistro do passado poderia ter sido banido, mas, apesar do milagre econômico e da fúria de reconstrução, surgia um desconforto diante do futuro do mundo técnico. Eram incontáveis os seminários de academias evangélicas sobre o tema; ele assombrava os discursos dominicais de políticos, era amplamente discutido nos jornais. No movimento Lute Contra Morte Atômica isso se expressava de maneira diretamente política. Publicavam-se livros importantes sobre o tema. A primeira cerimônia em homenagem a Kafka depois da guerra deu-se sob o signo de uma crítica metafísica à técnica e ao mundo em mutação. Em 1951 Günther Anders tornou-se conhecido pelo seu ensaio *Kafka: pró e contra*, onde Kafka é apresentado como escritor horrorizado com "o poder superior do mundo coisificado", e que fez do seu horror um 'horror' sagrado: um místico na era técnica. Em 1953 apareceu a edição alemã do *Admirável mundo novo*, de Aldous Huxley, um best-seller dos anos cinquenta. O romance oferece uma visão de horror de um mundo onde seres humanos são programados já na proveta quanto à sua felicidade e profissão: um mundo cujo destino é não ter mais destino, e que se fecha num sistema totalitário — sem nenhuma política, apenas com técnica. No mesmo ano apareceu o livro de Alfred Weber *O terceiro ou o quarto homem*. Causou grande sensação porque pintava o horror de uma civilização técnica e homens-robôs na linguagem de uma sociologia e filosofia da cultura aparentemente sólidas. Além disso dava ao leitor a sensação de ser contemporâneo de uma fissura de época, a terceira na história da humanidade. Primeiro a de Neandertal, depois o ser humano primitivo das hordas e tribos e, finalmente, o ser humano da cultura elevada, que produziu a técnica no Ocidente. Mas no meio dessa civilização técnica altamente equipada, diz Alfred Weber, a humanidade está mais uma vez regredindo intelectual e espiritualmente. O que acontece conosco é nada menos que a sociogênese de uma mutação. No fim haverá dois tipos de seres humanos: os animais cerebrais que funcionam como robôs, e os novos primitivos que se movem no mundo artificial como numa jângal, desinibidos, ignorantes e apavorados. Tais panoramas causavam uma sensação de horror e por isso valiam como distração.

No mesmo ano, 1953, também apareceu o livro de Friedrich Georg Jünger, *A perfeição da técnica*. Jünger desenvolveu sua teoria já durante os anos trinta, como resposta ao *O trabalhador*, grande ensaio de seu irmão, de 1932. Ernst Jünger apresentara lá a tese de que o mundo técnico tem de aparecer como um poder estranho e exterior enquanto ainda não se tiver atingido a "perfeição da técnica" pela tecnicização do homem interior. Ernst Jünger sonhava com uma "nova humanidade" que via efetivada na "figura do trabalhador". Esse tipo humano move-se como que natural-mente na paisagem "da geometria gélida da luz" e do "brilho alvo do metal superaquecido". Tem reações rápidas, sangue frio, é preciso e ágil, pode-se adaptar aos ritmos técnicos. Mas permanece senhor da máquina porque possui uma tecnicidade interna: pode lidar consigo mesmo brin-cando tecnicamente, como Nietzsche fantasiou em uma visão do "ser humano livre", que maneja suas "virtudes" como "ferramentas" e sabe brincar com elas, "ligar e desligá-las", conforme desejar e conforme seu próprio objetivo. Tais pessoas, diz Ernst Jünger, não sentirão mais como perda o desaparecimento dos "últimos restos do conforto" e "poderão atravessar" o espaço vital como "terrenos vulcânicos ou paisagens lunares mortas". Um coração aventureiro que busca o frio.

Morreremos nesse frio, responde Friedrich Georg Jünger ao seu irmão, que entrementes também já não está entre os apologistas mas entre os dissidentes da técnica, entre os "que vagam pela floresta". Tese principal de Friedrich Georg Jünger: a técnica não é mais apenas um "meio", um instrumento do qual o ser humano moderno se serve para seus objetivos. Porque a técnica já transformou o ser humano internamente, os objetivos que ele pode se propor já são tecnicamente determinados. Da produção industrial faz parte também a produção de necessidades. Ver, ouvir, falar, comportar-se, modos de reagir, a experiência do tempo e do espaço transformaram-se fundamentalmente — através do automóvel, do cinema e do rádio. A dinâmica própria desse processo não deixa mais espaço para nada além da técnica. O traço fundamental da civilização técnica não é a exploração do ser humano pelo ser humano, mas a gigantesca exploração da terra. O industrialismo rastreia a matéria energética acumulada pela história natural, consome-a e com isso sofre o destino da entropia: "a técnica no todo e o plano de trabalho universal desenvolvido a partir dela, ligado a uma maquinaria universal, estão submetidos às leis da doutrina do aquecimento e das perdas por ela prescritas, tanto quanto qualquer outra máquina". Na medida em que a técnica torna tudo disponível, não conhece nada intocável nem sagrado e destrói o planeta sobre o qual está. O solo ainda a sustenta, parte da população da terra ainda saboreia as vantagens do conforto da civilização, e por isso o preço pela "perfeição da técnica" parece adequado. Mas a aparência engana. Friedrich Georg Jünger: "não é o começo que carrega o ônus, é o fim".

Esses chamados de cassandra dos críticos da técnica são ridicularizados por outros. "No Gabinete de Horror da Técnica", diz o título de um artigo no *Monat*, que desenvolve a tese de que o "mal" não reside na técnica mas no ser humano. Não a técnica, mas os fins para os quais é empregada podem ser "maus". É preciso evitar uma demonização da técnica e em troca analisar melhor a "técnica da demonização". "No susto diante da técnica repete-se hoje em níveis intelectuais mais altos o delírio da perseguição às bruxas da Idade Média, em forma sublimada". A crítica à técnica, diz a anticrítica, não aceita o desafio do tempo e esquiva-se de desenvolver um etos que seria adequado à técnica. Se tivéssemos esse etos, não precisaríamos nos assustar. Max Bense foi um apologista dessa anticrítica: "produzimos um grande progresso no mundo e uma tradição que recua extraordinariamente para longe confirma a origem desse mundo dos mais antigos esforços da nossa inteligência. Mas hoje não estamos em condição de dominar esse mundo teórica, espiritual, intelectual e racionalmente. Falta a sua teoria e com isso falta a clareza do etos técnico, quer dizer, a possibilidade de fazer juízos éticos justos com o ser dentro deste mundo... Talvez ainda aperfeiçoemos este mundo, mas não somos capazes de aperfeiçoar os seres humanos para esse mundo. Essa é a situação opressiva de nossa existência técnica". A "discrepância" que Bense destaca entre o ser humano e o mundo técnico que ele criou será chamada de "vergonha prometeica" por Günther Anders em seu livro *O caráter antiquado do ser humano*. O ser humano "envergonha--se" de seus produtos que são mais perfeitos e mais eficazes do que ele próprio: na bomba atômica, por exemplo, ele não pode mais imaginar o efeito daquilo que produziu. No centro da reflexão sobre a técnica está pois a indagação: o ser humano tem de se adequar à técnica, como exige Bense, ou a técnica deveria ser novamente referida à medida humana, como querem Friedrich Georg Jünger e também Günther Anders?

Até aqui deve ter ficado claro o seguinte: a conferência sobre *A questão da técnica*, de Heidegger, de 1953, não é um avanço filosófico isolado nesse terreno. Ele toma a palavra num debate que já está acontecendo. Se ele se aparta da representação "instrumental" da técnica e compreende a técnica como marca "instrumental" do *ser-no-mundo* moderno, não está dizendo nada de novo em comparação a Friedrich Georg Jünger (e mais tarde Günther Anders). Jünger e Anders deixam expressamente na obscuridade a origem desse processo que transformou o mundo humano em um universo técnico. É aqui que Heidegger quer trazer luz. Já conhecemos sua tese, de sua filosofia dos anos trinta, especialmente no texto *A época das imagens de mundo*. A origem da técnica reside na maneira como nos defrontamos com a natureza. Se a deixamos acontecer por si — como na representação grega antiga da *alétheia* — ou se a provocamos. Técnica, diz Heidegger, é uma *maneira de expor* (Entbergen) (TK, 13). O expor, que domina a técnica moderna, *tem a característica de dispor* (Stellen), *no sentido da provocação* (Herausforderung) (TK, 16). Em torno do conceito central de *provocação* Heidegger agrupa todas as maneiras de controle técnico. O conceito contrário é o *produzir* (TK, 27) no sentido do deixar acontecer (Hervorkommenlassen). Michelângelo disse certa vez que a escultura já existia na pedra, bastava libertá-la. É mais ou menos assim que se deve imaginar o que Heidegger quer dizer com produzir e deixar acontecer.

Esses dois modos de comportamento diante da natureza — o provocar e o deixar acontecer — haviam sido enfaticamete caracterizados por Heidegger em sua preleção recente *O que significa pensar?* Estamos diante de uma árvore em flor. Só em um momento cientificamente debilitado e praticamente desinteressado vivenciaremos bem o seu florescer. Numa visão científica, deixaremos de lado a vivência do seu florescer como algo ingênuo. Heidegger diz que se trata de *não abater antes de tudo e o mais das vezes a árvore em flor, mas primeiro deixá-la ali onde está. Por que dizemos* finalmente? *Porque até ali o pensar nunca a deixara ali onde está* (WHD, 18). Portanto não deixamos a natureza acontecer, mas nós a provocamos e a abordamos de modo a que *ela se anuncie em alguma forma comprovável por cálculo, e permaneça à nossa disposição como um sistema de informações* (TK, 22).

Depois do *provocar,* o *preparar* (Bestellen)[50] é o segundo termo central. O que é *preparado* torna-se um *fundo de reserva* (Bestand). Uma ponte liga uma margem a outra e com o gesto de arquear-se respeita a torrente. Deixa-a ser. Mas uma central hidrelétrica, que desvia ou controla a torrente, transforma-a em uma provisão. Não é a usina que se constrói em função da torrente, mas ao contrário a *torrente é mexida em função da usina* (TK, 15). Para medir o *inaudito* que acontece aqui, Heidegger aponta para o contraste entre um Reno que é manipulado, em função da hidráulica, e o Reno do hino do mesmo nome, de Hölderlin. Mas o Reno permanece uma torrente na paisagem, poderíamos dizer. Talvez. Porém, como fica? *Fica como objeto de visitação a ser preparado por uma agência de viagens, que ali instalou uma indústria de lazer para as férias* (TK, 16).

A intervenção técnica transforma a natureza em uma *provisão* efetiva ou potencial. E para que esta não desabe sobre nossa cabeça, temos de assegurar de maneira calculada e planejada a provisão. Técnica provoca mais técnica. As sequências de técnicas só podem ser controladas por meios técnicos. A natureza foi provocada e agora ela provoca a natureza a prosseguir com isso — sob pena de sucumbir. Assim o ciclo se encerra num *circulus vitiosus* de *esquecimento-do-ser.* Provocação, provisão, seguro da provisão — a esse todo Heidegger chama *o dispositivo* (das Gestell), designação sua para a época da civilização técnica em

---

50   No sentido de preparar a terra, organizar as ferramentas ou instrumentos, transformar, etc. (N. da T.)

que tudo se relaciona com tudo, à maneira de um sistema cibernético autorregulado com efeitos reativos. *A sociedade industrial existe sobre o chão do seu fechamento em sua própria morada* (TK, 19).

O dispositivo é algo feito pelo ser humano, mas perdemos a liberdade em relação a ele. O dispositivo tornou-se o nosso *destino*. O perigoso nisso é que essa vida dentro do dispositivo ameaça tornar-se unidimensional e sem alternativas, e que a memória de uma espécie de encontro com o mundo e estadia no mundo se apague. *A ameaça ao ser humano não vem em primeiro lugar das máquinas e aparelhos possivelmente mortais da técnica. A verdadeira ameaça já atacou o ser humano em sua essência. O domínio do dispositivo ameaça com a possibilidade de que possa ser negado ao ser humano ingressar em uma desocultação* (Entbergen) *original e assim experimentar a presença de uma verdade mais inicial* (TK, 28).

Com a *verdade mais inicial* de Heidegger já estamos familiarizados. É a verdade do olhar livre sobre as coisas, que as deixa ser. Deixar florescer a árvore ou encontrar o caminho para fora da caverna de Platão para que, sob o sol, na clareira aberta do ser, o ente possa se tornar mais ente. A hora do pânico, hora do meio-dia da verdade. É a expectativa de que a natureza pudesse dar uma resposta diferente se a interrogássemos de modo diferente. Heidegger no texto *Sobre o humanismo*: *pode ser que a natureza esconda sua essência exatamente naquele lado que ela apresenta para o domínio técnico através do ser humano* (ÜH, 16).

Mas Heidegger não se contenta com a possibilidade de que um pensar *meditativo* pudesse deixar as árvores em flor aqui ou ali e deixá-las ser, mas ele projeta na história as mudanças de postura que se realizam no pensar. A mudança na cabeça do filósofo torna-se uma suposição sobre uma mudança na história. E assim Heidegger encontra um bom final para a dramaturgia de sua conferência festiva, que deixará os ouvintes com a sensação solene de terem ouvido algo sério mas também edificante. Heidegger cita Hölderlin: "Mas onde existe perigo, cresce também a salvação...".

Certamente o pensar que medita sobre a coesão fatídica do dispositivo, já deu um passo além dela, abre um espaço de jogo no qual recém se começa a ver o que ali se joga. Nessa medida existe já no pensar, com efeito, uma *volta*. É a postura da *serenidade* que Heidegger descreveu assim certa vez em uma conferência em Messkirch: *deixamos os objetos*

466 – Heidegger - um mestre da Alemanha entre o bem e o mal

*técnicos entrar em nosso mundo cotidiano e ao mesmo tempo os deixamos fora,
isto é, repousando em si mesmos como coisas que não são algo absoluto, mas
permanecem referidas a algo mais elevado. Eu gostaria de nomear essa postura
que é ao mesmo tempo sim e não ao mundo técnico, com uma palavra antiga:
a serenidade* com relação às coisas (G, 23). Mas essa *serenidade em relação
às coisas*, compreendida como mudança do pensar, não torna plausível a
suposição de uma mudança histórica real.

À crítica de pouca plausibilidade, Heidegger responderia que a
"plausibilidade" é uma categoria do pensar calculista-técnico; quem
pensa em "plausibilidades" permanece no dispositivo — mesmo tentando encontrar o caminho para fora dele. Para Heidegger simplesmente
não existe uma solução "factível" (machbare) do problema da técnica.
*Nenhum cálculo e nenhum fazer humano podem, partindo de si e através de
si apenas, provocar uma mudança na situação atual do mundo; já porque a
factibilidade humana é marcada por essa situação do mundo e submissa a ela.
Como pois haveria de tornar-se senhora dela?* (24.12.1963, BwHK, 59).
A mudança acontecerá como um fato do *destino*, ou nem acontecerá.
Mas esse acontecimento lança suas sombras à frente — sobre o pensar
reflexivo. Para uma *volta* verdadeira vale o que Paulo disse sobre a volta de Cristo: ela virá como um ladrão na noite. A mudança do perigo
acontece de súbito. *Na volta clareia-se subitamente a clareira da natureza
do ser. O súbito luzir-se do relâmpago* (TK, 43).

Esses são os sonhos com o futuro destino. É diferente quando Heidegger se deixa mover na história de sua vida por esses sonhos e finalmente irrompe lá onde eles têm, para ele, o seu lugar *passado* (gewesen)
mas ainda *presente* (anwesend).

Depois de longo hesitar — Medard Boss, Erhart Kästner e Jean
Beaufret o tinham animado a isso há alguns anos —, em 1962 Martin
Heidegger faz uma viagem à Grécia junto com sua mulher que lhe deu
essa viagem de presente. O que ele procura por lá, e que sempre repetiu,
também na conferência *A questão da técnica: no começo da história ocidental
as artes atingiram na Grécia os mais altos picos de sua exposição. Fizeram brilhar
a presença dos deuses, os diálogos do destino humano e do divino* (TK, 34).

A primeira viagem para a Grécia fora planejada para 1955 com Erhart
Kästner, que Heidegger conhecera na conferência sobre *A questão da*

DEMONIZAÇÃO DA TÉCNICA E TÉCNICA DA DEMONIZAÇÃO – 467

técnica, em Munique. No último momento, roteiros de navio e trem já tinham chegado, Heidegger desistira. Cinco anos depois o mesmo jogo. Já estavam debruçados juntos sobre os mapas estabelecendo o roteiro de viagem, e Heidegger recuou novamente. *Tudo vai ficar assim, devo pensar algumas coisas sobre a* Grécia, *sem a contemplar. Agora devo pensar em fixar num dizer adequado aquilo que está diante do meu olhar interior. E o melhor lugar para esse recolhimento é a minha terra* (21.2.1960). Dois anos depois, na primavera de 1962, Martin Heidegger está finalmente pronto para atravessar a "soleira do sonho" (Erhart Kästner) e iniciar a viagem. As notas dessa viagem, a que dá o título de *Estadias,* são dedicadas à sua mulher pelos seus setenta anos.

Em um dia frio e chuvoso em Veneza, antes de embarcarem, ele volta a duvidar *se a terra imaginada para* (Zugedacht) *os deuses fugidos não poderia ser algo apenas inventado* (Erdacht) *e o caminho do pensar seria um descaminho* (A, 3). Heidegger sabe que há coisas em jogo. A Grécia o receberia como essa Veneza, apenas um *objeto da história,* morto, *despojo da indústria dos estrangeiros?* Depois da segunda noite de viagem, ao amanhecer aparece a ilha de Korfu, antiga Cefalênia. Essa seria a terra dos faecos? Heidegger lê no convés superior mais uma vez o livro VI da *Odisseia,* e não vê nenhuma concordância. O que imaginara não aparece. Tudo parece antes uma paisagem italiana. Também Ítaca, lar do Odisseu, não o comove. Heidegger duvida se a busca do *grego inicial* é a maneira certa de descobrir a Grécia; a *experiência imediata* (A, 5) não a estragará? O navio ancora diante da costa e na ensolarada manhã de primavera uma viagem de ônibus para Olímpia. Uma aldeia sem graça, hotéis americanos para turistas, semiprontos, beiram a rua. Heidegger prepara-se para o pior. Será que da sua Grécia sobra apenas a *arbitrariedade própria da representação* (A, 8)? Nas ruínas de Olímpia o canto matinal dos rouxinóis, as colunas esfareladas ainda preservam o seu *altear-se sustentador* (tragendes Ragen). Lentamente afinal esse mundo penetra nele. Ao meio-dia repousam no capim sob as árvores, grande silêncio. Agora ele percebe que sua chegada poderia dar certo: *pequena intuição da hora de Pã.* Parada seguinte, região de Micenas. Ela lhe parece toda *um estádio que convida a jogos festivos* (A, 12). Sobre uma colina, três colunas de um

468 – Heidegger - um mestre da Alemanha entre o bem e o mal

antigo templo de Zeus: *na amplidão da paisagem como três cordas de uma lira invisível na qual talvez, inaudíveis para os mortais, tocam os ventos dos cânticos funebres — ecos da fuga dos deuses* (A, 12). Heidegger começa a mergulhar no seu elemento. O navio aproxima-se das ilhas gregas diante da costa da Ásia Pequena. Lá está Rodes, a ilha das Rosas. Heidegger não desce à terra — o *recolhimento de uma reflexão renovada exige seus direitos* (A, 16). Naquela época o grego tinha de lutar com o *asiático*, era inteiramente exigido por suas disputas. E nos dias de hoje somos desafiados pela técnica. Aprender com os gregos — isso não deverá significar resistir às próprias provocações presentes? A *lembrança* dos gregos não será uma *ocupação alienada* que praticamente trai o espírito dos gregos, aberto ao presente? *Pelo menos assim parece* (A, 16), com essas palavras Heidegger encerra provisoriamente essa reflexão. Entrementes, atracaram na ilha de Delos. O nome da ilha diz tudo, pois significa: o *revelado, aparente* (A, 19). É um dia radiante, na margem mulheres estendem no chão para venda tecidos e bordados coloridos — *uma visão alegre*. De resto a ilha é quase erma, mas coberta de ruínas de templos e construções antigas. Sobre pedras antiquíssimas tapadas de hera, sobre escombros e num vento forte, sobem até o cume escarpado do Kyntos. Então chega o grande momento. As montanhas, o céu, o ar, as ilhas em torno *desabrocham*, mostram-se na luz. *O que é que aparece assim nelas? Para onde estão acenando?* Acenam para a festa da visibilidade, na medida em que fazem aparecer o aparente *propriamente como o que está dessa ou daquela maneira presente* (A, 21). Nas alturas de Delos com uma vista completa sobre o mar aberto e as ilhas espalhadas em torno, Heidegger festeja sua chegada à Terra Prometida. Por que logo Delos? Pelas descrições só se pode adivinhar o que esse local tem de melhor que os outros. Talvez seja apenas a magia do nome, e Heidegger não consegue informar melhor? Ele fala cautelosamente sobre a presença do divino, mas ao mesmo tempo é reservado, quer evitar o *panteísmo difuso*. E assim apela para suas fórmulas do acontecimento da verdade que já conhecemos. Mas que nesse contexto não recapitulam o que já foi pensado, e sim indicam o lugar ao qual se deve esse pensar. Ele renuncia *a fixar o avistado em um narrar simplesmente descritivo* (A, 5) e para expressar seu sentimento extático de felicidade escolhe as palavras: *o aparentemente só representado cumpriu-se, encheu-se de presença, com aquilo que outrora iluminado, concedeu aos gregos o presente* (A, 21).

A viagem prossegue para Atenas, para a Acrópole logo cedo de manhã antes de chegarem os bandos de turistas, e para Delfos onde há uma multidão no recinto sagrado, e que em lugar de comemorar uma *festa do pensar* (A, 32), só tiram fotografias incessantemente. Perderam sua memória, sua capacidade de *lembrar*.

A experiência de Delos permanece um ápice inesquecível. Meio ano depois Heidegger escreve de Freiburg a Erhart Kästner: *seguidamente* estou *na ilha*. Mas: *dificilmente existe uma palavra adequada* a respeito. O que fica: preservar na lembrança *o surpreendente da pura presença* (23.8.1962, BaHK, 51).

Foi a primeira visita ao local de seus sonhos; outras virão: 1964, 1966 e 1967.

Naqueles anos Heidegger também descobriu a Provença, sua segunda Grécia. Depois de uma conferência em Cérisy-la-Salle na Normandia em 1955, Jean Beaufret apresentou-o ao poeta francês René Char. O relacionamento logo se transformou em amizade com um homem famoso não apenas como poeta mas também como líder da Resistência. Segundo Heidegger, os poemas de Char eram "uma marcha forçada pelo inefável", mas sempre procurando a amada região nativa do poeta, a Provença. Char convidou Heidegger para sua casa em Le Thor na área de Vaucluse. Beaufret conseguiu que Heidegger participasse de um pequeno seminário para uns poucos amigos e para o círculo mais íntimo de seus alunos, entre os quais Fédier e Vezin, mais tarde tradutores franceses de *Ser e tempo*. Esses seminários, que aconteceram em 1966, 1968 e 1969, constituíam-se num ritual fixo. Pela manhã sentavam-se diante da casa sob os plátanos e, com acompanhamento de cigarras, comentavam Heráclito ou a frase de Hegel: "uma meia rasgada é melhor do que uma remendada. Com a consciência da própria dignidade não acontece o mesmo", ou conceito grego de destino, ou em 1969 a décima-primeira tese de Feuerbach de Marx: "os filósofos apenas interpretaram diversamente o mundo. O que importa é modificá-lo". Nessas manhãs sob as sombras das árvores todos concordam: temos de interpretar o mundo de maneira a podermos poupá-lo outra vez. Faziam-se atas, ainda que por vezes o mistral espalhasse as folhas. Eram juntadas novamente e todos as redigiam juntos. Uma dessas atas começa com a frase: "aqui junto das oliveiras que se comprimem contra a encosta que desce diante de nós até a planície, onde à noite corre, ainda invisível, a torrente do Rhône, começamos novamente com o Fragmento 2 (Heráclito). Atrás de nós um maciço délfico de montanhas. É a paisagem do Rebanque. Quem encontra o caminho para lá, é hóspede dos deuses" (VS, 13).

À tarde saíam em passeio pela região, para Avignon, para os vinhedos da Vaucluse, e sobretudo para a cadeia de montanhas de Sainte-Victoire, de Cézanne. Heidegger amava aquele trajeto para a pedreira de Bibemus até o ponto onde depois da curva de repente se avista todo o maciço da Sainte-Victoire. É o caminho de Cézanne, e Heidegger dizia que *a ele correspondia de seu início ao fim, à sua maneira, o caminho do meu próprio pensar.* Heidegger podia sentar-se longo tempo sobre um bloco de rocha diante da montanha, contemplando. Um "momento de equilíbrio do mundo" dissera Cézanne certa vez nesse local. Naturalmente os amigos recordavam o relato de como Sócrates podia permanecer horas a fio imóvel imerso em pensamentos. À noite ficavam sentados novamente na casa de René Char, de quem Heidegger dizia que em sua maneira de falar e portar-se em sua casa renascia mais uma vez a velha Grécia. E René Char era grato com Heidegger por ter liberado novamente a visão para a essência da poesia, que não era senão "o mundo em seu melhor lugar". A cada viagem para casa ele dava ao filósofo uma braçada de plantas, lavanda e sálvia de seu jardim, tomilho e ervas da região, além de azeite de oliva e mel.

"Na verdade é impossível descrever a disposição daqueles dias radiantes", escreve ele a um dos amigos, "a atenção e respeito constantes dos participantes para com Heidegger — todos profundamene dominados pela amplidão histórica desse pensar transformador; mas igualmente o convívio amável e solto com o mestre. Em suma: a claridade do sul, quer dizer, a alegria leve desses dias inesquecíveis" (VS, 147).

Na segunda metade dos anos sessenta, ocorre também a fase mais fecunda e intensa dos seminários em Zollikon, na casa de Medard Boss.

Médicos e psicoterapeutas participavam, discípulos e colaboradores de Medard Boss, que ensinava na clínica universitária psiquiátrica de Zurique, o Burghölzli, antes lugar de atividade de C. G. Jung. Medard Boss fora médico militar durante a guerra, numa tropa de montanha do exército suíço. Tinha pouco que fazer, e para combater o tédio estudara *Ser e tempo*. Aos poucos compreendera que nessa obra "eram expressas ideias inauditas fundamentalmente novas, sobre o existir humano e seu mundo" (ZS, VIII), que poderiam ser fecundas para a psicoterapia. Em 1947 ele escreveu sua primeira carta a Heidegger, que respondeu amavelmente e pediu *pacotinhos de chocolate*. Em 1949 Medard Boss foi pela primeira vez a Todtnauberg. Daquela correspondência nasceu uma amizade calorosa. Martin Heidegger esperava muito dessa ligação com um médico que parecia compreender seu pensamento. Medard Boss relata que "ele via a possibilidade de que suas ideias filosóficas não permanecessem apenas nos gabinetes dos filósofos mas pudessem ajudar muito mais pessoas, particularmente as necessitadas" (ZS, X). A série de seminários começou em 1959 e terminou em 1969. No começo os participantes tinham a sensação de que "um homem de Marte encontrava pela primeira vez um grupo de terráqueos e queria compreender-se com eles" (ZS, XII). Paciente, recomeçando como sempre, Heidegger explicou o seu "princípio fundamental", de que dasein significa estar aberto para o mundo. Nas primeiras horas de seminário ele desenhou no quadro semicírculos representando esse primário *ser-aberto* para mundo. Nesses seminários Heidegger tentou pela primeira vez tornar compreensíveis perturbações psíquicas com ajuda dos conceitos fundamentais da análise do dasein de *Ser e tempo*. Comentaram-se histórias de pacientes. O questionamento principal era se, e em que medida, a relação aberta com o mundo pode ser reduzida. Relação aberta com o mundo significa *suportar* o presente sem fugir para o futuro nem para o passado. Heidegger censura a psicanálise freudiana por dificultar essa relação com o presente, através de teorias construídas sobre a pré-história do mal. Além disso, uma relação aberta com o mundo significa preservar aquele interstício no qual as pessoas e coisas podem aparecer. Por exemplo, o maníaco-depressivo não conhece esse "defronte" (Gegenüber) livre, aberto; ele não consegue deixar nem as coisas nem os semelhantes temporal-espacialmente ali onde devem estar; estão sempre ou perto, ou longe demais para ele: ele os engole e é engolido — ou desaparecem em um grande vazio, interior e exterior. O que o interpela, no mundo, ele não consegue mais perceber nem fixar. Não consegue mais uma proximidade distanciada com coisas e seres humanos. Falta a serenidade que deixa o ser a si próprio e aos semelhantes. Heidegger sempre retorna ao fato de que a maioria das enfermidades psíquicas pode ser compreendida como uma perturbação do "existir" no sentido mais literal: o suportar[51] a relação aberta com o mundo não funciona. Para Heidegger não há ruptura entre enfermidade e normalidade. Ele estava falando de um maníaco-depressivo ou melancólico, e com poucas frases já está com Descartes e o generalizado *escurecimento do mundo* no modernismo. No comportamento do maníaco, para quem o mundo parece algo que se tem de agarrar, dominar e engolir, é para Heidegger o habitual desejo de poder moderno elevado a uma intensidade patológica. Nos seminários de Zollikon já se trata das duas coisas: enfermidades psíquicas de indivíduos e a patologia da civilização moderna. Na loucura do indivíduo Heidegger reconhece as condições dementes dos tempos modernos.

Em Medard Boss, Heidegger encontrara um amigo, mas não o solicitava como terapeuta. Mesmo assim confiou-lhe o que era aparentemente seu único sonho mas que retornava com frequência. Sonhava que recusava realizar mais uma vez seus exames de final de segundo grau. Diante dos mesmos professores da primeira vez. "Esse sonho estereotipado terminou definitivamente", relata Medard Boss, "quando ele (Heidegger) conseguiu experimentar, no pensar em vigília, o 'ser' à luz do 'acontecimento'" (ZS, 308).

---

51   Em alemão suportar, mas *Aus-stehen* literalmente é ficar de fora. (N. da T.)

Capítulo **XXIV**

O verdadeiro jargão dos anos sessenta

Em 1965 aconteceu um lendário diálogo pelo rádio entre dois adversários, no qual um fez o papel de grande inquisidor, e outro o de filantropo. O grande inquisidor era Gehlen, sua contraparte Adorno.

Gehlen: "Senhor Adorno, naturalmente aqui o senhor vê outra vez o problema da emancipação. Realmente acredita que devemos impor a todas as pessoas o ônus de uma problemática de fundamentos, de empenho de reflexão, com erros vitais que tiveram profundas influências, que experimentamos por tentarmos nadar para a liberdade? Eu gostaria muito de saber."

Adorno: "Minha resposta a isso é simplesmente: sim! Tenho uma representação da felicidade objetiva e do desespero objetivo, e diria que enquanto os desoneramos e não lhes atribuímos total responsabilidade e autodeterminação, os seres humanos também consideram seu bem-estar e sua felicidade neste mundo uma ilusão. Uma ilusão que um dia há de explodir. E quando ela explodir, isso terá consequências terríveis."

Gehlen retruca que era um belo pensamento, mas infelizmente só válido para uma antropologia utópica.

Adorno: "A necessidade de o ser humano ser desonerado não seria, como afirmava Gehlen, uma constante antropológica na natureza, mas uma reação aos ônus que os seres humanos impuseram a si mesmos em suas organizações sociais. E buscavam alívio desse ônus exatamente junto daquele poder que lhes causava o 'mal' do qual sofriam. Essa 'identificação com o agressor' tinha de ser rompida."

474 – Heidegger - um mestre da Alemanha entre o bem e o mal

Resposta de Gehlen, encerrando debate: "Senhor Adorno... embora eu tenha a sensação de que concordamos em premissas profundas, penso que é perigoso, e que o senhor tende a deixar o ser humano insatisfeito com aquele pouquinho que lhe sobrou depois de toda a catástrofe".

O todo é o não verdadeiro, ambos defendem essa posição. E é também a posição de Heidegger. O melhor, diz Gehlen, é ajudar os seres humanos fazendo com que possam perseguir "seus assuntos com firme senso crítico, e imunes a interferências", e poupando-lhes um empenho de reflexão que os empurraria para a condição catastrófica do todo. Não, diz Adorno, em nome da libertação temos de animá-los a fazerem essa reflexão, a fim de perceberem como é ruim a situação ao seu redor. Um, por razões altamente reflexivas — por não ver alternativas exequíveis ao existente —, quer proteger os seres humanos da reflexão, o outro quer animá-los a isso, embora só possa lembrar as precárias promessas de salvação preservadas nas experiências infantis, na poesia, na música e na "metafísica no momento da sua queda".

É notável que filósofos como Gehlen, Adorno e até Heidegger possam concordar em que a situação é catastrófica se voltarmos olhar para o todo. Mas a essa catástrofe falta a característica de ser alarmante. Pode-se conviver bastante bem com ela. Para Adorno, consequência do fato de os seres humanos estarem duplamente alienados: estão alienados e perderam a consciência de sua alienação. Para Gehlen, a civilização de qualquer modo nada é senão a catástrofe no estado de visibilidade. E para Heidegger o *dispositivo* é um *destino* que o ser humano não controla. Os problemas fundamentais do mundo técnico não se podem resolver tecnicamente. *Só um Deus pode nos ajudar*, diz Heidegger.

As cassandras nas altas montanhas das perspectivas ruins gritam umas para as outras suas concepções sombrias, por sobre as planuras onde regem a eficiência e o "deixa-como-está".

Os anos cinquenta e o começo dos anos sessenta criaram um discurso catastrofista que coexistia pacificamente com o desejo de reconstrução, de bem-estar, otimismo nas pequenas coisas e no curto prazo. As vozes da crítica cultural acompanham num sombrio tom abemolado a animada atividade da República Federal que prospera. Fazem parte do coro dessas vozes Adorno e Gehlen, bem como Heidegger.

De maneiras diversas participam da desordem (Unwesen)[52] que ao mesmo tempo criticam. Gehlen quer proteger a sociedade dos intelectuais, com meios intelectuais; Adorno pinta um quadro de horror da alienação capitalista, e, para devolver o respeito pelo instituto de pesquisa social analisa, a pedido da direção central das empresas, o ambiente de trabalho da Mannesmann; Heidegger rejeita a fala edificante contra a técnica em falas edificantes.

Acontecia com o crítico de seu tempo, Heidegger, algo parecido com o que ocorria com Adorno — davam-lhe ouvidos como se fosse um oráculo artístico. Não só as academias de ciências mas também de belas-artes cortejavam Heidegger como mais tarde fariam com Adorno. Uma crítica fundamental, que não quer se tornar política e tem uma atitude débil com relação ao religioso, é forçosamente compreendida de maneira estética. Quando em 1957 a Academia Berlinense de Belas-Artes sugeriu que Heidegger fosse aceito como seu membro, uma grande maioria concordou com Gerturd von le Fort quando ela disse que a obra de Heidegger deveria ser lida como "grande literatura". Esse tipo de ressonância não era antipática a Heidegger, pois para ele próprio pensar e poetar estavam cada vez mais próximos, e juntos afastavam-no da peleja dos tempos. *Os pastores moram invisíveis e fora do ermo da terra devastada, que deve servir agora unicamente para assegurar o domínio do ser humano.*

A influência de Heidegger já nos anos vinte não se limitara à universidade, muito menos agora, embora nos anos cinquenta grande quantidade de catedráticos e pretendentes a catedráticos se apoiem em Heidegger. Heideggereia-se zelosamente nas cátedras alemãs: estão dissecando o mestre, fazem considerações vazias sobre projeto e *ser-lançado*, fabrica-se uma filosofia tediosa, com a grandiosa filosofia do tédio, incendeiam-se disputas escolásticas pela ordem dos existenciais. Mas não foi nada disso que fez de Heidegger o mestre-pensador dos anos cinquenta e começo dos sessenta. Quando o jovem Habermas, em um artigo para *Frankfurter Allgemeine Zeitung* pelos setenta anos de Heidegger, descreve a influência desse filósofo, destaca especialmente os "colegiados de irmãos leigos" que

---

52 *Unwesen*: desordem, desarrumação, no sentido mais amplo: o mal, etc. Optei pelo termo desordem significando o que está fora da ordem, das regras, etc. (N. da T.)

476 – HEIDEGGER - UM MESTRE DA ALEMANHA ENTRE O BEM E O MAL

se formam por toda parte no país, especialmente entre os silenciosos. Círculos de reflexão se reúnem em torno da palavra de Heidegger. Poucos anos depois em *Jargão da propriedade*, Adorno apresentará o esquema da influência de Heidegger na fórmula: "irracionalidade no meio do racional e do ambiente de funcionamento da propriedade". Adorno, como pesquisador do ambiente de trabalho devia saber. "Na Alemanha se fala um jargão da propriedade, mais ainda se escreve, marcas de um *ser-escolhido* socializado, a um tempo nobre e familiar; linguagem inferior como linguagem superior. Ele se estende da filosofia e teologia, de academias não só evangélicas, para pedagogia e escolas de segundo grau e agremiações de jovens, indo até os modos e falar sublimes de representantes da economia e administração. Embora transborde a pretensão de uma profunda emoção humana, está tão estandardizado quanto o mundo a que oficialmente nega" (9). Com efeito, peças de cenário e partes terminológicas da filosofia heideggeriana servem tão bem para expressar emoções que a reputação acadêmica não sofre com isso. Falando sobre a morte, por exemplo, podia-se escolher um caminho intermediário entre seriedade existencial e uma erudição filosófica que quer mostrar que nada humano lhe é estranho. Aquele para quem era penoso falar em Deus, mas ainda não queria renunciar a uma espiritualidade anônima, este gostava de apelar para o "ser", com ou sem ipsilone. O que Camus e Sartre significavam para os mais jovens, era Heidegger para os mais velhos, que muitas vezes pensam que o mais difícil é que é o mais sério.

Para o olhar crítico de Adorno sobre a "ideologia alemã" daqueles anos, o jargão da propriedade e Martin Heidegger, como seu fundador, eram algo muito mais perigoso: eram expressão de uma mentalidade culta com tendências para o fascismo. Adorno ataca expressões que de início soam bastante inofensivas: como "missão, convocação, encontro, diálogo legítimo, testemunho, interesse, ligação" — palavras com que, diz Adorno, se pode encenar, em contextos bem escolhidos, a "ascensão da palavra ao céu" (13). Quem ouve a convocação, escolhe o encontro, anuncia seus interesses e não teme a ligação, mostra ser alguém com missão para coisas mais altas, porque tem algo mais alto como objetivo. É o super-homem por enquanto ainda suave, erguido acima da agitação do mundo administrado. O jargão enobrece a eficiência do *ser-escolhido*. O próprio

(Eigentliche) prova a capacidade de impor-se com coração, ele toca o "órgão Wurlitz do espírito" (18).

O jargão da propriedade acerta as contas com um espírito do tempo cujo tempo já transcorreu, quando apareceu o livro em meados dos anos sessenta. Foram os anos de Ludwig Erhard como chanceler. O jargão ungido floresceu nos tempos patriarcais de Adenauer, mas quando aparece o texto de Adorno já se impõe uma nova objetividade. A "casa do encontro" cede ao "salão para fins variados", a zona para pedestres conquista as cidades, na arquitetura triunfa a construção estilo casamata e prisão, descobre-se o encanto dos fatos nus na filosofia bem como nos *sex shops*, e não demora muito até que o desmascaramento, a crítica crítica e a indagação última dominem o mundo dos discursos.

Faz parte da técnica do jargão que suas palavras soem "como se dissessem algo mais elevado do que aquilo que significam" (11). Assim também soa por vezes o texto de Adorno, apenas Adorno não encena uma ascensão ao céu, e sim uma queda no inferno. A principal intenção de Adorno é a sua suspeita de fascismo que carrega com significado seus achados antes cômicos que perigosos. Assim Adorno comenta, por exemplo, sobre a cuidadosa divisão de parágrafos de Heidegger no capítulo sobre a morte: "Até a morte é tratada segundo manual, nas ordens da SS e nas filosofias existenciais; o cavalo oficial como Pégaso, cavalgado *in extremis* como cavalo do Apocalipse" (74). Em outro ponto Adorno faz de Heidegger um filósofo das virtudes secundárias: "em nome da propriedade atual porém, até um funcionário da tortura poderia requerer direito a toda a sorte de indenizações ontológicas, pois afinal foi apenas um legítimo funcionário da tortura" (105). Mas essas são apenas preliminares da crítica de Adorno. Ele quer encontrar pistas de fascismo no interior da ontologia fundamental de Heidegger. Ontologia, pelo menos a heideggeriana, seria a "prontidão de sancionar uma ordem heterônoma, dispensada de justificar-se diante da consciência", escreve Adorno na *Dialética negativa*, seu *opus magnum* filosófico, ao qual pertence do ponto de vista conceitual, o "jargão da propriedade".

Em 1959 Adorno declarara "considero a sobrevivência do nacional-socialismo na democracia como potencialmente mais ameaçadora do que a sobrevida de tendências fascistas *contra* a democracia". Referia-se com isso especialmente ao fato de que o anticomunismo da guerra fria conferia um ar de incógnito à falta de inteligência do fascismo. Bastava que ele se apresentasse como defensor do Ocidente contra a "torrente vermelha", e podia ligar-se à tradição do antibolchevismo nacional--socialista. Esse anticomunismo dos tempos de Adenauer realmente pescava em águas turvas do "medo dos russos", que também tinha suas nuances racistas e apelava para emoções autoritárias, por vezes até chauvinistas. Para fortalecer o front contra o Leste, nos anos cinquenta se estimulara generosamente a reabilitação e reintegração da elite nacional-socialista. Adenauer exigia seguidamente que a distinção entre "duas classes de pessoas", isto é, entre os politicamente limpos e os não limpos desaparecesse o mais depressa possível. Já em maio de 1951 decretara-se uma lei que daria aos "onerados" outra vez acesso ao funcionalismo público. Complementarmente, a "lei de obrigação de fidelidade", de 1952, afastou do serviço público os membros da "união dos perseguidos pelo regime nazista" suspeitos de comunismo. Também o antissemitismo se mexeu. Adorno, que em 1949 junto com Horkheimer voltara da emigração para a universidade de Frankfurt, sentiu isso especialmente. E 1953 foi convocado para uma "cátedra extraordinária de filosofia e sociologia", chamada oficialmente de "cátedra da reparação" — designação para difamação. A esperança de Adorno de receber uma cátedra legítima de professor, apenas pela sua posição científica, ficou longo tempo sem ser atendida. Quando finalmente em 1956 se discutia no conselho da universidade a nomeação de Adorno como catedrático, o orientalista Hellmut Richet falou imediatamente em "marmelada". Em Frankfurt bastava ter a proteção de Horkheimer e ser judeu para fazer carreira. Não foi o único comentário desse tipo. A coisa piorou tanto que até Horkheimer, cuja posição como ex-reitor e decano estava consolidada, pediu aposentadoria prematura em 1956 devido ao "ódio aos judeus" que estava grassando. Adorno e Horkheimer tiveram de fazer mais uma vez a velha experiência judaica de que, mesmo atingindo posições privilegiadas, eram estigmatizados e vulneráveis. "Como ministro ele será um ministro judeu, a um tempo excelência e pária", dissera Sartre em suas *Considerações sobre a questão judaica*. Adorno também foi "vulnerável" nos anos cinquenta e começo dos sessenta por causa de seu fundo marxista. O semanário *Die Zeit* designou Adorno em 1955 como "propagandista da sociedade sem classes".

Não importa: se Adorno buscava encontrar na filosofia de Heidegger uma continuidade fascista, não era apenas porque queria atingir em Heidegger o ambiente intelectual de duelo dos tempos de Adenauer. Havia mais jogo, isto é, uma ameaçadora proximidade filosófica com o hostilizado. Em Adorno também havia hostilidade contra um filósofo que fazia a *philosophia perennis* como se não existissem a sociologia nem a psicanálise, grandes antagonistas do espírito filosófico. Essa ignorância devia indignar a Adorno, zeloso defensor dessas forças intelectuais de desencantamento — contra seu próprio eros filosófico, que sofria com isso. Que Heidegger nem se importasse com esse padrão de modernidade "científico" e até o desprezasse, era algo que Adorno denunciava como "provincianismo". Adorno, que da perspectiva da filosofia da história sabia muito bem tudo o que "não dava mais", não se permitia agir firmemente do ponto de vista filosófico. Para a sua paixão filosófica só lhe restava a constante reflexão virtuosa e, naturalmente, a arte. Essa volta para a arte como asilo da filosofia porém já era mais uma coisa em comum entre os dois. Adorno certamente não inveja Heidegger pela sua dura caminhada, para ele era mais natural bailar, mas o que talvez ainda o fizesse invejar Heidegger era que este não se envergonhava de sua evidente atividade metafísica. Certa vez Adorno escreveu: "o pudor resiste a expressar diretamente intenções metafísicas; se a gente ousasse, estaria exposto a mal-entendidos jubilosos". Assim Adorno tornou-se mestre na dança filosófica dos véus. Quando em meados dos anos cinquenta, Herbert Marcuse quis publicar ser livro *Eros e civilização* (a que mais tarde a Suhrkamp daria o título extremamente atraente de *Dispositivo, instintivo e sociedade*), como volume especial da coleção *Zeitschrift für Sozialforschung*, Adorno escreveu a Marcuse que não lhe agradava "certa franqueza e imediatidade". Adorno, que costumava diminuir a concorrência aborrecida de Horkheimer, conseguiu impedir a publicação do livro na série do instituto. O erro imperdoável de Marcuse era ter comentado com excessiva clareza um segredo da teoria crítica — a sua ideia de uma cultura bem sucedida com base em uma sexualidade liberada como erotismo. Seja como for,

Adorno só conseguiu perseguir suas "intenções metafísicas" usando de toda a sorte de recursos melindrosos.

Apesar de tudo isso, como já se disse, o verdadeiro interesse de Adorno — diria o jargão — era muito parecido com o de Heidegger. E ele sabia disso. Em 1949 Adorno insistira com Horkheimer por um comentário para o *Monat* do livro recém-editado de Heidegger, *Holzwege.*[53] Escrevera a Horkheimer que Heidegger era "*a favor* de desvios, de um modo não muito estranho a nós".

Adorno e Heidegger fazem da modernidade um diagnóstico parecido de enfermidade. Heidegger fala da moderna *insurreição do sujeito*, para quem o mundo se torna objeto de *maquinações*, processo que recai sobre o sujeito fazendo com que este só possa se compreender como coisa entre coisas. Na *Dialética do iluminismo*, de Adorno e Horkheimer, encontra-se o mesmo pensamento básico: a violência que o ser humano moderno inflige na natureza volta-se contra a natureza interna do ser humano. "Cada tentativa de quebrar a coerção da natureza, quebrando a natureza, aprofunda ainda mais a coerção da natureza. Este foi o caminho da civilização europeia". Em Heidegger, diz-se: o mundo torna-se objeto disponível, imagem, representação do produzir (Herstellen). Adorno/Horkheimer falam do "despertar do sujeito", que é comparado "com o reconhecimento do poder como princípio de todas as relações", e mais ainda: os seres humanos pagam a "multiplicação de seu poder" com a "alienação daquilo sobre que têm poder" (15). Para Adorno, esse princípio do poder do mundo burguês alienado conduz em última análise aos horrores do assassinato dos judeus em escala industrial. Adorno: "o assassinato dos povos é a integração absoluta que se prepara por toda parte, onde seres humanos são aparados, podados... até serem... literalmente exterminados". Quando na conferência de Bremen, de 1949, Heidegger declara: *agricultura é agora indústria mecanizada de alimentação, na essência é o mesmo que fabrico de cadáveres e câmeras de gás.* Esse comentário, ao tornar-se conhecido mais tarde, causou grande indignação exatamente entre aqueles que não se haviam espantado com o pensamento semelhante em Adorno. E a afirmação de Heidegger era absolutamente no sentido

---

53   Caminho na floresta ou, também, desvios, caminhos falsos. (N. da T.)

O VERDADEIRO JARGÃO DOS ANOS SESSENTA – 481

daquele imperativo categórico que Adorno formulou da seguinte maneira: é preciso organizar o pensar e o agir de modo tal "que Auschwitz não
se repita, e nada semelhante aconteça" (358). Heidegger compreendia o
seu *pensar-o-ser* como uma superação daquela vontade moderna de poder
que conduzira à catastrofe. Esse *pensar-o-ser* não é muito distante daquilo que Adorno buscava sob o título "o pensar a não identidade". Adorno
compreendia o "pensar a não identidade" como um pensar que faz valer
coisas e seres humanos em sua singularidade e não as violenta nem regu-
lamenta de maneira "identificadora". A ideia não alienante, portanto não
identificadora, "quer dizer o que algo é, enquanto o pensar a identidade
diz qual a categoria de uma coisa, de que é exemplar ou representante, o
que, pois, ela própria não é" (152).

O que em Adorno se chama "pensar não identificador", é em Heidegger
um pensamento revelador, no qual o ente pode se mostrar sem ser vio-
lentado. Mas Adorno desconfia desse pensar o ser. E levanta a velha
objeção de irracionalismo: "pensar não pode conquistar uma posição na
qual desaparecesse diretamente aquela separação entre sujeito e objeto
que reside em qualquer pensamento e no próprio pensar. Por isso o momento de verdade de Heidegger se nivela com o irracionalismo como
concepção de mundo" (92). Adorno fala elogiosamente dos "momentos
de verdade" de Heidegger, referindo-se a sua recusa em curvar-se aos
"fatos" ajeitados à maneira positivista, renunciando à necessidade
metafísico-ontológica. Adorno também conhece e aprova a "nostalgia de
não se contentar com o veredito kantiano sobre saber o absoluto" (69).
Mas onde Heidegger transcende com solene devoção, Adorno encena o
jogo da dialética negativa, fiel à metafísica pela negação de sua negação.
Por isso Adorno também pode chamar essa dialética um instrumento da
"transcendência da nostalgia". Os dois se diferenciam no modo de se
movimentarem, mas não na orientação. Porém essa proximidade com
Heidegger instiga em Adorno o narcisismo da pequena diferença. Ele
recusa a comunidade solidária dos metafísicos familiares e dos estranhos.
Semelhança de orientação: também Adorno invoca Hölderlin como
testemunha metafísica e olha para a Alemanha do sul, portanto a região
de Heidegger, como Terra Prometida. No *Discurso sobre poesia e sociedade*
Adorno diz em uma interpretação de Mörike: "Impõe-se a imagem

daquela promessa de felicidade que hoje a cidadezinha do sul da Alemanha ainda oferece ao visitante, mas sem a menor concessão a lirismo adocicado[54] nem idílio de aldeia".

Pelo fim de suas "Meditações sobre metafísica" (*in Dialética negativa*), Adorno comenta onde ainda se encontram na época moderna locais acessíveis de vivência metafísica. Não a encontramos mais no total, na grande visão; e fugiu de nós também no trajeto do espírito pela história, onde ainda produziu um Hegel. Lá existe hoje apenas o horror mas nenhuma epifania, nem um espírito do mundo edificante, só o coração da treva. Mas onde vive a metafísica, como podemos ser "solidários" com ela "no momento de sua queda"? Resposta de Adorno: "o que é vivência metafísica, isso aquele que desdenha essas experiências primordiais, presumivelmente religiosas, terá de presentificar talvez como Proust, na felicidade prometida em nomes de aldeias como Otterbach, Watterbach, Reuenthal, Monbrunn. Indo até lá pensamos estar na plenitude, como se isso existisse" (366). Adorno apresentou sua procura do lugar da metafísica reencontrada no breve esboço "Amorbach". Na cidadezinha do mesmo nome no Odenwald ele viveu sua infância. Lá vê reunidos muitos dos temas que mais tarde surgiram nele poderosamente. O jardim com lago, de um convento, se tornará para ele imagem de uma beleza "cujo fundamento eu inutilmente procuro diante do todo". Ele ainda escuta o rumor de uma velha balsa sobre o Main, o emblema acústico da irrupção para novas margens: assim atravessamos de um mundo a outro. Sobre uma colina ele vê no povoado lá embaixo, no começo da noite, lampejar de um só golpe por toda parte a luz elétrica recém-instalada — exercício brando para os futuros choques da modernidade em Nova Iorque e outros lugares. "Minha cidadezinha me protegera tão bem que até me preparou para o que era inteiramente oposto a ela" (22). Adorno segue os caminhos de Amorbach como Heidegger o seu "caminho do campo" (Feldweg); para ambos trata-se de locais reais e ao mesmo tempo imaginários da experiência metafísica, que vivem da lembrança e da força evocadora da

---

54 *Butzenscheibe*, pequena vidraça redonda mais grossa no centro, usada em casas de aldeia em alguns lugares da Alemanha; no sentido figurado, lirismo adocicado, sentimental. (N. da T.)

linguagem. Heidegger: *o pensar por vezes volta... para o caminho do campo...*
A amplidão de todas as coisas crescidas que permanecem em torno do caminho
do campo, nos oferece o mundo. No impronunciado de sua fala, como diz o
velho mestre de leitura e de vida Eckehardt, é que Deus é Deus (D, 39).

Para Adorno, que extrai do Odenwald seus lirismos metafísicos, o caminho do campo de Heidegger é uma "arte de terra-natal barata". Na frase de Heidegger, *crescer significa: abrir-se para a amplidão do céu e ao mesmo tempo enraizar-se na escuridão da terra* (D, 38). Adorno intervém imediatamente com sua acusação de fascismo: aquilo era ideologia de sangue e solo.

Temos a impressão de que a temporária ligação de Heidegger com o nacional-socialismo era conveniente para Adorno: assim ele, que em geral agia com grande cautela, podia filosofar agressivamente em relação a Heidegger e criar um distanciamento que na verdade no pensamento não era tão grande assim.

Com a ação de Adorno contra Heidegger (os dois nunca mais se encontraram depois de 1945 e Heidegger não pronunciou uma palavra sobre Adorno publicamente) começa a campanha vitoriosa do jargão da dialética, que com o seu "se" (sich) atrasado se afirma até nos anos setenta como jargão próprio das pretensões elevadas. Quando em meados dos anos sessenta Ludwig Marcuse foi questionado por um jornal sobre que livro em sua opinião se deveria escrever, ele respondeu: "Sugiro que seja um muito sério, intitulado: A coisa não vai inteiramente sem dialética — sobre a patologia do espírito do tempo". Essa "dialética" emerge da tentativa de superar de maneira discursiva a complexidade da realidade. A vontade de superação não nasce apenas do medo da banalidade, mas do esforço de descobrir, no "contexto de ofuscamento" (Adorno) generalizado, o totalmente outro, o rastro da vida bem acabada, sem porém sucumbir à sugestão do conceito dialético de progresso de Hegel ou Marx. A teoria crítica foi a "tentativa de assumir a herança da dialética sem tecer fantasias de vitorioso" (Sloterdijk). Mas com essa dialética conseguiram-se mesmo assim vitórias, embora apenas no mundo dos discursos. Um gestual indignado, censurador, enfeitando-se com segredos impronunciados, estendeu-se para norte e sul da linha do Maine. Ulrich Sonnemann escreve por exemplo sobre a banalidade do mal, e enfatiza que a banalidade "é inerente ao verdadeiro, mas não consegue suportar o

484 – Heidegger - um mestre da Alemanha entre o bem e o mal

ser-inerente (Innesein), portanto, pela tensão de uma consciência pervertida tanto é o que é, quanto também não tolera a certeza de que exatamente isso *não é nada;* e nesse não tolerar a si mesma, que aparece simultaneamente em seu papel no mundo como não tolerar o verdadeiro e intolerância, consiste o seu ser". Jean Améry, que pegou essa frase, a traduz para o "banal mau" de modo "que o ser humano que se contenta com clichês de pensamento em vez de os destruir, se torna inimigo da verdade pelo pecado de omissão".

A linguagem da dialética era em Adorno além disso uma obra miraculosa de altíssima sutileza — "a utopia do conhecimento seria abrir o inconceitual (Begriffslose) com conceitos sem o equiparar a eles" (Adorno) — era, como disse Jean Améry, uma "imprecisão que se fazia passar por superprecisão", mas o jargão era cada vez mais robusto e mais evidente, especialmente quando a dialética negativa voltou a ser positiva, e em 1968 começou a descobrir tendencialmente — era essa a fórmula do jargão — em sequência, o trabalhador científico geral, o eros não repressivo, o código restringido, o potencial marginalizado e por fim velha classe trabalhadora como sujeito de atribuição da reconstrução do processo social de emancipação. Nesses contextos, a dialética de Adorno, antes estética, já não entrava em questão. A troca de paradigma para "operacionalização" e "relevância da práxis" provocou um entrechoque em Frankfurt (e não só lá): quando os estudantes ocuparam o Instituto de Sociologia, Adorno chamou a polícia para auxiliar. Um ano depois, ele morreu. Pode-se supor que os acontecimentos partiram seu coração.

Foram os anos em que Heidegger procurou na Provença asilo para a sua filosofia, para muita gente passando por taoísta suevo, firmemente convencido de que estava praticamente "morto" para o público contemporâneo. O afetuoso ensaio de Hannah Arendt pelos oitenta anos de Heidegger, em 1969, soa quase como um necrológio: "A tempestade que perpassa o pensar de Heidegger — como aquela que milênios depois ainda sopra até nós vinda da obra de Platão — não é deste século. Ela vem de tempos antiquíssimos e o que nos deixa é o perfeito que, como tudo o que é perfeito, volta ao antiquíssimo".

Alguns anos antes acontecera ainda outra grande excitação. A 7 de fevereiro de 1966 aparecera, sobre o livro de Alexander Schwan, *Filosofia política no pensar de Heidegger*, um artigo na *Spiegel*, com o título "Heidegger: meia-noite de uma noite do mundo". Ele continha várias afirmações falsas, por exemplo, a de que Heidegger proibira Husserl de entrar na universidade e que deixara de visitar Jaspers porque a mulher deste era judia. Jaspers se aborrecera com esse artigo e escrevera a Hannah Arendt: "Em momentos como este a *Spiegel* retoma seus velhos maus modos" (9.3.1966, BwAJ, 655). Hannah Arendt reagiu com um acesso de ira contra Adorno, que porém realmente nada tivera com o artigo da *Spiegel* de 1966. "Não posso provar mas estou bastante convencida de que os verdadeiros manipuladores aqui são o grupo de Wiesengrund-Adorno em Frankfurt. E isso é grotesco, ainda mais que se provou (os estudantes o descobriram) que Wiesengrund (meio judeu e uma das pessoas mais repulsivas que conheço) tentou seguir princípios nazistas. Ele e Horkheimer passaram anos a fio acusando de antissemitismo qualquer pessoa na Alemanha que fosse contra eles, ou ameaçaram de fazê-lo. Realmente um grupo nojento" (18.4.1966, BwAJ, 670).

Amigos e conhecidos insistiram com Heidegger para que se defendesse da crítica da *Spiegel*. A 4 de março Erich Kästner escreveu: "Não há nada que eu deseje mais... do que que o senhor desista de não se defender. O senhor não sabe quanta dor causa a seus amigos por desprezar isso tão obstinadamente até agora. É um dos argumentos mais fortes... que as infâmias se tornem fatos, quando não nos defendemos audivelmente contra elas" (BwHK, 80). Para Kästner não bastava que Heidegger escrevesse à *Spiegel* uma breve carta de leitor. Queria uma defesa mais minuciosa e enérgica. Pouco antes disso ele próprio saíra da academia de belas-artes de Berlim porque não queria mais pertencer a ela junto com Günter Grass que, em um episódio de seu romance *Anos de cão*, atacara Heidegger. ("Ouça bem, Cão: ele nasceu em Messkirch. Isso fica perto de Braunau no Inn. Ele e o outro tiveram o umbigo cortado no mesmo ano do gorro de borla. Ele e o outro se inventaram mutuamente.") Kästner descobrira que a *Spiegel* estava interessada em uma conversa com Heidegger, e tentou convencê-lo. Mas primeiro este recusou. *Se na* Spiegel *houvesse um verdadeiro interesse em meu pensar, também o senhor Augstein efetivamente poderia ter-me visitado quando fez sua conferência aqui nesta universidade no semestre de inverno passado, assim como depois*

486 – Heidegger - um mestre da Alemanha entre o bem e o mal

de sua conferência daqui procurou Jaspers em Basileia (11.3.1966, BwHK, 82). Kästner insiste teimosamente. A 21 de março escreve: "ninguém vai supervalorizar a *Spiegel* pelo seu tom, seu nível. Mas penso que não se deveriam subestimar os ventos favoráveis do momento, quando o senhor Augstein sente raiva e sarcasmo em relação a Grass. Ouço rumores... de que uma repulsa contra a moderna idolatria da ciência, um profundo ceticismo, são ideias prediletas do senhor Augstein. Na verdade não vejo motivo para não desejar essa visita" (BwHK, 85).

A conversa aconteceu porque a redação da *Spiegel* atendeu à condição de Heidegger: nada de publicar enquanto ele fosse vivo. A entrevista com a *Spiegel* ocorreu a 23 de setembro de 1966 na casa de Heidegger em Freiburg. Além de Heidegger, Augstein, o redator da *Spiegel*, Georg Wolf, e a fotógrafa, Digne Meller-Marcovicz. Heinrich Wiegand Petzet participou como mudo "segundo" de Heidegger. Petzet relata como pouco antes da conversa Augstein lhe confessou ter um "medo dos diabos" do "famoso pensador". Com isso, Augstein, que lhe parecera um "carrasco indagador" imediatamente passou a lhe ser simpático. Heidegger também estava nervoso. Aguardou os participantes na porta de seu escritório. "Fiquei um pouquinho assustado", relata Petzet, "quando olhei para ele e vi sua tensão enorme... As veias nas têmporas e na testa muito inchadas, os olhos um pouco saltados de excitação."

Nota-se o "medo dos diabos" de Augstein sobretudo no começo da conversa. O "ferro quente" é tocado com extrema cautela, com rodeios e nas pontas dos dedos: "Senhor professor Heidegger, sempre constatamos que sua obra filosófica é um pouco sombreada por acontecimentos não muito antigos de sua vida, que nunca foram esclarecidos, ou porque o senhor foi orgulhoso demais, ou não julgava necessário manifestar-se a respeito". Heidegger imaginara que a conversa giraria sobretudo em torno do seu envolvimento com o nacional-socialismo. Tanto mais surpreso ficou quando Augstein se apressou em superar esse tema e falar sobre a interpretação filosófica da modernidade, e sobretudo sua filosofia da técnica. Augstein e Georg Wolf desculparam-se repetidamente por comentarem citações do discurso de reitor ou aquele na festa de Schlageter, e confrontarem Heidegger com os boatos sobre sua suposta participação na queima de livros, ou seu comportamento com relação a

O VERDADEIRO JARGÃO DOS ANOS SESSENTA – 487

Husserl. Os entrevistadores definem com tanto cuidado o engajamento de Heidegger que ele próprio sugere uma versão mais forte. Augstein/Wolf ofereceram a Heidegger a interpretação de que durante seu tempo de reitor ele tivera de dizer muita coisa *ad usum Delphini*. Mas Heidegger enfatiza, em relação a isso, *que a expressão* ad usum Delphini *diz pouco. Naquele tempo eu acreditava que no debate com o nacional-socialismo poderia se abrir um novo caminho, único ainda possível, para uma renovação* (87). Mas essa versão ainda não é suficientemente "forte". Pois, não é *o debate* e sim a própria revolução nacional-socialista — como ele a compreendia então — que para ele significava a *renovação*. Ele também não comenta que compreendia essa *renovação* como um acontecimento secular, uma revolução metafísica e *transformação de todo o dasein alemão*, sim, de todo o Ocidente. Não comenta que entrara numa vertigem de poder, que quisera defender a pureza da revolução, por isso tornando-se um denunciante, que entrara em choque com os chefes oficiais nacional-socialistas e com seus colegas, por isso fracassando como reitor, por ter desejado levar adiante a revolução. Em vez disso, dá a a impressão de que participou para fazer uma espécie de resistência. Ele enfatiza sua posição apolítica antes de 1933 e comenta sua decisão de aceitar a reitoria como sacrifício para evitar algo pior, isto é, que os funcionários tomassem o poder na universidade. Em suma: Heidegger esconde nessa conversa o revolucionário nacional-socialista que por algum tempo foi e esconde os motivos filosóficos que o fizeram ser isso.

Se de um lado Heidegger apresenta seu papel no período nazista como mais inocente do que realmente foi, de outro lado não está disposto a fazer o papel de "democrata melhorado" como tantos fizeram na Alemanha do pós-guerra. Quando a conversa aborda o problema de que *a técnica afasta cada vez mais o ser humano da terra e o desenraíza* (98), Heidegger indica que o nacional-socialismo originalmente pretendera lutar contra essa tendência mas acabara sendo motor dela. Heidegger admite a sua perplexidade pois *como atribuir ao atual período técnico... um — e qual — sistema político... Não estou convencido de que seja a democracia* (96). Foi nesse ponto da conversa que Heidegger disse: *só um Deus ainda pode nos salvar* (99). Sob esse título é publicada essa conversa na *Spiegel*, em 1976, depois da morte de Heidegger.

488 – Heidegger - um mestre da Alemanha entre o bem e o mal

A conversa deveria encerrar a discussão sobre o engajamento de Heidegger mas na verdade desencadeou-a outra vez. Pois Heidegger defendeu-se como fez a maioria dos "onerados" naqueles tempos, dos quais aliás Carl Schmitt em seu *Glossarium* comentou sarcasticamente que tinham descoberto a colaboração como forma de resistência. O que comumente "a gente" faz, devia causar uma impressão indigna em um filósofo da propriedade, que exigira do *dasein resoluto* também a coragem de assumir a sua responsabilidade. Mas responsabilidade não se estende apenas ao reino das próprias intenções, e sim também às consequências não pretendidas do seu agir. Mas Heidegger deveria assumir correspon-sabilidade pelos crimes monstruosos do nacional-socialismo, nos quais realmente não participara — nem através de premissas comuns de pen-samento? Hedegger jamais foi um racista.

O silêncio de Heidegger — muito se falou sobre ele. O que se espe-rava dele? Herbert Marcuse, que a 28 de agosto de 1947 escrevera a Heidegger, esperara dele uma "palavra" que o livrasse "definitivamente da identificação" com o nacional-socialismo, desejava "uma manifestação pública" de sua "mudança e transformação". Na sua resposta Heidegger indica que já realizara publicamente essa mudança (em suas conferências) durante o nacional-socialismo e que, em 1945, fora impossível revogar de maneira ostensiva suas antigas convicções porque não queria estar na má companhia daqueles "asseclas dos nazistas" que "anunciavam da ma-neira mais repulsiva sua mudança de inclinação" para ficarem limpos em sua carreira no pós-guerra. Com razão Heidegger considerava inaudita a exigência da opinião pública, de apartar-se do assassinato de milhões de judeus. Pois teria de reconhecer implicitamente uma sentença pública que lhe atribuía cumplicidade com esse crime. Seu respeito por si próprio obrigava-o a rejeitar essa impertinência.

Se Heidegger rejeitava a exigência de defender-se como cúmplice potencial do assassinato, isso não significava que ele fugisse do desafio de "pensar Auschwitz". Quando Heidegger fala sobre a perversão do moderno desejo de poder que faz da natureza do ser humano mero material de suas *maquinações*, Auschwitz está sempre expressa ou taci-tamente incluída nisso. Para ele — bem como para Adorno — Auschwitz é um típico crime da modernidade. Portanto, se compreendermos a crítica da modernidade, de Heidegger, também como um filosofar sobre Auschwitz, fica claro que o problema do silêncio heideggeriano não reside em ter calado sobre Auschwitz. Ele silenciou filosoficamente sobre outra coisa: sobre si próprio, sobre a sedução do filósofo pelo poder. E — como tantas vezes na história do pensamento — ele não faz a pergunta: Quem sou afinal, quando penso? O pensante tem pensamentos, mas às vezes é o inverso: os pensamentos o têm. O *quem* do pensar se transforma. Quem pensa as grandes coisas pode facilmente cair na tentação de julgar-se um grande acontecimento. Quer corresponder ao ser e observar como este acontece na história, mas não ele mesmo aparecer a seus próprios olhos. A contingência da própria pessoa desaparece no mesmo pensante e suas grandes circunstâncias. A visão panorâmica ontológica torna impreciso o que é onticamente mais próximo. Então ocorre um conhecimento precário de si mesmo, das próprias contradições condicionadas pelo tempo, dos acasos biográficos e idiossincrasias... Quem conhece o seu mesmo contingente tende menos a se confundir com os heróis do seu mesmo pensante, e a deixar suas próprias pequenas histórias se diluírem na grande história. Em suma: o conhecimento de si mesmo defende das seduções do poder.

O silêncio de Heidegger. No encontro com Paul Celan ele ainda terá um papel importante. O poeta lírico Paul Celan, nascido em Czernowitz em 1920, só por acaso salvo do campo de extermínio em que seus pais foram assassinados, desde 1948 vivendo em Paris, tivera um especial acesso à filosofia do Estado, de Heidegger. O filósofo Otto Pöggeler relata que Celan defendeu diante dele exatamente aquelas formulações linguísticas tardias tão difíceis de Heidegger, e que em 1957 quis mandar a Heidegger seu poema *Schlieren,*[55] que mais tarde apareceu no volume *Sprachgitter* (*Grade de palavras*). O poema fala de um olho cuja admiração revela o mundo e preserva a memória: "Falha no olho:/para que se preserve/um sinal trazido da treva".[56] Provavelmente esse poema devesse ser o sinal de uma ligação desejada, na qual permanece presente a "ferida" que separa os dois, Celan e Heidegger. Não se sabe se Celan realmente

---

55 *Schliere*, em alemão, falha no vidro, local mais frágil. (N. da T.)
56 *Schliere im Aug:/dass bewahrt sei/ein durchs Dunkel getragenes Zeichen.* (N. da T.)

enviou o poema. Depois das intensas e inúmeras conversas sobre o filósofo, Otto Pöggeler perguntou a Celan se podia dedicar-lhe seu livro sobre Heidegger. Celan recusou "com dificuldade". Insistia "em que seu nome não se ligasse ao de Heidegger antes de uma conversa franca com este". Mesmo assim, Celan estudou a fundo a obra de Heidegger. Em seu exemplar de *Ser e tempo* encontram-se incontáveis notas minuciosas; ele conhecia as interpretações que Heidegger fizera de Hölderlin, Trakl, Rilke. No poema *Largo* ele fala do "heidegängerisch Nahen". Martin Heidegger, por seu lado, desde os anos cinquenta seguira atentamente a obra de Paul Celan. Quando no verão de 1967 o germanista Gerhart Baumann preparava uma leitura de Paul Celan em Freiburg e informou Martin Heidegger por carta, este respondeu: *há muito desejo conhecer Paul Celan. Ele é o que está mais à frente e se mantém mais afastado. Conheço tudo dele, sei também da grave crise da qual emergiu tanto quanto pode emergir disso um ser humano... Seria um bálsamo mostrar também a Floresta Negra a Paul Celan.*

Na leitura em Freiburg a 24 de julho de 1967 no *auditorium maximum* da universidade, Paul Celan se viu diante do maior público de sua vida. Mais de mil ouvintes estavam ali. Entre eles, Martin Heidegger na primeira fila. Antes disso Heidegger fora às livrarias e pedira que colocassem os volumes de poesia de Celan em um lugar privilegiado nas vitrinas. Foi o que aconteceu. Na primeira andança pela cidade o poeta pôde ver seus volumes de poesia em todas as livrarias e comentou isso alegremente com alguns conhecidos no saguão do hotel, uma hora antes do início da leitura. Martin Heidegger, também presente, não revelou sua intervenção favorável. Nesse primeiro encontro entre Heidegger e Celan houve a seguinte cena. Depois de terem conversado um pouco, alguém manifestou o desejo de tirar uma foto. Celan saltou de pé e declarou que não queria ser fotografado junto de Heidegger. Este ficou tranquilo, virou-se para o lado, circunspecto e comentou com Gerhart Baumann: *Ele não quer — bom, deixa estar* (62). Celan afastou-se por pouco e quando voltou deu a compreender que suas objeções de ser fotografado junto com Heidegger já não existiam. Mas a primeira recusa ainda pairava no ar, e ninguém repetiu a sugestão. Agora Celan se mostrava penalizado com o resultado de sua atitude, tentando abrandar o insulto. Depois da leitura encontraram--se para um cálice de vinho. Heidegger sugeriu que bem cedo na manhã seguinte fossem de carro à Floresta Negra, visitassem um campo de turfa e a cabana em Todtnauberg. Foi o combinado. Mal Heidegger partira quando Celan, que ficara com Gerhart Baumann, começou a levantar objeções e escrúpulos quanto à sugestão que já havia aceitado. Disse que lhe era difícil encontrar-se com um homem cujo passado não conseguia esquecer. "O desconforto em breve se transformou em recusa", relata Baumann, que lembrou a Celan seu desejo expresso de encontrar-se com Heidegger e estar com ele. Celan não tentou desfazer essas contradições. Suas reservas permaneciam; de outro lado a obra e pessoa de Heidegger o impresisonavam. Sentia-se atraído e ao mesmo tempo censurava-se por isso. Procurava a pesença do outro e a proibia a si mesmo. No dia seguinte Celan faz o passeio a Todtnauberg. Passa uma manhã com Heidegger na cabana. Não sabemos de que os dois falaram. A anotação de Celan no livro de visitas da cabana diz: "No livro da cabana, vendo o Poço das Estrelas, no coração a esperança de uma futura palavra".

"Futura palavra" — isso podia significar muita coisa. Celan esperaria a admissão de culpa e estava decepcionado porque Heidegger não a fazia? Mas Celan não parecia absolutamente decepcionado, relata Baumann, que poucas horas depois encontrou os dois numa estalagem: "Para meu alegre espanto encontrei o poeta e o filósofo em excelente disposição. Resumiram os acontecimentos das últimas horas, mencionou-se expressamente a caminhada até a 'cabana'. Todo o peso tinha saído de cima de Celan". No dia seguinte Celan partira para Frankfurt em excelente ânimo. Marie Luise Kaschnitz encontra lá, para surpresa sua, um Celan inteiramente mudado. E ela disse a amigos: "o que foi que fizeram com ele em Freiburg, que lhe aconteceu por lá? Ele está irreconhecível" (72). Nessa exaltação Celan escreve a 1º de agosto de 1967 o poema *Todtnauberg*: Arnica consolo dos olhos/beber do poço com/a constelação,//na cabana//e no livro/—de quem o nome acolhido/antes do meu?—,/a frase inscrita no livro de/uma esperança, hoje,/de uma palavra/pensante/futura (in-/ evitvel futura) no coração..."[57]

---

57 *Arnika; Augentrost, der/Trunk aus dem Brunnen mit dem/Sternwürfel drauf,//in der/ Hütte,//die in das Buch/wessen Namen nahms auf/vor dem meinen?/—, die in das Buch geschriebene Zeile von/einer Hoffnung, heute,/auf eines Denkenden/kommendes (un-/ gesäumt kommendes)/Wort/im Herzen...* (N. da T.)

492 – HEIDEGGER - UM MESTRE DA ALEMANHA ENTRE O BEM E O MAL

A "palavra futura" (kommende Wort) — essa expressão responde também ao adventismo metafísico de Heidegger, ao *Deus futuro* de Heidegger, ao *a caminho da fala* que pudesse produzir uma *volta*. A "palavra futura" de qualquer modo não é apenas uma palavra de absolvição política de Heidegger.

"Palavra futura inevitável" pode-se ler na primeira versão do poema que Celan envia a Heidegger em 1968. Na coletânea de poemas *Lichtzwang*,[58] de 1970, Celan remove a esperança expressa entre parênteses da palavra "futura inevitável".

Houve outros encontros, trocaram-se cartas. A ligação tornou-se amigável. No verão de 1970 Heidegger quis levar Celan pela paisagem de Hölderlin, do Danúbio superior. Fizeram os preparativos. Mas não foi mais possível. Na primavera de 1970 Celan suicidou-se em Paris.

Heidegger foi, em relação a Celan, cortejador, atencioso, por vezes solícito. No último encontro na quinta-feira santa de 1970 houve novamente um pequeno choque. Celan apresentara poemas, tinham conversado a respeito. Heidegger seguira a leitura com tal atenção que depois conseguia citar versos palavra a palavra. Mesmo assim no curso da conversa Celan o acusou de falta de atenção. Separaram-se num estado de espírito opressivo. Baumann acompanhou Heidegger para casa. Na despedida no portão do jardim, Heidegger disse "abalado" a Baumann: "Celan está doente incuravelmente".

O que Celan esperara de Heidegger? Provavelmente o próprio Celan não sabia. A palavra de Heidegger, *clareira* (Lichtung) era para ele uma esperança; ele aguardava a sua realização. Talvez a expressão de Celan "Lichtzwang" (coerção da luz contenha a impaciente resposta).

---

58   Traduzido no Brasil como *Pressão da Luz*. (N. da T.)

Capítulo XXV

Cantos de despedida

Ao lado do botão da campainha da casa na Rötebuckweg 47 havia um cartãozinho preso "Visitas depois das 17 horas". Muitos visitantes vinham, Heidegger tinha de preservar seu tempo de trabalho livre. Petzet recorda o incidente divertido em que numa tarde de domingo uma numerosa família da América do Sul pediu para entrar, com o único desejo expresso com dificuldade: "Seulement voir Monsieur Heidegger". Heidegger mostrou-se, a família admirou o animal estranho e depois com muitas mesuras se foi outra vez. Visitantes convidados para irem ao escritório de Heidegger — distinção especial — tinham de subir uma escada de madeira em caracol até o primeiro andar, onde ao lado de um imenso armário de família se abria a porta do seu local de trabalho. Um aposento escurecido por prateleiras de livros que forravam as paredes, recebendo luz por uma janela rodeada de hera. Na frente dela, a escrivaninha. Dela via-se a torre da ruína do castelo de Zähringer. Ao lado da escrivaninha, uma poltrona de couro onde gerações de visitantes se haviam sentado, Bultmann, Jaspers, Sartre, Augstein. Sobre a escrivaninha empilhavam-se pastas com manuscritos, que Fritz Heidegger chamava numa carinhosa zombaria "as estações de manobras do Martin".

Nesse aposento em 1967 Hannah Arendt voltou a se sentar pela primeira vez depois de um intervalo de 15 anos. Desde a última visita em 1952 só haviam trocado cartas. Pelos sessenta anos dela, em 1966, Heidegger lhe mandara o poema *Outono*. No seu tom elegíaco Hannah escutou o tom do entardecer da vida. Ela quer ver Heidegger mais uma vez, pois ele se aproxima dos 80; ela encara a saudação de aniversário como um convite. Depois dos desentendimentos dos anos anteriores, novamente uma reconciliação. Hannah e Elfride decidem tratar-se pelo primeiro nome. Dois anos depois, em agosto de 1969, pouco antes do octogésimo aniversário de Heidegger, Hannah Arendt traz seu marido Heinrich Blücher. O estado de espírito é cordial e frouxo. Se ao menos Hannah não fumasse tanto! Depois Elfride tem de arejar a casa dias a fio. Segundo Ettinger, Heidegger dá de presente a Hannah um livro com a dedicatoia: *Para Hannah e Heinrich — Martin e Elfride*. Planejam repetir o encontro no ano seguinte. Mas em outubro de 1970 morre Heinrich Blücher. Hannah Arendt dedica seus últimos anos a trabalhar em sua grande obra incompleta: *Da vida do espírito: o pensar — o querer — o julgar*. Nos pensamentos que ali desenvolve ela se aproxima de Heidegger como em nenhum outro momento. Sua conclusão diz que Heidegger devolveu à filosofia "um pensar que expressa gratidão por ter-lhe sido atribuído ao menos o 'isso' (Dass) nu. Sua ligação com Heidegger não se desfaz mais em nenhum aspecto. Todo ano ela o visita e cuida zelosamente da edição e tradução de sua obra nos Estados Unidos. Heidegger reconhece a sua ajuda, agradecido; escreve que mais uma vez se confirma que ninguém compreende melhor os pensamentos dele do que Hannah.

Ettinger relata ainda o seguinte episódio característico: como subir as escadas agora exige esforço, querem construir no jardim uma casa térrea menor, mais confortável para os velhos. Heidegger quer vender o manuscrito de *Ser e tempo* a uma fundação, uma biblioteca ou até um colecionador particular, para financiar a obra. Elfride em abril de 1969 pede conselho a Hannah Arendt sobre o assunto. Quanto se pode pedir, onde conseguir um preço melhor? Nos Estados Unidos ou na Alemanha? Hannah Arendt toma informações com especialistas, que afirmam que o preço mais elevado seria obtido na universidade do Texas, certamente se podia contar com cem mil marcos.

O manuscrito de *Ser e tempo* acabou não indo para o Texas no Novo Mundo, mas permaneceu no Ocidente: o Arquivo Literário Schiller, em Marbach, mostrou-se interessado. Finalmente todo o pacote de manuscritos do espólio de Heidegger foi para lá. A casinha no terreno do jardim foi construída e Hannah mandou flores quando se mudaram para ela.

Heidegger pôde manter seu ritmo habitual de vida. De manhã trabalho, depois do almoço repouso, outra vez trabalho até fim da tarde; os passeios seguidamente o levavam até a "Jägerhäusle", estalagem na encosta com vista para a cidade. Lá gostava de encontrar-se com conhecidos e amigos para um "caneco". Na primavera e outono ele passava algum tempo em Messkirch com seu irmão. No dia de São Martin, 11 de novembro, Heidegger sempre se senta no lugar à frente nos bancos do coro da igreja, onde se sentava quando menino-sineiro. Os moradores de Messkirch valorizavam sua presença, ainda que alguns, que o conheciam da infância, ficassem um pouco constrangidos com o famoso professor com o gorro basco. Quando uma ex-colega da escola primária, que só chegara a faxineira, certa vez o encontrou e não sabia como lhe dirigir a palavra, com o "tu" habitual ou com "o senhor" que lhe parecia afetado, em sua perplexidade usou o heideggeriano "man" (a gente), pois disse-lhe: "Então a gente também está aqui?". Nos aniversários de datas redondas havia comemoração no salão de festas da cidade. Um músico da Suíça compusera uma marcha "Heidegger" com a melodia em que as notas formavam h-e-d-e-g-g-e,[59] que a banda municipal de Messkirch pusera em seu repertório para essas ocasiões festivas. Para Messkirch, pois, onde em 1959 Heidegger também recebeu o título de cidadão honorário, não valia o provérbio de que o profeta nada vale em sua terra.

Heidegger era agora um ancião respeitável, mas aquilo que nele fora rude e severo abrandara-se. Foi à casa de vizinhos para assistir a grandes jogos de futebol europeus na televisão. No lendário jogo Hamburgo contra Barcelona em começo dos anos sessenta, de tanto nervosismo ele derrubou sua taça de chá. O ex-diretor do teatro de Freiburg encontrou-o certa vez no trem e quis falar com ele sobre literatura e palco, o que não conseguiu porque Heidegger, ainda sob a impressão recente de um jogo de futebol, preferiu falar de Franz Beckenbauer. Tinha grande admiração pela maneira sensível como este manejava a bola — e tentava explicar plasticamente ao espantado ouvinte os refinamentos de jogo dele. Chamava Beckenbauer de *jogador genial* e

---

59 As notas musicais em alemão são representadas por letras do alfabeto, no caso: si-mi-ré-mi-sol-sol-mi. (N. da T.)

louava a sua *invulnerabilidade em embates a dois*. Heidegger emitia juízos de especialista pois em Messkirch não apenas tocara sinos mas também chutara muito bem como ponta esquerda.

Nos últimos anos de sua vida Heidegger ocupou-se sobretudo preparando a edição completa de suas obras. Na verdade queria chamá-las *Caminhos* (*Wege*), mas o título acabou sendo mesmo *Obras* (*Werke*).

Pelo fim de sua vida Arthur Schopenhauer dissera certa vez "a humanidade aprendeu comigo algumas coisas que não esquecerá". Não se conhece uma expressão dessas de Heidegger. Ele não criou uma filosofia construtiva no sentido de uma visão de mundo ou uma doutrina moral. Não há "resultados" do pensar heideggeriano, como há "resultados" das filosofias de um Leibnitz, Kant ou Schopenhauer. A paixão de Heidegger era indagar, não responder. Por isso indagar podia ser para ele *a devoção do pensar*, porque abria novos horizontes — assim como outrora a religião, quando ainda era viva, ampliara os horizontes e santificara o que neles aparecia. Para Heidegger, possuía especial força reveladora *a indagação* que ele fez durante toda a sua vida filosófica: a pergunta pelo ser. O sentido dessa pergunta não é senão esse abrir, esse remover, esse sair para uma clareira onde de repente é concedido ao evidente (Selbstverständlichen) o milagre do seu "aí" (Da); onde o ser humano se vivencia como local onde algo se escancara, onde a natureza abre os olhos e percebe que está ali, onde portanto no meio do ente existe um local aberto, uma clareira, e onde é possível a gratidão por tudo isso existir. Na questão do ser esconde-se a prontidão para o júbilo. A questão do ser no sentido hedeggeriano significa tornar mais claras (lichten) as coisas, assim como se levanta (lichten) uma âncora a fim de partir livremente para o mar aberto. É uma triste ironia da história que a indagação pelo ser na leitura de Heidegger em geral tenha perdido esse traço revelador e iluminador, deixando o pensar antes inibido, enovelado e crispado. Com a indagação pelo ser, acontece com a maioria assim como com o discípulo numa história zen. Ele meditara longamente sobre o problema de como tirar o ganso crescido da garrafa com gargalo estreito sem matar o animal ou quebrar a garrafa. O discípulo, já torto de tanto pensar, foi ao mestre e pediu a solução do problema. O mestre afastou-se um momento, depois bateu palmas energicamente e chamou o discípulo pelo nome. "Estou aqui, mestre", respondeu o discípulo. "Está vendo?", disse o mestre, "o ganso saiu".[60] O mesmo vale para a questão do ser.

Também sobre o sentido do ser, que se busca na pergunta pelo ser, existe uma bela história zen, bem na linha de Heidegger. Ela relata que antes de ocupar-se com o zen alguém vê as montanhas como montanhas e as águas como águas. Mas se depois de algum tempo de contemplação interior ele atinge o zen, vê que as montanhas já não são montanhas e as águas já não são águas. Mas quando ele se torna um iluminado, volta a ver as montanhas como montanhas e as águas como águas.

O Heidegger dos anos vinte gosta de empregar a expressão aparentemente abstrata "anúncios formais". Gadamer relata que a seus estudantes, que tinham dificuldades com o termo por suspeitarem que em seu significado houvesse gradações de abstração, Heidegger explicou da seguinte forma a expressão: ela significava "saborear e completar". Um anúncio (Anzeige) se mantém na distância do mostrar (Zeigen), e pede que o outro, a quem algo é mostrado, olhe ele mesmo. Precisa ver ele próprio, na boa maneira fenomenológica, o que lhe é "anunciado" e "completá-lo" com sua própria contemplação. E na medida em que o completa, saboreará o que ali há para ver. Mas, como se disse, a gente mesma precisa ver.

Quando certa vez, numa carta a Jaspers, Heidegger se caracterizou como zelador de museu que afasta a cortina para que se vejam melhor as grandes obras de filosofia, tinha em vista a versão mais modesta de sua atividade. Mas na verdade queria assim ajudar a olhar a vida — não só a filosofia — como se fosse a primeira vez. Para Heidegger, o esclarecimento (Aufklärung) era restaurar a primeira claridade na ocasião da surpreendente, e por isso arrebatadora, chegada do dasein ao mundo. Esse era o grande patos dos inícios de Heidegger: remover o que encobria, o habitual, o que se tornara abstrato e enrijecido — e destruí-lo. E o que se revelaria então? Nada senão aquilo que nos rodeia sem nos oprimir, esse "aí" do nosso *ser-aí* (Dasein). É isso que é preciso saborear e completar. A filosofia de Heidegger jamais abandonou esse exercício do deixar-ver. Montanhas, águas, com na história zen — mas pode também ser uma ponte. Certa vez Heidegger fez uma maravilhosa reflexão a respeito disso (VA, 146).

---

60   *Gans*, ganso; em alemão entra na expressão: *dummer Gans*, sujeito tolo, bobo. (N. da T.)

498 – Heidegger - um mestre da Alemanha entre o bem e o mal

Usamos a ponte sem pensar muito nela. Um olhar para o abismo debaixo da ponte pode nos dar algum susto, nele anuncia-se a sensação do risco do dasein, mostra-se o nada sobre o qual balançamos. A ponte cobre o abismo. Suas extremidades repousam firmemente na terra. No gesto de apoiar ela prolonga o apoio da terra da qual dependemos. Assim o próprio projeto (Entwurf), o próprio ímpeto, realiza a transição. A ponte ergue-se sobre abismo para o céu aberto. A ponte, repousando na terra, portanto não liga apenas duas margens entre si mas nos estende para o aberto e ali nos dá apoio. Heidegger diz: na transição dos *mortais* a ponte liga a terra com o céu. Nas velhas pontes ainda se representa e celebra de maneira singular a audácia da sua transição, esse prazer arriscado de ficar parado e andar no ar entre céu e terra: nas figuras colocadas nessas pontes, as imagens de santos das pontes, que nos estimulam a ter confiança e nos quais vemos manifesta a gratidão pelo dom da vida, por esse trânsito no espaço aberto entre céu e terra, essa escolta na transição.

Devaneio poético, metáfora? Não. A análise do dasein de Heidegger é toda uma tentativa de mostrar que somos criaturas que podem construir pontes porque podem vivenciar o espaço aberto, as distâncias e sobretudo os abismos — por cima de si, ao redor de si, dentro de si, — e por isso sabem que a vida significa: atravessar abismos e preservar-se nessa transição. Assim o dasein é um ser que olha para si mesmo do outro lado, e se envia para o outro lado — de uma extremidade da ponte a outra. E a questão aí é: que a ponte só cresce sob nossos pés à medida que nela andamos.

Deixemos o tema como está.

O Heidegger posterior fez muitas outras reflexões disfarçadas, obscuras, cheias de arabescos, que talvez nos façam pensar mas pouco e nos fazem ver: *o quadrado acontece fenomenologicamente*[61] (west) *como jogo de espelhos dos que são familiarizados entre si de maneira simples. A quaternidade acontece fenomenologicamente* (west) *como mundanidade* (das Welten) *do mundo. O jogo de espelhos do mundo é a ciranda do acontecer fenomenológico* (VA, 173). Não se deve zombar disso mas também não é preciso cair num falso sentido mais profundo. Essas frases são como tatuagens no corpo do arpoeiro Quiqueg em *Moby Dick*, de Melville. No corpo desse Quiqueg,

---

61 Wesen, em alemão verbo, linguagem poética, existir, estar presente, atuar. (N. da T.)

um homem selvagem e devoto dos mares do sul, fora outrora gravada uma doutrina secreta de sua tribo a respeito de céu e terra, um tratado místico, e a partir dali era ele próprio o texto, que nem sabia decifrar "embora o sangue de seu coração pulsasse ali contra". Todos, até o próprio Quiqueg, sabiam que essas mensagens morreriam, indecifradas, com a pele sobre a qual estavam escritas. Sentindo aproximar-se seu fim, Quiqueg pede que o marceneiro de bordo lhe prepare um caixão e transpõe para sua madeira as inscrições que traz no corpo.

Muitas coisas enigmáticas na gigantesca obra de Heidegger devem talvez ser lidas como as inscrições no caixão do selvagem dos mares do sul.

A 4 de dezembro de 1975 morre Hannah Arendt. Heidegger também se prepara agora para morrer, calmo, controlado, indiferente. Quando seu companheiro de brinquedos da infância, Karl Fischer, o congratula pelo seu 86º aniversário, o último, Heidegger responde: *Querido Karle... Agora penso muitas vezes no tempo de nossa juventude e também na casa de teus pais com os muitos animais no terraço, entre eles havia uma coruja.*

Quando a escuridão chega o mais antigo se torna mais visível. Pode-se supor que Heidegger visse novamente com grande clareza aquela coruja. O tempo em que esse pássaro começa seu voo chegara. Talvez nessa ocasião Heidegger também recordasse o que um dia me contou Karl Fischer, com quem ainda consegui conversar: que o pequeno Martin tinha uma espada tão comprida que a arastava atrás de si. Não era de lata mas de aço. "Ele simplesmene era o capitão", disse Karl Fischer, ainda com a admiração daqueles dias de moleques que tinham vivido juntos.

No inverno de 1975 deu-se a última visita de Petzet em casa de Martin Heidegger. "Como sempre, tive de lhe contar muitas coisas; interessado ele indaga de pessoas e coisas, experiência e trabalho — espírito lúcido e ágil como nunca. Quando, já de noite , eu quis ir embora e a senhora Heidegger já deixara o quarto, virei-me ainda uma vez na porta. O ancião me seguia com o olhar, ergueu a mão e ouvi-o dizer baixinho: 'É, Petzet, agora o fim está chegando'. Seus olhos me saudaram uma última vez.".

Em janeiro de 1976 Heidegger pediu a seu conterrâneo de Messkirch, o professor de teologia de Freiburg, Bernhard Welte, que viesse para uma conversa, e disse que quando chegasse a hora queria ser enterrado no cemitério de Messkirh, terra natal dos dois. Pediu um enterro religioso e que Welte falasse na sua sepultura. Nesse último diálogo dos dois comentaram que a proximidade da morte incluía a proximidade com a terra natal. Welte relata: "No aposento pairava também um pensamento eckhartiano de que Deus é igual a nada". A 24 de maio, dois dias antes de sua morte, Heidegger escreveu a Welte mais uma vez; cumprimentava-o por ocasião do título de cidadão honorário de Messkirch concedido ao teólogo. Essa saudação é o última manifestação escrita de Martin Heidegger: *ao novo cidadão honorário da nossa terra natal comum, Messkirch — Bernhard Welte —, saúda hoje afetuosamente o mais velho... Que esse dia de festa da sua honraria seja alegre e estimulante. Que seja harmonioso o espírito de todos os participantes. Pois é preciso pensar se, e como, na era da civilizção mundial tecnicizante e igualizadora ainda pode existir uma terra natal (D, 187).*

A 26 de maio, depois de acordar bem disposto de manhã, Heidegger adormece mais uma vez, um pouco mais tarde, e morre.

O enterro em Messkirch acontece a 28 de maio. Heidegger voltou ao seio da igreja? Max Muller conta como em passeios a pé, quando chegavam a igrejas e capelas, Heidegger sempre pegava água benta e dobrava o joelho. Uma vez ele lhe perguntara se não era uma incoerência, pois ele se afastara dos dogmas da igreja. E Heidegger respondera: *É preciso pensar historicamente. E onde tanto se rezou, o Divino está próximo de maneira muito especial.*

Como encerrar?

O melhor será com a frase que Martin Heidegger pronunciou quando da morte de Max Scheler, antes de uma conferência em Marburg:

Mais uma vez um caminho da filosofia perde-se no desconhecido.

BIBLIOGRAFIA

Adorno, Theodor W. *Eingriffe. Neue Kritische Modelle*. Frankfurt, 1963.

_____. *Jargon of Authenticity*. Trans. Knut Tarnowski and Frederick Will. Evanston, III., 1986.

_____. *Kierkegaard: Konstruktion des Ästhetischen*. Frankfurt, 1974. English ed.: *Kierkegaard: Construction of the Aesthetic*. Minneapolis, 1989.

_____. *Negative Dialectics*. Trans. E. B. Ashton. Londres, 1973; Londres, 1990.

_____. *Notes to Literature*, 2 vols. Ed. Rolf Tiedeman. Trans. Shierry Weber Nicholson. Nova Yorque, 1991-1992.

_____. *Ohne Leitbild: Parva Ästhetica*. Frankfurt, 1967.

_____. and Max Horkheimer. *Dialectic of Enlightenment*. Trans. John Cumming. Londres, 1973.

Altwegg, Jürg, ed. *Die Heidegger Kontroverse*. Frankfurt, 1988.

_____. "Heidegger in Frankreich — und zurück?" *In: Die Heidegger Kontroverse*. Frankfurt, 1988.

Améry, Jean. "Jargon der Dialektik". *In* H. Glaser, ed., *Bundesrepublikanisches Lesebuch: Drei Jahrzente geistiger Auseinandersetzung*. Munique, 1978.

Arendt, Hannah. *Eichmann in Jerusalem: Ein Bericht von der Banalität des Bösen*. Munique, 1986.

_____. "Freiheit und Politik". *In Die New Rundschau 69* (1958).

_____. *The Human Condition*. University of Chicago Press, 1958.

_____. *The Life of the Mind: Thinking — Willing — Judging*. New York, 1978; 1-vol. ed., San Diego, 1981.

_____. "Martin Heidegger ist achtzig Jahre alt". *In* G. Neske and E. Kettering, eds., *Antwort: Martin Heidegger im Gespräch*. Pfullingen, 1988.

_____. *Menschen in finisteren Zeiten*. Munique, 1983. English ed.: *Men in Dark Times*. Londres, 1970.

_____. *The Origins of Totalitarianism*. Londres, 1958; Nova Yorque, 1966.

_____. *Rahel Varnhagen: The Life of a Jewess*. Londres, 1957.

_____. *Was ist Politik*? Munique, 1993.

_____. "What is Existential Philosophy?" *Partisan Review*, 1946: 50.

_____. Zur Zeit: Politische Essays. Berlim, 1986.

Baeumler, Alfred. "Hitler und der Nationalsozialismus: Aufzeichnungen von 1945–1947". *In: Der Pfahl: Jahrbuch aus dem Niemandsland zwischen Kunst und Wirtschaft*. Munique, 1991.

_____. Nietzsche, der Philosoph und Denker. Berlim, 1931

Ball, Hugo. *Flight out of Time: A Dada Diary*. Ed. John Elderfield. Trans. Ann Raimes. Nova Yorque, 1974.

502 – HEIDEGGER - UM MESTRE DA ALEMANHA ENTRE O BEM E O MAL

Barash, Jeffrey Andrew. "Die Auslegung der 'Öffentlichen Welt' als politisches Problem". *In*: D. Papenfuss and. O. Pöggeler, eds., *Zur Philosophischen Aktualität Heideggers*, vol.2. Frankfurt, 199of.

Barth, Karl. *The Epistle to the Romans*. Trans, Edwyn C. Hoskyns. Londres, 1950.

Baum, Vicky. *Grand Hotel*. Mattituck, Nova Yorque, 1976.

Baumann, Gerhart. *Erinnerungen an Paul Celan*. Frankfurt, 1992.

Becker, Josef and Ruth, eds. *Hitlers Machtergreifung: Dokumente vom Machtantritt Hitlers*. Munique, 1983.

Benda, Julien. *The Treason of the intellectuals*. Trans. Richard Aldington. Nova Yorque, 1969.

Benjamin, Walter. *Das Passagen–Werk: Gesammelte Schriften*, vol. V. 2, Frankfurt, 1982.

Benn, Gottfried. *Briefe an F. W. Oelze*, 2 vols. Frankfurt, 1982.

_____. *Werke*, 4 vols. Wiesbaden, 1961.

Bense, Max. *Technische Existenz*. Stuttgart, 1950.

Berdiayew, Nikolaus [Nikolay Berdiayev]. *Das Neue Mittelalter*. Darmstadt, 1927.

Bloch, Ernst. *Geist der Utopie*. Frankfurt, 1978.

_____. *Spuren*. Frankfurt, 1964.

Bollnow, Otto Friedrich. "Gespräche in Davos". *In*: G. Neske, ed., *Erinnerung an Martin Heidegger*. Pfullingen, 1977.

Braig, Carl. "Was soll der Gebildete von dem Modernismus wissen?" *In*: D. Thoma, ed., *Die Zeit des Selbst und die Zeit danach: Zur Kritik der Textgeschichte Martin Heideggers*. Frankfurt, 1990.

Braun, Luzia. "Da-da-dasein. Fritz Heidegger: Holzwege zur Sprache". *In: Die Zeit 39*, September 22, 1989.

Bry, Carl Christian. *Verkappte Religionen*. Nördlingen, 1988.

Buggenhagen, Arnold von. *Philosophiche Autobiographie*. Meisenheim, 1975.

Buhr, Heinrich. "Der weltliche Theologie". *In*: G. Neske, ed., *Enrinnerung an Martin Heidegger*. Pfullingen, 1977.

Camus, Albert. *The Myth of Sisyphus*. Trans. Justin O'Brien. Harmondsworth, Inglaterra, 1975.

Celan, Paul. *Poems*. Trans. Michael Hamburger. Londres. 1997.

_____. *Speech-grille, and Selected Poems*. Trans. Joachim Neugroschel. Nova Yorque, 1971.

Char, René. "Eindrücke von früher". *In*: G. Neske, ed., *Erinnerung an Martin Heidegger*. *Pfullingen*, 1977.

Cohen-Solal, Anne. *Sartre: A Life*. Londres, 1991.

Dehn, Günther. *Die alte Zeit, die vorigen Jahre: Lebenserinnerungen*. Munique, 1962.

Dilthey, Wilhelm. *Der Aufbau der geschichtlichen Welt in den Geisteswissenschaften*. Frankfurt, 1981.

Endres, Elisabeth. *Edith Stein*. Munique, 1987.

Ettinger, Elzbieta. *Hannah Arendt — Martin Heidegger*. New Haven, 1995.

Falk, Walter. "Literatur vor dem ersten Weltkrieg". *In*: A. Nitschke *et al.*, eds. *Jahrhundertwende*, vol. 1. Reinbeck bei Hamburg, 1990.

Farías, Victor. *Heidegger and Nazism*. Ed. Joseph Margolis and Tom Rockmore. French material trans. Paul Burrell with Dominic Di Bernardi. German material trans. Gabriel R. Ricci. Philadelphia, 1989.

BIBLIOGRAFIA – 503

Fest, Joachim C. *Hitler*. Trans. Richard and Clara Winston. Londres, 1987.

Freud, Sigmund. *Civilization and Its Discontents*. Trans. Joan Riviere. Nova Yorque, 1994.

_____. "Martin Heidegger und die Marburger Theologie". *In*: O. Pöggeler, ed. *Heidegger: Perspektiven zur Deutung seines Werkes*. Königstein, 1984.

_____. *Philosophical Apprenticeships*. Trans. Robert R. Sullivan. Cambridge, Mass., 1985.

Gadamer, Hans-Georg. *Hegel — Husserl — Heidegger*. Tübingen, 1987.

Gehlen, Arnold. *Studien zur Anthropologie und Soziologie*. Neuwied, 1963.

Gethmann-Siefert, Annemarie, e Otto Pöggeler, eds. *Heidegger und die praktische Philosophie*. Frankfurt, 1988.

Glaser, Hermann, ed. *Bundesrepublikanisches Lesebuch. Drei Jahrzehnte geistiger Auseinandersetzung*. Munique, 1978.

_____. *Kleine Kulturgeschichte der Bundesrepublik*. Munique, 1991.

_____. *Sigmund Freuds Zwanzigstes Jahrhundert*. Munique, 1976.

Grass, Günter. *Dog Years*. Nova Yorque, 1986.

Gröber, Conrad. Der Althatholizismus in Messkirch. Freiburg, 1934.

Habermas, Jürgen. *Philosophical-Political Profiles*. Trans. Frederick G. Lawrence. Cambridge, Mass., 1983.

Haffner, Sebastian. *The Ailing Empire: Germany from Bismarck to Hitler*. Trans. Jean Steinberg. Nova Yorque, 1989.

_____. *The Meaning of Hitler*. *Trans*. Ewald Osers. Londres, 1979.

Hass, Ulrike. *Militante Pastorale: Zur Literatur der antimodernen Bewegung*. Munique, 1993.

Heisenberg, Werner. *The Physicist's Conception of Nature*. Trans. Arnold J. Pomerans. Nova Yorque, 1958.

Hermann, Armin. "Auf eine höhere Stude des Daseins erheben: Naturwissenschaft und Technik". *In*: A. Nitschke *et al.*, eds. *Jahrhundertwende*, vol. 1. Reinbeck bei Hamburg, 1990.

Hofmannsthal, Hugo von. *Gesammelte Werke in zehn Bänden*. Frankfurt, 1979.

Hölderlin, Friedrich. *Hyperion*. Trans. Willard Trusk. Nova Yorque, 1965.

_____. *Poems and Fragments*, bilingual ed. Trans. Michael Hamburger. Cambridge, 1980.

_____. *Sänmtliche Werke und Briefe*, 2 vols. ed. G. Mieth. Munique, 1970.

Husserl, Edmund. *Cartesian Meditations: an Introduction to Phenomenology*. Trans. Dorion Cairns. The Hague, 1960.

_____. *Ideas Pertaining to a Pure Phenomenology and to a Phenomenological Philosophy*. Trans. F. Kersten. The Hague 1982.

_____. *Die Konstitution der geistigen Welt*. Hamburgo, 1984.

_____. *Die Krisis der empirischen Wissenschaften und die transzendentale Phänomenologie*. Hamburgo, 1977.

_____. *Philosophie als strenge Wissenschaft*. Frankfurt, 1965.

James, William. "Der Wille zum Glauben". *In*: Ekkehard Martens, ed., *Texte der Philosophie des Pragmatismus*. Stuttgart, 1975.

Jaspers, Karl. *Die Schuldfrage*. Munique, 1987.

_____. *Notizen zu Martin Heidegger*. Munique, 1978.

_____. *Philosophische Autobiographie*. Munique, 1984.

504 – HEIDEGGER – UM MESTRE DA ALEMANHA ENTRE O BEM E O MAL

Jünger, Ernst. *Der Arbeiter*. Stuttgart, 1981.

Jünger, Friedrich Georg. *Die Perfektion der Technik*. Frankfurt, 1953. English ed.: *The Failure of Technology*: Perfection without Purpose. Trans. F. D. Wieck. Hinsdale, III., 1949.

Kiefer, Wilhelm. *Schwäbisches und allemannisches Land*. Weissenhorn, 1975.

Kojève, Alexander. *Hegel*. Frankfurt, 1988.

Kommerell, Max. *Der Dichter als Führer in der deustschen Klassik*. Frankfurt, 1942.

Krell, David Farrell, ed. *Martin Heidegger: Basic Writings*, rev. ed. San Francisco, 1993.

Krieck, Ernst. *Nationalpolitische Erziehung*. Berlim, 1933.

_____. *Volk im Werden*. Berlim, 1933.

Krockow, Christian Count von. *Die Deutschen in ihrem Jahrhundert*. Reinbek bei Hamburg, 1990.

Lange, Friedrich Albert. *The History of Materialism*. Trans.Ernest Chester Thomas. Nova Yorque, 1925.

Laugstien, Thomas. *Philosophieverhältnisse im deutschen Faschismus*. Hamburgo, 1990.

Leithäuser, Joachim G. "Im Gruselkabinett der Technik", *Der Monat 29* (1959).

Lilla, Mark. "Das Ende der Philosophie". *In: Merkur* 514 (1992).

Linse, Ulrich. *Barfüssige Propheten: Erlöser der zwanziger Jahre*. Berlim, 1983. Löwith, Karl. *My Life in Germany before and after 1933: A Report*. Trans. Elizabeth King. Londres, 1994.

Mann, Thomas. *Das essayistische Werk in acht Bänden*. Frankfurt, 1968.

_____. *Doctor Faustus*. Londres, 1949.

_____. *Reflections of a Nonpolitical Man*. Nova Yorque, 1983.

Marcuse, Ludwig. *Mein zwanzigstes Jahrhundert*. Zurique, 1975.

Martin, Bernd, ed. *Martin Heidegger und das "Dritte Reich"*. Darmstadt, 1989.

Mehring, Reinhard. *Heideggers Überlieferungsgeschick*. Würzburg, 1992.

Meja, Volker, e Nico Stehr, eds. *Der Streit um die Wissenssoziologie*. Frankfurt, 1982. English ed.: Knowledge and Politics: The Sociology of Knowledge Dispute. Londres, 1990.

Melville, Herman. *Moby Dick, or The Whale*. Nova Yorque, 1930.

Mörchen, Hermann. "Aufzeichnungen". Unpublished manuscript.

Müller, Andreas. *Der Scheinwefer: Anekdoten und Geschichten um Fritz Heidegger*. Messkirch, 1989.

Müller, Max. "Enrinnerungen na Husserl". *In*: H. R. Sepp, ed., Edmund Husserl und die Phänomenologische Bewegung Zeugnisse *in: Text und Bild*. Freiburg, 1988.

_____. "Martin Heidegger: Ein Philosoph und die Politik". *In*: G. Neske e E. Kettering, eds. *Antwort: Martin Heidegger im Gespräch*. Pfullingen, 1988.

Müller-Lauter, Wolfgang. "Über den Umgang mit Nietzsche". *In: Sinn und Form*, 1995: 5.

Musil, Robert. *Bücher und Literatur: Essays*. Reinbek bei Hamburg, 1982.

_____. *The Man Without Qualities*. Trans. Eithne Wilkins e Ernest Kaiser. Londres, 1979.

Natorp, Paul. *Philosophie und Pädagogik*. Marburg, 1909.

Neske, Günther, ed. *Erinnerung an Martin Heidegger*. Pfullingen, 1977.

_____ e Emil Kettering, eds. *Antwort: Martin Heidegger im Gespräch*. Pfullingen, 1988.

Nietzsche, Friedrich. *Human, All Too Human: A Book for Free Spirits*. Trans. R. J. Hollingdale. Cambridge, 1986.

_____. *Sämtliche Werke: Kritische Studienausgabe*. 2 vols. Munique, 1980.

BIBLIOGRAFIA – 505

_____. *Thus Spoke Zarathustra*. Trans. Walter Kaufmann. Nova Yorque, 1978.

_____. *The Will to Power*. Trans. Walter Kaufmann e R. J. Hollingdale. Ed. Walter Kaufmann. Londres, 1968.

Nitschke, August, *et al.*, eds. *Jahrhundertwende: Der Aufbruch in die Moderne*, 2 vols. Reinbek bei Hamburg, 1990.

Noack, Paul. *Carl Schmitt: Eine Biographie*. Berlim, 1993.

Ott, Hugo. "Edmund Husserl und die Universität Freiburg". *In*: H. R. Sepp, ed., Edmund Husserl und die Pänomenologische Bewegung Zeugnisse, *in: Text und Bild*. Freiburg, 1988.

_____. Martin Heidegger: *A Political Life*. Trans. Allan Blunden. Londres, 1994.

Papenfuss, Dietrich, e Otto Pöggeler, eds. *Zur Philosophischen Aktualität Heideggers*, 3 vols. Frankfurt, 1990 f.

Petzet, Heinrich Wiegand. *Auf einen Stern Zugehen: Begegnungen mit Martin Heidegger*. Frankfurt, 1983.

Picht, Georg. "Die Macht des Denkens". *In*: G. Neske, ed., *Erinnerung an Martin Heidegger*. Pfullingen, 1977.

Platão. *The Republic*. Trans, Robin Waterfield. Oxford, 1993.

Plessner, Helmuth. *Die Stufen des Organischen und der Mensch*. Berlim, 1975.

_____. "Macht und menschliche Natur". *In: Plessner, Zwischen Philosophie und Gesellschaft*. Frankfurt. 1979.

Pöggeler, Otto. *Heidegger: Perspektiven zur Deutung seines Werkes*. Königstein, 1984.

_____. "Heidegger's Political Self-Understanding". *In*: R. Wolin, ed., *The Heidegger Controversy*: A Critical Reader. Nova Yorque, 1991.

_____. *Martin Heidegger's Path of Thinking*. Atlantic Highlands, N. J., 1987.

_____. *Spur des Wortes: Zur Lyrik Paul Celans*. Freiburg, 1986.

Poliakov, Léon, e Joseph Wulf, eds. *Das Dritte Reich und seine Denker*. Berlim, 1959.

Proust, Marcel. *Remembrance of Things Past*. Trans. C. K. Scott Moncrieff and Terence Kilmartin. Londres, 1976; Nova Yorque, 1982.

Rathenau, Walter. *Zur Kritik der Zeit*. Berlim, 1912.

Reinhardt, Stefan, ed. *Lesebuch: Weimarer Republik*. Berlim, 1982.

Rickert, Heinrich. *Die Philosophie des Lebens*. Tübingen, 1922.

_____. *Kulturwissenschaft und Naturwissenchaft*. Freiburg, 1926.

Rilke, Rainer Maria. *An Unofficial Rilke: Poems 1912-1926*. Selected and trans. Michael Hamburger. Londres, 1980.

Ringer, Fritz K. *The Decline of the German Mandarins: The German Academic Community*, 1890-1933. Cambridge, Mass., 1969.

Rombach, Heinrich. *Phänomenologie des gegenwärtigen Bewusstseins*. Freiburg, 1980.

Salin, Edgar. *Hölderlin im Georgekreis*. Godesberg, 1950.

Sartre, Jean-Paul. *Being and Nothingness: An Essay on Phenomenological Ontology*. Trans. Hazel E. Barners. Nova Yorque, 1956.

_____. *Drei Essays*. Berlim, 1977.

_____. *Existentialism and Humanism*. Trans. Philip Mairet. Londres, 1973.

_____. Nausea. Trans. Robert Baldick. Harmondworth,, 1982.

506 – HEIDEGGER - UM MESTRE DA ALEMANHA ENTRE O BEM E O MAL

_____. *The Transcendence of the Ego.* Trans. Forrest Williams and Robert Kirkpatrick. Nova Yorque, 1957.

Scheler, Max. *Der Genius des Krieges und der Deutsche Krieg.* Leipzig, 1915.

_____. Man's Place in Nature. Trans. Hans Meyerhoff. Nova Yorque, 1961.

_____. *Vom Umsturz der Werte.* Berna, 1991.

Schmitt, Carl. *Political Romanticism.* Trans. Guy Oakes. Cambridge, Mass., 1986.

_____. *Political Theology: Four Chapters on the Concept of Sovereingnty.* Trans. George Schwab. Cambridge, Mass., 1985.

Schneeberger, Guido. *Nachlese zu Heidegger: Dokumente zu seinem Leben und Denken.* Berna, 1962.

Schneider, Reinhold. *Der Unzerstörbare.* Freiburg, 1945.

Schopenhauer, Arthur. *Der Briefwechsel mit Goethe.* Zurique, 1992.

Schwan, Alexander. *Politische Philosophie im Denken Heideggers.* Opladen, 1989.

Sepp, Hans Rainer, ed. "Edmund Husserl und die Phänomenologische Bewegung Zeugnisse", *in: Text und Bild.* Freiburg, 1988.

Simmel, George. *The Philosophy of Money.* Ed. David Frisby. Trans. Tom Bottomore and Davi Frisby. 2nd enlarged ed. Londres, 1990.

Sloterdijk, Peter. *Critique of Cynical Reason.* Trans. Michael Eldred. Londres, 1988.

Sontheimer, Kurt. *Antidemokratiches Denken in der Weimarer Republik.* Munique, 1978.

Spengler, Oswald. *Der Mensch und die Technik: Beiträge zu einer Philosophie des Lebens.* Munique, 1931. English ed.: *Man and Technics.* Trans. F. Atkinson. Londres, 1992.

Stein, Edith. *Briefe an Roman Ingarden.* Freiburg, 1991.

Thomä, Dieter, ed. *Die Zeit des Selbst und die Zeit danach: Zur Kritik der Textgeschichte Martin Heideggers.* Frankfurt, 1990.

Tietjen, Hartmut. "Verstrickung und Widerstand". Unpublished manuscript, 1989.

Tillich, Paul. *The Socialist Decision.* Trans. Franklin Sherman. Nova Yorque, 1977.

Tönnies, Ferdinand. *Community and Society.* Trans. Charles F. Loomis. New Brunswick, N. J., 1988.

Troeltsch, Ernst. *Deutscher Geist und Westeuropa.* Tübingen, 1925.

Waldenfels, Bernhard. *Phänomenologie in Frankreich.* Frankfurt, 1983.

Weber, Max. "Der Beruf zur Politik". *In*: Weber, *Soziologie–Weltgeschichtliche Analysen Politik.* Stuttgart, 1964.

Weizsäcker, Carl Friedrich von. *Vier Jahrzehnte.* Berlim, forthcoming.

Welte, Bernhard. "Erinnerung an ein spätes Gespräch". *In*: G. Neske, ed. *Erinnerung an Martin Heidegger.* Pfullingen, 1977.

Wiese, Benno von. *Ich erzähle mein Leben.* Frankfurt, 1982.

Wiggershaus, Rolf. *The Frankfurt School: Its History, Theories, and Political Significance.* Trans. Michael Robertson. Cambridge, Mass., 1994.

Wolin, Richard, ed. *The Heidegger Controversy: A Critical Reader.* Nova Yorque, 1991.

Wundt, Wilhelm. *Sinnliche und übersinnliche Welt.* Leipzig, 1914.

Yong-Bruehl, Elisabeth. *Hannah Arendt: For Love of the World.* New Haven, 1982.

Zahrndt, Heinz. *The Question of God: Protestant Theology in the Twentieth Century.* Trans. R. A. Wilson. Nova Yorque, 1969.

Zweig, Stefan. *The World of Yesterday: An Autobiography.* Trans. Cedar and Eden Paull. Londres, 1987.

HEIDEGGER EM PORTUGUÊS

A presença da obra de Martin Heidegger no Brasil não tem sido tão grande como foi na França, nos Estados Unidos, na Espanha, na Itália e no Japão.

Mas, a partir dos anos 50, o filósofo começou a ser estudado, sobretudo em São Paulo. No fim dos anos 60, iniciou-se a tradução dos primeiros textos: *Carta sobre o humanismo* e *Introdução à metafísica*, seguindo-se a tradução publicada em cinco volumes de importantes ensaios e conferências, entre os quais *Que é isso, a filosofia*, *Que é metafísica*, *Sobre a essência da verdade*, *Sobre a essência do fundamento* e diversos outros.

Nos anos 70 foram publicados, num único volume, grande parte dos ensaios e conferências, na coleção "Pensadores", no volume *Heidegger* e particularmente textos importantes sobre os gregos, na mesma coleção, no volume *Os pré-socráticos* (traduções de E. Stein).

No fim dos anos 80 surgiu, numa primeira tradução, a sua obra mais importante, *Ser e tempo*.

Mais recentemente foi publicada a tradução de um dos volumes de sua obra póstuma: *Heráclito*.

Além disso estão traduzidos, num volume, o *Conceito de tempo* e *A questão da técnica*.

No entanto, a maior parte de sua obra não existe em português. São mais de 100 volumes que esperam por tradução.

Heidegger foi o autor cuja obra teve o maior número de análises e interpretações publicados no mundo, neste século. Nos últimos 20 anos as pesquisas, interpretações e teses universitárias cresceram num ritmo acelerado. Muitos dos principais filósofos publicaram trabalhos sobre Heidegger.

Artigos, ensaios, teses e livros têm sido publicados também no Brasil, ao longo desta segunda metade do século XX. Pode-se chamar a atenção, entre

508 – Heidegger - um mestre da Alemanha entre o bem e o mal

outros, para os livros de E. Stein — *A questão do método na filosofia — Um estudo do modelo heideggeriano* (4ª ed.), *Seis estudos sobre Ser e tempo* (2ª ed.) e *Seminário sobre a verdade*.

A obra de Benedito Nunes tem sido marcada por finas análises do pensamento de Heidegger, sobretudo em seus livros *Passagem para o poético, Crivo de papel* e *No tempo do lirismo*.

Desde seus livros, *Heidegger réu* e *Ética e finitude* e penetrantes ensaios, Zeliko Loparic tem feito da obra de Heidegger objeto de estudos notáveis espalhados em revistas e obras conjuntas.

Um dos autores de grandes méritos é o prof. Gerd Bornheim, com seus livros *Teoria e práxis, Metafísica e finitude* e diversos ensaios importantes.

Pioneiro, na tradução e nos estudos de Heidegger, foi Emanuel Carneiro Leão.

Existem também dezenas de traduções para o português, da literatura filosófica mundial, de obras importantes sobre o filósofo.

Mas o grande debate e estudo de Heidegger é feito nos cursos de pós-graduação em Filosofia pelo Brasil todo e em grupos de pesquisa que realizam encontros periódicos sobre a obra do filósofo e seu papel na abordagem de problemas contemporâneos na filosofia e nas ciências humanas.

Livros de Heidegger em Português

Cadernos de tradução 2, Ed. USP CCS

A Essência do fundamento, Edições 70

Heráclito, Ed. Relume Dumará

Introdução à metafísica, Ed. Tempo Brasileiro

A origem da obra de arte, Edições 70

Que é uma coisa, Edições 70

Ser e tempo (2 vol), Ed. Vozes

Sobre a essência da verdade, Porto Editora

Sobre a essência do fundamento, Ed. Duas Cidades

Sobre o humanismo, Ed. Tempo Brasileiro

Conferências e escritos filosóficos, Ed. Abril Cultural, Coleção Pensadores

Índice Remissivo

"A autoafirmação da universidade alemã" (Heidegger), *292*

"A coisa" (Heidegger), *455, 459*

A doutrina de Duns Scotus das categorias e do significado (Heidegger), *85, 89-92, 95-96*

A doutrina do juízo no psicologismo (Heidegger), *72*

A época das imagens de mundo (Heidegger), *347, 352, 354, 359, 381, 463*

A fundamentação da moderna imagem do mundo pela metafísica (Heidegger), *326*

A ideia da filosofia e o problema da concepção de mundo (Heidegger), *127*

A origem da obra de arte (Heidegger), *351*

A questão da técnica (Heidegger), *458-459, 463, 466*

"A universidade nacional-socialista" (Heidegger), *338*

"A universidade no novo reich" (Heidegger), *299*

"A volta" (Heidegger), *455*

Abraham a Sancta Clara, *28, 45-47*

Academia berlinense de belas-artes, *475*

Academia das belas-artes da Baviera, *458*

Academia de Docentes, *320, 332-333*

Acampamento da ciência, *311*

Adalbert von Laon, *295*

Adorno, Theodor: *Amorbach, 482*; Arendt sobre, *433, 494*; *Dialética do iluminismo, 425, 480*; e MH, *473-485, 488*; *Jargão da autenticidade, 21*; e modernidade, *351*; e nacional-socialismo, *482*; *Dialética negativa, 477, 481-482*; *Discurso sobre poesia e sociedade, 481*

Agostinho, Santo, *145-146, 224*

Akademiker, artigo para (Heidegger), *47, 50, 77*

Alemanha, *417-420, 422-424, 434-435, 447-448, 450, 458-459, 476, 481-482, 485, 487, 494*

Allgeier, Artur, *395*

Allgemeine Rundschau, artigo (Heidegger), *46, 49*

Aly, Wolfgang, *286*

América. *Veja* Estados Unidos

Améry, Jean, *484*

Anaxágoras, *57*

Anders, Günther, *180, 210, 440, 460, 463*; *Kafka, pró e contra, 460*; *A antiguidade do ser humano, 463*

Andreas, Willy, *299*

Antissemitismo, *47, 177, 193, 303-306, 399, 478, 485*

Arendt, Hannah, *192, 210*; e Adorno, *485--486*; pano de fundo, *174-181*; morte, *499*; e Elfride Heidegger, *177, 289, 393*; *Vita Activa, 177, 442, 445-446, 448*; e Jaspers, *433-438, 440-441, 449-453, 485-486*; cartas de MH, *175*; cartas para Blücher, *178-179, 181, 438-440, 442, 447, 450*; *A vida do espírito, 494*; *Da vida do espírito, 446*; e nacional--socialismo, *308*; e nacional-socialismo de MH, *434-439, 448-449*; opinião de MH, *371, 484*; *Origens do totalitarismo, 178, 280, 439*; relacionamento com MH, *176, 238, 429, 469*; resposta para MH, *317-318, 433-435, 442-447, 494*; retorno à Alemanha, *424-425*; *O que é a filosofia da existência?, 434*

510 – HEIDEGGER - UM MESTRE DA ALEMANHA ENTRE O BEM E O MAL

Aristóteles, *27, 37, 51-52, 146, 148-149, 158-160, 163, 170, 187, 190, 206-207, 218, 234, 218, 329, 377, 413, 446*
Aron, Raymond, *402-403*
Art noveau, *80*
Augstein, Rudolf, *485-487, 493*

Baden, *30-31, 36-38, 94, 98, 299, 301-302, 309, 376*
Baeumker, Clemens, *70-71*
Baeumler, Alfred, *285, 318, 354-355, 382, 415-416; Nietzsche, filósofo e político, 355*
Bahr, Hermann, *80*
Ball, Hugo, *80, 152; A fuga do tempo, 134, 215*
Barth, Heinrich, *377*
Barth, Karl, *171, 222; A carta aos romanos, 146-148*
Bataille, Georges, *403*
Baum, Vicki, *O hotel, 202*
Baumann, Gerhart, *190-491*
Bäumer, Gertrud, *99, 274*
Baumgarten, Eduard, *324, 399*
Beaufret, Jean, *416, 466, 469*
Becker, Carl Heinrich, *255*
Becker, Oskar, *158*
Benda, Julien, *402; A traição dos intelectuais, 383-384*
Benjamin, Walter, *Rua de mão única, 216*
Benn, Gottfried, *278, 456; Destilação, 207*
Bense, Max, *462*
Berdyaev, Nikolai, *273; A nova idade média, 248-249*
Bergson, Henri, *79, 81; Evolução criadora, 81*
Beringer, Kurt, *411*
Berlim, universidade de, *318*
Beuron, *21*
Beuron, mosteiro de, *29, 31, 46, 223, 231, 379, 392*
Bloch, Ernst, *215; Espírito da utopia, 137; Rastros, 140*
Blochmann, Elisabeth, *29, 31, 46, 223, 231, 223-224, 228-229, 234, 255-256, 260-261, 284-285, 287, 306, 321, 330, 371-373, 375. Veja Heidegger, Martin: cartas*
Blücher, Heinrich, *178-179, 181, 438-440, 442, 447, 450, 494*
Böhlendorff, Casimir Ulrich, *341, 429*

Böhme, Jakob, *364*
Boisserée, Sulpiz, *40*
Bollnow, O. F., *228*
Bornkamm, Heinrich, *297*
Boss, Medard, *411, 466, 470-472*
Braig, Carl, *43-45, 48, 50; Do Ser, 43*
Brandhuber, Camillo, *35, 39*
Brecht, Bertold, *195, 216*
Brehier, Emile, *408*
Brentano, Franz, *114; Do significado múltiplo do ente segundo Aristóteles, 51-52*
Brock, Werner, *304*
Bry, Carl Christian, *Religiões disfarçadas, 193*
Büchner, Ludwig, *57*
Buggenhagen, Arnold von, *169*
Bühlerhöhe, *455-457*
Buhr, Heinrich, *312*
Bultmann, Rudolf, *167, 171-176, 187, 493*
Bundische Jugend. *Veja* Movimento da juventude
Buytendijk, F. J. J., *244*

Cabido da Catedral de Freiburg, *75-76*
Caillois, Roger, *403*
Caminhos para a discussão (Heidegger), *382*
Caminho do Campo (Heidegger), *33, 482-483*
Camus, Albert, *409, 476; O mito de Sísifo, 402*
Carnap, Rudolf, *73*
Carossa, Hans, *459*
Cassirer, Toni, *229*
Castelo Wildenstein, *392-393*
Católico antigo, movimento, *31*
Celan, Paul, *15, 18; Largo, 490; Schlieren, 489; Todtnauberg, 491*
Cézanne, Paul, *470*
Char, René, *469*
Clube de Bremen, *455*
Cohen, Hermann, *64*
Comissão de filosofia do direito na academia do direito alemão, *334*
Comissão de reconstrução cultural judaica na Europa, *437*
Comunidade político-cultural dos professores universitários alemães, *283*
Comunismo, *126, 274, 350, 395, 423, 448, 478*

ÍNDICE REMISSIVO – 511

Concílio de Roma (1870), *30*
"Conclamação aos estudantes alemães" (Heidegger), *281*
Congresso de sociólogos, *257*
Congresso internacional sobre Descartes, *380-381*
Congresso pela liberdade cultural, *422*
Conrad-Martius, Hedwig, *104*
Constança, *27, 29, 35-36, 38-40, 46*
Contribuições para a Filosofia (Heidegger), *347, 361, 363*
Cristianismo, *143-144, 173, 224, 311-312, 323, 368.* Veja *Igreja católica*
Croce, Benedetto, *298*
Currículo (Heidegger), *41, 43, 51, 69, 76*
Curtius, Ernst Robert, *167*
Czolbe, Heinrich, *57*

"Da essência da Verdade", *48, 218*
"Da essência do fundamento" (Heidegger), *218, 402*
Dadaísmo, *133-134, 215, 366, 458*
Darwin, Charles, *63, 65, 79, 144*
Dehn, Günther, *36-38*
Delos, *468-469*
Demócrito, *57*
Descartes, René, *57, 82, 112, 213, 380-381, 385, 472*
Dibelius, Otto, *277*
Dietze, Constantin von, *395*
Dilthey, Wilhelm, *78-81, 98, 116, 154, 164, 185, 335, 375*
Drews, Arthur, *354*
Duns Scotus, John, *89*

Eckhart, Johannes, *14, 94*
Elias, Norbert, *257*
Empirismo, *53, 60*
Esclarecimento dos Professores Universitários do Terceiro Reich, *87*
Escolástica, *43, 75-76, 81, 89-90, 93, 95, 97, 379, 475*
Estados Unidos, *179, 324, 433, 448, 494, 507*
Ettinger, Elzbieta, *175-177, 179-180, 304, 437-439, 441-442, 448-449, 494*

Existencialismo, *401-402, 407, 410, 416-419, 426, 434*
Expressionismo, *80, 170*

Farías, Victor, *47, 255, 286, 318, 322, 380*
Fatos e pensamentos (Heidegger), *297*
Fehrle, Eugen, *325*
Fenomenologia e teologia (Heidegger), *182, 366*
Fenomenologia, *14, 51, 97, 101, 103, 105, 107-110, 113, 115, 145, 165, 169, 182, 186, 194, 213, 366, 377, 402, 405, 407*
Fichte, Johann Gottlieb, *57, 113*
Filosofia da vida, *76-81, 83-84, 96, 116, 149, 199*
Filosofia e fenomenologia, (Heidegger), *182*
Finke, Heinrich, *69, 74-75, 87, 89, 94*
Fischer, Eugen, *391*
Fischer, Karl, *499*
Fischer-Barnicol, Hans A., *371*
Flickenschildt, Elisabeth, *458*
Foerster, F. W.: *Autoridade e liberdade: reflexões sobre o problema cultural da igreja* (Heidegger, resenha), *48*
Fraenkel, Eduard, *303-305*
França, *228, 381-385, 401-402, 407-408, 410, 416-418, 507*
Frank, Hans, *334*
Fränkel, Hilde, *437-438*
Freiburg, *29-30, 36, 39-40, 43, 46, 70-72, 75, 85, 93, 95, 97-99, 103, 105, 111, 116, 120, 129, 143, 153, 158, 165-166, 171, 204, 218, 233, 256, 280, 286, 288, 290, 297, 302, 308-309, 318, 320-321, 323-325, 376, 381-382, 391-394, 396, 400, 408, 410, 414, 416, 420, 435-438, 448, 455, 469, 486, 490-491, 495, 499*
Freud, Sigmund, *80, 144, 193*
Friedrich, Hugo, *396*
Fundação em Honra de Santo Tomás de Aquino, *75*
Fundamentos metafísicos iniciais da lógica (Heidegger), *218*

Gadamer, Hans-Georg, *14, 103, 111, 128, 158, 167-168, 171, 497*

512 – Heidegger – um mestre da Alemanha entre o bem e o mal

Gebsattel, Victor von, *411*
Gehlen, Arnold, *200-201, 473-475*
George, Stefan, *80, 104, 133, 167-168, 336*
Geyser, Joseph, *98-99*
Gierke, Otto von, *89*
Goethe, Johann Wolfgang von, *37, 40, 228, 334, 423, 425*
Göggingen, *28*
Göttingen, universidade de, *103-105, 164, 324, 375-376*
Grass, Günter, *Anos de cão, 485*
Grécia, *27, 330, 348-349, 383, 387, 443, 466-467, 469-470*
Grimme, Adolf, *256-257*
Gröber, Conrad, *29, 31, 39, 51, 410*
Gross, Walter, *320*
Gründgens, Gustaf, *458*
Guardini, Romano, *174, 420*; O *fim dos tempos modernos, 421*

Habermas, Jürgen, *370, 475*
Haeckel, Ernst, *65*
Haffner, Sebastian, *277, 305*
Hamann, Richard, *167*
Hamsun, Knut, *Pan*, *140*
Hartmann, Nicolai, *163, 167, 181*
Hebel, Johann Peter, *29*
Hegel, George Wilhelm Friedrich, *13, 43-44, 57, 96-98, 152, 169, 230, 276, 305, 365, 377, 383, 403-404, 469, 482-483*
Heidegger, Elfride, *169, 303*; e Arendt, *177--178, 438-441, 494*; e igreja católica, *144*; e Möllendorff, *288*; e nacional-socialismo, *441*; e negociações com as autoridades, *394*; relacionamento com MH, *99-101, 118, 174, 440-441*; e Todtnauberg, *166*; e movimento da juventude, *118*
Heidegger, Friedrich, *28, 32*
Heidegger, Fritz, *34-35, 493*
Heidegger, Hermann, *46, 371-372, 385*
Heidegger, Jörg, *385*
Heidegger, Martin
   aparência, *168, 228, 299, 308, 377*
   associações: com Liga do Gral, *45, 47*; com o movimento da juventude, *168, 299, 308;* carreira, *75*; na academia de belas-artes da Baviera, *458-459*; cátedra

em Berlim, *256*; e mosteiro de Beuron, *29, 231, 379, 392*; comissão de filosofia do direito na academia do direito alemão, *334*; em Bühlerhöhe, *455-457*; no clube de Bremen, *455*; e desnazificação, *391, 415, 423, 436, 441*; e academia de docentes, *320, 332-333*; e a universidade de Freiburg, *39, 71-72, 85, 99, 129, 280, 290, 321, 436, 455*; como reitor da universidade de Freiburg, *286-287, 289-292, 297-299, 301-303, 306-308, 313, 317-319, 323, 325, 330, 354, 376, 381, 394, 395-396, 409-410, 434-435, 486-487*; demissão da reitoria da universidade de Freiburg, *323, 326*; e liga das universidades, *308*; e congresso internacional de Descartes, *380*; e o Istituto Italiano di Studi Germanici, *376*; e testemunho de Jaspers, *443*; convites para conferências, *376*; na universidade de Marburg, *158, 163-164, 166-168, 171-172, 174, 178-182*; e militares, *98, 117-118*; escolhas, *70*; como livre-docente, *94, 127*; os seminários de Provença, *469, 484*; reputação, *177*; e a universidade de Berlim, *318*; e a universidade de Göttingen, *164, 375-376*; e a universidade de Munique, *318*; em Volkssturm, *391*; seminários em Zollikon, *470, 472*;
caráter, *14, 40, 104, 132, 136, 152, 155, 158, 252, 301, 371*; infância, *27-28, 31-33, 231*; educação, *27, 56*; e o ginásio Berthold, *39-40*; e Brentano, *51-52*; e o internato de Constança, *27, 35-37, 39-40, 69*; dissertação, *51*; exame de doutorado, *74*; doutorado em filosofia, *70, 74, 99*; e o seminário teológico de Freiburg, *43*; e a universidade Freiburg, *39, 71-72*; tese de habilitação, *83*; escolhas, *70-71*; e a Sociedade de Jesus, *40-41*; e o internato do ginásio St. Georg, *39*;
família: irmão, *35, 100, 164, 455*; crianças, *31-33, 35, 57, 153, 187*; batizado, *32*; namoro e casamento, *99-101*; pai, *28, 31, 35, 70*; mãe, *28, 33, 35, 182-183*; finanças, *36, 39, 75, 166*; saúde, *41, 47, 70, 325*; conferências: sobre Aristóteles, *27*; em Bremen (1949), *480*; para o evento

ÍNDICE REMISSIVO – 513

Manifesto da Ciência Alemã em Favor de Adolf Hitler, *310, 316*; sobre Heráclito, *387-388*; sobre Hölderlin, *335, 353*; para a Sociedade Kant, *233*; em Marburg, *500*; sobre ontologia, *158-161*; sobre Platão, *257, 259-261, 274*; verão de 1927, *296*. *Veja como títulos específicos*. // cartas: para Arendt, *175*; para Blochman, *118-121, 137, 176, 218, 223-226, 228-229, 234, 255-257, 261, 285, 287, 330, 372-373, 375*; para Böhlendorff, *341*; para Hempel, *276--277, 281*; de Jaspers, *163-165, 167, 180-182, 233, 235, 255-256, 261-262, 268, 276, 283, 287, 292, 331, 335, 347, 370, 373, 378-379, 436, 497*; para Kästner, *466, 469, 485*; para Löwith, *161, 186*; para mãe de estudante, *386*; para Otto, *144*; para Petzet, *459*; para Sartre, *409*; para Schwörer, *305*
nacional-socialismo de, *284-313*; e antissemitismo, *303-306, 399, 485*; e Arendt, *434, 439, 448-449*; e carreira, *284, 286, 292, 302, 309, 324, 401*; e catolicismo, *36, 323*; e desnazificação, *391, 415, 423, 436, 441*; e Elfride, *441*; e Hitler, *276-278, 280-281, 283-284, 286-287, 290, 310, 316, 318, 333-334, 338, 345-346, 378, 380, 382, 384-387, 459*; e Jaspers, *222, 233, 235, 255-256, 260-261, 268, 275, 279-281, 283, 287, 292, 298-301, 305, 308, 324-325, 331, 335, 346, 370-371, 373, 378, 397-398, 411, 433, 449-450*; e modernidade, *342, 350, 368*; e Nietzsche, *354*; e *Sobre o humanismo*, *413-414, 416, 425, 435, 465, 507*; e filosofia, *275, 281-283, 292--296, 343*; e reputação, *304, 320, 370, 476*; e autoimagem, *340, 347, 360-361, 381, 463*; e *Spiegel*, *395, 449, 485-487*; e Segunda Guerra Mundial, *386*
opiniões sobre: antissemitismo, *303-306, 399, 485*; igreja católica, *30, 166, 223, 289, 441*; dadaísmo, *133-134*; Konradihaus, *37-39, 390*; e fenomenologia, *113, 115*; filósofo, *267-268*. // relacionamentos: com Arendt, *174-179, 223, 304, 434, 437-442, 444, 448-449, 451, 494-*

-495; com Blochmann, *118, 223, 306*; com Boss, *471-472*; com Braig, *43-44*; com Brentano, *51, 52*; com Bultmann, *171-172*; com Cassirer, *226-231*; com Celan, *489-492*; com Char, *469-470*; com Elfride, *99-101, 118, 440-441*; com Husserl, *51-53, 55, 67, 72, 76, 91, 97, 101, 103, 105-118, 128, 131, 144, 146, 163-166, 182, 189, 194, 196, 218, 233-234, 256, 303, 307-308, 435, 485, 487*; com Jaspers, *153-156; 163-166, 235, 256, 279, 283, 298-301, 324, 399, 435-438, 449-452*; com Löwith, *376--378*; com a família Petzet, *455-456*
reputação: e *Ser e Tempo*, *204, 206-207, 233*; e cátedra em Berlim, *256*; em Bremen, *456*; como figura carismática, *235, 255*; e a semana universitária de Davos, *226, 228*; na França, *401*; como reitor da universidade Freiburg, *318*; e Gross, *320*; e Husserl, *101*; e Jaensch, *319*; sobre Jaspers, *435-436*; e Krieck, *319-320*; como conferencista, *233*; e nacional--socialismo, *275, 297, 375, 379, 460*; fora da academia, *456*; e *Spiegel*, *485-486*; e proibido de lecionar, *435-436*
reações: de Adorno, *474-484*; de Arendt, *317, 433-434, 442-447, 494*; de Camus, *409*; de Cassirer, *226-231*; de Celan, *489, 491*; de Croce, *298*; e Jaspers, *435-436, 451-453*; de Kojève, *404*; de Mannheim, *257-259*; de Misch, *255*; de Plessner, *251-253, 255*; de Sartre, *405-410*
autoimagem: e antissemitismo, *485*; e Arendt, *448*; e *Ser e tempo*, *233*; e pensamento grego, *260*; e Hölderlin, *341*; como médium, *371*; e nacional-socialismo, *375, 379, 395-397, 415, 460*; e missão pessoal, *235*; como filósofo, *256, 368-369*; e Platão, *261*; e política, *283*; e reitoria, *335*; e pensamento, *425*; e Todtnauberg, *331*
viagens: Freiburg, *392-394*; para Grécia, *466-468*; para Provença, *469-470, 484*; para Roma, *376-379*
trabalhos: *veja títulos específicos*
Heisenberg, Werner, *139, 459*
Heiss, Robert, *411*
Hellingrath, Norbert von, *336*

514 – HEIDEGGER - UM MESTRE DA ALEMANHA ENTRE O BEM E O MAL

Hempel, Hans-Peter, *276-277, 281*
Heráclito, *79, 335, 353, 377, 383, 387-388, 413-414, 469-470*
Herrigel, Eugen, *297*
Hess, Robert, *436*
Heuss, Theodor, *277*
Hevesy, Georg von, *303*
Heyse, Hans, *375, 381-382*
Hitler, Adolf, *278, 280, 286, 310, 316, 318, 333-334, 338, 345-346, 378, 380, 382, 384-387, 459; Mein Kampf, 193*
Hobbes, Thomas, *58-59*
Hofmannsthal, Hugo von, *104*
Hölderlin e a essência da poesia (Heidegger), *376, 403*
Hölderlin, ensaio (Heidegger), *389*
Hölderlin, Friedrich, *29, 276, 335-344, 389, 393, 464-465, 481;* "Como quando em feriados," *340; Germania, 337; Hyperion, 335-336; O Íster, 29, 393; O reno, 337*
Holocausto, *446*
Honecker, Martin, *307*
Horas de calvário (Heidegger), *69*
Horkheimer, Max, *158, 478-480, 485; Dialética do iluminismo, 425, 480*
Hus, Jan, *36*
Husserl, Edmund, *153, 182, 256, 307;* e *Ser e tempo, 189, 194, 196;* e Brentano, *51;* e Camus, *402; Meditações cartesianas, 108;* dedicatória de *Ser e tempo* a, *308, 377;* e posição Göttingen, *164; Ideias sobre uma fenomenologia pura e filosofia fenomenológica, 105;* e congresso internacional sobre Descartes, *380; Investigações lógicas, 52, 72, 105;* e posição Marburg, *163;* e nacional-socialismo, *302-303, 307-308, 382; Filosofia como uma ciência rigorosa, 105;* relacionamento com MH, *52-53, 91, 97, 101, 115-117, 128, 131, 146, 165, 218, 303, 307-308, 435;* e Sartre, *402, 405;* pensamento de, *55, 101, 103, 105-118*
Husserl, Malwine, *118*
Huxley, Aldous, *Admirável mundo novo, 460*

Ibsen, Henrik, *36*
Idealismo alemão, *57-58*
Idealismo, *60-61, 67, 77, 88, 194*

Igreja católica, *30, 166, 223, 289, 441. Veja* Cristianismo
Imagem do mundo (Heidegger), *213*
Ingarden, Roman, *118*
Instituto de estudos St. Konrad, *37*
Instituto de pedagogia política, *286*
Interpretações fenomenológicas de Aristóteles (Heidegger), *163*
Introdução à Metafísica (Heidegger), *338, 342*
Istituto Italiano di Studi Germanici, 376

Jacoby, Felix, *278*
Jaensch, Erich Rudolf, *319-320, 333, 379*
James, William, *62*
Jaspers, Gertrud, *398, 437*
Jaspers, Karl, *137, 222;* e antissemitismo de MH, *305, 399, 449-450;* e Arendt, *179, 433-437, 440, 449-452;* e cátedra em Berlim, *256;* e existencialismo, *169; Psicopatologia geral, 154;* sobre MH, *135, 371, 435-436;* e a desnazificação de MH, *398-400;* cartas para MH, *397;* e nacional-socialismo, *398-399;* e o nacional-socialismo de MH, *279-280, 298-301, 449-450; Autobiografia filosófica, 153, 155; Filosofia, 451;* posição pós-guerra, *434; Psicologia das concepções de mundo, 154;* relacionamento com MH, *153-157, 164-165, 235, 256, 279-280, 298-301, 324, 399, 435-437, 450-451;* reação a MH, *435-436, 451-453;* sobre universidade, *300-301;* prefácio *Die Wandlung. Veja* Heidegger, Martin: cartas
Jonas, Hans, *158, 173-175, 179; Gnose e espírito da antiguidade, 173*
Jorgensen, Johannes, *Mentira e verdade da vida* (resenha de Heidegger), *47*
Jünger, Ernst, *215, 273, 388, 450, 459; Coração aventureiro, 216; O trabalhador, 226, 309, 461*
Jünger, Friedrich Georg, *459, 463; A perfeição da técnica, 461*

Kafka, Franz, *180, 460; O castelo, 216*
Kant e o problema da metafísica (Heidegger), *213*

ÍNDICE REMISSIVO – 515

Kant, Emmanuel: e *Ser e tempo*, *188*, *209*; e Bergson, *81*; e Braig, *44*; e Cassirer, *227*; criticismo de, *213*; e evolução, *63*; e MH, *170*; e Lange, *59*; mencionado, *228*; e método, *159*; e o neokantismo, *65*

Kaschnitz, Marie Luise, *491*

Kästner, Erhart, *466-467*, *469*, *485*

Kästner, Erich, *417*

Kaufmann, Fritz, *158*

Kelsen, Hans, *248*

Kemp, Jakob, *28*

Kerber, Franz, *382*

Kierkegaard, Soren, *103*, *116*, *144-145*, *154*, *192*, *215-218*, *401*

Kimmig, Otto, *37*

Klages, Ludwig, *237*

Knecht, Julius, *76*

Kojève, Alexander, *403-406*, *431*

Kommerell, Max, *336*

Koyré, Alexander, *403*

Kozhenikov, Aleksandr Vladimirovich. *Veja* Kojève, Alexander

Kracauer, Siegfried, *233*

Kraus, Karl, *280*

Krebs, Engelbert, *72*, *74-75*, *87*, *94-95*, *97*, *101*, *143-144*; *O mistério de nossa força*, *87*

Kreutzer, família, *28*

Krieck, Ernst: e antissemitismo, *305*; e Baeumler, *286*; eficácia de, *379*; e MH, *286*, *297*, *305*, *319-320*, *333*, *356*; e nacional-socialismo, *283-284*; e Nietzsche, *354*; e Weber, *125*

Kroner, Richard, *164*

Lampe, Adolf, *395*, *400*

Lang, Matthäus, *38*

Lange, F. A., *História do materialismo*, *58*

Lask, Emil, *67*, *86*

Laslowski, Ernst, *69-72*, *94-95*, *98-100*

Le Fort, Gertrud von, *475*

Lei da reorganização dos quadros de funcionários, *302*, *305*

Lei de atribuição de poder, *277*

Leibnitz, Gottfried Wilhelm, *58*, *202*, *227*, *305*, *496*

Lem, Stanislaw, *Solaris*, *110*

Lessing, Gotthold Ephraim, *444*; *Nathan, o sábio de Lessing*, *37*

Liga das universidades alemãs, *283-284*, *308*

Liga de docentes nacional-socialistas, *379-380*

Liga do Gral, *45*, *47*

Lipps, Theodor, *72*

Lochbauernhof, *28*

Lógica (Heidegger), *213*, *317*, *335*

Lotze, Hermann, *57-58*

Löwith, Karl: e *Ser e tempo* (Heidegger), *243*; sobre MH, *128*; cartas de MH para, *161*, *186*; encontrando com MH, *376-378*; e nacional-socialismo, *210*, *306*, *346*; sobre *Nietzsche* (Heidegger), *360*; e Streicher, *334*; sobre Weber, *123*

Lueger, Karl, *47*

Lukács, Georg, *131*

Mägerle, família, *28*

Mahnke, Dietrich, *303*

Mann, Heinrich, *385*

Mann, Thomas, *18*, *88*, *295*, *425*; *Doctor Faustus*, *168*; *Alocução alemã*, *249*; *A Montanha mágica*, *228*, *457*; *Considerações de um Apolítico*, *87*

Mannheim, Karl, *Importância da concorrência na esfera intelectual*, *257*

Marburg, *49*, *115*, *158*, *163-164*, *166-168*, *171-172*, *174*, *178-182*, *208*, *319*, *333*, *366*, *379*, *408*, *439-440*, *442*, *446*, *500*

Marcel, Gabriel, *401*, *420*; *O que é um ser humano livre?*, *419*

Marcuse, Herbert, *158*, *210*, *488*; *Eros e civilização*, *479*

Marcuse, Ludwig, *85*, *88*, *483*

Martin, Bernd, *286*

Marx, Karl, *58*, *103*, *144*, *152*, *196*, *469*, *483*

Marxismo, *58*, *288*, *342*

Mehring, Walter, *202*

Meister Eckhart, *18*, *364*

Melanchton, Philipp, *37*

Meller-Marcovicz, Digne, *486*

Melville, Herman, *Moby Dick*, *498*

Merleau-Ponty, Maurice, *110*

Messkirch, *28-36*, *39*, *41*, *45-46*, *50*, *52*, *68-69*, *71*, *76*, *100*, *117*, *134*, *185*, *391-392*, *465*, *485*, *495-496*, *499-500*

516 – Heidegger - um mestre da Alemanha entre o bem e o mal

Meusel, Alfred, *257*
Misch, Georg, *164, 254-255, 375*
Modernidade, *43-49, 57*
Moleschott, Jakob, *57*
Möllendorff, Wilhelm von, *287-289, 322-323*
Montaigne, Michel E. de, *172*
Montanhas de Sainte-Victoire, *470*
Mörchen, Hermann, *166, 169-171, 175--176, 187, 274-275, 408*
Movimento da juventude, *45, 78, 99, 118, 168, 256, 336*
Mühsam, Erich, *123, 126*
Müller, Max, *275, 276, 305, 307, 379, 410, 500*
Munique, universidade de, *211, 318*
Musil, Robert, *107, 247*; *O homem sem qualidades*, *202*

Nacional-socialismo; e Adorno, *477, 481*; e Arendt, *306*; e Elfride Heidegger, *441*; crescimento do, *251-252*; apoio ao, *345-347*. *Veja* Heidegger, Martin: nacional-socialismo de
Natorp, Paul, *64, 158, 163*
Naturalismo, *40, 55, 194*
Natureza do conceito de número (Heidegger), *75, 89*
Nazismo. *Veja* Nacional-socialismo
Neokantismo, *59, 65, 86, 189, 227*
Nietzsche (Heidegger), *347, 350, 354-358, 360-361, 363, 365, 372, 376, 380, 384, 386, 396, 429-430, 434, 448, 451, 461*
Nietzsche, Friedrich: seguidores de, *48*; e pensamento grego, *329-330*; e MH, *139, 187*; e Hölderlin, *335*; e impulso, *144*; e Jünger, *461*; e Lange, *58, 60*; e *Filosofia de vida*, *58*; mencionado, *36*; e momento, *216-217*; e *Sobre o humanismo*, *413-414, 416, 425, 435, 465*; e sociedade, *56*; e singularidade, *372*; *Assim falou zarathustra*, *293*; *Vontade de poder*, *80*
Nova objetividade, *216, 218*
Novas investigações sobre lógica (Heidegger), *67, 69, 71*

O conceito de tempo na ciência da história (Heidegger), *94*

O conceito de tempo (Heidegger), *172*
"O Dispositivo" (Heidegger), *455*
O estado e a ciência (Heidegger), *334*
"O perigo" (Heidegger), *455*
O que é metafísica? (Heidegger), *387-388, 408*
O que é metafísica?, conferência (Heidegger), *73, 218, 220, 223, 319, 402*
"O que significa pensar?" (Heidegger), *442, 464*
O segredo da torre dos sinos (Heidegger), *33*
"O universitário alemão como operário" (Heidegger), *309*
"Obra de arte" (Heidegger), *377*
Oehlkers, Friedrich, *395, 441*
Oelze, F. W., *456*
Ordem Jesuíta. *Veja* Sociedade de Jesus
Ortega y Gasset, José, *459*
Os conceitos fundamentais da metafísica (Heidegger), *234*
Ott, Hugo, *41, 69, 286, 312, 322, 325, 379, 397, 409*
Otto, Rudolf, *101, 144, 215, 222, 240*
"Outono" (Heidegger), *449, 493*

"Paisagem criativa: por que permanecemos na Província?" (Heidegger), *331*
Partido Alemão-Democrático, *277*
Partido do Centro, *288*
Partido Social Democrata, *277, 288-289*
Partido Socialista Independente Alemão, *118*
Pascendi dominici gregis (encíclica), *43*
Passeio vespertino no Reichenau (Heidegger), *99*
Paulo, São: Primeira Carta de Paulo aos Tessalonicenses, *145*; Segunda carta aos Coríntios, *145*
Peirce, Charles, *62*
Pensamento grego, *260, 281, 293, 295, 329-330, 348-349, 382, 443.*
Petrie, Elfride. *Veja* Heidegger, Elfride
Petzet, Heinrich Wiegand, *220, 382, 411, 455-456, 459, 486, 493, 499*
Pfänder, Alexander, *103*
Picht, Georg, *278, 371, 373, 392*
Picht-Axenfeld, Edith, *392*
Platão, *57*; e Arendt, *444*; e ética, *207*; e MH, *17, 37, 41, 187, 189, 260-262,*

ÍNDICE REMISSIVO – 517

266, 268-270, 273, 275, 295-296, 349, 373, 425; e Heráclito, 383; e Sobre o humanismo 425; e fenomenologia, 113; e política, 273, 331; Politeia, 259, 261, 268-269; Sofistas 187; e Weber, 296; e A época das imagens de mundo, 349

Plessner, Helmuth, 200, 243, 250-252, 422; O destino do espírito alemão no fim de sua época burguesa, 422; Poder e natureza humana, 250; Degraus do orgânico e o ser humano, 200, 243; A nação tardia, 422

Pöggeler, Otto, 145, 489-490

Positivismo, 53, 77, 342

Pragmatismo, 62, 78-79, 207, 324, 353

Primeira Guerra Mundial, 14, 64, 280, 302, 325, 336

Problema da realidade na filosofia moderna (Heidegger), 69, 71

Problemas fundamentais da fenomenologia (Heidegger), 213

Prolegômenos da história do conceito de tempo (Heidegger), 195

Proust, Marcel, 113-114, 130, 402, 482; Recherche..., 82

Racionalismo, 78, 199, 381, 383-384

Ranke, Leopold von, 258

Rathenau, Walther, 247

Reinach, Adolf, 105

República de Weimar, 126, 259, 275, 295

República dos Conselheiros de Munique, 126

Resnais, Alain, 408

Richet, Hellmut, 478

Rickert, Heinrich, 60, 64-65, 77, 86, 93-94, 132, 159, 189

Riezler, Kurt, 228

Rilke, Rainer Maria, 87, 490; A Hölderlin, 336

Ritter, Gerhard, 307, 395

Rosenberg, Alfred, 283, 286, 320, 324, 333, 379-380

Rosenstock-Huessey, Eugen, 278

Rússia, 107, 342, 383, 385

Sartre, Jean-Paul, 109, 117; Considerações sobre a questão judaica, 407, 478; e Arendt, 434; O ser e o nada, 406-408; e Ser e

tempo, 190, 407, 410; O existencialismo é um humanismo?, 417; Existencialismo e humanismo, 407; e MH, 190, 404-409, 417, 425-426, 428, 430; e humanismo, 418; e Husserl, 109; influência de, 476, 478; e Marcel, 419; A náusea, 405; e Sobre o humanismo, 430; e fenomenologia, 402; e política, 210

Sauer, Josef, 71, 287-289

Schadewaldt, Wolfgang, 286, 288

Schätzler Grant, 85

Scheel, Kurt, 380, 391

Scheler, Max, 79, 103, 106, 182, 237, 247, 249-251, 402; Tentativa de uma filosofia de vida, 81, 83; e Ser e tempo, 199-200; Gênio da guerra, 88-89; A posição do ser humano no cosmo, 243, 245, 250; Natureza e formas de simpatia, 199-200

Schelling, Friedrich Wilhelm, 43, 170, 225, 245, 334, 356, 431, 434

Schlageter, discurso (Heidegger), 290

Schlageter, Leo, 290-291

Schleiermacher, Friedrich, 50

Schmitt, Carl, 89, 215, 217-218, 252, 289, 382; Glossarium, 415, 488; Teologia política, 217

Schneider, Arthur, 74-75

Schneider, Reinhold, O indestrutível, 420-421

Schopenhauer, Arthur, 13, 82, 144, 294, 356, 496

Schwan, Alexander, Filosofia política no pensar de Heidegger, 449, 484

Schwörer, Victor, 305

Semana universitária de Davos, 226, 228

Seminário teológico de Freiburg, 43

Ser e tempo (Heidegger); e Adorno, 477; e Arendt, 178, 443; argumento de, 185--212; e Aristóteles, conferência, 150, 153; e carreira de MH, 181; totalidade de, 213; e decisão, 290; dedicado a Husserl, 308, 377; desenvolvimento de, 172; publicação francesa de, 403; e Conceitos fundamentais de metafísica, 242; e história, 315; e Hölderlin, 340; e individual, 253-254; Jaspers sobre, 452; e Sobre o humanismo, 427-428; e Interpretações fenomenológicas de Aris-

tóteles, *161*; e política, *315*; venda do manuscrito, *494*; e Sartre, *192, 407, 410*; e Schlageter, *290*; segundo volume de, *255*; e autoimagem de MH, *233*; trabalho sobre, *181*; e seminários em Zollikon, *471*
Serenidade (Heidegger), *465*
Siemens, Werner von, *63*
Simmel, Georg, *118*; *Filosofia do dinheiro*, *65*
Sloterdijk, Peter, *483*
Sobre o humanismo (Heidegger), *413-414, 416, 425, 435, 465*
Sociedade de Jesus, *40-41*
Sociedade Kant, *233, 375, 459*
Sócrates, *55, 158, 172, 267, 329, 470*
Sonnemann, Ulrich, *483*
Spengler, Oswald, *216, 237, 273*; *A Decadência do Ocidente*, *126, 147*
Spiegel, *395, 449, 485-487*
Spinoza, Baruch, *57, 305, 399*
Spranger, Eduard, *127, 255, 284, 286*
St. Georg, internato, *39*
Stäbel, Oskar, *323*
Stadelmann, Rudolf, *312-313, 392*
Staiger, Emil, *377*
Staudinger, Hermann, *325-327*
Stein, Edith, *105, 111, 117-118*
Sternberger, Dolf, *422-423, 435*
Stieler, Georg, *302, 318*
Streicher, Julius, *334*
Stroomann, Gerhard, *457-458*
Szilasi, Wilhelm, *307*

Tales de Mileto, *158*
Tellenbach, Gerd, *299, 435*
Tepl, Johannes, *205*
The Age of Ideology (Heidegger). *Veja A época das imagens de mundo* (Heidegger)
Thomas de Erfurt, *89-90*
Thurneysen, Eduard, *171*
Tillich, Paul, *215, 217, 222, 256, 273*
Todtnauberg, *166, 169, 176-177, 181, 223, 274-275, 288, 311-313, 330-332, 384, 400, 414, 437, 441, 449, 471, 491*
Toller, Ernst, *123, 126, 457*
Tönnies, Ferdinand, *Comunidade e sociedade*, *209*

Towarnicki, Frédéric de, *408*
Troeltsch, Ernst, *89, 165*
Tucídides, *443*

Ubblohde, Otto, *168*
Über den Humanismus (Heidegger). *Veja Sobre o humanismo* (Heidegger)
Uexküll, Jakob von, *244*
União Acadêmica de Marburg, *168-169*
Universidade de Freiburg, *85*. *Veja* Heidegger, Martin
Universidade de Marburg, *163-164, 166--173, 181*

Vaihinger, Hans, *36*; *Filosofia do* "como--se", *61*
Varnhagen, Rahel, *180*
Vietta, Egon, *457*
"Visão do que é" (Heidegger), *455*
Vogt, Karl, *57*
Vossler, Karl, *211, 298*

Wagner, Richard, *62, 278*
Wagner, Robert, *288, 290, 302*
Wahl, Jean, *401*
Wartenburg, conde Yorck von, *211*
Weber, Alfred, *461*; *O terceiro ou o quarto homem*, *460*
Weber, Max, *89, 103, 123-127, 132, 154, 189, 324, 350*; *Convocação à consciência*, *296*
Welte, Bernhard, *499-500*
Werfel, Franz, *80*
Wiese, Benno von, *175, 180*
Windelband, Wilhelm, *64, 159*
Wolf, Eric, *321-323*
Wolf, Georg, *486*
Wolters, Friedrich, *167*
Wundt, Wilhelm, *72, 140*

Ziegler, Leopold, *237*
Zollikon, *470, 472*

Leia do mesmo autor:

Nietzsche
Biografia de uma tragédia

Uma biografia da vida e do pensamento do filósofo mais popular do Ocidente. O homem que apenas com a força de suas palavras é capaz de provocar transformações na vida de quem as lê. E não é para menos. Nietzsche levou a filosofia aonde ela nunca tinha chegado antes. Passou um rolo compressor nos próprios conceitos de verdade e de conhecimento. E até na forma foi revolucionário: com ele, a linguagem filosófica se aproximou da poesia e da literatura. Essa magistral biografia feita por um dos mais eminentes filósofos do mundo, o alemão Rüdiger Safranski, acompanha não só a vida, mas também o pensamento de Friedrich Nietzsche. A linguagem é acessível e envolvente, e sem simplicações. O resultado é um livro que acaba sendo lido tal qual os livros de Nietzsche.

Schopenhauer
E os anos mais selvagens da filosofia

O indomável precursor de Freud. O homem impetuoso e os anos mais apaixonantes da filosofia pulsam aqui, vivos e exuberantes, no texto do mestre das biografias, Rüdiger Safranski. Arthur Schopenhauer provocou um terremoto na filosofia da consciência e antecipou-se em quase meio século à psicanálise de Freud.

INFORMAÇÕES SOBRE A
GERAÇÃO EDITORIAL

Para saber mais sobre os títulos e autores
da **GERAÇÃO EDITORIAL**,
visite o *site* www.geracaoeditorial.com.br
e curta as nossas redes sociais.

Além de informações sobre os próximos lançamentos,
você terá acesso a conteúdos exclusivos
e poderá participar de promoções e sorteios.

geracaoeditorial.com.br

/geracaoeditorial

@geracaobooks

@geracaoeditorial

Se quiser receber informações por *e-mail*,
basta se cadastrar diretamente no nosso *site*
ou enviar uma mensagem para
imprensa@geracaoeditorial.com.br

GERAÇÃO EDITORIAL

Rua João Pereira, 81 – Lapa
CEP: 05074-070 – São Paulo – SP
Telefone: (+ 55 11) 3256-4444
E-mail: geracaoeditorial@geracaoeditorial.com.br